독자의 1초를 아껴주는 정성을 만나보세요!

세상이 아무리 바쁘게 돌아가더라도 책까지 아무렇게나 빨리 만들 수는 없습니다.

인스턴트 식품 같은 책보다 오래 익힌 술이나 장맛이 밴 책을 만들고 싶습니다.

땀 흘리며 일하는 당신을 위해 한 권 한 권 마음을 다해 만들겠습니다.

마지막 페이지에서 만날 새로운 당신을 위해 더 나은 길을 준비하겠습니다.

밑바닥부터 만들면서 배우는 LLM

GPT를 내 손으로 직접 단계별로 만들어보면서 대규모 언어 모델의 기본기를 탄탄히 채우기

초판 발행 • 2025년 9월 22일
초판 3쇄 발행 • 2025년 12월 24일

지은이 • 세바스찬 라시카
옮긴이 • 박해선
발행인 • 이종원
발행처 • (주)도서출판 길벗
출판사 등록일 • 1990년 12월 24일
주소 • 서울시 마포구 월드컵로10길 56(서교동)
대표 전화 • 02)332-0931 | **팩스** • 02)323-0586
홈페이지 • www.gilbut.co.kr | **이메일** • gilbut@gilbut.co.kr

기획 및 책임 편집 • 이원휘(wh@gilbut.co.kr) | **편집** • 이원휘 | **표지 · 본문 디자인** • 박상희 | **제작** • 이준호, 손일순, 이진혁
마케팅 • 임태호, 전선하, 박민영, 서현정, 박성용 | **유통혁신** • 한준희 | **영업관리** • 김명자 | **독자지원** • 윤정아

교정교열 • 강민철 | **전산편집** • 박진희 | **출력 · 인쇄 · 제본** • 정민

ISBN 979-11-407-1584-8 93000
(길벗 도서번호 080421)

정가 40,000원

예제소스 • https://github.com/gilbutITbook/080421

Build a **Large Language Model** (From Scratch) +
Test Yourself On Build a **Large Language Model** (From Scratch)

밑바닥부터 만들면서 배우는 LLM

세바스찬 라시카 지음
박해선 옮김

저는 늘 언어 모델에 매료되어 왔습니다. 약 10년 전에 들었던 통계적 패턴 분류 수업에서부터 AI에 대한 여정이 시작되었고 첫 번째 독립 프로젝트를 만들었습니다. 바로 가사를 기반으로 노래의 분위기를 감지하는 모델과 웹 애플리케이션을 개발하는 것이었습니다.

2022년에 ChatGPT가 출시되면서 대규모 언어 모델(LLM)이 세상을 휩쓸었고 사람들의 업무 방식에 혁명을 일으켰습니다. 이 모델은 매우 다재다능해서 문법 검사, 이메일 작성, 긴 문서 요약 등과 같은 다양한 작업에 도움을 줄 수 있습니다. 이는 사람이 쓴 텍스트를 이해하고 생성하는 능력 덕분입니다. 이런 능력은 고객 서비스부터 콘텐츠 제작에 이르는 다양한 분야는 물론 코딩이나 데이터 분석과 같은 기술적인 영역에서도 매우 중요합니다.

이름에서 알 수 있듯이 LLM(large language model)의 특징은 매우 큰 모델입니다. 모델의 파라미터 개수가 수백만에서 수십억 개에 이를 정도입니다(비교를 위해 전통적인 머신러닝이나 통계적 기법을 사용한다면 단 2개의 파라미터를 가진 작은 모델로 붓꽃 데이터셋을 90% 이상의 정확도로 분류할 수 있습니다). 하지만 전통적인 기법에 비해 규모가 크다고 해서 LLM을 블랙박스처럼 취급할 필요는 없습니다.

이 책에서는 단계별로 LLM을 구축하는 방법을 배웁니다. 이 책을 다 읽고 나면 ChatGPT와 같은 LLM의 동작 방식을 근본적인 수준에서 확실하게 이해하게 될 것입니다. 저는 기본 개념과 관련된 코드를 작성하는 데 자신감을 갖는 것이 이 분야에서 성공하는 데 중요하다고 생각합니다. 이는 버그를 수정하고 성능을 향상하는 것뿐만 아니라 새로운 아이디어를 실험하는 데도 도움이 됩니다.

제가 몇 년전 처음 LLM을 접했을 때는 이를 구현하는 방법을 어렵게 배웠습니다. 전체적인 내용을 이해하기 위해 많은 연구 논문과 불완전한 코드 저장소를 뒤져야 했습니다. 이 책에서는 LLM의 주요 구성 요소와 개발 단계를 상세히 설명하는 단계별 튜토리얼을 제공합니다. 이를 통해 LLM을 쉽게 이해할 수 있으면 좋겠습니다.

저는 LLM을 이해하는 가장 좋은 방법은 밑바닥부터 직접 구현해 보는 것이라 굳게 믿고 있습니다. 이게 재미도 있다는 것을 알게 될 거예요!

즐거운 독서와 코딩이 되시길!

책을 쓰는 것은 엄청난 일입니다. 작업 과정 내내 참아 주고 지지해 준 나의 아내 리자(Liza)에게 감사하다는 말을 전합니다. 그녀의 조건 없는 사랑과 끊임없는 격려가 없었다면 이 책을 쓰지 못했을 것입니다. 작업 중인 글과 코드에 대해 귀중한 피드백을 준 다니엘 클라이네(Daniel Kleine)에게 매우 감사합니다. 상세 내용에 대한 예리한 안목과 통찰력 있는 제안을 준 다니엘의 기여 덕분에 의심의 여지없이 더 매끄럽고 즐겁게 읽을 수 있는 책이 되었습니다.

이 책의 방향성을 잡고 생산적인 논의를 많이 나눠 준 마이클 스티븐스(Michael Stephens)와 매닝의 가이드라인을 따르도록 건설적인 피드백과 조언을 해 준 더스틴 아치볼드(Dustin Archibald)를 비롯해 매닝 출판사의 훌륭한 직원들에게 감사합니다. 또한 일반적인 책과 다르게 밑바닥부터 구현한다는 이 책의 방식을 유연하게 수용해 준 점에 감사합니다. 전문적인 레이아웃과 그래픽 작업을 맡은 알렉산다르 드라고사블레비치(Aleksandar Dragosavljević), 캐리 루크(Kari Lucke), 마이크 비디(Mike Beady)와 그래픽을 개선하고 다듬어 준 수전 허니웰(Susan Honeywell)과 그녀의 팀에게 특별히 감사합니다. 집필 과정 전반에 유용한 지원을 제공해 준 로빈 캠벨(Robin Campbell)과 그녀의 뛰어난 마케팅 팀에게 진심으로 감사드립니다.

마지막으로 초안에 피드백을 준 리뷰어 아난다게네시 발라크리슈난(Anandaganesh Balakrishnan), 안토 아라빈스(Anto Aravinth), 아유시 비하니(Ayush Bihani), 바삼 이스마일(Bassam Ismail), 벤저민 무스칼라(Benjamin Muskalla), 브루노 소니노(Bruno Sonnino), 크리스티안 프로코프(Christian Prokopp), 다니엘 클라이네(Daniel Kleine), 데이비드 커런(David Curran), 디비엔두 로이 초두리(Dibyendu Roy Chowdhury), 게리 패스(Gary Pass), 게오르크 좀머(Georg Sommer), 조반니 알제타(Giovanni Alzetta), 기예르모 알칸타라(Guillermo Alcántara), 조나단 리브스(Jonathan Reeves), 쿠날 고시(Kunal Ghosh), 니콜라스 모드르지크(Nicolas Modrzyk), 파울 실리스테아누(Paul Silisteanu), 라울 치오테스쿠(Raul Ciotescu), 스콧 링(Scott Ling), 스리람 마차라(Sriram Macharla), 수미트 팔(Sumit Pal), 바히드 미르잘릴리(Vahid Mirjalili), 바이자나트 라오(Vaijanath Rao), 월터 리드(Walter Reade)에게 감사드립니다. 리뷰어들의 예리한 안목과 통찰력 있는 의견이 이 책의 품질을 향상시키는 데 매우 큰 도움이 되었습니다.

이 여정에 함께 해 주신 모든 분들에게 진심으로 감사드립니다. 여러분의 지원, 전문성, 그리고 헌신이 이 책을 완성하는 데 큰 도움이 되었습니다. 감사합니다!

『밑바닥부터 만들면서 배우는 LLM』은 GPT와 유사한 대규모 언어 모델(LLM)을 밑바닥부터 이해하고 구축하는 데 도움이 됩니다. 텍스트 데이터를 다루는 기초적인 방식과 어텐션 메커니즘을 만드는 것으로 시작해서 완전한 GPT 모델을 밑바닥부터 구현하는 방법을 안내합니다. 그런 다음 이 책은 사전 훈련 메커니즘은 물론 텍스트 분류와 지시 수행과 같이 특정 작업을 위한 미세 튜닝을 다룹니다. 이 책을 다 읽고 나면 LLM의 동작 방식을 자세하게 이해하고, 자신만의 모델을 구축할 수 있는 기술을 얻게 될 것입니다. 이 책에서 만들 모델은 대규모 파운데이션 모델에 비해 규모가 작지만 동일한 개념을 사용합니다. 최신 LLM을 구축하는 데 사용되는 핵심 메커니즘과 기술을 이해하는 데 유용한 교육 자료가 될 것입니다.

누가 이 책을 읽어야 하나요

『밑바닥부터 만들면서 배우는 LLM』은 LLM의 작동 방식을 자세히 이해하고 밑바닥에서부터 자신만의 모델을 구축하는 방법을 배우고 싶은 머신러닝 열성 팬, 엔지니어, 연구자, 학생, 기술자를 위한 책입니다. 입문자나 경험을 가진 개발자 모두 기존 기술과 지식을 활용하여 LLM 구축에 사용되는 개념과 기법을 이해할 수 있을 것입니다.

이 책의 차별점은 데이터셋 구축에서부터 모델 구조 구현, 레이블이 없는 데이터에서 사전 훈련, 특정 작업에 미세 튜닝하기까지 LLM 구축의 모든 과정을 포괄해서 다룬다는 것입니다. 이 글을 쓰는 시점에 이처럼 완전한 핸즈온 스타일로 LLM 구축을 밑바닥부터 알려주는 자료가 없습니다.

이 책의 코드 예제를 이해하려면 파이썬 프로그래밍에 대해서 잘 알고 있어야 합니다. 머신러닝, 딥러닝, 인공지능에 대해 알고 있다면 도움이 될 수 있지만 이 분야에 대한 광범위한 배경 지식이 필요한 것은 아닙니다. LLM은 AI의 특정 하위 분야이므로 여러분이 이 분야를 비교적 처음 접하더라도 책의 내용을 따라갈 수 있을 것입니다.

심층 신경망에 대한 경험이 있다면 일부 개념이 친숙하게 느껴질 수 있습니다. LLM은 신경망 구조 위에 구축된 것이기 때문입니다. 하지만 파이토치를 잘 알고 있어야 하는 것은 아닙니다. 부록 A에서 파이토치에 대해 간략하게 소개하므로 이 책의 코드 예제를 이해하는 데 필요한 지식을 배울 수 있을 것입니다.

벡터와 행렬을 다루는 고등학교 수준의 수학을 알고 있으면 LLM의 내부 동작을 이해하는 데 도움이 될 수 있습니다. 이 책에서 소개하는 핵심 개념과 아이디어를 이해하기 위해 고급 수학 지식이 필요하지는 않습니다.

가장 중요한 선수 지식은 파이썬 프로그래밍에 대한 확실한 이해입니다. 이것만 알고 있다면 환상적인 LLM의 세상을 탐험하고 이 책에 나오는 개념과 코드 예제를 이해할 수 있는 준비를 마친 것입니다.

이 책의 구성: 로드맵

이 책은 순서대로 읽도록 구성되었습니다. 이전 장에서 소개된 개념과 기술을 기반으로 다음 장을 구성합니다. 이 책은 LLM의 핵심 요소와 구현을 다루는 7개의 장으로 나뉘어 있습니다.

1장 LLM의 기본 개념을 고수준에서 소개합니다. ChatGPT 플랫폼에 사용되는 것과 같은 LLM의 기반을 형성하는 트랜스포머 구조를 살펴봅니다.

2장 밑바닥부터 LLM을 구축하기 위한 계획을 세웁니다. LLM 훈련을 위한 텍스트 전처리 과정을 다룹니다. 여기에는 텍스트를 단어와 부분단어 토큰으로 분할하기, 고급 토큰화를 위한 바이트 페어 인코딩 사용하기, 슬라이딩 윈도 방법으로 훈련 샘플 만들기, 토큰을 LLM으로 주입하기 위한 벡터로 변환하는 작업이 포함됩니다.

3장 LLM에 사용되는 어텐션 메커니즘에 초점을 맞춥니다. 기본적인 셀프 어텐션 프레임워크를 소개하고 고급 셀프 어텐션 메커니즘으로 발전시킵니다. 이 장에서 LLM이 한 번에 하나의 토큰을 생성하도록 만드는 코잘 어텐션 모듈을 구현합니다. 과대적합을 막기 위해 드롭아웃으로 어텐션 가중치를 랜덤하게 마스킹하고 여러 개의 코잘 어텐션 모듈을 쌓아 멀티 헤드 어텐션 모듈을 만듭니다.

4장 사람이 쓴 것 같은 텍스트를 생성하도록 훈련할 수 있는 GPT와 유사한 LLM을 개발하는 데 중점을 둡니다. 신경망 훈련을 안정화하기 위해 층 활성화를 정규화하고, 심층 신경망 모델을 효과적으로 훈련하기 위해 숏컷 연결을 추가하고, 다양한 크기의 GPT 모델을 만들 수 있도록 트랜스포머 블록을 구현하고, GPT 모델의 파라미터 개수와 필요한 저장 공간을 계산합니다.

5장 LLM 사전 훈련 과정을 구현합니다. LLM이 생성한 텍스트의 품질을 평가하기 위해 훈련 세트 손실과 검증 세트 손실을 계산하고, 훈련 함수를 구현하여 LLM을 사전 훈련합니다. 또한 계속 이어서 LLM을 훈련할 수 있도록 모델 가중치를 저장하고 로드하는 방법과 오픈AI에서 사전 훈련된 가중치를 로드하는 방법을 다룹니다.

6장 여러 가지 LLM 미세 튜닝 기법을 소개합니다. 텍스트 분류를 위한 데이터셋을 준비하고, 미세 튜닝을 위해 사전 훈련된 LLM을 수정하고, 스팸 메시지를 구분하도록 LLM을 미세 튜닝합니다. 마지막으로 미세 튜닝된 LLM 분류기의 정확도를 평가합니다.

7장 LLM의 지시 미세 튜닝 과정을 살펴봅니다. 지도 학습 지시 미세 튜닝을 위한 데이터셋을 준비하고, 지시 데이터를 훈련 배치로 구성하고, 사전 훈련된 LLM을 로드하여 사람의 지시를 따르도록 미세 튜닝합니다. 평가를 위해 LLM이 생성한 지시 응답을 추출하고 지시 미세 튜닝된 LLM을 평가합니다.

코드에 대해

코드를 가능한 한 쉽게 활용할 수 있도록 이 책의 모든 코드는 깃허브 저장소(https://github.com/rickiepark/llm-from-scratch/)에 주피터 노트북으로 제공됩니다. 연습문제에 대한 해답은 부록 C에서 찾을 수 있습니다.

이 책의 주요 목표 중 하나는 누구나 쉽게 예제를 따라 할 수 있게 만드는 것입니다. 그래서 예제 코드는 특별한 하드웨어가 없이도 일반적인 랩톱 컴퓨터에서 효율적으로 실행되도록 세심하게 작성되었습니다. 하지만 GPU를 가지고 있다면 추가적인 계산 능력을 활용하여 데이터셋과 모델 크기를 늘릴 수 있는 팁을 일부 절에서 볼 수 있습니다.

책 전반적으로 기본 텐서와 딥러닝 라이브러리로 파이토치를 사용하여 밑바닥에서부터 LLM을 구현합니다. 파이토치를 처음 사용한다면 자세한 파이토치 소개와 설치 방법이 실린 부록 A를 먼저 읽어 보세요.

다른 온라인 자료

최신 AI와 LLM 연구 트렌드가 궁금한가요?

제 블로그(https://magazine.sebastianraschka.com/)를 참고하세요. 주로 LLM에 관련된 최신 AI 연구에 대한 글을 정기적으로 올립니다.

딥러닝과 파이토치를 배우고 싶은가요?[1]

제 웹사이트(https://sebastianraschka.com/teaching)에서 무료 코스를 몇 개 제공합니다. 최신 기술을 빠르게 배우는 데 도움이 될 것입니다.

이 책에 연관된 보너스 자료를 찾고 있나요?

이 책의 깃허브 저장소(https://github.com/rickiepark/llm-from-scratch/)에서 학습에 도움이 될 만한 추가 자료와 예제를 볼 수 있습니다.

1 역주 딥러닝과 파이토치에 대해 배우고 싶다면 같은 저자가 쓴 <머신러닝 교과서: 파이토치편>(길벗, 2023)을 추천합니다.

LLM을 이해하는 가장 좋은 방법은 밑바닥부터 직접 구현해 보는 것이라는 저자의 말에 동감합니다. 특히 컴퓨터 과학과 머신러닝에서는 이런 학습 방법이 효과적입니다. 오픈 소스와 지식 공유를 장려하는 문화 덕분에 많은 사람들이 노력하여 쌓은 지식의 탑을 이렇게 손쉽게 오를 수 있습니다. 머신러닝과 LLM 기술에 기여한 많은 연구자와 기술자, 그리고 이 책을 쓴 세바스찬에게 특히 감사합니다.

뉴스와 SNS를 보면 매일 새로운 도구를 소개하고, 이런 도구를 업무에 활용하지 못하면 뒤쳐진다고 괜히 겁을 줍니다. 하지만 엔지니어로서 저는 여전히 도구의 작동 방식에 호기심이 더 많습니다. 아마 이 책을 든 여러분도 저와 비슷할지 모르겠습니다. 이 책을 따라 파이토치로 벽돌을 하나씩 차곡차곡 쌓아 LLM 탑을 완성해 가다 보면 지금 시대의 인공지능과 LLM이 어떤 수준에 도달했는지 명확하게 알 수 있습니다.

LLM의 구조를 샅샅이 분해하다 보면 LLM은 실제 추론을 하는 게 아니라 사후 합리화를 위해 추론을 하는 것 같은 텍스트를 생성한다는 주장에도 고개를 끄덕이게 됩니다. 그럼 추론이라는 것은 본질적으로 무엇일까요? 사람은 기계와 달리 어떻게 차별화될까요? 이런 생각을 하다 보면 왠지 철학적인 주제에 빠지게 되는 것 같습니다. 우리가 풀지 못한 문제가 아직 너무 많습니다. 앞으로도 이 분야는 흥미롭고 신비로운 일들이 끊이지 않을 것임에 틀림없습니다.

좋은 책을 맡겨 주신 길벗 출판사와 이원휘 님에게 감사드립니다. 언제나 명랑한 우리 가족 주연이와 (군대에서 고생하고 있을) 진우에게도 고맙고 사랑한다는 말을 전합니다.

이 책의 정오표는 블로그(https://tensorflow.blog/llm-from-scratch)에 등록해 놓겠습니다. 책을 보기 전에 꼭 확인해 주세요. 유튜브 강의(https://bit.ly/llm-scratch-youtube)와 인프런 강의(https://inf.run/wQDh8)를 함께 보면 이해하는 데 도움이 될 수 있습니다. 이 책에 관한 이야기라면 무엇이든 환영합니다. 언제든지 블로그나 이메일로 알려주세요.

2025년 6월

박해선

예제 파일 내려 받기

책에서 사용하는 예제 코드는 길벗출판사 웹사이트에서 도서명으로 검색하여 내려 받거나 다음 저장소에서 내려 받을 수 있습니다.

- **길벗출판사 웹사이트:** https://www.gilbut.co.kr
- **길벗출판사 깃허브:** https://github.com/gilbutITbook/080421
- **옮긴이 깃허브:** https://github.com/rickiepark/llm-from-scratch
- **지은이 깃허브:** https://github.com/rasbt/LLMs-from-scratch

예제 파일 구조

본문에서 코드를 모아서 제공하고 있습니다.

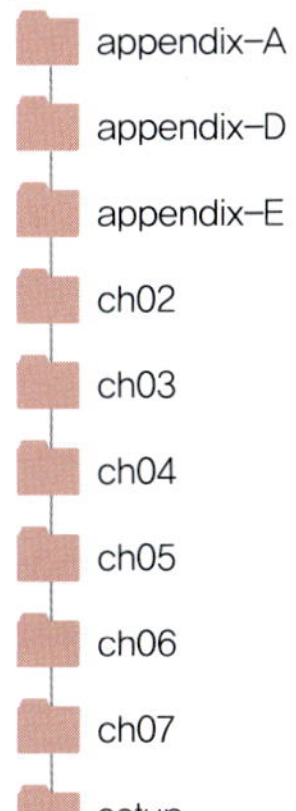

참고 강의

다음 유튜브와 인프런에서 옮긴이의 동영상 강의를 참고해 주세요.

- **유튜브:** https://bit.ly/llm-scratch-youtube
- **인프런:** https://inf.run/wQDh8

국가적으로 AI 개발을 적극적으로 지원하는 지금도, 자체적으로 LLM을 개발하는 데 성공한 기업은 많지 않습니다. 비용 문제도 있지만, LLM 개발 역량을 갖추었거나 트랜스포머 구조를 깊이 이해하고 있는 개발자가 드물기 때문입니다. 이 책은 독자가 LLM과 트랜스포머 구조를 쉽게 이해할 수 있도록 단계별 실습을 제공하며, 차근차근 학습할 수 있도록 돕고 있습니다. 저 역시 그동안 인터넷과 여러 서적을 통해 트랜스포머와 LLM을 꾸준히 공부해 왔지만, 직접 LLM 개발에 도전하지는 못했습니다. 이해하기도 어렵고, 어디서부터 시작해야 할지 막막했기 때문입니다. 저와 같은 개발자에게 이 책은 오랫동안 기다려 온, 정말 꼭 필요한 '단비 같은' 책입니다. 인터넷이나 다른 자료에서는 트랜스포머 구조와 LLM을 이처럼 쉽게 풀어낸 설명을 거의 찾아볼 수 없었습니다. 특히 단계별 실습을 제공한다는 점이 저에게 큰 도움이 되었습니다.

그동안은 RAG와 같은 서비스 개발에만 집중해 왔지만, 이제는 작은 모델이라도 이 책을 통해 직접 LLM 개발에 도전해 보려 합니다. 또한 이 책의 내용은 트랜스포머 구조에 대한 이해를 넓히는 데 초점이 맞춰져 있어, LLM뿐만 아니라 트랜스포머를 활용한 비전이나 음성 인식 분야를 이해하는 데도 큰 도움이 될 것입니다. 기초를 튼튼히 다질 수 있다는 점에서 모든 AI 개발자에게 이 책을 추천합니다.

김병규 | **아이브릭스 AI 서비스 개발자**

처음 LLM을 접하는 입장에서 이 책은 큰 도움이 되었습니다. 방대한 목차를 따라가다 보니, LLM이 무엇인지부터 시작해 텍스트가 어떻게 토큰화되고 임베딩되는지, 나아가 핵심인 어텐션 메커니즘과 트랜스포머 구조까지 차근차근 이해할 수 있었습니다. 특히 GPT 구조와 학습 과정이 실제 구현 단계와 함께 설명되어 있어, ChatGPT와 같은 모델이 어떤 원리로 동작하는지 감을 잡을 수 있었습니다. 또한 사전 훈련과 미세 튜닝 과정도 사례와 함께 다루어 단순한 개념 이해를 넘어 실전 응용 가능성까지 살펴볼 수 있었습니다. LLM에 대한 지식이 전혀 없던 저에게, 이 책은 기본 개념부터 실제 활용까지 체계적으로 쌓을 수 있도록 도와준 유익한 길잡이였습니다.

김준호 | **에스에스지닷컴 백엔드 개발자**

개념 설명과 실습이 함께 구성되어 있어, LLM 개발에 대한 두려움과 진입 장벽을 크게 낮춰 주는 책이라고 생각합니다.

김민선 | **한국수자원공사 데이터 관리**

책 제목처럼 이 책은 LLM 관련 내용을 처음부터 단계별 코드 실습을 따라 하며 차근차근 배울 수 있도록 구성되어 있습니다. 대상 독자는 LLM을 처음 접하는 초보자부터 머신러닝 · 딥러닝에 대한 배경 지식을 가진 독자까지 폭넓게 포함합니다. ChatGPT에 사용되는 LLM의 동작 원리와 훈련 방법, 그리고 처리 과정에 대한 설명이 매우 구체적이어서 기존의 다른 책에서는 접하기 어려웠던 내용을 새롭게 접할 수 있었습니다. 책은 LLM을 쉽게 풀어 설명하려고 노력하고 있으나, 결코 단순한 주제가 아니기에 읽는 동안 관련 용어나 개념을 따로 찾아보아야 하는 경우가 있었습니다. 그렇다고 포기할 정도로 어렵지는 않았습니다. 오히려 내용 구성이 흥미로워 책장을 술술 넘길 수 있었습니다.

또한 책에서 제공하는 모든 소스를 구글 코랩에서 직접 실습할 수 있도록 해 두었는데, GPU가 탑재된 노트북이나 데스크톱에서 실행한다면 시간을 훨씬 단축할 수 있습니다. 이러한 배려 덕분에 독자가 가볍게 읽으면서도 실습할 수 있는 환경이 마련되어 있다는 점이 특히 만족스러웠습니다. 무엇보다 제공되는 소스에 오류가 없다는 점이 인상적이었습니다. 흔히 실습용 자료에서 오류 때문에 학습이 막히는 경우가 있는데, 이 책은 그런 걱정이 전혀 없었습니다. LLM을 처음부터 끝까지 이론과 실습을 병행하며 이해할 수 있도록 구성되어 있어 학습 과정이 즐거웠습니다. LLM이 어떻게 동작하는지 근본적인 원리를 알고 싶은 분께 이 책을 적극 추천합니다.

김종열 | 에코시스템 솔루션사업부 팀장

이 책은 LLM의 기초 개념부터 출발해 실제 코드를 다뤄 보는 핸즈온(Hands-on) 실습을 통해 심화된 내용까지 자연스럽게 이어집니다. IT 분야 실무에서 사용하는 용어가 등장하기 때문에 배경 지식이 전혀 없는 독자에게는 다소 어렵게 느껴질 수 있습니다. 그러나 파이썬에 대한 기본적인 이해가 있다면 훨씬 몰입해 학습할 수 있으며, 주석 설명이 워낙 충실하게 달려 있어 큰 어려움 없이 따라갈 수 있습니다. 특히 일상에서 접하던 AI가 어떤 구조와 방식으로 작동하는지 궁금했던 분들에게, 이 책은 기초부터 차근차근 쌓아 올려 원리를 깊이 이해할 수 있도록 돕는 훌륭한 안내서가 될 것입니다.

추상원 | GOTROOT Pentester

대규모 언어 모델(LLM)의 핵심 개념과 구현 과정을 체계적이고 깊이 있게 안내하는 책입니다. 어텐션, LLM의 구조, 사전 훈련부터 검증 · 평가, 미세 튜닝에 이르기까지 실제 모델 구축의 대부분을 포괄한다는 점이 인상적입니다. 구성 면에서도 내부 데이터 흐름과 샘플 데이터를 함께 시각화해 가독성을 높였고, 셀프 어텐션 · 코잘 어텐션 · 멀티 헤드 어텐션 등 개념을 순차적으로 확장해 나가는 방식이 독자가 혼란 없이 핵심 아이디어를 체득하도록 돕습니다. 어텐션 점수 계산과 쿼리 · 키 · 값에 대한 가중치 행렬 산출 과정을 상세한 도식과 친절한 설명으로 풀어내 이해를 한층 분명하게 해 줍니다. 모듈별 단계적 조립 과정을 따라가다 보면 이전 장에서 배운 내용들이 유기적으로 연결되는 학습 효과를 얻을 수 있습니다.

특히 연구 논문의 아이디어 형성 과정까지 엿볼 수 있어 학문적으로도 영감을 얻을 수 있으며, 연구 수준의 추상적 개념을 기초부터 직접 구현함으로써 논문의 난해한 부분을 명쾌하게 이해할 수 있습니다. 방대한 내용을 다루면서도 코드 오류가 거의 없어 독자가 내용에 몰입할 수 있고, 파이토치 중심의 직관적인 코드 구현은 실무 활용에도 큰 도움이 됩니다.

다만 핵심 코드 위주로 구성되어 있어 딥러닝 기초 지식이 있는 독자에게 특히 적합합니다. 그만큼 깊이 있는 이해와 실전 역량을 빠르게 키울 수 있는 최적의 길잡이이기도 합니다. 바닥부터 차근차근 LLM을 직접 만들어 보며 본질을 꿰뚫어 보고 싶은 독자 여러분께 추천합니다.

허민 | **한국외국어대학교 정보전략팀 AI 개발 및 전략기획**

베타테스터로 참여하며 이 책을 접한 것은 저의 LLM에 대한 시야를 확장시켜 준 값진 경험이었습니다. 목차의 첫 장인 '대규모 언어 모델 이해하기'부터 마지막 '지시를 따르도록 미세 튜닝하기'까지, LLM의 방대한 영역을 체계적이고 깊이 있게 다루고 있다는 점이 무척 인상 깊었습니다. 단순히 이론을 나열하는 방식이 아니라 실제 구현 과정에 초점을 맞춘 구성이 이 책의 가장 큰 장점이라 생각합니다.

특히 2장과 3장은 LLM 개발의 핵심 기반을 다지는 데 큰 도움이 되었습니다. 텍스트 데이터를 전처리하고 임베딩하는 과정을 직접 실습하며 데이터의 중요성을 깨달을 수 있었고, 복잡하게만 느껴졌던 어텐션 메커니즘을 '밑바닥부터' 구현해 보는 경험은 원리를 완벽하게 이해하는 데 결정적인 역할을 했습니다. 셀프 어텐션, 멀티헤드 어텐션 등 어려운 개념들을 단계별로 설명하고 코드와 함께 제시하여 누구나 쉽게 따라 할 수 있도록 한 점이 돋보였습니다. 4장에서는 앞서 배운 내용을 종합해 실제 GPT 모델을 만들어 보는 경험을 할 수 있었습니다. 트랜스포머 구조를 이해하고, GELU 활성화 함수, 어텐션과 선형 층 연결 등 세부 요소들을 직접 코딩하며 LLM의 내부 동작 원리를 파악할 수 있었습니다. 이는 단순히 라이브러리를 불러다 쓰는 것과는 차원이 다른 깊은 학습을 가능하게 했습니다. 5장과 6장은 실무적인 활용 능력을 길러주는 핵심 챕터였습니다. 대규모 데이터로 사전 훈련을 진행하는 방법과 특정 태스크에 맞게 모델을 미세 튜닝하는 과정을 실습하며, 단순히 LLM을 사용하는 것을 넘어 목적에 맞게 커스터마이즈하는 역량을 키울 수 있었습니다. 특히 7장은 최근 각광받는 지시 미세 튜닝 개념을 실질적으로 구현하는 방법을 제시해 실제 서비스에 적용 가능한 '지시형' 모델을 만드는 노하우를 얻을 수 있었다는 점에서 매우 유익했습니다. 또한 부록 A와 부록 B는 학습에 필요한 선수 지식을 보충해 주고, 더 깊이 있는 탐구로 나아갈 수 있는 길을 열어 주었습니다. 파이토치에 익숙하지 않은 사람도 무리 없이 따라올 수 있도록 배려한 구성이 인상적이었습니다.

이 책은 LLM의 기초 이론부터 실제 모델 구현, 그리고 실무적인 미세 튜닝 방법까지 LLM 개발의 전 과정을 완벽하게 아우르는 최고의 실전 가이드입니다. LLM 개발자를 꿈꾸는 분이나 관련 분야로 커리어 전환을 고민하는 분들께 강력히 추천합니다.

강경목 | **한국썸벧(하림그룹 계열) 부장(팀장)·경영학 박사**

이 책은 단순히 LLM을 활용하는 법을 넘어, 내부 구조와 학습 과정을 직접 구현하며 이해할 수 있도록 돕는 훌륭한 책입니다. LLM의 기초 원리부터 GPT 구조 완성까지 단계적으로 구성되어 있어, 머신러닝과 파이토치 기본기를 갖춘 독자라면 충분히 도전할 만합니다.

특히 어텐션 메커니즘 구현은 추상적 개념을 실제 코드와 연결해 '왜 이런 구조가 필요한가'를 명확히 깨닫게 해주며, 이어지는 GPT 모델 구현 과정은 작은 블록을 차근차근 쌓아 올리듯 설명되어 복잡한 모델을 완성하는 성취감을 줍니다. 또한 부록에서 다루는 LoRA 기반 파라미터 효율적인 미세 조정 기법은 최신 연구 동향과 실무 적용을 자연스럽게 연결해 줍니다.

박해선 역자는 이전에도 제가 많은 도움을 받았던 머신러닝 · 딥러닝 서적을 훌륭히 번역하셨는데, 이번 LLM 개발서 역시 만족스러웠습니다. LLM을 단순히 사용하는 데서 그치지 않고 직접 구현하며 원리를 배우고 싶은 독자에게 강력히 추천합니다.

이진 | **경동나비엔 개발팀 데이터 사이언티스트**

CHAPTER

1

대규모 언어 모델 이해하기

SECTION 1	LLM이란 무엇인가요?
SECTION 2	LLM 애플리케이션
SECTION 3	LLM의 구축 단계
SECTION 4	트랜스포머 구조 소개
SECTION 5	대규모 데이터셋 활용하기
SECTION 6	GPT 구조 자세히 살펴보기
SECTION 7	대규모 언어 모델 만들기
SECTION 8	요약

이 장에서 다룰 내용

- 대규모 언어 모델(large language model, LLM)의 기본 개념을 고수준에서 설명합니다.
- LLM 시대를 이끌고 있는 트랜스포머 구조에 대해 이해합니다.
- 밑바닥에서부터 LLM을 구축하기 위한 계획을 세웁니다.

오픈AI의 ChatGPT와 같은 대규모 언어 모델은 지난 몇 년간 발전한 심층 신경망 모델(deep neural network)입니다. 이 모델들은 자연어 처리(natural language processing, NLP) 분야에 새로운 시대를 열었습니다. LLM이 등장하기 전에는 전통적인 방법으로 스팸 메일 감지 같은 분류 작업이나 간단한 패턴 인식 작업을 잘 수행했습니다. 이런 패턴 인식은 수동 규칙이나 간단한 모델로 감지할 수 있습니다. 하지만 복잡한 이해력과 생성 능력이 필요한 언어 작업, 예를 들면 상세한 지시를 분석하고, 문맥을 고려해서 분석을 수행하고, 일관성 있고 맥락에 맞는 텍스트를 생성하는 일에서는 일반적으로 성능이 좋지 못했습니다. 이전 세대의 언어 모델은 일련의 키워드 목록으로부터 이메일을 작성할 수 없었는데, 이는 현대 LLM에서는 간단한 작업입니다.

LLM은 사람의 언어를 이해하고, 생성하고, 해석하는 놀라운 능력을 가지고 있습니다. 하지만 언어 모델(language model)이 '이해'한다는 말은 일관성이 있고 맥락에 맞도록 텍스트를 처리하고 생성한다는 의미이지, 사람과 같은 의식이나 이해력을 가지고 있다는 뜻은 아닙니다.

머신러닝(machine learning)과 인공지능(artificial intelligence, AI)의 하위 분야 중 신경망에 중점을 둔 딥러닝의 발전에 힘입어 대량의 텍스트 데이터에서 LLM이 훈련됩니다. 이런 대규모 훈련 덕분에 LLM은 이전 방식에 비해 사람의 언어에 있는 미묘함과 문맥 정보를 깊이 이해할 수 있습니다. 결과적으로 LLM은 텍스트 번역, 감성 분석(sentiment analysis), 질문 답변(question answering) 등을 포함해 광범위한 NLP 작업에서 성능이 크게 향상되었습니다.

현대 LLM과 이전 NLP 모델 간의 또 다른 중요한 차이점으로, 이전 NLP 모델은 일반적으로 텍스트 분류, 언어 번역 등과 같이 특정 작업에 맞도록 고안되었다는 것입니다. 이전 NLP 모델은 특정 애플리케이션에서 좋은 성능을 냈지만 현대 LLM은 다양한 작업을 능숙하게 수행할 수 있습니다.

LLM의 성공은 많은 LLM의 기반이 되는 트랜스포머 구조와 방대한 훈련 데이터 덕분입니다. 이를 통해 수동으로 인코딩하기 어려운 다양한 언어적 뉘앙스, 문맥, 패턴을 감지할 수 있습니다.

트랜스포머 구조를 기반으로 모델을 구현하고 대규모 훈련 데이터셋으로 LLM을 훈련하는 방식은 NLP 분야를 근본적으로 변화시켰습니다. 사람의 언어를 이해하고 상호 작용하기 위해 필요한 유능한 도구를 제공했습니다.

이 책의 주요 목표는 ChatGPT 같은 트랜스포머 구조 기반의 LLM을 단계적으로 코드로 구현하면서 LLM을 이해하는 것입니다. 이어지는 절에서 이를 위해 필요한 기초적인 개념을 소개합니다.

1.1 SECTION LLM이란 무엇인가요?

LLM은 사람의 텍스트를 이해하고, 생성하고, 응답하도록 고안된 신경망입니다. 이런 모델은 대용량의 텍스트 데이터에서 훈련된 심층 신경망으로, 인터넷에 공개된 전체 텍스트의 상당 부분을 사용하여 훈련됩니다.

'대규모 언어 모델'에서 '대규모'는 모델의 파라미터 크기와 대량의 훈련 데이터셋을 모두 의미합니다. 이런 모델은 수백 또는 수천억 개의 파라미터(parameter)를 가지고 있습니다. 모델 파라미터는 시퀀스의 다음 단어를 예측하도록 훈련하는 과정에서 조정되는 신경망의 가중치(weight)입니다.[1] 다음 단어 예측(next-word prediction)은 언어의 고유한 순차 특징을 사용하여 텍스트 안의 맥락, 구조, 관계를 이해하는 모델을 훈련시키는 합리적인 방법입니다. 이런 매우 간단한 작업으로 강력한 모델을 만들 수 있다는 사실에 많은 연구자들이 놀랐습니다. 이후 장에서 다음 단어 훈련 과정을 단계별로 설명하고 구현해 보겠습니다.

LLM은 예측을 수행할 때 입력의 다른 부분에 선택적으로 주의를 기울일 수 있는 **트랜스포머**(transformer) 구조를 활용하므로, 사람의 언어에 있는 뉘앙스와 복잡성을 다루는 데 능숙합니다.

LLM은 텍스트를 생성할 수 있기 때문에 종종 생성형 인공지능(generative artificial intelligence) 또는 **생성 AI**(generative AI, GenAI)라고 부릅니다. 그림 1-1에 나타나 있듯이 AI는 사람 수준의 지능이 필요한 작업을 수행할 수 있는 기계를 만드는 분야를 광범위하게 포괄하고 있습니다. 이런 작업에는 언어 이해, 패턴 인식, 의사 결정 등이 포함되며 인공지능의 하위 분야로는 머신러닝과 딥러닝이 있습니다.

1 역주 책에서는 가중치와 파라미터, 모델 파라미터를 동일한 의미로 사용합니다. 혼동을 피하기 위해 파이썬 함수와 클래스의 파라미터는 매개변수라고 번역합니다.

▼ **그림 1-1** 여러 분야의 관계를 계층적으로 나타낸 이 다이어그램에서 볼 수 있듯이 LLM은 딥러닝 기술을 활용한 특정 애플리케이션으로 사람이 쓴 것 같은 텍스트를 생성하고 처리할 수 있습니다. 딥러닝은 다층 신경망을 사용하는 데 초점을 맞춘 머신러닝의 한 전문 분야입니다. 머신러닝과 딥러닝은 컴퓨터가 데이터로부터 학습하고 사람의 지능이 필요한 작업을 수행할 수 있는 알고리즘을 구현하는 분야입니다.

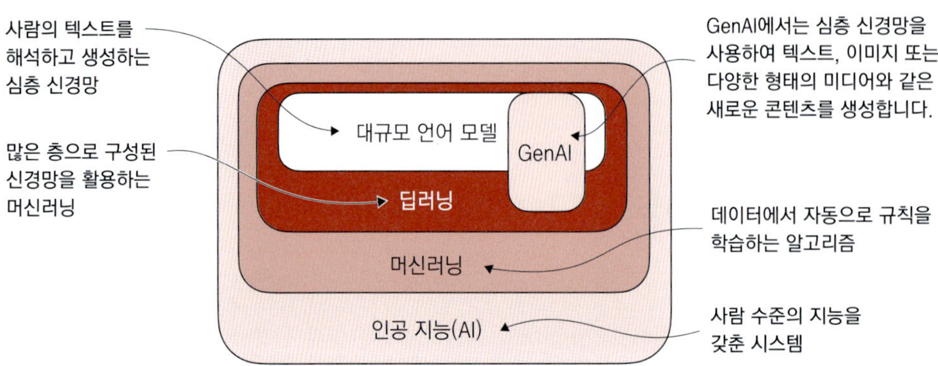

머신러닝은 AI 구현에 사용되는 알고리즘을 개발하는 데 초점을 맞추고 있습니다. 특히 머신러닝은 명시적으로 프로그래밍하지 않고도 데이터로부터 학습하고, 데이터를 기반으로 예측을 하거나 결정을 내릴 수 있는 알고리즘을 개발합니다. 이를 설명하기 위해 머신러닝의 실제 적용 사례로 스팸 필터(spam filter)를 생각해 보죠. 스팸 이메일을 찾아 내기 위해 수동으로 규칙을 작성하는 대신 머신러닝 알고리즘에 '스팸'과 '스팸 아님'이라는 레이블(label)이 부여된 샘플(example)을 전달합니다. 훈련 데이터셋(dataset)에 있는 샘플에 대한 예측 오류를 최소화하면서 모델은 스팸을 특정하는 패턴과 특징을 인식하도록 학습됩니다. 이를 통해 새로운 이메일이 스팸인지 아닌지를 분류할 수 있습니다.

그림 1-1에서 보듯이 딥러닝은 머신러닝의 하위 분야로 주로 (심층 신경망이라고도 부르는) 3개 이상의 층을 가진 신경망을 활용해 데이터에 있는 복잡한 패턴과 추상화를 모델링합니다. 딥러닝과 달리 전통적인 머신러닝에서는 수동으로 특성을 추출해야 합니다. 이는 전문가가 모델을 위해 가장 관련이 높은 특성(feature)을 찾아내고 선택해야 한다는 의미입니다.

머신러닝과 딥러닝이 AI 분야를 지배하고 있지만 규칙 기반 시스템, 유전 알고리즘(genetic algorithm), 전문가 시스템(expert system), 퍼지 논리(fuzzy logic), 기호 추론(symbolic reasoning)과 같은 다른 접근 방법도 있습니다.

스팸 분류 예제로 돌아가서, 전통적인 머신러닝에서는 전문가가 이메일 텍스트에서 특정 단어(예를 들면, '경품(prize)', '당첨(win)', '무료(free)')의 빈도, 느낌표 개수, 모두 대문자로 이루어진 단어, 의심스러운 링크 유무와 같은 특성을 수동으로 추출합니다. 전문가가 정의한 특성을 기반으로 만든 데이터셋을 사용해 모델을 훈련합니다. 전통적인 머신러닝과 달리 딥러닝에서는 수동 특성 추출이 필요하지 않습니다. 이는 전문가가 딥러닝 모델에 가장 관련이 높은 특성을 식별하고 선택할 필요가 없다는 의미입니다(하지만 스팸 분류의 경우 전통적인 머신러닝과 딥러닝 모두 여전히 '스팸'/'스팸 아님' 레이블을 수집해야 합니다. 이런 레이블은 전문가나 사용자가 수집해야 합니다).

오늘날 LLM이 해결할 수 있는 여러 가지 문제와 도전 과제, 나중에 구현하게 될 일반적인 LLM 구조에 대해 살펴보겠습니다.

1.2 SECTION LLM 애플리케이션

LLM은 비정형 텍스트 데이터(unstructured text data)를 분석하고 이해하는 뛰어난 능력 덕분에 다양한 영역에서 광범위하게 적용되고 있습니다. 오늘날 LLM은 기계 번역(machine translation), 텍스트 생성(그림 1-2), 감성 분석, 텍스트 요약, 그 외 많은 작업에 사용됩니다. 최근에는 소설, 기사, 심지어 컴퓨터 코드와 같은 콘텐츠를 생성하는 데도 사용되고 있습니다.

▼ **그림 1-2** LLM 인터페이스는 사용자와 AI 시스템 사이에서 자연어로 커뮤니케이션을 가능하게 합니다. 이 스크린샷을 보면 ChatGPT가 사용자의 요구 사항에 따라 시를 작성하고 있습니다.

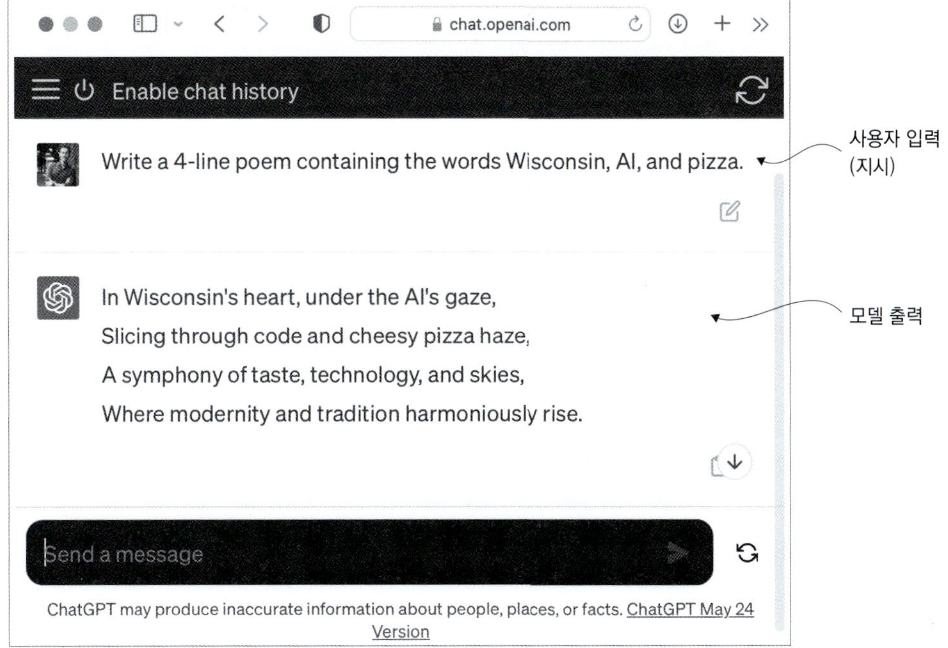

또한 LLM을 사용하여 오픈AI의 ChatGPT나 구글의 Gemini와 같은 뛰어난 성능의 챗봇(chatbot)과 가상 비서(virtual assistant)를 구현할 수 있습니다. 이를 통해 사용자의 쿼리(query)에 응답하고 구글 검색이나 마이크로소프트 빙(Bing) 같은 전통적인 검색 엔진의 기능을 보완할 수 있습니다.

또한 의료나 법률과 같은 전문 영역의 대용량 텍스트에서 지식을 검색하기 위한 효과적인 도구로 사용할 수 있습니다. 여기에는 문서를 검색하고, 긴 구절을 요약하고, 기술 문의에 응답하는 것이 포함됩니다.

요컨대 LLM은 텍스트 분석과 생성에 관련된 거의 모든 작업을 자동화하는 데 매우 유용합니다. LLM으로 만들 수 있는 애플리케이션의 범위는 사실상 끝이 없습니다. 지속적으로 모델을 혁신하고 새로운 사용 방법을 발굴함에 따라 LLM은 기술과 사람의 관계를 재정의할 수 있습니다. 확실히 여기에는 대화를 활용해 기술을 직관적이며 사용하기 쉽게 만드는 잠재력이 있습니다.

이 책은 LLM의 작동 방식을 밑바닥부터 이해하고 텍스트를 생성하는 LLM을 구현하는 데 초점을 맞춥니다. LLM이 사용자 쿼리에 따라 질문에 답변하고, 텍스트를 요약하고, 텍스트를 다른 언어로 번역할 수 있게 만드는 기술에 관해서도 배우게 될 것입니다. 다른 말로 하면 ChatGPT 같은 복잡한 LLM을 단계적으로 구축하면서 어떻게 동작하는지 배우게 될 것입니다.

1.3 SECTION LLM의 구축 단계

LLM을 왜 직접 만들어야 할까요? 밑바닥부터 LLM을 구현해 보면 LLM의 메커니즘과 한계를 이해하는 데 크게 도움이 되기 때문입니다. 또한 기존의 오픈 소스(open source) LLM을 특정 도메인(domain)의 데이터셋이나 작업에 적용하기 위해 사전 훈련(pretraining)하거나 미세 튜닝(fine-tuning)하는 데 필요한 지식을 갖추게 됩니다.

NOTE

오늘날 대부분의 LLM은 파이토치(PyTorch) 딥러닝 라이브러리로 구현되므로 이 책에서도 파이토치를 사용하겠습니다. 파이토치에 대한 자세한 내용은 부록 A를 참고하세요.

연구에 따르면, 모델링 성능 측면에 있어 특정 작업이나 도메인에 특화된 사용자 정의 LLM이 ChatGPT와 같이 다양한 애플리케이션을 위해 고안된 범용 LLM보다 성능이 뛰어날 수 있습니다. 이런 예로는 금융에 특화된 BloombergGPT, 의료 관련 질문 답변에 특화된 LLM 등이 있습니다(자세한 내용은 부록 B를 참고하세요).

사용자 정의 LLM은 특히 데이터 개인정보 보호 측면에서 몇 가지 장점이 있습니다. 예를 들어, 기업은 기밀 유지를 위해 오픈AI와 같은 서드파티(third-party) LLM 제공 업체와 민감한 데이터를 공유하고 싶지 않을 수 있습니다. 또한 작은 규모의 맞춤형 LLM을 개발하면 랩톱이나 스마트폰과 같은 사용자 장치에 바로 배포할 수 있습니다. 애플(Apple) 사가 현재 고려하고 있는 방법입니다. 로컬 구현은 응답 대기 시간을 크게 줄이고 서버 관련 비용을 절감할 수 있습니다. 게다가 맞춤형 LLM은 개발자에게 완전한 자율성을 부여하고, 필요할 때마다 모델을 업데이트하고 수정할 수 있습니다.

LLM을 개발하는 일반적인 과정은 사전 훈련과 미세 튜닝으로 구성됩니다. 사전 훈련의 '사전'은 LLM 같은 모델을 다양한 대규모 데이터셋에서 훈련시켜 언어에 대한 폭넓은 이해를 쌓는 초기 단계를 의미합니다. 이렇게 사전 훈련된 모델을 파운데이션 모델(foundation model)로 사용하여 미세 튜닝을 통해 더 개선할 수 있습니다. 미세 튜닝은 모델을 구체적인 작업이나 도메인을 위한 특정 데이터셋에서 훈련하는 과정입니다. 사전 훈련과 미세 튜닝으로 구성된 두 단계 훈련 방식이 그림 1-3에 나타나 있습니다.

▼ **그림 1-3** 사전 훈련은 대규모 텍스트 데이터셋에서 다음 단어 예측으로 수행됩니다. 그런 다음 사전 훈련된 LLM을 레이블이 있는 작은 데이터셋에서 미세 튜닝할 수 있습니다.

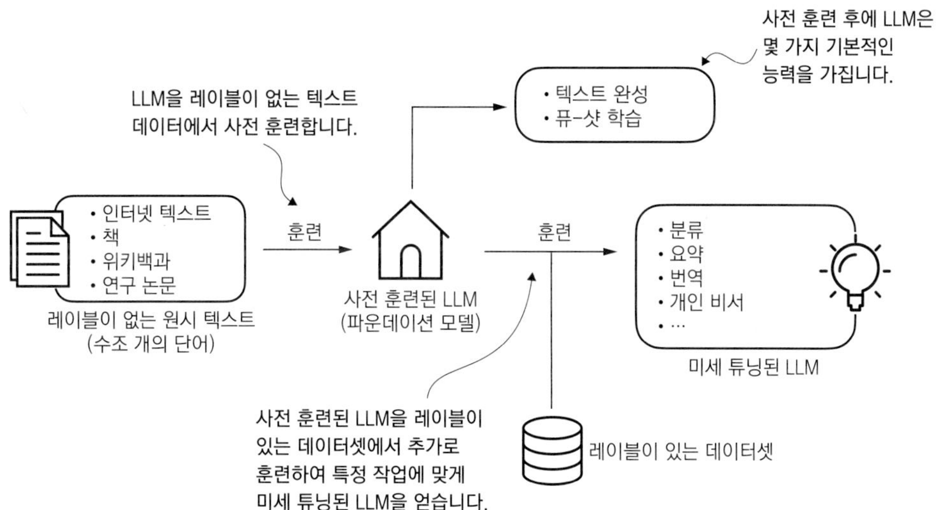

LLM을 만드는 첫 번째 단계는 원시 텍스트(raw text)라고도 부르는 대규모 텍스트 말뭉치(corpus)에서 훈련하는 것입니다. 여기에서 '원시'란 데이터에 레이블 정보가 없는 일반적인 텍스트라는 의미입니다(서식 문자나 알 수 없는 언어로 된 문서를 제거하는 등의 필터링(filtering)을 적용할 수 있습니다).

NOTE

머신러닝을 배운 독자라면 전통적인 머신러닝과 심층 신경망을 일반적인 지도 학습(supervised learning) 방식으로 훈련하기 위해서는 레이블 정보가 필요하다는 것을 알 것입니다. 그러나 LLM의 사전 훈련 단계는 이에 해당하지 않습니다. 이 단계에서 LLM은 입력 데이터로부터 레이블을 생성하는 자기 지도 학습(self-supervised learning) 방식을 사용합니다.[2]

LLM의 첫 번째 훈련 단계를 **사전 훈련**(pretraining)이라 부릅니다. 이렇게 만들어진 사전 훈련된 LLM을 **베이스 모델**(base model) 또는 **파운데이션 모델**(foundation model)이라 부릅니다. 이런 모델의 대표적인 예는 (ChatGPT에서 제공되는 모델의 전신인) GPT-3입니다. 이런 모델은 텍스트를 완성하는 능력이 있습니다. 즉, 사용자가 일부 쓰다 만 문장을 완성시킵니다. 또한 광범위한 훈련 데이터 대신에 몇 개의 샘플을 기반으로 새로운 작업을 수행하는 방법을 배우는 퓨-샷 학습(few-shot learning)을 제한적으로 수행할 수 있습니다.

대규모 텍스트 데이터셋에서 다음 단어를 예측하도록 훈련하여 사전 훈련된 LLM을 얻은 후 레이블이 있는 데이터에서 이 LLM을 추가로 훈련할 수 있습니다. 이를 **미세 튜닝**(fine-tuning)이라 부릅니다.

가장 인기 있는 미세 튜닝 LLM의 종류는 **지시 미세 튜닝**(instruction fine-tuning)과 **분류 미세 튜닝**(classification fine-tuning)입니다. 지시 미세 튜닝에서는 지시(instruction)와 정답 쌍으로 데이터셋(예를 들면, 텍스트를 번역하기 위한 쿼리와 올바르게 번역된 텍스트)이 구성됩니다. 분류 미세 튜닝에서는 텍스트와 클래스(class) 레이블[3]로 데이터셋(예를 들면, 이메일과 '스팸'/'스팸 아님' 레이블)이 구성됩니다.

책에서는 사전 훈련과 미세 튜닝을 하기 위한 코드를 구현하고, LLM을 사전 훈련한 후 지시 미세 튜닝과 분류 미세 튜닝의 세부 사항에 대해 더 자세히 알아보겠습니다.

---

2 역주 자기 지도 학습에 대한 자세한 내용은 <머신러닝 Q & AI>(길벗, 2025)의 2장을 참고하세요.

3 역주 레이블은 분류 문제에서 개개의 샘플에 부여된 특정 범주 값입니다. 클래스는 데이터셋에 존재하는 전체 범주를 의미합니다. 파이썬 클래스와 혼동하지 마세요.

1.4 SECTION 트랜스포머 구조 소개

대부분의 최신 LLM은 2017년 논문 "Attention Is All You Need"(https://arxiv.org/abs/1706.03762)에서 소개된 심층 신경망 구조인 **트랜스포머**(transformer)를 기반으로 합니다. LLM을 이해하려면 영어 텍스트를 독일어와 프랑스어로 번역하는 기계 번역을 위해 개발된 원본 트랜스포머를 알아야 합니다. 그림 1-4에 간소화된 트랜스포머 구조가 나타나 있습니다.

▼ **그림 1-4** 언어 번역을 위한 딥러닝 모델인 원본 트랜스포머 구조를 간소화한 그림. 트랜스포머는 두 부분으로 구성됩니다. (a) 인코더는 입력 텍스트를 처리하여 텍스트의 임베딩(embedding) 표현(각각의 차원에서 서로 다른 요소를 포착하는 수치 표현)을 생성합니다. (b) 디코더는 한 번에 한 단어씩 번역된 텍스트를 생성합니다. 이 그림은 원본 입력 텍스트("This is an example")와 일부 번역 문장("Das ist ein")이 주어졌을 때 디코더가 이 번역을 완성하기 위해 마지막 단어("Beispiel")만 생성하는 마지막 번역 단계를 보여 줍니다.

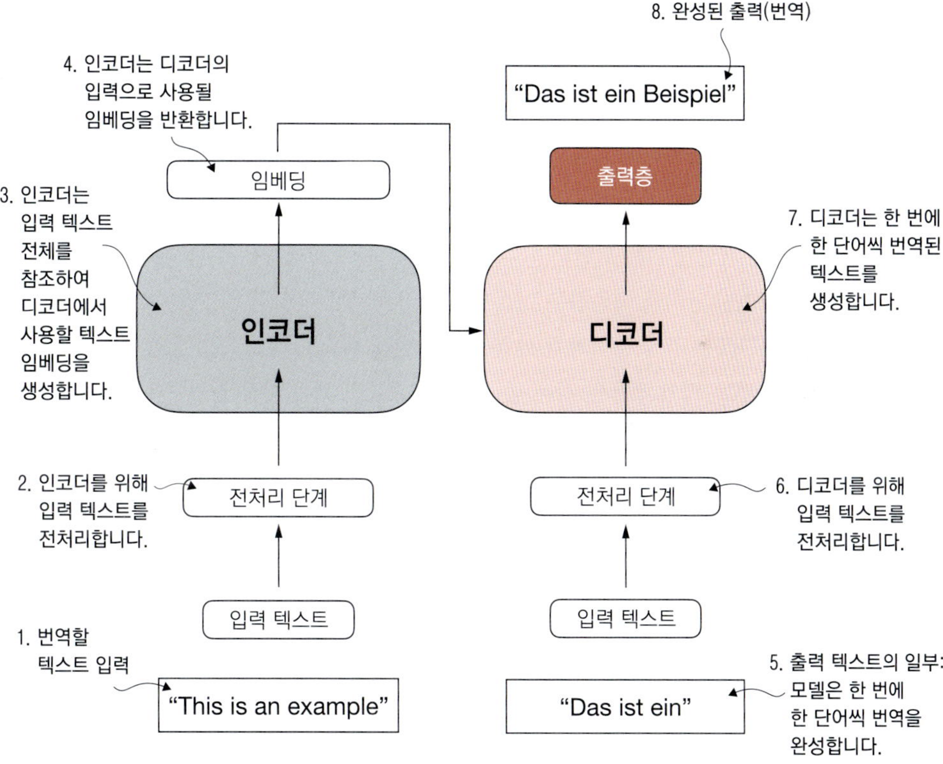

트랜스포머 구조는 2개의 서브모듈(submodule)인 인코더(encoder)와 디코더(decoder)로 구성됩니다. 인코더 모듈은 입력 텍스트를 처리하여 입력의 문맥 정보를 포착하는 일련의 수치 표현 또는 벡터로 인코딩(encoding)합니다. 그런 다음 디코더 모듈이 인코딩된 벡터를 받아 출력 텍스트를 생성합니다. 번역 작업을 예로 들면 인코더는 원본 언어의 텍스트를 벡터로 인코딩하고, 디코더는 이 벡터를 디코딩해 타깃 언어로 된 텍스트를 생성합니다. 인코더와 디코더 모두 이른바 셀프 어텐션 메커니즘(self-attention mechanism)으로 연결된 많은 층으로 구성되어 있습니다. 입력이 어떻게 전처리되어 인코딩되는지 많은 질문이 떠오를 수 있습니다. 이어지는 장에서 단계별로 구현하면서 이런 질문에 대한 답을 알아보겠습니다.

트랜스포머와 LLM의 핵심 요소는 (그림 1-4에 없는) 셀프 어텐션 메커니즘입니다. 이를 통해 모델은 시퀀스에 있는 서로 다른 단어 또는 토큰(token)에 상대적인 가중치를 부여할 수 있습니다. 이 메커니즘 덕분에 모델이 입력 데이터에서 긴 범위에 걸친 의존성과 맥락 관계를 포착할 수 있어 일관성 있고 맥락에 맞는 출력을 생성할 수 있습니다. 하지만 복잡하기 때문에 설명을 나중으로 미루고 3장에서 단계별로 이를 구현하면서 자세히 살펴보겠습니다.

BERT(bidirectional encoder representations from transformers)와 여러 버전의 GPT 모델 같은 트랜스포머 구조의 최신 변종은 이 개념을 기반으로 다양한 작업에 이 구조를 적용했습니다. 관심이 있다면 부록 B에 소개된 내용을 참고하세요.

원본 트랜스포머 인코더 모듈을 기반으로 하는 BERT는 GPT와 훈련 방식이 다릅니다. 그림 1-5와 같이 GPT는 생성 작업을 위해 고안되었지만 BERT 및 유사 모델들은 주어진 문장에서 마스킹(masking)되거나 가려진 단어를 예측하는 마스킹된 단어 예측에 특화되어 있습니다. 이런 독특한 훈련 전략 덕분에 BERT는 감성 분석과 문서 분류를 포함해 텍스트 분류 작업에 강점을 갖게 되었습니다. BERT의 이런 능력이 적용된 사례 중 하나로 이 글을 쓰는 시점에 X(구 트위터(Twitter))가 BERT를 사용해 유해한 콘텐츠를 감지하는 것을 들 수 있습니다.

▼ **그림 1-5** 트랜스포머의 인코더와 디코더 모듈 구조. 왼쪽의 인코더는 BERT와 유사한 LLM의 예를 보여 줍니다. 마스킹된 단어 예측에 초점을 맞추고 주로 텍스트 분류 같은 작업에 사용됩니다. 오른쪽의 디코더는 GPT와 유사한 LLM의 예입니다. 일관된 텍스트 시퀀스를 생성하는 작업을 위해 고안되었습니다.

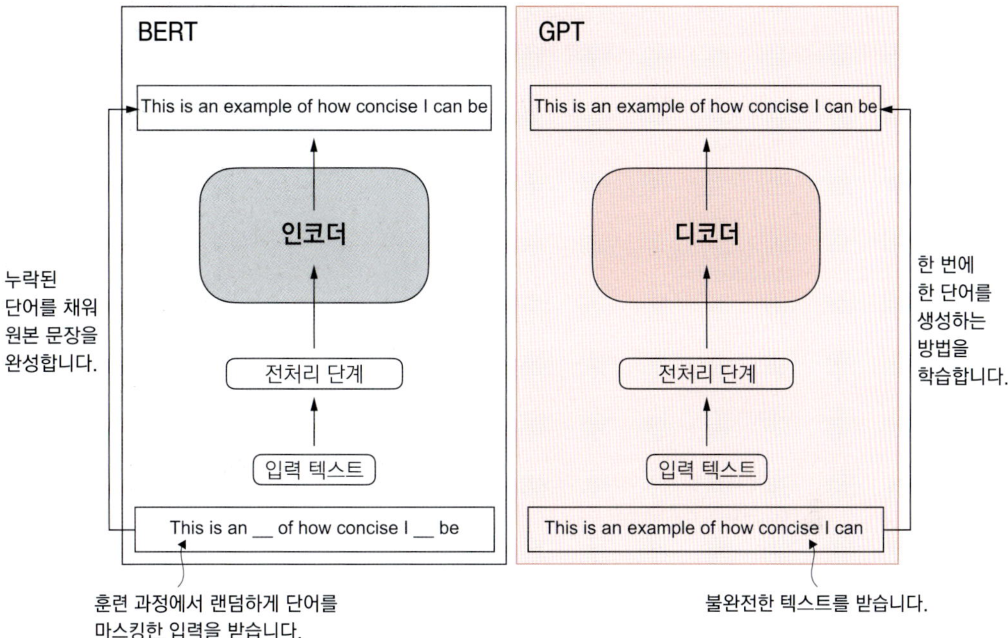

반면 GPT는 원본 트랜스포머 구조의 디코더 부분만 사용하며 텍스트 생성이 필요한 작업을 위해 고안되었습니다. 이런 작업으로는 기계 번역, 텍스트 요약, 소설 쓰기, 컴퓨터 프로그램 작성 등이 있습니다.

주로 텍스트 완성 작업을 수행하도록 설계되고 훈련된 GPT 모델은 놀랍게도 다양한 능력을 보여 줍니다. 이런 모델은 제로-샷 학습(zero-shot learning)과 퓨-샷 학습 작업을 수행하는 데 능숙합니다. 제로-샷 학습은 사전에 어떤 구체적인 예시도 없이 처음 보는 작업에 일반화하는 능력을 의미합니다. 반면 퓨-샷 학습은 그림 1-6처럼 사용자가 입력으로 제공한 최소한의 샘플로부터 학습합니다.

▼ **그림 1-6** 텍스트 완성 외에도 GPT와 같은 LLM은 재훈련, 미세 튜닝 또는 작업에 특화된 모델 구조로 바꾸지 않고도 입력 데이터를 기반으로 다양한 작업을 해결할 수 있습니다. 이따금 입력에 타깃 작업에 대한 예시를 제공하는 것이 도움이 됩니다. 이를 퓨-샷 학습이라고 부릅니다. 하지만 GPT와 같은 LLM은 제로-샷 학습, 즉 구체적인 예시 없이 특정 작업을 수행할 수 있습니다.

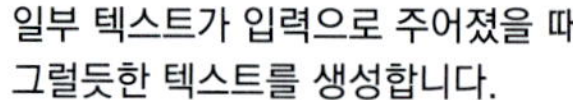

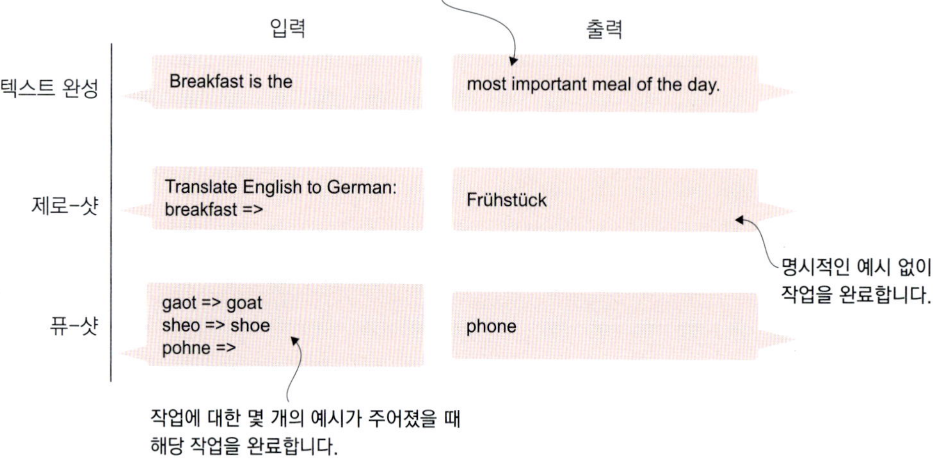

참고

트랜스포머 vs. LLM

오늘날 LLM은 트랜스포머 구조를 기반으로 합니다. 따라서 트랜스포머와 LLM은 동의어로 사용되는 경우가 많습니다. 하지만 모든 트랜스포머 모델이 LLM은 아니며 컴퓨터 비전(computer vision)에 사용되기도 합니다. 또한 순환 신경망이나 합성곱 신경망 기반의 LLM도 있기 때문에 모든 LLM이 트랜스포머인 것도 아닙니다. 이런 다른 접근 방법의 이면에 있는 주요 동기는 LLM의 계산 효율성을 높이는 것입니다. 다른 구조의 LLM이 트랜스포머 기반 LLM의 능력과 경쟁할 수 있는지, 실전에 채택되는지는 두고 봐야 합니다. 편의상 이 책에서 사용하는 'LLM'이란 용어는 GPT와 같은 트랜스포머 기반의 LLM을 뜻합니다(관심 있는 독자는 부록 B에서 다양한 구조를 제안하는 논문을 참고하세요).

1.5 SECTION 대규모 데이터셋 활용하기

인기 있는 GPT 및 BERT 유사 모델의 대규모 훈련 데이터셋은 수십억 개의 단어가 들어 있는 다양하고 광범위한 텍스트 말뭉치로 구성됩니다. 여기에는 다양한 주제와 자연어, 컴퓨터 언어가 포함되어 있습니다. 구체적인 예로 표 1-1은 ChatGPT 초기 버전의 베이스 모델로 사용된 GPT-3를 사전 훈련하는 데 사용된 데이터셋을 보여 줍니다.

▼ **표 1-1** GPT-3 LLM의 사전 훈련 데이터셋

데이터셋 이름	데이터셋 설명	토큰 개수	훈련 데이터 비율
CommonCrawl(필터링됨)	웹 크롤(crawl) 데이터	4,100억 개	60%
WebText2	웹 크롤(crawl) 데이터	190억 개	22%
Books1	인터넷 기반 도서 말뭉치	120억 개	8%
Books2	인터넷 기반 도서 말뭉치	550억 개	8%
위키백과	고품질 텍스트	30억 개	3%

표 1-1은 토큰 개수를 보여 줍니다. 토큰은 모델이 텍스트를 읽는 단위입니다. 데이터셋에 있는 토큰 개수는 텍스트에 있는 단어와 구두점 문자 개수와 대체로 동일합니다. 2장에서 텍스트를 토큰으로 변환하는 토큰화(tokenization)에 대해 소개하겠습니다.

핵심 장점은 훈련 데이터셋의 크기와 다양성으로 인해 모델이 언어 구문, 문법, 맥락에 관련된 다양한 작업과 심지어 일반 지식이 필요한 작업도 수행할 수 있다는 것입니다.

참고

GPT-3 데이터셋의 세부 정보

표 1-1은 GPT-3에 사용된 데이터셋을 보여 줍니다. 반올림 오차를 빼고 이 표의 비율 값을 모두 더하면 100%가 됩니다. 토큰 개수 열을 모두 더하면 4,990억 개가 되지만 모델은 3,000억 개의 토큰에서만 훈련되었습니다. GPT-3 논문에는 4,990억 개의 토큰을 모두 사용하지 않은 이유가 언급되어 있지는 않습니다.

CommonCrawl 데이터셋의 크기를 생각해 보면 4,100억 개의 토큰으로 이루어져 있어 570GB의 저장 공간이 필요합니다. 이와 달리 메타(Meta)의 Llama 같은 GPT-3 이후의 모델들은 Arxiv 연구 논문(92GB)과 스택익스체인지(StackExchange)의 코드 관련 Q&A(78GB) 같은 추가 데이터를 포함시켜 훈련 범위를 확장했습니다.

GPT-3 논문의 저자들은 훈련 데이터셋을 공유하지 않았지만 공개적으로 사용 가능한 유사한 데이터셋은 Dolma: An Open Corpus of Three Trillion Tokens for LLM Pretraining Research by Soldaini et al. 2024 (https://arxiv.org/abs/2402.00159)입니다. 하지만 이 데이터셋에는 저작권이 있는 콘텐츠가 있을 수 있으므로 정확한 사용 조건은 각자의 사용 사례와 국가에 따라 다를 수 있습니다.

이런 모델의 사전 훈련 특성으로 인해 매우 다양한 후속 작업을 위해 미세 튜닝할 수 있습니다. 그래서 베이스 모델 또는 파운데이션 모델이라 부릅니다. LLM을 사전 훈련하려면 상당한 자원이 필요하며 비용이 많이 듭니다. 예를 들어 GPT-3 사전 훈련 비용은 클라우드 컴퓨팅 비용 기준으로 약 460만 달러로 추정됩니다(https://mng.bz/VxEW).

좋은 소식은 사전 훈련된 LLM이 오픈 소스로 많이 공개되어 있다는 것입니다. 이를 범용 도구로 사용해 훈련 데이터에 없는 텍스트를 작성하고, 검색하고, 편집할 수 있습니다. 또한 특정 작업을 위해 이런 LLM을 비교적 작은 데이터셋으로 미세 튜닝할 수 있습니다. 이를 통해 필요한 계산 자원을 절감하고 성능을 향상할 수 있습니다.

이 책에서는 교육적인 목적으로 사전 훈련을 위한 코드를 작성하여 LLM을 사전 훈련하겠습니다. 모든 계산은 사용자의 하드웨어에서 실행 가능합니다. 사전 훈련된 코드를 구현한 후에 공개된 모델 가중치를 직접 구현한 모델에 로드하는 방법을 배우겠습니다. 이렇게 하면 LLM을 미세 튜닝할 때 비용이 많이 드는 사전 훈련 단계를 건너뛸 수 있습니다.

1.6 SECTION GPT 구조 자세히 살펴보기

GPT는 오픈AI의 알렉 래드포드(Alec Radford) 등이 쓴 "Improving Language Understanding by Generative Pre-Training"(https://mng.bz/x2qg) 논문에서 처음 소개되었습니다. GPT-3는 이 모델의 확장 버전으로 파라미터가 더 많고, 더 큰 데이터셋에서 훈련되었습니다. 또한 오픈AI의 InstructGPT 논문(https://arxiv.org/abs/2203.02155)에 나온 방법으로 대규모 지시 데이터셋에서 GPT-3를 미세 튜닝했고, 이를 통해 ChatGPT에서 사용된 초기 모델을 만들었습니다. 그림 1-6에서 보듯이 이런 모델은 텍스트 완성에 유능하며 맞춤법 수정, 분류, 언어 번역과 같은 다른 작업을 수행할 수 있습니다. 그림 1-7에 나와 있듯이 GPT 모델이 비교적 간단한 다음 단어 예측 작업에서 사전 훈련되었다는 점을 생각하면 매우 놀랍습니다.

▼ **그림 1-7** GPT 모델을 위한 다음 단어 예측 기반의 사전 훈련 작업에서 시스템은 지금까지 나온 단어를 사용해 문장에 나오는 다음 단어를 예측하는 방법을 학습합니다. 이런 접근 방식은 모델이 언어에서 단어와 구문이 일반적으로 어떻게 결합되는지 이해하는 데 도움이 되며, 다양한 다른 작업에 적용할 수 있는 기반을 형성합니다.

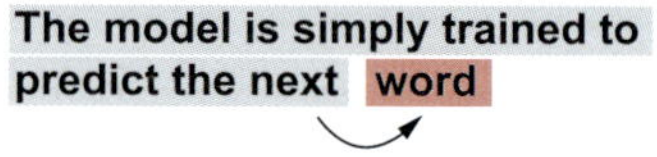

The model is simply trained to predict the next word

다음 단어 예측 작업은 셀프 레이블링(self-labeling)의 하나인 자기 지도 학습의 한 형태입니다. 이는 훈련 데이터의 레이블을 명시적으로 수집할 필요가 없고 데이터 구조 자체를 활용할 수 있다는 의미입니다. 즉, 문장이나 문서에 있는 다음 단어를 모델이 예측해야 할 레이블로 사용할 수 있습니다. 다음 단어 예측 작업을 사용하면 즉석에서 레이블을 만들 수 있기 때문에 레이블이 없는 대용량의 데이터셋을 사용해 LLM을 훈련할 수 있습니다.

1.4절에서 소개한 원본 트랜스포머 구조와 비교하면 일반적인 GPT 구조는 비교적 간단합니다. 기본적으로 인코더 없이 디코더 모듈만 사용합니다(그림 1-8). GPT와 같은 디코더 기반의 모델은 한 번에 한 단어씩 예측하여 텍스트를 생성하기 때문에 자기회귀 모델(autoregressive model)의

한 유형으로 간주됩니다. 자기회귀 모델은 이전 출력을 입력으로 사용해 미래를 예측합니다. 결과적으로 GPT에서는 이전 시퀀스를 기반으로 다음 단어를 선택하는 식으로 출력 텍스트의 일관성을 향상시킵니다.

GPT-3와 같은 구조는 원본 트랜스포머 모델보다 훨씬 큽니다. 예를 들어 원본 트랜스포머는 인코더 블록과 디코더 블록을 여섯 번 반복합니다. GPT-3는 96개의 트랜스포머 층이 있으며 총 1,750억 개의 파라미터를 가집니다.[4]

▼ **그림 1-8** GPT 구조는 원본 트랜스포머에서 디코더 부분만 사용합니다. 왼쪽에서 오른쪽으로 단방향 처리를 위해 고안되었으므로 한 번에 한 단어씩 반복적인 형태로 텍스트를 생성하는 텍스트 생성 작업과 다음 단어 예측 작업에 잘 맞습니다.

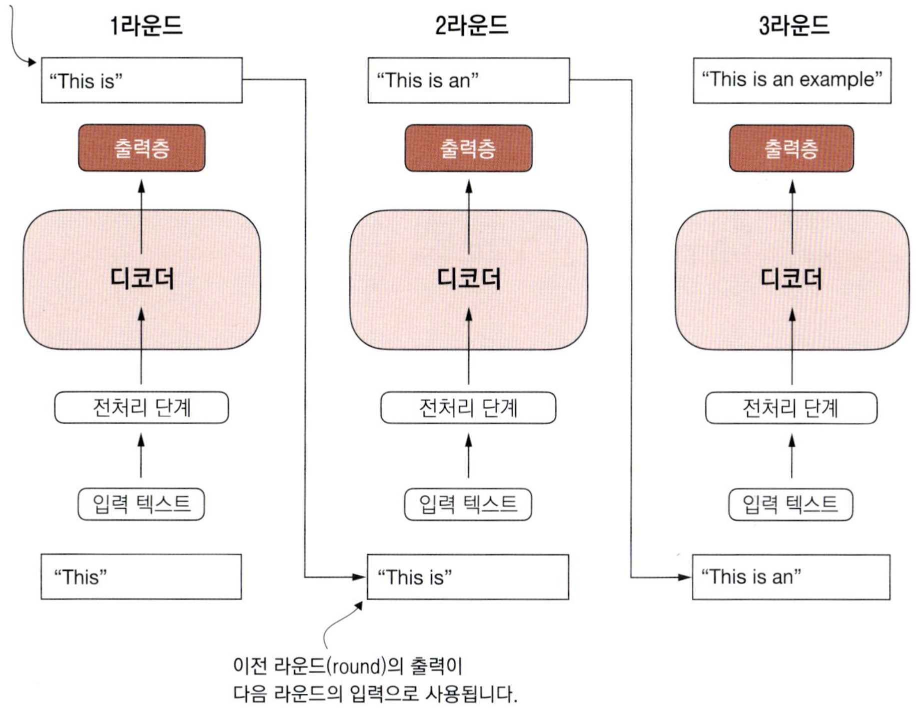

2020년에 출시된 GPT-3는 딥러닝과 대규모 언어 모델의 개발 기준으로 볼 때 구식 모델로 간주됩니다. 하지만 메타의 Llama와 같이 최근 모델도 일부 수정 사항을 제외하면 여전히 동일한 개념을 기반으로 합니다. 따라서 GPT를 이해하는 것은 여전히 매우 도움이 됩니다. 이 책에서는 GPT 구조를 구현하는 데 초점을 맞추고 최신 LLM에서 달라진 점들을 언급하겠습니다.

4 역주 책에서는 모듈, 블록을 같은 의미로 사용하며 하나의 블록을 트랜스포머 층이라고도 부릅니다.

인코더와 디코더로 구성된 원본 트랜스포머 모델은 명시적으로 언어 번역을 위해 개발되었습니다. 이보다 더 크지만 다음 단어 예측을 목표로 하는 단순한 디코더 기반 구조의 GPT 모델도 번역 작업을 수행할 수 있습니다. 이는 구체적인 번역 작업이 아닌 다음 단어 예측 작업에서 훈련된 모델에서 나왔기 때문에 초기에는 연구자들이 예상치 못한 기능이었습니다.

모델이 명시적으로 훈련되지 않은 작업을 수행하는 능력을 창발적 행동(emergent behavior)이라고 부릅니다. 이 능력은 훈련 과정에서 명시적으로 학습하는 것이 아니라 모델이 다양한 맥락의 대용량 다국어 데이터에 노출됨으로써 자연스러운 결과로 획득합니다. GPT 모델이 구체적으로 번역을 위해 훈련되지 않았더라도 언어 사이의 번역 패턴을 학습하고 번역 작업을 수행할 수 있다는 사실은 대규모 생성 언어 모델의 장점과 능력을 잘 보여 줍니다. 따라서 작업마다 개별 모델을 사용할 필요 없이 하나의 모델로 다양한 작업을 수행할 수 있습니다.

1.7 SECTION 대규모 언어 모델 만들기

LLM을 이해하기 위한 기초를 닦았으므로 밑바닥부터 이를 구현해 보겠습니다. GPT 모델의 기본적인 아이디어를 청사진으로 삼아 그림 1-9에 나온 것처럼 세 단계로 이를 다루어 보겠습니다.

▼ **그림 1-9** LLM 구현을 위한 3개의 주요 단계는 LLM 구조와 데이터 전처리 과정 구현하기(1단계), LLM을 사전 훈련하여 파운데이션 모델 만들기(2단계), 파운데이션 모델을 미세 튜닝하여 개인 비서나 텍스트 분류기 만들기(3단계)입니다.

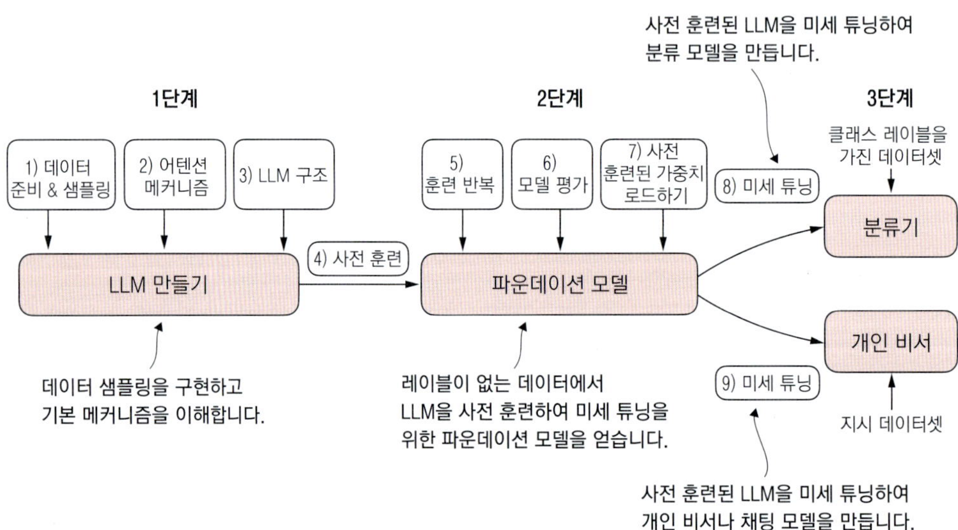

1단계에서는 기본적인 데이터 전처리 단계에 대해 배우고 모든 LLM의 핵심인 어텐션 메커니즘을 구현합니다. 그런 다음 2단계에서는 새로운 텍스트를 생성할 수 있는 GPT와 유사한 LLM을 구현하고 사전 훈련하는 방법을 배웁니다. 이어서 NLP 시스템을 개발하는 데 매우 중요한 기본적인 LLM 평가 방법에 대해 알아봅니다.

밑바닥부터 LLM을 사전 훈련하는 것은 GPT와 유사한 모델의 경우 수천에서 수백만 달러의 컴퓨팅 비용이 발생하는 커다란 작업입니다. 따라서 2단계는 작은 데이터셋을 사용해 교육적인 목적으로 훈련을 구현하는 데 초점을 맞춥니다. 또한 공개된 모델 가중치를 로드하기 위한 코드 예제를 제공합니다.

마지막으로 3단계에서는 사전 훈련된 LLM을 미세 튜닝하여 질문 답변이나 텍스트 분류와 같이 지시를 따르도록 만듭니다. 이런 작업은 실전 애플리케이션과 연구에서 가장 일반적인 작업입니다.

그럼 흥미진진한 이 여정을 시작해 보죠. 기대해 주세요!

1.8 SECTION 요약

- LLM은 명시적인 규칙 기반 시스템과 간단한 통계적 방법에 대부분 의존했던 자연어 처리 분야를 변화시켰습니다. LLM의 등장으로 새로운 딥러닝 기반의 방법이 제시되었고 사람의 언어를 이해하고, 생성하고, 번역하는 데 큰 발전을 이루었습니다.
- 최신 LLM의 훈련은 크게 2개의 주요 단계로 이뤄집니다.
  - 먼저 레이블이 없는 대규모 텍스트 말뭉치에서 문장에 있는 다음 단어(레이블)를 예측하는 식으로 사전 훈련됩니다.
  - 그런 다음 지시를 따르거나 분류 작업을 수행하기 위해 레이블이 있는 작은 타깃 데이터셋에서 미세 튜닝됩니다.
- LLM은 트랜스포머 구조를 기반으로 합니다. 트랜스포머 구조의 핵심 아이디어는 어텐션 메커니즘입니다. 이를 통해 LLM이 한 번에 한 단어씩 생성할 때 전체 입력 시퀀스를 선택적으로 참조할 수 있습니다.

- 원본 트랜스포머 구조는 텍스트를 해석하는 인코더와 텍스트를 생성하는 디코더로 구성됩니다.
- GPT-3와 ChatGPT 같이 텍스트를 생성하고 지시를 수행하기 위한 LLM은 디코더 모듈로만 구현되므로 구조가 더 단순합니다.
- 수십억 개의 단어로 구성된 대규모 데이터셋은 LLM을 사전 훈련하는 데 필수적입니다.
- GPT와 같은 모델을 위한 사전 훈련 작업이 문장에 있는 다음 단어를 예측하는 것이지만, 이런 LLM은 텍스트를 분류, 번역, 요약할 수 있는 창발적 속성을 보여 줍니다.
- LLM을 사전 훈련하여 만든 파운데이션 모델을 다양한 후속 작업에 맞게 효율적으로 미세 튜닝할 수 있습니다.
- 사용자 정의 데이터셋에 미세 튜닝된 LLM은 특정 작업에서 범용 LLM의 성능을 능가할 수 있습니다.

CHAPTER

2

텍스트 데이터 다루기

이 장에서 다룰 내용

- 대규모 언어 모델 훈련을 위한 텍스트를 준비합니다.
- 텍스트를 단어와 부분단어(subword)인 토큰으로 나눕니다.
- 고급 텍스트 토큰화 방법인 바이트 페어 인코딩(byte pair encoding)을 배웁니다.
- 슬라이딩 윈도(sliding window) 방식으로 훈련 데이터를 샘플링(sampling)합니다.
- 대규모 언어 모델에 주입하기 위해 토큰을 벡터로 변환합니다.

지금까지 대규모 언어 모델(LLM)의 일반적인 구조를 다루었고, 대용량 텍스트에서 어떻게 사전 훈련되는지 배웠습니다. 구체적으로 트랜스포머 디코더 기반 LLM에 초점을 맞추었습니다. 트랜스포머는 ChatGPT에서 사용되는 모델 및 GPT와 유사한 LLM의 기반이 됩니다.

사전 훈련 단계에서 LLM은 텍스트를 한 번에 한 단어씩 처리합니다. 다음 단어 예측 작업으로 수백만에서 수십억 개의 파라미터를 가진 LLM을 훈련하면 놀라운 능력을 가진 모델을 만들 수 있습니다. 이런 모델을 추가적으로 미세 튜닝하여 일반적인 지시를 따르거나 특정 작업을 수행하도록 만들 수 있습니다. 하지만 그림 2-1에 나와 있듯이 LLM을 구현하고 훈련하기 전에 훈련 데이터셋을 준비해야 합니다.

▼ **그림 2-1** LLM 구현을 위한 3개의 주요 단계. 이 장은 1단계의 첫 번째 스텝인 데이터 샘플링 파이프라인(pipeline)에 초점을 맞춥니다.

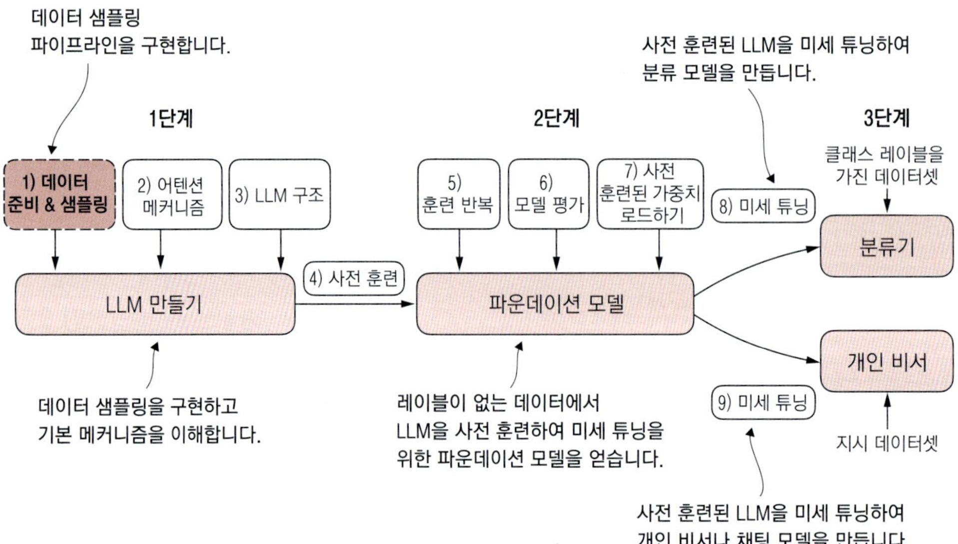

LLM을 훈련하기 위해 입력 텍스트를 준비하는 방법을 배우겠습니다. 여기에는 텍스트를 개별 단어와 부분단어 토큰으로 분할하는 작업이 포함됩니다. 그런 다음 LLM을 위해 벡터 표현으로 인코딩할 수 있습니다. GPT처럼 인기 있는 LLM에서 사용하는 바이트 페어 인코딩과 같은 고급 토큰화 방법에 대해서도 배우겠습니다. 마지막으로 샘플링과 데이터 로드 전략을 구현하여 LLM 훈련에 필요한 입력-출력 쌍을 생성하겠습니다.

2.1 SECTION 단어 임베딩 이해하기

LLM을 포함해 심층 신경망 모델은 원시 텍스트를 바로 처리할 수 없습니다. 텍스트는 범주형 데이터(categorical data)이므로 신경망을 구현하고 훈련하는 데 사용되는 수학 연산과 호환되지 않습니다. 따라서 단어를 실수 벡터로 표현할 방법이 필요합니다.[1]

NOTE

벡터와 텐서(tensor)에 익숙하지 않은 독자는 부록 A의 2.2절을 참고하세요.

데이터를 벡터 형태로 변환하는 개념을 흔히 **임베딩**(embedding)이라고 부릅니다. 그림 2-2에서 보듯이 특정 신경망 층 또는 그 밖의 사전 훈련된 신경망 모델을 사용해 여러 종류의 데이터(예를 들면, 비디오, 오디오, 텍스트)를 임베딩할 수 있습니다. 하지만 데이터 포맷마다 고유한 임베딩 모델이 필요합니다. 예를 들어, 텍스트를 위한 임베딩 모델은 오디오나 비디오 데이터를 임베딩하는 데는 적합하지 않습니다.

임베딩은 단어, 이미지, 심지어 문서 전체와 같이 이산적인 객체를 연속적인 벡터 공간의 한 포인트로 매핑합니다. 임베딩의 주요 목적은 비수치 데이터를 신경망이 처리할 수 있는 포맷으로 변환하는 것입니다.

1 역주 토큰 ID와 같은 정수는 토큰 사이에 의도치 않는 순서 개념을 부여하게 되며, 이 정수를 원-핫 인코딩할 경우 모든 토큰 사이의 거리가 동일해져 비슷한 토큰 사이의 의미를 포착할 수 없습니다.

▼ **그림 2-2** 딥러닝 모델은 비디오, 오디오, 텍스트 같은 데이터 포맷을 원시 형태 그대로 처리할 수 없습니다. 따라서 임베딩 모델을 사용해 원시 데이터를 딥러닝 모델에서 쉽게 이해하고 처리할 수 있는 밀집 벡터(dense vector) 표현으로 변환해야 합니다. 이 그림은 원시 데이터를 3차원 수치 벡터로 변환하는 과정을 보여 줍니다.

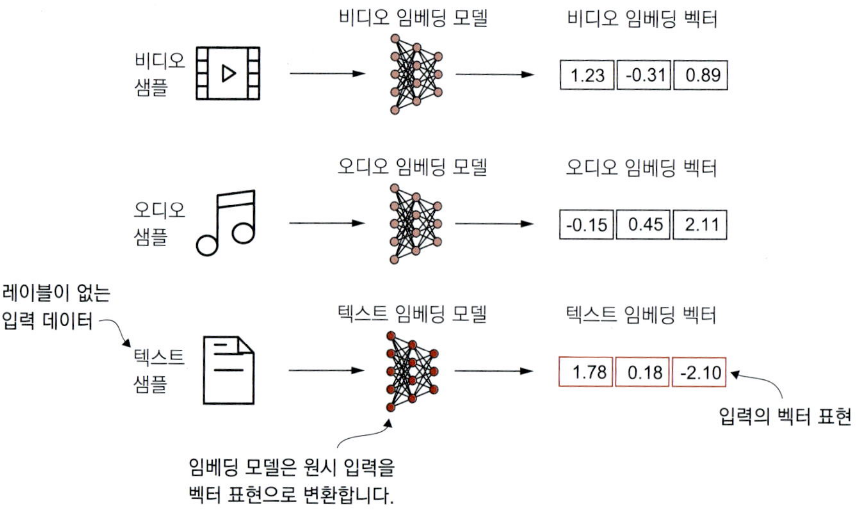

단어 임베딩이 텍스트 임베딩의 가장 일반적인 형태이지만 문장, 단락 또는 문서 전체를 위한 임베딩도 있습니다. 문장이나 단락 임베딩은 **RAG**(retrieval-augmented generation)에서 널리 사용됩니다. RAG는 (텍스트 생성과 같은) 생성과 (외부 지식 데이터베이스 검색과 같은) 검색을 결합하여 관련 정보를 추출하여 텍스트를 생성하는 방법으로 이 책에서는 다루지 않습니다.[2] 이 책의 목표는 한 번에 하나의 단어씩 텍스트를 생성하는 GPT와 유사한 LLM을 훈련하는 것이므로 단어 임베딩에 초점을 맞추겠습니다.

단어 임베딩을 생성하기 위해 몇 가지 알고리즘과 프레임워크가 개발되었습니다. 초기에 등장한 가장 인기 있는 방법 중 하나는 **Word2Vec**입니다. Word2Vec는 타깃 단어가 주어지면 문맥 단어를 예측하거나 그 반대의 방식으로 신경망을 훈련하여 단어 임베딩을 생성합니다. Word2Vec의 핵심 아이디어는 비슷한 맥락에 등장하는 단어는 비슷한 의미를 가지는 경향이 있다는 것입니다. 따라서 그림 2-3과 같이 시각화를 위해 단어를 2차원 단어 임베딩 공간에 투영하면 비슷한 단어는 가깝게 모여 있게 됩니다.

단어 임베딩의 차원은 하나에서 수천까지 가능합니다. 차원이 높을수록 미묘한 관계를 잘 감지할 수 있지만 계산 효율성이 떨어집니다.

2 역주 다양한 임베딩과 RAG에 대해서는 〈핸즈온 LLM〉(한빛미디어, 2025)을 참고하세요.

▼ **그림 2-3** 단어 임베딩이 2차원이면, 2차원 산점도로 시각화할 수 있습니다. Word2Vec와 같은 단어 임베딩 기법을 사용할 때 비슷한 개념의 단어는 임베딩 공간상에서 서로 가깝게 위치하는 경우가 많습니다. 예를 들어, 여러 종류의 새에 관한 단어는 임베딩 공간상에서 국가와 도시보다 서로 가까이 나타납니다.

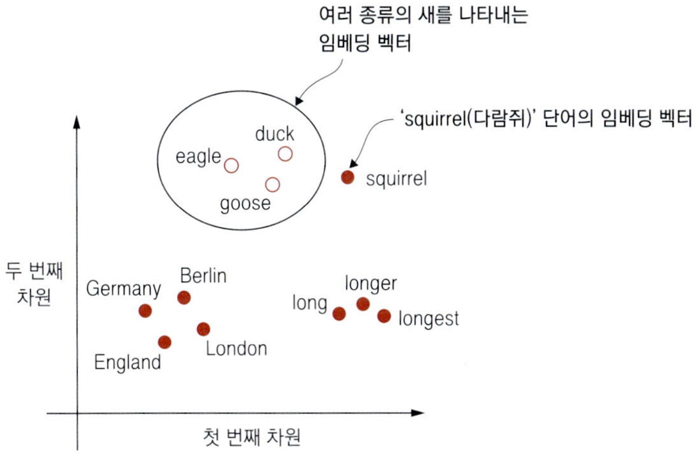

Word2Vec와 같은 사전 훈련된 모델을 사용하여 머신러닝 모델을 위한 임베딩을 생성할 수 있지만 LLM은 일반적으로 입력층의 일부로 자체적인 임베딩을 만들고 훈련 중에 업데이트합니다. Word2Vec를 사용하는 대신 LLM 훈련의 일부로 임베딩을 최적화하면 임베딩을 특정 작업과 주어진 데이터에 최적화할 수 있다는 장점이 있습니다. 나중에 이 장 뒷부분에서 임베딩 층을 구현하겠습니다(3장에서 보겠지만 LLM은 문맥이 고려된 출력 임베딩을 만들 수도 있습니다).

안타깝게도 사람이 인식하는 감각과 일반적인 그래픽 표현은 본질적으로 3차원 이하로 제한되기 때문에 고차원의 임베딩은 시각화하기 어렵습니다. 그림 2-3에서 2차원 산점도로 임베딩을 표현한 이유입니다. 하지만 LLM에서는 일반적으로 훨씬 고차원의 임베딩을 사용합니다. GPT-2와 GPT-3의 경우 임베딩 크기[3](모델의 은닉 상태(hidden state) 차원이라고도 부릅니다)는 모델의 버전과 크기에 따라 달라집니다. 성능과 효율성 사이의 트레이드오프(tradeoff)가 있습니다. 구체적으로 가장 작은(117M[4]과 125M 파라미터를 가진) GPT-2 모델은 768차원의 임베딩을 사용합니다. 가장 큰(175B 파라미터를 가진) GPT-3 모델의 임베딩 크기는 12,288차원입니다.

다음으로 LLM에서 사용하는 임베딩을 준비하는 데 필요한 단계를 살펴보겠습니다. 텍스트를 단어로 분할하고, 단어를 토큰으로 변환하고, 토큰을 임베딩 벡터로 변환하는 순서입니다.

3 **역주** LLM에서 임베딩 크기, 임베딩 차원, 은닉 크기, 은닉 차원은 모두 같은 의미로 사용됩니다.

4 **역주** 모델 파라미터 크기를 나타낼 때 M은 100만을 의미하며, B는 10억을 나타냅니다. 따라서 117M은 1억 1,700만이고, 175B는 1,750억입니다.

2.2 SECTION 텍스트 토큰화하기

LLM을 위한 임베딩을 만드는 데 필수적인 전처리 단계인, 입력 텍스트를 개별 토큰으로 분할하는 방법에 대해 알아보겠습니다. 이런 토큰은 그림 2-4에서 보듯이 개별 단어 또는 구두점 문자를 포함한 특수 문자일 수 있습니다.

▼ **그림 2-4** LLM의 텍스트 처리 단계. 입력 텍스트를 개별 토큰으로 분할합니다. 토큰은 단어 또는 구두점 문자 같은 특수 문자입니다.

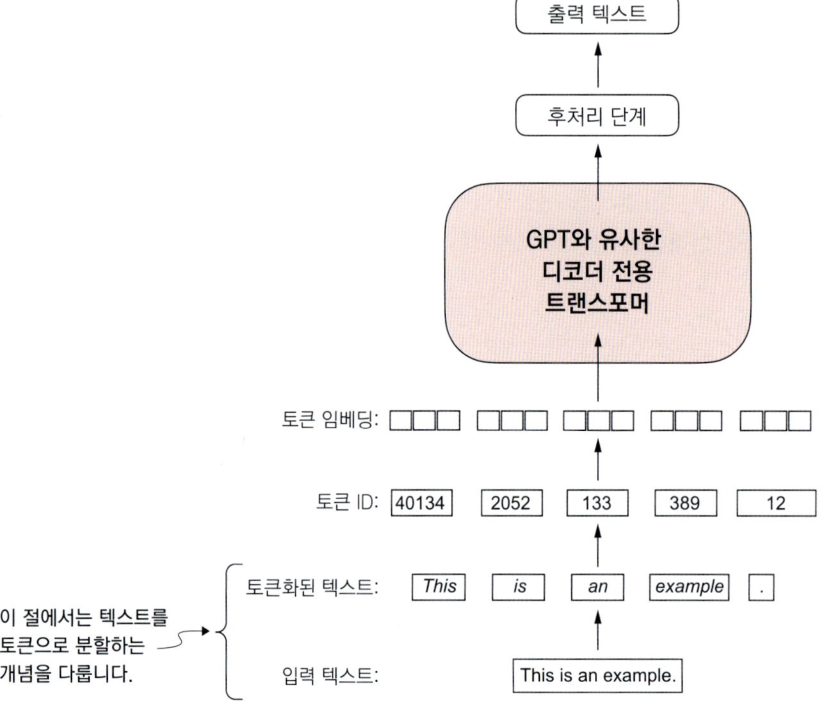

이 절에서 LLM 훈련을 위해 토큰화할 텍스트는 이디스 워튼(Edith Wharton)[5]의 단편 소설인 『The Verdict(심판)』입니다. 이 책은 퍼블릭 도메인(public domain)으로 배포되었기 때문에 LLM 훈련 작업에 사용할 수 있습니다. 텍스트가 위키문헌(Wikisource) 사이트에 공개(https://

5 역주 이디스 워튼은 미국의 소설가입니다. 『순수의 시대』로 1921년에 퓰리처 상을 수상했으며 1993년에 동명의 영화로도 제작되었습니다.

en.wikisource.org/wiki/The_Verdict)되어 있기 때문에 복사하여 텍스트 파일로 저장할 수 있습니다. 저는 이 텍스트를 the-verdict.txt 파일에 저장했습니다.

또는 책의 깃허브 저장소(https://bit.ly/3XJPOQ2)에서 the-verdict.txt 파일을 직접 다운로드할 수 있습니다.

```
import urllib.request
url = ("https://raw.githubusercontent.com/rickiepark/"
       "llm-from-scratch/main/ch02/01_main-chapter-code/"
       "the-verdict.txt")
file_path = "the-verdict.txt"
urllib.request.urlretrieve(url, file_path)
```

그런 다음 파이썬 표준 입력 도구로 the-verdict.txt 파일을 로드합니다.

코드 2-1 파이썬으로 단편 소설을 텍스트 샘플로 읽기

```
with open("the-verdict.txt", "r", encoding="utf-8") as f:
    raw_text = f.read()
print("총 문자 개수:", len(raw_text))
print(raw_text[:99])
```

앞의 코드는 총 문자 개수와 함께, 내용 확인을 위해 파일의 처음 99개 문자를 출력합니다.

```
총 문자 개수: 20479
I HAD always thought Jack Gisburn rather a cheap genius--though a good fellow enough--
so it was no
```

목표는 20,479 문자로 이루어진 이 단편 소설을 개별 단어와 특수 문자로 토큰화하는 것입니다. 그다음에 LLM 훈련을 위해 토큰을 임베딩으로 변환하겠습니다.

> **NOTE**
>
> LLM을 훈련할 때 수백만 개의 글과 수십만 개의 책, 즉 수 기가바이트의 텍스트를 처리하는 경우가 일반적입니다. 하지만 교육적인 목적이라면 책 한 권 정도의 작은 텍스트 샘플로 충분합니다. 이를 사용해 텍스트 처리 단계의 주요 아이디어를 설명하고, 독자의 하드웨어에서 적절한 시간 안에 실행할 수 있습니다.[6]

6 역주 번역서의 코드는 모두 코랩에서 실행할 수 있습니다. 번역서 깃허브의 주피터 노트북 안에 포함된 코랩 링크를 사용하면 간편하게 코랩에서 예제 코드를 실행할 수 있습니다.

텍스트를 토큰 리스트로 분할하는 가장 좋은 방법은 무엇일까요? 이를 알아보기 위해 잠시 눈을 돌려 파이썬 정규 표현식(regular expression) 라이브러리인 re를 사용해 보겠습니다(나중에 사전 훈련된 토크나이저(tokenizer)를 사용할 것이므로 정규 표현식 문법을 배우거나 외울 필요는 없습니다).

간단한 텍스트 샘플에 `re.split` 명령을 사용해 보겠습니다. 다음과 같은 정규 표현식 문법을 사용하면 공백을 기준으로 텍스트를 분할할 수 있습니다.

```
import re
text = "Hello, world. This, is a test."
result = re.split(r'(\s)', text)
print(result)
```

개별 단어, 공백, 구두점 문자로 이루어진 리스트가 출력됩니다.

```
['Hello,', ' ', 'world.', ' ', 'This,', ' ', 'is', ' ', 'a', ' ', 'test.']
```

이런 간단한 토큰화 방법으로 샘플 텍스트를 개별 단어로 분할할 수 있습니다. 하지만 일부 단어는 여전히 구두점과 붙어 있어 이를 별도의 항목으로 분할해야 합니다. 또한 대문자는 소문자로 바꾸지 말아야 합니다. LLM이 고유 명사와 일반 명사를 구분하고, 문장 구조를 이해하고, 적절한 대문자를 섞어서 텍스트를 생성하는 데 도움이 되기 때문입니다.

공백(\s), 쉼표와 마침표([,.])를 분할하도록 정규 표현식을 수정해 보죠.

```
result = re.split(r'([,.]|\s)', text)
print(result)
```

이제 의도한 대로 단어와 구두점 문자가 별개의 항목으로 리스트에 들어간 것을 볼 수 있습니다.

```
['Hello', ',', '', ' ', 'world', '.', '', ' ', 'This', ',', '', ' ', 'is',
' ', 'a', ' ', 'test', '.', '']
```

남은 문제는 리스트에 여전히 공백이 포함되어 있다는 것입니다. 선택적으로 다음과 같이 중복된 공백 문자를 안전하게 제거할 수 있습니다.

```
result = [item for item in result if item.strip()]
print(result)
```

다음과 같이 공백이 없는 결과가 출력됩니다.

```
['Hello', ',', 'world', '.', 'This', ',', 'is', 'a', 'test', '.']
```

> **NOTE**
>
> 간단한 토크나이저를 개발할 때 공백을 별도의 문자로 인코딩할지 아니면 삭제할지는 애플리케이션과 요구 사항에 따라 다릅니다. 공백을 삭제하면 메모리와 계산량이 줄어듭니다. 하지만 공백을 유지하면 텍스트의 정확한 구조에 민감한 모델을 훈련하는 데 도움이 될 수 있습니다(예를 들면 파이썬 코드는 들여쓰기와 공백에 민감합니다). 여기서는 토큰화된 출력을 간단하게 유지하기 위해 공백을 삭제합니다. 나중에 공백을 포함하는 토큰화 방법에 대해 알아보겠습니다.

여기서 사용한 토큰화 방법은 간단한 텍스트에서 잘 동작합니다. 이를 조금 더 수정하여 물음표, 따옴표, (이디스 워튼의 단편 소설 앞부분에서 본) 이중 대시(double-dashes)와 같은 다른 유형의 구두점과 특수 문자를 처리해 보겠습니다.

```
text = "Hello, world. Is this-- a test?"
result = re.split(r'([,.:;?_!"()\']|--|\s)', text)
result = [item.strip() for item in result if item.strip()]
print(result)
```

출력은 다음과 같습니다.

```
['Hello', ',', 'world', '.', 'Is', 'this', '--', 'a', 'test', '?']
```

그림 2-5에 요약된 결과에서 보듯이 이 토큰화 방법은 텍스트에 있는 다양한 특수 문자를 성공적으로 처리할 수 있습니다.

▼ **그림 2-5** 지금까지 구현한 토큰화 방법은 텍스트를 개별 단어와 구두점 문자로 분할합니다. 이 샘플의 경우 텍스트가 10개의 개별 토큰으로 분할됩니다.

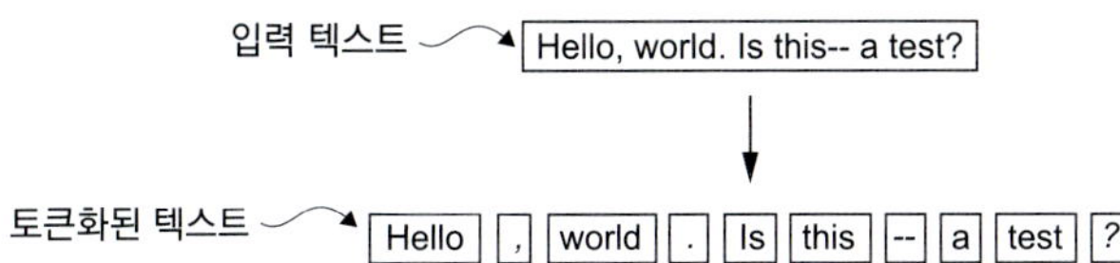

기본적인 토크나이저가 준비되었으므로 이디스 워튼의 소설 전체에 적용해 보겠습니다.

```
preprocessed = re.split(r'([,.:;?_!"()\']|--|\s)', raw_text)
preprocessed = [item.strip() for item in preprocessed if item.strip()]
print(len(preprocessed))
```

이 print 명령은 4690을 출력합니다. 이는 (공백을 제외한) 텍스트에 있는 토큰의 개수입니다. 눈으로 확인해 보기 위해 처음 30개의 토큰을 출력해 보죠.

```
print(preprocessed[:30])
```

출력 결과를 보면 모든 단어와 특수 문자가 분리되어 있으므로 이 토크나이저가 텍스트를 잘 처리한 것 같습니다.

```
['I', 'HAD', 'always', 'thought', 'Jack', 'Gisburn', 'rather', 'a',
'cheap', 'genius', '--', 'though', 'a', 'good', 'fellow', 'enough',
'--', 'so', 'it', 'was', 'no', 'great', 'surprise', 'to', 'me', 'to', 'hear', 'that',
',', 'in']
```

2.3 SECTION 토큰을 토큰 ID로 변환하기

다음으로 토큰을 파이썬 문자열에서 정수 표현으로 바꾸어 토큰 ID를 만들어 보겠습니다. 이 변환은 토큰 ID를 임베딩 벡터로 변환하기 전의 중간 단계입니다.

앞서 생성한 토큰을 토큰 ID로 매핑하려면 어휘사전(vocabulary)을 먼저 구축해야 합니다. 그림 2-6에서 보듯이 어휘사전은 개별 단어와 특수 문자를 고유한 정수로 매핑하는 방법을 정의합니다.

▼ **그림 2-6** 훈련 세트에 있는 모든 텍스트를 개별 토큰으로 토큰화하여 어휘사전을 구축합니다. 이런 개별 토큰은 알파벳 순서로 정렬되어 있으며 중복된 토큰은 삭제됩니다. 그런 다음 어휘사전에 추가된 각각의 고유한 토큰을 정수 값으로 매핑합니다. 그림에 나온 어휘사전은 의도적으로 간결하게 나타내기 위해 작게 만들었고 구두점 문자나 특수 문자가 없습니다.

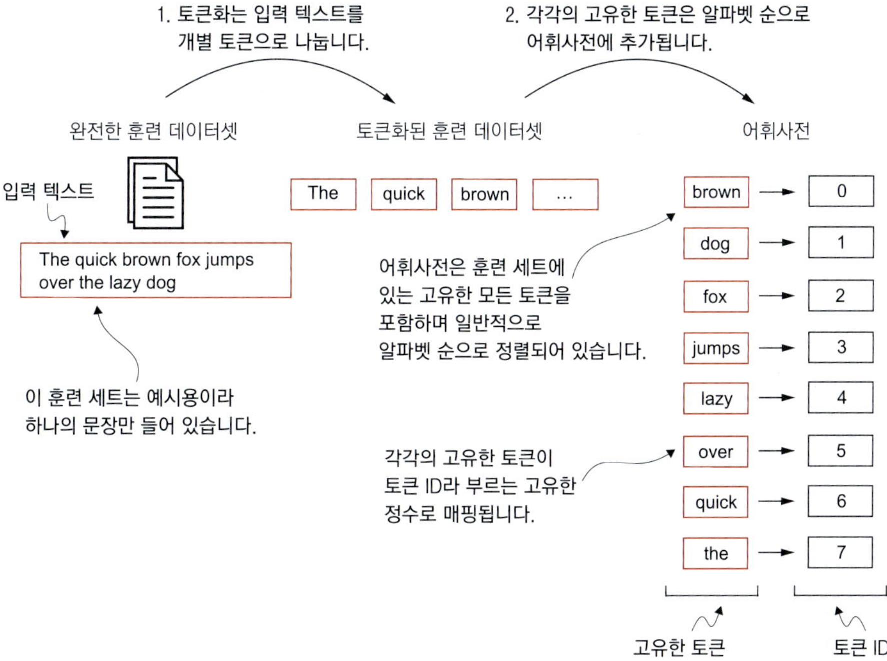

토큰화된 이디스 워튼의 단편 소설이 파이썬 변수 preprocessed에 저장되어 있으므로 모든 고유 토큰의 리스트를 만들고 알파벳 순으로 정렬하여 어휘사전 크기를 확인해 보겠습니다.

```
all_words = sorted(set(preprocessed))
vocab_size = len(all_words)
print(vocab_size)
```

이 코드를 실행하여 출력된 어휘사전의 크기는 1,130입니다. 어휘사전을 만든 후 처음 51개 항목을 출력해 보겠습니다.

코드 2-2 어휘사전 만들기

```
vocab = {token:integer for integer,token in enumerate(all_words)}
for i, item in enumerate(vocab.items()):
    print(item)
    if i >= 50:
        break
```

출력은 다음과 같습니다.

```
('!', 0)
('"', 1)
("'", 2)
...
('Her', 49)
('Hermia', 50)
```

여기서 볼 수 있듯이 이 딕셔너리(dictionary)는 개별 토큰과 이에 연관된 고유한 정수 레이블을 담고 있습니다. 다음 목표는 이 어휘사전을 새로운 텍스트에 적용하여 토큰 ID로 변환하는 것입니다(그림 2-7).

▼ **그림 2-7** 새로운 샘플 텍스트를 토큰화하고, 어휘사전을 사용해 텍스트 토큰을 토큰 ID로 변환합니다. 어휘사전은 훈련 세트 전체를 사용해 구축되며, 훈련 세트 자체와 새로운 텍스트 샘플에 적용될 수 있습니다. 간단하게 나타내기 위해 그림에 나온 어휘사전에는 구두점 문자나 특수 문자가 없습니다.

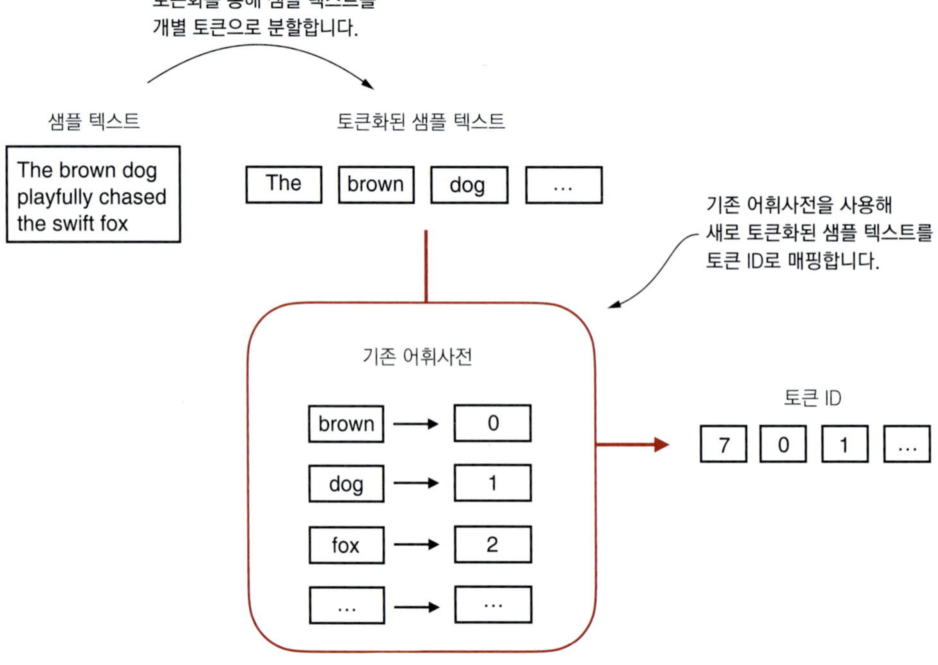

LLM의 출력을 숫자에서 텍스트로 변환할 때 토큰 ID를 텍스트로 바꿀 방법이 필요합니다. 이를 위해 어휘사전을 뒤집어 토큰 ID를 텍스트 토큰으로 매핑해야 합니다.

파이썬으로 완전한 토크나이저를 구현해 보겠습니다. 이 클래스는 텍스트를 토큰으로 분할하고 어휘사전으로 문자열-정수 매핑을 수행해 토큰 ID를 생성하는 encode 메서드를 가집니다. 또한 토큰 ID를 텍스트로 변환하기 위해 역방향으로 정수-문자열 매핑을 수행하는 decode 메서드도 구현하겠습니다. 다음은 이 토크나이저를 구현하는 코드입니다.

코드 2-3 간단한 텍스트 토크나이저 구현

```
class SimpleTokenizerV1:
    def __init__(self, vocab):
        self.str_to_int = vocab
        self.int_to_str = {i:s for s,i in vocab.items()}

    def encode(self, text):
        preprocessed = re.split(r'([,.?_!"()\']|--|\s)', text)
        preprocessed = [
            item.strip() for item in preprocessed if item.strip()
        ]
        ids = [self.str_to_int[s] for s in preprocessed]
        return ids

    def decode(self, ids):
        text = " ".join([self.int_to_str[i] for i in ids])
        text = re.sub(r'\s+([,.?!"()\'])', r'\1', text)
        return text
```

- encode 메서드와 decode 메서드에서 참조할 수 있도록 어휘사전을 클래스의 속성으로 저장합니다.
- 토큰 ID를 원본 텍스트 토큰으로 매핑하는 역어휘사전을 만듭니다.
- 입력 텍스트를 처리하여 토큰 ID로 바꿉니다.
- 토큰 ID를 텍스트로 되돌립니다.
- 지정된 구두점 문자 앞의 공백을 삭제합니다.

SimpleTokenizerV1 파이썬 클래스에 기존의 어휘사전을 전달하여 새로운 토크나이저 객체를 생성합니다. 그런 다음 그림 2-8에서 보듯이 이를 사용해 텍스트를 인코딩하거나 디코딩합니다.

SimpleTokenizerV1 클래스로 새로운 토크나이저 객체를 만들고 이디스 워튼의 단편 소설의 한 구절을 토큰화해 보겠습니다.

```
tokenizer = SimpleTokenizerV1(vocab)
text = """"It's the last he painted, you know,"
       Mrs. Gisburn said with pardonable pride."""
ids = tokenizer.encode(text)
print(ids)
```

앞의 코드는 다음과 같은 토큰 ID를 출력합니다.

```
[1, 56, 2, 850, 988, 602, 533, 746, 5, 1126, 596, 5, 1, 67, 7, 38, 851, 1108, 754, 793, 7]
```

▼ **그림 2-8** 토크나이저는 일반적으로 encode 메서드와 decode 메서드를 구현합니다. encode 메서드는 샘플 텍스트를 받아 개별 토큰으로 분할한 후 어휘사전으로 토큰을 토큰 ID로 바꿉니다. decode 메서드는 토큰 ID를 받아 다시 텍스트 토큰으로 변환한 후 토큰을 이어 원래 형태의 텍스트를 만듭니다.

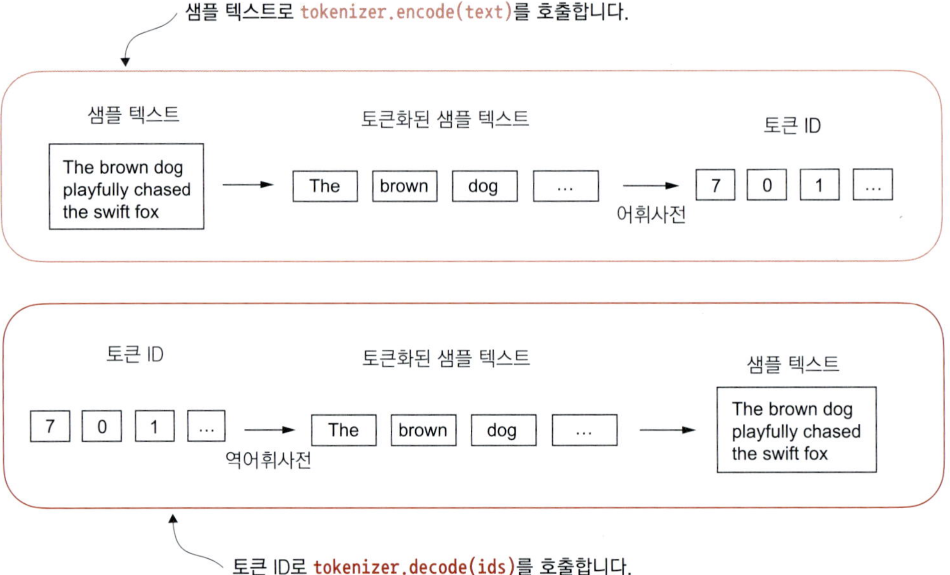

decode 메서드로 이 토큰 ID를 다시 텍스트로 바꿀 수 있는지 확인해 보죠.

```
print(tokenizer.decode(ids))
```

출력 결과는 다음과 같습니다.[7]

```
'"It's the last he painted, you know," Mrs. Gisburn said with pardonable pride.'
```

이 출력을 바탕으로 decode 메서드가 토큰 ID를 원본 텍스트로 성공적으로 변환한다는 것을 알 수 있습니다.

아주 좋네요. 훈련 세트를 기반으로 텍스트를 토큰화하고 역토큰화할 수 있는 토크나이저를 구현했습니다. 그럼 이제 훈련 세트에 없는 새로운 텍스트 샘플을 적용해 보죠.

```
text = "Hello, do you like tea?"
print(tokenizer.encode(text))
```

7 역주 사실 이 토크나이저 클래스는 원본 문자열을 완벽하게 복원하지 못하지만 대략적인 작동 방식을 설명하기에는 충분합니다. 실제 GPT-2 모델을 구현할 때는 tiktoken 라이브러리에서 제공하는 토크나이저를 사용합니다.

이 코드를 실행하면 다음과 같은 오류가 발생합니다.

```
KeyError: 'Hello'
```

이 문제는 소설 『The Verdict』에서 "Hello"란 단어가 없기 때문입니다. 따라서 어휘사전에 이 단어가 들어 있지 않습니다. 이는 LLM에서 어휘사전을 확장하기 위해 다양하고 대용량의 훈련 세트가 필요하다는 것을 잘 보여 줍니다.

다음으로 알지 못하는 단어가 포함된 텍스트에서 토크나이저를 추가로 테스트해 보고 훈련 중에 LLM에게 추가적인 문맥을 제공할 수 있는 특수 토큰에 대해 알아보겠습니다.

2.4 SECTION 특수 문맥 토큰 추가하기

알지 못하는 단어를 처리하기 위해서는 토크나이저를 수정해야 합니다. 모델이 텍스트로부터 문맥이나 그 밖의 관련된 정보를 잘 이해할 수 있도록 특수 문맥 토큰도 추가해야 합니다. 이런 특수 토큰은 알지 못하는 단어, 문서 경계 등을 표시하는 데 사용됩니다. 구체적으로 그림 2-9에서 보듯이 <|unk|>와 <|endoftext|> 2개의 토큰을 지원하도록 어휘사전과 토크나이저 SimpleTokenizerV2를 수정하겠습니다.

토크나이저가 어휘사전에 없는 단어를 만났을 때 <|unk|> 토큰을 사용하도록 수정하겠습니다. 또한 관련이 없는 텍스트 사이에 <|endoftext|> 토큰을 추가합니다. 예를 들어, 그림 2-10에 나타나 있듯이 여러 개의 독립적인 문서나 책으로 GPT와 유사한 LLM을 훈련할 때 이전 텍스트 소스 다음에 등장하는 문서나 책 앞에 <|endoftext|> 토큰을 추가하는 것이 일반적입니다. 이렇게 하면 훈련을 위해 텍스트가 연결되어 있지만 사실 관련이 없다는 것을 LLM이 이해하는 데 도움이 됩니다. 그럼 이 두 특수 토큰 <|unk|>와 <|endoftext|>를 고유 단어 목록에 추가하여 어휘사전을 수정해 보죠.

```
all_tokens = sorted(list(set(preprocessed)))
all_tokens.extend(["<|endoftext|>", "<|unk|>"])
vocab = {token:integer for integer,token in enumerate(all_tokens)}

print(len(vocab.items()))
```

▼ **그림 2-9** 특수 문맥을 처리하기 위해 어휘사전에 특수 토큰을 추가합니다. 예를 들어, 훈련 데이터에 포함되어 있지 않아 기존의 어휘사전에 없는 새로운 단어를 나타내는 <|unk|> 토큰을 추가합니다. 또한 관련이 없는 2개의 텍스트를 구분하는 데 사용하는 <|endoftext|> 토큰을 추가합니다.

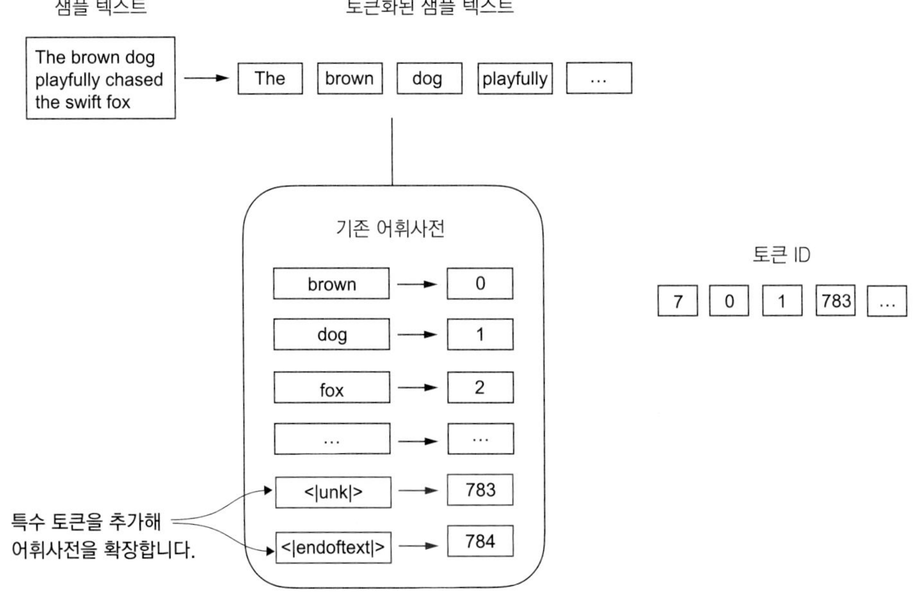

print 명령의 출력을 보면 새로운 어휘사전의 크기는 1,132입니다(이전에는 1,130이었습니다).

추가 확인을 위해 수정된 어휘사전에서 마지막 5개의 항목을 출력해 보겠습니다.

```
for i, item in enumerate(list(vocab.items())[-5:]):
    print(item)
```

출력 결과는 다음과 같습니다.

```
('younger', 1127)
('your', 1128)
('yourself', 1129)
('<|endoftext|>', 1130)
('<|unk|>', 1131)
```

출력을 보면 2개의 새로운 특수 토큰이 어휘사전에 성공적으로 추가된 것을 알 수 있습니다. 그런 다음 코드 2-3의 토크나이저를 다음과 같이 수정합니다(코드 2-4).

▼ **그림 2-10** 여러 개의 독립적인 텍스트 소스로 작업할 때 텍스트 사이에 <|endoftext|> 토큰을 추가합니다. <|endoftext|> 토큰은 특정 세그먼트의 시작 또는 끝을 알리는 일종의 마커(marker)로 작동하여, LLM이 텍스트를 보다 효과적으로 처리하고 이해할 수 있습니다.

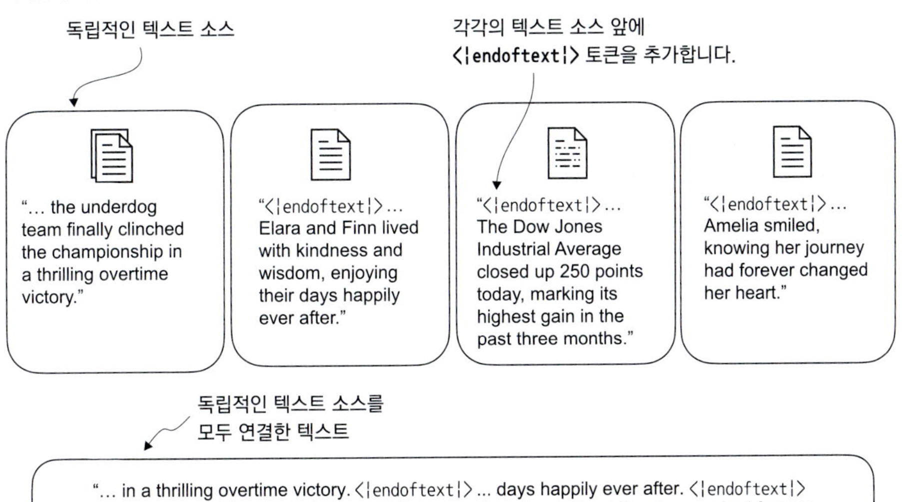

코드 2-4 알지 못하는 단어를 처리하는 간단한 텍스트 토크나이저

```
class SimpleTokenizerV2:
    def __init__(self, vocab):
        self.str_to_int = vocab
        self.int_to_str = { i:s for s,i in vocab.items()}

    def encode(self, text):
        preprocessed = re.split(r'([,.:;?_!"()\']|--|\s)', text)
        preprocessed = [
            item.strip() for item in preprocessed if item.strip()
        ]                                       # 알지 못하는 단어를 <|unk|> 토큰으로 바꿉니다.
        preprocessed = [item if item in self.str_to_int
                        else "<|unk|>" for item in preprocessed]

        ids = [self.str_to_int[s] for s in preprocessed]
        return ids

    def decode(self, ids):
        text = " ".join([self.int_to_str[i] for i in ids])
        text = re.sub(r'\s+([,.:;?!"()\'])', r'\1', text)   # 구두점 문자 앞의 공백을 삭제합니다.
        return text
```

코드 2-3에서 구현한 SimpleTokenizerV1과 비교해 보면 새로운 SimpleTokenizerV2는 알지 못하는 단어를 <|unk|> 토큰으로 바꿉니다.

이 새로운 토크나이저를 실제로 사용해 보죠. 서로 관련이 없는 2개의 독립된 문장을 연결한 간단한 텍스트 샘플에 사용해 보겠습니다.

```
text1 = "Hello, do you like tea?"
text2 = "In the sunlit terraces of the palace."
text = " <|endoftext|> ".join((text1, text2))
print(text)
```

출력은 다음과 같습니다.

```
Hello, do you like tea? <|endoftext|> In the sunlit terraces of the palace.
```

다음으로 이 샘플 텍스트를 코드 2-2에서 만든 어휘사전과 함께 SimpleTokenizerV2로 토큰화해 보겠습니다.

```
tokenizer = SimpleTokenizerV2(vocab)
print(tokenizer.encode(text))
```

이 코드는 다음과 같은 토큰 ID를 출력합니다.

```
[1131, 5, 355, 1126, 628, 975, 10, 1130, 55, 988, 956, 984, 722, 988, 1131, 7]
```

토큰 ID의 리스트에 <|endoftext|> 토큰에 해당하는 1130과 <|unk|> 토큰에 해당하는 1131이 2개 포함된 것을 볼 수 있습니다.

토큰화가 잘되었는지 검사하기 위해 텍스트로 다시 바꾸어 보겠습니다.

```
print(tokenizer.decode(tokenizer.encode(text)))
```

출력은 다음과 같습니다.

```
<|unk|>, do you like tea? <|endoftext|> In the sunlit terraces of the <|unk|>.
```

원본 입력 텍스트와 역토큰화된 텍스트를 비교해 보면 훈련 데이터셋은 이디스 워튼의 소설 『The Verdict』에는 "Hello"와 "palace"라는 단어가 들어 있지 않다는 것을 알 수 있습니다.

LLM에 따라 다음과 같은 추가적인 특수 토큰을 사용하기도 합니다.

- [BOS](beginning of sequence) – 이 토큰은 텍스트의 시작을 표시합니다. 즉, 콘텐츠의 시작 부분을 LLM에 알려줍니다.
- [EOS](end of sequence) – 이 토큰은 텍스트 끝에 위치하며 <|endoftext|>와 비슷하게 관련이 없는 여러 개의 텍스트를 연결할 때 유용합니다. 예를 들어 서로 다른 2개의 위키백과 문서나 책을 합칠 때 [EOS] 토큰이 문서 하나가 끝나고 다음 문서가 시작되는 위치를 나타냅니다.
- [PAD](padding) – 하나 이상의 배치 크기로 LLM을 훈련할 때 배치 안에 길이가 다른 텍스트가 포함될 수 있습니다. 모든 텍스트의 길이를 동일하게 맞추기 위해 짧은 텍스트를 [PAD] 토큰을 사용해 배치에서 가장 긴 텍스트의 길이까지 확장 또는 '패딩(padding)'합니다.

GPT 모델에서 사용하는 토크나이저는 이런 토큰이 필요하지 않으며 간단하게 <|endoftext|> 토큰만 사용합니다. <|endoftext|>는 [EOS] 토큰과 비슷하며 패딩에도 사용됩니다. 이어지는 장에서 살펴보겠지만 배치 입력으로 훈련할 때 일반적으로 마스크(mask)를 사용합니다. 즉, 패딩 토큰에 주의를 기울이지 않습니다. 따라서 패딩을 위해 어떤 토큰을 사용하는지는 결과에 영향을 주지 않습니다.

또한 GPT에서 사용하는 토크나이저는 어휘사전에 없는 단어를 위한 <|unk|> 토큰도 사용하지 않습니다. 대신 GPT 모델은 단어를 부분단어로 분할하는 **바이트 페어 인코딩**(byte pair encoding) 토크나이저를 사용합니다. 다음 절에서 이에 대해 알아보겠습니다.

SECTION 2.5 바이트 페어 인코딩

바이트 페어 인코딩(BPE) 기반의 고급 토큰화 방법을 알아보겠습니다. BPE 토크나이저는 GPT-2, GPT-3 그리고 ChatGPT에서 사용된 모델과 같은 LLM을 훈련하는 데 사용되었습니다.

BPE 구현은 상대적으로 복잡하기 때문에 파이썬 오픈 소스 라이브러리인 tiktoken(https://github.com/openai/tiktoken)을 사용하겠습니다. tiktoken은 러스트(Rust) 언어로 매우 효율적으로 구현한 BPE 알고리즘을 제공합니다. 다른 파이썬 라이브러리와 마찬가지로 터미널에서 pip 명령으로 tiktoken 라이브러리를 설치할 수 있습니다.

```
pip install tiktoken
```

여기서 사용할 코드는 tiktoken 0.9.0을 기반으로 합니다. 다음 코드를 사용해 현재 설치된 버전을 확인할 수 있습니다.

```
from importlib.metadata import version
import tiktoken
print("tiktoken 버전:", version("tiktoken"))
```

설치가 완료되면 tiktoken 라이브러리에서 BPE 토크나이저를 다음과 같이 초기화할 수 있습니다.

```
tokenizer = tiktoken.get_encoding("gpt2")
```

이 토크나이저의 사용법은 앞서 구현한 SimpleTokenizerV2의 encode 메서드 사용법과 비슷합니다.

```
text = (
    "Hello, do you like tea? <|endoftext|> In the sunlit terraces"
    " of someunknownPlace."
)
integers = tokenizer.encode(text, allowed_special={"<|endoftext|>"})
print(integers)
```

이 코드는 다음과 같은 토큰 ID를 출력합니다.

```
[15496, 11, 466, 345, 588, 8887, 30, 220, 50256, 554, 262, 4252, 18250, 8812, 2114,
286, 617, 34680, 27271, 13]
```

그런 다음 SimpleTokenizerV2와 비슷하게 decode 메서드를 사용해 토큰 ID를 원래 텍스트로 다시 되돌릴 수 있습니다.

```
strings = tokenizer.decode(integers)
print(strings)
```

출력은 다음과 같습니다.

```
Hello, do you like tea? <|endoftext|> In the sunlit terraces of
 someunknownPlace.
```

토큰 ID와 디코딩된 텍스트를 바탕으로 두 가지 중요한 점을 관찰할 수 있습니다. 첫째, <|endoftext|> 토큰은 50256과 같이 비교적 큰 토큰 ID에 할당됩니다. 사실 GPT-2, GPT-3, ChatGPT의 초기 모델을 훈련하는 데 사용되는 BPE 토크나이저는 50,257 크기의 어휘사전을 가지고 있습니다. 그래서 <|endoftext|>에 가장 큰 토큰 ID가 할당됩니다.

둘째, BPE 토크나이저는 someunknownPlace와 같은 알지 못하는 단어를 정확하게 인코딩하고 디코딩합니다. BPE 토크나이저는 알지 못하는 어떤 단어도 처리할 수 있습니다. <|unk|> 토큰을 사용하지 않고 어떻게 이렇게 할 수 있는 걸까요?

BPE 알고리즘은 어휘사전에 없는 단어를 더 작은 부분단어, 심지어 개별 문자로 나누어 처음 본 단어를 처리합니다. 그림 2-11처럼 BPE 알고리즘 덕분에 토크나이저가 토큰화 과정에서 생소한 단어를 만나더라도 부분단어 토큰이나 문자의 시퀀스로 표현할 수 있습니다.

▼ **그림 2-11** BPE 토크나이저는 알지 못하는 단어를 개별 문자 또는 부분단어로 나눕니다. 이런 방식을 사용해 BPE 토크나이저는 어떤 단어도 처리할 수 있습니다. 따라서 알지 못하는 단어를 <|unk|>와 같은 특수 토큰으로 바꿀 필요가 없습니다.

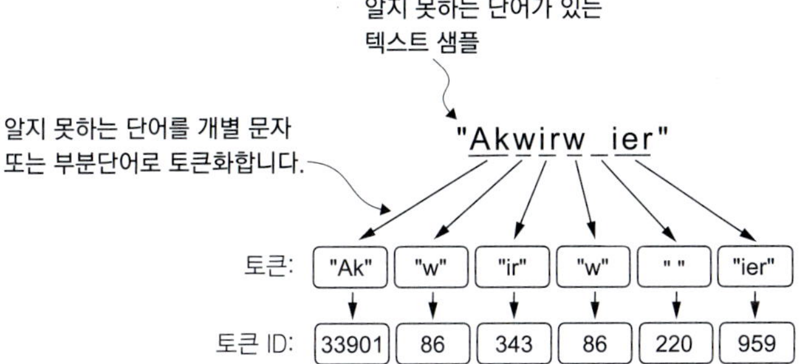

알지 못하는 단어를 개별 문자로 분할하는 기능 덕분에 토크나이저와 이런 토크나이저로 훈련된 LLM이 훈련 데이터에 없는 단어가 포함되어 있더라도 모든 텍스트를 처리할 수 있습니다.

연습문제 2.1

알지 못하는 단어에 대한 바이트 페어 인코딩

tiktoken 라이브러리의 BPE 토크나이저를 알지 못하는 단어 'Akwirw ier'에 적용해서 개별 토큰 ID를 출력해 보세요. 그런 다음 출력된 리스트의 각 정수 값에 decode 메서드를 호출하여 그림 2-11과 같은 매핑을 만들어 보세요. 마지막으로 decode 메서드를 토큰 ID 리스트에 적용하여 원본 입력 'Akwirw ier'을 재구성할 수 있는지 확인해 보세요.

BPE에 대한 자세한 설명과 구현은 이 책의 범위를 넘어서지만,[8] 간단히 말하면 반복적으로 자주 등장하는 문자를 부분단어로 합치고 다시 자주 등장하는 부분단어를 단어로 합쳐서 어휘사전을 구축하는 방식입니다. 예를 들어, BPE는 먼저 모든 개별 문자("a", "b" 등)를 어휘사전에 추가합니다. 다음 단계에서 자주 등장하는 문자 조합을 부분단어로 합칩니다. 예를 들면 "d"와 "e"가 부분단어 "de"로 합쳐질 수 있습니다. "de"는 "define", "depend", "made", "hidden"과 같이 많은 영어 단어에 등장하기 때문입니다. 이런 병합은 최소 빈도 기준에 의해 결정됩니다.

2.6 SECTION 슬라이딩 윈도로 데이터 샘플링하기

LLM을 위한 임베딩을 만드는 다음 단계는 LLM 훈련에 필요한 입력–타깃 쌍을 생성하는 것입니다. 이런 입력–타깃 쌍이 어떻게 구성될까요? 앞서 배웠듯이 그림 2–12처럼 LLM은 텍스트에 있는 다음 단어를 예측하는 식으로 사전 훈련됩니다.

▼ **그림 2-12** 텍스트 샘플이 주어지면 LLM의 입력으로 제공할 부분 샘플을 위해 입력 블록을 추출합니다. 훈련 과정에서 LLM의 예측 작업은 입력 블록 다음에 오는 단어를 예측하는 것입니다. 훈련하는 동안 타깃 이후의 모든 단어를 마스킹(masking)합니다. 이 그림에 나타난 텍스트는 LLM이 처리하기 전에 토큰화를 거쳐야 하지만 그림을 이해하기 쉽도록 토큰화 단계를 생략했습니다.

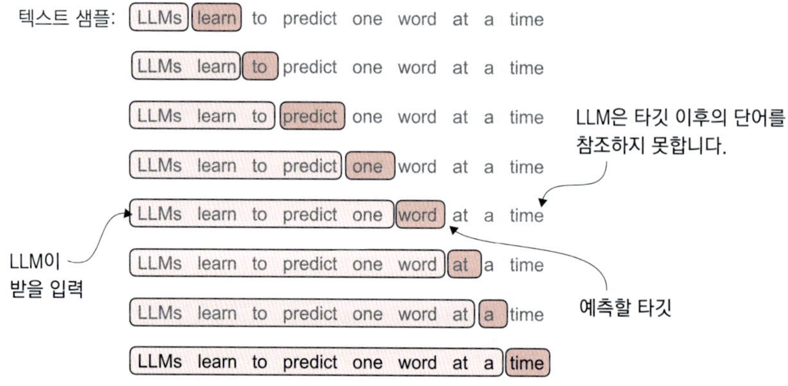

8 역주 다양한 토큰화 방법에 대한 설명과 예시는 <핸즈온 LLM>(한빛미디어, 2025)을 참고하세요.

슬라이딩 윈도를 사용해 훈련 데이터셋에서 그림 2-12와 같은 입력-타깃 쌍을 추출하는 데이터 로더(data loader)를 구현해 보죠. 먼저 BPE 토크나이저로 소설 『The Verdict』 전체를 토큰화합니다.

```
with open("the-verdict.txt", "r", encoding="utf-8") as f:
    raw_text = f.read()

enc_text = tokenizer.encode(raw_text)
print(len(enc_text))
```

이 코드를 실행하면 BPE 토크나이저를 적용한 후에 훈련 세트에 있는 총 토큰 개수인 5145를 반환합니다.

다음으로 조금 더 흥미로운 텍스트 구절을 만들기 위해 데이터셋에 있는 처음 50개 토큰을 삭제합니다.

```
enc_sample = enc_text[50:]
```

다음 단어 예측 작업을 위해 입력-타깃 쌍을 만드는 가장 쉽고 직관적인 방법 중 하나는 입력 토큰을 담은 x와 입력에서 토큰 하나만큼 이동한 타깃을 담은 y 변수를 만드는 것입니다.

```
context_size = 4 -------- 문맥 크기는 입력에 얼마나 많은 토큰을 포함할지 결정합니다.
x = enc_sample[:context_size]
y = enc_sample[1:context_size+1]
print(f"x: {x}")
print(f"y:      {y}")
```

앞의 코드를 실행하면 다음과 같은 출력을 얻습니다.

```
x: [290, 4920, 2241, 287]
y:      [4920, 2241, 287, 257]
```

입력과 토큰 하나만큼 이동시킨 타깃을 사용해 다음 단어 예측 작업(그림 2-12 참조)을 구성할 수 있습니다.

```
for i in range(1, context_size+1):
    context = enc_sample[:i]
    desired = enc_sample[i]
    print(context, "---->", desired)
```

출력은 다음과 같습니다.

```
[290] ----> 4920
[290, 4920] ----> 2241
[290, 4920, 2241] ----> 287
[290, 4920, 2241, 287] ----> 257
```

화살표(---->) 왼쪽의 모든 값은 LLM이 받을 입력을 나타냅니다. 화살표 오른쪽에 있는 토큰 ID는 LLM이 예측해야 할 타깃 토큰 ID를 나타냅니다. 토큰 ID를 텍스트로 바꾸도록 앞의 코드를 다시 작성해 보죠.

```
for i in range(1, context_size+1):
    context = enc_sample[:i]
    desired = enc_sample[i]
    print(tokenizer.decode(context), "---->", tokenizer.decode([desired]))
```

다음 출력에서 입력과 출력의 형태를 텍스트 형태로 볼 수 있습니다.

```
and ---->  established
 and established ---->  himself
 and established himself ---->  in
 and established himself in ---->  a
```

이제 LLM 훈련을 위한 입력-타깃 쌍을 만들었습니다.

토큰을 임베딩으로 바꾸기 전에 한 가지 작업이 더 남았습니다. 입력 데이터셋을 순회하면서 파이토치 텐서로 입력과 타깃을 반환하는 효율적인 데이터 로더를 구현해야 합니다. 파이토치 텐서는 일종의 다차원 배열로 생각할 수 있습니다. 그림 2-13에 나타나 있듯이 구체적으로 텐서 2개, 즉 LLM이 사용할 텍스트를 담은 입력 텐서와 LLM이 예측해야 할 타깃을 담은 타깃 텐서에 관심이 있습니다. 이 그림은 설명을 위해 토큰을 텍스트 형태로 보여 주지만 코드 구현은 토큰 ID를 사용합니다. BPE 토크나이저의 encode 메서드는 토큰화와 토큰 ID 변환을 모두 한 번에 처리하기 때문입니다.

NOTE

효율적인 데이터 로더 구현을 위해 파이토치에서 제공하는 Dataset 클래스와 DataLoader 클래스를 사용하겠습니다. 파이토치 설치에 대한 안내와 자세한 정보는 부록 A의 A.1.3절을 참고하세요.

▼ **그림 2-13** 효율적인 데이터 로더를 구축하기 위해 텐서 x에 입력을 모읍니다. 이 텐서의 각 행은 하나의 입력 문맥을 나타냅니다. 두 번째 텐서 y는 입력에 상응하는 예측 타깃(다음 단어)을 담고 있습니다. 타깃은 입력에서 한 토큰만큼 이동하여 생성됩니다.

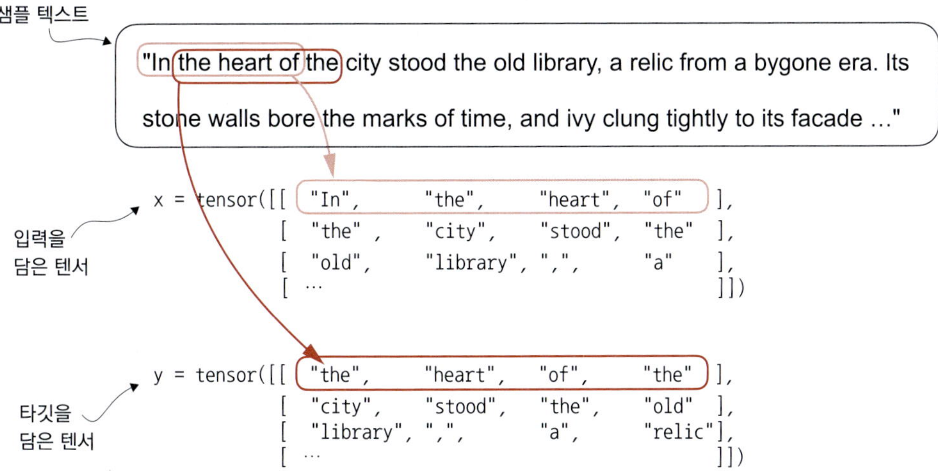

데이터셋 클래스를 위한 코드는 다음과 같습니다.

코드 2-5 배치 입력과 타깃을 위한 데이터셋

```
import torch
from torch.utils.data import Dataset, DataLoader

class GPTDatasetV1(Dataset):
    def __init__(self, txt, tokenizer, max_length, stride):
        self.input_ids = []
        self.target_ids = []

        token_ids = tokenizer.encode(txt) -------- 전체 텍스트를 토큰화합니다.

        for i in range(0, len(token_ids) - max_length, stride): -------- 슬라이딩 윈도를 사용해 책을 max_length 길이의 중첩된 시퀀스로 나눕니다.
            input_chunk = token_ids[i:i + max_length]
            target_chunk = token_ids[i + 1: i + max_length + 1]
            self.input_ids.append(torch.tensor(input_chunk))
            self.target_ids.append(torch.tensor(target_chunk))

    def __len__(self): -------- 데이터셋에 있는 전체 행 수를 반환합니다.
        return len(self.input_ids)

    def __getitem__(self, idx): -------- 데이터셋에서 하나의 행을 반환합니다.
        return self.input_ids[idx], self.target_ids[idx]
```

GPTDatasetV1 클래스는 파이토치 Dataset 클래스를 기반으로 하며 데이터셋에서 개별 행을 추출하는 방법을 정의합니다. 각 행은 input_chunk 텐서에 할당된 (max_length만큼) 여러 개의 토큰 ID로 구성됩니다. target_chunk 텐서는 각 행에 상응하는 타깃을 가지고 있습니다. 파이토치 DataLoader와 이 데이터셋을 결합할 때 이 데이터셋에서 어떤 데이터가 반환되는지 알아보는 것이 좋습니다. 이는 직관적이고 명확하게 이해하는 데 도움이 됩니다.

NOTE

코드 2-5에 나온 파이토치 Dataset 클래스의 구조가 익숙하지 않다면 부록 A의 A.6절을 참고하세요. 파이토치 Dataset과 DataLoader 클래스의 일반적인 구조와 사용법을 소개하고 있습니다.

다음 코드는 GPTDatasetV1을 사용하여 파이토치 DataLoader를 통해 입력을 배치로 로드합니다.

코드 2-6 입력-타깃 쌍의 배치를 생성하기 위한 데이터 로더

```
def create_dataloader_v1(txt, batch_size=4, max_length=256,
                         stride=128, shuffle=True, drop_last=True,
                         num_workers=0):
    tokenizer = tiktoken.get_encoding("gpt2") -------- 토크나이저를 초기화합니다.
    dataset = GPTDatasetV1(txt, tokenizer, max_length, stride) -------- 데이터셋을 만듭니다.
    dataloader = DataLoader(
        dataset,
        batch_size=batch_size,
        shuffle=shuffle,       drop_last=True로 지정하면 batch_size보다 작을 경우 훈련 손실이
                               갑자기 높아지는 것을 피하기 위해 마지막 배치를 삭제합니다.
        drop_last=drop_last,
        num_workers=num_workers -------- 전처리에 사용할 CPU 프로세서 개수
    )

    return dataloader
```

코드 2-5의 GPTDatasetV1 클래스와 코드 2-6의 create_dataloader_v1 함수가 어떻게 동작하는지 이해하기 위해 문맥 크기를 4와 배치 크기 1로 dataloader를 테스트해 보겠습니다.[9]

```
with open("the-verdict.txt", "r", encoding="utf-8") as f:
    raw_text = f.read()

dataloader = create_dataloader_v1(
    raw_text, batch_size=1, max_length=4, stride=1, shuffle=False)
```

9 역주 배치 데이터를 생성할 때 shuffle=True로 지정하여 에포크마다 랜덤하게 샘플을 섞는 것이 좋습니다. 5장에서 이런 예를 볼 수 있습니다. 여기서는 이해하기 쉬운 설명을 위해 shuffle 매개변수를 False로 지정합니다.

```
data_iter = iter(dataloader)
first_batch = next(data_iter)
print(first_batch)
```

데이터 로더를 파이썬 반복자(iterator)로 변환한 다음, 파이썬 내장 next() 함수로 다음 원소를 추출합니다.

앞의 코드를 실행하면 다음과 같은 결과가 출력됩니다.

```
[tensor([[   40,   367, 2885, 1464]]), tensor([[ 367, 2885, 1464, 1807]])]
```

first_batch 변수는 2개의 텐서를 담고 있습니다. 첫 번째 텐서는 입력 토큰 ID를 저장하고 있고, 두 번째 텐서는 타깃 토큰 ID를 저장하고 있습니다. max_length가 4이므로 두 텐서는 4개의 토큰 ID를 가지고 있습니다. 입력 크기 4는 상당히 작은 크기로, 간단한 설명을 위해 사용했습니다. 일반적으로 LLM을 훈련할 때는 적어도 256 크기의 입력을 사용합니다.

stride=1의 의미를 이해하기 위해 이 데이터셋에서 또 다른 배치를 추출해 보죠.

```
second_batch = next(data_iter)
print(second_batch)
```

두 번째 배치의 결과는 다음과 같습니다.

```
[tensor([[ 367, 2885, 1464, 1807]]), tensor([[2885, 1464, 1807, 3619]])]
```

첫 번째 배치와 두 번째 배치를 비교해 보면 두 번째 배치의 토큰 ID가 하나씩 밀려 있다는 것을 알 수 있습니다(예를 들어 첫 번째 배치 입력의 두 번째 토큰 ID가 367인데, 이는 두 번째 배치 입력의 첫 번째 토큰 ID입니다). 그림 2-14에 나타나 있듯이 stride 매개변수는 슬라이딩 윈도가 배치에 걸쳐 입력 위를 이동하는 크기를 지정합니다.

연습문제 2.2

여러 가지 스트라이드와 문맥 크기를 가진 데이터 로더 만들기

데이터 로더의 작동 방식을 잘 이해하기 위해 max_length=2와 stride=2 또는 max_length=8과 stride=2와 같은 설정을 테스트해 보세요.

▼ **그림 2-14** 입력 데이터셋에서 여러 배치를 만들 때 입력 윈도로 텍스트 위를 슬라이딩합니다. 스트라이드가 1로 설정되면 입력 윈도를 한 토큰씩 이동하여 다음 배치를 만듭니다. 만약 스트라이드가 입력 윈도 크기와 같으면 배치 사이에 중첩되는 토큰이 없습니다.

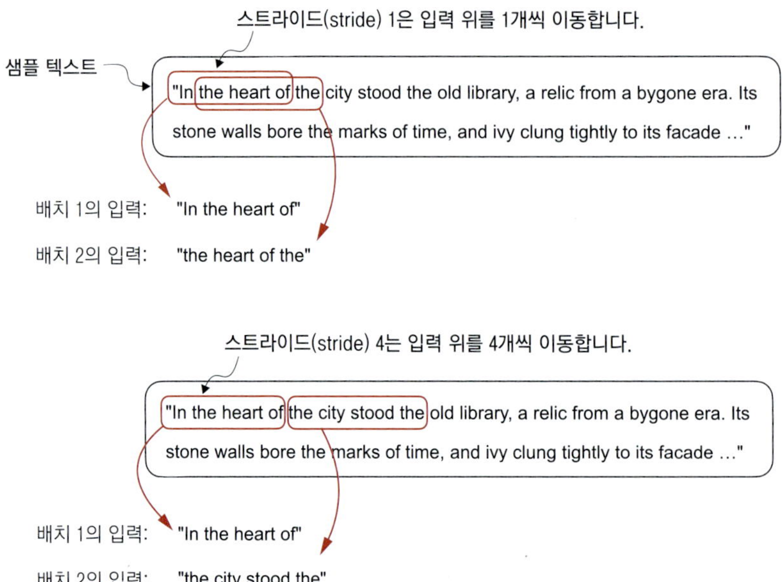

지금까지 데이터 로더에서 샘플링할 때 사용한 배치 크기 1은 설명하기에 좋습니다. 딥러닝을 사용해 본 경험이 있다면 작은 배치 크기는 훈련 과정에서 메모리를 덜 필요로 하지만 모델 업데이트에 잡음이 더 많다는 것을 알 것입니다. 일반적인 딥러닝과 마찬가지로 배치 크기에는 트레이드오프가 있고 LLM을 훈련할 때 실험해 봐야 할 하이퍼파라미터입니다.

배치 크기가 1보다 클 경우 데이터 로더로 샘플링하는 방법을 간단히 살펴보겠습니다.

```
dataloader = create_dataloader_v1(
    raw_text, batch_size=8, max_length=4, stride=4,
    shuffle=False
)

data_iter = iter(dataloader)
inputs, targets = next(data_iter)
print("입력:\n", inputs)
print("\n타깃:\n", targets)
```

출력은 다음과 같습니다.

```
입력:
 tensor([[   40,   367,  2885,  1464],
         [ 1807,  3619,   402,   271],
         [10899,  2138,   257,  7026],
         [15632,   438,  2016,   257],
         [  922,  5891,  1576,   438],
         [  568,   340,   373,   645],
         [ 1049,  5975,   284,   502],
         [  284,  3285,   326,    11]])

타깃:
 tensor([[  367,  2885,  1464,  1807],
         [ 3619,   402,   271, 10899],
         [ 2138,   257,  7026, 15632],
         [  438,  2016,   257,   922],
         [ 5891,  1576,   438,   568],
         [  340,   373,   645,  1049],
         [ 5975,   284,   502,   284],
         [ 3285,   326,    11,   287]])
```

데이터셋을 완전히 활용하기 위해 스트라이드를 4로 늘렸습니다(한 토큰도 건너뛰지 않습니다). 배치 사이에 중첩이 있으면 과대적합이 증가할 수 있는데 이렇게 하면 과대적합을 피할 수 있습니다.

2.7 토큰 임베딩 만들기

LLM 훈련을 위한 입력 텍스트 준비의 마지막 단계는 그림 2-15와 같이 토큰 ID를 임베딩 벡터로 변환하는 것입니다. 준비 단계에서는 이런 임베딩 벡터를 랜덤한 값으로 초기화합니다. 이런 초기화는 LLM 학습 과정의 시작점 역할을 합니다. 5장에서 LLM을 훈련하면서 임베딩 벡터를 최적화하겠습니다.

▼ **그림 2-15** 준비 과정에는 텍스트를 토큰화하고, 텍스트 토큰을 토큰 ID로 바꾸고, 토큰 ID를 임베딩 벡터로 바꾸는 작업이 포함됩니다. 이 절에서는 앞서 생성한 토큰 ID를 사용해 토큰 임베딩 벡터를 만듭니다.

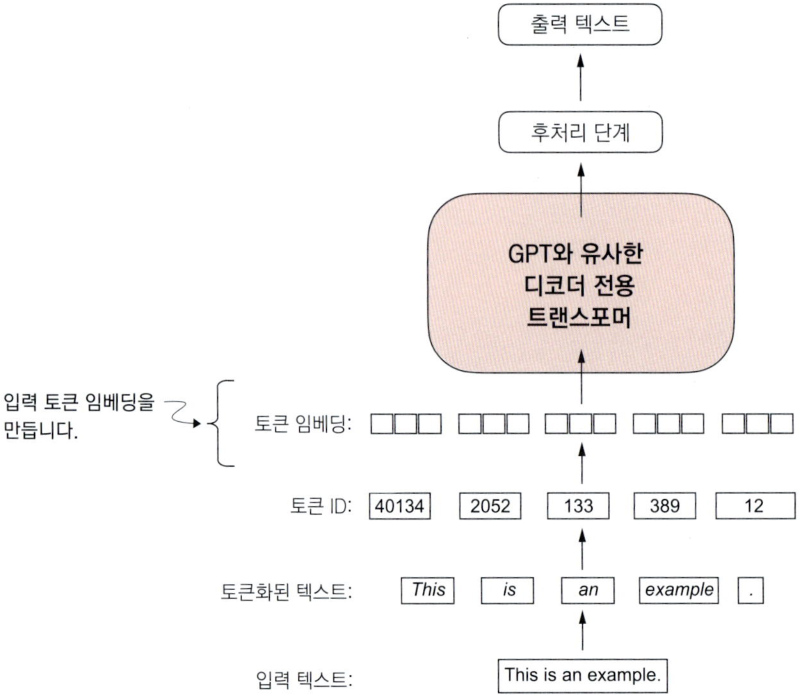

GPT와 같은 LLM은 역전파(backpropagation) 알고리즘으로 훈련되는 심층 신경망이므로 연속적인 벡터 표현인 임베딩이 필수적입니다.

> **NOTE**
> 역전파로 신경망을 훈련하는 방법에 대해 궁금하다면 부록 A의 A.4절을 참고하세요.

예시를 통해 토큰 ID를 임베딩 벡터로 변환하는 방법을 알아보죠. 다음과 같은 4개의 입력 토큰(토큰 ID가 2, 3, 5, 1)이 있다고 가정해 보겠습니다.

```
input_ids = torch.tensor([2, 3, 5, 1])
```

간단한 설명을 위해 (GPT-2의 BPE 토크나이저에 있는 50,257개의 단어로 구성된 어휘사전 대신) 단 6개의 단어로 구성된 작은 어휘사전을 가정해 보겠습니다. 크기가 3인 임베딩을 만들겠습니다(GPT-3의 임베딩 크기는 12,288차원입니다).

```
vocab_size = 6
output_dim = 3
```

vocab_size와 output_dim을 사용해 파이토치의 임베딩 층을 초기화할 수 있습니다. 결과를 재현 가능하도록 만들기 위해 랜덤 시드(random seed)를 123으로 지정합니다.

```
torch.manual_seed(123)
embedding_layer = torch.nn.Embedding(vocab_size, output_dim)
print(embedding_layer.weight)
```

앞의 print 명령은 임베딩 층에 있는 가중치 행렬을 출력합니다.

```
Parameter containing:
tensor([[ 0.3374, -0.1778, -0.1690],
        [ 0.9178,  1.5810,  1.3010],
        [ 1.2753, -0.2010, -0.1606],
        [-0.4015,  0.9666, -1.1481],
        [-1.1589,  0.3255, -0.6315],
        [-2.8400, -0.7849, -1.4096]], requires_grad=True)
```

임베딩 층의 가중치 행렬은 작고 랜덤한 값을 담고 있습니다. 이 값은 LLM 최적화의 일부로 LLM 훈련 과정에서 최적화됩니다. 또한 이 가중치 행렬은 행이 6개이고 열이 3개입니다. 어휘사전에 있는 6개의 토큰 각각에 하나의 행이 할당되고 3개의 임베딩 차원 각각에 하나의 열이 할당된 것입니다.

이를 토큰 ID에 적용하여 임베딩 벡터를 얻어 보죠.

```
print(embedding_layer(torch.tensor([3])))
```

반환된 임베딩 벡터는 다음과 같습니다.

```
tensor([[-0.4015,  0.9666, -1.1481]], grad_fn=<EmbeddingBackward0>)
```

토큰 ID 3의 임베딩 벡터를 앞의 임베딩 행렬과 비교해 보면 네 번째 행의 값과 같다는 것을 알 수 있습니다(파이썬의 인덱스는 0부터 시작하므로 인덱스 3에 해당하는 행이 네 번째입니다). 다른 말로 하면 임베딩 층은 토큰 ID를 기반으로 가중치 행렬에서 행을 추출하는 검색 연산을 수행합니다.

NOTE

원-핫 인코딩에 익숙한 사람을 위해서 설명하면 여기서 설명한 임베딩 층은 본질적으로 원-핫 인코딩(one-hot encoding) 다음에 완전 연결 층(fully connected layer)을 두어 행렬 곱셈을 수행하는 것보다 효율적인 방법일 뿐입니다.[9] 깃허브에 있는 보너스 노트북(https://mng.bz/ZEB5)에서 이를 확인할 수 있습니다. 임베딩 층은 원-핫 인코딩과 행렬 곱셈을 효율적으로 구현한 것에 지나지 않으므로 역전파로 최적화할 수 있는 신경망 층이라고 볼 수 있습니다.

하나의 토큰 ID를 3차원 임베딩 벡터로 바꾸는 방법을 알아보았습니다. 이제 4개의 입력 ID (`torch.tensor([2, 3, 5, 1])`)에 이를 모두 적용해 보죠.

```
print(embedding_layer(input_ids))
```

출력 결과는 4 × 3 크기의 행렬입니다.

```
tensor([[ 1.2753, -0.2010, -0.1606],
        [-0.4015,  0.9666, -1.1481],
        [-2.8400, -0.7849, -1.4096],
        [ 0.9178,  1.5810,  1.3010]], grad_fn=<EmbeddingBackward0>)
```

출력된 행렬의 각 행은 그림 2-16에 나타나 있듯이 임베딩 가중치 행렬의 룩업(lookup) 연산을 통해 구할 수 있습니다.

▼ **그림 2-16** 임베딩 층은 가중치 행렬에서 토큰 ID에 해당하는 임베딩 벡터를 추출하는 룩업 연산을 수행합니다. 예를 들어 토큰 ID 5의 임베딩 벡터는 임베딩 층의 가중치 행렬에 있는 여섯 번째 행입니다(파이썬의 인덱스는 0부터 시작하므로 다섯 번째 행이 아니라 여섯 번째 행이 됩니다). 이 토큰 ID는 2.3절의 어휘사전으로 만들었다고 가정합니다.

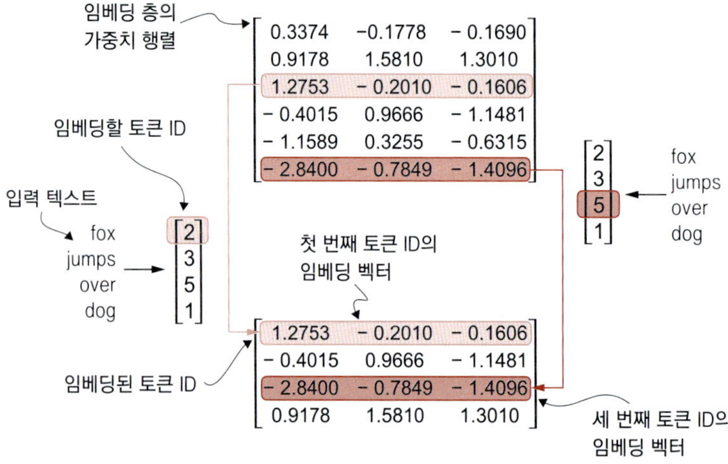

10 역주 정확히 말하자면 활성화 함수가 없고 편향이 없는 완전 연결 층을 사용하는 경우입니다.

토큰 ID로 임베딩 벡터를 만들었으니 다음으로 임베딩 벡터를 조금 수정하여 텍스트 안에 있는 토큰의 위치 정보를 인코딩하겠습니다.

2.8 SECTION 단어 위치 인코딩하기

원칙적으로 토큰 임베딩은 LLM의 입력으로 적합합니다. 하지만 LLM의 단점 중 하나는 시퀀스 안의 토큰 위치 또는 순서에 대한 개념이 셀프 어텐션 메커니즘(3장 참조)에 없다는 것입니다. 앞서 소개한 임베딩 층의 작동 방식은 그림 2-17과 같습니다. 입력 시퀀스 안에 토큰 ID의 위치에 상관없이 동일한 토큰 ID를 항상 동일한 벡터 표현에 매핑합니다.

▼ 그림 2-17 임베딩 층은 토큰 ID가 입력 시퀀스의 어느 위치에 있는지 상관없이 동일한 벡터 표현으로 바꿉니다. 예를 들어 입력 시퀀스의 첫 번째 위치에 있는 토큰 ID 2나 네 번째 위치에 있는 토큰 ID 2는 동일한 임베딩 벡터로 바뀝니다.

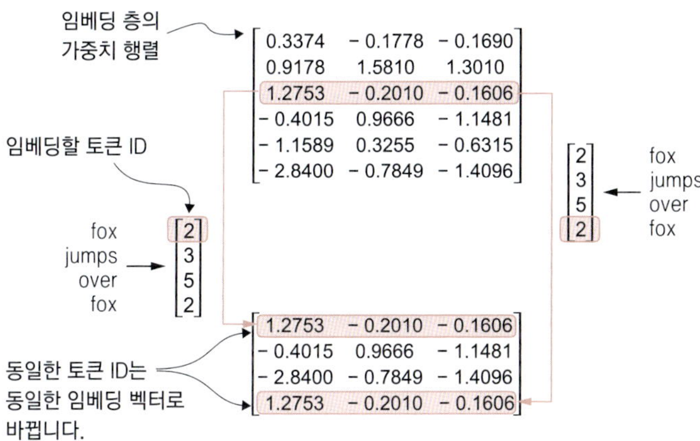

원칙적으로, 결정론적이고 위치에 독립적인 토큰 ID의 임베딩은 재현 가능성의 목적으로 좋습니다. 하지만 LLM의 셀프 어텐션 메커니즘 자체가 위치에 구애받지 않기 때문에 LLM에 추가적인 위치 정보를 주입하는 것이 도움이 됩니다.

이를 위해 크게 두 종류의 위치를 고려한 임베딩을 사용할 수 있습니다. 상대 위치 임베딩과 절대 위치 임베딩입니다. 절대 위치 임베딩은 시퀀스의 특정 위치에 직접 연관됩니다. 입력 시퀀스의 각 위치에 대해서 고유한 임베딩이 토큰 임베딩에 더해져 정확한 위치 정보를 추가합니다. 예를 들어 그림 2-18과 같이 첫 번째 토큰은 특정 위치 임베딩을 사용하고, 두 번째 토큰은 또 다른 고유한 위치 임베딩을 사용하는 식입니다.

▼ **그림 2-18** 위치 임베딩을 토큰 임베딩에 더해서 LLM을 위한 입력 임베딩을 만듭니다. 위치 임베딩 벡터는 원본 토큰 임베딩과 동일한 차원을 가집니다. 간단하게 나타내기 위해 토큰 임베딩의 값을 1로 표시했습니다.

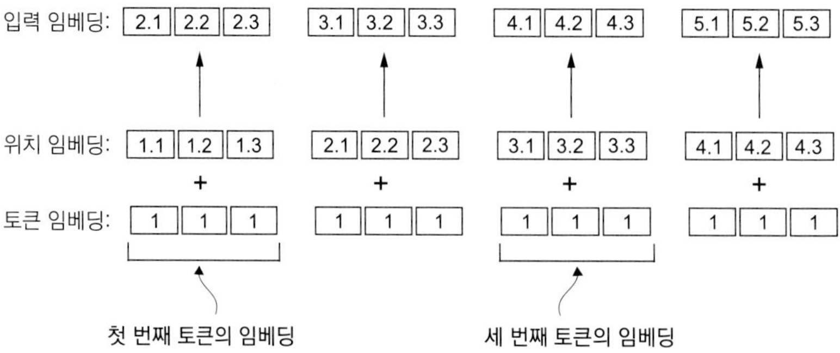

상대 위치 임베딩은 토큰의 절대 위치에 초점을 맞추는 대신 상대적인 위치 또는 토큰 사이의 거리를 강조합니다. 이는 모델이 정확한 위치가 아니라 멀리 떨어져 있는 정도를 바탕으로 관계를 학습한다는 의미입니다. 이런 방식은 모델이 길이가 다른 시퀀스에도 더 잘 일반화될 수 있다는 것입니다. 심지어 훈련 과정에서 본 적이 없는 길이의 시퀀스에 대해서도 그렇습니다.

두 종류의 위치 임베딩은 LLM이 토큰 사이의 순서와 관계를 이해하는 능력을 보강하여 정확하고 맥락을 고려한 예측을 만드는 데 목적이 있습니다. 둘 중 어떤 것을 선택하느냐는 애플리케이션과 처리하려는 데이터의 성질에 따라 달라지는 경우가 많습니다.

오픈AI의 GPT 모델은 원본 트랜스포머 모델의 위치 임베딩과 같이 고정되거나 사전에 정의된 임베딩이 아니라 훈련 과정에서 최적화되는 절대 위치 임베딩을 사용합니다. 이 최적화 과정은 모델 훈련의 일부로 수행됩니다. 지금은 초깃값으로 채워진 위치 임베딩을 만들어 LLM 입력을 준비해 보죠.

앞서 간단하게 하려고 매우 작은 임베딩 크기를 선택했습니다. 이제 조금 더 현실적이고 유용한 임베딩 크기를 선택해서 입력 토큰을 256차원의 벡터 표현으로 인코딩해 보겠습니다. 원본 GPT-3 모델이 사용한 차원(GPT-3의 임베딩 크기는 12,288차원입니다)보다는 작지만 실험에는 적합한 크기입니다. 또한 토큰 ID를 앞서 구현한 50,257 크기의 어휘사전을 가진 BPE 토크나이저로 만들었다고 가정합니다.

```
vocab_size = 50257
output_dim = 256
token_embedding_layer = torch.nn.Embedding(vocab_size, output_dim)
```

token_embedding_layer를 사용해 데이터 로더를 통해 샘플링한 각 배치에 있는 토큰 ID를 256차원 벡터로 임베딩합니다. 배치 크기가 8이고 4개의 토큰씩 들어 있다면 만들어진 벡터는 8 × 4 × 256 텐서가 될 것입니다.

먼저 데이터 로더(2.6절 참조)를 초기화합니다.

```
max_length = 4
dataloader = create_dataloader_v1(
    raw_text, batch_size=8, max_length=max_length, stride=max_length, shuffle=False
)
data_iter = iter(dataloader)
inputs, targets = next(data_iter)
print("토큰 ID:\n", inputs)
print("\n입력 크기:\n", inputs.shape)
```

출력은 다음과 같습니다.

```
토큰 ID:
 tensor([[   40,   367,  2885,  1464],
        [ 1807,  3619,   402,   271],
        [10899,  2138,   257,  7026],
        [15632,   438,  2016,   257],
        [  922,  5891,  1576,   438],
        [  568,   340,   373,   645],
        [ 1049,  5975,   284,   502],
        [  284,  3285,   326,    11]])

입력 크기:
 torch.Size([8, 4])
```

여기서 보듯이 토큰 ID 텐서의 차원이 8 × 4입니다. 배치에 4개의 토큰을 가진 텍스트 샘플 8개가 들어 있다는 의미입니다.

임베딩 층을 사용해 이 토큰 ID를 256차원 벡터로 임베딩해 보겠습니다.

```
token_embeddings = token_embedding_layer(inputs)
print(token_embeddings.shape)
```

출력은 다음과 같습니다.

```
torch.Size([8, 4, 256])
```

8 × 4 × 256차원의 텐서는 각 토큰 ID가 256차원 벡터로 임베딩되었다는 것을 보여 줍니다.

GPT 모델의 절대 임베딩 방법에서는 token_embedding_layer와 동일한 임베딩 차원을 가지는 또 다른 임베딩 층을 만들면 됩니다.

```
context_length = max_length
pos_embedding_layer = torch.nn.Embedding(context_length, output_dim)
pos_embeddings = pos_embedding_layer(torch.arange(context_length))
print(pos_embeddings.shape)
```

pos_embeddings의 입력은 일반적으로 플레이스홀더(placeholder) 벡터인 torch.arange(context_length)입니다. 이 벡터는 숫자 0, 1, … 최대 입력 길이 −1까지의 시퀀스를 담고 있습니다. context_length는 LLM이 지원하는 입력 크기를 나타내는 변수입니다. 여기서는 입력 텍스트의 최대 길이와 같게 설정했습니다. 실제로 입력 텍스트는 지원하는 문맥 길이보다 길 수 있으며 이 경우 텍스트를 잘라야 합니다.

앞 코드의 출력은 다음과 같습니다.

```
torch.Size([4, 256])
```

여기서 보듯이 위치 임베딩 벡터는 4개의 256차원 벡터로 구성됩니다. 이제 이 벡터를 토큰 임베딩에 바로 더할 수 있습니다. 파이토치는 4 × 256차원의 pos_embeddings 텐서를 배치에 있는 4 × 256차원의 토큰 임베딩 텐서 8개에 각각 더합니다.

```
input_embeddings = token_embeddings + pos_embeddings
print(input_embeddings.shape)
```

출력은 다음과 같습니다.

```
torch.Size([8, 4, 256])
```

그림 2-19에 나타나 있듯이 input_embeddings는 임베딩된 입력 샘플입니다. 다음 장에서 이를 처리할 수 있는 LLM 핵심 모듈을 구현하기 시작할 것입니다.

▼ **그림 2-19** 입력 전처리 파이프라인의 일부로 입력 텍스트가 먼저 개별 토큰으로 분할됩니다. 그런 다음 이 토큰이 어휘사전을 사용해 토큰 ID로 변환됩니다. 토큰 ID는 임베딩 벡터로 변환되고 동일 크기의 위치 임베딩이 더해집니다. 결과적으로 LLM 층의 입력으로 사용할 입력 임베딩이 만들어집니다.

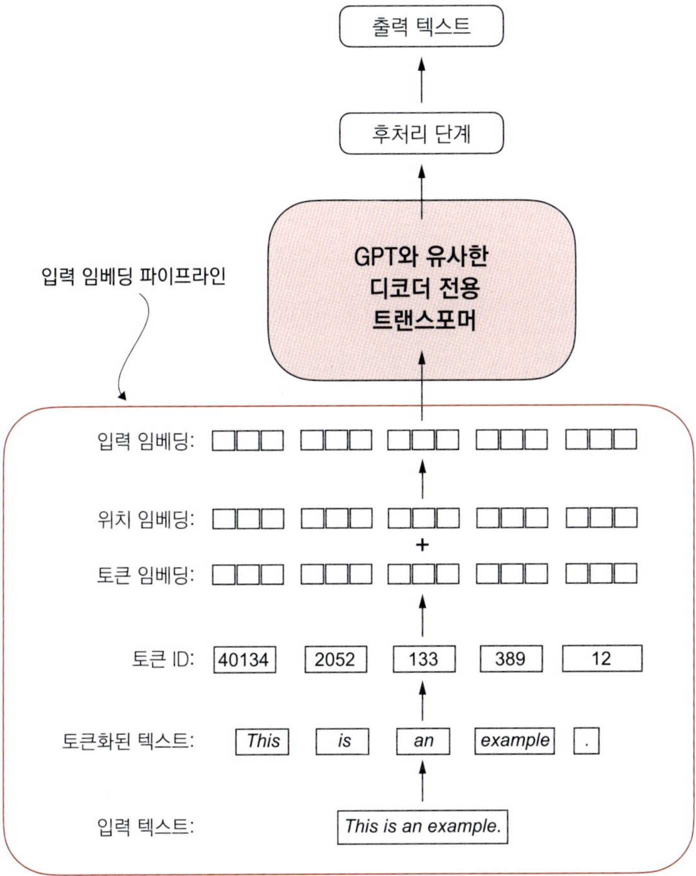

2.9 SECTION 요약

- LLM은 원시 텍스트를 처리할 수 없기 때문에 텍스트 데이터를 수치 벡터로 변환해야 합니다. 임베딩은 (단어나 이미지 같은) 이산적인 데이터를 연속적인 벡터 공간에 매핑하여 신경망의 연산과 호환되게 만듭니다.
- 먼저 원시 텍스트를 단어 또는 문자에 해당하는 토큰으로 분할합니다. 그런 다음 이 토큰을 토큰 ID라 부르는 정수 표현으로 바꿉니다.
- <|unk|>와 <|endoftext|> 같은 특수 토큰을 추가하여 모델이 알지 못하는 단어나 문서 사이의 경계와 같이 다양한 문맥을 이해하고 처리할 수 있도록 돕습니다.
- GPT-2와 GPT-3 같은 LLM에서 사용하는 바이트 페어 인코딩(BPE) 토크나이저는 알지 못하는 단어를 부분단어나 개별 문자로 분할하는 식으로 효율적으로 처리할 수 있습니다.
- 토큰화된 데이터에 슬라이딩 윈도를 적용하여 LLM 훈련을 위한 입력-타깃 쌍을 생성합니다.
- 파이토치 임베딩 층은 토큰 ID에 해당하는 벡터를 추출하는 룩업 연산을 수행합니다. 만들어진 임베딩 벡터는 토큰에 대한 실수 표현으로 LLM과 같은 딥러닝 모델을 훈련하는 데 매우 중요합니다.
- 토큰 임베딩이 각 토큰에 대해 일관된 벡터 표현을 제공하지만 시퀀스에 있는 토큰 위치에 대한 개념이 없습니다. 이를 개선하기 위해 절대 위치 임베딩과 상대 위치 임베딩이란 두 종류의 위치 임베딩이 있습니다. 오픈AI의 GPT 모델은 절대 위치 임베딩을 토큰 임베딩 벡터에 더하며, 모델 훈련 과정에서 최적화합니다.

CHAPTER

3

어텐션 메커니즘 구현하기

이 장에서 다룰 내용

- 신경망에서 어텐션 메커니즘(attention mechanism)을 사용하는 이유
- 기본적인 어텐션 메커니즘 프레임워크와 향상된 셀프 어텐션 메커니즘(self-attention mechanism) 소개
- LLM이 한 번에 하나의 토큰을 생성할 수 있는 코잘 어텐션(causal attention) 모듈 소개
- 드롭아웃으로 어텐션 가중치를 랜덤하게 마스킹하여 과대적합 줄이기
- 여러 개의 코잘 어텐션 모듈을 쌓아 멀티 헤드 어텐션(multi-head attention) 모듈 만들기

지금까지 LLM 훈련을 위해 텍스트를 개별 단어와 부분단어 토큰으로 나누어 입력 데이터를 준비하는 방법을 배우고, LLM에 사용할 수 있도록 이를 벡터 표현으로 인코딩했습니다.

이제 그림 3-1에 나와 있듯이 LLM 구조의 핵심 부분인 어텐션 메커니즘을 살펴보겠습니다. 이 장에서는 어텐션 메커니즘을 독립적으로 살펴보고 내부에서 어떻게 동작하는지에 초점을 맞추겠습니다. 다음 장에서는 LLM에서 셀프 어텐션 메커니즘을 둘러싼 다른 부분을 구현하여 작동 방식을 알아보고 텍스트를 생성하는 모델을 만들겠습니다.

▼ **그림 3-1** LLM 구현을 위한 세 가지 주요 단계. 이 장은 1단계의 두 번째 스텝에 해당하며, LLM 구조의 핵심 요소인 어텐션 메커니즘을 구현합니다.

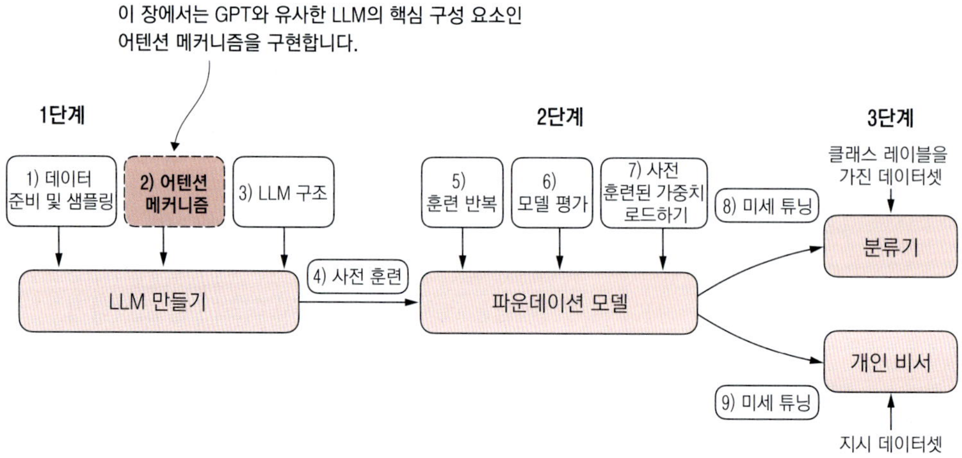

그림 3-2와 같이 네 가지 버전의 어텐션 메커니즘을 구현합니다. 이 네 가지 어텐션 메커니즘을 차례대로 구축하되, 이전에 구현한 것에 새로운 기능을 추가하는 식으로 만듭니다. 다음 장에서 LLM 모델을 만들 때 사용할 수 있는 간결하고 효율적인 멀티 헤드 어텐션을 구현하는 것이 목표입니다.

▼ **그림 3-2** 이 장에서 구현할 여러 종류의 어텐션 메커니즘입니다. 간소화된 셀프 어텐션 메커니즘으로 시작한 후 그런 다음 훈련 가능한 가중치를 추가합니다. 코잘 어텐션 메커니즘은 셀프 어텐션에 마스크를 추가하여 LLM이 한 번에 하나의 토큰을 생성할 수 있게 합니다. 마지막으로 멀티 헤드 어텐션은 어텐션 메커니즘을 여러 개의 헤드로 조직화하여 모델이 동시에 입력 데이터의 여러 측면을 포착할 수 있도록 합니다.

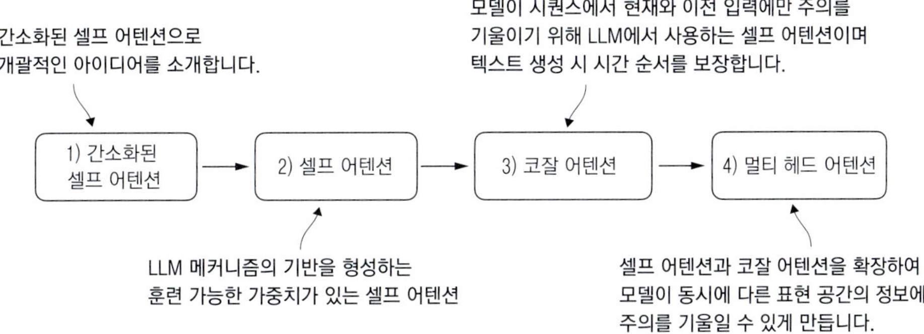

3.1 SECTION 긴 시퀀스 모델링의 문제점

LLM의 핵심 요소인 셀프 어텐션 메커니즘으로 들어가기 전에 LLM 시대 이전에 어텐션 메커니즘을 사용하지 않던 구조가 가졌던 문제를 생각해 보죠. 한 언어에서 다른 언어로 텍스트를 번역하는 언어 번역 모델을 만든다고 가정해 보겠습니다. 그림 3-3에서 보듯이 소스 언어(source language)와 타깃 언어(target language)의 문법 구조가 다르기 때문에 텍스트를 한 단어씩 번역할 수 없습니다.

이 문제를 해결하기 위해 심층 신경망에서는 **인코더**(encoder)와 **디코더**(decoder)라는 2개의 서브모듈을 사용합니다. 인코더가 먼저 전체 텍스트를 읽고 처리한 후 디코더가 번역된 텍스트를 생성합니다.

▼ **그림 3-3** 텍스트를 한 언어(예를 들면 독일어)에서 다른 언어(예를 들면 영어)로 번역할 때 단순하게 한 단어씩 번역할 수 없습니다. 번역을 수행하려면 문맥을 이해하고 결과가 문법적으로 맞아야 합니다.

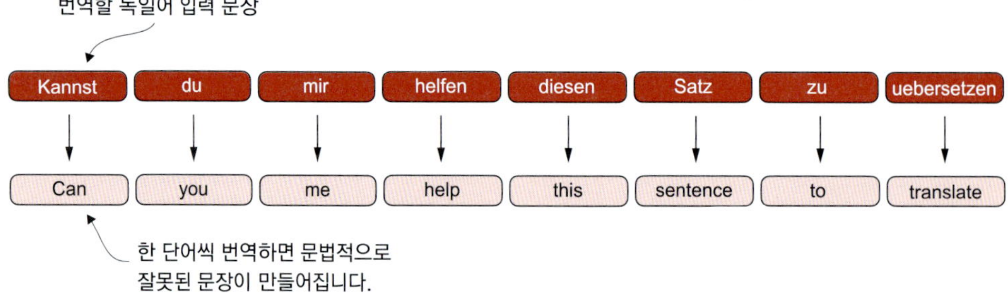

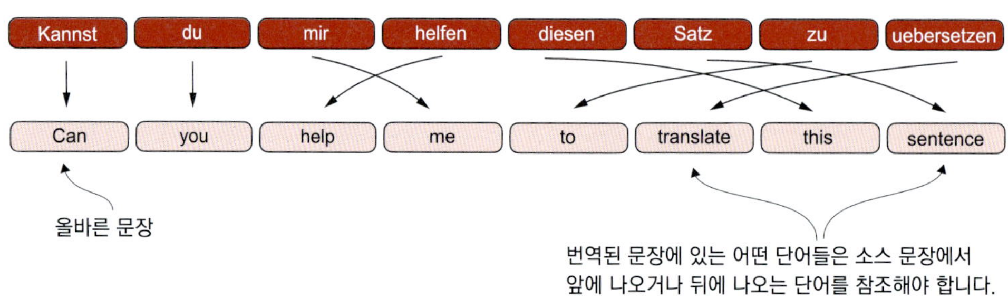

트랜스포머가 개발되기 전에는 **순환 신경망**(recurrent neural network, RNN)이 언어 번역에서 가장 인기 있는 인코더-디코더 구조였습니다. RNN은 이전 스텝의 출력이 현재 스텝의 입력으로 사용되는 신경망으로, 텍스트와 같은 순차 데이터에 잘 맞습니다. RNN에 대해 잘 몰라도 괜찮습니다. 이어지는 내용을 위해 RNN의 작동 방식을 자세히 알 필요는 없습니다.[1] 여기서는 일반적인 인코더-디코더 개념에 대해 초점을 맞춰 진행하겠습니다.

인코더-디코더 RNN에서는 인코더가 입력 텍스트를 받아 순차적으로 처리합니다. 그림 3-4에 나타나 있듯이 인코더는 각 단계마다 은닉 상태(은닉 층의 내부 값)를 업데이트하며, 최종 은닉 상태로 입력 시퀀스의 전체 의미를 포착합니다. 그런 다음 디코더는 이 최종 은닉 상태를 받아 한 번에 한 단어씩 번역된 문장을 생성합니다. 디코더도 매 스텝마다 은닉 상태를 업데이트하며 이를 통해 다음 단어 예측에 필요한 문맥을 다음 스텝으로 전달합니다.

인코더-디코더 RNN의 내부 동작을 알 필요는 없지만 핵심 아이디어는 인코더가 전체 입력 텍스트를 하나의 은닉 상태로 처리한다는 것입니다. 그런 다음 디코더가 이 은닉 상태를 받아 출력을 생성합니다. 이 은닉 상태를 2장에서 설명한 임베딩 벡터 개념으로 생각할 수 있습니다.

---

1 역주 순환 신경망과 잠시 후에 소개되는 바흐다나우 어텐션에 대해 자세히 알고 싶다면 <머신러닝 교과서: 파이토치편>(길벗, 2023)을 참고하세요.

▼ **그림 3-4** 트랜스포머 모델이 등장하기 전에는 인코더-디코더 RNN이 기계 번역에 널리 사용되었습니다. 인코더는 소스 언어의 토큰 시퀀스를 입력으로 받고, 인코더의 은닉 상태(신경망의 중간 계층)에 전체 입력 시퀀스의 압축된 표현을 인코딩합니다. 그런 다음 디코더가 인코더의 최종 은닉 상태를 사용해 하나의 토큰씩 번역을 생성합니다.

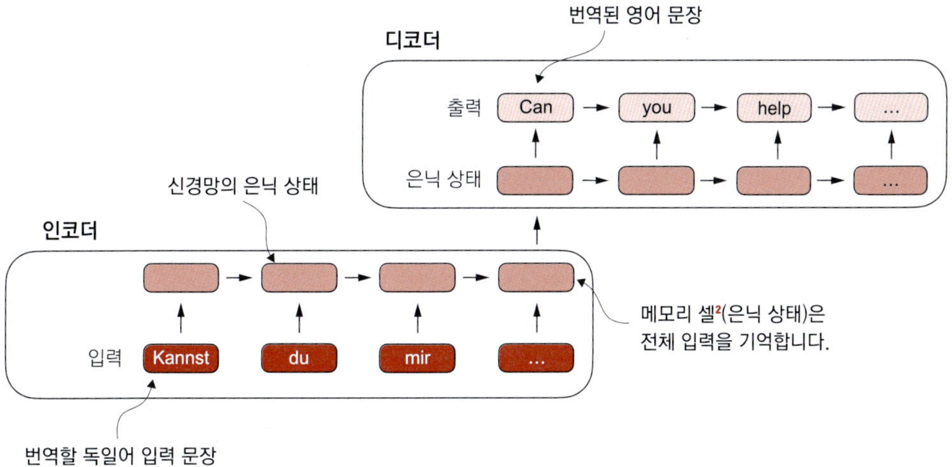

인코더-디코더 RNN의 큰 제약 사항은 디코딩 단계에서 RNN이 인코더의 이전 은닉 상태를 참조할 수 없다는 것입니다. 결과적으로 모든 관련된 정보가 포함된 최종 은닉 상태에만 의존하게 됩니다. 이로 인해 맥락을 놓칠 수 있습니다. 특히 멀리 떨어진 단어에 의존성이 있는 복잡한 문장의 경우가 그렇습니다. 다행히 LLM을 구축하는 데 RNN을 이해할 필요는 없습니다. 인코더-디코더 RNN의 단점이 어텐션 메커니즘 개발에 동기 부여가 되었다는 것만 기억하세요.

3.2 SECTION 어텐션 메커니즘으로 데이터 의존성 포착하기

RNN은 짧은 문장을 번역하는 데는 잘 동작하지만 입력에 있는 이전 단어를 직접 참조하지 못하기 때문에 긴 텍스트는 잘 번역하지 못합니다. 이 방식의 주요 단점 중 하나는 RNN이 인코딩된 전체 입력을 하나의 은닉 상태에 저장해서 디코더에게 전달해야 한다는 것입니다(그림 3-4).

---

2 역주 순환 신경망에서는 층을 셀(cell)이라고도 부릅니다.

이로 인해 2014년 RNN을 위한 **바흐다나우 어텐션**(Bahdanau attention) 메커니즘이 개발되었습니다(논문 제1저자의 이름을 딴 이름입니다. 자세한 내용은 부록 B를 참고하세요). 그림 3-5에 나타나 있듯이 이 메커니즘은 인코더-디코더 RNN을 수정하여 디코딩 단계마다 디코더가 선택적으로 입력 시퀀스의 서로 다른 부분을 참조할 수 있습니다.

▼ **그림 3-5** 신경망의 텍스트 생성 부분인 디코더는 어텐션 메커니즘을 사용해 모든 입력 토큰을 선택적으로 참조할 수 있습니다. 이는 현재 출력 토큰을 생성하는 데 어떤 입력 토큰이 다른 토큰보다 더 중요할 수 있다는 의미입니다. 중요도는 어텐션 가중치로 결정되며 이를 계산하는 방법은 나중에 알아보겠습니다. 이 책은 RNN에 대해 다루지 않습니다. 이 그림은 바흐다나우 어텐션 메커니즘의 일반적인 아이디어에 해당할 뿐 정확한 구현을 묘사한 것은 아닙니다.

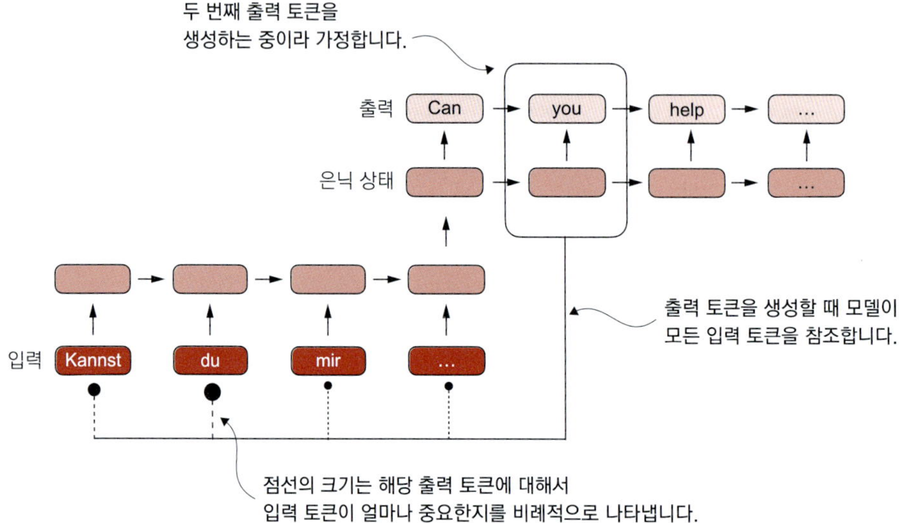

흥미롭게도 불과 3년 후에 RNN 구조가 자연어 처리를 위한 심층 신경망을 구축하는 데 필수적이지 않다는 것을 발견했고 (1장에서 소개한) 원본 **트랜스포머** 구조가 등장했습니다. 트랜스포머에는 바흐다나우 어텐션 메커니즘에서 영감을 받은 셀프 어텐션 메커니즘이 포함되어 있습니다.

셀프 어텐션 메커니즘에서는 시퀀스의 표현을 계산할 때 입력 시퀀스에 있는 각 위치가 동일 시퀀스에 있는 다른 모든 위치와의 관련성을 고려하거나 주의를 기울일 수 있습니다. 셀프 어텐션은 트랜스포머 구조 기반의 GPT 시리즈와 같은 현대 LLM의 핵심 구성 요소입니다.

이 장은 그림 3-6에 나타나 있는 것처럼 GPT와 같은 모델에서 사용하는 셀프 어텐션 메커니즘을 이해하고 구현하는 데 초점을 맞춥니다. 다음 장에서 LLM의 나머지 부분을 구현하겠습니다.

▼ **그림 3-6** 셀프 어텐션은 트랜스포머에서 사용되는 메커니즘으로, 입력 시퀀스에 있는 각 위치가 동일 시퀀스에 있는 다른 모든 위치와 상호작용하여 중요도를 부여함으로써 효율적으로 입력 표현을 계산합니다. 이 장에서는 셀프 어텐션 메커니즘을 밑바닥에서부터 구현하고, 다음 장에서는 GPT와 유사한 LLM의 나머지 부분을 구현합니다.

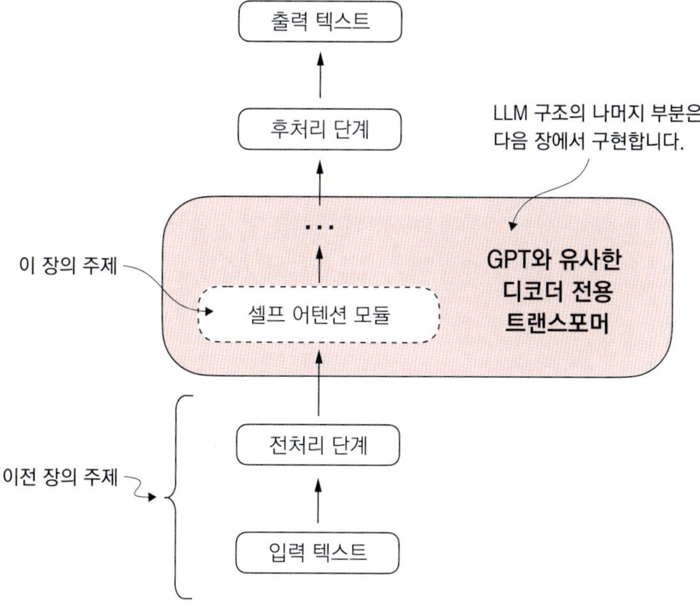

3.3 SECTION 셀프 어텐션으로 입력의 서로 다른 부분에 주의 기울이기

이제 셀프 어텐션 메커니즘의 내부 작동 방식을 알아보고 밑바닥에서부터 코드로 구현해 보겠습니다. 셀프 어텐션은 트랜스포머 구조를 바탕으로 하는 모든 LLM의 기반이 됩니다. 이 내용을 이해하려면 특히 주의를 기울여 집중해야 합니다. 하지만 근본적인 원리를 이해하게 되면 이 책과 LLM 구현 전반에서 가장 어려운 고개를 하나 넘은 것입니다.

> **참고**
>
> **셀프 어텐션의 '셀프'**
>
> 셀프 어텐션에서 '셀프'는 하나의 입력 시퀀스에 있는 서로 다른 위치의 원소 사이에서 어텐션 가중치를 계산하는 방식을 의미합니다. 입력 자체 안에 있는 여러 부분(예를 들어 문장 안의 단어나 이미지 안에 있는 픽셀) 사이의 관계와 의존성을 평가하고 학습합니다. 이는 2개의 다른 시퀀스에 있는 원소 사이의 관계에 초점을 맞추는 전통적인 어텐션 메커니즘과 다릅니다. 전통적인 어텐션 메커니즘의 예로는 그림 3-5의 입력 시퀀스와 출력 시퀀스 사이에 주의를 기울이는 시퀀스-투-시퀀스 모델을 들 수 있습니다.

처음엔 셀프 어텐션이 복잡하게 보일 수 있기 때문에 간소화된 버전을 먼저 알아보겠습니다. 그런 다음 LLM에서 사용되는 훈련 가능한 가중치를 가진 셀프 어텐션 메커니즘을 구현해 보겠습니다.

3.3.1 훈련 가능한 가중치가 없는 간단한 셀프 어텐션 메커니즘

훈련 가능한 가중치가 없는 간소화된 버전의 셀프 어텐션을 구현해 보죠. 이 메커니즘이 그림 3–7에 요약되어 있습니다. 목표는 훈련 가능한 가중치를 추가하기 전에 셀프 어텐션에 있는 몇 가지 핵심 개념을 이해하는 것입니다.

▼ **그림 3-7** 셀프 어텐션의 목표는 다른 모든 입력 원소의 정보를 조합하여 각각의 입력 원소에 대한 문맥 벡터를 계산하는 것입니다. 이 그림에서는 문맥 벡터 $z^{(2)}$를 계산합니다. $z^{(2)}$를 계산하기 위한 각 입력 원소의 중요도 또는 기여도는 어텐션 가중치 α_{21}~α_{2T}에 의해 결정됩니다. $z^{(2)}$를 계산할 때 입력 원소 $x^{(2)}$와 다른 모든 입력에 대해 어텐션 가중치가 계산됩니다.

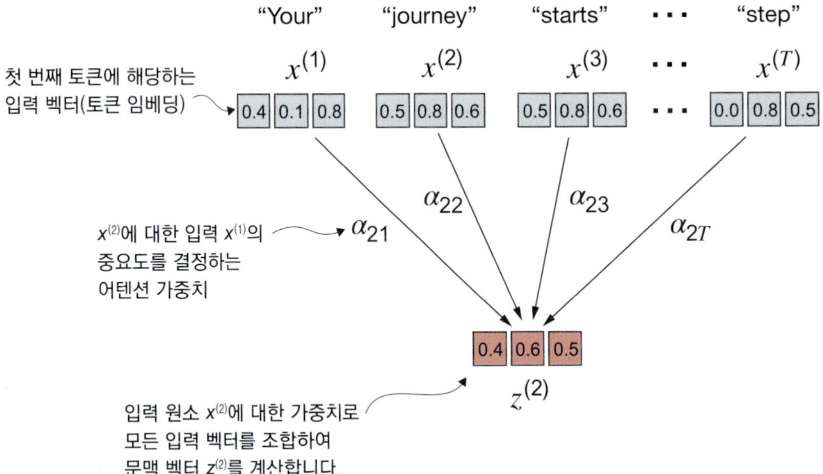

그림 3–7은 x로 표시된 입력 시퀀스를 보여 주며, $x^{(1)}$에서 $x^{(T)}$까지 표현된 T개의 원소로 구성됩니다. 이 시퀀스는 일반적으로 (문장과 같은) 텍스트를 나타내며 이미 토큰 임베딩으로 변환되어 있습니다.

예를 들어 “Your journey starts with one step”이란 텍스트를 생각해 보죠. 이 경우 $x^{(1)}$에 해당하는 시퀀스의 각 원소는 "Your"와 같은 특정 토큰을 표현하는 d 차원 임베딩 벡터입니다. 그림 3-7은 이런 입력 벡터를 3차원 임베딩으로 보여 줍니다.

셀프 어텐션에서는 입력 시퀀스에 있는 각 원소 $x^{(i)}$에 대한 문맥 벡터 $z^{(i)}$를 계산하는 것이 목표입니다. **문맥 벡터**(context vector)는 정보가 풍부한 임베딩 벡터로 생각할 수 있습니다.

이 개념을 이해하기 위해 (토큰 "journey"에 해당하는) 두 번째 입력 원소 $x^{(2)}$의 임베딩 벡터와 그림 3-7 중 아래쪽에 있는 문맥 벡터 $z^{(2)}$를 생각해 보죠. 문맥 벡터 $z^{(2)}$는 $x^{(2)}$와 다른 모든 입력 ($x^{(1)} \sim x^{(T)}$) 사이의 정보를 담은 임베딩입니다.

문맥 벡터는 셀프 어텐션에서 매우 중요한 역할을 합니다. 문맥 벡터의 목적은 (문장과 같은) 입력 시퀀스에 있는 다른 모든 원소의 정보를 통합해 이 시퀀스에 있는 각 원소의 표현을 풍부하게 만드는 것입니다(그림 3-7). 이것이 LLM의 핵심이며, 문장에서 다른 단어 사이의 관계와 관련성을 이해하기 위해 LLM에 반드시 필요합니다. 나중에 LLM이 이런 문맥 벡터를 학습할 수 있도록 훈련 가능한 가중치를 추가하겠습니다. 문맥 벡터의 도움을 받아 LLM이 다음 토큰을 생성하게 됩니다. 하지만 먼저 간소화된 셀프 어텐션 메커니즘을 구현하여 이런 가중치와 문맥 벡터를 계산하는 방법을 알아보겠습니다.

다음과 같이 3차원 벡터로 임베딩된 입력 시퀀스가 있다고 가정해 보죠(2장 참조). 줄바꿈이 일어나지 않도록 작은 임베딩 차원을 선택했습니다.

```
import torch
inputs = torch.tensor(
  [[0.43, 0.15, 0.89], # Your     (x^1)
   [0.55, 0.87, 0.66], # journey  (x^2)
   [0.57, 0.85, 0.64], # starts   (x^3)
   [0.22, 0.58, 0.33], # with     (x^4)
   [0.77, 0.25, 0.10], # one      (x^5)
   [0.05, 0.80, 0.55]] # step     (x^6)
)
```

셀프 어텐션을 구현하는 첫 번째 단계는 그림 3-8과 같이 어텐션 점수(attention score)라고 부르는 중간 값 ω를 계산하는 것입니다. 그림이 복잡해지지 않도록 inputs 텐서의 값을 소수점 첫째 자리까지만 나타냈습니다. 예를 들어 0.87은 0.8로 나타냅니다. 이로 인해 단어 "journey"와 "starts"가 우연히 동일하게 표시되었습니다.

▼ **그림 3-8** 전반적인 목표는 두 번째 입력 원소 $x^{(2)}$를 쿼리(query)로 사용하여 문맥 벡터 $z^{(2)}$의 계산 방법을 이해하는 것입니다. 이 그림은 쿼리 $x^{(2)}$와 다른 모든 원소 사이의 점곱(dot product)으로 어텐션 점수 ω를 계산하는 첫 번째 중간 단계를 보여 줍니다(그림이 복잡해지지 않도록 소수점 첫째 자리 이후는 나타내지 않았습니다).

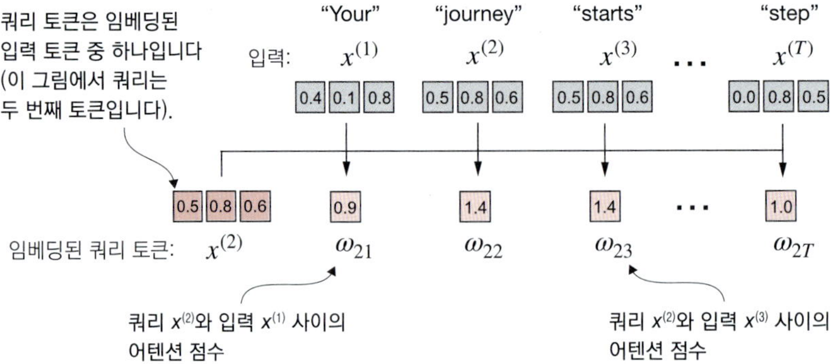

그림 3-8은 쿼리 토큰과 각 입력 토큰 사이의 어텐션 점수를 어떻게 계산하는지 보여 줍니다. 어텐션 점수는 쿼리 $x^{(2)}$와 다른 모든 입력 토큰 사이의 점곱으로 결정합니다.

```
query = inputs[1]  -------- 두 번째 입력 토큰을 쿼리 토큰으로 사용합니다
attn_scores_2 = torch.empty(inputs.shape[0])
for i, x_i in enumerate(inputs):
    attn_scores_2[i] = torch.dot(x_i, query)
print(attn_scores_2)
```

계산된 어텐션 점수는 다음과 같습니다.

```
tensor([0.9544, 1.4950, 1.4754, 0.8434, 0.7070, 1.0865])
```

참고

점곱 이해하기

점곱은 두 벡터를 원소끼리 곱한 다음 모두 더하는 간편한 방법입니다. 이를 코드로 나타내면 다음과 같습니다.

```
res = 0.
for idx, element in enumerate(inputs[0]):
    res += inputs[0][idx] * query[idx]
print(res)
print(torch.dot(inputs[0], query))
```

출력을 보면 원소별 곱의 합이 점곱과 동일함을 알 수 있습니다.

```
tensor(0.9544)
tensor(0.9544)
```

점곱 연산을 두 벡터를 결합하여 하나의 스칼라(scalar) 값을 만드는 수학 도구 말고도, 하나의 유사도 척도로 볼 수 있습니다. 두 벡터가 얼마나 가까이 놓여 있는지 정량화할 수 있기 때문입니다. 점곱 결과가 높으면 두 벡터가 가까이 놓여 있는 정도 또는 유사도가 크다는 것을 나타냅니다. 셀프 어텐션 메커니즘의 관점에서 보면 점곱은 시퀀스에 있는 각 원소가 다른 원소에 초점을 맞추거나 주의를 기울이는 정도를 결정합니다. 즉, 점곱이 높을수록 두 원소 사이의 유사도와 어텐션 점수가 높습니다.

다음 단계에서는 그림 3-9에 나타나 있듯이 앞서 계산한 어텐션 점수를 정규화합니다. 정규화를 하는 목적은 어텐션 가중치의 합이 1이 되도록 하기 위해서입니다. 정규화를 하면 해석하기 용이하고 LLM을 훈련할 때 안정성을 유지하는 데 도움이 됩니다. 정규화 단계는 다음과 같이 간단히 수행할 수 있습니다.

```
attn_weights_2_tmp = attn_scores_2 / attn_scores_2.sum()
print("어텐션 가중치:", attn_weights_2_tmp)
print("합:", attn_weights_2_tmp.sum())
```

▼ **그림 3-9** 입력 쿼리 $x^{(2)}$에 대한 어텐션 점수 ω_{21}에서 ω_{2T}까지 계산합니다. 그다음 단계는 어텐션 점수를 정규화하여 어텐션 가중치 α_{21}에서 α_{2T}까지 구하는 것입니다.

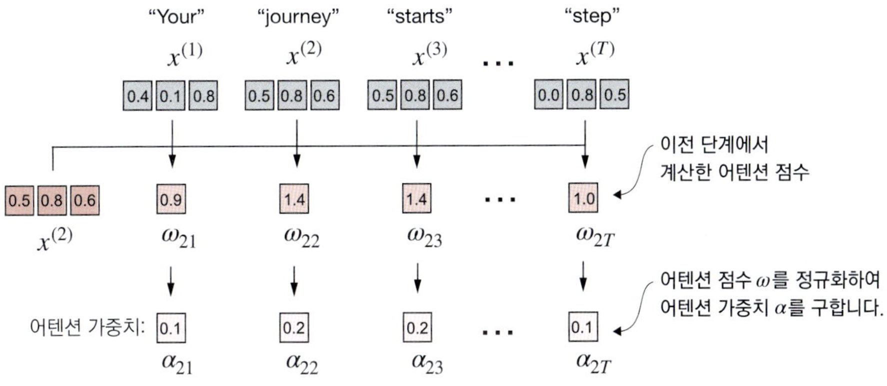

출력에서 보듯이 어텐션 가중치의 합은 1이 됩니다.

```
어텐션 가중치: tensor([0.1455, 0.2278, 0.2249, 0.1285, 0.1077, 0.1656])
합: tensor(1.0000)
```

실제로는 소프트맥스(softmax) 함수를 사용하여 정규화하는 것이 더 일반적이고 권장됩니다. 이 방법이 극한 값을 더 잘 다루며 훈련 과정에 유용한 그레이디언트(gradient) 속성을 가지고 있습니다. 다음 코드는 어텐션 점수를 정규화하는 소프트맥스 함수의 기본적인 구현입니다.

```
def softmax_naive(x):
    return torch.exp(x) / torch.exp(x).sum(dim=0)

attn_weights_2_naive = softmax_naive(attn_scores_2)
print("어텐션 가중치:", attn_weights_2_naive)
print("합:", attn_weights_2_naive.sum())
```

출력에서 보듯이 소프트맥스 함수도 이 목적을 만족하며 어텐션 가중치 합이 1이 되도록 정규화합니다.

```
어텐션 가중치: tensor([0.1385, 0.2379, 0.2333, 0.1240, 0.1082, 0.1581])
합: tensor(1.)
```

또한 소프트맥스 함수는 어텐션 가중치가 항상 양수가 되도록 보장합니다. 이렇게 하면 출력을 확률이나 상대적인 중요도로 해석할 수 있으며, 가중치가 높을수록 중요도가 높습니다.

이 소프트맥스 구현(softmax_naive)은 단순하기 때문에 매우 큰 입력 값이나 매우 작은 값을 처리할 때 오버플로(overflow)나 언더플로(underflow) 같은 수치 불안정 문제가 발생할 수 있습니다. 따라서 실전에서는 광범위하게 성능 최적화가 된 파이토치의 소프트맥스 함수를 사용하는 것이 권장됩니다.

```
attn_weights_2 = torch.softmax(attn_scores_2, dim=0)
print("어텐션 가중치:", attn_weights_2)
print("합:", attn_weights_2.sum())
```

이 경우 앞의 softmax_naive 함수와 동일한 결과를 얻습니다.

```
어텐션 가중치: tensor([0.1385, 0.2379, 0.2333, 0.1240, 0.1082, 0.1581])
합: tensor(1.)
```

정규화된 어텐션 가중치를 계산했으니, 이제 그림 3-10에 나온 마지막 단계를 수행할 준비가 되었습니다. 임베딩된 입력 토큰 $x^{(i)}$와 각 토큰에 해당하는 어텐션 가중치를 곱한 후 모두 더해서 문맥 벡터 $z^{(2)}$를 계산합니다. 따라서 문맥 벡터 $z^{(2)}$는 모든 입력 벡터의 가중치 합이 되며, 각 입력 벡터와 어텐션 가중치를 곱하여 구합니다.

```
query = inputs[1] -------- 두 번째 입력 토큰이 쿼리입니다.
context_vec_2 = torch.zeros(query.shape)
for i,x_i in enumerate(inputs):
    context_vec_2 += attn_weights_2[i]*x_i
print(context_vec_2)
```

▼ **그림 3-10** 쿼리 $x^{(2)}$에 대한 어텐션 점수를 계산하고 정규화하여 어텐션 가중치를 구한 후 최종 단계에서 문맥 벡터 $z^{(2)}$를 계산합니다. 이 문맥 벡터는 어텐션 가중치로 모든 입력 벡터 $x^{(1)}$에서 $x^{(T)}$까지를 조합한 것입니다.

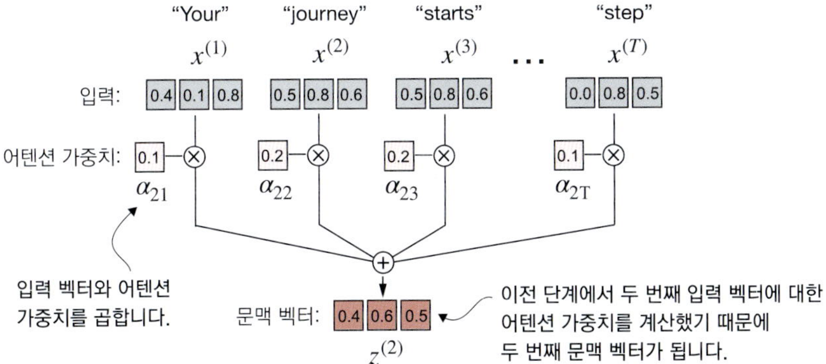

계산 결과는 다음과 같습니다.

```
tensor([0.4419, 0.6515, 0.5683])
```

다음으로 문맥 벡터 계산 과정을 일반화하여 모든 문맥 벡터를 동시에 계산하겠습니다.

3.3.2 모든 입력 토큰에 대해 어텐션 가중치 계산하기

지금까지 두 번째 입력 토큰(그림 3-11에 붉은색으로 강조되어 표시된 토큰)에 대한 어텐션 가중치와 문맥 벡터를 계산했습니다. 이제 이 계산을 확장하여 모든 입력에 대한 어텐션 가중치와 문맥 벡터를 계산해 보겠습니다.

▼ **그림 3-11** 두 번째 행은 두 번째 입력 원소가 쿼리인 경우에 대한 어텐션 가중치를 보여 줍니다. 이 계산을 일반화하여 다른 어텐션 가중치를 구하겠습니다(그림이 복잡해지지 않도록 소수점 둘째 자리까지만 나타냈습니다. 각 행의 값을 모두 더하면 1.0 또는 100%가 되어야 합니다).

	Your	journey	starts	with	one	step
Your	0.20	0.20	0.19	0.12	0.12	0.14
journey	0.13	0.23	0.23	0.12	0.10	0.15
starts	0.13	0.23	0.23	0.12	0.11	0.15
with	0.14	0.20	0.20	0.14	0.12	0.17
one	0.15	0.19	0.19	0.13	0.18	0.12
step	0.13	0.21	0.21	0.14	0.09	0.18

이 행은 앞서 계산한 어텐션 가중치 (정규화된 어텐션 점수)를 담고 있습니다.

두 번째 원소 $z^{(2)}$뿐만 아니라 모든 문맥 벡터를 계산하기 위해 코드를 조금 수정했지만 이전과 동일한 세 단계(그림 3-12 참조)를 따릅니다.

```
attn_scores = torch.empty(6, 6)
for i, x_i in enumerate(inputs):
    for j, x_j in enumerate(inputs):
        attn_scores[i, j] = torch.dot(x_i, x_j)
print(attn_scores)
```

▼ **그림 3-12** 1단계에서는 for 루프를 추가하여 모든 입력 쌍에 대한 점곱을 계산합니다.

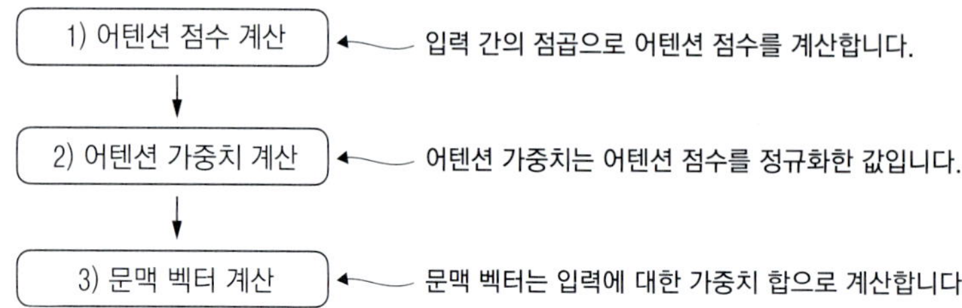
1) 어텐션 점수 계산
입력 간의 점곱으로 어텐션 점수를 계산합니다.
2) 어텐션 가중치 계산
어텐션 가중치는 어텐션 점수를 정규화한 값입니다.
3) 문맥 벡터 계산
문맥 벡터는 입력에 대한 가중치 합으로 계산합니다.

계산된 어텐션 점수는 다음과 같습니다.

```
tensor([[0.9995, 0.9544, 0.9422, 0.4753, 0.4576, 0.6310],
        [0.9544, 1.4950, 1.4754, 0.8434, 0.7070, 1.0865],
        [0.9422, 1.4754, 1.4570, 0.8296, 0.7154, 1.0605],
        [0.4753, 0.8434, 0.8296, 0.4937, 0.3474, 0.6565],
        [0.4576, 0.7070, 0.7154, 0.3474, 0.6654, 0.2935],
        [0.6310, 1.0865, 1.0605, 0.6565, 0.2935, 0.9450]])
```

텐서의 각 원소는 그림 3-11에서 보았듯이 모든 입력 사이의 어텐션 점수를 나타냅니다. 그림 3-11은 정규화된 값을 나타내고 있으며, 여기에서 출력된 텐서는 정규화되지 않은 어텐션 점수라서 다릅니다. 정규화는 나중에 적용하겠습니다.

앞서 어텐션 점수를 계산할 때는 파이썬의 for 루프를 사용했습니다. 하지만 for 루프는 느리기 때문에 대신 행렬 곱셈을 사용해 동일한 결과를 얻을 수 있습니다.

```
attn_scores = inputs @ inputs.T
print(attn_scores)
```

출력 결과를 보면 이전과 값이 동일한지 알 수 있습니다.

```
tensor([[0.9995, 0.9544, 0.9422, 0.4753, 0.4576, 0.6310],
        [0.9544, 1.4950, 1.4754, 0.8434, 0.7070, 1.0865],
        [0.9422, 1.4754, 1.4570, 0.8296, 0.7154, 1.0605],
        [0.4753, 0.8434, 0.8296, 0.4937, 0.3474, 0.6565],
        [0.4576, 0.7070, 0.7154, 0.3474, 0.6654, 0.2935],
        [0.6310, 1.0865, 1.0605, 0.6565, 0.2935, 0.9450]])
```

그림 3-12의 2단계에서는 각 행의 값을 모두 더하면 1이 되도록 정규화합니다.

```
attn_weights = torch.softmax(attn_scores, dim=-1)
print(attn_weights)
```

그러면 그림 3-11에 있는 값과 일치하는 어텐션 가중치가 출력됩니다.

```
tensor([[0.2098, 0.2006, 0.1981, 0.1242, 0.1220, 0.1452],
        [0.1385, 0.2379, 0.2333, 0.1240, 0.1082, 0.1581],
        [0.1390, 0.2369, 0.2326, 0.1242, 0.1108, 0.1565],
        [0.1435, 0.2074, 0.2046, 0.1462, 0.1263, 0.1720],
        [0.1526, 0.1958, 0.1975, 0.1367, 0.1879, 0.1295],
        [0.1385, 0.2184, 0.2128, 0.1420, 0.0988, 0.1896]])
```

파이토치의 torch.softmax와 같은 함수에서 dim 매개변수는 계산이 수행될 입력 텐서의 차원을 지정합니다. dim=-1로 지정하면 softmax 함수가 attn_scores 텐서의 마지막 차원을 따라 정규화를 수행합니다. attn_scores가 2차원 텐서(예를 들어 [rows, columns] 크기인 텐서)라면, 열을 따라서 각 행의 값을 모두 더해 1이 되도록 정규화합니다.

각 행의 값이 모두 더해서 1이 되는지 확인해 보죠.

```
row_2_sum = sum([0.1385, 0.2379, 0.2333, 0.1240, 0.1082, 0.1581])
print("두 번째 행의 합:", row_2_sum)
print("모든 행의 합:", attn_weights.sum(dim=-1))
```

결과는 다음과 같습니다.

```
두 번째 행의 합: 1.0
모든 행의 합: tensor([1.0000, 1.0000, 1.0000, 1.0000, 1.0000, 1.0000])
```

그림 3-12의 세 번째이자 마지막 단계에서는 이 어텐션 가중치와 입력을 행렬 곱셈하여 모든 문맥 벡터를 계산합니다.

```
all_context_vecs = attn_weights @ inputs
print(all_context_vecs)
```

출력 텐서를 보면 각 행은 3차원 문맥 벡터를 담고 있습니다.

```
tensor([[0.4421, 0.5931, 0.5790],
        [0.4419, 0.6515, 0.5683],
        [0.4431, 0.6496, 0.5671],
        [0.4304, 0.6298, 0.5510],
        [0.4671, 0.5910, 0.5266],
        [0.4177, 0.6503, 0.5645]])
```

3.3.1절에서 계산한 문맥 벡터 $z^{(2)}$와 두 번째 행을 비교하여 계산이 올바르게 수행되었는지 확인해 보죠.

```
print("앞서 계산한 두 번째 문맥 벡터:", context_vec_2)
```

결과를 보면 이전에 계산한 context_vec_2가 all_context_vecs 행렬의 두 번째 행의 값과 정확히 일치합니다.

```
앞서 계산한 두 번째 문맥 벡터: tensor([0.4419, 0.6515, 0.5683])
```

지금까지 간단한 셀프 어텐션 메커니즘을 코드로 구현해 보았습니다. 다음으로 LLM이 데이터로부터 학습하고 특정 작업에서 성능을 향상할 수 있도록 훈련 가능한 가중치를 추가해 보겠습니다.

3.4 SECTION 훈련 가능한 가중치를 가진 셀프 어텐션 구현하기

다음 단계로 원본 트랜스포머 구조는 물론 GPT와 대부분의 다른 LLM에서 사용되는 셀프 어텐션 메커니즘을 구현하겠습니다. 이 셀프 어텐션 메커니즘을 **스케일드 점곱 어텐션**(scaled dot-product attention)이라 부릅니다. 그림 3-13은 이 셀프 어텐션 메커니즘이 전체적인 LLM 구현 과정 중에서 어디에 위치하는지 보여 줍니다.

▼ **그림 3-13** 앞서 간소화된 어텐션 메커니즘을 구현하면서 어텐션 메커니즘의 기본적인 동작 방식을 이해했습니다. 이제 어텐션 메커니즘에 훈련 가능한 가중치를 추가하겠습니다. 나중에 이 셀프 어텐션 메커니즘에 코잘 마스크(causal mask)를 추가하여 여러 개의 헤드(head)를 사용하도록 확장할 것입니다.

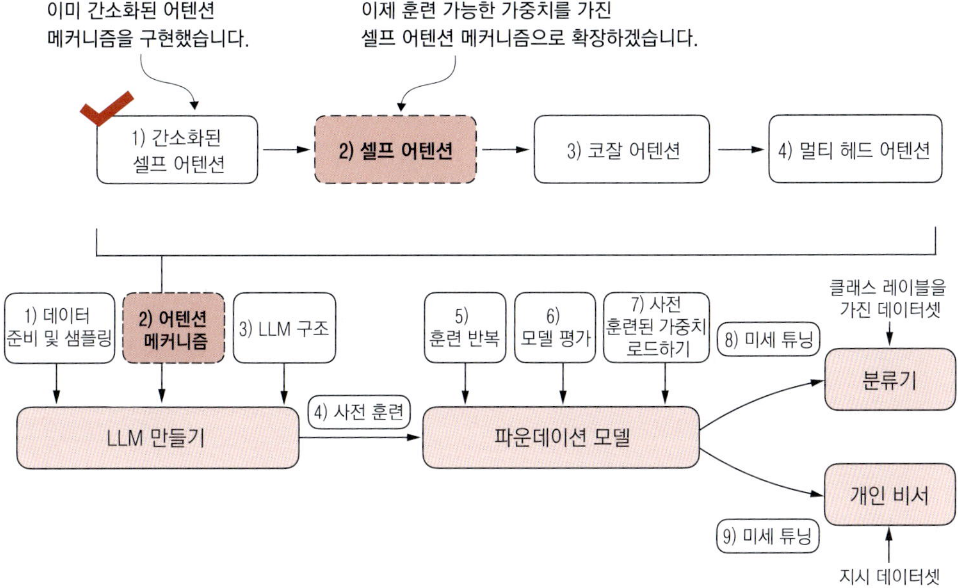

그림 3-13에 나타나 있듯이 훈련 가능한 가중치를 가진 셀프 어텐션 메커니즘은 앞의 개념을 바탕으로 특정 입력 원소에 대한 입력 벡터의 가중치 합으로 문맥 벡터를 계산합니다. 앞으로 보게 되겠지만 앞서 구현한 기본적인 셀프 어텐션 메커니즘에서 약간의 차이가 있을 뿐입니다.

가장 큰 차이점은 모델 훈련 과정에서 업데이트되는 가중치 행렬이 추가된 것입니다. 이 훈련 가능한 가중치 행렬을 통해 모델(구체적으로 말하면 모델 안의 어텐션 모델)이 '좋은' 문맥 벡터를 생성하는 방법을 배울 수 있기 때문에 매우 중요합니다(5장에서 LLM을 훈련하는 방법을 알아보겠습니다).

이 셀프 어텐션 메커니즘을 2개의 하위 절로 나누어 다루어 보겠습니다. 첫째, 이전처럼 단계별로 어텐션 메커니즘을 코드로 구현하겠습니다. 둘째, LLM 구조에 이식하기 위해 이 코드를 간결한 파이썬 클래스로 변환하겠습니다.

3.4.1 단계별로 어텐션 가중치 계산하기

훈련 가능한 가중치 행렬 3개, 즉 W_q, W_k, W_v를 추가하여 셀프 어텐션 메커니즘을 단계별로 구현해 보겠습니다. 그림 3-14에 나타난 것처럼 이 3개의 행렬을 사용해 임베딩된 입력 토큰 $x^{(i)}$를 각각 쿼리(query), 키(key), 값(value) 벡터로 투영합니다.

▼ **그림 3-14** 훈련 가능한 가중치 행렬을 가진 셀프 어텐션 메커니즘을 구현하는 첫 번째 단계로 입력 원소 x에 대한 쿼리(q), 키(k), 값(v) 벡터를 계산합니다. 이전 절과 비슷하게 두 번째 입력 $x^{(2)}$를 쿼리의 입력으로 사용합니다. 쿼리 벡터 $q^{(2)}$는 입력 $x^{(2)}$와 가중치 행렬 W_q를 행렬 곱셈하여 얻습니다. 비슷하게 가중치 행렬 W_k와 W_v로 행렬 곱셈을 수행하여 키와 값 벡터를 얻습니다.

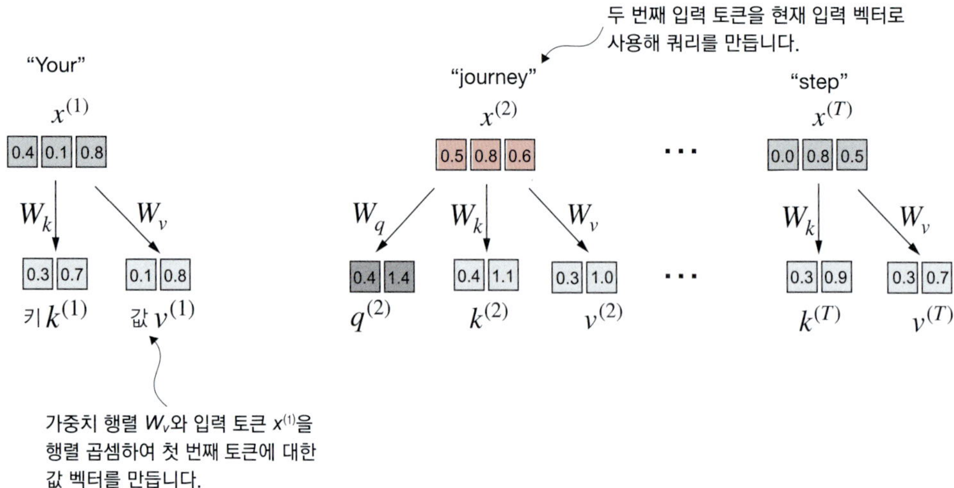

앞서 간소화된 어텐션 가중치를 계산할 때 두 번째 입력 원소 $x^{(2)}$를 쿼리로 지정하여 문맥 벡터 $z^{(2)}$를 계산했습니다. 그런 다음 이를 일반화하여 6개의 단어로 구성된 문장 "Your journey starts with one step"에 대한 모든 문맥 벡터 $z^{(1)}...z^{(T)}$를 계산했습니다.

마찬가지로 여기서는 예시를 위해 먼저 하나의 문맥 벡터 $z^{(2)}$를 계산해 보겠습니다. 그런 다음 이 코드를 수정하여 모든 문맥 벡터를 계산하겠습니다.

몇 개의 변수를 정의하는 것으로 시작해 보죠.

```
x_2 = inputs[1] -------- 두 번째 입력 원소
d_in = inputs.shape[1] -------- 입력 임베딩 크기, d_in=3
d_out = 2 -------- 출력 임베딩 크기, d_out=2
```

GPT와 같은 모델에서는 입력 차원과 출력 차원이 일반적으로 동일하지만 계산 과정을 이해하기 쉽도록 입력 차원(d_in=3)과 출력 차원(d_out=2)을 달리하겠습니다.

그런 다음 그림 3-14에 나온 3개의 가중치 행렬 W_q, W_k, W_v를 초기화합니다.

```
torch.manual_seed(123)
W_query = torch.nn.Parameter(torch.rand(d_in, d_out), requires_grad=False)
W_key   = torch.nn.Parameter(torch.rand(d_in, d_out), requires_grad=False)
W_value = torch.nn.Parameter(torch.rand(d_in, d_out), requires_grad=False)
```

여기서는 출력을 간단하게 만들려고 requires_grad=False로 지정했지만, 모델 훈련 시에는 requires_grad=True로 지정하여 훈련 과정에서 가중치 행렬을 업데이트해야 합니다.

그런 다음 쿼리, 키, 값 벡터를 계산합니다.

```
query_2 = x_2 @ W_query
key_2 = x_2 @ W_key
value_2 = x_2 @ W_value
print(query_2)
```

쿼리 출력의 결과는 2차원 벡터입니다. 해당 가중치 행렬의 열 개수(d_out)를 2로 지정했기 때문입니다.

```
tensor([0.4306, 1.4551])
```

참고

가중치 파라미터 vs 어텐션 가중치

가중치 행렬 W에서 '가중치'는 신경망 훈련 과정에서 최적화되는 값인 '가중치 파라미터'의 줄임말입니다. 이를 어텐션 가중치와 혼동하지 마세요. 앞서 보았듯이 어텐션 가중치는 문맥 벡터가 다른 입력 부분에 의존하는 정도(즉, 네트워크가 입력의 다른 부분에 초점을 맞추는 정도)를 결정합니다.

요약하면 가중치 파라미터는 학습되는 계수(coefficient)로 네트워크의 연결을 정의하며, 어텐션 가중치는 동적이고 문맥에 의존적인 값입니다.

임시로 하나의 문맥 벡터 $z^{(2)}$만 계산하지만, 쿼리 $q^{(2)}$에 대한 어텐션 가중치를 계산하기 위해서 모든 입력 원소에 대한 키와 값 벡터가 필요합니다(그림 3-14 참조).

행렬 곱셈을 통해 모든 키와 값을 구할 수 있습니다.

```
keys = inputs @ W_key
values = inputs @ W_value
print("keys.shape:", keys.shape)
print("values.shape:", values.shape)
```

결과를 보면 알 수 있듯이 6개의 입력 토큰을 3차원에서 2차원 임베딩 공간에 성공적으로 투영했습니다.

```
keys.shape: torch.Size([6, 2])
values.shape: torch.Size([6, 2])
```

두 번째 단계에서는 그림 3-15에 나와 있듯이 어텐션 점수를 계산합니다.

▼ **그림 3-15** 어텐션 점수 계산은 3.3절 간소화된 셀프 어텐션 메커니즘에서 사용한 것과 비슷한 점곱 계산입니다. 여기서 달라진 것은 입력 원소 간에 점곱을 직접 계산하지 않고 각각의 가중치 행렬로 입력을 변형한 쿼리와 키를 사용한 것입니다.

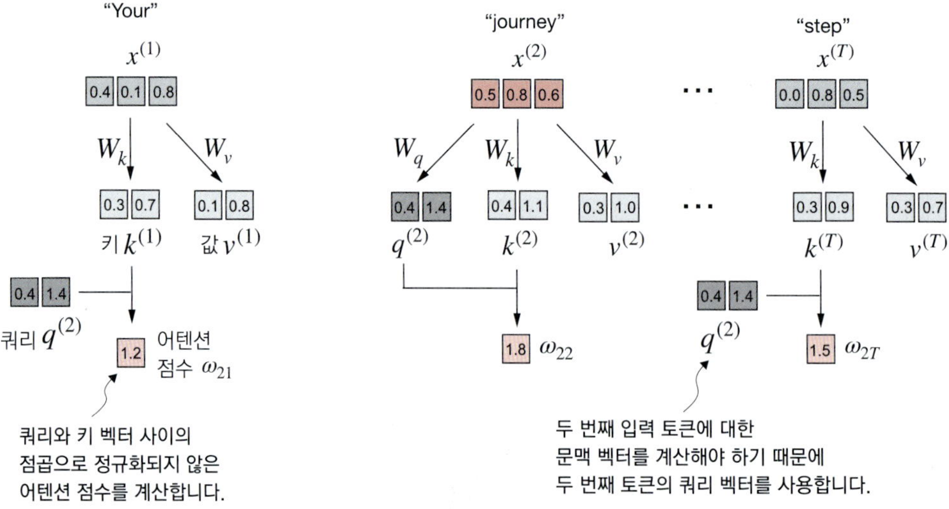

먼저 어텐션 점수 ω_{22}를 계산해 보죠.

```
keys_2 = keys[1] -------- 참고로 파이썬의 인덱스는 0부터 시작합니다.
attn_score_22 = query_2.dot(keys_2)
print(attn_score_22)
```

정규화되지 않은 어텐션 점수의 결과는 다음과 같습니다.

```
tensor(1.8524)
```

행렬 곱셈으로 이 계산을 일반화하여 모든 어텐션 점수를 계산할 수 있습니다.

```
attn_scores_2 = query_2 @ keys.T  # 주어진 쿼리에 대한 모든 어텐션 점수
print(attn_scores_2)
```

다음 결과에서 보듯이 출력에 있는 두 번째 원소가 앞서 계산한 attn_score_22와 같습니다.

```
tensor([1.2705, 1.8524, 1.8111, 1.0795, 0.5577, 1.5440])
```

이제 그림 3-16에 나타나 있는 것처럼 어텐션 점수에서 어텐션 가중치를 구해 보죠. 어텐션 점수를 소프트맥스 함수로 정규화하여 어텐션 가중치를 구합니다. 하지만 어텐션 점수를 키의 임베딩 차원의 제곱근으로 나눕니다(제곱근은 0.5를 제곱하는 것과 수학적으로 동일합니다).

```
d_k = keys.shape[-1]
attn_weights_2 = torch.softmax(attn_scores_2 / d_k**0.5, dim=-1)
print(attn_weights_2)
```

▼ 그림 3-16 어텐션 점수 ω를 계산한 후 다음 단계에서 소프트맥스 함수를 사용해 이 점수를 정규화하여 어텐션 가중치 α를 구합니다.

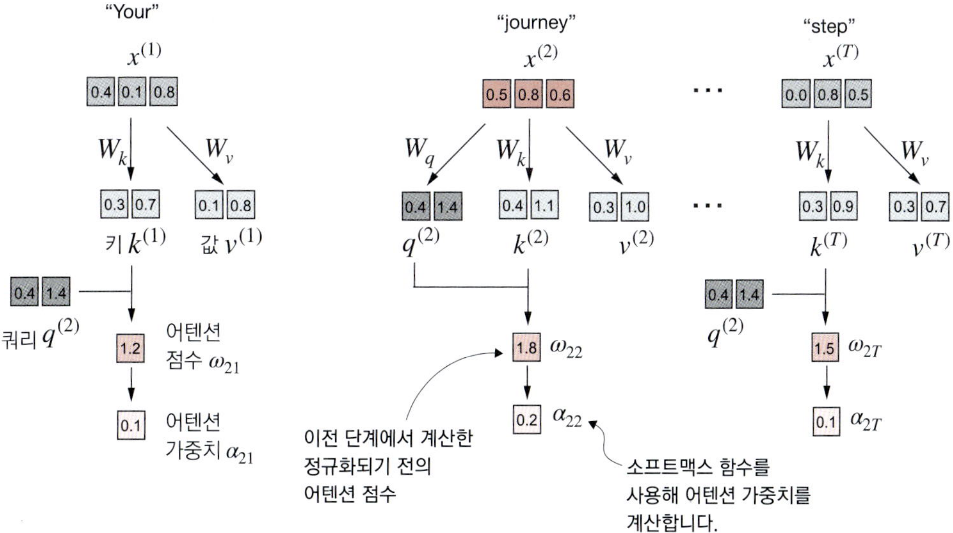

계산된 어텐션 가중치는 다음과 같습니다.

```
tensor([0.1500, 0.2264, 0.2199, 0.1311, 0.0906, 0.1820])
```

참고

스케일드 점곱 어텐션을 사용하는 이유

임베딩 차원 크기로 정규화를 하는 이유는 그레이디언트가 작아지는 것을 피하여 훈련 성능을 높이기 위해서입니다. 예를 들어 GPT와 같은 LLM의 경우 일반적으로 임베딩 차원이 1,000보다 큽니다. 임베딩 차원이 이렇게 커지면 점곱 결과에 적용된 소프트맥스 함수 때문에 역전파 과정에서 매우 작은 그레이디언트를 생성할 수 있습니다. 점곱의 결과가 커지면 소프트맥스 함수는 계단 함수(step function)와 비슷하게 동작하며 그레이디언트를 0에 가깝게 만듭니다.[3] 이런 작은 그레이디언트는 훈련을 느리게 하거나 정체시킬 수 있습니다.

임베딩 차원의 제곱근으로 나누기 때문에 셀프 어텐션 메커니즘을 스케일드 점곱 어텐션이라 부릅니다.

이제 마지막 단계로 그림 3-17과 같이 문맥 벡터를 계산해 보겠습니다.

▼ **그림 3-17** 셀프 어텐션 계산의 마지막 단계에서 모든 값 벡터를 어텐션 가중치를 통해 결합하여 문맥 벡터를 계산합니다.

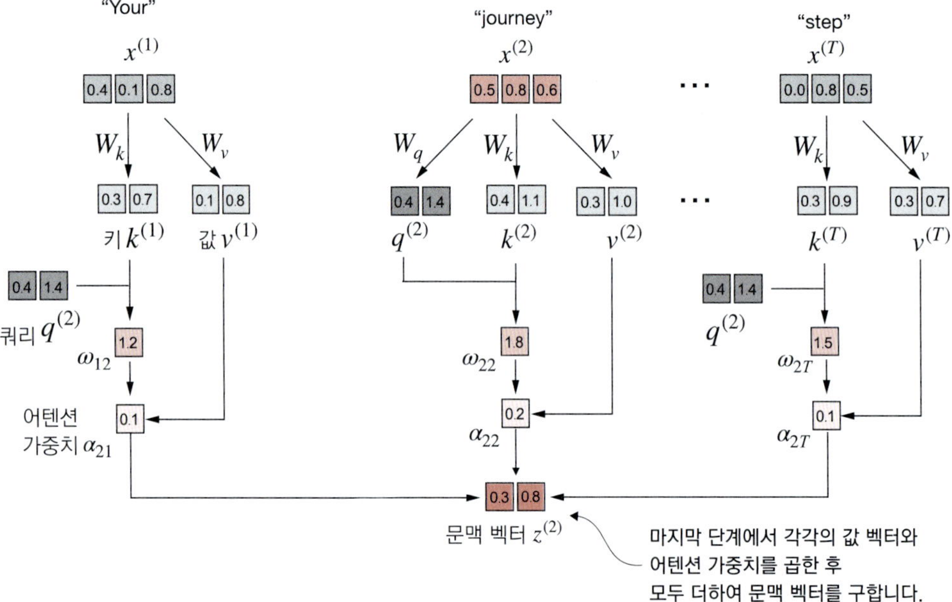

3 역주 어텐션 점수가 커질수록 소프트맥스 함수를 통과한 결과가 일정하게 하나만 1이고 나머지는 모두 0에 가깝게 됩니다. 따라서 그레이디언트 값이 매우 작아져 모델 훈련을 어렵게 만듭니다.

입력 벡터에 대한 가중치 합으로 문맥 벡터를 계산했을 때(3.3절 참조)와 비슷하게 값 벡터에 대한 가중치 합으로 문맥 벡터를 계산합니다. 여기에서 어텐션 가중치가 각각의 값 벡터의 중요도에 대한 가중치로 동작합니다. 또한 이전처럼 행렬 곱셈을 사용해 한 번에 출력을 얻을 수 있습니다.

```
context_vec_2 = attn_weights_2 @ values
print(context_vec_2)
```

만들어진 결과 벡터는 다음과 같습니다.

```
tensor([0.3061, 0.8210])
```

지금까지 하나의 문맥 벡터 $z^{(2)}$를 계산했습니다. 이 코드를 일반화하여 입력 시퀀스의 모든 문맥 벡터 $z^{(1)}$에서 $z^{(T)}$까지 계산해 보겠습니다.

참고

왜 쿼리, 키, 값인가요?

어텐션 메커니즘에서 사용하는 '쿼리', '키', '값' 용어는 정보를 저장하고, 검색하고, 추출하기 위해 비슷한 개념이 사용되는, 정보 검색(information retrieval)과 데이터베이스(database) 분야에서 유래되었습니다.

쿼리(query)는 데이터베이스의 검색 쿼리와 비슷합니다. 모델이 초점을 맞추거나 이해할 현재 항목(예를 들면, 문장에 있는 단어나 토큰)을 나타냅니다. 쿼리를 사용하여 입력 시퀀스의 다른 부분을 조사하여 얼마나 주의를 기울여야 하는지 결정합니다.

키(key)는 데이터베이스에서 인덱싱과 검색에 사용되는 키와 비슷합니다. 어텐션 메커니즘에서는 입력 시퀀스에 있는 각 항목(예를 들면 문장에 있는 각 단어)에 연관된 키가 있습니다. 쿼리와 매칭시키기 위해 이런 키를 사용합니다.

이런 맥락에서 **값**(value)은 데이터베이스에 있는 키-값 쌍의 값과 비슷합니다. 입력 항목의 실제 콘텐츠나 표현을 나타냅니다. 모델이 쿼리(현재 관심 항목)에 어떤 키(따라서 입력의 어떤 부분)가 가장 관련이 있는지 결정하고 나면 이에 해당하는 값을 추출합니다.

3.4.2 셀프 어텐션 파이썬 클래스 구현하기

셀프 어텐션 출력을 계산하기 위해 많은 단계를 거쳐 왔습니다. 주로 설명을 위해 한 번에 한 단계씩 진행했습니다. 실제로는 다음 장에서 LLM을 구현할 때 사용하기 위해 이 코드를 다음처럼 하나의 파이썬 클래스로 구성하는 것이 좋습니다.

코드 3-1 셀프 어텐션 클래스

```
import torch.nn as nn
class SelfAttention_v1(nn.Module):
    def __init__(self, d_in, d_out):
        super().__init__()
```

```
        self.W_query = nn.Parameter(torch.rand(d_in, d_out))
        self.W_key   = nn.Parameter(torch.rand(d_in, d_out))
        self.W_value = nn.Parameter(torch.rand(d_in, d_out))

    def forward(self, x):
        keys = x @ self.W_key
        queries = x @ self.W_query
        values = x @ self.W_value
        attn_scores = queries @ keys.T # omega
        attn_weights = torch.softmax(
            attn_scores / keys.shape[-1]**0.5, dim=-1
        )
        context_vec = attn_weights @ values
        return context_vec
```

이 파이토치 코드에서 SelfAttention_v1 클래스는 파이토치 모델의 기본 구성 요소인 nn.Module 클래스를 상속합니다. nn.Module 클래스는 층을 생성하고 관리하기 위해 필요한 기능을 제공합니다.[4]

__init__ 메서드는 쿼리, 키, 값을 위한 훈련 가능한 가중치 행렬(W_query, W_key, W_value)을 초기화합니다. 이 행렬을 사용해 입력을 차원 d_in에서 출력 차원 d_out으로 변환합니다.

forward 메서드로 정방향 계산(forward pass)을 수행하는 동안 어텐션 점수(attn_scores)를 계산하고 소프트맥스 함수로 이 점수를 정규화합니다. 그런 다음 정규화된 어텐션 점수로 값에 가중치를 부여하여 문맥 벡터를 만듭니다.

이 클래스를 다음과 같이 사용할 수 있습니다.

```
torch.manual_seed(123)
sa_v1 = SelfAttention_v1(d_in, d_out)
print(sa_v1(inputs))
```

inputs는 6개의 임베딩 벡터를 담고 있기 때문에 sa_v1 행렬에는 6개의 문맥 벡터가 담겨 있습니다.

```
tensor([[0.2996, 0.8053],
        [0.3061, 0.8210],
        [0.3058, 0.8203],
```

4 역주 nn.Module 클래스를 사용하면 모델에 추가된 층과 파라미터를 자동으로 관리하고 forward() 메서드를 오버라이드하여 정방향 계산을 정의할 수 있습니다.

```
 [0.2948, 0.7939],
 [0.2927, 0.7891],
 [0.2990, 0.8040]], grad_fn=<MmBackward0>)
```

두 번째 행([0.3061, 0.8210])이 이전 절에서 구한 context_vec_2와 같다는 것을 확인할 수 있습니다. 그림 3-18은 여기서 구현한 셀프 어텐션 메커니즘을 보여 줍니다.

▼ **그림 3-18** 셀프 어텐션에서 3개의 가중치 행렬 W_q, W_k, W_v를 사용해 입력 행렬 X에 있는 입력 벡터를 변환하여 쿼리, 키, 값을 만듭니다. 그런 다음 쿼리(Q)와 키(K)를 기반으로 어텐션 가중치 행렬을 계산합니다. 어텐션 가중치와 값(V)을 사용해 문맥 벡터(Z)를 계산합니다. 간단하게 나타내기 위해 여러 개의 입력으로 구성된 배치가 아니라 n개의 토큰을 가진 하나의 입력 텍스트만 사용했습니다. 결과적으로 3차원 입력 텐서는 2차원 행렬로 변환됩니다. 이런 접근 방식을 통해 처리 과정을 쉽게 이해하고 시각화할 수 있습니다. 이후 그림과의 일관성을 유지하기 위해 어텐션 행렬에 있는 값은 실제 어텐션 가중치를 나타내지 않습니다(간략하게 나타내기 위해 이 그림에 있는 숫자는 소수점 둘째 자리에서 잘랐습니다. 실제로는 각 행의 값을 모두 더하면 1.0 또는 100%가 되어야 합니다).

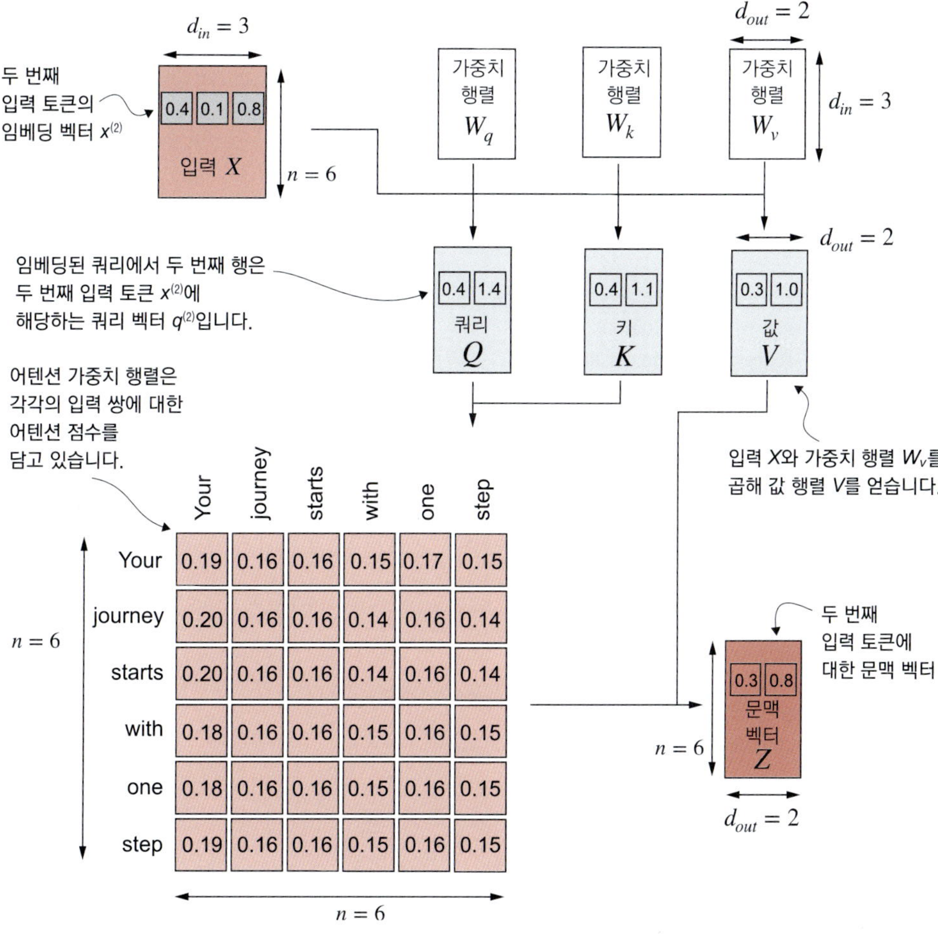

셀프 어텐션은 훈련 가능한 가중치 행렬 W_q, W_k, W_v를 사용합니다. 이런 행렬이 입력 데이터를 각각 쿼리, 키, 값으로 변형시키며, 이는 어텐션 메커니즘에서 매우 중요한 부분입니다. 이어지는 장에서 보게 되겠지만 모델이 훈련 과정에서 데이터에 많이 노출됨에 따라 이런 훈련 가능한 가중치를 조정합니다.

SelfAttention_v1 구현을 파이토치의 nn.Linear 층을 사용하도록 개선할 수 있습니다. 실제로 nn.Linear 층은 편향 유닛(bias unit)을 사용하지 않는 경우 행렬 곱셈과 동일한 연산을 수행합니다. 또한 nn.Linear 층은 최적화된 가중치 초기화 방법을 사용할 수 있어 모델 훈련을 안정적이고 효율적으로 만들기 때문에 수동으로 nn.Parameter(torch.rand(...))을 사용하는 것에 비해 장점이 큽니다.

코드 3-2 파이토치 Linear 층을 사용한 셀프 어텐션 클래스

```
class SelfAttention_v2(nn.Module):
    def __init__(self, d_in, d_out, qkv_bias=False):
        super().__init__()
        self.W_query = nn.Linear(d_in, d_out, bias=qkv_bias)
        self.W_key   = nn.Linear(d_in, d_out, bias=qkv_bias)
        self.W_value = nn.Linear(d_in, d_out, bias=qkv_bias)

    def forward(self, x):
        keys = self.W_key(x)
        queries = self.W_query(x)
        values = self.W_value(x)
        attn_scores = queries @ keys.T
        attn_weights = torch.softmax(
            attn_scores / keys.shape[-1]**0.5, dim=-1
        )
        context_vec = attn_weights @ values
        return context_vec
```

SelfAttention_v1과 비슷한 방식으로 SelfAttention_v2를 사용할 수 있습니다.

```
torch.manual_seed(789)
sa_v2 = SelfAttention_v2(d_in, d_out)
print(sa_v2(inputs))
```

출력은 다음과 같습니다.

```
tensor([[-0.0739,  0.0713],
        [-0.0748,  0.0703],
        [-0.0749,  0.0702],
        [-0.0760,  0.0685],
        [-0.0763,  0.0679],
        [-0.0754,  0.0693]], grad_fn=<MmBackward0>)
```

SelfAttention_v1과 SelfAttention_v2는 가중치 행렬의 초깃값이 다르기 때문에 출력 결과가 다릅니다. 이는 nn.Linear 층이 더 복잡한 가중치 초기화 방법을 사용하기 때문입니다.[5]

연습문제 3.1

SelfAttention_v1과 SelfAttention_v2 비교하기

SelfAttention_v2의 nn.Linear는 SelfAttention_v1에서 사용된 nn.Parameter(torch.rand(d_in, d_out))와 가중치 초기화 방법이 다르기 때문에 출력 결과가 다릅니다. 두 구현이 같은지 확인하려면 SelfAttention_v1과 SelfAttention_v2가 동일한 결과를 내도록 하기 위해 SelfAttention_v2 객체의 가중치 행렬을 SelfAttention_v1 객체로 복사할 수 있습니다.

SelfAttention_v2 객체의 가중치를 SelfAttention_v1의 객체에 올바르게 복사하려면 두 버전의 가중치 차이를 이해해야 합니다(힌트: nn.Linear는 가중치 행렬을 전치(transpose)된 형태로 저장합니다). 복사한 후에 두 객체가 동일한 출력을 만드는지 확인해야 합니다.

그런 다음 코잘 어텐션과 멀티 헤드 어텐션으로 셀프 어텐션 메커니즘을 개선하겠습니다. 코잘 어텐션은 어텐션 메커니즘을 수정하여 모델이 시퀀스의 미래 정보를 참조하지 못하도록 막습니다. 이는 각각의 단어 예측을 이전 단어에만 의존해야 하는 언어 모델링 같은 작업에 매우 중요합니다.

멀티 헤드 어텐션은 어텐션 메커니즘을 여러 개의 '헤드(head)'로 나눕니다. 각 헤드는 데이터에서 여러 다른 측면을 학습하여 모델이 동시에 다른 위치에 있는 다른 표현 공간의 정보에 주의를 기울일 수 있습니다. 이렇게 하면 복잡한 작업에서 모델의 성능이 향상됩니다.

5 역주 Linear 층은 기본적으로 -1/√(d_in) ~ 1/√(d_in) 사이의 균등분포로 가중치를 초기화합니다.

3.5 SECTION 코잘 어텐션으로 미래의 단어를 감추기

많은 LLM 작업에서 현재 위치 이전의 토큰만 참조하여 시퀀스의 다음 단어를 예측하도록 셀프 어텐션 메커니즘을 사용해야 합니다. **마스크드 어텐션**(masked attention)이라고도 부르는 코잘 어텐션은 셀프 어텐션의 특별한 형태입니다. 이 모델은 메커니즘이 주어진 토큰으로 어텐션 점수를 계산할 때 시퀀스의 이전 입력과 현재 입력만 참조하도록 만듭니다. 이와 다르게 기본적인 셀프 어텐션 메커니즘은 한 번에 입력 시퀀스 전체를 모두 사용합니다.

기본 셀프 어텐션 메커니즘을 수정하여 **코잘 어텐션**(causal attention) 메커니즘을 만들어 보겠습니다. 코잘 어텐션은 이어지는 장에서 LLM을 개발하는 데 꼭 필요합니다. GPT와 같은 LLM에서는 이를 위해 그림 3-19에 나온 것처럼 각 토큰을 처리할 때 입력 텍스트에서 현재 토큰 다음에 오는 미래 토큰을 마스킹합니다. 주대각선 위의 어텐션 가중치를 마스킹하고 마스킹하지 않은 어텐션 가중치를 정규화하여 각 행의 합이 1이 되게 만듭니다. 나중에 이런 마스킹과 정규화 과정을 코드로 구현해 보겠습니다.

▼ **그림 3-19** 코잘 어텐션에서는 주대각선 위에 있는 어텐션 가중치를 마스킹합니다. 이를 통해 주어진 입력에서 LLM이 어텐션 가중치로 문맥 벡터를 계산할 때 미래 토큰을 참조할 수 없게 합니다. 예를 들어 두 번째 행의 단어 "journey"의 경우 이전 단어("Your")와 현재 단어("journey")의 어텐션 가중치만 사용합니다.

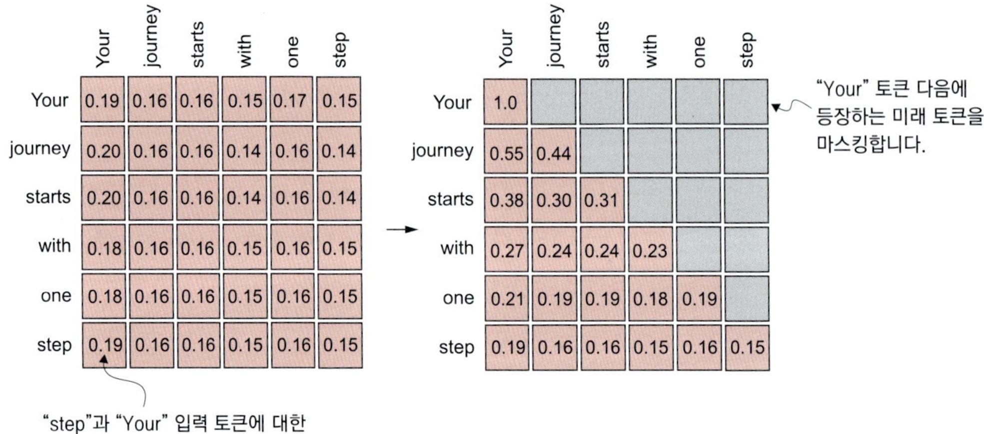

3.5.1 코잘 어텐션 마스크 적용하기

다음 단계는 코잘 어텐션 마스크를 코드로 구현하는 것입니다. 그림 3-20에 정리된 것처럼 코잘 어텐션 마스크를 적용하여 마스킹된 어텐션 가중치를 구하는 과정을 구현하기 위해 이전 절에서 구한 어텐션 점수와 어텐션 가중치를 사용해 코잘 어텐션 메커니즘을 만들어 보겠습니다.

▼ **그림 3-20** 코잘 어텐션에서 마스킹된 어텐션 가중치 행렬을 구하는 한 가지 방법은 어텐션 점수에 소프트맥스 함수를 적용하고, 주대각선 위의 원소를 0으로 만든 다음, 각 행을 정규화하는 것입니다.

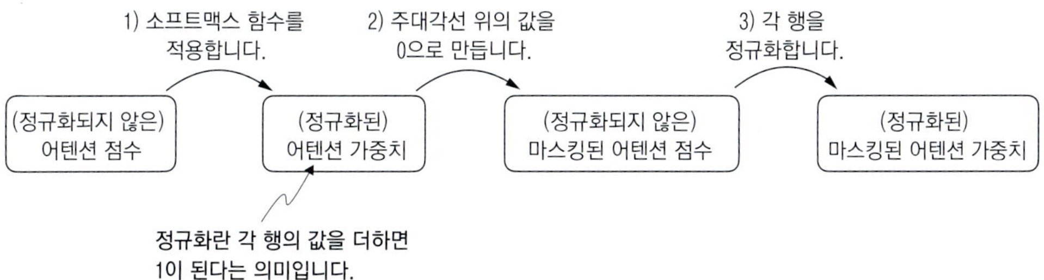

먼저 이전에 했던 것처럼 소프트맥스 함수를 사용해 어텐션 가중치를 계산합니다.

```
queries = sa_v2.W_query(inputs)   # 편의상 이전 절에서 만든 SelfAttention_v2 객체의 쿼리와 키 가중치 행렬을 재사용합니다.
keys = sa_v2.W_key(inputs)
attn_scores = queries @ keys.T
attn_weights = torch.softmax(attn_scores / keys.shape[-1]**0.5, dim=-1)
print(attn_weights)
```

만들어진 어텐션 가중치는 다음과 같습니다.

```
tensor([[0.1921, 0.1646, 0.1652, 0.1550, 0.1721, 0.1510],
        [0.2041, 0.1659, 0.1662, 0.1496, 0.1665, 0.1477],
        [0.2036, 0.1659, 0.1662, 0.1498, 0.1664, 0.1480],
        [0.1869, 0.1667, 0.1668, 0.1571, 0.1661, 0.1564],
        [0.1830, 0.1669, 0.1670, 0.1588, 0.1658, 0.1585],
        [0.1935, 0.1663, 0.1666, 0.1542, 0.1666, 0.1529]],
       grad_fn=<SoftmaxBackward0>)
```

그런 다음 파이토치의 `tril` 함수로 주대각선 위의 값이 0인 마스크를 만듭니다.

```
context_length = attn_scores.shape[0]
mask_simple = torch.tril(torch.ones(context_length, context_length))
print(mask_simple)
```

만들어진 마스크는 다음과 같습니다.

```
tensor([[1., 0., 0., 0., 0., 0.],
        [1., 1., 0., 0., 0., 0.],
        [1., 1., 1., 0., 0., 0.],
        [1., 1., 1., 1., 0., 0.],
        [1., 1., 1., 1., 1., 0.],
        [1., 1., 1., 1., 1., 1.]])
```

이제 이 마스크와 어텐션 가중치를 곱해서 주대각선 위의 값을 0으로 만듭니다.

```
masked_simple = attn_weights*mask_simple
print(masked_simple)
```

여기서 보듯이 주대각선 위의 값이 성공적으로 0으로 바뀝니다.

```
tensor([[0.1921, 0.0000, 0.0000, 0.0000, 0.0000, 0.0000],
        [0.2041, 0.1659, 0.0000, 0.0000, 0.0000, 0.0000],
        [0.2036, 0.1659, 0.1662, 0.0000, 0.0000, 0.0000],
        [0.1869, 0.1667, 0.1668, 0.1571, 0.0000, 0.0000],
        [0.1830, 0.1669, 0.1670, 0.1588, 0.1658, 0.0000],
        [0.1935, 0.1663, 0.1666, 0.1542, 0.1666, 0.1529]],
       grad_fn=<MulBackward0>)
```

마지막으로 이 어텐션 가중치를 합이 1이 되도록 다시 정규화합니다. 각 행의 합으로 행의 원소를 나누면 됩니다.

```
row_sums = masked_simple.sum(dim=-1, keepdim=True)
masked_simple_norm = masked_simple / row_sums
print(masked_simple_norm)
```

이렇게 만들어진 어텐션 가중치 행렬은 주대각선 위의 값이 0이고, 각 행의 합이 1입니다.

```
tensor([[1.0000, 0.0000, 0.0000, 0.0000, 0.0000, 0.0000],
        [0.5517, 0.4483, 0.0000, 0.0000, 0.0000, 0.0000],
        [0.3800, 0.3097, 0.3103, 0.0000, 0.0000, 0.0000],
        [0.2758, 0.2460, 0.2462, 0.2319, 0.0000, 0.0000],
        [0.2175, 0.1983, 0.1984, 0.1888, 0.1971, 0.0000],
        [0.1935, 0.1663, 0.1666, 0.1542, 0.1666, 0.1529]],
       grad_fn=<DivBackward0>)
```

참고

정보 누수

어텐션 가중치를 마스킹하고 다시 정규화할 때 미래 토큰의 값이 소프트맥스 계산에 들어가 있기 때문에 (마스킹하려는) 미래의 정보가 현재 토큰에 영향을 미치는 것처럼 보일 수 있습니다. 하지만 마스킹한 이후에 어텐션 가중치를 다시 정규화할 때 (마스킹된 위치가 소프트맥스 값에 기여하지 못하므로) 행의 일부분을 사용해 소프트맥스를 다시 계산하는 셈이 됩니다.

처음에는 소프트맥스 함수의 분모에 모든 위치가 포함되어 있지만 마스킹과 재정규화된 후에는 마스킹된 위치의 효과가 사라집니다. 따라서 소프트맥스 점수에 의미 있는 기여를 하지 못합니다.

간단히 말해서 마스킹과 재정규화 후에 어텐션 가중치의 분포는 처음 마스킹되지 않은 위치에서 계산된 것과 같습니다. 따라서 의도한 대로 (마스킹된) 미래 토큰에서 어떤 정보 누수도 없습니다.[6]

이 시점에서 코잘 어텐션 구현을 마무리할 수 있지만 더 개선할 수 있습니다. 소프트맥스 함수의 수학적 성질을 사용해 그림 3-21에서 보듯이 마스킹된 어텐션 가중치를 더 적은 단계에서 효율적으로 계산할 수 있습니다.

▼ **그림 3-21** 코잘 어텐션에서 마스킹된 어텐션 가중치 행렬을 얻는 더 효율적인 방법은 소프트맥스 함수를 적용하기 전에 어텐션 점수를 음의 무한대로 마스킹하는 것입니다.

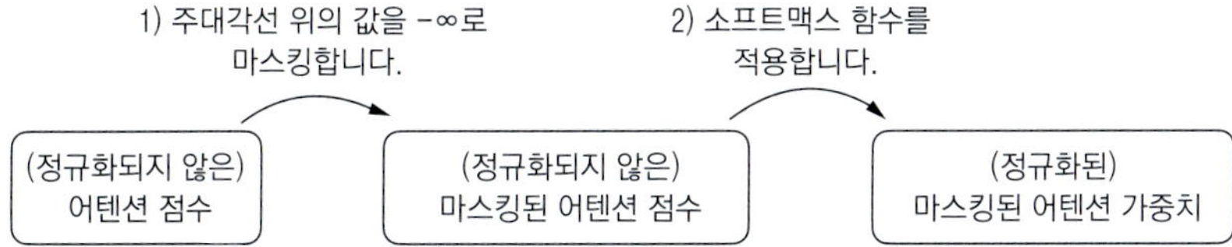

소프트맥스 함수는 입력을 확률 분포로 변환합니다. 한 행에 음의 무한대(−∞) 값이 있으면 소프트맥스는 해당 값을 0으로 만듭니다(수학적으로 $e^{-\infty}$는 0에 수렴하기 때문입니다).

---

6 **역주** 소프트맥스 함수는 다음과 같이 정의됩니다.

$$\text{softmax}(z_i) = \frac{e^{z_i}}{\sum_{j=1}^{n} e^{z_j}}$$

다른 위치의 소프트맥스 함수의 결과를 모두 더해서 정규화를 하면 다음과 같이 정리할 수 있습니다.

$$\text{softmax\_norm}(z_i) = \frac{\frac{e^{z_i}}{\sum_{j=1}^{n} e^{z_j}}}{\sum_{k=1}^{m} \frac{e^{z_k}}{\sum_{j=1}^{n} e^{z_j}}} = \frac{\frac{e^{z_i}}{\sum_{j=1}^{n} e^{z_j}}}{\frac{\sum_{k=1}^{m} e^{z_k}}{\sum_{j=1}^{n} e^{z_j}}} = \frac{e^{z_i}}{\sum_{k=1}^{m} e^{z_k}}$$

여기서 n은 전체 원소 개수이고 m은 마스킹된 위치까지 원소 개수입니다. 결과적으로 소프트맥스 함수의 결과에 마스킹을 적용한 후 재정규화를 수행한 것은 원래 원소에 마스킹을 적용해 소프트맥스를 적용하는 것과 같습니다.

이처럼 주대각선 위의 값이 1인 마스크를 만들고 1을 음의 무한대 값(-inf)으로 바꾸는 식으로 더 효율적인 마스킹 기법을 구현할 수 있습니다.[7]

```
mask = torch.triu(torch.ones(context_length, context_length), diagonal=1)
masked = attn_scores.masked_fill(mask.bool(), -torch.inf)
print(masked)
```

만들어진 마스크는 다음과 같습니다.

```
tensor([[0.2899,   -inf,   -inf,   -inf,   -inf,   -inf],
        [0.4656, 0.1723,   -inf,   -inf,   -inf,   -inf],
        [0.4594, 0.1703, 0.1731,   -inf,   -inf,   -inf],
        [0.2642, 0.1024, 0.1036, 0.0186,   -inf,   -inf],
        [0.2183, 0.0874, 0.0882, 0.0177, 0.0786,   -inf],
        [0.3408, 0.1270, 0.1290, 0.0198, 0.1290, 0.0078]],
       grad_fn=<MaskedFillBackward0>)
```

이제 남은 일은 이 마스킹된 결과에 소프트맥스 함수를 적용하는 것입니다.

```
attn_weights = torch.softmax(masked / keys.shape[-1]**0.5, dim=1)
print(attn_weights)
```

출력 결과를 보면 알 수 있듯이 각 행의 값을 더하면 1이 되므로 추가적인 정규화는 필요하지 않습니다.

```
tensor([[1.0000, 0.0000, 0.0000, 0.0000, 0.0000, 0.0000],
        [0.5517, 0.4483, 0.0000, 0.0000, 0.0000, 0.0000],
        [0.3800, 0.3097, 0.3103, 0.0000, 0.0000, 0.0000],
        [0.2758, 0.2460, 0.2462, 0.2319, 0.0000, 0.0000],
        [0.2175, 0.1983, 0.1984, 0.1888, 0.1971, 0.0000],
        [0.1935, 0.1663, 0.1666, 0.1542, 0.1666, 0.1529]],
       grad_fn=<SoftmaxBackward0>)
```

이 어텐션 가중치를 사용해 3.4절처럼 `context_vec = attn_weights @ values`와 같이 문맥 벡터를 계산할 수 있습니다. 하지만 LLM을 훈련할 때 과대적합을 줄이기 위해 코잘 어텐션 메커니즘에 필요한 추가 작업이 있습니다.

---

7 **역주** `tril()` 함수는 하삼각 행렬을 반환하고(주대각선 위의 값을 0으로 만들고), `triu()` 함수는 상삼각 행렬을 반환합니다(주대각선 아래의 값을 0으로 만듭니다). `diagonal` 매개변수가 기본값 0일 때 주대각선의 원소를 포함하여 반환하며, 1로 지정하면 주대각선의 원소도 0으로 만듭니다. `bool()` 메서드는 텐서 값을 불리언 타입으로 변환합니다. `masked_fill()` 메서드는 첫 번째 매개변수로 전달된 불리언 마스크가 1인 위치에 두 번째 매개변수 값을 채웁니다.

3.5.2 드롭아웃으로 어텐션 가중치에 추가적으로 마스킹하기

딥러닝에서 **드롭아웃**(dropout)은 훈련 중에 은닉층의 유닛을 랜덤하게 선택하여 해당 유닛의 출력을 무시하는 기법입니다. 모델이 은닉층의 특정 유닛에 과도하게 의존하지 않도록 하여 과대적합을 막는 데 도움이 됩니다. 드롭아웃은 훈련 중에만 사용되며 그 이후에는 비활성화된다는 점이 중요합니다.

GPT와 같은 모델을 포함해서 트랜스포머 구조에서 일반적으로 어텐션 메커니즘에 드롭아웃이 적용되는 곳은 두 군데입니다. 어텐션 가중치를 계산 후 또는 값 벡터에 어텐션 가중치를 적용한 후입니다. 여기서는 그림 3-22에서와 같이 어텐션 가중치를 계산한 후에 드롭아웃 마스크를 적용하겠습니다. 이 방식이 일반적으로 더 널리 사용되기 때문입니다.

▼ **그림 3-22** 코잘 어텐션 마스크(좌상단)를 적용한 결과에 추가적인 드롭아웃 마스크(우상단)를 적용해 랜덤하게 일부 어텐션 가중치를 0으로 만들어 훈련 중 과대적합을 막습니다.

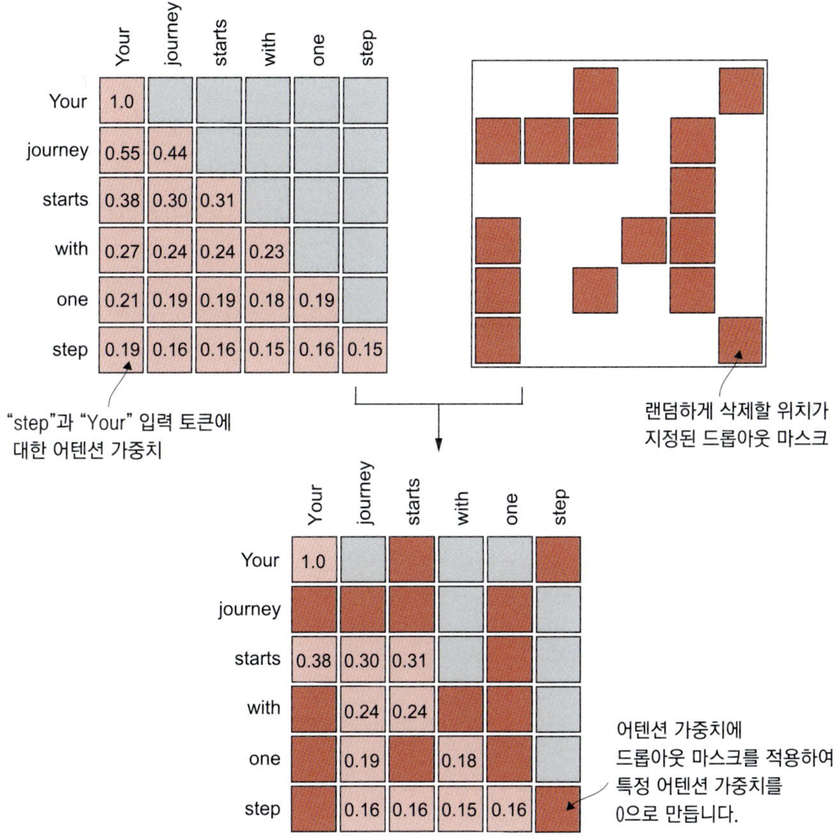

다음 코드에서는 어텐션 가중치의 절반을 마스킹하기 위해 드롭아웃 비율을 50%로 지정합니다(나중에 GPT 모델을 훈련할 때는 0.1 또는 0.2와 같은 낮은 드롭아웃 비율을 사용하겠습니다). 간단한 예시를 위해 6 × 6 텐서에 파이토치 드롭아웃 층을 적용해 보겠습니다.

```
torch.manual_seed(123)
dropout = torch.nn.Dropout(0.5)  -------- 드롭아웃 비율을 50%로 지정합니다.
example = torch.ones(6, 6)  -------- 1로 채워진 행렬을 만듭니다.
print(dropout(example))
```

결과에서 보듯이 거의 절반의 원소가 0으로 바뀌었습니다.

```
tensor([[2., 2., 0., 2., 2., 0.],
        [0., 0., 0., 2., 0., 2.],
        [2., 2., 2., 2., 0., 2.],
        [0., 2., 2., 0., 0., 2.],
        [0., 2., 0., 2., 0., 2.],
        [0., 2., 2., 2., 2., 0.]])
```

어텐션 가중치 행렬에 50%의 비율로 드롭아웃을 적용하면 행렬에 있는 원소 절반이 랜덤하게 0으로 바뀝니다. 삭제된 값을 남은 원소들로 보상하기 위해 행렬에서 남은 원소의 값을 1/0.5 = 2배로 늘립니다.[8] 이런 보상은 전반적인 어텐션 가중치의 균형을 유지하는 데 중요합니다. 이를 통해 훈련과 추론 시에 어텐션 메커니즘이 미치는 평균적인 영향을 균일하게 만듭니다.

그럼 이제 어텐션 가중치 행렬에 드롭아웃을 적용해 보죠.

```
torch.manual_seed(123)
print(dropout(attn_weights))
```

어텐션 가중치 행렬의 원소가 추가적으로 0으로 바뀌었고, 남은 원소의 값은 증가되었습니다.

```
tensor([[2.0000, 0.0000, 0.0000, 0.0000, 0.0000, 0.0000],
        [0.0000, 0.0000, 0.0000, 0.0000, 0.0000, 0.0000],
        [0.7599, 0.6194, 0.6206, 0.0000, 0.0000, 0.0000],
        [0.0000, 0.4921, 0.4925, 0.0000, 0.0000, 0.0000],
        [0.0000, 0.3966, 0.0000, 0.3775, 0.0000, 0.0000],
        [0.0000, 0.3327, 0.3331, 0.3084, 0.3331, 0.0000]],
       grad_fn=<MulBackward0>
```

8 역주 드롭아웃 층은 입력과 출력의 크기를 동일하게 유지하기 위해 드롭아웃 비율만큼 남은 원소의 값을 증가시킵니다.

드롭아웃 출력 결과는 운영체제에 따라서 다를 수 있습니다. 이런 불일치에 대한 자세한 원인은 파이토치 깃허브 저장소의 이슈를 참고하세요.[9]

코잘 어텐션과 드롭아웃 마스크를 이해했으니 이제 간단한 파이썬 클래스를 만들어 보겠습니다. 이 클래스에서 두 기법을 효율적으로 구현해 보겠습니다.

3.5.3 코잘 어텐션 클래스 구현하기

3.4절에서 만든 SelfAttention 클래스에 코잘 어텐션과 드롭아웃 기능을 추가하겠습니다. 그런 다음 이 클래스를 바탕으로 최종적으로 구현할 어텐션 클래스인 멀티 헤드 어텐션(multi-head attention)을 개발하겠습니다.

하지만 시작하기 전에 1개 이상의 입력으로 구성된 배치를 처리할 수 있는지 확인해야 합니다. 2장에서 구현한 데이터 로더가 만든 배치 출력을 CausalAttention 클래스가 지원해야 하기 때문입니다.

간단하게 배치 입력을 시뮬레이션하기 위해 다음처럼 입력 텍스트 샘플을 중복해서 사용하겠습니다.

```
batch = torch.stack((inputs, inputs), dim=0)
print(batch.shape)  -------- 각각 6개의 토큰으로 구성된 2개의 입력. 각 토큰의 임베딩 차원은 3입니다.
```

이렇게 하면 2개의 입력 텍스트로 구성된 3차원 텐서가 됩니다. 각 입력 텍스트는 6개의 토큰을 가지고 있고 각 토큰은 3차원 임베딩 벡터입니다.

```
torch.Size([2, 6, 3])
```

다음에 나오는 CausalAttention 클래스는 코잘 마스크와 드롭아웃 마스크를 추가한 것을 제외하면 앞서 구현한 SelfAttention 클래스와 비슷합니다.

코드 3-3 코잘 어텐션 클래스

```
class CausalAttention(nn.Module):
    def __init__(self, d_in, d_out, context_length,
                 dropout, qkv_bias=False):
        super().__init__()
```

9 https://github.com/pytorch/pytorch/issues/121595

```
        self.d_out = d_out
        self.W_query = nn.Linear(d_in, d_out, bias=qkv_bias)
        self.W_key   = nn.Linear(d_in, d_out, bias=qkv_bias)
        self.W_value = nn.Linear(d_in, d_out, bias=qkv_bias)
        self.dropout = nn.Dropout(dropout) ------- SelfAttention_v1 클래스와 달리 드롭아웃 층을 추가합니다.
        self.register_buffer(
           'mask',
           torch.triu(torch.ones(context_length, context_length),
           diagonal=1)
        ) ------- register_buffer 메서드 호출도 추가됩니다(자세한 내용은 이어지는 문단을 참고하세요).

    def forward(self, x):
        b, num_tokens, d_in = x.shape
        keys = self.W_key(x)
        queries = self.W_query(x)
        values = self.W_value(x)

        attn_scores = queries @ keys.transpose(1, 2) ------- 첫 번째 차원인 배치 차원은 그대로 유지하면서 두 번째 차원과 세 번째 차원을 바꿉니다.
        attn_scores.masked_fill_( ------- 파이토치에서는 밑줄 문자로 끝나는 메서드는 불필요한 메모리 복사를 피하기 위해 인플레이스(in-place) 연산을 수행합니다.
            self.mask.bool()[:num_tokens, :num_tokens], -torch.inf)
        attn_weights = torch.softmax(
            attn_scores / keys.shape[-1]**0.5, dim=-1
        )
        attn_weights = self.dropout(attn_weights)

        context_vec = attn_weights @ values
        return context_vec
```

추가된 코드가 모두 익숙할 것입니다. 이제 `__init__` 메서드에 `self.register_buffer()` 호출이 추가되었습니다. 파이토치에서 모든 경우에 `register_buffer`를 꼭 사용해야 하는 것은 아니지만 여기에서는 몇 가지 이점이 있습니다. 예를 들어 LLM에서 `CausalAttention` 클래스를 사용할 때 `register_buffer()` 메서드에 지정한 텐서를 모델과 함께 적절한 장치(CPU 또는 GPU)로 자동으로 이동시킵니다. 이는 LLM을 훈련할 때와 관련이 있습니다. 즉, 장치가 동일하지 않다는 오류를 피하기 위해 텐서가 모델 파라미터와 같은 장치에 있는지 수동으로 확인할 필요가 없습니다.

`CausalAttention` 클래스는 `SelfAttention` 클래스와 비슷하게 다음과 같이 사용할 수 있습니다.

```
torch.manual_seed(123)
context_length = batch.shape[1]
ca = CausalAttention(d_in, d_out, context_length, 0.0)
context_vecs = ca(batch)
print("context_vecs.shape:", context_vecs.shape)
```

만들어진 문맥 벡터 행렬은 3차원 텐서이고, 각 토큰은 2차원 임베딩 벡터로 표현됩니다.

```
context_vecs.shape: torch.Size([2, 6, 2])
```

그림 3-23에 지금까지 과정을 요약했습니다. 신경망의 코잘 어텐션의 개념과 구현에 초점을 맞추었습니다. 다음으로 이 개념을 확장하여 여러 개의 코잘 어텐션을 병렬로 구성한 멀티 헤드 어텐션 모듈을 구현해 보겠습니다.

▼ **그림 3-23** 지금까지 구현한 내용. 간소화된 어텐션 메커니즘으로 시작하여, 훈련 가능한 가중치를 추가하고, 코잘 어텐션 마스크를 추가했습니다. 다음으로 코잘 어텐션 메커니즘을 확장하여 LLM에 사용할 멀티 헤드 어텐션을 만들겠습니다.

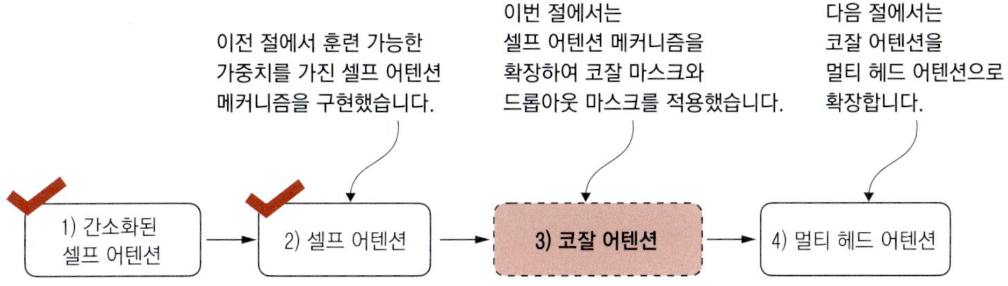

3.6 SECTION 싱글 헤드 어텐션을 멀티 헤드 어텐션으로 확장하기

마지막 단계로 앞서 구현한 코잘 어텐션 클래스를 멀티 헤드 버전으로 확장하겠습니다. 이를 **멀티 헤드 어텐션**이라 부릅니다.

'멀티 헤드'란 용어는 어텐션 메커니즘을 독립적으로 동작하는 여러 개의 '헤드'로 나누었다는 의미입니다. 이런 맥락에서 단일 코잘 어텐션 모듈을 싱글 헤드 어텐션으로 생각할 수 있습니다. 따라서 입력을 처리하는 한 벌의 어텐션 가중치만 있습니다.

코잘 어텐션에서 멀티 헤드 어텐션으로 확장하는 문제를 다음과 같이 접근해 보죠. 먼저 `CausalAttention` 모듈을 여러 개 쌓아서 멀티 헤드 어텐션 모듈을 구축해 보겠습니다. 그런 다음 동일한 멀티 헤드 어텐션 모듈을 좀 더 복잡하지만 더 효율적인 방식으로 구현하겠습니다.

3.6.1 여러 개의 싱글 헤드 어텐션 층 쌓기

실제로 멀티 헤드 어텐션을 구현하기 위해 각자 고유한 가중치를 가진 셀프 어텐션 메커니즘을 여러 개 만들고 그 출력을 합칠 수 있습니다(그림 3-18). 셀프 어텐션 메커니즘을 여러 개 만들면 계산량이 늘어나지만, 트랜스포머 기반 LLM과 같은 모델의 복잡한 패턴 인식에는 매우 중요합니다.

그림 3-24는 멀티 헤드 어텐션 모듈의 구조입니다. 그림 3-18에서 보았던 싱글 헤드 어텐션 모듈 여러 개를 쌓아서 구성합니다.

▼ **그림 3-24** 멀티 헤드 어텐션 모듈은 2개의 싱글 헤드 어텐션 모듈을 쌓아 구성됩니다. 따라서 2개의 헤드로 구성된 멀티 헤드 어텐션에서는 값 행렬을 계산하기 위해 하나의 W_v 행렬을 사용하지 않고 2개의 값 가중치 행렬 Wv_1과 Wv_2를 사용합니다. 다른 가중치 행렬 W_q, W_k에도 동일하게 적용됩니다. 이를 통해 두 벌의 문맥 벡터 Z_1과 Z_2를 얻게 되고 이를 결합하여 하나의 문맥 벡터 행렬 Z를 구성합니다.

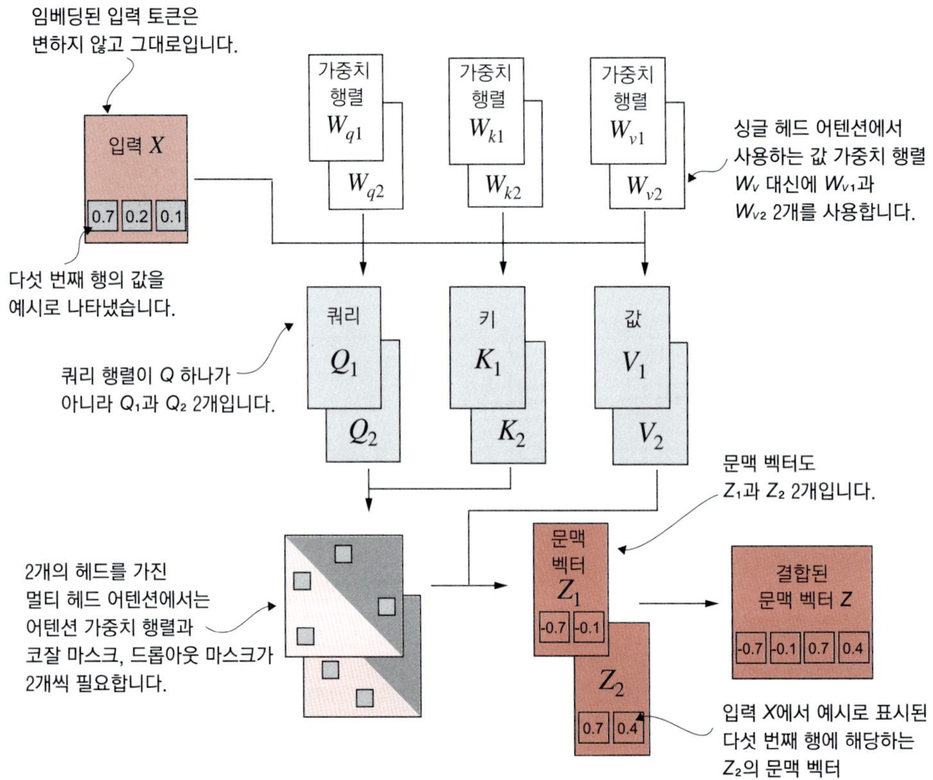

이전에 언급했듯이 멀티 헤드 어텐션의 핵심 아이디어는 서로 다른 학습 가능한 선형 투영으로 어텐션 메커니즘을 (병렬로) 여러 번 실행하는 것입니다. 이런 선형 투영은 (어텐션 메커니

즘의 쿼리, 키, 값 벡터와 같은) 입력 데이터와 가중치 행렬을 곱한 결과입니다. 앞서 구현한 CausalAttention 모듈을 여러 개 쌓아 간단한 MultiHeadAttentionWrapper 클래스를 구현할 수 있습니다.

코드 3-4 멀티 헤드 어텐션 클래스

```
class MultiHeadAttentionWrapper(nn.Module):
    def __init__(self, d_in, d_out, context_length,
                 dropout, num_heads, qkv_bias=False):
        super().__init__()
        self.heads = nn.ModuleList(
            [CausalAttention(
                 d_in, d_out, context_length, dropout, qkv_bias
             )
             for _ in range(num_heads)]
        )

    def forward(self, x):
        return torch.cat([head(x) for head in self.heads], dim=-1)
```

예를 들어 2개의 어텐션 헤드(num_heads=2)를 사용하고 CausalAttention 출력 차원이 2(d_out=2)라면 MultiHeadAttentionWrapper 클래스는 그림 3-25와 같이 4차원 문맥 벡터를 출력합니다(d_out*num_heads=4).

▼ **그림 3-25** MultiHeadAttentionWrapper를 사용하려면 어텐션 헤드의 개수(num_heads)를 지정합니다. 그림처럼 num_heads=2라면 두 벌의 문맥 벡터 행렬을 얻습니다. 각각의 문맥 벡터 행렬에서 행은 토큰에 대한 문맥 벡터에 해당합니다. 각 문맥 벡터의 열은 d_out=2로 지정한 임베딩 차원에 해당합니다. 이 문맥 벡터 행렬을 열 차원을 따라 연결합니다. 임베딩 차원이 2인 2개의 어텐션 헤드가 있으므로 최종 임베딩 차원은 2 × 2 = 4입니다.

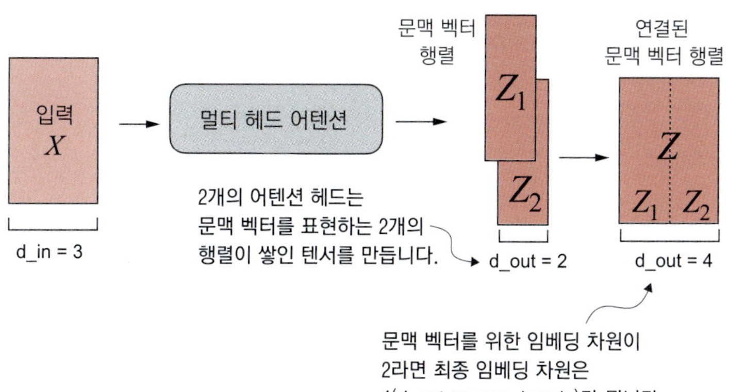

구체적인 예를 들어 설명해 보죠. 앞서 설명한 CausalAttention 클래스와 비슷한 방식으로 MultiHeadAttentionWrapper 클래스를 사용할 수 있습니다.

```
torch.manual_seed(123)
context_length = batch.shape[1] # 토큰 개수
d_in, d_out = 3, 2
mha = MultiHeadAttentionWrapper(
    d_in, d_out, context_length, 0.0, num_heads=2
)
context_vecs = mha(batch)

print(context_vecs)
print("context_vecs.shape:", context_vecs.shape)
```

결과적으로 다음과 같은 문맥 벡터를 담은 텐서가 만들어집니다.

```
tensor([[[-0.4519,  0.2216,  0.4772,  0.1063],
         [-0.5874,  0.0058,  0.5891,  0.3257],
         [-0.6300, -0.0632,  0.6202,  0.3860],
         [-0.5675, -0.0843,  0.5478,  0.3589],
         [-0.5526, -0.0981,  0.5321,  0.3428],
         [-0.5299, -0.1081,  0.5077,  0.3493]],

        [[-0.4519,  0.2216,  0.4772,  0.1063],
         [-0.5874,  0.0058,  0.5891,  0.3257],
         [-0.6300, -0.0632,  0.6202,  0.3860],
         [-0.5675, -0.0843,  0.5478,  0.3589],
         [-0.5526, -0.0981,  0.5321,  0.3428],
         [-0.5299, -0.1081,  0.5077,  0.3493]]], grad_fn=<CatBackward0>)
context_vecs.shape: torch.Size([2, 6, 4])
```

2개의 입력 텍스트를 사용했기 때문에 context_vecs 텐서의 첫 번째 차원은 2입니다(입력 텍스트를 복사했기 때문에 두 문맥 벡터가 정확히 동일합니다). 두 번째 차원은 각 입력에 6개의 토큰이 있다는 것을 나타냅니다. 세 번째 차원은 각 토큰이 4차원 임베딩 벡터라는 것을 나타냅니다.

연습문제 3.2

2차원 임베딩 벡터 반환하기

MultiHeadAttentionWrapper(..., num_heads=2) 호출에서 num_heads=2는 그대로 두고 출력된 문맥 벡터가 4차원이 아니라 2차원이 되도록 입력 매개변수를 바꾸세요(힌트: 클래스 구현을 수정할 필요가 없습니다. 입력 매개변수 중 하나를 바꾸면 됩니다).

지금까지 싱글 헤드 어텐션 모듈 여러 개를 결합하는 MultiHeadAttentionWrapper 클래스를 구현했습니다. 하지만 정방향 계산에서 [head(x) for head in self.heads]와 같이 순차적으로 계산합니다. 헤드를 병렬로 처리할 수 있도록 이 구현을 개선할 수 있습니다. 한 가지 방법은 행렬 곱셈을 통해 모든 어텐션 헤드의 출력을 동시에 계산하는 것입니다.

3.6.2 가중치 분할로 멀티 헤드 어텐션 구현하기

지금까지 여러 개의 싱글 헤드 어텐션 모듈을 쌓아 멀티 헤드 어텐션을 만드는 MultiHeadAttentionWrapper를 구현했습니다. 이 클래스는 CausalAttention 클래스의 객체를 여러 개 만들어 연결하는 식으로 구현되었습니다.

MultiHeadAttentionWrapper와 CausalAttention 클래스 2개를 별도로 관리하는 대신에 이 개념을 하나의 MultiHeadAttention 클래스로 결합할 수 있습니다. 또한 MultiHeadAttentionWrapper와 CausalAttention 클래스를 합치는 것 외에도 멀티 헤드 어텐션을 효율적으로 구현하기 위해 몇 가지 수정 사항을 추가하겠습니다.

MultiHeadAttentionWrapper에서는 개별 어텐션 헤드를 나타내는 CausalAttention 객체가 담긴 리스트(self.heads)를 만들어 여러 개의 헤드를 구현했습니다. CausalAttention 클래스가 독립적으로 어텐션 메커니즘을 수행한 후 각 헤드의 결과를 연결합니다. 반면 MultiHeadAttention 클래스는 하나의 클래스 안에 멀티 헤드 기능을 통합합니다. 선형 투영된 쿼리, 키, 값 텐서의 크기를 변경하는 방법을 사용하여 입력을 여러 개의 헤드로 나눕니다. 그런 다음 어텐션을 계산한 후 각 헤드의 결과를 결합합니다.

자세한 설명을 하기 전에 먼저 MultiHeadAttention 클래스를 살펴보죠.

코드 3-5 효율적인 멀티 헤드 어텐션 클래스

```
class MultiHeadAttention(nn.Module):
    def __init__(self, d_in, d_out,
                 context_length, dropout, num_heads, qkv_bias=False):
        super().__init__()
        assert (d_out % num_heads == 0), \
            "d_out은 num_heads로 나누어 떨어져야 합니다"

        self.d_out = d_out
        self.num_heads = num_heads
        self.head_dim = d_out // num_heads  # 원하는 출력 차원에 맞도록 투영 차원을 낮춥니다.
        self.W_query = nn.Linear(d_in, d_out, bias=qkv_bias)
        self.W_key = nn.Linear(d_in, d_out, bias=qkv_bias)
```

```
        self.W_value = nn.Linear(d_in, d_out, bias=qkv_bias)
        self.out_proj = nn.Linear(d_out, d_out)    # Linear 층을 사용해 헤드의 출력을 결합합니다.
        self.dropout = nn.Dropout(dropout)
        self.register_buffer(
            "mask",
            torch.triu(torch.ones(context_length, context_length),
                       diagonal=1)
        )

    def forward(self, x):
        b, num_tokens, d_in = x.shape
        keys = self.W_key(x)          # 텐서 크기: (b, num_tokens, d_out)
        queries = self.W_query(x)
        values = self.W_value(x)

        # num_heads 차원을 추가함으로써 암묵적으로 행렬을 분할합니다. 그런 다음 마지막 차원을 num_heads에
        # 맞춰 채웁니다. (b, num_tokens, d_out) -> (b, num_tokens, num_heads, head_dim)
        keys = keys.view(b, num_tokens, self.num_heads, self.head_dim)
        values = values.view(b, num_tokens, self.num_heads, self.head_dim)
        queries = queries.view(
            b, num_tokens, self.num_heads, self.head_dim
        )

        # (b, num_tokens, num_heads, head_dim) 크기를 (b, num_heads, num_tokens, head_dim)로 바꿉니다.
        keys = keys.transpose(1, 2)
        queries = queries.transpose(1, 2)
        values = values.transpose(1, 2)

        attn_scores = queries @ keys.transpose(2, 3)    # 각 헤드에 대해 점곱을 수행합니다.
        mask_bool = self.mask.bool()[:num_tokens, :num_tokens]    # 토큰 개수로 마스크를 자릅니다.

        attn_scores.masked_fill_(mask_bool, -torch.inf)    # 마스크를 사용해 어텐션 점수를 채웁니다.

        attn_weights = torch.softmax(
            attn_scores / keys.shape[-1]**0.5, dim=-1)
        attn_weights = self.dropout(attn_weights)

        # 텐서 크기: (b, num_tokens, num_heads, head_dim)
        context_vec = (attn_weights @ values).transpose(1, 2)

        # 헤드를 결합합니다. self.d_out = self.num_heads * self.head_dim
        context_vec = context_vec.contiguous().view(
            b, num_tokens, self.d_out
        )
        context_vec = self.out_proj(context_vec)    # 선형 투영을 추가합니다.
        return context_vec
```

MultiHeadAttention 클래스 안에 있는 텐서의 크기 변경(.view)과 전치(.transpose)가 수학적으로 복잡해 보이지만, MultiHeadAttention 클래스는 MultiHeadAttentionWrapper와 동일한 개념을 구현한 것입니다.

크게 보면 MultiHeadAttentionWrapper에서는 싱글 헤드 어텐션 층을 여러 개 쌓아 멀티 헤드 어텐션 층을 구현했습니다. MultiHeadAttention 클래스는 통합적인 접근 방법을 취합니다. 그림 3-26에서 보듯이 멀티 헤드 층으로 시작한 다음 이 층을 내부에서 개별 어텐션 헤드로 나눕니다.

▼ **그림 3-26** 2개의 어텐션 헤드를 사용하는 MultiHeadAttentionWrapper 클래스에서는 2개의 가중치 행렬 W_{q1}과 W_{q2}를 초기화한 후 2개의 쿼리 행렬 Q_1과 Q_2를 계산합니다(위). MultiHeadAttention 클래스에서는 큰 가중치 행렬 W_q 하나를 초기화한 다음 입력과 행렬 곱셈을 한 번 수행하여 쿼리 행렬 Q를 얻습니다. 그런 다음 이 쿼리 행렬을 Q_1과 Q_2로 나눕니다(아래). 그림에는 나타내지 않았지만 키와 값에 대해서도 동일한 작업을 수행합니다.

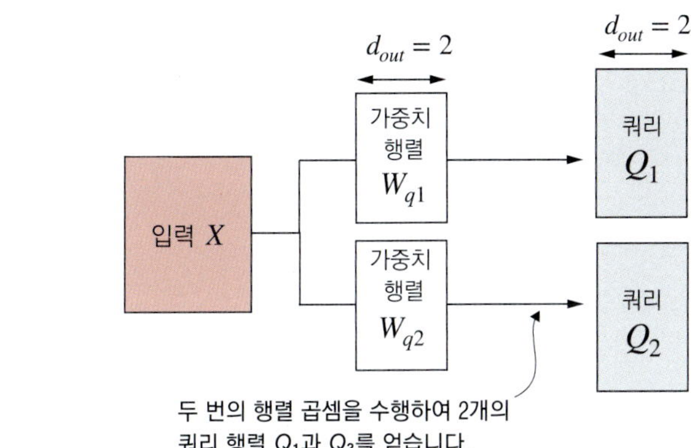

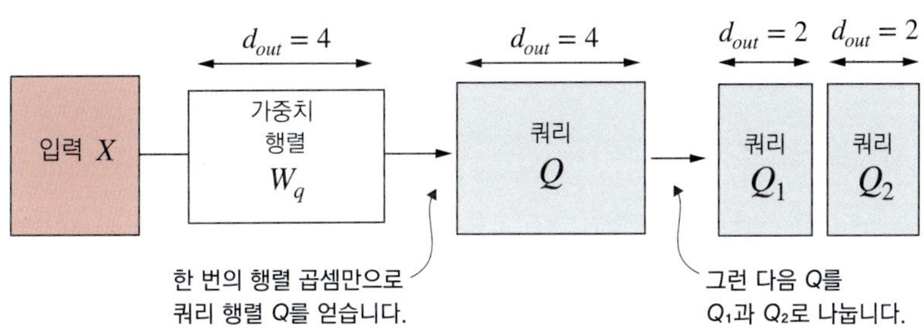

파이토치의 .view와 .transpose 메서드를 사용해 텐서 크기를 변경하고 전치하여 쿼리, 키, 값 텐서를 분할합니다. 먼저 입력을 (쿼리, 키, 값을 위한 선형 층을 통해) 변환한 다음 여러 개의 헤드를 나타내도록 크기를 변경합니다.

d_out 차원을 num_heads와 head_dim으로 나누는 것이 핵심입니다. 여기에서 head_dim = d_out / num_heads입니다. 이 분할은 .view 메서드를 사용해 수행됩니다. 이를 통해 (b, num_tokens, d_out) 차원의 텐서를 (b, num_tokens, num_heads, head_dim) 차원으로 변환합니다.

그런 다음 텐서를 전치하여 num_heads 차원을 num_tokens 차원 앞으로 이동시켜 (b, num_heads, num_tokens, head_dim) 크기를 만듭니다. 이 전치 연산은 여러 헤드에 걸쳐 쿼리, 키, 값을 정렬하고 배치 행렬 곱셈을 효율적으로 수행하기 위해 매우 중요합니다.

배치 행렬 곱셈을 이해하기 위해 다음과 같은 텐서가 있다고 가정해 보죠.

```
a = torch.tensor([[[[0.2745, 0.6584, 0.2775, 0.8573],
                    [0.8993, 0.0390, 0.9268, 0.7388],
                    [0.7179, 0.7058, 0.9156, 0.4340]],

                   [[0.0772, 0.3565, 0.1479, 0.5331],
                    [0.4066, 0.2318, 0.4545, 0.9737],
                    [0.4606, 0.5159, 0.4220, 0.5786]]]])
```

이 텐서의 크기는 (b, num_heads, num_tokens, head_dim) = (1, 2, 3, 4)입니다.

이제 이 텐서와 마지막 두 차원 num_tokens와 head_dim을 전치한 텐서 사이에서 배치 행렬 곱셈을 수행합니다.

```
print(a @ a.transpose(2, 3))
```

결과는 다음과 같습니다.

```
tensor([[[[1.3208, 1.1631, 1.2879],
          [1.1631, 2.2150, 1.8424],
          [1.2879, 1.8424, 2.0402]],

         [[0.4391, 0.7003, 0.5903],
          [0.7003, 1.3737, 1.0620],
          [0.5903, 1.0620, 0.9912]]]])
```

파이토치의 행렬 곱셈은 4차원 입력 텐서의 경우 마지막 두 차원 (num_tokens, head_dim) 사이에서 행렬 곱셈을 수행하며 이 연산을 개별 헤드에 반복합니다.

예를 들어, 이 방법은 각 헤드에 대해 개별적으로 행렬 곱셈을 더 간편하게 수행합니다.

```
first_head = a[0, 0, :, :]
first_res = first_head @ first_head.T
print("첫 번째 헤드:\n", first_res)

second_head = a[0, 1, :, :]
second_res = second_head @ second_head.T
print("\n두 번째 헤드:\n", second_res)
```

이 결과는 배치 행렬 곱셈 print(a @ a.transpose(2, 3))을 사용해서 얻은 것과 정확히 동일합니다.

```
첫 번째 헤드:
 tensor([[1.3208, 1.1631, 1.2879],
         [1.1631, 2.2150, 1.8424],
         [1.2879, 1.8424, 2.0402]])

두 번째 헤드:
 tensor([[0.4391, 0.7003, 0.5903],
         [0.7003, 1.3737, 1.0620],
         [0.5903, 1.0620, 0.9912]])
```

MultiHeadAttention에서 어텐션 가중치와 문맥 벡터를 계산한 후 모든 헤드의 문맥 벡터를 전치하여 (b, num_tokens, num_heads, head_dim) 크기로 되돌립니다. 그런 다음 이 벡터의 크기를 변경하여 (펼쳐서) (b, num_tokens, d_out) 크기로 만듭니다. 결과적으로 모든 헤드의 출력을 결합한 효과를 냅니다.

또한 MultiHeadAttention에서 헤드를 결합한 후 CausalAttention 클래스에 없던 출력용 투영층(self.out_proj)을 추가했습니다. 이 출력 투영 층이 꼭 필요한 것은 아니지만 많은 LLM 구조에서 널리 사용되므로 이 책에서도 추가했습니다(자세한 내용은 부록 B 참조).

텐서 크기 변경과 전치 연산이 추가되어 MultiHeadAttention 클래스가 MultiHeadAttention Wrapper보다 훨씬 복잡해 보이지만 더 효율적입니다. keys = self.W_key(x)와 같이 한 번의 행렬 곱셈으로 키를 계산하기 때문입니다(쿼리와 값도 동일합니다). MultiHeadAttentionWrapper에서는 어텐션 헤드마다 이 행렬 곱셈을 반복하는데, 어텐션 헤드에서 행렬 곱셈이 가장 비용이 많이 드는 단계입니다.

앞서 구현한 SelfAttention 및 CausalAttention과 비슷한 방식으로 MultiHeadAttention 클래스를 사용할 수 있습니다.

```
torch.manual_seed(123)
batch_size, context_length, d_in = batch.shape
d_out = 2
mha = MultiHeadAttention(d_in, d_out, context_length, 0.0, num_heads=2)
context_vecs = mha(batch)
print(context_vecs)
print("context_vecs.shape:", context_vecs.shape)
```

결과를 보면 출력 차원이 d_out 매개변수에 의해 결정되는 것을 알 수 있습니다.

```
tensor([[[0.3190, 0.4858],
         [0.2943, 0.3897],
         [0.2856, 0.3593],
         [0.2693, 0.3873],
         [0.2639, 0.3928],
         [0.2575, 0.4028]],

        [[0.3190, 0.4858],
         [0.2943, 0.3897],
         [0.2856, 0.3593],
         [0.2693, 0.3873],
         [0.2639, 0.3928],
         [0.2575, 0.4028]]], grad_fn=<ViewBackward0>)
context_vecs.shape: torch.Size([2, 6, 2])
```

이제 LLM을 만들고 훈련할 때 사용할 MultiHeadAttention 클래스를 구현했습니다. 이 클래스는 완전하게 작동하는 코드이지만 출력을 확인하기 편하게 임베딩 크기와 어텐션 헤드 개수를 작게 했습니다.

가장 작은 (1억 1,700만 개 파라미터를 가진) GPT-2 모델은 어텐션 헤드가 12개이고, 문맥 벡터의 임베딩 크기가 768입니다. 가장 큰 (15억 개 파라미터를 가진) GPT-2 모델은 어텐션 헤드가 25개이고, 문맥 벡터의 임베딩 크기가 1,600입니다. GPT 모델에서는 토큰 입력의 임베딩 크기와 문맥의 임베딩 크기가 같습니다(d_in = d_out).

연습문제 3.3

GPT-2 크기의 어텐션 모듈 만들기

MultiHeadAttention 클래스를 사용하여 가장 작은 GPT-2 모델과 같은 어텐션 헤드 개수(12개)를 가진 멀티 헤드 어텐션 모듈을 만들어 보세요. GPT-2와 비슷한 입력 임베딩 크기와 출력 임베딩 크기를 사용하세요(768차원). 가장 작은 GPT-2 모델의 문맥 길이는 1,024개 토큰입니다.

3.7 SECTION 요약

- 어텐션 메커니즘은 입력 원소를 문맥 벡터 표현으로 변환하며 이를 통해 모든 입력에 대한 정보를 통합합니다.
- 셀프 어텐션 메커니즘은 입력에 대한 가중치 합으로 문맥 벡터 표현을 계산합니다.
- 간소화된 어텐션 메커니즘에서 점곱으로 어텐션 가중치를 계산했습니다.
- 점곱은 두 벡터를 원소별로 곱셈한 후 모두 더하는 간편한 방법입니다.
- 행렬 곱셈은 꼭 필요한 것은 아니지만 중첩된 for 루프를 피해서 계산을 효율적이고 간결하게 구현하는 데 도움이 됩니다.
- LLM에서 사용되는 셀프 어텐션 메커니즘을 스케일드 점곱 어텐션이라고도 부릅니다. 여기에서는 훈련 가능한 가중치 행렬을 사용해 입력을 변환한 쿼리, 키, 값을 계산합니다.
- LLM이 왼쪽에서 오른쪽으로 텍스트를 읽거나 생성할 때 LLM이 미래 토큰을 참조하지 못하도록 코잘 어텐션 마스크를 추가합니다.
- 어텐션 가중치를 0으로 만드는 코잘 어텐션 마스크 외에도 LLM의 과대적합을 줄이기 위해 드롭아웃 마스크를 추가할 수 있습니다.
- 트랜스포머 기반 LLM의 어텐션 모듈은 여러 개의 코잘 어텐션을 사용하며, 이를 멀티 헤드 어텐션이라 부릅니다.
- 코잘 어텐션 모듈을 여러 개 쌓아 멀티 헤드 어텐션 모듈을 만들 수 있습니다.
- 배치 행렬 곱셈을 사용하여 더 효율적으로 멀티 헤드 어텐션 모듈을 만들 수 있습니다.

CHAPTER

4

밑바닥부터 GPT 모델 구현하기

이 장에서 다룰 내용

- 사람이 쓴 것 같은 텍스트를 생성할 수 있는 GPT와 유사한 대규모 언어 모델(LLM) 구현
- 층 활성화를 정규화하여 신경망 훈련 안정화하기
- 심층 신경망에 숏컷 연결(shortcut connection) 추가
- 트랜스포머 블록을 구현하여 다양한 크기의 GPT 모델 만들기
- GPT 모델의 파라미터 개수와 저장 공간 계산

앞서 LLM의 핵심 요소 중 하나인 **멀티 헤드 어텐션** 메커니즘을 알아보고 구현했습니다. 이제 다른 LLM 구성 요소를 만들고 조합하여 GPT와 유사한 모델을 만들어 보겠습니다. 다음 장에서는 이 모델을 훈련하여 사람이 쓴 것 같은 텍스트를 생성합니다.

그림 4-1에 나온 LLM 구조는 여러 개의 구성 요소로 이루어져 있습니다. 모델의 전체적인 구조를 먼저 살펴보고 개별 구성 요소를 자세히 다루어 보겠습니다.

▼ **그림 4-1** LLM 구현을 위한 세 가지 주요 단계. 이 장에서는 1단계의 세 번째 스텝인 LLM 구조의 구현에 초점을 맞춥니다.

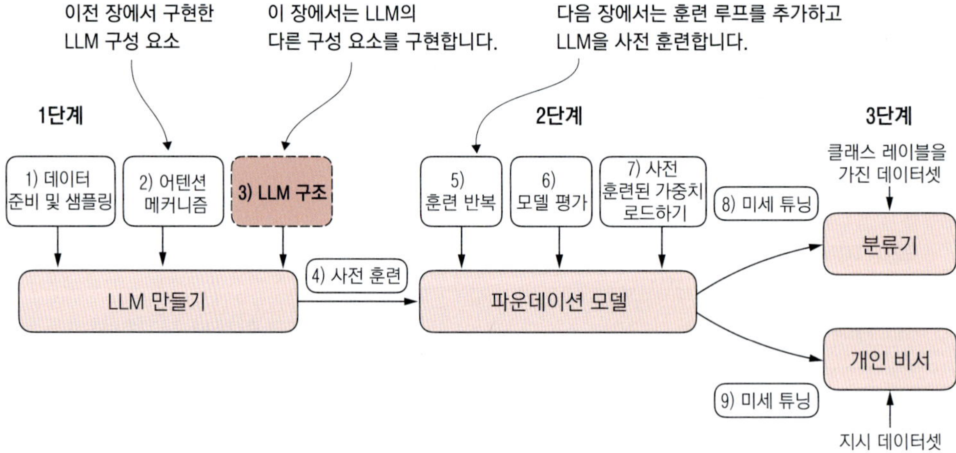

4.1 SECTION LLM 구조 구현하기

GPT(generative pretrained transformer)와 같은 LLM은 한 번에 하나의 단어(또는 토큰)씩 새로운 텍스트를 생성하도록 고안된 대규모 심층 신경망 구조입니다. 하지만 모델의 크기에 비해 구조는 생각보다 복잡하지 않습니다. 나중에 보겠지만 많은 구성 요소가 반복되기 때문입니다. 그림 4-2는 GPT와 같은 LLM의 전체적인 구조를 핵심 구성 요소와 함께 보여 줍니다.

▼ **그림 4-2** GPT 모델. 임베딩 층 외에도 1개 이상의 트랜스포머 블록으로 구성되며, 각 블록에는 이전 장에서 구현한 마스크드 멀티 헤드 어텐션이 포함되어 있습니다.

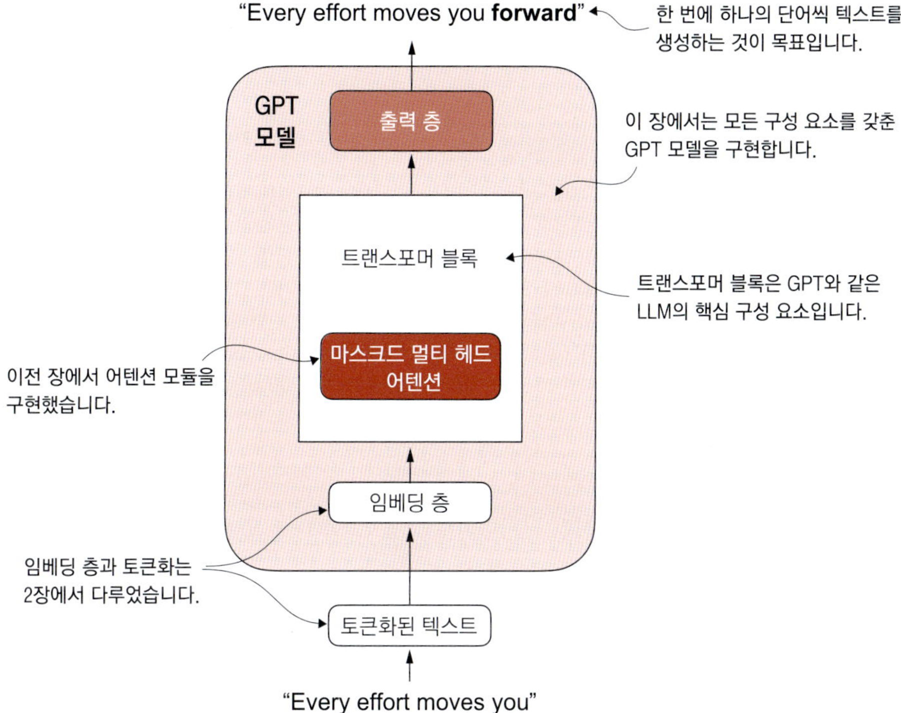

입력 토큰화, 임베딩, 마스크드 멀티 헤드 어텐션 모듈과 같은 LLM 구조의 여러 측면을 이미 살펴보았습니다. 이제 **트랜스포머 블록**(transformer block)을 비롯해 GPT 모델의 핵심 구조를 구현하고 나중에 사람이 쓴 것 같은 텍스트를 생성하도록 훈련해 보겠습니다.

이전에는 간단히 개념을 설명하고 예제를 한 페이지에 보기 쉽도록 임베딩 차원을 작게 했습니다. 이제 가장 작은 GPT-2 모델의 임베딩 크기로 늘려 보겠습니다. 구체적으로 "Language Models Are Unsupervised Multitask Learners"(by Radford et al., https://mng.bz/yoBq)에 소개된 1억 2,400만 파라미터를 가진 모델입니다. 원본 논문에서는 1억 1,700만 파라미터라고 밝혔지만 나중에 개수가 정정되었습니다. 5장에서는 우리가 구현한 모델로 사전 훈련된 가중치를 로드하고 3억 4,500만 파라미터, 7억 6,200만 파라미터, 15억 4,200만 파라미터를 가진 모델에 적용해 봅니다.

GPT 같은 LLM과 딥러닝 분야에서 '파라미터'란 모델의 훈련 가능한 가중치를 의미합니다. 이런 가중치는 훈련 과정에서 특정 손실 함수를 최소화하기 위해 수정되고 최적화되는 모델의 내부 변수입니다. 이런 최적화를 통해 모델은 훈련 데이터를 통해 학습합니다.

예를 들어 2,048 × 2,048차원의 가중치 행렬(또는 텐서)을 가진 신경망이 있다면 이 행렬의 각 원소가 하나의 파라미터입니다. 2,048개의 행과 2,048개의 열이 있으므로 이 층의 총 파라미터 개수는 2,048에 2,048을 곱한 결과인 4,194,304개가 됩니다.

참고

GPT-2 vs GPT-3

오픈AI에서 사전 훈련된 GPT-2 모델의 가중치를 공개했기 때문에 여기서는 GPT-2에 초점을 맞추겠습니다. 6장에서 우리가 만든 모델에 이 가중치를 로드하겠습니다. GPT-3는 모델 구조적인 측면에서는 기본적으로 동일합니다. 다만 GPT-2는 15억 개의 파라미터를 가지고 있고 GPT-3는 1,750억 개의 파라미터를 가지고 있으며 더 많은 데이터에서 훈련되었습니다. 이 글을 쓰는 시점에 GPT-3의 가중치는 공개되지 않았습니다. LLM 구현 방법을 배우는 데 GPT-2가 한 대의 개인용 컴퓨터에서 실행할 수 있기 때문에 더 나은 선택입니다. 반면 GPT-3를 훈련하거나 추론을 수행하려면 GPU 클러스터가 필요합니다. Lambda Labs(https://lambdalabs.com/)에 따르면 데이터센터 GPU인 V100 한 대에서 GPT-3를 훈련하려면 355년이 걸리고, 개인용 RTX 8000 GPU에서 훈련하려면 665년이 걸린다고 합니다.[1]

나중에 모델을 구현할 때 사용할, 파이썬 딕셔너리로 소규모 GPT-2 모델의 설정을 저장하겠습니다.

```
GPT_CONFIG_124M = {
    "vocab_size": 50257,     # 어휘사전 크기
    "context_length": 1024,  # 문맥 길이
    "emb_dim": 768,          # 임베딩 차원
    "n_heads": 12,           # 어텐션 헤드 개수
    "n_layers": 12,          # 층 개수
    "drop_rate": 0.1,        # 드롭아웃 비율
    "qkv_bias": False        # 쿼리, 키, 값 계산을 위한 편향
}
```

1 역주 2025년 8월 오픈AI는 1,170억 파라미터와 210억 파라미터를 가진 GPT-OSS를 오픈 소스로 공개했습니다

GPT_CONFIG_124M 딕셔너리에서는 이해하기 쉽게 짧은 변수 이름을 사용하여 코드 길이를 줄입니다.

- vocab_size는 BPE 토크나이저(2장 참조)에서 사용할 50,257 토큰으로 구성된 어휘사전 크기를 나타냅니다.
- context_length는 위치 임베딩(2장 참조)으로 모델이 다룰 수 있는 입력 토큰의 최대 개수입니다.
- emb_dim은 임베딩 크기를 나타내며, 각 토큰을 768차원의 벡터로 변환합니다.
- n_heads는 멀티 헤드 어텐션 메커니즘(3장 참조)에 있는 어텐션 헤드의 개수입니다.
- n_layers는 모델에 있는 (이 장에서 소개할) 트랜스포머 블록의 개수를 지정합니다.
- drop_rate는 과대적합을 막기 위한 드롭아웃 메커니즘(3장 참조)의 강도를 지정합니다(0.1은 은닉 유닛의 10%를 랜덤하게 제외한다는 의미입니다).
- qkv_bias는 멀티 헤드 어텐션의 Linear 층에서 쿼리, 키, 값을 계산할 때 편향 유닛을 도입할지 여부를 결정합니다. 현대적인 LLM의 구성 방식을 따라서 처음에는 이 값을 비활성화하지만 오픈AI의 사전 훈련된 GPT-2 가중치를 모델로 로드할 때 이를 다시 살펴보겠습니다(5장 참조).

이 설정을 사용해 그림 4-3과 같은 GPT 더미 클래스(DummyGPTModel)를 구현하겠습니다. 이 그림은 전체 GPT 모델을 조립하기 위해 만들어야 할 구성 요소와 각 요소를 어떻게 조립할지에 대한 큰 그림을 보여 줍니다.

▼ **그림 4-3** GPT 모델의 구현 순서. 더미 모델인 GPT 백본으로 시작해서 개별 구성 요소를 구현하고 최종적으로 이를 조합하여 트랜스포머 블록과 최종 GPT 모델을 구현합니다.

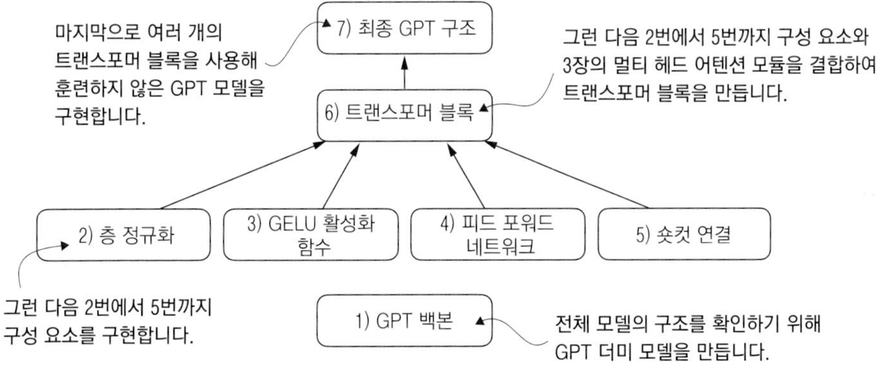

그림 4-3에 있는 숫자는 최종 GPT 구조를 만들기 위해 필요한 개별 요소를 구현하는 순서를 나타냅니다. 더미 GPT 백본 모델인 DummyGPTModel을 구현하는 1단계부터 시작하겠습니다.

코드 4-1 더미 GPT 모델 클래스

```
import torch
import torch.nn as nn

class DummyGPTModel(nn.Module):
    def __init__(self, cfg):
        super().__init__()
        self.tok_emb = nn.Embedding(cfg["vocab_size"], cfg["emb_dim"])
        self.pos_emb = nn.Embedding(cfg["context_length"], cfg["emb_dim"])
        self.drop_emb = nn.Dropout(cfg["drop_rate"])
        self.trf_blocks = nn.Sequential(
            *[DummyTransformerBlock(cfg)
              for _ in range(cfg["n_layers"])]
        )                                        # 더미 트랜스포머 블록을 사용합니다.
        self.final_norm = DummyLayerNorm(cfg["emb_dim"])  # 더미 층 정규화를 사용합니다.
        self.out_head = nn.Linear(
            cfg["emb_dim"], cfg["vocab_size"], bias=False
        )

    def forward(self, in_idx):
        batch_size, seq_len = in_idx.shape
        tok_embeds = self.tok_emb(in_idx)
        pos_embeds = self.pos_emb(
            torch.arange(seq_len, device=in_idx.device)
        )
        x = tok_embeds + pos_embeds
        x = self.drop_emb(x)
        x = self.trf_blocks(x)
        x = self.final_norm(x)
        logits = self.out_head(x)
        return logits

class DummyTransformerBlock(nn.Module):  # 나중에 실제 트랜스포머 블록으로 교체될 간단한 더미 클래스
    def __init__(self, cfg):
        super().__init__()

    def forward(self, x):  # 이 블록은 아무것도 하지 않고 입력을 그냥 반환합니다.
        return x

class DummyLayerNorm(nn.Module):  # 나중에 실제 층 정규화를 위한 층으로 교체될 간단한 더미 클래스
```

```
    def __init__(self, normalized_shape, eps=1e-5):   # 층 정규화 인터페이스를 흉내내기 위한 매개변수
        super().__init__()

    def forward(self, x):
        return x
```

앞의 코드에 있는 DummyGPTModel 클래스는 파이토치의 신경망 모듈(nn.Module)을 사용해 간소화된 GPT 모델을 정의합니다. DummyGPTModel 클래스에 구현된 모델은 토큰 임베딩, 위치 임베딩, 드롭아웃, 일련의 트랜스포머 블록(DummyTransformerBlock), 최종 층 정규화(DummyLayerNorm), 선형 출력 층(out_head)으로 구성됩니다. 앞서 만든 GPT_CONFIG_124M과 같은 파이썬 딕셔너리를 통해 설정 값을 전달합니다.

forward 메서드는 모델을 통과하는 데이터 흐름을 기술합니다. 입력 인덱스를 위한 토큰 임베딩과 위치 임베딩을 계산하고, 드롭아웃을 적용하고, 트랜스포머 블록으로 데이터를 처리하고, 정규화를 적용하고, 최종적으로 선형 출력 층으로 로짓(logit)[2]을 생성합니다.

코드 4-1은 동작 가능한 클래스입니다. 하지만 나중에 구현할 트랜스포머 블록과 층 정규화를 위해서 지금은 더미 클래스(DummyTransformerBlock과 DummyLayerNorm)를 사용합니다.

그런 다음 입력 데이터를 준비하고 새로운 GPT 모델을 초기화해서 모델 사용법에 대해 알아보겠습니다. 그림 4-4는 (2장에서 구현한) 토크나이저를 기반으로 GPT 모델로 데이터가 어떻게 입력되고 출력되는지 고수준에서 보여 줍니다.

이 과정을 구현하기 위해서 2장에서 본 tiktoken 토크나이저로 GPT 모델에 사용할 2개의 텍스트로 구성된 배치를 토큰화하겠습니다.

```
import tiktoken

tokenizer = tiktoken.get_encoding("gpt2")
batch = []
txt1 = "Every effort moves you"
txt2 = "Every day holds a"

batch.append(torch.tensor(tokenizer.encode(txt1)))
batch.append(torch.tensor(tokenizer.encode(txt2)))
batch = torch.stack(batch, dim=0)
print(batch)
```

2 역주 로짓은 소프트맥스 함수나 시그모이드 함수를 사용해 확률로 변환하기 전의 출력 값을 의미합니다.

▼ **그림 4-4** 입력 데이터가 토큰화되고, 임베딩되고, GPT 모델에 주입되는 과정을 보여 주는 그림. 앞서 구현한 DummyGPTModel을 보면 GPT 모델 안에서 토큰 임베딩이 처리됩니다. LLM에서 일반적으로 입력 토큰의 임베딩 차원과 출력 차원이 동일합니다. 여기서 출력 임베딩은 문맥 벡터(3장 참조)를 나타냅니다.

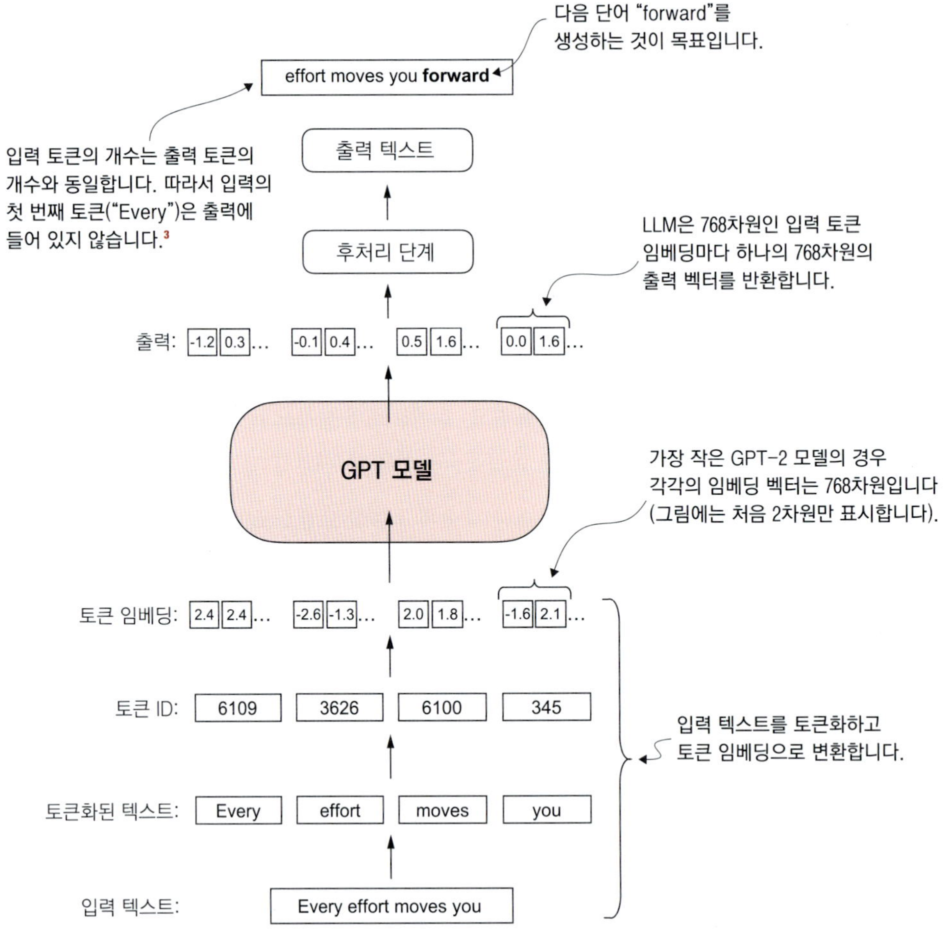

결과로 얻은 두 텍스트의 토큰 ID는 다음과 같습니다.

```
tensor([[6109,  3626,  6100,   345],    첫 번째 행은 첫 번째 텍스트에 해당하고 두 번째 행은
        [6109,  1110,  6622,   257]])   두 번째 텍스트에 해당합니다.
```

3 역주 LLM은 각 토큰 위치에서 다음 토큰을 예측하고 이를 출력합니다. 따라서 모델은 두 번째 입력 토큰 위치부터 n+1 위치까지 n개의 토큰을 출력합니다. 여기에서 n은 입력 토큰의 개수입니다.

그런 다음 1억 2,400만 파라미터 크기의 DummyGPTModel 모델을 초기화하고 토큰화된 batch를 주입합니다.

```
torch.manual_seed(123)
model = DummyGPTModel(GPT_CONFIG_124M)
logits = model(batch)
print("출력 크기:", logits.shape)
print(logits)
```

로짓이라 부르는 모델의 출력은 다음과 같습니다.

```
출력 크기: torch.Size([2, 4, 50257])
tensor([[[-1.2034,  0.3201, -0.7130,  ..., -1.5548, -0.2390, -0.4667],
         [-0.1192,  0.4539, -0.4432,  ...,  0.2392,  1.3469,  1.2430],
         [ 0.5307,  1.6720, -0.4695,  ...,  1.1966,  0.0111,  0.5835],
         [ 0.0139,  1.6755, -0.3388,  ...,  1.1586, -0.0435, -1.0400]],

        [[-1.0908,  0.1798, -0.9484,  ..., -1.6047,  0.2439, -0.4530],
         [-0.7860,  0.5581, -0.0610,  ...,  0.4835, -0.0077,  1.6621],
         [ 0.3567,  1.2698, -0.6398,  ..., -0.0162, -0.1296,  0.3717],
         [-0.2407, -0.7349, -0.5102,  ...,  2.0057, -0.3694,  0.1814]]],
       grad_fn=<UnsafeViewBackward0>)
```

출력 텐서는 2개의 텍스트 샘플에 해당하는 2개의 행을 가집니다. 각 텍스트 샘플은 4개의 토큰으로 구성되며, 각 토큰은 토크나이저의 어휘사전의 크기에 해당하는 50,257차원의 벡터입니다.

임베딩의 각 차원은 어휘사전에 있는 고유한 토큰에 대한 값이므로 총 50,257개입니다. 후처리 코드를 구현할 때 이 50,257차원 벡터를 토큰 ID로 변환한 후 다시 단어로 디코딩하겠습니다.

GPT 구조와 입력, 출력을 고수준에서 살펴보았으므로 이전 코드에서 DummyLayerNorm을 대체할 층 정규화 클래스부터 시작하여 개별 구성 요소를 구현해 보겠습니다.

4.2 SECTION 층 정규화로 활성화 정규화하기

많은 층을 가진 심층 신경망을 훈련하는 것은 그레이디언트 소실(vanishing gradient)이나 그레이디언트 폭주(exploding gradient)와 같은 문제 때문에 어렵습니다. 이런 문제로 인해 훈련 과정이 불안정해지고 신경망이 가중치를 효과적으로 조정하기 어렵게 만듭니다. 이는 훈련 과정에서 손실 함수를 최소화하는 신경망 파라미터(가중치) 집합을 찾기 어렵다는 의미입니다. 다른 말로 하면 신경망이 정확한 예측이나 결정을 내리기 위해서 필요한 데이터에 내재된 패턴을 학습하기 어렵습니다.

NOTE

신경망 훈련과 그레이디언트 개념에 대해 익숙하지 않다면 부록 A의 A.4절에 있는 간단한 소개를 참고하세요. 하지만 이 책의 내용을 이해하기 위해 그레이디언트에 대한 깊은 수학적 이해가 필요한 것은 아닙니다.

그럼 신경망 훈련의 안정성과 효율성을 높이기 위한 층 정규화(layer normalization)를 구현해 보죠. 층 정규화의 핵심 아이디어는 신경망 층의 활성화(출력)를 평균이 0이고 분산이 1(즉, 단위 분산)이 되도록 조정하는 것입니다. 이런 조정이 가중치의 수렴 속도를 높이며 일관되고 안정적인 훈련을 보장합니다. GPT-2와 현대적인 트랜스포머 구조에서는 층 정규화가 멀티 헤드 어텐션 모듈 이전과 이후에 적용되며, `DummyLayerNorm` 클래스에서 보았듯이 최종 출력 층 이전에도 적용됩니다. 그림 4-5는 층 정규화의 작동 방식을 시각적으로 보여 줍니다.

▼ **그림 4-5** 층의 6개 출력(또는 활성화)을 평균이 0이고 분산이 1이 되도록 정규화되는 층 정규화

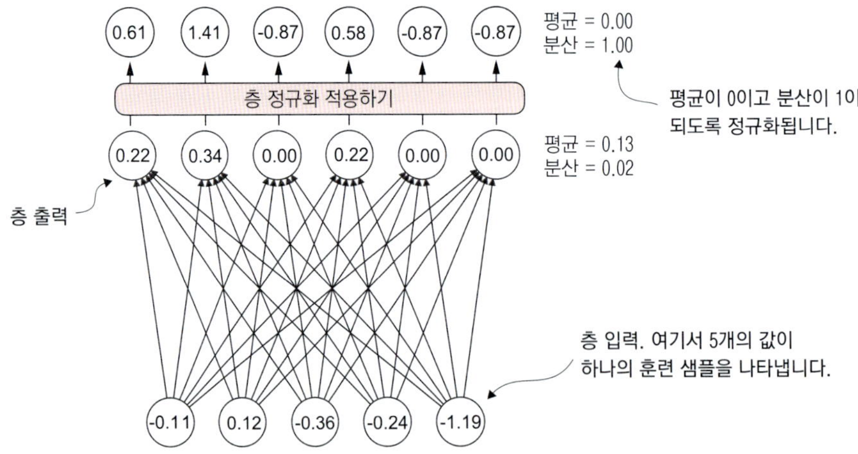

그림 4-5에 나타난 예시를 코드로 다시 만들 수 있습니다. 5개의 입력과 6개의 출력을 가진 신경망 층에 2개의 입력 샘플을 적용합니다.

```
torch.manual_seed(123)
batch_example = torch.randn(2, 5) -------- 5개의 차원(특성)을 가진 2개의 샘플을 만듭니다.
layer = nn.Sequential(nn.Linear(5, 6), nn.ReLU())
out = layer(batch_example)
print(out)
```

출력된 텐서는 다음과 같습니다. 첫 번째 행은 첫 번째 입력에 대한 층의 출력이고, 두 번째 행은 두 번째 입력에 대한 층의 출력입니다.

```
tensor([[0.2260, 0.3470, 0.0000, 0.2216, 0.0000, 0.0000],
        [0.2133, 0.2394, 0.0000, 0.5198, 0.3297, 0.0000]],
       grad_fn=<ReluBackward0>)
```

이 신경망 층은 하나의 Linear 층과 비선형 활성화 함수인 ReLU(rectified linear unit)로 구성됩니다. ReLU는 신경망의 표준 활성화 함수로 단순히 음수 입력을 0으로 만들기 때문에 층이 양수 값만 출력하게 만듭니다. 그래서 층 출력에 음수 값이 하나도 포함되어 있지 않습니다. 나중에는 GPT에 더 복잡한 다른 활성화 함수를 사용하겠습니다.

이 출력에 층 정규화를 적용하기 전에 평균과 분산을 확인해 보죠.

```
mean = out.mean(dim=-1, keepdim=True)
var = out.var(dim=-1, keepdim=True)
print("평균:\n", mean)
print("분산:\n", var)
```

출력은 다음과 같습니다.

```
평균:
 tensor([[0.1324],
        [0.2170]], grad_fn=<MeanBackward1>)
분산:
 tensor([[0.0231],
        [0.0398]], grad_fn=<VarBackward0>)
```

mean 텐서에 있는 첫 번째 행은 첫 번째 입력 행의 평균 값이고, 두 번째 출력 행은 두 번째 입력 행에 대한 평균입니다.

평균이나 분산 같은 연산에 keepdim=True를 사용하면 dim 매개변수에 지정된 차원을 따라 텐서가 축소되는 연산이더라도 출력 텐서의 차원이 입력 텐서와 동일하게 유지됩니다. 예를 들어 keepdim=True를 지정하지 않으면 반환되는 평균 텐서는 2 × 1차원 행렬 [[0.1324], [0.2170]]이 아니라 2차원 벡터 [0.1324, 0.2170]가 됩니다.

dim 파라미터는 텐서에서 통계(여기서는 평균과 분산) 계산이 수행되어야 할 차원을 지정합니다. 그림 4-6에서 보듯이 (행렬 같은) 2차원 텐서의 경우 평균이나 분산 계산과 같은 연산에 dim=-1을 사용하는 것은 dim=1을 사용하는 것과 같습니다. -1은 텐서의 마지막 차원을 나타내며 2차원 텐서의 경우 열에 해당하기 때문입니다. 나중에 [batch_size, num_tokens, embedding_size] 크기의 3차원 텐서를 만드는 GPT 모델에 층 정규화를 추가할 때도 dim=-1을 사용해 마지막 차원에 대해 정규화를 수행하겠습니다. 이렇게 하면 dim=1로 했다가 dim=2로 바꾸지 않아도 됩니다.

▼ **그림 4-6** 텐서의 평균을 계산할 때 dim 매개변수의 효과. 예를 들어 [rows, columns] 차원을 가진 2차원 텐서(행렬)의 경우 dim=0을 사용하면 행을 따라 (아래쪽 그림처럼 수직으로) 연산이 수행되므로 각 열에 대해 데이터를 집계하여 하나의 출력을 만듭니다. dim=1이나 dim=-1을 사용하면 열을 따라 (위쪽 그림처럼 수평으로) 연산이 수행되므로 각 행에 대해 데이터를 집계하여 하나의 출력을 만듭니다.

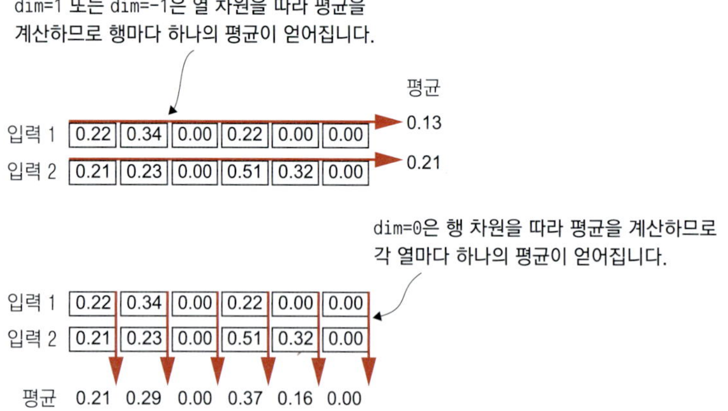

그런 다음 앞서 얻은 층 출력에 층 정규화를 적용합니다. 이 연산은 입력 값에서 평균을 빼고 분산의 제곱근(즉, 표준 편차)으로 나눕니다.

```
out_norm = (out - mean) / torch.sqrt(var)
mean = out_norm.mean(dim=-1, keepdim=True)
var = out_norm.var(dim=-1, keepdim=True)
print("정규화된 층 출력:\n", out_norm)
print("평균:\n", mean)
print("분산:\n", var)
```

결과에서 볼 수 있듯이 정규화된 층 출력에는 음수 값이 포함되어 있으며 평균이 0이고 분산은 1입니다.

```
정규화된 층 출력:
 tensor([[ 0.6159,  1.4126, -0.8719,  0.5872, -0.8719, -0.8719],
        [-0.0189,  0.1121, -1.0876,  1.5173,  0.5647, -1.0876]],
       grad_fn=<DivBackward0>)
평균:
 tensor([[-5.9605e-08],
        [1.9868e-08]], grad_fn=<MeanBackward1>)
분산:
 tensor([[1.],
        [1.]], grad_fn=<VarBackward0>)
```

출력 텐서에 있는 -5.9605e-08는 -5.9605×10^{-8}의 과학적 표기법입니다. 십진법으로 쓰면 -0.000000059605입니다. 이 값은 0에 매우 가깝지만 정확히 0은 아닙니다. 컴퓨터가 숫자를 표현하는 정밀도가 유한하여 작은 수치 오류가 누적되기 때문입니다.

가독성을 위해 sci_mode를 False로 지정하여 텐서를 출력할 때 과학적 표기법을 사용하지 않을 수도 있습니다.[4]

```
torch.set_printoptions(sci_mode=False)
print("평균:\n", mean)
print("분산:\n", var)
```

출력은 다음과 같습니다.

```
평균:
 tensor([[    0.0000],
        [    0.0000]], grad_fn=<MeanBackward1>)
분산:
 tensor([[1.],
        [1.]], grad_fn=<VarBackward0>)
```

지금까지 층 정규화를 단계별로 구현하여 적용해 보았습니다. 이제 나중에 GPT 모델에서 사용할 수 있도록 파이토치 모듈로 이 과정을 캡슐화해 보죠.

---

4 역주 set_printoptions 함수의 precision 매개변수 기본값이 4이므로 소수점 네 자리까지만 출력됩니다.

코드 4-2 층 정규화 클래스

```
class LayerNorm(nn.Module):
    def __init__(self, emb_dim):
        super().__init__()
        self.eps = 1e-5
        self.scale = nn.Parameter(torch.ones(emb_dim))
        self.shift = nn.Parameter(torch.zeros(emb_dim))

    def forward(self, x):
        mean = x.mean(dim=-1, keepdim=True)
        var = x.var(dim=-1, keepdim=True, unbiased=False)
        norm_x = (x - mean) / torch.sqrt(var + self.eps)
        return self.scale * norm_x + self.shift
```

이 층 정규화 구현은 입력 텐서 x의 마지막 차원인 임베딩 차원(emb_dim)에 대해 작동합니다. 변수 eps는 정규화할 때 0 나눗셈을 방지하기 위해 분산에 더해지는 작은 상수(엡실론(epsilon))입니다. scale과 shift는 입력과 차원이 동일한 훈련 가능한 파라미터입니다. LLM이 훈련하는 동안 두 파라미터를 조정하는 것이 훈련 작업에서 모델의 성능을 향상시킨다고 판단하는 경우 자동으로 조정합니다. 이를 통해 모델은 처리하는 데이터에 가장 잘 맞는 스케일 조정과 이동을 학습할 수 있습니다.

참고

편향된 분산

앞의 구현에서 unbiased=False로 지정하여 분산을 계산했습니다. 이 의미가 무엇인지 궁금한 독자를 위해 설명해 보죠. 이와 같이 설정하면 분산을 계산할 때 입력의 개수 n으로 나눕니다. 즉, 이 방식은 표본 분산 추정의 편향을 조정하기 위해 n-1로 나누는 베셀 보정(Bessel's correction)을 적용하지 않습니다.[5] 따라서 이렇게 계산하면 편향된 분산을 추정하게 됩니다. 임베딩 차원 n이 매우 큰 LLM의 경우 n과 n-1을 사용하는 차이는 무시할 수 있습니다. 여기에서는 GPT-2 모델의 정규화와 호환성을 위해 이런 방식을 사용합니다. 텐서플로의 기본 동작 방식이 이렇기 때문에 원본 GPT-2 모델이 이렇게 구현되었습니다. 따라서 6장에서 로드할 사전 훈련된 가중치와 호환되도록 동일한 방식으로 설정합니다.

이제 LayerNorm 모듈을 배치에 적용해 보죠.

```
ln = LayerNorm(emb_dim=5)
out_ln = ln(batch_example)
mean = out_ln.mean(dim=-1, keepdim=True)
```

5 역주 파이토치 2.0 이후에는 unbiased 매개변수가 correction으로 바뀌었습니다. unbiased=True가 correction=1에 해당하고, unbiased=False가 correction=0에 해당합니다.

```
var = out_ln.var(dim=-1, unbiased=False, keepdim=True)
print("평균:\n", mean)
print("분산:\n", var)
```

결과를 보면 층 정규화가 기대한 대로 동작하여 두 입력을 평균 0, 분산 1로 각각 정규화했습니다.

```
평균:
 tensor([[    -0.0000],
        [     0.0000]], grad_fn=<MeanBackward1>)
분산:
 tensor([[1.0000],
        [1.0000]], grad_fn=<VarBackward0>)
```

그림 4-7에 표시한 것처럼 GPT 구조를 구현하기 위해 필요한 구성 요소 중 2개를 다루었습니다. 다음으로는 LLM에서 전통적인 ReLU 함수 대신 사용되는 활성화 함수인 GELU 함수를 살펴보겠습니다.

▼ 그림 4-7 GPT 구조를 만들기 위해 필요한 구성 요소. 지금까지 GPT 백본과 층 정규화를 구현했습니다. 다음으로 GELU 활성화 함수와 피드 포워드 네트워크를 만들어 보겠습니다.

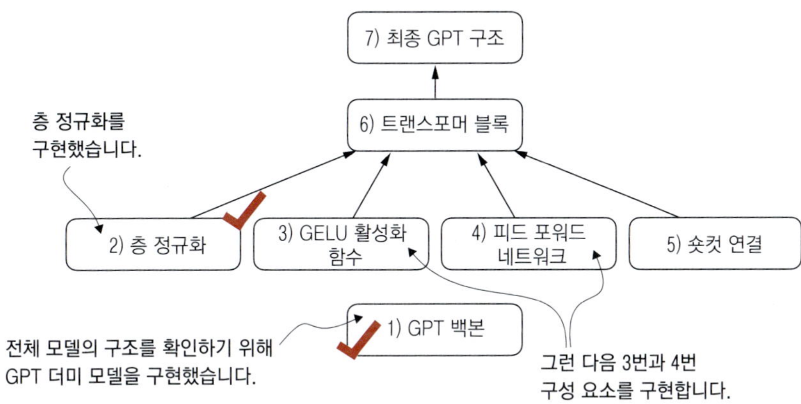

참고

층 정규화 vs 배치 정규화

신경망에서 전통적으로 널리 사용되는 정규화 방법인 배치 정규화에 대해 잘 알고 있다면 층 정규화가 이와 어떻게 다른지 궁금할 수 있습니다. 배치 차원을 따라 정규화하는 배치 정규화와 달리 층 정규화는 특성 차원을 따라 정규화합니다. LLM은 많은 계산 자원이 필요하기 때문에 하드웨어와 사용 사례에 따라 훈련이나 추론 시에 배치 크기가 달라질 수 있습니다. 층 정규화는 배치 크기에 독립적으로 입력을 정규화하므로 이런 시나리오에 더 유연하고 안정적입니다. 특히 분산 훈련이나 자원이 제한된 환경에 모델을 배포할 때 유용합니다.

GELU 활성화 함수를 사용하는 피드 포워드 네트워크 구현하기

다음으로 LLM의 트랜스포머 블록에서 사용되는 신경망 하위 모듈을 구현하겠습니다. 신경망 하위 모듈에서 중요한 역할을 담당하는 GELU 활성화 함수부터 구현해 보죠.

> **NOTE**
>
> 파이토치로 신경망을 구현하는 방법에 대한 추가 정보는 부록 A의 A.5절을 참고하세요.

역사적으로 ReLU 활성화 함수가 딥러닝에서 널리 사용되었습니다. 단순하고 다양한 신경망 구조에서 효과적이기 때문입니다. 하지만 LLM에서는 ReLU 대신 여러 다른 활성화 함수를 사용합니다. 대표적인 함수는 GELU(Gaussian error linear unit)와 SwiGLU(Swish-gated linear unit), 2개입니다.

GELU와 SwiGLU는 각각 가우스 오차 함수와 시그모이드 GLU(gated linear unit)를 사용한 더 복잡하고 부드러운 활성화 함수입니다. 간단한 ReLU와 달리 딥러닝 모델의 성능을 향상시킵니다.

GELU 활성화 함수는 여러 방법으로 구현할 수 있습니다. 정확한 정의는 GELU(x) = $x \cdot \Phi(x)$입니다. 여기서 $\Phi(x)$는 표준 가우스 누적 분포 함수(가우스 오차 함수)입니다. 하지만 실제로는 계산하기 쉬운 근사식으로 구현합니다(원본 GPT-2 모델도 곡선 맞춤(curve fitting)으로 찾은 이 근사식을 사용했습니다).

$$GELU(x) \approx 0.5 \cdot x \cdot \left(1 + tanh\left[\sqrt{\frac{2}{\pi}} \cdot \left(x + 0.044715 \cdot x^3\right)\right]\right)$$

코드에서는 이 함수를 파이토치 모듈로 구현할 수 있습니다.

코드 4-3 GELU 활성화 함수의 구현

```
class GELU(nn.Module):
    def __init__(self):
        super().__init__()

    def forward(self, x):
        return 0.5 * x * (1 + torch.tanh(
```

```
        torch.sqrt(torch.tensor(2.0 / torch.pi)) *
        (x + 0.044715 * torch.pow(x, 3))
    ))
```

GELU 함수와 ReLU 함수를 비교해 보기 위해 두 함수를 나란히 그려 보겠습니다.

```
import matplotlib.pyplot as plt
gelu, relu = GELU(), nn.ReLU()

x = torch.linspace(-3, 3, 100)  -------- -3에서 3 사이에서 100개의 데이터 포인트를 만듭니다.
y_gelu, y_relu = gelu(x), relu(x)
plt.figure(figsize=(8, 3))
for i, (y, label) in enumerate(zip([y_gelu, y_relu], ["GELU", "ReLU"]), 1):
    plt.subplot(1, 2, i)
    plt.plot(x, y)
    plt.title(f"{label} activation function")
    plt.xlabel("x")
    plt.ylabel(f"{label}(x)")
    plt.grid(True)
plt.tight_layout()
plt.show()
```

그림 4-8의 그래프에서 볼 수 있듯이 ReLU(오른쪽)는 양수는 그대로 출력하고 음수는 모두 0을 출력하는 구간별 선형 함수(piecewise linear function)입니다. GELU(왼쪽)는 부드러운 비선형 함수로, ReLU와 비슷하지만 모든 음수 값의 그레이디언트를 0으로 만들지 않습니다(대략 x = −0.75에서는 그레이디언트가 0이 됩니다).

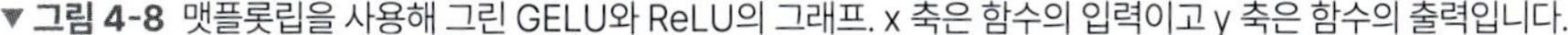

▼ **그림 4-8** 맷플롯립을 사용해 그린 GELU와 ReLU의 그래프. x 축은 함수의 입력이고 y 축은 함수의 출력입니다.

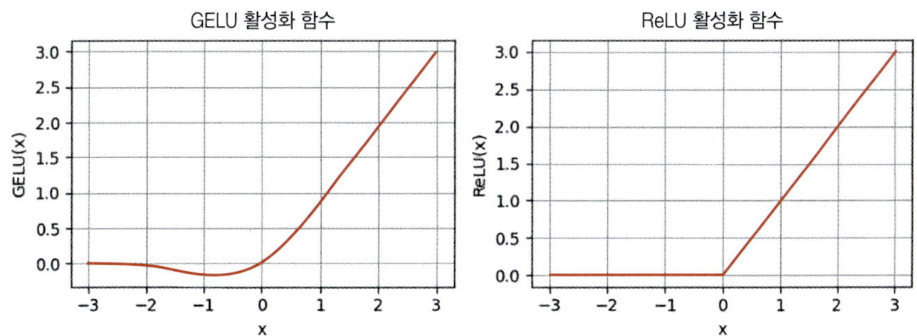

GELU가 부드럽기 때문에 훈련 과정에서 최적화가 잘되는 성질이 있습니다. 이를 통해 모델 파라미터를 미묘하게 조절할 수 있습니다. 이와 달리 (그림 4-8의 오른쪽에 있는) ReLU는 원점(x = 0)에서 급격히 꺾이므로 이따금 최적화를 어렵게 만들 수 있습니다. 특히 매우 깊은 신경망이거나 복잡한 구조를 가진 경우에 그렇습니다. 또한 ReLU가 음수에 대해서는 모두 0을 출력하는 것과 다르게 GELU는 음수 값에 대해 0이 아닌 작은 값을 출력할 수 있습니다. 이런 성질은 훈련 과정에서 음수 입력을 받는 뉴런도 양수 입력을 받을 때보다는 적지만 학습 과정에 기여할 수 있다는 것을 의미합니다.

이제 GELU 함수를 사용해 LLM의 트랜스포머 블록에 사용할 작은 신경망 모듈인 FeedForward를 구현해 보죠.

코드 4-4 피드 포워드 신경망 모듈

```
class FeedForward(nn.Module):
    def __init__(self, cfg):
        super().__init__()
        self.layers = nn.Sequential(
            nn.Linear(cfg["emb_dim"], 4 * cfg["emb_dim"]),
            GELU(),
            nn.Linear(4 * cfg["emb_dim"], cfg["emb_dim"]),
        )

    def forward(self, x):
        return self.layers(x)
```

여기에서 보듯이 FeedForward 모듈은 2개의 Linear 층과 하나의 GELU 활성화 함수로 구성된 작은 신경망입니다. 1억 2,400만 파라미터를 가진 GPT 모델의 경우 임베딩 크기가 768인 토큰으로 구성된 입력 배치를 받습니다. 이 값은 GPT_CONFIG_124M 딕셔너리에 GPT_CONFIG_124M["emb_dim"] = 768과 같이 정의되어 있습니다. 그림 4-9는 이 작은 피드 포워드 신경망 안에서 임베딩 크기가 어떻게 바뀌는지 보여 줍니다.

▼ **그림 4-9** 피드 포워드 신경망에 있는 층의 연결 구조. 이 신경망은 다양한 배치 크기와 입력 토큰 수를 수용할 수 있습니다. 하지만 각 토큰의 임베딩 크기는 가중치를 초기화할 때 결정되어 고정됩니다.

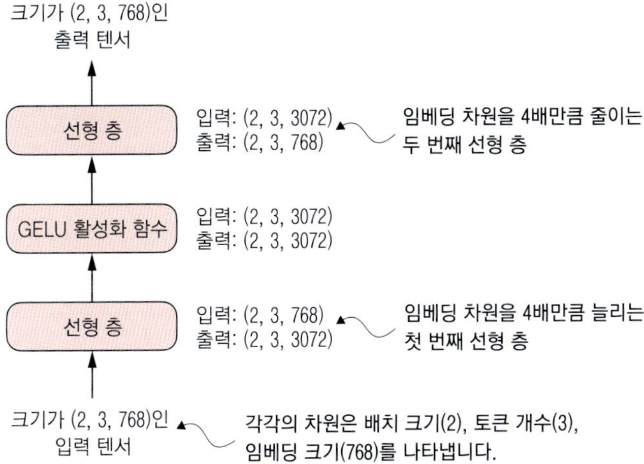

그림 4-9에 나온 예를 따라 토큰 임베딩 크기를 768로 하여 새로운 FeedForward 모듈을 초기화해 보죠. 그런 다음 2개의 샘플과 각각 3개의 토큰을 가진 배치 입력을 전달해 보겠습니다.

```
ffn = FeedForward(GPT_CONFIG_124M)
x = torch.rand(2, 3, 768)  -------- 배치 차원이 2인 샘플 입력을 만듭니다.
out = ffn(x)
print(out.shape)
```

여기서 볼 수 있듯이 출력 텐서의 크기는 입력 텐서와 같습니다.

```
torch.Size([2, 3, 768])
```

FeedForward 모듈은 데이터에서 학습하고 일반화하는 모델의 능력을 향상하는 데 중요한 역할을 합니다. 이 모듈의 입력 차원과 출력 차원이 같지만 그림 4-10에 나타나 있듯이 내부적으로 첫 번째 선형 층에서 임베딩 차원을 고차원 공간으로 확장합니다. 이렇게 확장된 다음에 비선형 GELU 활성화 함수가 뒤따르고 두 번째 선형 변환을 통해 원본 차원으로 수축됩니다. 이런 구조를 통해 풍부한 표현 공간을 탐색할 수 있습니다.

또한 이 피드 포워드 신경망의 입력과 출력 차원이 동일하기 때문에 나중에 보겠지만 단순한 구조를 유지하면서 여러 층을 쌓을 수 있습니다. 즉, 층 사이에서 차원을 조정할 필요가 없어 모델의 확장성이 뛰어납니다.

▼ **그림 4-10** 피드 포워드 신경망에 있는 층 출력의 확장과 수축. 먼저 입력이 768에서 3,072로 네 배 늘어납니다. 그런 다음 두 번째 층이 3,072를 다시 768차원 표현으로 압축합니다.

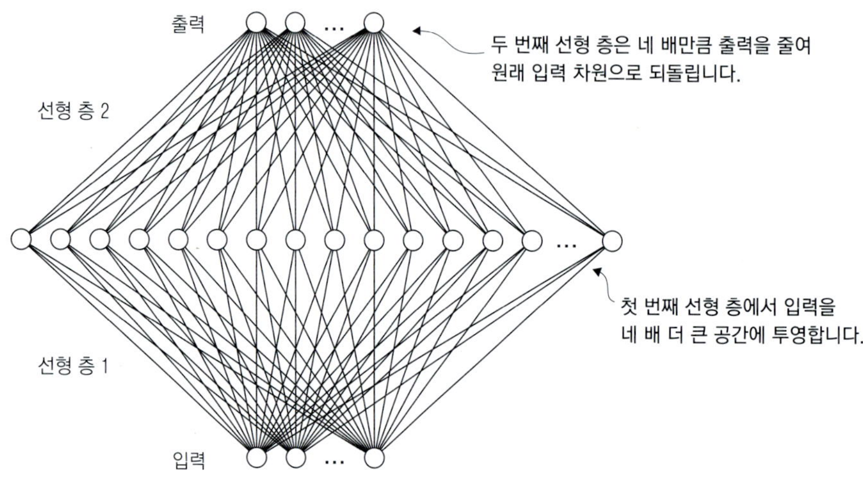

그림 4-11에서 보듯이 지금까지 LLM의 구성 요소 대부분을 구현했습니다. 다음으로 서로 다른 신경망 층 사이에 추가하는 숏컷 연결의 개념을 알아보겠습니다. 심층 신경망 구조에서 훈련 성능을 향상하기 위해 매우 중요한 기법입니다.

▼ **그림 4-11** GPT 구조를 만들기 위해 필요한 구성 요소. 붉은색 체크 표시는 이미 구현한 요소를 나타냅니다.

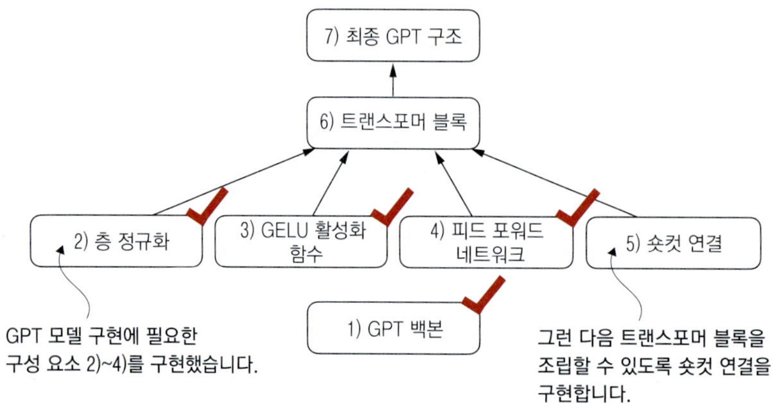

4.4 숏컷 연결 추가하기

스킵 연결(skip connection), 잔차 연결(residual connection)이라고도 부르는 숏컷 연결(shortcut connection)의 개념을 알아보죠. 원래 숏컷 연결은 컴퓨터 비전 분야의 심층 신경망(구체적으로 잔차 신경망(residual network)에서 그레이디언트 소실 문제를 완화하기 위해 제안되었습니다. 그레이디언트 소실 문제는 (훈련하는 동안 가중치 업데이트를 관장할) 그레이디언트가 층을 거듭해 역전파되면서 점진적으로 작아져 앞쪽 층을 효과적으로 훈련하기 어려워지는 현상을 나타냅니다.

그림 4-12는 숏컷 연결이 그레이디언트가 1개 이상의 층을 건너뛰어 네트워크에 흐를 수 있도록 짧은 다른 경로를 만든다는 것을 보여 줍니다. 이런 경로는 한 층의 출력을 이후 층의 출력에 더함으로써 만들어집니다. 그래서 이런 연결을 스킵 연결이라고도 부릅니다. 훈련할 때 역전파 과정에서 그레이디언트 흐름을 보존하는 데 중요한 역할을 합니다.

다음 코드에서 그림 4-12에 나온 신경망을 구현하여 `forward` 메서드에서 숏컷 연결을 추가하는 방법을 살펴보겠습니다.

코드 4-5 숏컷 연결을 설명하기 위한 신경망

```
class ExampleDeepNeuralNetwork(nn.Module):
    def __init__(self, layer_sizes, use_shortcut):
        super().__init__()
        self.use_shortcut = use_shortcut
        self.layers = nn.ModuleList([  -------- 5개의 층을 만듭니다.
            nn.Sequential(nn.Linear(layer_sizes[0], layer_sizes[1]),
                          GELU()),
            nn.Sequential(nn.Linear(layer_sizes[1], layer_sizes[2]),
                          GELU()),
            nn.Sequential(nn.Linear(layer_sizes[2], layer_sizes[3]),
                          GELU()),
            nn.Sequential(nn.Linear(layer_sizes[3], layer_sizes[4]),
                          GELU()),
            nn.Sequential(nn.Linear(layer_sizes[4], layer_sizes[5]),
                          GELU())
        ])

    def forward(self, x):
        for layer in self.layers:
            layer_output = layer(x)  -------- 현재 층의 출력을 계산합니다.
```

```
        if self.use_shortcut and x.shape == layer_output.shape:
            x = x + layer_output
        else:
            x = layer_output
    return x
```

숏컷 연결을 적용할 수 있는지 확인합니다.

▼ **그림 4-12** 각각 5개의 층으로 구성된 숏컷 연결이 없는 심층 신경망(왼쪽)과 숏컷 연결이 있는 심층 신경망(오른쪽)의 비교. 숏컷 연결은 층의 입력을 출력에 더해서 특정 층을 건너뛸 수 있는 대안 경로를 만듭니다. 그림에 표시된 그레이디언트 값은 코드 4.5로 계산한 각 층의 그레이디언트의 평균 절댓값입니다.

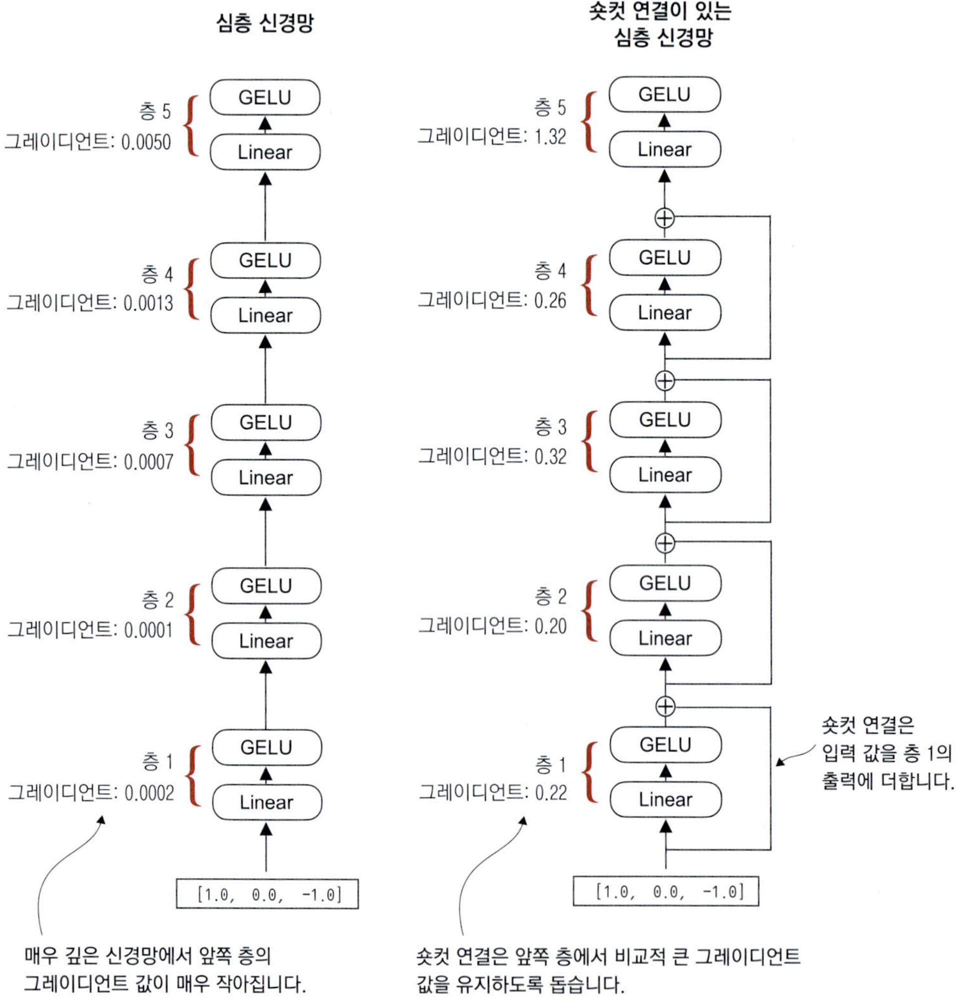

이 코드는 5개의 층으로 구성된 신경망을 만듭니다. 각 층은 Linear 층과 GELU 활성화 함수로 구

성됩니다. 정방향 계산에서 입력을 반복해서 층에 통과시키고 self.use_shortcut 속성이 True 이면 선택적으로 숏컷 연결을 추가합니다.

이 코드를 사용해 숏컷 연결이 없는 신경망을 초기화해 보죠. 각 층은 3개의 입력 값을 가진 샘플을 받아 3개의 출력 값을 반환합니다. 마지막 층은 하나의 값을 반환합니다.

```
layer_sizes = [3, 3, 3, 3, 3, 1]
sample_input = torch.tensor([[1., 0., -1.]])
torch.manual_seed(123) -------- 초기 가중치를 재현할 수 있도록 랜덤 시드를 지정합니다.
model_without_shortcut = ExampleDeepNeuralNetwork(
    layer_sizes, use_shortcut=False
)
```

그런 다음 모델의 역전파에서 그레이디언트를 계산하는 함수를 구현합니다.

```
def print_gradients(model, x):
    output = model(x) -------- 정방향 계산
    target = torch.tensor([[0.]])

    loss = nn.MSELoss()
    loss = loss(output, target) -------- 타깃과 출력의 가까운 정도를 기반으로 손실을 계산합니다.

    loss.backward() -------- 그레이디언트 계산을 위한 역전파
    for name, param in model.named_parameters():
        if 'weight' in name:
            print(f"{name}의 평균 그레이디언트는 {param.grad.abs().mean().item()}입니다.")
```

이 코드는 모델 출력이 사용자가 지정한 타깃(여기서는 간단하게 0)에 얼마나 가까운지 계산하는 손실 함수를 정의합니다. 그런 다음 loss.backward() 호출하면 파이토치가 모델의 각 층에서 손실 그레이디언트를 계산합니다. model.named_parameters()를 통해 가중치 파라미터를 순회할 수 있습니다. 어떤 층에 3 × 3 크기의 가중치 파라미터 행렬이 있다고 가정해 보죠. 이 경우 이 층은 3 × 3 크기의 그레이디언트 값을 가집니다. 각 층의 그레이디언트를 비교하기 쉽도록 3 × 3 크기의 그레이디언트 값의 절댓값을 평균하여 하나의 그레이디언트 값을 출력합니다.

.backward()는 파이토치에서 모델 훈련 과정에 필요한 손실 그레이디언트를 계산하는 간편한 메서드입니다. 그레이디언트 계산을 위해 직접 수학을 다룰 필요가 없어 심층 신경망을 훨씬 손쉽게 구현할 수 있습니다.

NOTE

그레이디언트 개념과 신경망 훈련에 익숙하지 않다면 부록 A의 A.4절과 A.7절을 읽어 보세요.

그럼 print_gradients 함수를 숏컷 연결이 없는 모델에 적용해 보죠.

```
print_gradients(model_without_shortcut, sample_input)
```

출력은 다음과 같습니다.

```
layers.0.0.weight의 평균 그레이디언트는 0.00020173587836325169입니다.
layers.1.0.weight의 평균 그레이디언트는 0.0001201116101583466입니다.
layers.2.0.weight의 평균 그레이디언트는 0.0007152041653171182입니다.
layers.3.0.weight의 평균 그레이디언트는 0.001398873864673078입니다.
layers.4.0.weight의 평균 그레이디언트는 0.005049646366387606입니다.
```

print_gradients 함수의 출력을 보면 마지막 층(layers.4)에서 첫 번째 층(layers.0)으로 갈수록 그레이디언트가 점점 작아집니다. 이런 현상을 **그레이디언트 소실 문제**(vanishing gradient problem)라 부릅니다.

그럼 숏컷 연결을 가진 모델을 만들어서 비교해 보죠.

```
torch.manual_seed(123)
model_with_shortcut = ExampleDeepNeuralNetwork(
    layer_sizes, use_shortcut=True
)
print_gradients(model_with_shortcut, sample_input)
```

출력은 다음과 같습니다.

```
layers.0.0.weight의 평균 그레이디언트는 0.22169792652130127입니다.
layers.1.0.weight의 평균 그레이디언트는 0.20694105327129364입니다.
layers.2.0.weight의 평균 그레이디언트는 0.32896995544433594입니다.
layers.3.0.weight의 평균 그레이디언트는 0.2665732502937317입니다.
layers.4.0.weight의 평균 그레이디언트는 1.3258541822433472입니다.
```

마지막 층(layers.4)이 여전히 다른 층보다 그레이디언트 값이 큽니다. 하지만 첫 번째 층(layers.0)으로 갈수록 그레이디언트 값이 안정적이고 아주 작은 값으로 줄어들지 않습니다.

결론적으로 숏컷 연결은 심층 신경망에서 그레이디언트 소실 문제로 인한 제약을 극복하는 데 중요합니다. 숏컷 연결은 LLM과 같은 매우 큰 규모의 모델을 만드는 데 핵심 구성 요소입니다. 다음 장에서 GPT 모델을 훈련할 때 층 사이에 일관성 있는 그레이디언트 흐름을 보장함으로써 효과적인 훈련을 돕습니다.

다음으로 이 장에서 다룬 모든 개념(층 정규화, GELU 활성화 함수, 피드 포워드 신경망, 숏컷 연결)을 GPT 모델을 만드는 데 필요한 최종 구성 요소인 트랜스포머 블록 하나로 결합하겠습니다.

4.5 SECTION 어텐션과 선형 층을 트랜스포머 블록에 연결하기

이제 GPT와 다른 LLM 구조의 기본 구성 요소인 트랜스포머 블록을 구현해 보죠. 1억 2,400만 개의 파라미터를 가진 GPT-2 모델에서는 이 블록이 12번 반복되며, 이전에 다룬 여러 개념(멀티 헤드 어텐션, 층 정규화, 드롭아웃, 피드 포워드 신경망, GELU 활성화 함수, 숏컷 연결)을 복합적으로 사용합니다. 나중에 이 트랜스포머 블록을 GPT 구조의 다른 부분과 연결하겠습니다.

그림 4-13은 마스크드 멀티 헤드 어텐션 모듈(3장)과 앞서 구현한 `FeedForward` 모듈(4.3절)을 포함해 여러 구성 요소를 결합한 트랜스포머 블록을 보여 줍니다. 트랜스포머 블록이 입력 시퀀스를 처리할 때 시퀀스에 있는 각 원소(예를 들어, 단어나 부분단어 토큰)는 고정 크기의 벡터(이 경우 768차원)로 표현됩니다. 트랜스포머 블록 안의 연산(멀티 헤드 어텐션이나 피드 포워드 신경망 등)은 이 벡터의 차원을 유지하면서 변환하도록 고안되었습니다.

멀티 헤드 어텐션 블록에 있는 셀프 어텐션 메커니즘은 입력 시퀀스에 있는 원소 사이에 있는 관계를 식별하고 분석합니다. 반대로 피드 포워드 신경망은 각 위치의 데이터를 개별적으로 변환합니다. 이런 조합을 통해 입력을 이해하고 처리하는 것뿐만 아니라 복잡한 데이터 패턴 처리를 위해 모델의 전반적인 용량을 향상시킵니다.[6]

6 역주 이 장에서 사용하는 previous_chapter.py 파일은 깃허브 저장소의 ch04/01_main-chapter-code 폴더 안에 있습니다.

▼ **그림 4-13** 트랜스포머 블록. 입력 토큰은 768차원의 벡터로 임베딩됩니다. 각 행은 하나의 토큰 벡터 표현에 해당합니다. 트랜스포머 블록의 출력 벡터와 입력 벡터는 차원이 동일합니다. 따라서 뒤따르는 또 다른 트랜스포머 블록에 입력으로 전달할 수 있습니다.

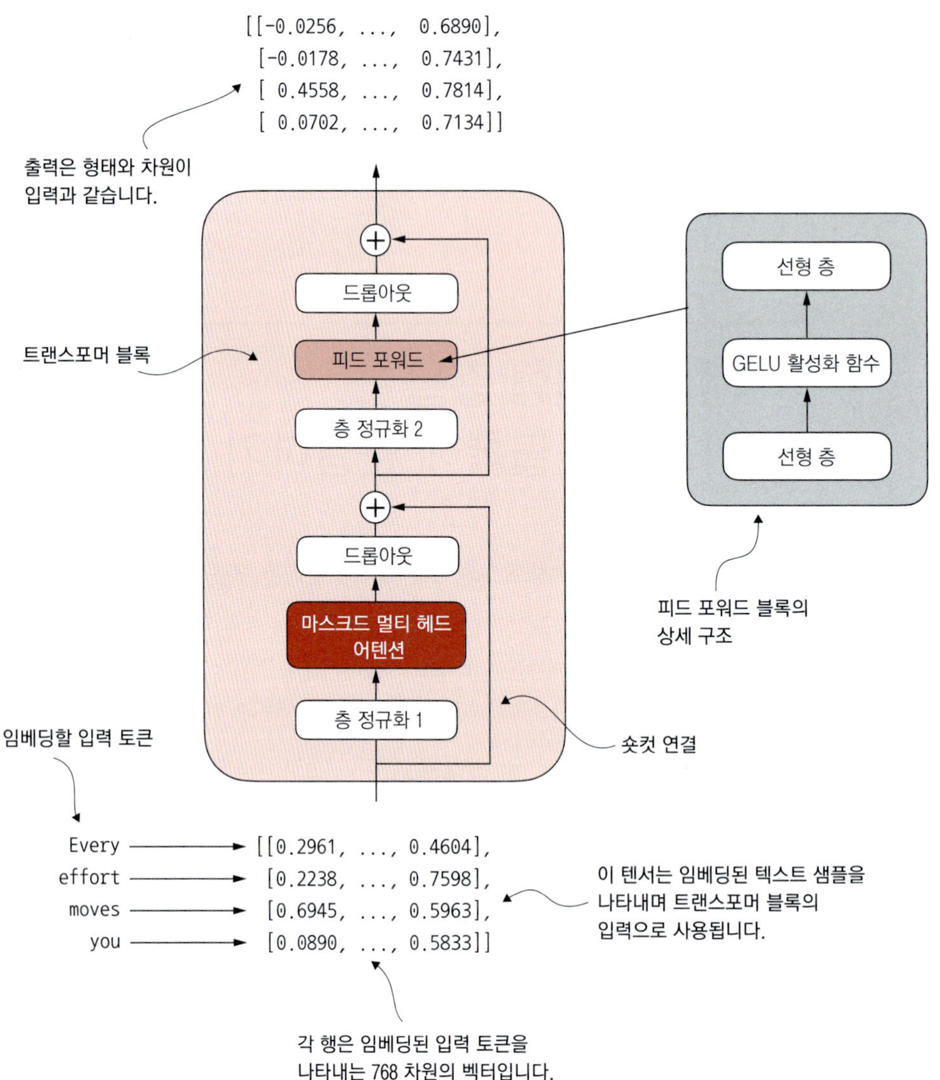

TransformerBlock을 코드로 만들어 보죠.

코드 4-6 GPT의 트랜스포머 블록

```
from previous_chapter import MultiHeadAttention

class TransformerBlock(nn.Module):
    def __init__(self, cfg):
        super().__init__()
        self.att = MultiHeadAttention(
            d_in=cfg["emb_dim"],
            d_out=cfg["emb_dim"],
            context_length=cfg["context_length"],
            num_heads=cfg["n_heads"],
            dropout=cfg["drop_rate"],
            qkv_bias=cfg["qkv_bias"])
        self.ff = FeedForward(cfg)
        self.norm1 = LayerNorm(cfg["emb_dim"])
        self.norm2 = LayerNorm(cfg["emb_dim"])
        self.drop_shortcut = nn.Dropout(cfg["drop_rate"])

    def forward(self, x):
        shortcut = x -------- 어텐션 블록을 위한 숏컷 연결
        x = self.norm1(x)
        x = self.att(x)
        x = self.drop_shortcut(x)
        x = x + shortcut -------- 원본 입력을 더합니다.

        shortcut = x -------- 피드 포워드 신경망을 위한 숏컷 연결
        x = self.norm2(x)
        x = self.ff(x)
        x = self.drop_shortcut(x)
        x = x + shortcut -------- 원본 입력을 더합니다.
        return x
```

이 코드는 파이토치로 `TransformerBlock` 클래스를 정의합니다. 멀티 헤드 어텐션 메커니즘(`MultiHeadAttention`)과 피드 포워드 신경망(`FeedForward`)이 포함되며, `GPT_CONFIG_124M`과 같은 설정 딕셔너리(`cfg`)를 기반으로 만들어집니다.

층 정규화(`LayerNorm`)는 이 두 구성 요소 앞에 적용되고, 드롭아웃은 모델을 규제하고 과대적합을 막기 위해 두 구성 요소 후에 적용됩니다. 이를 **사전 층 정규화**(Pre-LayerNorm)라 부릅니다. 원본 트랜스포머 모델과 같은 예전 구조에서는 셀프 어텐션과 피드 포워드 신경망 다음에 층 정규화를 적용했습니다. 이를 **사후 층 정규화**(Post-LayerNorm)라고 합니다. 이 방식은 종종 훈련 진행을 어렵게 만듭니다.

이 클래스는 정방향 계산도 구현합니다. 여기에서 각 구성 요소 다음에 숏컷 연결이 등장하고 블록의 입력을 출력에 더합니다. 이는 훈련 과정에서 그레이디언트가 신경망을 통해 흐르게 하는 데 중요하며, 심층 신경망 모델의 학습 과정을 향상시킵니다(4.4절 참조).

앞서 정의한 GPT_CONFIG_124M 딕셔너리를 사용해 트랜스포머 블록을 초기화하고 샘플 데이터를 전달해 보죠.

```
torch.manual_seed(123)
x = torch.rand(2, 4, 768) -------- [batch_size, num_tokens, emb_dim] 크기의 샘플 입력을 만듭니다.
block = TransformerBlock(GPT_CONFIG_124M)
output = block(x)

print("입력 크기:", x.shape)
print("출력 크기:", output.shape)
```

출력은 다음과 같습니다.

```
입력 크기: torch.Size([2, 4, 768])
출력 크기: torch.Size([2, 4, 768])
```

여기서 보듯이 트랜스포머 블록은 입력 차원과 출력 차원을 동일하게 유지합니다. 트랜스포머 구조가 신경망을 통과하는 시퀀스 데이터의 크기를 바꾸지 않고 처리한다는 의미입니다.

트랜스포머 블록에서 크기를 보존하는 것은 우연이 아니며 중요한 설계 고려 사항입니다. 이를 통해 출력 벡터가 입력 벡터에 일대일 관계로 직접 대응되는 다양한 시퀀스-투-시퀀스 작업에 효과적으로 적용할 수 있습니다. 하지만 출력은 전체 입력 시퀀스의 정보를 담은 문맥 벡터입니다(3장 참조). 시퀀스의 물리적 차원(길이와 특성 크기)은 트랜스포머 블록을 통과하면서 바뀌지 않고 동일하지만, 출력 벡터의 내용은 전체 입력 시퀀스의 문맥 정보를 통합하도록 재인코딩된다는 의미입니다.

트랜스포머 블록을 구현했으므로 GPT 구조를 구현하기 위해 필요한 모든 구성 요소를 갖추었습니다. 그림 4-14에 나타나 있듯이 트랜스포머 블록은 층 정규화, 피드 포워드 신경망, GELU 활성화 함수, 숏컷 연결을 결합합니다. 나중에 살펴보겠지만 이 트랜스포머 블록이 GPT 구조의 핵심 구성 요소입니다.

▼ **그림 4-14** GPT 구조를 만들기 위해 필요한 구성 요소. 붉은색 체크 표시는 이미 구현한 요소를 나타냅니다.

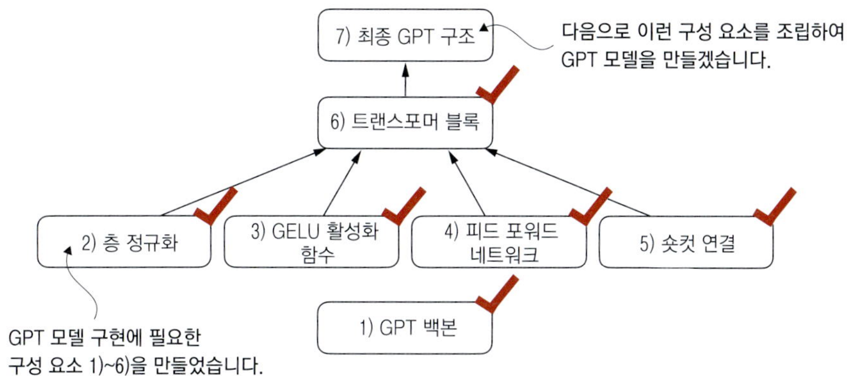

4.6 GPT 모델 만들기

이 장을 시작할 때 `DummyGPTModel` 클래스로 GPT 구조의 큰 그림을 그려 보았습니다. `DummyGPTModel` 구현에서 GPT 모델의 입력과 출력을 보여 주었지만, 중요 구성 요소는 `DummyTransformerBlock`과 `DummyLayerNorm` 클래스를 사용해 블랙 박스로 남겨 두었습니다.

이제 `DummyTransformerBlock`과 `DummyLayerNorm`을 1억 2,400만 파라미터를 가진 GPT-2 원본 버전을 구현하기 위해 만든 `TransformerBlock`과 `LayerNorm` 클래스로 바꾸어 보겠습니다. 5장에서 GPT-2 모델을 사전 훈련해 보고, 오픈AI에서 사전 훈련된 가중치를 로드하겠습니다.

GPT-2 모델을 구현하기 전에 지금까지 다룬 모든 개념이 들어 있는 그림 4-15에서 전체 구조를 살펴봅시다. 여기서 보듯이 트랜스포머 블록은 GPT 모델 안에서 여러 번 반복됩니다. 1억 2,400만 개의 파라미터를 가진 GPT-2 모델의 경우 12번 반복됩니다. 이 횟수는 `GPT_CONFIG_124M` 딕셔너리의 `n_layers` 키에 설정됩니다. 15억 4,200만 개 파라미터를 가진 가장 큰 GPT-2 모델의 경우 트랜스포머 블록이 48번 반복됩니다.

▼ **그림 4-15** 데이터 흐름을 보여 주는 GPT 모델 구조. 아래에서부터 먼저 토큰화된 텍스트가 토큰 임베딩으로 변환되고 위치 임베딩으로 보강됩니다. 두 정보가 결합된 텐서가 중앙에 있는 일련의 트랜스포머 블록을 통과합니다(각 블록은 멀티 헤드 어텐션과 피드 포워드 신경망, 드롭아웃, 층 정규화를 포함합니다). 블록은 순서대로 쌓여 12번 반복됩니다.

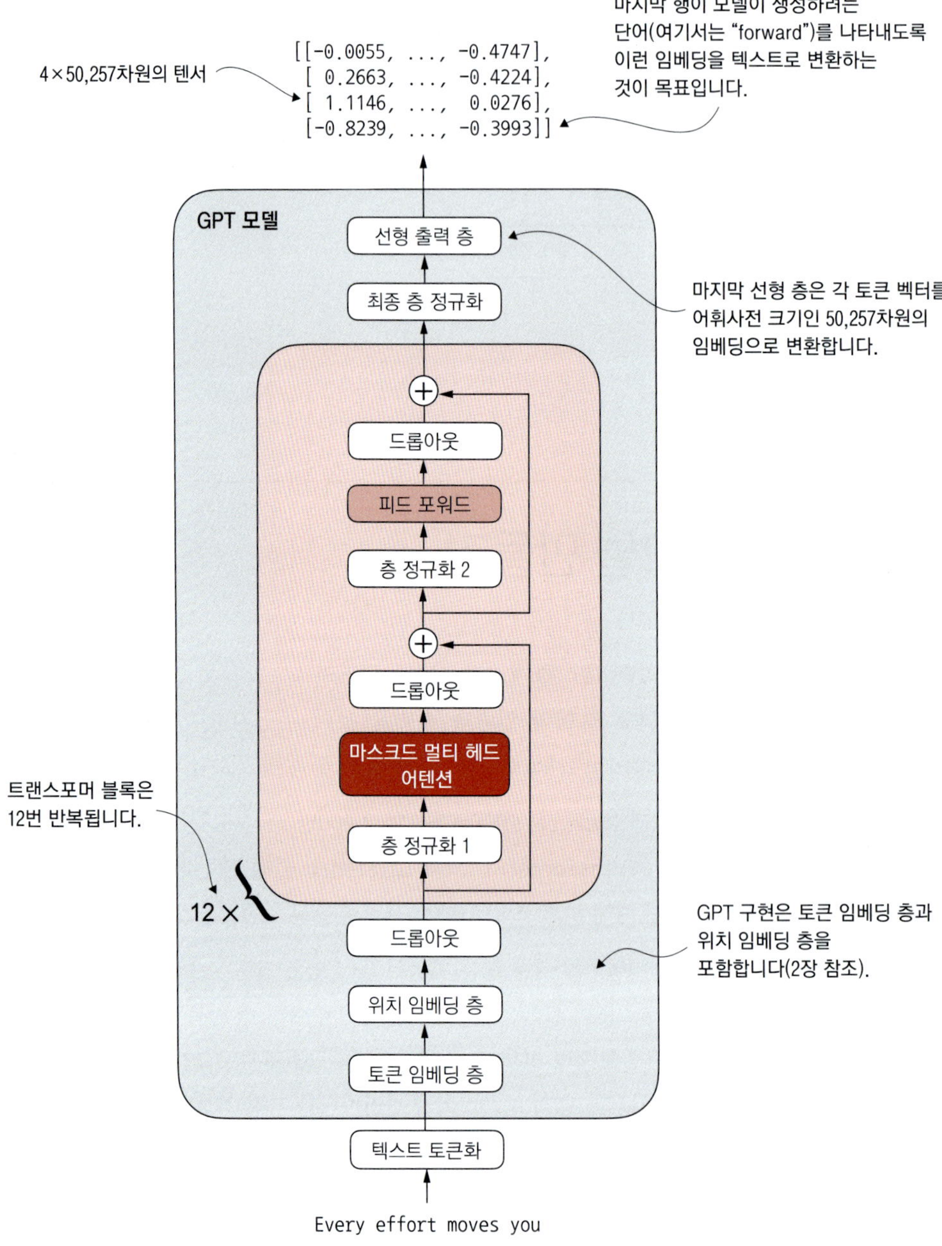

마지막 트랜스포머 블록의 출력이 최종 층 정규화와 선형 출력 층을 통과합니다. 이 층은 트랜스포머 블록의 출력을 고차원 공간(이 경우 모델의 어휘사전 크기에 해당하는 50,257차원)에 매핑하여 시퀀스의 다음 토큰을 예측합니다.

그럼 그림 4-15에 나온 구조를 만들어 보죠.

코드 4-7 GPT 모델 구조 구현

```
class GPTModel(nn.Module):
    def __init__(self, cfg):
        super().__init__()
        self.tok_emb = nn.Embedding(cfg["vocab_size"], cfg["emb_dim"])
        self.pos_emb = nn.Embedding(cfg["context_length"], cfg["emb_dim"])
        self.drop_emb = nn.Dropout(cfg["drop_rate"])

        self.trf_blocks = nn.Sequential(
            *[TransformerBlock(cfg) for _ in range(cfg["n_layers"])])

        self.final_norm = LayerNorm(cfg["emb_dim"])
        self.out_head = nn.Linear(
            cfg["emb_dim"], cfg["vocab_size"], bias=False
        )

    def forward(self, in_idx):
        batch_size, seq_len = in_idx.shape
        tok_embeds = self.tok_emb(in_idx)

        pos_embeds = self.pos_emb(
            torch.arange(seq_len, device=in_idx.device)
        )
        x = tok_embeds + pos_embeds
        x = self.drop_emb(x)
        x = self.trf_blocks(x)
        x = self.final_norm(x)
        logits = self.out_head(x)
        return logits
```

장치 설정을 통해 입력 데이터가 어디에 있는지에 따라 모델을 CPU나 GPU에서 훈련할 수 있습니다.

TransformerBlock 클래스 덕분에 GPTModel 클래스는 비교적 작고 단순합니다.

GPTModel 클래스의 __init__ 생성자는 파이썬 딕셔너리 cfg로 전달된 설정을 사용해 토큰 임베딩 층과 위치 임베딩 층을 초기화합니다. 이 임베딩 층은 입력 토큰 인덱스를 밀집 벡터로 변환하고 위치 정보를 추가하는 역할을 담당합니다(2장 참조).

다음으로 `__init__` 메서드는 cfg에 지정된 층 개수만큼 TransformerBlock 모듈의 시퀀셜(sequential) 스택을 만듭니다. 트랜스포머 블록 다음에 훈련 과정을 안정화하기 위해 트랜스포머 블록의 출력을 정규화하는 LayerNorm 층을 정의합니다. 마지막으로 트랜스포머 블록의 출력을 토크나이저의 어휘사전 공간에 투영하여 어휘사전에 있는 각 토큰에 대한 로짓을 생성하기 위해 편향이 없는 선형 출력 헤드를 정의합니다.

forward 메서드는 입력 토큰 인덱스의 배치를 받아, 임베딩을 계산하고, 위치 임베딩을 적용하고, 트랜스포머 블록에 통과시키고, 최종 출력을 정규화하고, 로짓을 계산합니다. 로짓은 다음 토큰에 대한 정규화되지 않은 확률을 나타냅니다. 다음 절에서 이 로짓을 토큰과 텍스트 출력으로 변환하겠습니다.

이제 GPT_CONFIG_124M 딕셔너리를 cfg 매개변수에 전달하여 1억 2,400만 파라미터를 가진 GPT 모델을 초기화하고, 이전에 만든 배치 텍스트 입력을 주입해 보겠습니다.

```
torch.manual_seed(123)
model = GPTModel(GPT_CONFIG_124M)
out = model(batch)

print("입력 배치:\n", batch)
print("\n출력 크기:", out.shape)
print(out)
```

이 코드는 입력 배치 다음에 출력 텐서의 크기와 값을 출력합니다.

```
입력 배치:
 tensor([[6109,  3626,  6100,   345],  -------- 텍스트 1의 토큰 ID
        [6109,  1110,  6622,   257]])  -------- 텍스트 2의 토큰 ID

출력 크기: torch.Size([2, 4, 50257])
tensor([[[ 0.3613,  0.4222, -0.0711,  ...,  0.3483,  0.4661, -0.2838],
         [-0.1792, -0.5660, -0.9485,  ...,  0.0477,  0.5181, -0.3168],
         [ 0.7120,  0.0332,  0.1085,  ...,  0.1018, -0.4327, -0.2553],
         [-1.0076,  0.3418, -0.1190,  ...,  0.7195,  0.4023,  0.0532]],

        [[-0.2564,  0.0900,  0.0335,  ...,  0.2659,  0.4454, -0.6806],
         [ 0.1230,  0.3653, -0.2074,  ...,  0.7705,  0.2710,  0.2246],
         [ 1.0558,  1.0318, -0.2800,  ...,  0.6936,  0.3205, -0.3178],
         [-0.1565,  0.3926,  0.3288,  ...,  1.2630, -0.1858,  0.0388]]],
       grad_fn=<UnsafeViewBackward0>)
```

여기서 보듯이 각각 4개의 토큰을 가진 2개의 입력 텍스트를 전달했기 때문에 출력 텐서의 크기는 [2, 4, 50257]입니다. 마지막 차원인 50257은 토크나이저의 어휘사전 크기에 해당합니다. 나중에 50,257차원의 출력 벡터를 토큰으로 변환하는 방법을 알아보겠습니다.

모델의 출력을 텍스트로 변환하는 함수를 만들기 전에 잠시 모델 구조를 살펴보고 크기를 분석해 보죠. numel() 메서드[7]를 사용해 모델 파라미터 텐서에 있는 총 파라미터 개수를 확인할 수 있습니다.

```
total_params = sum(p.numel() for p in model.parameters())
print(f"총 파라미터 개수: {total_params:,}")
```

출력은 다음과 같습니다.

```
총 파라미터 개수: 163,009,536
```

일부 독자는 무언가 이상하다는 것을 눈치챘을 것입니다. 앞서 1억 2,400만 파라미터를 가진 GPT 모델을 만든다고 했는데 왜 실제 파라미터 개수가 1억 6,300만개일까요?

그 이유는 원본 GPT-2 구조에 사용된 **가중치 묶기**(weight tying)라는 개념 때문입니다. 원본 GPT-2 구조는 토큰 임베딩 층의 가중치를 출력 층에 재사용합니다. 이를 잘 이해하기 위해 GPTModel로 초기화한 model 객체 안에 있는 토큰 임베딩 층과 선형 출력 층의 크기를 확인해 보죠.

```
print("토큰 임베딩 층 크기:", model.tok_emb.weight.shape)
print("출력 층 크기:", model.out_head.weight.shape)
```

출력에서 보듯이 두 층의 가중치 텐서는 크기가 동일합니다.

```
토큰 임베딩 층 크기: torch.Size([50257, 768])
출력 층 크기: torch.Size([50257, 768])
```

토크나이저의 어휘사전 크기에 해당하는 50,257개에 해당하는 행이 있기 때문에 토큰 임베딩 층과 출력 층은 매우 큽니다. 가중치 묶기를 사용한다고 가정하고 GPT-2 모델에서 출력 층의 가중치를 제외해 보죠.

7 numel은 'number of elements'의 약자입니다.

```python
total_params_gpt2 = (
    total_params - sum(p.numel()
    for p in model.out_head.parameters())
)
print(f"가중치 묶기를 고려한 훈련 가능한 파라미터 개수: {total_params_gpt2:,}")
```

출력은 다음과 같습니다.

```
가중치 묶기를 고려한 훈련 가능한 파라미터 개수: 124,412,160
```

출력에서 보듯이 이제 원본 GPT-2 모델의 크기와 같은 1억 2,400만 개 파라미터를 가집니다.

가중치 묶기는 전반적인 메모리 사용량과 모델의 복잡도를 줄입니다. 하지만 제 경험상 토큰 임베딩과 출력 층을 따로 두는 것이 훈련과 모델 성능에 더 좋습니다. 따라서 GPTModel 구현에서는 두 층을 분리하여 사용하겠습니다. 현대 LLM에서도 마찬가지입니다. 하지만 5장에서 오픈AI에서 사전 훈련된 가중치를 로드할 때 가중치 묶기 개념을 다시 소개하고 구현해 보겠습니다.

> **연습문제 4.1**
>
> **피드 포워드 신경망과 어텐션 모듈에 있는 파라미터 수**
>
> 피드 포워드 모듈과 멀티 헤드 어텐션 모듈에 있는 파라미터 개수를 계산하고 비교해 보세요.

마지막으로 GPTModel 객체에 있는 1억 6,300만 개 파라미터를 위한 메모리 공간을 계산해 보죠.

```python
total_size_bytes = total_params * 4  # 총 크기를 바이트 단위로 계산합니다(float32라 가정하면 파라미터당 4바이트입니다)
total_size_mb = total_size_bytes / (1024 * 1024)  # 메가바이트 단위로 변환합니다
print(f"모델에 필요한 메모리 공간: {total_size_mb:.2f} MB")
```

결과는 다음과 같습니다.

```
모델에 필요한 메모리 공간: 621.83 MB
```

각 파라미터가 4바이트 크기의 32비트 부동 소수점이라고 가정하고 GPTModel 객체에 있는 1억 6,300만 파라미터를 위한 메모리 필요량을 계산하면 모델의 총 크기는 621.83MB에 이릅니다. 이는 비교적 작은 LLM임에도 필요한 저장 공간이 크다는 것을 보여 줍니다.

GPTModel을 구현했고 출력 텐서의 크기는 [batch_size, num_tokens, vocab_size]입니다. 이제 이 출력 텐서를 텍스트로 변환하는 코드를 작성해 보죠.

연습문제 4.2

더 큰 GPT 모델 초기화하기

앞서 'GPT-2 small'이라 부르는 1억 2,400만 파라미터의 GPT 모델을 초기화했습니다. 어떤 코드도 바꾸지 말고 설정 딕셔너리와 `GPTModel` 클래스를 사용해 GPT-2 medium(임베딩 차원 1,024, 트랜스포머 블록 24개, 멀티 헤드 어텐션 헤드 16개), GPT-2 large(임베딩 차원 1,280, 트랜스포머 블록 36개, 멀티 헤드 어텐션 헤드 20개), GPT-XL(임베딩 차원 1,600, 트랜스포머 블록 48개, 멀티 헤드 어텐션 헤드 25개) 모델을 구현해 보세요. 추가로 각 GPT 모델의 파라미터 개수를 계산해 보세요.

4.7 SECTION 텍스트 생성하기

이제 GPT 모델의 텐서 출력을 텍스트로 변환하는 코드를 구현해 보죠. 시작하기 전에 LLM과 같은 생성 모델이 어떻게 한 번에 한 단어(또는 토큰)씩 텍스트를 생성하는지 간략하게 살펴보겠습니다.

▼ **그림 4-16** LLM이 한 번에 한 토큰씩 텍스트를 생성하는 단계별 과정. 초기 입력 문맥("Hello, I am")으로 시작하여 모델이 반복마다 후속 토큰을 예측하고 다음 예측 라운드(round)를 위해 입력 문맥에 이 토큰을 추가합니다. 여기서 보듯이 첫 번째 반복은 "a", 두 번째는 "model", 세 번째는 "ready"를 추가하여 점진적으로 문장을 완성합니다.

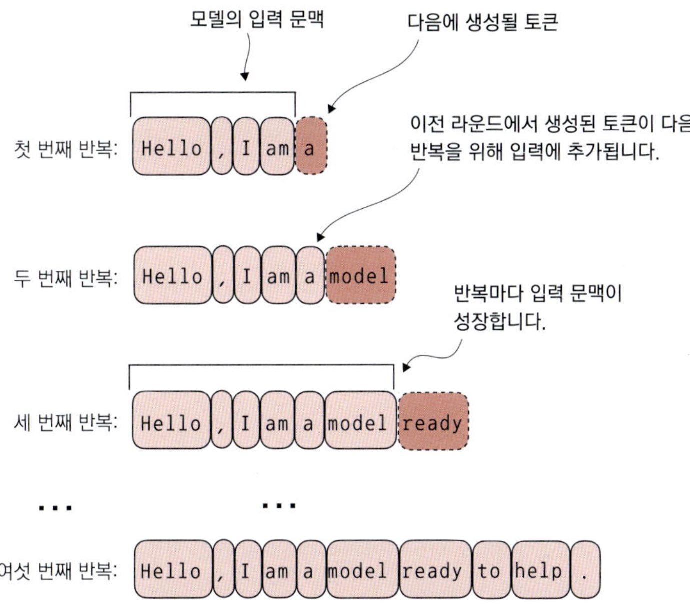

그림 4-16은 "Hello, I am"과 같은 입력 문맥이 주어졌을 때 GPT 모델이 텍스트를 생성하는 단계별 과정을 보여 줍니다. 반복마다 입력 문맥이 늘어나 모델이 일관성이 있고 문맥적으로 적절한 텍스트를 생성합니다. 여섯 번째 반복에서 모델이 "Hello, I am a model ready to help." 처럼 완전한 문장을 만들었습니다. GPTModel 클래스는 [batch_size, num_tokens, vocab_size] 크기의 텐서를 출력합니다. 그럼 GPT 모델은 어떻게 이런 출력 텐서에서 텍스트를 생성하는 걸까요?

GPT 모델이 출력 텐서에서 텍스트를 생성하는 과정이 그림 4-17에 여러 단계로 나타나 있습니다. 이 단계는 출력 텐서를 디코딩하고, 확률 분포를 기반으로 토큰을 선택하고, 이 토큰을 사람이 읽을 수 있는 텍스트로 변환하는 과정으로 나뉩니다.

▼ **그림 4-17** 토큰 생성 과정의 한 번 반복을 나타낸 GPT 모델의 텍스트 생성 메커니즘. 이 과정은 입력 텍스트를 토큰 ID로 인코딩하는 것으로 시작합니다. 그런 다음 토큰 ID를 GPT 모델에 주입합니다. 모델의 출력을 텍스트로 다시 변환하고 원본 입력 텍스트에 추가합니다.

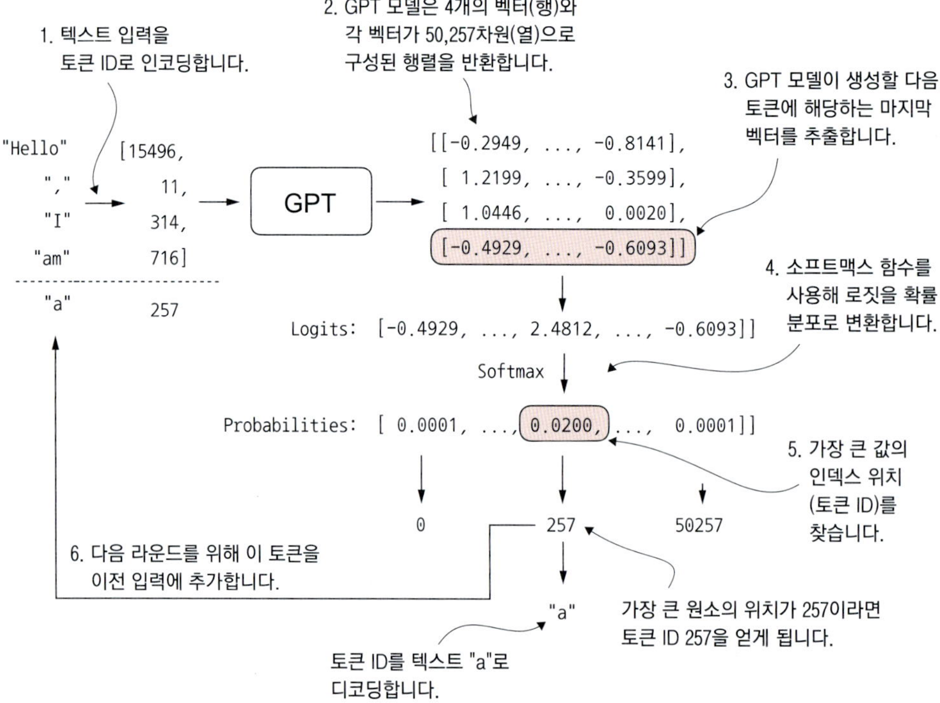

그림 4-17에 자세히 나온 토큰 생성 과정은 GPT 모델이 입력을 기반으로 다음 토큰을 생성하는 한 라운드를 보여 줍니다. 각 반복에서 모델은 가능성 있는 다음 토큰을 표현하는 벡터를 담은 행렬을 출력합니다. 다음 토큰에 해당하는 벡터를 추출하고 softmax 함수를 사용해 확률 분포로

변환합니다. 확률 점수를 담은 벡터에서 가장 큰 값의 인덱스를 확인하여 토큰 ID로 해석합니다. 이 토큰 ID를 텍스트로 디코딩하여 시퀀스의 다음 토큰으로 출력합니다. 마지막으로 이 토큰을 이전 입력에 추가하여 이후 반복을 위한 새로운 입력 시퀀스를 만듭니다. 이런 단계별 과정을 통해 모델이 초기 입력 문맥으로부터 순차적으로 텍스트를 생성하여 일관성 있는 구문과 문장을 만듭니다.

실제로는 그림 4-16에서 보았듯이 사용자가 지정한 토큰 생성 횟수에 도달할 때까지 이런 과정을 여러 번 반복합니다. 토큰 생성 과정은 다음 코드와 같이 구현할 수 있습니다.

코드 4-8 GPT 모델로 텍스트를 생성하는 함수

```
def generate_text_simple(model, idx,
                         max_new_tokens, context_size):
    for _ in range(max_new_tokens):
        idx_cond = idx[:, -context_size:]
        with torch.no_grad():
            logits = model(idx_cond)

        logits = logits[:, -1, :]
        probas = torch.softmax(logits, dim=-1)
        idx_next = torch.argmax(probas, dim=-1, keepdim=True)
        idx = torch.cat((idx, idx_next), dim=1)

    return idx
```

- idx는 현재 문맥이 담긴 (batch, num_tokens) 크기의 인덱스 배열입니다.
- 현재 문맥이 모델이 지원하는 문맥 크기를 초과하면 잘라냅니다. 예를 들어, LLM이 5개 토큰만 지원하고 문맥 크기가 10이라면, 마지막 5개 토큰만 문맥으로 사용합니다.
- 마지막 타임 스텝만 사용하므로 (batch, num_tokens, vocab_size)가 (batch, vocab_size)가 됩니다.
- probas의 크기는 (batch, vocab_size)입니다.
- idx_next의 크기는 (batch, 1)입니다.
- 선택한 인덱스를 현재 시퀀스에 추가하므로 idx의 크기는 (batch, num_tokens+1)가 됩니다.

이 코드는 파이토치를 사용해 언어 모델의 생성 루프를 간단히 구현한 것입니다. 지정한 토큰 생성 횟수를 반복하고, 모델의 최대 문맥 크기에 맞게 현재 문맥을 잘라내고, 예측을 계산하고, 가장 높은 확률 값을 기반으로 다음 토큰을 선택합니다.

`generate_text_simple` 함수에서 `softmax` 함수를 사용해 로짓을 확률 분포로 바꾼 다음, `torch.argmax`로 가장 높은 값을 가진 위치를 찾습니다. `softmax` 함수는 단조 함수입니다. 즉, 입력의 크기 순서가 출력에 그대로 보존됩니다. 즉, 소프트맥스 함수의 출력 텐서에서 가장 큰 값의 위치가 로짓 텐서에서 가장 큰 값의 위치와 동일합니다. 따라서 소프트맥스 함수를 적용하는 단계를 건너뛸 수 있습니다. 다른 말로 하면 로짓 텐서에 `torch.argmax` 함수를 바로 적용하여 동일한 결과를 얻을 수 있습니다. 하지만 로짓을 확률로 변환하는 전체 과정을 설명하기 위해 이 변환 코드를 추가했습니다. 이를 통해 모델이 가장 가능성 있는 토큰을 샘플링하는 그리디 디코딩(greedy decoding)에 대해 설명할 수 있습니다.

다음 장에서 GPT 훈련 코드를 구현할 때는 모델이 항상 가장 가능성이 높은 토큰을 선택하지 않도록 소프트맥스 출력을 조정하는 다른 샘플링 기법을 사용하겠습니다. 이를 통해 생성된 텍스트에 다양성과 창의성을 부여할 수 있습니다.

generate_text_simple 함수를 사용해 한 번에 하나의 토큰 ID를 생성하고 문맥에 추가하는 과정이 그림 4-18에 자세히 나타나 있습니다(각 반복마다 토큰 ID를 생성하는 과정은 그림 4-17에 나타나 있습니다). 토큰 ID는 반복적으로 생성됩니다. 예를 들어, 반복 1에서 모델은 "Hello, I am"에 해당하는 토큰을 입력 받아 다음 토큰("a"에 해당하는 토큰 ID 257)을 예측하고 이를 입력에 추가합니다. 이 과정이 여섯 번째 반복 후에 모델이 완성된 문장 "Hello, I am a model ready to help."를 생성할 때까지 계속됩니다.

▼ **그림 4-18** 토큰 예측 사이클의 여섯 번 반복. 모델은 초기 토큰 ID의 시퀀스를 입력으로 받고, 다음 토큰을 예측하고, 다음 반복을 위해 이 토큰을 입력 시퀀스에 추가합니다(이해를 돕기 위해 토큰 ID 밑에 이에 해당하는 텍스트를 표시했습니다).

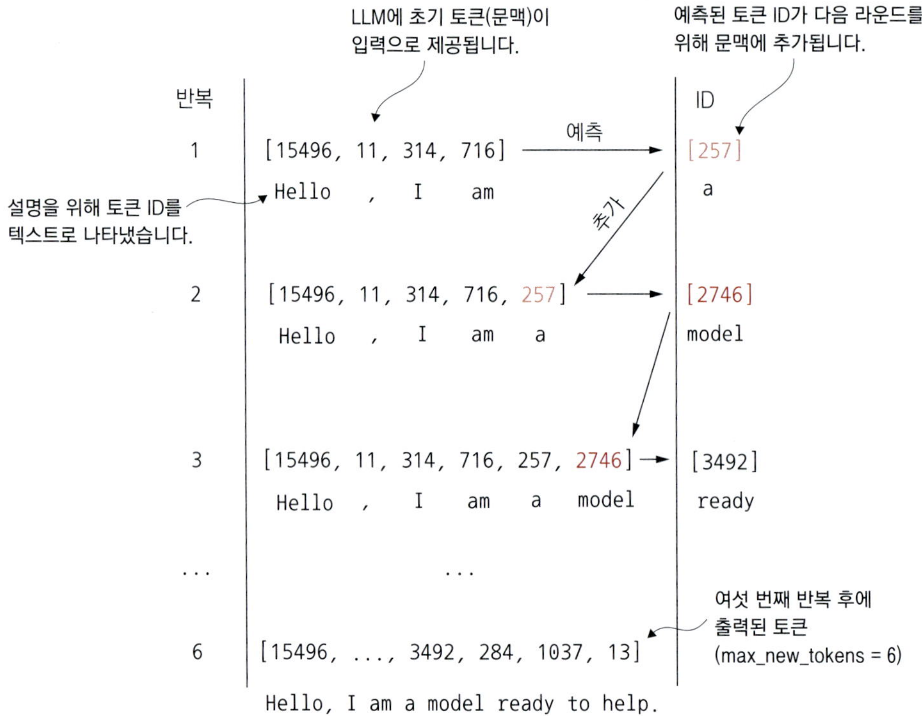

이제 "Hello, I am" 문맥을 모델의 입력으로 사용해 generate_text_simple 함수를 테스트해 보죠. 먼저 입력 문맥을 토큰 ID로 인코딩합니다.

```
start_context = "Hello, I am"
encoded = tokenizer.encode(start_context)
print("인코딩된 ID:", encoded)
encoded_tensor = torch.tensor(encoded).unsqueeze(0) -------- 배치 차원을 추가합니다
print("encoded_tensor.shape:", encoded_tensor.shape)
```

인코딩된 ID는 다음과 같습니다.

```
인코딩된 ID: [15496, 11, 314, 716]
encoded_tensor.shape: torch.Size([1, 4])
```

다음으로 모델을 .eval() 모드로 바꿉니다. 이는 훈련 과정에서만 사용되는 드롭아웃 같은 확률적인 구성 요소를 끕니다. 인코딩된 입력 텐서로 generate_text_simple 함수를 호출합니다.

```
model.eval() -------- 모델 훈련이 아니므로 드롭아웃을 끕니다.
out = generate_text_simple(
    model=model,
    idx=encoded_tensor,
    max_new_tokens=6,
    context_size=GPT_CONFIG_124M["context_length"]
)
print("출력:", out)
print("출력 길이:", len(out[0]))
```

출력된 토큰 ID는 다음과 같습니다.

```
출력: tensor([[15496,    11,   314,   716, 27018, 24086, 47843, 30961, 42348,  7267]])
출력 길이: 10
```

토크나이저의 .decode 메서드를 사용해 ID를 텍스트로 변환할 수 있습니다.

```
decoded_text = tokenizer.decode(out.squeeze(0).tolist())
print(decoded_text)
```

텍스트로 바꾼 모델의 출력은 다음과 같습니다.

```
Hello, I am Featureiman Byeswickattribute argue
```

여기서 볼 수 있듯이 모델은 "Hello, I am a model ready to help."와 같은 일관성 있는 텍스트를 생성하지 못하고 횡설수설합니다. 어찌된 일일까요? 모델이 일관성 있는 텍스트를 생성하지 못하는 이유는 아직 훈련되지 않았기 때문입니다. 지금까지 GPT 구조를 구현하고 랜덤한 초기 가중치로 GPT 모델 객체만 만들었습니다. 모델 훈련은 큰 주제이므로 다음 장에서 다루겠습니다.

연습문제 4.3

별도의 드롭아웃 비율 사용하기

이 장의 서두에서 GPT_CONFIG_124M 딕셔너리의 drop_rate 키에 드롭아웃 비율을 지정하여 GPTModel 클래스 안의 여러 곳에서 사용했습니다. 코드를 수정해 모델 구조에 있는 여러 드롭아웃 층에서 별도의 드롭아웃 비율을 사용해 보세요(힌트: 드롭아웃 층을 사용하는 곳은 임베딩 층, 숏컷 연결, 멀티 헤드 어텐션 모듈 세 군데입니다).

4.8 SECTION 요약

- 층 정규화는 층의 출력이 일정한 평균과 분산을 갖도록 하여 훈련을 안정화합니다.
- 숏컷 연결은 층의 출력을 1개 이상의 층을 건너뛰어 연결하는 기법입니다. LLM과 같이 심층 신경망을 훈련할 때 그레이디언트 소실 문제를 완화하는 데 도움이 됩니다.
- 트랜스포머 블록은 GPT 모델의 핵심 구성 요소로, 마스크드 멀티 헤드 어텐션 모듈과 GELU 활성화 함수를 사용하는 완전 연결 피드 포워드 신경망으로 구성됩니다.
- GPT 모델은 트랜스포머 블록을 반복하여 만든 LLM이며 수백만 개에서 수십억 개의 파라미터를 가집니다.
- GPT 모델의 크기는 다양합니다. 예를 들어 1억 2,400만 개와 15억 4,200만 개의 파라미터를 가진 버전이 있습니다. 두 버전 모두 GPTModel 파이썬 클래스로 구현할 수 있습니다.
- GPT와 같은 LLM이 텍스트를 생성하는 방법은 출력 텐서를 사람이 읽을 수 있는 텍스트로 디코딩하는 것입니다. 주어진 입력 문맥을 기반으로 한 번에 하나의 토큰씩 순차적으로 예측합니다.
- 훈련하지 않으면 GPT 모델은 일관성이 없는 텍스트를 생성합니다. 일관된 텍스트를 생성하려면 모델 훈련이 중요하다는 것을 잘 보여 줍니다.

CHAPTER

5

레이블이 없는 데이터를 활용한 사전 훈련

이 장에서 다룰 내용

- 훈련 과정에서 훈련 세트 손실과 검증 세트 손실을 계산하여 LLM이 생성한 텍스트의 품질을 평가하기
- 훈련 함수 구현 및 LLM 사전 훈련하기
- 사전 훈련된 LLM을 나중에 이어서 훈련할 수 있도록 모델 가중치를 저장하고 로드하기
- 오픈AI에서 사전 훈련된 가중치 로드하기

지금까지 데이터 샘플링과 어텐션 메커니즘을 구현하고, LLM 구조를 만들었습니다. 이제 훈련 함수를 만들고 LLM을 사전 훈련할 차례입니다. 생성된 텍스트의 품질을 평가하기 위해 기본적인 모델 평가 기법을 알아보겠습니다. 이는 훈련 과정에서 LLM을 최적화하기 위해 필요합니다. 또한 사전 훈련된 가중치를 로드하는 방법을 배웁니다. 이 가중치가 LLM을 미세 튜닝하기 위한 출발점이 됩니다. 그림 5-1은 전체 과정으로 이 장에서 다룰 내용을 강조하여 나타냈습니다.

▼ **그림 5-1** LLM 구현을 위한 세 가지 주요 단계. 이 장에서는 2단계에 초점을 맞춥니다. 여기에는 LLM 사전 훈련(스텝 4), 훈련 루프 구현(스텝 5), 성능 평가(스텝 6), 모델 가중치 저장과 로드(스텝 7)이 포함됩니다.

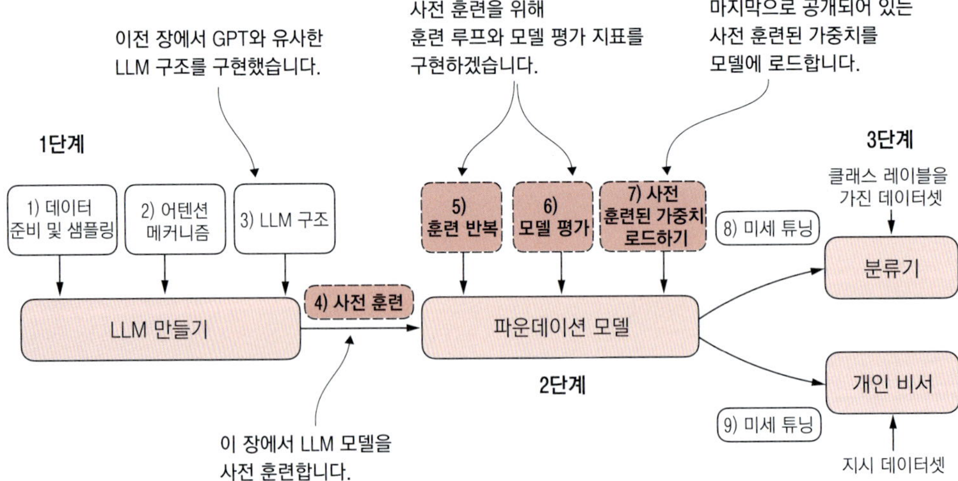

참고

가중치 파라미터

LLM과 다른 딥러닝 모델에서 **가중치**(weight)는 학습 과정에서 조정되는 훈련 가능한 파라미터를 의미합니다. 이를 **가중치 파라미터**(weight parameter) 또는 간단히 **파라미터**(parameter)라고도 부릅니다. 파이토치 같은 프레임워크에서는 이런 가중치가 선형 층에 저장되어 있습니다. 이를 사용해 3장에서 멀티 헤드 어텐션 모듈과 4장에서 `GPTModel`을 구현했습니다. 층을 초기화(`new_layer = torch.nn.Linear(...)`)한 후에 `new_layer.weight`처럼 `.weight` 속성으로 가중치에 접근할 수 있습니다. 또한 편의를 위해 파이토치에서는 `model.parameters()`로 가중치와 편향을 포함해 모델의 모든 훈련 가능한 파라미터를 참조할 수 있습니다. 나중에 이를 사용해 모델 훈련 코드를 구현하겠습니다.

5.1 SECTION 텍스트 생성 모델 평가하기

4장에서 배운 텍스트 생성 과정을 간략히 정리한 후 텍스트 생성을 위해 LLM을 준비하겠습니다. 이어서 생성된 텍스트의 품질을 평가하는 기본적인 방법을 소개합니다. 그런 다음 훈련 손실과 검증 손실을 계산하겠습니다. 그림 5-2는 이 절에서 다룰 주제이며, 그중에 처음 세 스텝을 강조 표시했습니다.

▼ **그림 5-2** 이 장에서 다룰 주제. 먼저 텍스트 생성 과정에 대해 요약하고(스텝 1), 기본적인 모델 평가 기법을 소개하고(스텝 2), 훈련 손실과 검증 손실을 계산합니다(스텝 3).

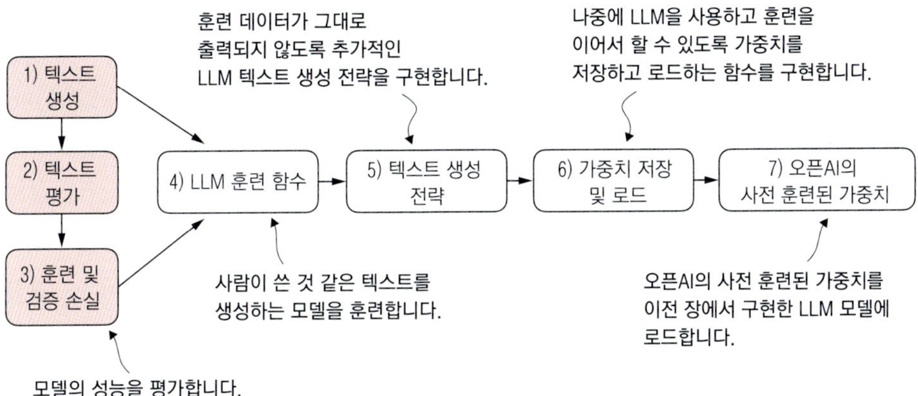

5.1.1 GPT를 사용해 텍스트 생성하기

LLM을 준비하고 4장에서 구현한 텍스트 생성 과정을 간단히 복습해 보죠. GPTModel 클래스와 GPT_CONFIG_124M 딕셔너리를 사용해 GPT 모델을 초기화합니다(4장 참조). 나중에 이 모델을 평가하고 훈련해 보겠습니다.[1]

```
import torch
from previous_chapter import GPTModel

GPT_CONFIG_124M = {
```

1 역주 이 장에서 사용하는 previous_chapter.py 파일은 깃허브 저장소의 ch05/01_main-chapter-code 폴더 안에 있습니다.

```
    "vocab_size": 50257,
    "context_length": 256, -------- 문맥 길이를 1,024에서 256으로 줄입니다.
    "emb_dim": 768,
    "n_heads": 12,
    "n_layers": 12,
    "drop_rate": 0.1, -------- 드롭아웃을 0으로 지정할 수 있으며 많이 사용됩니다.
    "qkv_bias": False
}
torch.manual_seed(123)
model = GPTModel(GPT_CONFIG_124M)
model.eval()
```

GPT_CONFIG_124M 딕셔너리에서 이전 장과 달라진 것은 문맥 길이(context_length)를 256 토큰으로 줄인 것뿐입니다. 이렇게 하면 모델 훈련에 필요한 계산 자원이 줄어들어 표준적인 랩톱 컴퓨터에서 훈련을 수행할 수 있습니다.

원래 1억 2,400만개 파라미터를 가진 GPT-2 모델은 최대 1,024개 토큰을 처리할 수 있습니다. 훈련 과정이 끝난 후 1,024개 토큰의 문맥 길이를 지원하는 모델을 다룰 수 있도록 문맥 크기를 수정하고 사전 훈련된 가중치를 로드하겠습니다.

GPTModel의 인스턴스 객체를 4장의 generate_text_simple 함수에 적용하고 2개의 유틸리티 함수 text_to_token_ids와 token_ids_to_text를 만들겠습니다. 이 함수들은 이 장에서 활용할 텍스트와 토큰 표현 사이의 변환을 수행합니다.

▼ **그림 5-3** 텍스트를 생성하려면 먼저 텍스트를 토큰 ID로 인코딩하고, LLM이 이를 로짓 벡터로 바꿉니다. 그런 다음 로짓 벡터를 토큰 ID로 다시 변환하고, 이를 텍스트 표현으로 디코딩합니다.

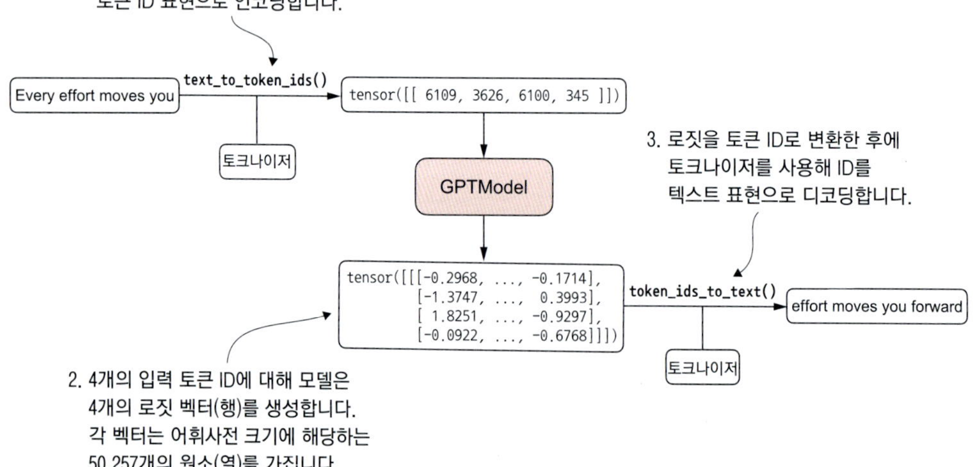

그림 5-3은 GPT 모델을 사용한 세 단계 텍스트 생성 과정을 보여 줍니다. 첫째, 토크나이저가 입력 텍스트를 일련의 토큰 ID로 변환합니다(2장 참조). 둘째, 모델이 토큰 ID를 받아 로짓을 생성합니다. 로짓은 어휘사전에 있는 각 토큰에 대한 확률 분포를 나타내는 벡터입니다(4장 참조). 셋째, 이 로짓을 다시 토큰 ID로 바꿉니다. 토크나이저가 토큰 ID를 사람이 읽을 수 있는 텍스트로 디코딩하여 텍스트 입력에서부터 텍스트 출력까지 사이클을 완료합니다.

이 텍스트 생성 과정을 다음과 같은 코드로 구현할 수 있습니다.

코드 5-1 텍스트를 토큰 ID로 변환하기 위한 유틸리티 함수

```
import tiktoken
from previous_chapter import generate_text_simple

def text_to_token_ids(text, tokenizer):
    encoded = tokenizer.encode(text, allowed_special={'<|endoftext|>'})
    encoded_tensor = torch.tensor(encoded).unsqueeze(0) -------- .unsqueeze(0)는 배치 차원을 추가합니다.
    return encoded_tensor

def token_ids_to_text(token_ids, tokenizer):
    flat = token_ids.squeeze(0) -------- 배치 차원을 제거합니다.
    return tokenizer.decode(flat.tolist())

start_context = "Every effort moves you"
tokenizer = tiktoken.get_encoding("gpt2")

token_ids = generate_text_simple(
    model=model,
    idx=text_to_token_ids(start_context, tokenizer),
    max_new_tokens=10,
    context_size=GPT_CONFIG_124M["context_length"]
)
print("출력 텍스트:\n", token_ids_to_text(token_ids, tokenizer))
```

이 코드를 실행하면 모델이 다음과 같은 텍스트를 생성합니다.

```
출력 텍스트:
 Every effort moves you rentingetic wasn? refres RexMeCHicular stren
```

이 모델은 훈련되지 않았기 때문에 딱 봐도 일관성 있는 텍스트를 아직 만들지 못합니다. '일관성이 있는' 텍스트나 '높은 품질의' 텍스트를 정의하려면 생성된 콘텐츠를 평가하기 위한 정량적인 방법이 있어야 합니다. 이를 통해 훈련 과정에서 모델의 성능을 모니터링하고 향상시킬 수 있습니다.

다음 절에서 생성된 출력에 대한 손실을 계산하겠습니다. 이 손실은 훈련이 잘 진행되고 있는지 판단하는 성공 지표로 사용됩니다. 이후 장에서는 LLM을 미세 튜닝할 때 모델 품질을 평가하는 다른 방법을 알아보겠습니다.

5.1.2 텍스트 생성 손실 계산하기

텍스트 생성 손실(text generation loss)을 계산하여 훈련 과정에서 생성된 텍스트 품질을 정량적으로 평가하는 기법을 알아보죠. 이 개념을 명확하게 이해하고 적용할 수 있도록 예제와 함께 단계별로 살펴보겠습니다. 먼저 데이터를 로드하는 방법과 generate_text_simple 함수로 텍스트를 생성하는 방법을 간략히 정리해 보죠.

그림 5-4는 LLM이 입력 텍스트를 받아 텍스트를 생성하는 전반적인 흐름을 다섯 단계로 보여줍니다. 이 텍스트 생성 과정은 generate_text_simple 함수가 내부적으로 수행하는 작업입니다. 이 절의 후반에서, 생성된 텍스트의 품질을 측정하는 손실을 계산하기 전에 여기에서 있는 초반 단계를 동일하게 수행해야 합니다.

▼ 그림 5-4 왼쪽에 있는 3개의 입력 토큰에 대해 모델은 어휘사전의 각 토큰에 대응되는 확률 점수가 담긴 벡터를 계산합니다. 각 벡터에서 가장 높은 확률 점수를 가진 인덱스가 가장 가능성 있는 다음 토큰 ID가 됩니다. 가장 높은 확률 점수를 가진 토큰 ID를 선택하여 텍스트로 다시 매핑합니다. 이것이 모델이 생성한 텍스트가 됩니다.

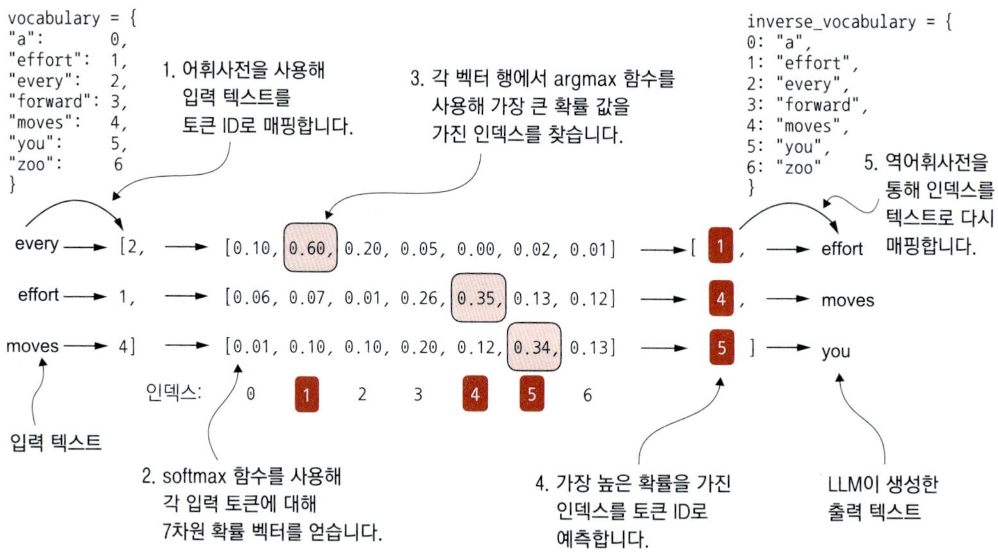

그림 5-4는 텍스트 생성 과정을 보여 줍니다. 한 페이지에 나타내기 위해 7개의 토큰으로 구성된 작은 어휘사전을 사용했습니다. 하지만 GPTModel은 50,257개의 단어로 구성된 훨씬 큰 어휘사전을 사용합니다. 따라서 다음 코드에 나오는 토큰 ID는 0~6이 아니라 0~50,256 사이의 범위를 가집니다.

또한 그림 5-4는 단순하게 나타내기 위해 하나의 텍스트 샘플("every effort moves")만 보여 줍니다. 이 그림에 나타난 단계를 GPT 모델을 사용해 구현한 다음 예제에서는 2개의 입력 샘플("every effort moves"와 "I really like")을 사용하겠습니다.

이 2개의 입력 샘플을 미리 토큰 ID로 매핑해 놓았습니다(그림 5-4의 1단계).

```
inputs = torch.tensor([[16833, 3626, 6100],  # ["every effort moves",
                       [40,    1107, 588]])  # "I really like"]
```

입력에 대응하는 targets는 모델이 생성할 토큰 ID를 담고 있습니다.

```
targets = torch.tensor([[3626, 6100, 345  ],  # [" effort moves you",
                        [1107, 588, 11311]])  #  " really like chocolate"]
```

targets는 한 위치 앞으로 이동한 입력입니다. 이 개념은 2장에서 데이터 로더를 구현할 때 다루었습니다. 이런 이동 전략이 시퀀스의 다음 토큰을 예측하도록 모델을 가르치는 데 중요합니다.

입력을 모델에 주입하고 각각 3개의 토큰으로 구성된 입력 샘플 2개에 대한 로짓 벡터를 계산해 보죠. 그런 다음 softmax 함수를 적용해 로짓을 확률 점수(probas)로 변환합니다(그림 5-4의 2단계).

```
with torch.no_grad(): -------- 아직 훈련하지 않기 때문에 그레이디언트 추적을 끕니다.
    logits = model(inputs)
probas = torch.softmax(logits, dim=-1) -------- 어휘사전의 각 토큰에 대한 확률
print(probas.shape)
```

확률 점수 텐서(probas)의 차원은 다음과 같습니다.

```
torch.Size([2, 3, 50257])
```

첫 번째 숫자 2는 입력에 있는 2개의 샘플(행), 즉 배치 크기에 해당합니다. 두 번째 숫자 3은 각 입력(행)에 있는 토큰 개수에 해당합니다. 마지막 숫자는 임베딩 차원을 나타내며 어휘사전 크기에 의해 결정됩니다. softmax 함수로 로짓을 확률로 변환한 후에 generate_text_simple 함수는 이 확률 점수를 텍스트로 다시 변환합니다(그림 5-4의 3~5단계).

확률 점수에 argmax 함수를 적용해 토큰 ID를 추출하는 식으로 3, 4단계를 완료할 수 있습니다.

```
token_ids = torch.argmax(probas, dim=-1, keepdim=True)
print("토큰 ID:\n", token_ids)
```

배치에 샘플이 2개이고, 각각 3개의 토큰이 있으므로 argmax 함수를 확률 점수에 적용하면(그림 5-4의 3단계) 두 벌의 출력이 나옵니다. 각 출력은 예측한 3개의 토큰 ID를 담고 있습니다.

```
토큰 ID:
 tensor([[[16657],    -------- 첫 번째 샘플
         [  339],
         [42826]],
        [[49906],    -------- 두 번째 샘플
         [29669],
         [41751]]])
```

마지막으로 5단계에서 토큰 ID를 텍스트로 변환합니다.

```
print(f"첫 번째 샘플의 타깃: {token_ids_to_text(targets[0], tokenizer)}")
print(f"첫 번째 샘플의 출력:"
      f" {token_ids_to_text(token_ids[0].flatten(), tokenizer)}")
```

이 토큰을 디코딩하여 얻은 텍스트는 모델에서 생성되길 기대했던 타깃과는 상당히 다릅니다.

```
첫 번째 샘플의 타깃:  effort moves you
첫 번째 샘플의 출력:  Armed heNetflix
```

이 모델은 아직 훈련하지 않았기 때문에 타깃 텍스트와 다른 랜덤한 텍스트를 생성합니다. 이제 손실을 사용해 모델이 생성한 텍스트의 성능을 정량적으로 평가하겠습니다(그림 5-5). 이는 생성 텍스트의 품질을 측정하는 데 유용할 뿐만 아니라 훈련 함수를 구현하기 위한 구성 요소이기도 합니다. 이 함수를 사용해 생성 텍스트의 품질을 높이도록 모델 가중치를 업데이트하겠습니다.

그림 5-5에 나타난 텍스트 평가 과정의 일부분은 생성 토큰이 정답 예측(타깃)과 얼마나 멀리 떨어져 있는지 측정하는 것입니다. 나중에 구현할 훈련 함수가 이 정보를 사용해 생성 텍스트가 타깃 텍스트와 조금 더 비슷해지도록 (이상적으로는 같아지도록) 모델의 가중치를 업데이트합니다.

▼ **그림 5-5** 이 장에서 다룰 주제. 스텝 1을 완료했으므로 이제 텍스트 평가 함수(스텝 2)를 구현할 준비가 되었습니다.

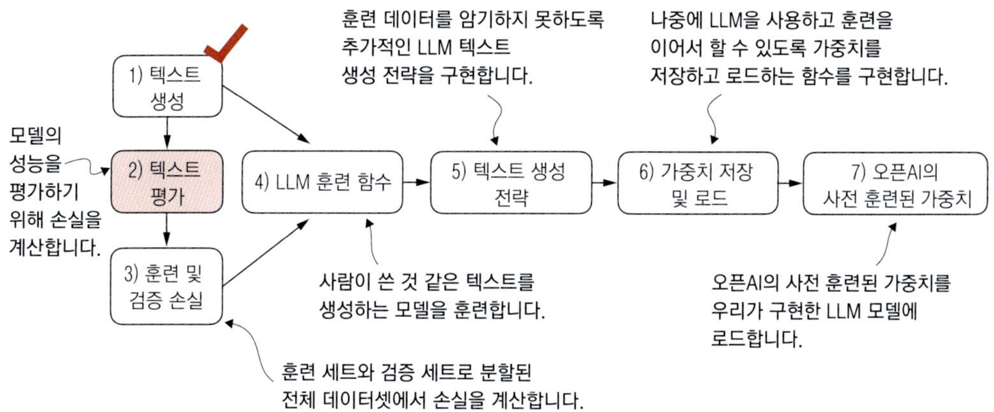

모델 훈련의 목적은 그림 5-6에서 보듯이 정답 타깃 토큰 ID에 해당하는 인덱스의 소프트맥스 확률을 증가시키는 것입니다. 소프트맥스 확률은 모델의 출력을 측정하기 위해 다음에 구현할 평가 지표에도 사용됩니다. 정답 인덱스 위치의 확률이 높을수록 더 좋은 것입니다.

▼ **그림 5-6** 훈련 전에는 모델이 랜덤하게 다음 토큰 확률 벡터를 만듭니다. 모델 훈련의 목적은 타깃 토큰 ID에 해당하는 확률 값을 최대화하는 것입니다.

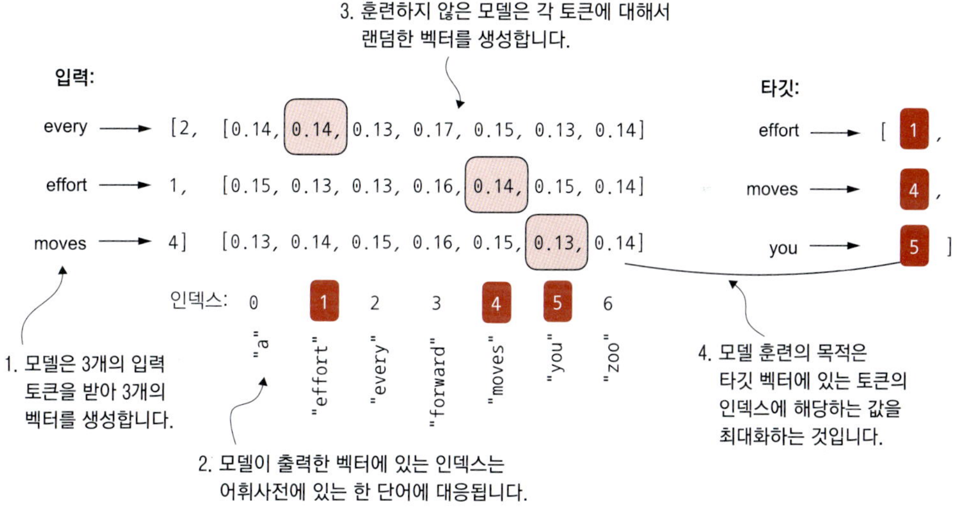

그림 5-6은 한 그림에 모두 나타내기 위해 7개의 토큰을 가진 어휘사전에 대한 소프트맥스 확률을 표시한 것입니다. 이는 초기 랜덤한 값이 1/7, 즉 약 0.14 정도임을 의미합니다. 하지만 GPT-2의 경우 어휘사전에 50,257개의 토큰이 있으므로 초기 확률의 대부분은 0.00002(1/50257)입니다.

다음 코드로 2개의 입력 텍스트에 대해 타깃 토큰에 해당하는 초기 소프트맥스 확률 점수를 출력할 수 있습니다.

```
text_idx = 0
target_probas_1 = probas[text_idx, [0, 1, 2], targets[text_idx]]
print("텍스트 1:", target_probas_1)

text_idx = 1
target_probas_2 = probas[text_idx, [0, 1, 2], targets[text_idx]]
print("텍스트 2:", target_probas_2)
```

두 샘플에 대한 3개의 타깃 토큰의 확률은 다음과 같습니다.

```
텍스트 1: tensor([7.4541e-05, 3.1061e-05, 1.1563e-05])
텍스트 2: tensor([1.0337e-05, 5.6776e-05, 4.7559e-06])
```

LLM 훈련의 목표는 정답 토큰의 가능성을 최대화하는 것입니다. 따라서 다른 토큰에 비해 정답 토큰의 확률을 높여야 합니다. 이런 식으로 LLM이 다음에 생성할 토큰으로 타깃 토큰(문장에서 다음에 등장하는 단어)을 선택하게 됩니다.

참고

역전파

타깃 토큰에 해당하는 소프트맥스 확률 값을 어떻게 최대화할까요? 크게 보면 생성하고자 하는 토큰 ID에 대해 모델이 높은 값을 출력하도록 가중치를 업데이트합니다. 이 가중치 업데이트는 심층 신경망을 훈련하는 표준 기법인 **역전파**(backpropagation)라는 과정을 통해 수행됩니다(역전파와 모델 훈련에 관한 자세한 설명은 부록 A의 A.7절을 참고하세요).

역전파에는 모델의 예측(여기서는 타깃 토큰 ID에 해당하는 확률)과 실제 출력 사이의 차이를 계산하는 손실 함수가 필요합니다. 이 손실 함수는 모델의 예측이 타깃 값과 얼마나 멀리 떨어져 있는지를 측정합니다.

다음으로 두 샘플의 확률 점수 target_probas_1과 target_probas_2에 대한 손실을 계산하겠습니다. 그림 5-7에 주요 단계가 나타나 있습니다.

▼ **그림 5-7** 손실을 계산하기 위한 단계. 앞서 수행한 1~3 단계에서 타깃 토큰에 해당하는 확률을 계산합니다. 4~6단계에서 이 확률에 로그를 적용하고 평균을 계산합니다.

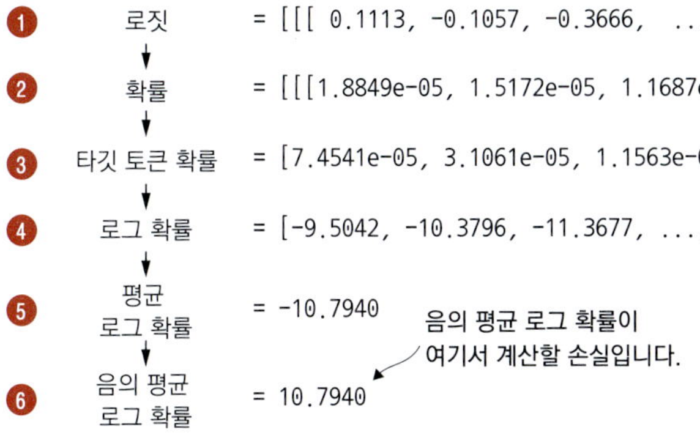

```
1  로짓                     = [[[ 0.1113, -0.1057, -0.3666,  ..., ]]]
2  확률                     = [[[1.8849e-05, 1.5172e-05, 1.1687e-05,  ..., ]]]
3  타깃 토큰 확률           = [7.4541e-05, 3.1061e-05, 1.1563e-05, ..., ]
4  로그 확률                = [-9.5042, -10.3796, -11.3677, ..., ]
5  평균 로그 확률           = -10.7940
6  음의 평균 로그 확률      = 10.7940
```

음의 평균 로그 확률이
여기서 계산할 손실입니다.

target_probas_1과 target_probas_2를 얻기 위해 1~3단계까지 이미 수행했기 때문에 확률 점수에 로그를 적용하는 4단계를 진행합니다.

```
log_probas = torch.log(torch.cat((target_probas_1, target_probas_2)))
print(log_probas)
```

결괏값은 다음과 같습니다.

```
tensor([ -9.5042, -10.3796, -11.3677, -11.4798, -9.7764, -12.2561])
```

확률 점수에 로그를 적용하면 점수를 그대로 사용하는 것보다 수학적 최적화 과정에서 다루기 쉽습니다. 이 내용은 책의 범위가 아니지만 부록 B에서 자세한 내용을 볼 수 있습니다.

이 로그 확률을 평균하여 하나의 점수로 만듭니다(그림 5-7의 5단계).

```
avg_log_probas = torch.mean(log_probas)
print(avg_log_probas)
```

출력된 평균 로그 확률은 다음과 같습니다.

```
tensor(-10.7940)
```

훈련 과정에서 모델의 가중치를 업데이트하여 평균 로그 확률이 가능한 0에 가깝게 만드는 것이 목표입니다. 하지만 딥러닝에서는 일반적으로 평균 로그 확률을 0으로 만드는 것보다 음의 평균 로그 확률을 0으로 만듭니다. 음의 평균 로그 확률은 단순히 평균 로그 확률에 −1을 곱한 값입니다. 이 단계가 그림 5−7의 6단계입니다.

```
neg_avg_log_probas = avg_log_probas * -1
print(neg_avg_log_probas)
```

출력된 결과는 tensor(10.7940)입니다. 딥러닝에서 음수인 −10.7940을 10.7940으로 바꾸는 것을 **크로스 엔트로피**(cross entropy) 손실이라 합니다. 파이토치는 그림 5−7에 있는 여섯 단계를 모두 처리하는 간편한 cross_entropy 함수를 기본으로 제공합니다.[2]

> **참고**
>
> **크로스 엔트로피 손실**
>
> 크로스 엔트로피 손실은 머신러닝과 딥러닝에서 인기 있는 측정 지표로 두 확률 분포 사이의 차이를 계산합니다. 일반적으로 레이블(여기서는 데이터셋에 있는 토큰)의 정답 분포와 모델의 예측 분포(예를 들어, LLM이 생성한 토큰 확률) 사이를 측정합니다.
>
> 머신러닝, 특히 파이토치 같은 프레임워크에서는 cross_entropy 함수가 이산적인 출력에 대해 이 값을 계산합니다. 모델이 생성한 토큰 확률이 주어졌을 때 타깃 토큰에 대한 음의 평균 로그 확률과 비슷합니다. 따라서 '크로스 엔트로피'와 '음의 평균 로그 확률'은 관련이 있으며 종종 같은 의미로 사용됩니다.

cross_entropy 함수를 적용하기 전에 로짓과 타깃 텐서의 크기를 간략히 확인해 보죠.

```
print("로짓 크기:", logits.shape)
print("타깃 크기:", targets.shape)
```

출력 결과는 다음과 같습니다.

```
로짓 크기: torch.Size([2, 3, 50257])
타깃 크기: torch.Size([2, 3])
```

여기서 보듯이 logits 텐서는 3개의 차원을 가집니다. 각각 배치 크기, 토큰 개수, 어휘사전 크기입니다. targets 텐서는 배치 크기와 토큰 개수에 해당하는 2개의 차원을 가집니다.

2 역주 크로스 엔트로피는 예측 확률의 로그에 정답 확률을 곱한 후 음수를 취해서 구합니다. 타깃 토큰에 대한 정답 확률은 항상 1이므로 음의 로그 확률과 같게 됩니다.

파이토치의 cross_entropy 손실 함수를 위해 처음 두 차원을 결합하여 두 텐서를 펼쳐야 합니다.

```
logits_flat = logits.flatten(0, 1)
targets_flat = targets.flatten()
print("펼친 로짓:", logits_flat.shape)
print("펼친 타깃:", targets_flat.shape)
```

이제 텐서의 차원은 다음과 같습니다.

```
펼친 로짓: torch.Size([6, 50257])
펼친 타깃: torch.Size([6])
```

targets는 모델이 생성하길 기대하는 토큰 ID입니다. logits는 확률 점수를 얻기 위해 softmax 함수로 들어가기 전의 정규화되지 않은 모델 출력을 담고 있습니다.

이전에는 softmax 함수를 적용하고, 타깃 ID에 해당하는 확률 점수를 선택하여 음의 평균 로그 확률을 계산했습니다. 파이토치의 cross_entropy 함수는 이런 단계를 모두 자동으로 수행합니다.

```
loss = torch.nn.functional.cross_entropy(logits_flat, targets_flat)
print(loss)
```

출력된 손실 값은 그림 5-7의 단계를 따라 수동으로 구한 것과 동일합니다.

```
tensor(10.7940)
```

참고

혼잡도

혼잡도(perplexity)는 크로스 엔트로피 손실과 함께 언어 모델링 같은 작업에서 모델의 성능을 평가하기 위해 많이 사용되는 측정 지표입니다. 시퀀스의 다음 토큰을 예측하는 데 모델의 불확실성을 이해할 수 있는 방법입니다.

혼잡도는 모델이 예측한 확률 분포가 데이터셋에 있는 단어의 실제 분포와 얼마나 잘 맞는지를 측정합니다. 손실과 비슷하게 낮은 혼잡도는 모델 예측이 실제 분포에 가깝다는 것을 나타냅니다.

혼잡도는 `perplexity = torch.exp(loss)`와 같이 계산합니다. 앞서 계산된 손실에 적용하면 `tensor(48725.8203)`를 얻습니다.

혼잡도는 모델이 각 단계에서 불확실한 실제 어휘사전 크기를 나타내기 때문에 원시 손실 값보다 이해하기 더 쉽습니다. 이 예에서는 다음 토큰을 생성하는 데 어휘사전에 있는 48,725개 토큰 중에서 어떤 것을 선택할지 불확실하다는 의미입니다.

설명을 위해 2개의 텍스트 입력에 대한 손실을 계산했습니다. 이제 전체 훈련 세트와 검증 세트에 이 손실 계산을 적용해 보겠습니다.

5.1.3 훈련 세트와 검증 세트의 손실 계산하기

먼저 LLM을 훈련하는 데 사용할 훈련 데이터셋과 검증 데이터셋을 준비해야 합니다. 그런 다음 그림 5-8에 강조되어 있듯이 훈련 세트와 검증 세트의 크로스 엔트로피를 계산하겠습니다. 이 부분이 모델 훈련 과정에서 중요한 요소입니다.

▼ **그림 5-8** 크로스 엔트로피 손실을 계산하는 1~2단계를 완료했으므로 이 손실 계산을 모델 훈련에 사용할 전체 텍스트 데이터셋에 적용할 수 있습니다.

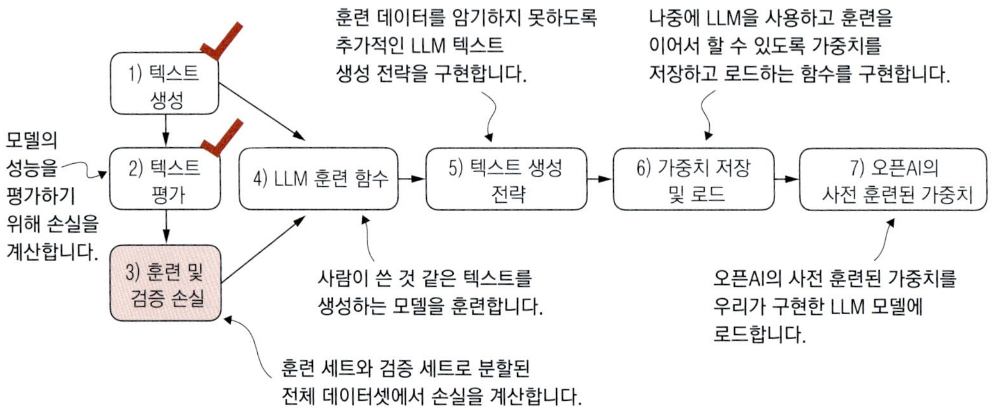

훈련 세트와 검증 세트의 손실을 계산하기 위해 2장에서 보았던 작은 텍스트 데이터셋으로 이디스 워튼의 단편 소설 『The Verdict』를 사용하겠습니다. 퍼블릭 도메인으로 공개된 텍스트를 선택하면 사용 권한에 관련된 문제를 피할 수 있습니다. 또한 작은 데이터셋을 사용하면 고사양 GPU가 없어도 일반적인 랩톱 컴퓨터에서 몇 분 안에 예제 코드를 실행할 수 있어 교육 목적으로 특히 유용합니다.

NOTE

관심 있는 독자는 이 책의 부록에 있는 코드를 사용해 구텐베르크 프로젝트에서 퍼블릭 도메인으로 공개된 책 60,000권 이상으로 구성된 대규모 데이터셋으로 LLM을 훈련할 수 있습니다(자세한 내용은 부록 D를 참고하세요).

참고

LLM 사전 훈련 비용

프로젝트 규모를 가늠하기 위해 인기 있는 오픈 소스 LLM이자, 70억 개의 파라미터를 가진 Llama 2 모델의 훈련을 생각해 보죠. 이 모델은 2조 개의 토큰을 처리하는 데 고가의 A100 GPU에서 184,320 GPU 시간이 필요합니다. 이 글을 쓰는 시점에 AWS에서 8 × A100 클라우드 서버를 실행하는 데는 시간당 약 $30이 듭니다. 대략적으로 계산해 보면 이런 LLM을 훈련하는 총 비용은 약 $690,000입니다(184,320을 8로 나누고 $30을 곱합니다).

다음과 같이 『The Verdict』 소설을 로드합니다.

```
file_path = "the-verdict.txt"
with open(file_path, "r", encoding="utf-8") as file:
    text_data = file.read()
```

데이터셋을 로드한 후 이 데이터셋에 있는 문자와 토큰 수를 확인해 보죠.

```
total_characters = len(text_data)
total_tokens = len(tokenizer.encode(text_data))
print("문자 수:", total_characters)
print("토큰 수:", total_tokens)
```

출력은 다음과 같습니다.

```
문자 수: 20479
토큰 수: 5145
```

이 텍스트의 토큰이 5,145개뿐이라 LLM을 훈련하기에 너무 적어 보일 수 있습니다. 하지만 앞서 언급했듯이 이는 교육적인 목적을 위해서입니다. 예제 코드는 몇 주가 아니라 몇 분 안에 실행이 끝나야 하니까요. 나중에 오픈AI의 사전 훈련된 가중치를 GPTModel에 로드하겠습니다.

그런 다음 데이터셋을 훈련 세트와 검증 세트로 나누고, 2장의 데이터 로더를 사용해 LLM 훈련을 위한 배치를 준비합니다. 이 과정이 그림 5-9에 나타나 있습니다. 한 페이지에 싣기 위해서 max_length=6을 사용했습니다. 하지만 실제 데이터 로더에서는 LLM이 훈련 과정에서 더 긴 텍스트를 볼 수 있도록 max_length를 256 토큰으로 지정합니다.

NOTE

여기서는 간단하고 효율적이므로 비슷한 크기의 샘플로 구성된 훈련 데이터로 모델을 훈련합니다. 하지만 실제로는 LLM이 다양한 종류의 입력에 잘 일반화되도록 길이가 다른 입력으로 훈련하는 게 도움이 될 수 있습니다.

데이터 분할과 로딩을 구현하기 위해 train_ratio를 0.9로 지정하여 모델 훈련에 데이터의 90%를 사용하고 남은 10%를 평가를 위한 검증 세트로 사용합니다.

```
train_ratio = 0.90
split_idx = int(train_ratio * len(text_data))
train_data = text_data[:split_idx]
val_data = text_data[split_idx:]
```

▼ **그림 5-9** 데이터 로더를 준비하기 위해 입력 텍스트를 훈련 세트와 검증 세트로 분할합니다. 그런 다음 텍스트를 토큰화하고 (그림에는 훈련 세트에 대해서만 나타냈습니다), 토큰화된 텍스트를 사용자가 지정한 길이(여기서는 6)로 나눕니다. 마지막으로 모델 훈련에 사용할 수 있도록 행을 섞고 텍스트 샘플을 배치로 모읍니다(여기서 배치 크기는 2).

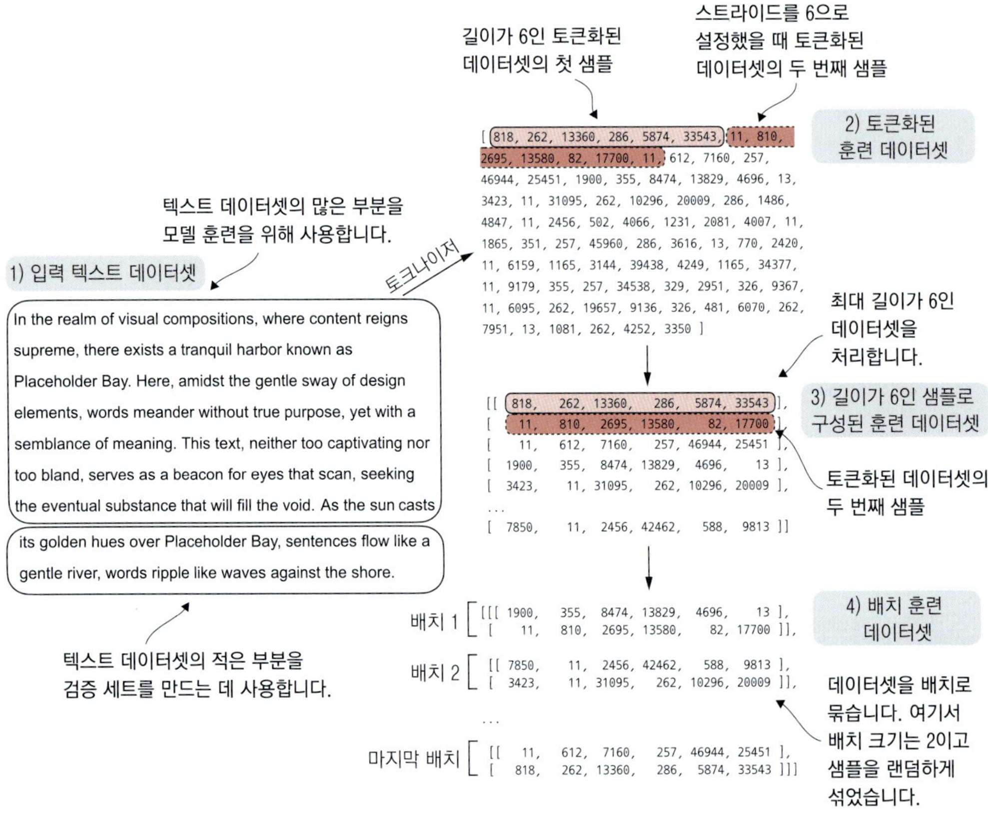

2장에서 만든 create_dataloader_v1을 사용해 train_data와 val_data의 데이터 로더를 만들 수 있습니다.

```
from previous_chapter import create_dataloader_v1
torch.manual_seed(123)

train_loader = create_dataloader_v1(
    train_data,
    batch_size=2,
    max_length=GPT_CONFIG_124M["context_length"],
    stride=GPT_CONFIG_124M["context_length"],
    drop_last=True,
    shuffle=True,
```

```
    num_workers=0
)
val_loader = create_dataloader_v1(
    val_data,
    batch_size=2,
    max_length=GPT_CONFIG_124M["context_length"],
    stride=GPT_CONFIG_124M["context_length"],
    drop_last=False,
    shuffle=False,
    num_workers=0
)
```

사용하는 데이터셋이 작고 계산량을 줄이기 위해 비교적 작은 배치 크기를 사용했습니다. 실전에서는 1,024 이상의 배치 크기로 LLM을 훈련하는 일이 드물지 않습니다.

추가로 데이터 로더를 순회하면서 올바르게 만들어졌는지 확인할 수 있습니다.

```
print("훈련 데이터 로더:")
for x, y in train_loader:
    print(x.shape, y.shape)

print("\n검증 데이터 로더:")
for x, y in val_loader:
    print(x.shape, y.shape)
```

출력은 다음과 같습니다.

```
훈련 데이터 로더:
torch.Size([2, 256]) torch.Size([2, 256])
torch.Size([2, 256]) torch.Size([2, 256])
torch.Size([2, 256]) torch.Size([2, 256])
torch.Size([2, 256]) torch.Size([2, 256])
torch.Size([2, 256]) torch.Size([2, 256])
torch.Size([2, 256]) torch.Size([2, 256])
torch.Size([2, 256]) torch.Size([2, 256])
torch.Size([2, 256]) torch.Size([2, 256])
torch.Size([2, 256]) torch.Size([2, 256])

검증 데이터 로더:
torch.Size([2, 256]) torch.Size([2, 256])
```

앞의 출력을 보면 9개의 훈련 세트 배치가 있습니다. 각 배치에는 2개의 샘플이 있고, 각 샘플은 256개의 토큰으로 구성됩니다. 데이터의 10%만 검증 세트로 할애했기 때문에 검증 세트 배치가 하나뿐이며, 샘플 2개로 구성됩니다. 예상했겠지만 입력 데이터(x)와 타깃 데이터(y)의 크기가 동일합니다(각 배치의 크기 = 샘플 개수(2) × 토큰 개수(256)). 2장에서 설명한 것처럼 타깃은 입력에서 한 위치 이동한 것뿐이기 때문입니다.

그런 다음 훈련 데이터 로더와 검증 데이터 로더가 반환한 배치로 크로스 엔트로피 손실을 계산하는 유틸리티 함수를 구현합니다.

```
def calc_loss_batch(input_batch, target_batch, model, device):
    input_batch = input_batch.to(device)      # 데이터를 지정된 장치(GPU)로 전송합니다.
    target_batch = target_batch.to(device)
    logits = model(input_batch)
    loss = torch.nn.functional.cross_entropy(
        logits.flatten(0, 1), target_batch.flatten()
    )
    return loss
```

하나의 배치에 대한 손실을 계산하는 calc_loss_batch 함수를 사용하여 다음에 등장하는 calc_loss_loader를 구현할 수 있습니다. 이 함수는 데이터 로더가 반환하는 모든 배치에 대한 손실을 계산합니다.

코드 5-2 훈련 손실과 검증 손실을 계산하는 함수

```
def calc_loss_loader(data_loader, model, device, num_batches=None):
    total_loss = 0.
    if len(data_loader) == 0:
        return float("nan")
    elif num_batches is None:
        num_batches = len(data_loader)    # num_batches가 지정되지 않으면 모든 배치를 순회합니다.
    else:    # num_batches가 데이터 로더에 있는 배치 개수보다 크면 배치 횟수를 데이터 로더에 있는 총 배치 개수로 맞춥니다.
        num_batches = min(num_batches, len(data_loader))
    for i, (input_batch, target_batch) in enumerate(data_loader):
        if i < num_batches:
            loss = calc_loss_batch(
                input_batch, target_batch, model, device
            )
            total_loss += loss.item()    # 각 배치의 손실을 더합니다.
        else:
            break
    return total_loss / num_batches    # 모든 배치의 손실을 평균합니다.
```

기본적으로 calc_loss_loader 함수는 주어진 데이터 로더에 있는 모든 배치를 순회하면서 total_loss에 손실을 누적합니다. 그런 다음 총 배치 개수에 대해 손실의 평균을 계산합니다. 아니면 num_batches 매개변수에 적은 배치 횟수를 지정하여 훈련 속도를 높일 수 있습니다.

훈련 데이터 로더와 검증 데이터 로더를 사용해 calc_loss_loader 함수를 직접 실행해 보죠.

```
device = torch.device("cuda" if torch.cuda.is_available() else "cpu")
model.to(device) -------- CUDA 지원 GPU가 있다면 코드를 수정하지 않고 GPU에서 LLM을 훈련할 수 있습니다.
with torch.no_grad(): -------- 훈련하는 것이 아니므로 효율성을 위해 그레이디언트 추적을 끕니다.
    train_loss = calc_loss_loader(train_loader, model, device)
    val_loss = calc_loss_loader(val_loader, model, device)
print("훈련 손실:", train_loss)
print("검증 손실:", val_loss)
```

device 매개변수를 사용해 LLM 모델과 동일한 장치에 데이터를 로드합니다.

계산된 손실은 다음과 같습니다.

```
훈련 손실: 10.98758347829183
검증 손실: 10.98110580444336
```

모델이 아직 훈련되지 않았기 때문에 손실 값이 비교적 높습니다. 모델이 훈련 세트와 검증 세트에서 다음 토큰을 생성하는 방법을 학습하면 손실이 0에 가까워집니다.

생성 텍스트의 품질을 측정하는 방법을 구현했으므로 LLM이 텍스트 생성을 더 잘 할 수 있도록 이 손실을 줄이기 위해 훈련하겠습니다(그림 5-10).

▼ **그림 5-10** 텍스트 생성 과정을 정리하고(1단계), 기본적인 모델 평가 방법을 구현하여(2단계) 훈련 세트 손실과 검증 세트 손실을 계산했습니다(3단계). 다음으로 훈련 함수를 정의하고 LLM을 사전 훈련하겠습니다(4단계).

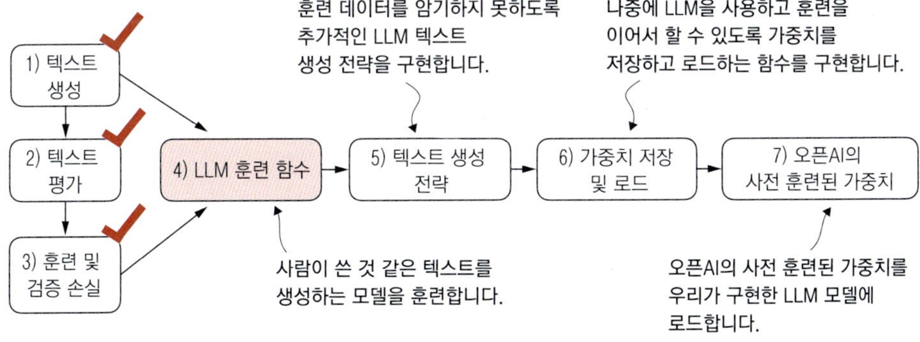

이제 LLM 사전 훈련에 초점을 맞추겠습니다. 모델을 훈련한 다음에 텍스트를 생성하는 다른 전략을 구현하고, 사전 훈련된 모델 가중치를 저장하고 로드하는 방법을 알아보겠습니다.

5.2 LLM 훈련하기

GPTModel LLM을 사전 훈련하기 위한 코드를 작성할 차례입니다. 코드를 간결하고 가독성 있게 유지하기 위해 간단한 훈련 루프를 만들겠습니다.

> **NOTE**
>
> **학습률 웜업**(learning warmup), **코사인 감쇠**(cosine annealing), **그레이디언트 클리핑**(gradient clipping)과 같은 고급 기법에 관심이 있다면 부록 D를 참고하세요.

▼ **그림 5-11** 파이토치에서 심층 신경망을 훈련하는 전형적인 훈련 루프는 여러 단계로 구성되며, 여러 번의 에포크 동안 훈련 세트에 있는 배치를 순회합니다. 각 에포크에서 훈련 세트 배치에 대한 손실을 계산하여 손실 그레이디언트를 결정합니다. 이를 사용하여 모델의 가중치를 업데이트하여 훈련 세트 손실을 최소화합니다.

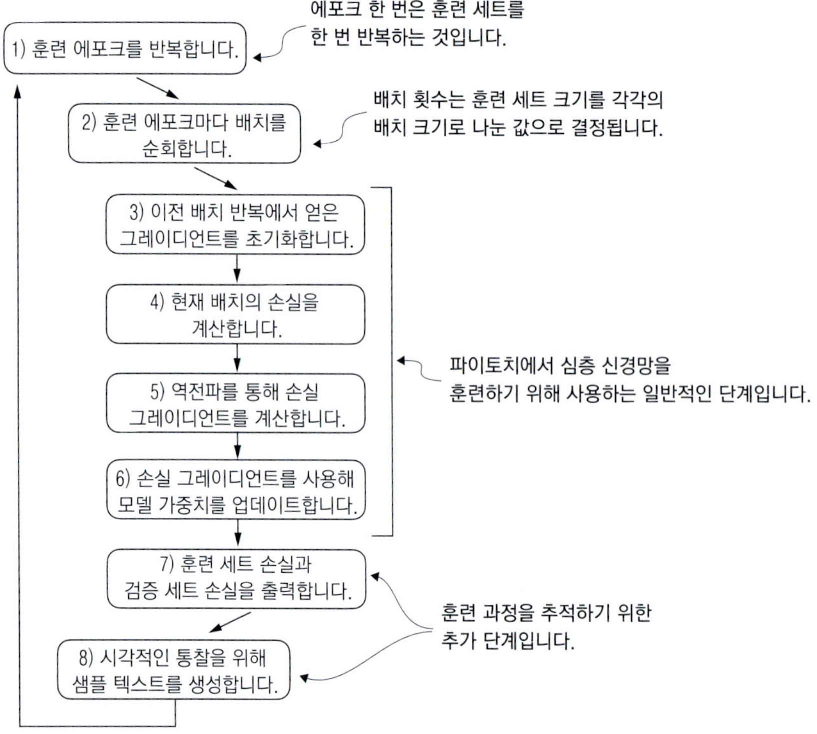

그림 5-11의 플로차트는 전형적인 파이토치 신경망 훈련 워크플로를 보여 줍니다. 이 과정을 따라 LLM을 훈련하겠습니다. 이 워크플로에는 여덟 단계가 있습니다. 각 에포크를 반복하는 것으

로 시작해 배치를 처리하고, 그레이디언트를 초기화하고, 손실과 새로운 그레이디언트를 계산하고, 가중치를 업데이트하고, 손실을 출력하고 샘플 텍스트를 생성하는 것과 같은 모니터링 단계로 끝납니다.

NOTE

파이토치로 심층 신경망을 훈련하는 것이 비교적 초보 수준이고 이 단계 중 익숙하지 않은 것이 있다면 부록 A의 A.5에서 A.8절까지를 참고하세요.

train_model_simple 함수로 이 훈련 단계를 구현하겠습니다.

코드 5-3 LLM 사전 훈련을 위한 함수

```
def train_model_simple(model, train_loader, val_loader,
                       optimizer, device, num_epochs,
                       eval_freq, eval_iter, start_context, tokenizer):
    train_losses, val_losses, track_tokens_seen = [], [], []  -------- 손실과 지금까지 처리한 토큰 수를 추적하기 위해 리스트를 초기화합니다.
    tokens_seen, global_step = 0, -1

    for epoch in range(num_epochs):  -------- 메인 훈련 루프를 시작합니다.
        model.train()
        for input_batch, target_batch in train_loader:
            optimizer.zero_grad()  -------- 이전 배치 반복에서 얻은 손실 그레이디언트를 초기화합니다.
            loss = calc_loss_batch(
                input_batch, target_batch, model, device
            )
            loss.backward()  -------- 손실 그레이디언트를 계산합니다.
            optimizer.step()  -------- 손실 그레이디언트를 사용하여 모델 가중치를 업데이트합니다.
            tokens_seen += input_batch.numel()
            global_step += 1

            if global_step % eval_freq == 0:  -------- 추가적인 평가 단계
                train_loss, val_loss = evaluate_model(
                    model, train_loader, val_loader, device, eval_iter)
                train_losses.append(train_loss)
                val_losses.append(val_loss)
                track_tokens_seen.append(tokens_seen)
                print(f"에포크 {epoch+1} (Step {global_step:06d}): "
                      f"훈련 손실 {train_loss:.3f}, "
                      f"검증 손실 {val_loss:.3f}"
                )

        generate_and_print_sample(  -------- 각 에포크 후에 샘플 텍스트를 출력합니다.
```

```
            model, tokenizer, device, start_context
        )
    return train_losses, val_losses, track_tokens_seen
```

train_model_simple 함수는 아직 구현하지 않은 2개 함수 evaluate_model과 generate_and_print_sample을 사용합니다.

evaluate_model 함수는 그림 5-11의 7단계에 해당합니다. 모델이 업데이트된 후 모델이 향상되었는지 평가할 수 있도록 훈련 세트 손실과 검증 세트 손실을 출력합니다. 더 구체적으로 evaluate_model 함수는 모델을 평가 모드로 설정하여 그레이디언트 추적과 드롭아웃을 비활성화하고 훈련 세트와 검증 세트에 대해 손실을 계산합니다.

```
def evaluate_model(model, train_loader, val_loader, device, eval_iter):
    model.eval() -------- 안정적이고 재현 가능한 결과를 위해 평가하는 동안 드롭아웃을 비활성화합니다.
    with torch.no_grad(): -------- 계산 오버헤드를 줄이기 위해 훈련 과정에서 필요하지 않은 그레이디언트 추적을 끕니다.
        train_loss = calc_loss_loader(
            train_loader, model, device, num_batches=eval_iter
        )
        val_loss = calc_loss_loader(
            val_loader, model, device, num_batches=eval_iter
        )
    model.train()
    return train_loss, val_loss
```

evaluate_model과 비슷하게 generate_and_print_sample 함수는 모델이 훈련 과정에서 향상되었는지 추적하기 위해 편의상 만든 함수입니다. 구체적으로 generate_and_print_sample 함수는 텍스트 조각(start_context)을 입력으로 받아 토큰 ID로 변환하고 LLM에게 주입하여 앞서 만든 generate_text_simple로 샘플 텍스트를 생성합니다.

```
def generate_and_print_sample(model, tokenizer, device, start_context):
    model.eval()
    context_size = model.pos_emb.weight.shape[0]
    encoded = text_to_token_ids(start_context, tokenizer).to(device)
    with torch.no_grad():
        token_ids = generate_text_simple(
            model=model, idx=encoded,
            max_new_tokens=50, context_size=context_size
        )
    decoded_text = token_ids_to_text(token_ids, tokenizer)
    print(decoded_text.replace("\n", " ")) -------- 간결한 출력 포맷
    model.train()
```

evaluate_model 함수가 모델 훈련 진행 과정에 대해 수치로 추정값을 제공하지만 generate_and_print_sample 함수는 모델이 생성한 구체적인 텍스트 샘플을 제공합니다. 이를 통해 훈련하는 동안 모델의 성능을 평가할 수 있습니다.

참고

AdamW

Adam은 심층 신경망을 훈련하는 데 사용되는 인기 있는 옵티마이저입니다. 하지만 우리 예에서는 **AdamW** 옵티마이저를 사용합니다. AdamW는 가중치 감쇠 기법을 개선한 Adam의 변종입니다. 모델의 복잡도를 낮추고 큰 가중치에 페널티를 부과해 과대적합을 방지하는 것이 목표입니다. 이런 조정을 통해 AdamW가 더 효과적으로 규제를 적용하고 더 나은 일반화를 달성할 수 있습니다. 따라서 AdamW가 LLM 훈련에 많이 사용됩니다.

AdamW 옵티마이저와 앞서 정의한 train_model_simple 함수를 사용해 GPTModel 객체를 10 에포크 동안 훈련해 보죠.

```
torch.manual_seed(123)
model = GPTModel(GPT_CONFIG_124M)
model.to(device)
optimizer = torch.optim.AdamW(
     model.parameters(), -------- .parameters() 메서드는 모델에 있는 훈련 가능한 모든 가중치 파라미터를 반환합니다.
    lr=0.0004, weight_decay=0.1
)
num_epochs = 10
train_losses, val_losses, tokens_seen = train_model_simple(
    model, train_loader, val_loader, optimizer, device,
    num_epochs=num_epochs, eval_freq=5, eval_iter=5,
    start_context="Every effort moves you", tokenizer=tokenizer
)
```

train_model_simple 함수로 훈련을 시작하면 맥북 에어나 비슷한 랩톱 컴퓨터에서 완료되는 데 5분 정도 걸립니다. 실행 과정에서 출력되는 내용은 다음과 같습니다.

```
에포크 1 (Step 000000): 훈련 손실 9.781, 검증 손실 9.933
에포크 1 (Step 000005): 훈련 손실 8.111, 검증 손실 8.339
Every effort moves you,,,,,,,,,,,,.
에포크 2 (Step 000010): 훈련 손실 6.661, 검증 손실 7.048
에포크 2 (Step 000015): 훈련 손실 5.961, 검증 손실 6.616
Every effort moves you, and, and, and, and, and, and, and, and, and, and,
 and, and, and, and, and, and, and, and, and, and, and, and,, and, and,
[...] -------- 공간을 절약하기 위해 중간 결과는 나타내지 않았습니다.
에포크 9 (Step 000080): 훈련 손실 0.541, 검증 손실 6.393
Every effort moves you?"  "Yes--quite insensible to the irony. She wanted
```

```
him vindicated--and by me!"  He laughed again, and threw back the
window-curtains, I had the donkey. "There were days when I
에포크 10 (Step 000085): 훈련 손실 0.391, 검증 손실 6.452
Every effort moves you know," was one of the axioms he laid down across the
Sevres and silver of an exquisitely appointed luncheon-table, when, on a
later day, I had again run over from Monte Carlo; and Mrs. Gis
```

여기서 볼 수 있듯이 훈련 손실은 9.781에서 시작해서 0.391로 극적으로 줄어듭니다. 모델의 언어 능력은 상당히 향상되었습니다. 처음에는 모델이 시작 문맥 뒤에 쉼표만 추가했습니다(`Every effort moves you,,,,,,,,,,,,`). 또는 and 단어만 반복했습니다. 하지만 훈련 마지막에는 문법적으로 정확한 텍스트를 생성할 수 있습니다.

훈련 세트 손실과 비슷하게 검증 세트 손실이 처음에는 높았다가(9.933) 훈련하는 동안 감소합니다. 하지만 훈련 세트 손실만큼 작아지지 않고 열 번의 에포크가 끝난 후에도 6.452로 남아 있습니다.

검증 세트 손실에 대해 자세히 논의하기 전에 훈련 세트 손실과 검증 세트 손실을 나란히 보여 주는 간단한 그래프를 그려 보죠.

```python
import matplotlib.pyplot as plt
from matplotlib.ticker import MaxNLocator
def plot_losses(epochs_seen, tokens_seen, train_losses, val_losses):
    fig, ax1 = plt.subplots(figsize=(5, 3))
    ax1.plot(epochs_seen, train_losses, label="Training loss")
    ax1.plot(
        epochs_seen, val_losses, linestyle="-.", label="Validation loss"
    )
    ax1.set_xlabel("Epochs")
    ax1.set_ylabel("Loss")
    ax1.legend(loc="upper right")
    ax1.xaxis.set_major_locator(MaxNLocator(integer=True))
    ax2 = ax1.twiny() -------- y 축을 공유하는 두 번째 x 축을 만듭니다.
    ax2.plot(tokens_seen, train_losses, alpha=0) -------- 눈금을 정렬하기 위해 투명한 그래프를 만듭니다.
    ax2.set_xlabel("Tokens seen")
    fig.tight_layout()
    plt.show()

epochs_tensor = torch.linspace(0, num_epochs, len(train_losses))
plot_losses(epochs_tensor, tokens_seen, train_losses, val_losses)
```

출력된 훈련 손실 그래프와 검증 손실 그래프는 그림 5-12에 나타나 있습니다. 여기서 볼 수 있듯이 훈련 손실과 검증 손실은 모두 첫 번째 에포크부터 향상되기 시작합니다. 하지만 두 번째 에포크를 지나면서 두 손실이 벌어지기 시작합니다. 이런 발산과 검증 손실이 훈련 손실보다 크다는 사실은 모델이 훈련 데이터에 과대적합되었다는 것을 나타냅니다. 『The Verdict』 텍스트 파일에서 모델이 생성한 텍스트 "quite insensible to the irony"와 같은 구절을 찾을 수 있으므로 모델이 훈련 데이터를 그대로 기억하고 있음을 알 수 있습니다.

▼ **그림 5-12** 훈련 초기에는 훈련 세트 손실과 검증 세트 손실이 급격하게 감소합니다. 이는 모델이 학습된다는 신호입니다. 훈련 세트 손실은 두 번째 에포크를 지나 계속 감소하지만 검증 세트 손실은 정체됩니다. 모델이 계속 학습하지만 두 번째 에포크를 지나서는 훈련 세트에 과대적합된다는 신호입니다.

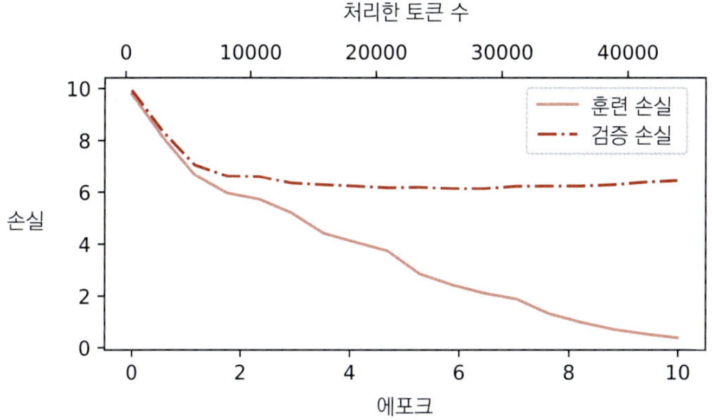

매우 작은 훈련 세트를 사용하고 모델을 여러 에포크에서 훈련하고 있기 때문에 이처럼 훈련 데이터를 그대로 암기해 버리는 현상을 예상할 수 있습니다. 일반적으로 LLM 모델은 훨씬 큰 데이터셋에서 딱 한 번의 에포크 동안 훈련합니다.

NOTE

앞서 언급했듯이 구텐베르크 프로젝트에서 퍼블릭 도메인으로 공개된 60,000권의 책으로 모델을 훈련하는 경우 과대적합이 일어나지 않습니다. 자세한 내용은 부록 B를 참고하세요.

그림 5-13과 같이 이 장의 목표 중 네 가지를 완료했습니다. 다음으로 LLM을 위한 텍스트 생성 전략을 다루겠습니다. 훈련 데이터를 암기하는 현상을 줄이고 LLM에서 생성된 텍스트의 독창성을 증가시키기 위한 방법입니다. 그런 다음 가중치 저장과 로드를 설명하고 오픈AI의 GPT 모델에서 사전 훈련된 가중치를 로드하는 방법을 소개하겠습니다.

▼ **그림 5-13** 모델을 훈련한 후 일관된 텍스트를 생성할 수 있습니다. 하지만 훈련 세트에 있는 구절을 그대로 암기하는 경우가 많습니다. 다음에 더 다양한 출력을 생성하는 전략에 대해 논의하겠습니다.

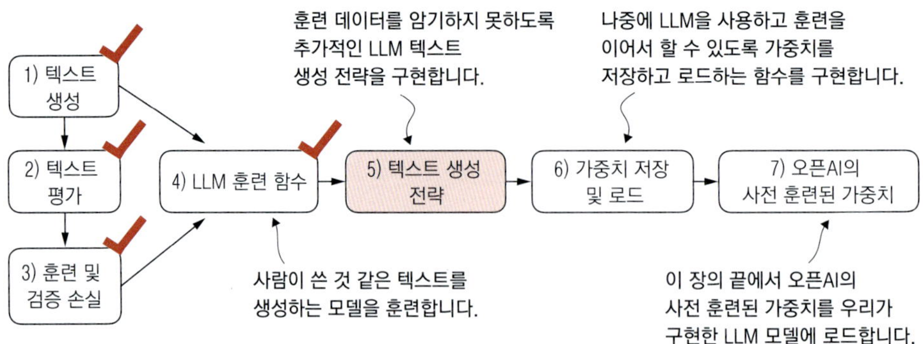

5.3 SECTION 무작위성을 제어하기 위한 디코딩 전략

더 독창적인 텍스트를 생성하기 위한 텍스트 생성 전략(또는 디코딩 전략이라고 부릅니다)을 알아보죠. 먼저 generate_and_print_sample 함수에서 사용된 generate_text_simple 함수를 간략하게 다시 살펴보겠습니다. 그런 다음 이 함수를 개선하기 위한 두 가지 방법, **온도 스케일링**(temperature scaling)과 **탑-k 샘플링**(top-k sampling)을 소개하겠습니다.

비교적 작은 모델로 추론할 때는 GPU가 필요하지 않기 때문에 모델을 GPU에서 CPU로 다시 옮기겠습니다. 또한 훈련한 다음에는 드롭아웃과 같은 랜덤한 구성 요소를 끄기 위해 모델을 평가 모드로 전환합니다.

```
model.to("cpu")
model.eval()
```

GPTModel의 객체(model)를 generate_text_simple 함수에 전달하여 한 번에 하나의 토큰씩 텍스트를 생성합니다.

```
tokenizer = tiktoken.get_encoding("gpt2")
token_ids = generate_text_simple(
    model=model,
    idx=text_to_token_ids("Every effort moves you", tokenizer),
```

```
    max_new_tokens=25,
    context_size=GPT_CONFIG_124M["context_length"]
)
print("출력 텍스트:\n", token_ids_to_text(token_ids, tokenizer))
```

생성된 텍스트는 다음과 같습니다.

```
출력 텍스트:
Every effort moves you know," was one of the axioms he laid down across the
Sevres and silver of an exquisitely appointed lun
```

앞서 설명했듯이 매 생성 단계마다 토큰이 선택됩니다. 이 토큰은 어휘사전에 있는 토큰 중에서 가장 높은 확률 점수를 가진 토큰입니다. 이는 동일한 시작 문맥(Every effort moves you)에서 generate_text_simple 함수를 여러 번 실행하더라도 LLM이 항상 동일한 출력을 생성한다는 의미입니다.

5.3.1 온도 스케일링

이제 다음 토큰 생성 작업에 확률적 선택 과정을 추가하는 온도 스케일링 기법을 알아보겠습니다. 이전에 generate_text_simple 함수 안에서 torch.argmax를 사용해 항상 가장 높은 확률을 가진 토큰을 다음 토큰으로 선택했습니다. 이를 **그리디 디코딩**이라고 합니다. 다양성이 더 높은 텍스트를 생성하기 위해 argmax를 확률 분포(여기서는 토큰 생성 단계마다 각 어휘사전 항목에 대해 LLM이 생성하는 확률 점수)로부터 샘플링하는 함수로 바꿀 수 있습니다.

확률적 샘플링을 구체적인 예를 들어 설명하기 위해 다음 토큰 생성 과정을 매우 작은 어휘사전으로 설명해 보죠.

```
vocab = {
    "closer": 0,
    "every": 1,
    "effort": 2,
    "forward": 3,
    "inches": 4,
    "moves": 5,
    "pizza": 6,
    "toward": 7,
    "you": 8,
}
inverse_vocab = {v: k for k, v in vocab.items()}
```

그런 다음 LLM이 시작 문맥으로 "every effort moves you"를 받고 다음과 같은 로짓을 생성했다고 가정해 보죠.

```
next_token_logits = torch.tensor(
    [4.51, 0.89, -1.90, 6.75, 1.63, -1.62, -1.89, 6.28, 1.79]
)
```

4장에서 설명했듯이 generate_text_simple 함수 안에서 로짓을 softmax 함수를 통해 확률로 변환합니다. 그런 다음 argmax 함수를 통해 생성 토큰에 해당하는 토큰 ID를 얻었습니다. 이를 역어휘사전을 통해 다시 텍스트로 매핑할 수 있습니다.

```
probas = torch.softmax(next_token_logits, dim=0)
next_token_id = torch.argmax(probas).item()
print(inverse_vocab[next_token_id])
```

가장 큰 로짓 값과 이에 해당하는 가장 큰 소프트맥스 확률 점수가 네 번째 위치(파이썬은 0 인덱스를 사용하기 때문에 인덱스 3)이기 때문에 생성될 단어는 "forward"입니다.

확률적 샘플링 과정을 구현하기 위해 argmax를 파이토치의 multinomial 함수로 바꿀 수 있습니다.

```
torch.manual_seed(123)
next_token_id = torch.multinomial(probas, num_samples=1).item()
print(inverse_vocab[next_token_id])
```

이전과 동일하게 "forward"가 출력됩니다. 어찌된 일일까요? multinomial 함수는 확률 점수에 비례해서 다음 토큰을 샘플링합니다. 다른 말로 하면 "forward"가 가장 가능성이 높은 토큰이기 때문에 항상은 아니지만 대부분의 경우 multinomial 함수에 의해 선택됩니다. 설명을 위해 샘플링을 1,000번 수행하는 함수를 만들어 보죠.

```
def print_sampled_tokens(probas):
    torch.manual_seed(123)
    sample = [torch.multinomial(probas, num_samples=1).item()
              for i in range(1_000)]
    sampled_ids = torch.bincount(torch.tensor(sample))
    for i, freq in enumerate(sampled_ids):
        print(f"{freq} x {inverse_vocab[i]}")

print_sampled_tokens(probas)
```

샘플링된 결과는 다음과 같습니다.

```
73 x closer
0 x every
0 x effort
582 x forward
2 x inches
0 x moves
0 x pizza
343 x toward
```

여기서 볼 수 있듯이 forward가 가장 많이 선택됩니다(1,000번 중 582번). 하지만 closer, inches, toward 같은 다른 토큰도 이따금 선택될 수 있습니다. generate_and_print_sample 함수에서 사용하는 argmax 함수를 multinomial 함수로 바꾸면 LLM이 "every effort moves you forward"뿐만 아니라 이따금 "every effort moves you toward", "every effort moves you inches", "every effort moves you closer" 같은 텍스트를 생성한다는 의미입니다.

온도 스케일링(temperature scaling)이란 개념을 도입해 분포와 선택 과정을 더 제어할 수 있습니다. 온도 스케일링은 로짓을 0보다 큰 수로 나누는 방법입니다.

```
def softmax_with_temperature(logits, temperature):
    scaled_logits = logits / temperature
    return torch.softmax(scaled_logits, dim=0)
```

1보다 큰 온도는 조금 더 균등한 토큰 확률 분포를 만듭니다. 1보다 작은 온도는 조금 더 결정론적인 분포(더 날카롭거나 뾰족한 분포)를 만듭니다. 이해하기 쉽도록 원본 확률 분포와 여러 개의 온도 값으로 스케일을 조정한 분포를 나란히 그려 보겠습니다.

```
temperatures = [1, 0.1, 5] -------- 원본, 낮은 온도, 높은 온도
scaled_probas = [softmax_with_temperature(next_token_logits, T)
                for T in temperatures]
x = torch.arange(len(vocab))
bar_width = 0.15
fig, ax = plt.subplots(figsize=(5, 3))
for i, T in enumerate(temperatures):
    rects = ax.bar(x + i * bar_width, scaled_probas[i],
                   bar_width, label=f'Temperature = {T}')
ax.set_ylabel('Probability')
ax.set_xticks(x)
ax.set_xticklabels(vocab.keys(), rotation=90)
ax.legend()
plt.tight_layout()
plt.show()
```

결과 그래프가 그림 5-14에 나타나 있습니다.

▼ **그림 5-14** 온도 1은 어휘사전의 각 토큰에 대해 스케일을 조정하지 않은 확률 점수를 나타냅니다. 온도를 0.1로 낮추면 분포를 뾰족하게 만들기 때문에 가장 가능성이 높은 토큰(여기서는 "forward")이 더 높은 확률 점수를 갖게 됩니다. 비슷하게 온도를 5로 높이면 분포를 더 균등하게 만듭니다.

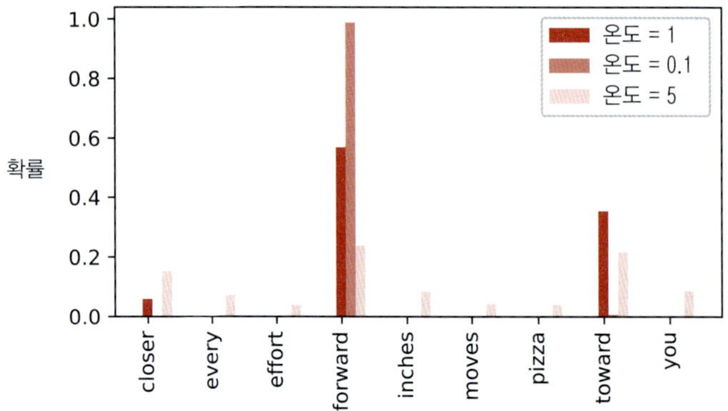

온도 1은 로짓을 1로 나눈 후 `softmax` 함수에 전달하여 확률 점수를 계산합니다. 다른 말로 하면 온도 1은 온도 스케일링을 사용하지 않는 것과 동일합니다. 이 경우 원래 소프트맥스 확률 점수와 동일한 확률을 사용해 파이토치 `multinomial` 함수로 토큰이 선택됩니다. 예를 들어, 온도 1의 경우 그림 5-14에서 볼 수 있듯이 `"forward"`에 해당하는 토큰은 60%의 확률로 선택될 것입니다.

또한 그림 5-14에서 볼 수 있듯이 매우 낮은 온도를 사용하면 뾰족한 분포를 만들게 되어 `multinomial` 함수가 거의 100% 확률로 가장 가능성 있는 토큰을 선택합니다. 따라서 `argmax` 함수의 동작과 비슷해집니다. 비슷하게 온도를 5로 하면 더 균등한 분포가 되고 다른 토큰이 선택될 가능성이 높아집니다. 이는 생성된 텍스트에 다양성을 부여할 수 있지만 종종 말이 안 되는 텍스트를 만들기도 합니다. 예를 들어 온도 5를 사용하면 약 4%의 확률로 `"every effort moves you pizza"`와 같은 텍스트를 만듭니다.

연습문제 5.1

토큰 샘플링 빈도 출력하기

`print_sampled_tokens` 함수를 사용하여 그림 5-14에서 사용된 온도로 스케일이 조정된 소프트맥스 확률의 샘플링 빈도를 출력하세요. 각 온도에서 "pizza" 단어가 얼마나 자주 샘플링 되나요? "pizza" 단어가 얼마나 자주 샘플링 되는지 계산하는 더 정확하고 빠른 방법은 무엇일까요?

5.3.2 탑-k 샘플링

출력의 다양성을 증가시키기 위해 온도 스케일링을 사용하는 확률적 샘플링 방법을 구현했습니다. 높은 온도 값은 더 균등한 토큰 확률 분포를 만듭니다. 따라서 모델이 가장 높은 확률의 토큰을 반복적으로 선택할 가능성을 낮추어 더 다양한 출력을 만듭니다. 이 방법은 생성 과정에서 가능성은 낮지만 전체적으로 더 흥미롭고 창의적인 경로를 탐색할 수 있게 합니다. 하지만 이 방법의 한 가지 단점은 이따금 문법적으로 잘못되거나 "every effort moves you pizza"처럼 완전히 말이 안 되는 출력을 만드는 것입니다.

확률적 샘플링과 온도 스케일링을 결합한 **탑-k 샘플링**(top-k sampling)을 사용하면 텍스트 생성 결과를 향상시킬 수 있습니다. 탑-k 샘플링에서는 샘플링되는 토큰을 가장 가능성 있는 상위 k개의 토큰으로 제한합니다. 그림 5-15에 나와 있듯이 다른 모든 토큰의 확률 점수를 마스킹하여 선택 과정에서 제외시킵니다.

▼ 그림 5-15 k=3인 탑-k 샘플링을 사용하는 경우 가장 높은 로짓을 가진 3개의 토큰에 초점을 맞추고 softmax 함수를 적용하기 전에 다른 모든 토큰은 음의 무한대(-inf)로 마스킹합니다. 이렇게 하면 확률 분포에서 탑-k가 아닌 토큰의 확률이 0이 됩니다(이 그림의 숫자는 간단하게 나타내려고 소수점 두 자리 이후를 자른 값입니다. 소프트맥스 행의 값은 모두 더해서 1.0이 되어야 합니다).

어휘사전:	"closer"	"every"	"effort"	"forward"	"inches"	"moves"	"pizza"	"toward"	"you"
인덱스:	0	1	2	3	4	5	6	7	8
로짓	4.51,	0.89,	-1.90,	6.75,	1.63,	-1.62,	-1.89,	6.28,	1.79
탑-k (k = 3)	**4.51,**	0.89,	-1.90,	**6.75,**	1.63,	-1.62,	-1.89,	**6.28,**	1.79
-inf 마스킹	**4.51,**	-inf,	-inf,	**6.75,**	-inf,	-inf,	-inf,	**6.28,**	-inf
소프트맥스	**0.06,**	0.00,	0.00,	**0.57,**	0.00,	0.00,	0.00,	**0.36,**	0.00

탑-k 토큰이 아닌 위치에 0 확률을 할당하여
항상 다음 토큰을 탑-k 토큰 중에서 샘플링하도록 만듭니다.

탑-k 방식은 선택되지 않은 모든 로짓을 음의 무한대 값으로 바꿉니다. 따라서 소프트맥스 값을 계산할 때 탑-k가 아닌 토큰의 확률 점수는 0이 되고 남은 토큰의 확률 합은 1이 됩니다(3장의 3.5.1절에서 구현한 코잘 어텐션 모듈의 마스킹 트릭과 유사합니다).

그림 5-15의 탑-k 방식을 다음처럼 코드로 구현할 수 있습니다. 먼저 가장 큰 로짓 값을 가진 토큰을 선택합니다.

```
top_k = 3
top_logits, top_pos = torch.topk(next_token_logits, top_k)
print("탑-k 로짓:", top_logits)
print("탑-k 위치:", top_pos)
```

내림차순으로 정렬된 상위 3개 토큰의 로짓 값과 토큰 ID는 다음과 같습니다.

```
탑-k 로짓: tensor([6.7500, 6.2800, 4.5100])
탑-k 위치: tensor([3, 7, 0])
```

다음으로 파이토치의 where 함수를 사용해 탑-k 토큰 중에서 가장 마지막 토큰보다 작은 로짓 값을 가진 모든 토큰의 로짓 값을 음의 무한대(-inf)로 지정합니다.

```
new_logits = torch.where(
    condition=next_token_logits < top_logits[-1],   # 탑-k 토큰 중 마지막 토큰보다 로짓이 작은 토큰을 찾습니다.
    input=torch.tensor(float('-inf')),   # 찾은 토큰의 로짓을 -inf로 설정합니다.
    other=next_token_logits   # 다른 모든 토큰은 원래 로짓 값을 그대로 유지합니다.
)
print(new_logits)
```

9개 토큰으로 구성된 어휘사전에서 위와 같은 계산으로 만든 다음 토큰에 대한 로짓은 다음과 같습니다.

```
tensor([4.5100,   -inf,   -inf, 6.7500,   -inf,   -inf,   -inf, 6.2800,   -inf])
```

마지막으로 softmax 함수를 적용하여 이를 다음 토큰 확률로 바꿉니다.

```
topk_probas = torch.softmax(new_logits, dim=0)
print(topk_probas)
```

여기서 볼 수 있듯이 탑-3 샘플링은 0이 아닌 확률 점수 3개를 만듭니다.

```
tensor([0.0615, 0.0000, 0.0000, 0.5775, 0.0000, 0.0000, 0.0000, 0.3610, 0.0000])
```

이제 온도 스케일링과 확률적 샘플링을 위한 multinomial 함수를 적용하여 0이 아닌 3개의 확률 점수에서 하나를 선택하여 다음 토큰을 생성할 수 있습니다. 텍스트 생성 함수를 수정하여 이를 수행해 보겠습니다.

5.3.3 텍스트 생성 함수 수정하기

앞서 LLM으로 텍스트를 생성하기 위해 사용했던 generate_text_simple 함수에 온도 스케일링과 탑-k 샘플링을 적용하여 새로운 generate 함수를 만들어 보겠습니다.

코드 5-4 다양성을 증가시키기 위해 수정된 텍스트 생성 함수

```
def generate(model, idx, max_new_tokens, context_size,
             temperature=0.0, top_k=None, eos_id=None):
    for _ in range(max_new_tokens): -------- for 루프는 이전과 동일합니다. 로짓을 받아 마지막 타임 스텝만 사용합니다.
        idx_cond = idx[:, -context_size:]
        with torch.no_grad():
            logits = model(idx_cond)
        logits = logits[:, -1, :]
        if top_k is not None: -------- top-k 샘플링으로 로짓을 필터링합니다.
            top_logits, _ = torch.topk(logits, top_k)
            min_val = top_logits[:, -1]
            logits = torch.where(
                logits < min_val,
                torch.tensor(float('-inf')).to(logits.device),
                logits
            )
        if temperature > 0.0: -------- 온도 스케일링을 적용합니다.
            logits = logits / temperature
            probs = torch.softmax(logits, dim=-1)
            idx_next = torch.multinomial(probs, num_samples=1)
        else: -------- 온도 스케일링을 사용하지 않는 경우 이전처럼 그리디 디코딩을 사용해 다음 토큰을 선택합니다.
            idx_next = torch.argmax(logits, dim=-1, keepdim=True)
        if idx_next == eos_id: -------- EoS 토큰을 만나면 생성을 중단합니다.
            break
        idx = torch.cat((idx, idx_next), dim=1)
    return idx
```

새로운 generate 함수를 테스트해 보죠.

```
torch.manual_seed(123)
token_ids = generate(
    model=model,
```

```python
    idx=text_to_token_ids("Every effort moves you", tokenizer),
    max_new_tokens=15,
    context_size=GPT_CONFIG_124M["context_length"],
    top_k=25,
    temperature=1.4
)
print("출력 텍스트:\n", token_ids_to_text(token_ids, tokenizer))
```

생성된 텍스트는 다음과 같습니다.

```
출력 텍스트:
Every effort moves you stand to work on surprise, a one of us had gone with random-
```

결과에서 볼 수 있듯이 훈련 세트의 구절을 그대로 출력한 generate_simple 함수의 결과(Every effort moves you know," was one of the axioms he laid...!)와 많이 다릅니다.

연습문제 5.2

다양한 온도와 탑-k 설정 테스트

다른 온도와 탑-k 설정을 테스트해 보세요. 출력 결과를 바탕으로 낮은 온도와 탑-k 설정이 필요한 애플리케이션은 무엇일까요? 비슷하게 높은 온도와 탑-k 설정이 선호되는 애플리케이션에는 어떤 것이 있을까요? (이 장의 끝에서 오픈AI로부터 사전 훈련된 가중치를 로드한 후에 이 연습문제를 다시 생각해 보세요)

연습문제 5.3

결정론적인 텍스트 생성 방법

generate 함수에게 결정론적인 동작을 강제하기 위한 여러 가지 설정 조합은 무엇인가요? 즉, 랜덤 샘플링을 비활성화하고 generate_simple 함수와 비슷한 출력이 항상 생성된다는 뜻입니다.

5.4 SECTION 파이토치로 모델 로드하고 저장하기

지금까지 훈련 진행 상황을 평가하고 밑바닥부터 LLM을 사전 훈련하는 방법을 논의했습니다. LLM과 데이터셋 모두 비교적 작지만 이런 예제를 통해 LLM 사전 훈련에 계산 비용이 많이 든다는 것을 보여 줍니다. 따라서 LLM을 나중에 재사용할 때 다시 훈련을 수행하지 않도록 모델을 저장하는 것이 중요합니다.

이제 그림 5-16에 강조된 사전 훈련된 모델을 저장하고 로드하는 방법을 알아보죠. 나중에 오픈AI의 사전 훈련된 GPT 모델을 GPTModel 객체에 로드하겠습니다.

▼ **그림 5-16** 모델을 훈련하고 확인한 후에는 나중에 사용하거나 훈련을 계속하기 위해 모델을 저장하는 것이 도움이 되는 경우가 많습니다(6단계).

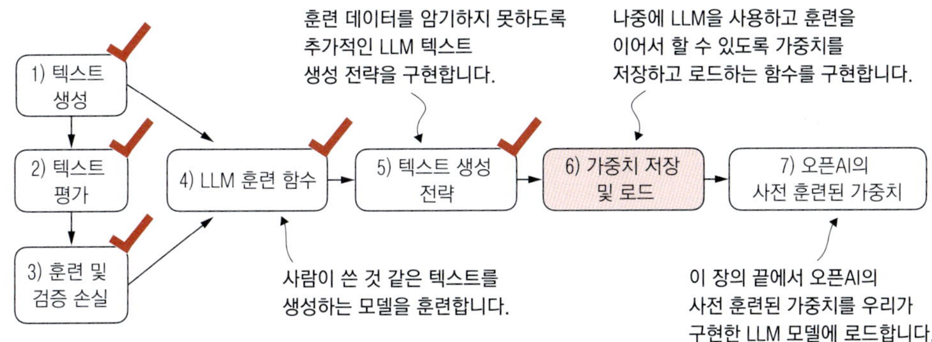

다행히 파이토치 모델을 저장하는 것은 비교적 간단합니다. torch.save 함수를 사용해 모델의 층과 파라미터를 매핑한 딕셔너리인 state_dict를 저장하는 방법을 권장합니다.

```
torch.save(model.state_dict(), "model.pth")
```

"model.pth"는 state_dict를 저장할 파일 이름입니다. 관례적으로 파이토치에서는 .pth 확장자를 사용하지만 기술적으로는 어떤 확장자도 사용할 수 있습니다.

state_dict로 모델 가중치를 저장한 후에 이 가중치를 새로운 GPTModel 객체에 로드할 수 있습니다.

```
model = GPTModel(GPT_CONFIG_124M)
model.load_state_dict(torch.load("model.pth", map_location=device))
model.eval()
```

4장에서 설명한 것처럼 드롭아웃은 훈련 과정에서 층의 뉴런을 랜덤하게 제거하여 모델이 훈련 데이터에 과대적합되는 것을 막는 데 도움이 됩니다. 하지만 추론 중에는 학습된 신경망의 어떤 정보도 랜덤하게 삭제되는 것을 원하지 않습니다. model.eval()을 사용하여 모델을 추론을 위한 평가 모드로 전환하면 모델의 드롭아웃 층을 비활성화할 수 있습니다. 예를 들어 이 장의 앞부분에서 정의한 train_model_simple 함수를 사용하여 나중에 모델을 계속 훈련할 계획이라면 옵티마이저의 상태도 저장해도 좋습니다.

AdamW와 같은 적응형 옵티마이저(adaptive optimizer)는 모델 가중치마다 추가 파라미터를 저장합니다. AdamW는 과거 데이터를 사용하여 각 모델 파라미터의 학습률을 동적으로 조정합니다. 이 데이터가 없으면 옵티마이저가 초기화되고 모델이 최적점이 아닌 곳으로 수렴하거나 아예 수렴하는 데 실패할 수도 있습니다. 이는 일관된 텍스트를 생성하는 능력을 얻지 못한다는 의미입니다. torch.save를 사용하여 모델과 옵티마이저의 state_dict 내용을 모두 저장할 수 있습니다.

```
torch.save({
    "model_state_dict": model.state_dict(),
    "optimizer_state_dict": optimizer.state_dict(),
    },
    "model_and_optimizer.pth"
)
```

저장된 데이터를 먼저 torch.load로 로드하고, 그런 다음 load_state_dict 메서드로 모델과 옵티마이저의 상태를 복원할 수 있습니다.

```
checkpoint = torch.load("model_and_optimizer.pth", map_location=device)
model = GPTModel(GPT_CONFIG_124M)
model.load_state_dict(checkpoint["model_state_dict"])
optimizer = torch.optim.AdamW(model.parameters(), lr=5e-4, weight_decay=0.1)
optimizer.load_state_dict(checkpoint["optimizer_state_dict"])
model.train();
```

연습문제 5.4

모델 저장 및 복원 테스트하기

가중치를 저장한 후에 새로운 파이썬 세션이나 주피터 노트북 파일에서 모델과 옵티마이저를 로드하고 train_model_simple 함수를 사용해 1회 이상의 에포크 동안 모델을 계속 사전 훈련해 보세요.

5.5 SECTION 오픈AI에서 사전 훈련된 가중치 로드하기

앞서 하나의 단편 소설로 구성된 작은 데이터셋을 사용해 소규모 GPT-2 모델을 훈련했습니다. 이를 통해 많은 시간과 계산 자원을 사용하지 않고도 기본적인 원리를 배우는 데 초점을 맞출 수 있었습니다.

다행히 오픈AI는 GPT-2 모델의 가중치를 공개적으로 제공하기 때문에 대규모 말뭉치에서 모델을 재훈련하기 위해 수만에서 수십만 달러를 쓸 필요가 없습니다. 이 가중치를 GPTModel 클래스에 로드하고 텍스트 생성에 사용해 보죠. 여기서 **가중치**(weight)란 파이토치의 Linear와 임베딩 층의 .weight 속성에 저장된 가중치 파라미터를 의미합니다. 앞서 모델을 훈련할 때 model.parameters()를 사용해 가중치에 접근했습니다. 5장에서 이런 사전 훈련된 가중치를 재사용하여 텍스트 분류 작업을 위해 모델을 미세 튜닝하고 7장에서 ChatGPT와 유사하게 지시를 따르도록 미세 튜닝하겠습니다.

오픈AI는 원래 텐서플로를 사용해 GPT-2 가중치를 저장했기 때문에 파이썬에서 이 가중치를 로드하기 위해 텐서플로를 설치해야 합니다. 다운로드 과정을 추적하기 위해 tqdm이란 진행 표시줄 도구도 설치합니다.

터미널에서 다음 명령으로 라이브러리를 설치할 수 있습니다.

```
pip install tensorflow>=2.15.0 tqdm>=4.66
```

다운로드 코드는 비교적 길고 대부분 관용적인 표현으로 흥미로운 면이 전혀 없습니다. 따라서 인터넷에서 파일을 다운로드하는 파이썬 코드를 설명하는 데 귀중한 지면을 할애하는 대신 이 책의 깃허브에서 직접 gpt_download.py 파이썬 모듈을 다운로드하여 사용합니다.

```
import urllib.request
url = (
    "https://raw.githubusercontent.com/rickiepark/"
    "llm-from-scratch/main/ch05/"
    "01_main-chapter-code/gpt_download.py"
)
filename = url.split('/')[-1]
urllib.request.urlretrieve(url, filename)
```

이 파일을 로컬 디렉터리에 다운로드한 후, 올바르게 저장되었고 유효한 파이썬 코드를 담고 있는지 파일 내용을 간략히 확인해야 합니다.

이제 gpt_download.py 파일에서 download_and_load_gpt2 함수를 임포트합니다. 이 함수를 사용해 GPT-2 구조 설정(settings)과 가중치 파라미터(params)를 현재 파이썬 세션에 로드합니다.

```
from gpt_download import download_and_load_gpt2
settings, params = download_and_load_gpt2(
    model_size="124M", models_dir="gpt2"
)
```

이 코드를 실행하면 다음처럼 1억 2,400만 파라미터의 GPT-2 모델에 연관된 7개의 파일이 다운로드됩니다.

```
checkpoint: 100%|██████████| 77.0/77.0 [00:00<00:00,
                                       63.9kiB/s]
encoder.json: 100%|██████████| 1.04M/1.04M [00:00<00:00,
                                       2.20MiB/s]
hparams.json: 100%|██████████| 90.0/90.0 [00:00<00:00,
                                       78.3kiB/s]
model.ckpt.data-00000-of-00001: 100%|██████| 498M/498M [01:09<00:00,
                                       7.16MiB/s]
model.ckpt.index: 100%|██████████| 5.21k/5.21k [00:00<00:00,
                                       3.24MiB/s]
model.ckpt.meta: 100%|██████████| 471k/471k [00:00<00:00,
                                       2.46MiB/s]
vocab.bpe: 100%|██████████| 456k/456k [00:00<00:00,
                                       1.70MiB/s]
```

NOTE

다운로드 코드가 제대로 실행되지 않는다면 불안정한 인터넷 연결, 서버 문제 또는 오픈AI가 오픈 소스인 GPT-2 모델의 가중치를 공유하는 방법이 바뀌었기 때문일 수 있습니다. 이런 경우 이 책의 깃허브 저장소(https://github.com/rickiepark/llm-from-scratch)에서 대안 방법이나 업데이트된 지시 사항을 참고하세요.

이전 코드의 실행이 완료되었다고 가정하고 settings와 params의 내용을 확인해 보죠.

```
print("설정:", settings)
print("파라미터 딕셔너리 키:", params.keys())
```

출력 내용은 다음과 같습니다.

```
설정: {'n_vocab': 50257, 'n_ctx': 1024, 'n_embd': 768, 'n_head': 12, 'n_layer': 12}
파라미터 딕셔너리 키: dict_keys(['blocks', 'b', 'g', 'wpe', 'wte'])
```

settings와 params는 모두 파이썬 딕셔너리입니다. settings 딕셔너리는 우리가 수동으로 만든 GPT_CONFIG_124M 딕셔너리와 비슷하게 LLM 구조의 설정을 저장하고 있습니다. params 딕셔너리는 실제 가중치 텐서를 담고 있습니다. 가중치는 출력하기에 너무 내용이 많기 때문에 딕셔너리 키만 출력했습니다. 하지만 print(params)로 전체 딕셔너리를 출력하여 가중치 텐서를 조사할 수 있습니다. 또는 각각의 딕셔너리 키를 통해 개별 텐서(예를 들어, 임베딩 층의 가중치)를 선택할 수 있습니다.

```
print(params["wte"])
print("토큰 임베딩 가중치 텐서의 차원:", params["wte"].shape)
```

토큰 임베딩 층의 가중치는 다음과 같습니다.

```
[[-0.11010301 ... -0.1363697   0.01506208   0.04531523]
 [ 0.04034033 ...  0.08605453  0.00253983   0.04318958]
 [-0.12746179  ...  0.08991534 -0.12972379 -0.08785918]
 ...
 [-0.04453601 ...   0.10435229  0.09783269 -0.06952604]
 [ 0.1860082  ...  -0.09625227  0.07847701 -0.02245961]
 [ 0.05135201 ...   0.00704835  0.15519823  0.12067825]]
토큰 임베딩 가중치 텐서의 차원: (50257, 768)
```

download_and_load_gpt2(model_size="124M", ...)를 통해 가장 작은 GPT-2 모델의 가중치를 다운로드하고 로드했습니다. 오픈AI는 더 큰 모델인 "355M", "774M", "1558M" 버전의 모델 가중치도 제공합니다. 그림 5-17에 나타나 있듯이 이런 GPT 모델의 크기는 다르지만 전체적인 구조는 동일합니다. 다만 구성 요소의 반복 횟수와 임베딩 크기가 다릅니다. 이 장의 남은 코드는 다른 크기의 모델과도 호환됩니다.

GPT-2 모델 가중치를 파이썬으로 로드한 후 settings와 params 딕셔너리를 GPTModel 객체로 복사해야 합니다. 먼저 그림 5-17에 있는 GPT 모델 크기별 차이를 나열한 딕셔너리를 만듭니다.

```
model_configs = {
    "gpt2-small (124M)": {"emb_dim": 768, "n_layers": 12, "n_heads": 12},
    "gpt2-medium (355M)": {"emb_dim": 1024, "n_layers": 24, "n_heads": 16},
    "gpt2-large (774M)": {"emb_dim": 1280, "n_layers": 36, "n_heads": 20},
    "gpt2-xl (1558M)": {"emb_dim": 1600, "n_layers": 48, "n_heads": 25},
}
```

가장 작은 모델인 "gpt2-small (124M)"을 로드한다고 가정합시다. 앞서 정의한 GPT_CONFIG_124M의 설정을 model_configs의 값으로 업데이트합니다.

```
model_name = "gpt2-small (124M)"
NEW_CONFIG = GPT_CONFIG_124M.copy()
NEW_CONFIG.update(model_configs[model_name])
```

이전 예제에서는 256 토큰 길이를 사용했습니다. 하지만 오픈AI의 원본 GPT-2 모델은 1,024 토큰 길이로 훈련되었습니다. 따라서 이를 반영하도록 NEW_CONFIG를 업데이트해야 합니다.

```
NEW_CONFIG.update({"context_length": 1024})
```

▼ 그림 5-17 GPT-2는 1억 2,400만 개부터 15억 5,800만 개 파라미터까지 크기가 다른 여러 버전이 있습니다. 핵심 구조는 같으며 어텐션 헤드, 트랜스포머 블록 같은 개별 구성 요소의 반복 횟수와 임베딩 크기만 다릅니다.

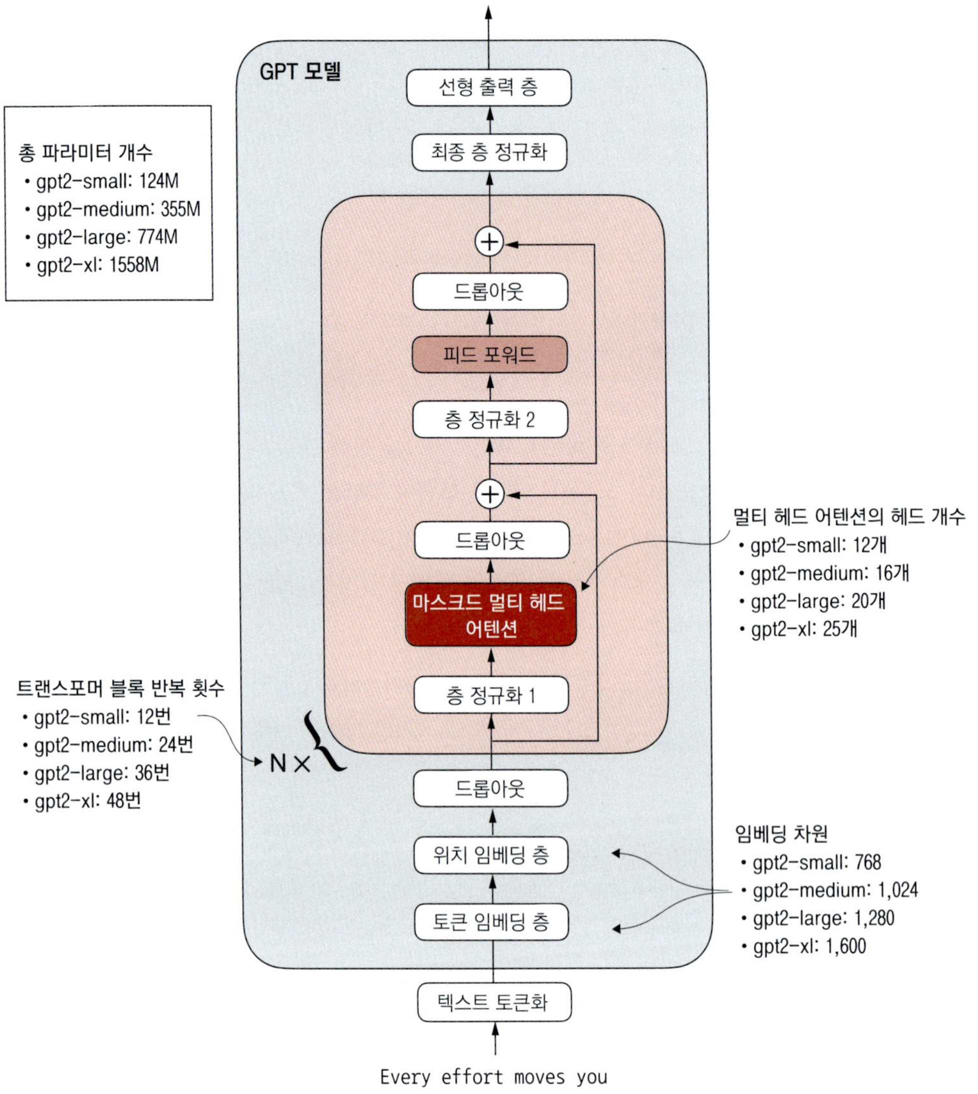

또한 오픈AI는 멀티 헤드 어텐션 모듈에서 쿼리, 키, 값 행렬을 계산하는 선형 층에 편향 벡터를 사용합니다. 편향 벡터는 모델의 성능을 향상시키지 못해 불필요하기 때문에 LLM에서 더 이상 널리 사용되지 않습니다. 하지만 사전 훈련된 가중치를 사용해야 하므로 편향 벡터를 사용할 수 있도록 설정을 맞춰야 합니다.

```
NEW_CONFIG.update({"qkv_bias": True})
```

이제 NEW_CONFIG 딕셔너리를 사용해 GPTModel 클래스의 객체를 초기화할 수 있습니다.

```
gpt = GPTModel(NEW_CONFIG)
gpt.eval()
```

기본적으로 GPTModel의 객체는 랜덤한 가중치로 초기화됩니다. 오픈AI의 모델 가중치를 사용하기 위한 마지막 단계는 이 랜덤한 가중치를 params 딕셔너리에 있는 가중치로 바꾸는 것입니다. 이를 위해 간단한 assign 유틸리티 함수를 정의하겠습니다. 이 함수는 두 텐서나 배열(left와 right)이 크기가 같은지 검사하고 right를 훈련 가능한 파이토치 파라미터 텐서로 바꾸어 반환합니다.

```
def assign(left, right):
    if left.shape != right.shape:
        raise ValueError(f"크기가 다릅니다. left: {left.shape}, "
                          "right: {right.shape}"
        )
    return torch.nn.Parameter(torch.tensor(right))
```

다음으로 params 딕셔너리의 가중치를 GPTModel의 인스턴스인 gpt로 로드하는 load_weights_into_gpt 함수를 정의합니다.

코드 5-5 오픈AI 가중치를 GPTModel의 객체로 로드하기

```
import numpy as np
                                        위치 임베딩과 토큰 임베딩의 가중치를 params의 값으로 설정합니다.
def load_weights_into_gpt(gpt, params): --------
    gpt.pos_emb.weight = assign(gpt.pos_emb.weight, params['wpe'])
    gpt.tok_emb.weight = assign(gpt.tok_emb.weight, params['wte'])

    for b in range(len(params["blocks"])): -------- 모델의 트랜스포머 블록을 순회합니다.
        q_w, k_w, v_w = np.split( -------- np.split 함수를 사용해 어텐션 가중치와 편향 가중치를 쿼리, 키, 값 세 부분으로 나눕니다.
            (params["blocks"][b]["attn"]["c_attn"])["w"], 3, axis=-1)
        gpt.trf_blocks[b].att.W_query.weight = assign(
            gpt.trf_blocks[b].att.W_query.weight, q_w.T)
        gpt.trf_blocks[b].att.W_key.weight = assign(
            gpt.trf_blocks[b].att.W_key.weight, k_w.T)
        gpt.trf_blocks[b].att.W_value.weight = assign(
            gpt.trf_blocks[b].att.W_value.weight, v_w.T)

        q_b, k_b, v_b = np.split(
            (params["blocks"][b]["attn"]["c_attn"])["b"], 3, axis=-1)
        gpt.trf_blocks[b].att.W_query.bias = assign(
            gpt.trf_blocks[b].att.W_query.bias, q_b)
        gpt.trf_blocks[b].att.W_key.bias = assign(
```

```
            gpt.trf_blocks[b].att.W_key.bias, k_b)
        gpt.trf_blocks[b].att.W_value.bias = assign(
            gpt.trf_blocks[b].att.W_value.bias, v_b)

        gpt.trf_blocks[b].att.out_proj.weight = assign(
            gpt.trf_blocks[b].att.out_proj.weight,
            params["blocks"][b]["attn"]["c_proj"]["w"].T)
        gpt.trf_blocks[b].att.out_proj.bias = assign(
            gpt.trf_blocks[b].att.out_proj.bias,
            params["blocks"][b]["attn"]["c_proj"]["b"])

        gpt.trf_blocks[b].ff.layers[0].weight = assign(
            gpt.trf_blocks[b].ff.layers[0].weight,
            params["blocks"][b]["mlp"]["c_fc"]["w"].T)
        gpt.trf_blocks[b].ff.layers[0].bias = assign(
            gpt.trf_blocks[b].ff.layers[0].bias,
            params["blocks"][b]["mlp"]["c_fc"]["b"])
        gpt.trf_blocks[b].ff.layers[2].weight = assign(
            gpt.trf_blocks[b].ff.layers[2].weight,
            params["blocks"][b]["mlp"]["c_proj"]["w"].T)
        gpt.trf_blocks[b].ff.layers[2].bias = assign(
            gpt.trf_blocks[b].ff.layers[2].bias,
            params["blocks"][b]["mlp"]["c_proj"]["b"])

        gpt.trf_blocks[b].norm1.scale = assign(
            gpt.trf_blocks[b].norm1.scale,
            params["blocks"][b]["ln_1"]["g"])
        gpt.trf_blocks[b].norm1.shift = assign(
            gpt.trf_blocks[b].norm1.shift,
            params["blocks"][b]["ln_1"]["b"])
        gpt.trf_blocks[b].norm2.scale = assign(
            gpt.trf_blocks[b].norm2.scale,
            params["blocks"][b]["ln_2"]["g"])
        gpt.trf_blocks[b].norm2.shift = assign(
            gpt.trf_blocks[b].norm2.shift,
            params["blocks"][b]["ln_2"]["b"])

    gpt.final_norm.scale = assign(gpt.final_norm.scale, params["g"])
    gpt.final_norm.shift = assign(gpt.final_norm.shift, params["b"])
    gpt.out_head.weight = assign(gpt.out_head.weight, params["wte"])
```

오픈AI의 원본 GPT-2 모델은 토큰 임베딩의 가중치를 출력 층에 재사용하여 전체 파라미터 개수를 절감하는 가중치 묶기를 사용합니다.

load_weights_into_gpt 함수에서 오픈AI의 가중치와 GPTModel의 구현을 신중하게 매칭합니다. 구체적인 예를 들면 오픈AI는 첫 번째 트랜스포머 블록의 출력 투영 층에 대한 가중치 텐서를 params["blocks"][0]["attn"]["c_proj"]["w"]로 저장합니다. GPTModel의 인스턴스인 gpt에서 이에 해당하는 가중치 텐서는 gpt.trf_blocks[b].att.out_proj.weight입니다.

오픈AI는 우리가 구현한 것과는 조금 다른 이름 규칙을 사용하기 때문에 load_weights_into_gpt 함수를 만드는 데 많은 추측이 필요했습니다. 하지만 두 텐서의 차원이 다르면 assign 함수가 오류를 발생시킵니다. 또한 이 함수를 잘못 만들면 최종 GPT 모델이 일관성 있는 텍스트를 생성하지 못하기 때문에 금방 눈치챌 수 있습니다.

load_weights_into_gpt 함수를 실행하고 오픈AI의 모델 가중치를 GPTModel의 인스턴스인 gpt로 로드해 보죠.

```
load_weights_into_gpt(gpt, params)
gpt.to(device)
```

모델이 올바르게 로드되었다면 generate 함수를 사용해 새로운 텍스트를 생성할 수 있습니다.

```
torch.manual_seed(123)
token_ids = generate(
    model=gpt,
    idx=text_to_token_ids("Every effort moves you", tokenizer).to(device),
    max_new_tokens=25,
    context_size=NEW_CONFIG["context_length"],
    top_k=50,
    temperature=1.5
)
print("출력 텍스트:\n", token_ids_to_text(token_ids, tokenizer))
```

출력된 텍스트는 다음과 같습니다.

```
출력 텍스트:
Every effort moves you toward finding an ideal new way to practice something!
What makes us want to be on top of that?
```

모델이 일관성 있는 텍스트를 생성했기 때문에 가중치가 올바르게 로드되었다고 확신할 수 있습니다. 이 과정에서 조금만 잘못되어도 모델이 제대로 텍스트를 생성하지 못합니다. 이어지는 장에서는 사전 훈련된 모델을 사용해 텍스트를 분류하고 지시를 따르도록 미세 튜닝해 보겠습니다.

연습문제 5.5

GPT-2로 예제 데이터셋의 손실 계산하기

오픈AI의 사전 훈련된 가중치를 로드한 `GPTModel`로 『The Verdict』 데이터셋의 훈련 세트 손실과 검증 세트 손실을 계산해 보세요.

연습문제 5.6

다른 크기의 GPT-2 모델 로드하고 비교하기

다른 크기의 GPT-2 모델(예를 들어 15억 5,800만 파라미터 모델)을 테스트해 보고 1억 2,400만 파라미터 모델이 생성한 텍스트와 비교해 보세요.

5.6 SECTION 요약

- LLM은 한 번에 하나의 토큰씩 출력하여 텍스트를 생성합니다.
- 기본적으로 모델 출력을 확률 점수로 바꾸고, 가장 높은 확률 점수에 해당하는 어휘사전 토큰을 선택하는 식으로 다음 토큰을 생성합니다. 이를 '그리디 디코딩'이라 합니다.
- 확률적 샘플링과 온도 스케일링을 사용해 생성된 텍스트의 다양성과 일관성에 영향을 미칠 수 있습니다.
- 훈련 세트 손실과 검증 세트 손실을 사용해 훈련 과정에서 LLM이 생성한 텍스트의 품질을 평가합니다.
- LLM 사전 훈련은 훈련 손실을 최소화하도록 가중치를 바꾸는 일입니다.
- LLM의 훈련 루프는 딥러닝의 표준 절차를 따릅니다. 일반적인 크로스 엔트로피 손실과 AdamW 옵티마이저를 사용합니다.
- 대규모 텍스트 말뭉치에서 LLM을 사전 훈련하는 것은 많은 시간과 자원이 소모되는 일입니다. 따라서 대규모 데이터셋에서 모델을 직접 사전 훈련하는 대신 공개된 가중치를 로드하여 사용할 수 있습니다.

CHAPTER

6

분류를 위해 미세 튜닝하기

이 장에서 다룰 내용

- 다양한 LLM 미세 튜닝 방법 소개
- 텍스트 분류를 위한 데이터셋 준비하기
- 미세 튜닝을 위해 사전 훈련된 LLM 수정하기
- 스팸 메시지를 감지하도록 LLM을 미세 튜닝
- 미세 튜닝된 LLM 분류기의 정확도 평가하기
- 미세 튜닝된 LLM을 사용해 새로운 데이터 분류하기

지금까지 LLM 구조를 구현하고 사전 훈련했습니다. 오픈AI 같이 외부에서 사전 훈련된 가중치를 직접 만든 모델에 로드하는 방법을 배웠습니다. 이제 텍스트 분류 같은 특정 타깃 작업에 LLM을 미세 튜닝하면 이런 작업의 가치가 드러날 것입니다. 이 장에서 다룰 구체적인 예제는 텍스트 메시지를 '스팸' 또는 '스팸 아님'으로 분류하는 것입니다. 그림 6-1에 LLM을 미세 튜닝하는 두 가지 방법, 즉 분류를 위해 미세 튜닝하기(8단계)와 지시를 따르도록 미세 튜닝하기(9단계)가 강조 표시되어 있습니다.

▼ **그림 6-1** LLM 구현을 위한 세 가지 주요 단계. 이 장에서는 3단계(8스텝)인 사전 훈련된 LLM을 분류기로 미세 튜닝하는 데 초점을 맞춥니다.

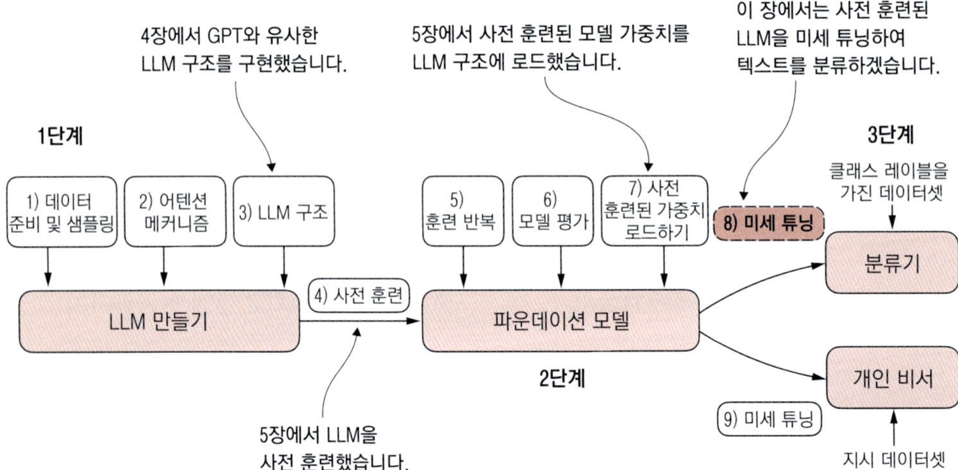

6.1 SECTION 여러 가지 미세 튜닝 방법

언어 모델을 미세 튜닝하는 가장 일반적인 방법은 **지시 미세 튜닝**(instruction fine-tuning)과 **분류 미세 튜닝**(classification fine-tuning)입니다. 지시 미세 튜닝은 구체적인 지시 데이터를 사용해 일련의 작업에서 언어 모델을 훈련합니다. 그림 6-2에 나타나 있듯이 이를 통해 자연어 프롬프트로 설명된 작업을 이해하고 실행하는 능력을 향상시킵니다.

▼ **그림 6-2** 두 가지 지시 미세 튜닝 시나리오. 위에서는 모델이 텍스트가 스팸인지 아닌지를 결정하는 작업을 수행합니다. 아래에서는 모델이 영어 문장을 독일어로 번역하라는 지시를 받습니다.

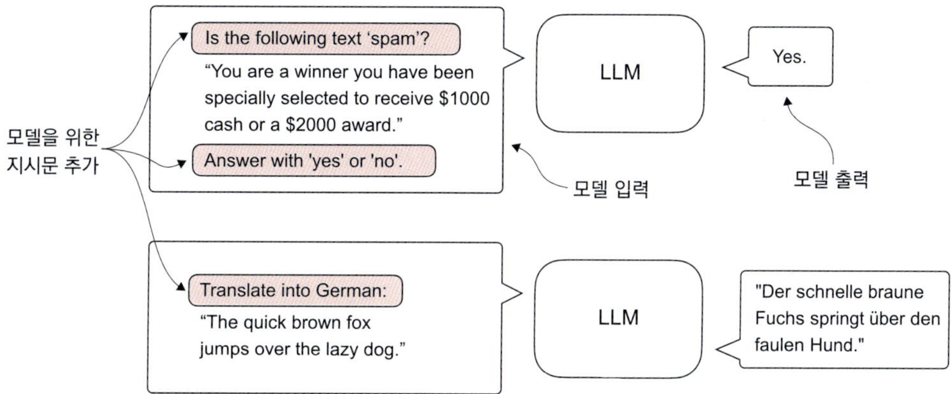

머신러닝을 배운 적이 있다면 분류는 익숙한 개념입니다. 분류 미세 튜닝에서는 모델이 '스팸'과 '스팸 아님' 같은 일련의 클래스 레이블을 인식하도록 훈련됩니다. 분류 작업의 예는 LLM과 이메일 필터링에 국한되지 않습니다. 이미지에 있는 다양한 식물의 종을 식별하거나, 뉴스 기사를 스포츠, 정치, 기술 같은 토픽으로 분류하거나, 의료 이미지를 통해 양성 종양과 악성 종양을 구별합니다.

핵심은 분류 미세 튜닝 모델이 훈련 과정에서 만난 클래스만 예측한다는 것입니다. 예를 들어 그림 6-3에 나타나 있듯이 모델은 입력 텍스트가 '스팸' 또는 '스팸 아님'인지 결정할 수 있지만 그 외 다른 것은 말할 수 없습니다.

그림 6-3에 있는 분류를 위해 미세 튜닝된 모델과 달리 지시 미세 튜닝 모델은 일반적으로 광범위한 작업을 수행할 수 있습니다. 분류 미세 튜닝된 모델은 고도로 전문화되었다고 볼 수 있으며, 일반적으로 다양한 작업을 처리하는 일반화된 모델보다 전문화된 모델을 개발하는 것이 더 쉽습니다.

▼ **그림 6-3** LLM을 사용한 텍스트 분류 시나리오. 스팸 분류를 위해 미세 튜닝된 모델은 입력에 추가적인 지시가 포함되지 않아도 됩니다. 지시 미세 튜닝된 모델과 달리 이런 모델은 '스팸' 또는 '스팸 아님'만 출력할 수 있습니다.

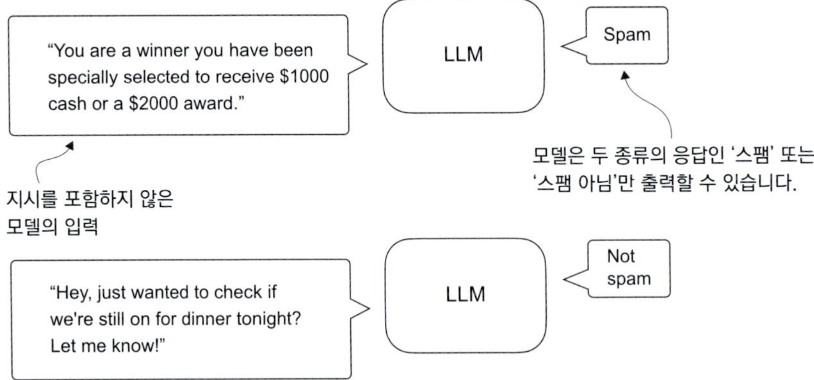

참고

올바른 방식 선택하기

지시 미세 튜닝은 모델이 사용자의 구체적인 지시를 이해하고 이를 기반으로 응답을 생성하는 능력을 향상시킵니다. 지시 미세 튜닝은 복잡한 사용자의 지시를 기반으로 다양한 작업을 처리해야 하는 모델에 잘 맞으며, 유연성과 상호작용의 품질을 향상시킵니다. 분류 미세 튜닝은 감성 분석이나 스팸 감지와 같은 데이터를 사전에 정의된 클래스로 정확히 분류해야 하는 프로젝트에 적합합니다.

지시 미세 튜닝이 더 다재다능하지만 다양한 작업에 능숙한 모델을 개발하려면 데이터셋과 컴퓨팅 자원이 더 많이 필요합니다. 분류 미세 튜닝은 데이터와 컴퓨팅 자원이 덜 필요하지만 모델이 훈련된 특정 클래스로만 사용이 제한됩니다.

6.2 데이터셋 준비

SECTION

앞서 구현하고 사전 훈련한 GPT 모델을 수정해서 분류 미세 튜닝을 수행할 수 있습니다. 먼저 그림 6-4에 나타나 있듯이 데이터셋을 다운로드해서 준비해 보죠. 분류 미세 튜닝에 대한 유용한 예제로 '스팸'과 '스팸 아님'으로 구성된 텍스트 메시지 데이터셋을 사용하겠습니다.

NOTE

텍스트 메시지는 일반적으로 이메일이 아니라 핸드폰을 통해 전달됩니다. 하지만 동일한 단계가 이메일 분류에도 적용됩니다. 관심 있는 독자는 부록 B에서 스팸 이메일 분류 데이터셋에 관한 링크를 참고하세요.

▼ **그림 6-4** 분류를 위해 LLM을 미세 튜닝하는 세 단계 과정. 1단계는 데이터셋을 준비합니다. 2단계는 모델 설정에 초점을 맞춥니다. 3단계는 모델을 미세 튜닝하고 평가합니다.

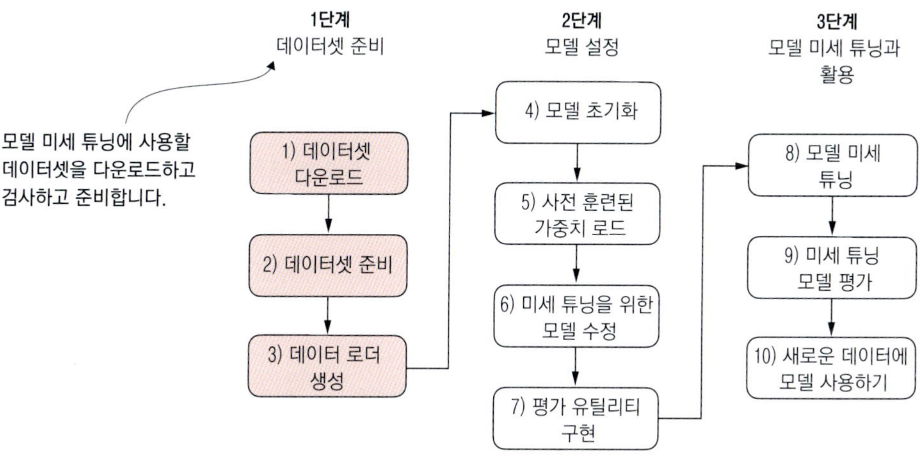

먼저 데이터셋을 다운로드합니다.

코드 6-1 데이터셋을 다운로드하고 압축 풀기

```
import urllib.request
import zipfile
import os
from pathlib import Path

url = "https://archive.ics.uci.edu/static/public/228/sms+spam+collection.zip"
zip_path = "sms_spam_collection.zip"
extracted_path = "sms_spam_collection"
data_file_path = Path(extracted_path) / "SMSSpamCollection.tsv"

def download_and_unzip_spam_data(
        url, zip_path, extracted_path, data_file_path):
    if data_file_path.exists():
        print(f"{data_file_path}가 이미 있어 다운로드 및 압축 해제를 건너뜁니다."
        )
        return

    with urllib.request.urlopen(url) as response:  -------- 파일을 다운로드합니다.
        with open(zip_path, "wb") as out_file:
            out_file.write(response.read())

    with zipfile.ZipFile(zip_path, "r") as zip_ref:  -------- 파일 압축을 풉니다.
        zip_ref.extractall(extracted_path)
```

```
    original_file_path = Path(extracted_path) / "SMSSpamCollection"
    os.rename(original_file_path, data_file_path) -------- .tsv 파일 확장자를 추가합니다.
    print(f"파일이 다운로드되어 {data_file_path}에 저장되었습니다.")

download_and_unzip_spam_data(url, zip_path, extracted_path, data_file_path)
```

이전 코드를 실행하면 데이터셋이 sms_spam_collection 폴더 안에 탭으로 구분된 텍스트 파일 SMSSpamCollection.tsv로 저장됩니다. 이를 다음처럼 판다스(pandas) 데이터프레임(DataFrame)으로 로드할 수 있습니다.

```
import pandas as pd
df = pd.read_csv(
    data_file_path, sep="\t", header=None, names=["Label", "Text"]
)
df -------- 주피터 노트북에서 데이터프레임을 출력합니다. 또는 print(df)를 사용할 수 있습니다.
```

그림 6-5는 스팸 데이터셋의 데이터프레임을 보여 줍니다.

▼ **그림 6-5** 판다스 데이터프레임으로 표시한 SMSSpamCollection 데이터셋. 클래스 레이블("ham" 또는 "spam")과 텍스트 메시지를 보여 줍니다. 이 데이터셋은 5,572개 행(텍스트 메시지와 레이블)으로 구성됩니다.

	Label	Text
0	ham	Go until jurong point, crazy.. Available only ...
1	ham	Ok lar... Joking wif u oni...
2	spam	Free entry in 2 a wkly comp to win FA Cup fina...
3	ham	U dun say so early hor... U c already then say...
4	ham	Nah I don't think he goes to usf, he lives aro...
...	...	...
5571	ham	Rofl. Its true to its name

5572 rows × 2 columns

클래스 레이블 분포를 조사해 보죠.

```
print(df["Label"].value_counts())
```

이전 코드를 실행하면 데이터에 "ham"(즉, '스팸 아님')이 "spam"보다 훨씬 많다는 것을 알 수 있습니다.

```
Label
ham      4825
```

```
spam     747
Name: count, dtype: int64
```

간단하게 하기 위해, 그리고 (LLM 미세 튜닝을 빠르게 수행하기 위해) 작은 데이터셋이 좋으므로 각 클래스에 대해 747개 샘플만 포함하도록 데이터셋을 줄이겠습니다.

NOTE

클래스 불균형 문제를 다루는 다른 방법도 있지만 이 책의 범위를 벗어납니다. 불균형한 데이터를 다루는 방법에 관심 있는 독자는 부록 B의 자료를 참고하세요.

다음 코드를 사용해 데이터셋을 언더샘플링(undersampling)하여 균형 잡힌 데이터셋을 만듭니다.

코드 6-2 균형 잡힌 데이터셋 만들기

```
def create_balanced_dataset(df):
    num_spam = df[df["Label"] == "spam"].shape[0] -------- "spam" 샘플 개수를 카운트합니다.
    ham_subset = df[df["Label"] == "ham"].sample(
        num_spam, random_state=123
    ) -------- "spam" 샘플 개수만큼 "ham" 샘플을 랜덤하게 선택합니다.
    balanced_df = pd.concat([
        ham_subset, df[df["Label"] == "spam"]
    ]) -------- 선택된 샘플과 "spam" 샘플을 합칩니다.
    return balanced_df

balanced_df = create_balanced_dataset(df)
print(balanced_df["Label"].value_counts())
```

이전 코드를 실행하여 균형 잡힌 데이터셋을 만들고 나면 스팸 메시지와 스팸이 아닌 메시지의 개수가 동일해집니다.

```
Label
ham     747
spam    747
Name: count, dtype: int64
```

그런 다음 문자열로 된 클래스 레이블 "ham"과 "spam"을 정수 클래스 레이블 0과 1로 각각 변경합니다.

```
balanced_df["Label"] = balanced_df["Label"].map({"ham": 0, "spam": 1})
```

이 과정은 텍스트를 토큰 ID로 변환하는 것과 비슷합니다. 하지만 50,000개 단어 이상으로 구성된 GPT 어휘사전을 사용하지 않고 딱 2개의 토큰 ID 0과 1을 사용합니다.

그런 다음 데이터셋을 세 부분으로 분할하는 random_split 함수를 구현합니다. 70%는 훈련용, 10%는 검증용, 20%는 테스트용으로 분할합니다(모델을 훈련, 조정, 평가하기 위해 머신러닝에서 자주 사용되는 비율입니다).

코드 6-3 데이터셋 분할

```
def random_split(df, train_frac, validation_frac):

    df = df.sample(
        frac=1, random_state=123
    ).reset_index(drop=True)  -------- 전체 데이터프레임을 섞습니다.
    train_end = int(len(df) * train_frac)  -------- 분할할 인덱스를 계산합니다.
    validation_end = train_end + int(len(df) * validation_frac)

    train_df = df[:train_end]
    validation_df = df[train_end:validation_end]  -------- 데이터프레임을 분할합니다.
    test_df = df[validation_end:]

    return train_df, validation_df, test_df

train_df, validation_df, test_df = random_split(
    balanced_df, 0.7, 0.1)  -------- 테스트 크기는 나머지에 해당하는 0.2입니다.
```

이 데이터셋을 나중에 재사용할 수 있도록 CSV 파일로 저장해 보죠.

```
train_df.to_csv("train.csv", index=None)
validation_df.to_csv("validation.csv", index=None)
test_df.to_csv("test.csv", index=None)
```

지금까지 데이터셋을 다운로드하고, 클래스 균형을 맞추고, 훈련/검증/평가 세트로 나누었습니다. 이제 모델 훈련에 사용할 파이토치 데이터 로더를 준비해 보죠.

데이터 로더 만들기

텍스트 데이터로 작업할 때 구현했던 것과 개념적으로 비슷한 파이토치 데이터 로더를 만들겠습니다. 이전에는 슬라이딩 윈도 기법을 사용해 균일한 크기의 텍스트 청크를 생성했습니다. 효율적인 모델 훈련을 위해 이를 배치로 묶었습니다. 각 청크는 개별 훈련 샘플이 됩니다. 하지만 여기서는 사용하는 스팸 데이터셋은 길이가 다양합니다. 텍스트 청크로 했던 것처럼 이런 메시지를 배치로 묶으려면 두 가지 방식이 있습니다.

- 데이터셋이나 배치에 있는 가장 짧은 길이의 메시지에 맞춰 모든 메시지를 잘라냅니다.
- 데이터셋이나 배치에 있는 가장 긴 길이의 메시지에 맞춰 모든 메시지에 패딩을 추가합니다.

첫 번째 방식은 계산 비용이 저렴합니다. 하지만 가장 짧은 메시지는 평균이나 가장 긴 메시지에 비해 길이가 훨씬 짧기 때문에 정보 손실이 많을 수 있어 모델의 성능이 낮아집니다. 따라서 메시지 내용을 모두 보존하는 두 번째 방식을 선택해 보죠.

데이터셋에서 가장 긴 메시지 길이로 모든 메시지를 맞추어 배치를 만들기 위해 짧은 길이의 메시지에 패딩 토큰을 추가합니다. 이를 위해 "<|endoftext|>"를 패딩 토큰으로 사용합니다.

하지만 각 원본 텍스트 메시지에 문자열 "<|endoftext|>"를 추가하는 대신 그림 6-6과 같이 인코딩된 텍스트 메시지에 "<|endoftext|>"에 해당하는 토큰 ID를 추가할 수 있습니다. 50256은 패딩 토큰 "<|endoftext|>"에 해당하는 토큰 ID입니다. tiktoken 패키지의 GPT-2 토크나이저를 사용해 "<|endoftext|>"의 토큰 ID가 50256이 맞는지 확인합니다.

```
import tiktoken
tokenizer = tiktoken.get_encoding("gpt2")
print(tokenizer.encode("<|endoftext|>", allowed_special={"<|endoftext|>"}))
```

앞의 코드를 실행하면 50256이 반환됩니다.

먼저 데이터 로더를 만들기 전에 데이터를 로드하고 처리하는 방법을 지정하기 위해 파이토치의 Dataset을 구현해야 합니다. 이를 위해 그림 6-6의 개념을 구현한 SpamDataset 클래스를 정의합니다. SpamDataset 클래스는 몇 가지 주요 작업을 처리합니다. 텍스트 메시지를 토큰 시퀀스로 인코딩하고, 훈련 데이터셋에서 가장 긴 시퀀스를 식별하고, 다른 모든 시퀀스에 **패딩 토큰**(padding token)을 추가하여 가장 긴 시퀀스 길이에 맞춥니다.

▼ **그림 6-6** 입력 텍스트 준비 과정. 먼저 각 입력 텍스트 메시지를 토큰 ID 시퀀스로 변환합니다. 그런 다음 가장 긴 시퀀스의 길이와 동일하게 만들기 위해 짧은 시퀀스에 패딩 토큰(여기서는 토큰 ID 50256)을 추가합니다.

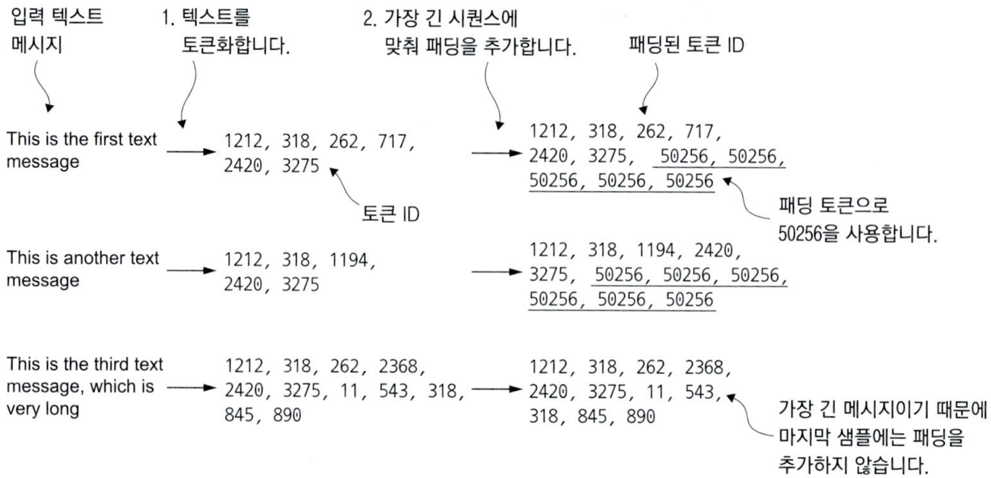

코드 6-4 파이토치 Dataset 클래스 준비하기

```
import torch
from torch.utils.data import Dataset

class SpamDataset(Dataset):
    def __init__(self, csv_file, tokenizer, max_length=None,
                 pad_token_id=50256):
        self.data = pd.read_csv(csv_file)

        self.encoded_texts = [    # 텍스트를 토큰화합니다.
            tokenizer.encode(text) for text in self.data["Text"]
        ]

        if max_length is None:
            self.max_length = self._longest_encoded_length()
        else:
            self.max_length = max_length    # max_length보다 긴 시퀀스를 자릅니다.

            self.encoded_texts = [
                encoded_text[:self.max_length]
                for encoded_text in self.encoded_texts
            ]

        self.encoded_texts = [
            encoded_text + [pad_token_id] *
```

```
            (self.max_length - len(encoded_text))
            for encoded_text in self.encoded_texts
        ] -------- 가장 긴 시퀀스에 맞춰 패딩을 추가합니다.

    def __getitem__(self, index):
        encoded = self.encoded_texts[index]
        label = self.data.iloc[index]["Label"]
        return (
            torch.tensor(encoded, dtype=torch.long),
            torch.tensor(label, dtype=torch.long)
        )

    def __len__(self):
        return len(self.data)

    def _longest_encoded_length(self):
        max_length = 0
        for encoded_text in self.encoded_texts:
            encoded_length = len(encoded_text)
            if encoded_length > max_length:
                max_length = encoded_length
        return max_length
```

SpamDataset 클래스는 앞서 만든 CSV 파일에서 데이터를 로드하고, tiktoken의 GPT-2 토크나이저를 사용해 텍스트를 토큰화하고, 가장 긴 시퀀스나 사전에 정의된 최대 길이에 맞춰 동일한 길이가 되도록 시퀀스를 자르고 패딩을 추가합니다. 이렇게 하면 입력 텐서가 동일한 길이가 됩니다. 이는 다음에 구현할 훈련 데이터 로더에서 배치를 만들기 위해 필수적인 작업입니다.

```
train_dataset = SpamDataset(
    csv_file="train.csv",
    max_length=None,
    tokenizer=tokenizer
)
```

가장 긴 시퀀스 길이는 이 데이터셋의 max_length 속성에 저장되어 있습니다. 다음 코드로 가장 긴 길이의 토큰 개수를 확인할 수 있습니다.

```
print(train_dataset.max_length)
```

앞의 코드를 실행하면 120이 출력됩니다. 즉, 가장 긴 시퀀스에 120개보다 많은 토큰이 들어 있지 않습니다. 이는 일반적인 텍스트 메시지 길이입니다. 이 모델은 문맥 길이 한도에 해당하는 1,024개 토큰까지 처리할 수 있습니다. 데이터셋에 더 긴 텍스트가 들어 있다면 모델이 지원하는 입력(문맥) 길이를 초과하지 않도록 앞의 코드에서 훈련 데이터셋을 만들 때 max_length=1024로 지정하세요.

그런 다음 가장 긴 훈련 세트의 시퀀스 길이에 맞춰 검증 세트와 테스트 세트에 패딩을 추가합니다. 중요한 것은 가장 긴 훈련 샘플의 길이보다 긴 모든 검증 세트 샘플과 테스트 세트 샘플은 SpamDataset에 있는 encoded_text[:self.max_length]에 의해 잘라야 한다는 점입니다. 이렇게 자르는 것은 선택 사항입니다. 검증 세트와 테스트 세트에 1,024개 토큰을 초과하는 시퀀스가 없다면 max_length=None으로 지정할 수 있습니다.

```
val_dataset = SpamDataset(
    csv_file="validation.csv",
    max_length=train_dataset.max_length,
    tokenizer=tokenizer
)
test_dataset = SpamDataset(
    csv_file="test.csv",
    max_length=train_dataset.max_length,
    tokenizer=tokenizer
)
```

연습문제 6.1

문맥 길이 증가시키기

모델이 지원하는 최대 토큰 개수까지 입력에 패딩을 추가하고 예측 성능에 어떤 영향을 미치는지 관찰하세요.

이 데이터셋을 입력으로 사용해 텍스트 데이터를 사용했을 때처럼 데이터 로더를 만들 수 있습니다. 하지만 이 경우에는 타깃이 텍스트의 다음 토큰이 아니라 클래스 레이블입니다. 예를 들어 배치 크기를 8로 했다면 그림 6-7과 같이 각 배치는 길이가 120인 8개의 훈련 샘플과 각 샘플에 해당하는 클래스 레이블로 구성됩니다.

▼ **그림 6-7** 토큰 ID로 표현된 8개의 텍스트 메시지로 구성된 하나의 훈련 배치. 클래스 레이블 배열은 텍스트 메시지에 상응하는 8개의 클래스 레이블을 저장합니다. 레이블은 0("스팸 아님") 또는 1("스팸")입니다.

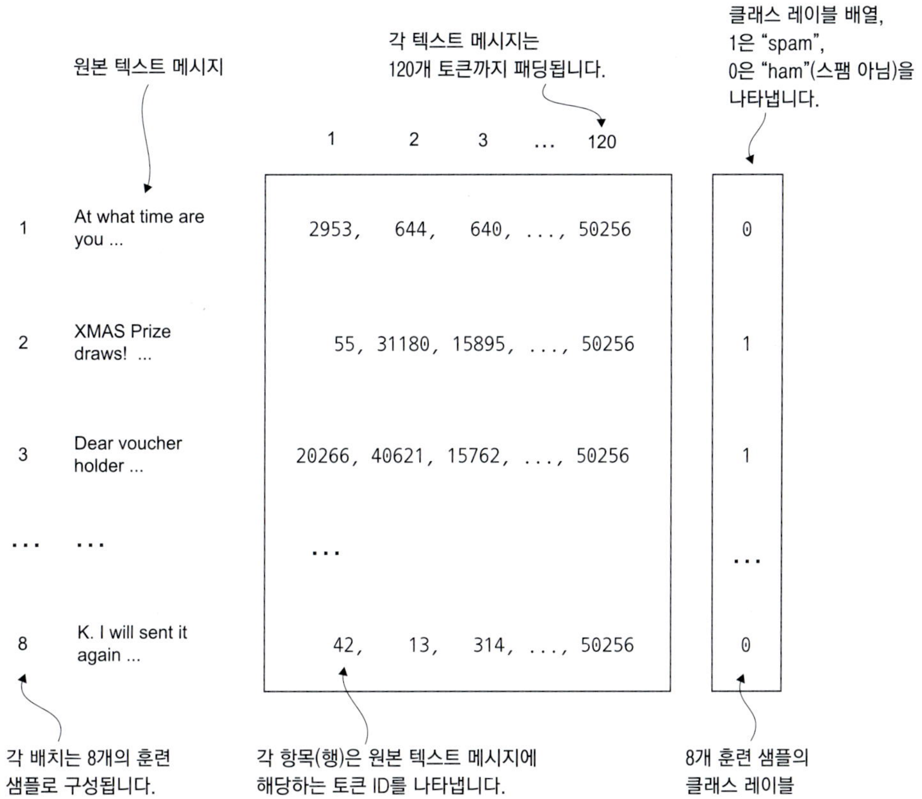

다음 코드는 텍스트 메시지와 레이블을 로드하여 배치 크기 8인 훈련, 검증, 테스트 세트 데이터 로더를 만듭니다.

코드 6-5 파이토치 데이터 로더 만들기

```
from torch.utils.data import DataLoader

num_workers = 0 -------- 이 설정은 대부분의 컴퓨터에서 호환됩니다.
batch_size = 8
torch.manual_seed(123)

train_loader = DataLoader(
    dataset=train_dataset,
    batch_size=batch_size,
    shuffle=True,
```

```
        num_workers=num_workers,
        drop_last=True,
    )
    val_loader = DataLoader(
        dataset=val_dataset,
        batch_size=batch_size,
        num_workers=num_workers,
        drop_last=False,
    )
    test_loader = DataLoader(
        dataset=test_dataset,
        batch_size=batch_size,
        num_workers=num_workers,
        drop_last=False,
    )
```

데이터 로더가 기대한 크기의 배치를 반환하는지 확인하기 위해 훈련 데이터 로더를 반복하면서 마지막 배치의 텐서 차원을 출력해 보죠.

```
for input_batch, target_batch in train_loader:
    pass
print("입력 배치 차원:", input_batch.shape)
print("레이블 배치 차원", target_batch.shape)
```

출력은 다음과 같습니다.

```
입력 배치 차원: torch.Size([8, 120])
레이블 배치 차원 torch.Size([8])
```

여기서 볼 수 있듯이 입력 배치는 8개의 샘플로 구성되며, 각 샘플은 120개 토큰을 가집니다. 레이블 텐서는 8개의 훈련 샘플에 해당하는 클래스 레이블을 저장하고 있습니다.

마지막으로 데이터셋 크기를 확인하기 위해 각 데이터셋에 있는 전체 배치 개수를 출력해 보죠.

```
print(f"{len(train_loader)}개 훈련 배치")
print(f"{len(val_loader)}개 검증 배치")
print(f"{len(test_loader)}개 테스트 배치")
```

각 데이터셋에 있는 배치 개수는 다음과 같습니다.

```
130개 훈련 배치
19개 검증 배치
38개 테스트 배치
```

이제 데이터가 준비되었으므로 미세 튜닝을 위한 모델을 준비할 차례입니다.

사전 훈련된 가중치로 모델 초기화하기

스팸 메시지를 식별하도록 분류 미세 튜닝하기 위한 모델을 준비해야 합니다. 그림 6-8에 강조 표시한 것처럼 먼저 사전 훈련된 모델을 초기화합니다.

▼ **그림 6-8** 분류를 위해 LLM을 미세 튜닝하는 세 단계 과정. 데이터셋을 준비하는 1단계를 마쳤습니다. 이제 스팸 메시지를 분류하도록 미세 튜닝할 LLM을 초기화해야 합니다.

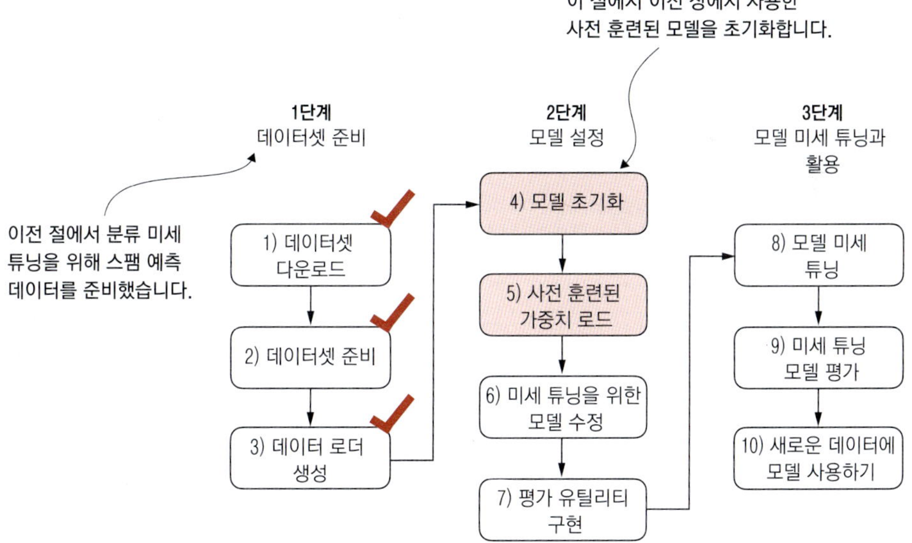

레이블이 없는 데이터에서 사전 훈련할 때 사용했던 것과 동일한 설정을 사용하여 모델 준비 과정을 시작해 보죠.

```
CHOOSE_MODEL = "gpt2-small (124M)"
INPUT_PROMPT = "Every effort moves"
BASE_CONFIG = {
    "vocab_size": 50257,          # 어휘사전 크기
    "context_length": 1024,       # 문맥 길이
    "drop_rate": 0.0,             # 드롭아웃 비율
    "qkv_bias": True              # 쿼리-키-값 편향
}
model_configs = {
    "gpt2-small (124M)": {"emb_dim": 768, "n_layers": 12, "n_heads": 12},
    "gpt2-medium (355M)": {"emb_dim": 1024, "n_layers": 24, "n_heads": 16},
    "gpt2-large (774M)": {"emb_dim": 1280, "n_layers": 36, "n_heads": 20},
    "gpt2-xl (1558M)": {"emb_dim": 1600, "n_layers": 48, "n_heads": 25},
}
BASE_CONFIG.update(model_configs[CHOOSE_MODEL])
```

그런 다음 gpt_download.py 파일에서 download_and_load_gpt2 함수를 임포트하고, previous_chapter.py 파일에서 GPTModel 클래스와 load_weights_into_gpt 함수를 재사용하여 사전 훈련된 가중치를 다운로드하여 GPT 모델로 로드하겠습니다(5장 참조).[1]

코드 6-6 사전 훈련된 GPT 모델 로드하기

```
from gpt_download import download_and_load_gpt2
from previous_chapter import GPTModel, load_weights_into_gpt

model_size = CHOOSE_MODEL.split(" ")[-1].lstrip("(").rstrip(")")
settings, params = download_and_load_gpt2(
    model_size=model_size, models_dir="gpt2"
)

model = GPTModel(BASE_CONFIG)
load_weights_into_gpt(model, params)
model.eval()
```

GPTModel로 모델 가중치를 로드한 후 4장과 5장의 텍스트 생성 유틸리티 함수를 재사용해 모델이 일관된 텍스트를 생성하는지 확인할 수 있습니다.

1 역주 이 장에서 사용하는 previous_chapter.py 파일은 깃허브 저장소의 ch06/01_main-chapter-code 폴더 안에 있습니다.

```
from previous_chapter import generate_text_simple
from previous_chapter import text_to_token_ids, token_ids_to_text

text_1 = "Every effort moves you"
token_ids = generate_text_simple(
    model=model,
    idx=text_to_token_ids(text_1, tokenizer),
    max_new_tokens=15,
    context_size=BASE_CONFIG["context_length"]
)
print(token_ids_to_text(token_ids, tokenizer))
```

다음 출력은 모델이 일관성 있는 텍스트를 생성한다는 것을 보여 줍니다. 따라서 모델 가중치가 올바르게 로드되었다고 판단할 수 있습니다.

```
Every effort moves you forward.
The first step is to understand the importance of your work
```

모델을 스팸 분류기로 미세 튜닝하기 전에 명령이 포함된 프롬프트로 모델이 스팸 메시지를 분류할 수 있는지 알아보죠.

```
text_2 = (
    "Is the following text 'spam'? Answer with 'yes' or 'no':"
    " 'You are a winner you have been specially"
    " selected to receive $1000 cash or a $2000 award.'"
)
token_ids = generate_text_simple(
    model=model,
    idx=text_to_token_ids(text_2, tokenizer),
    max_new_tokens=23,
    context_size=BASE_CONFIG["context_length"]
)
print(token_ids_to_text(token_ids, tokenizer))
```

모델 출력은 다음과 같습니다.

```
Is the following text 'spam'? Answer with 'yes' or 'no': 'You are a winner
you have been specially selected to receive $1000 cash
or a $2000 award.'
The following text 'spam'? Answer with 'yes' or 'no': 'You are a winner
```

출력을 보면 모델이 지시를 따르는 데 어려움을 겪는 것으로 보입니다. 모델이 사전 훈련만 거쳤고 지시 미세 튜닝을 하지 않았기 때문에 예견된 일입니다. 그럼 분류 미세 튜닝을 위해 모델을 준비해 보죠.

6.5 SECTION 분류 헤드 추가하기

분류 미세 튜닝을 위해 사전 훈련된 LLM을 수정해야 합니다. 이를 위해 그림 6-9와 같이 은닉 표현을 어휘사전의 50,257개 토큰에 대한 로짓으로 매핑하는 원래 출력 층을 2개의 클래스 0('스팸 아님')과 1('스팸')로 매핑하는 작은 층으로 바꿔야 합니다. 출력 층을 바꾼 것 외에는 이전과 동일한 모델을 사용합니다.

> **참고**
>
> **출력 층의 노드**
>
> 이진 분류 작업이므로 기술적으로 하나의 출력 노드만 사용할 수 있습니다. 하지만 이렇게 하려면 손실 함수를 바꿔야 합니다(자세한 내용은 제 블로그의 글 'Losses Learned—Optimizing Negative Log-Likelihood and Cross-Entropy in PyTorch'(https://mng.bz/NRZ2)를 참고하세요). 따라서 더 일반적인 방식을 따라서 출력 노드 개수를 클래스 개수에 맞춥니다. 예를 들어 뉴스 기사를 '기술', '스포츠', '정치'로 분류하는 것처럼 3개의 클래스를 가진 문제라면 3개의 출력 노드를 사용하는 식입니다.

▼ **그림 6-9** 스팸 분류를 위해 구조를 수정한 GPT 모델. 원래 모델의 선형 출력 층은 768개의 은닉 유닛을 어휘사전의 50,257개 토큰에 매핑합니다. 스팸 감지를 위해 이 층을 새로운 출력 층으로 바꿉니다. 이 층은 768개 은닉 유닛을 '스팸'과 '스팸 아님'을 나타내는 단 2개의 클래스로 매핑합니다.

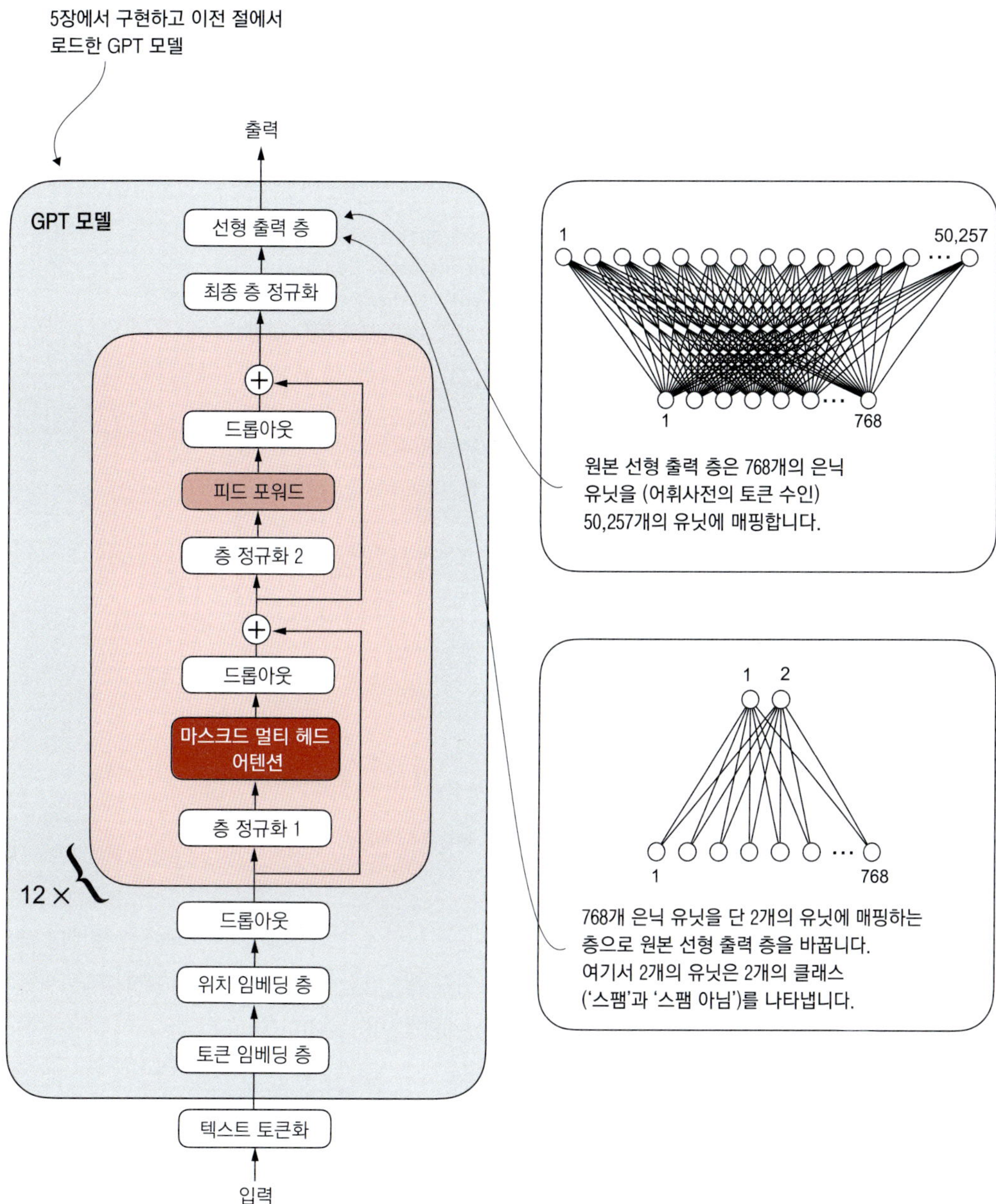

그림 6-9에 나온 대로 모델을 수정하기 전에 print(model) 명령으로 모델 구조를 출력해 보죠.

```
GPTModel(
  (tok_emb): Embedding(50257, 768)
  (pos_emb): Embedding(1024, 768)
  (drop_emb): Dropout(p=0.0, inplace=False)
  (trf_blocks): Sequential(
...
    (11): TransformerBlock(
      (att): MultiHeadAttention(
        (W_query): Linear(in_features=768, out_features=768, bias=True)
        (W_key): Linear(in_features=768, out_features=768, bias=True)
        (W_value): Linear(in_features=768, out_features=768, bias=True)
        (out_proj): Linear(in_features=768, out_features=768, bias=True)
        (dropout): Dropout(p=0.0, inplace=False)
      )
      (ff): FeedForward(
        (layers): Sequential(
          (0): Linear(in_features=768, out_features=3072, bias=True)
          (1): GELU()
          (2): Linear(in_features=3072, out_features=768, bias=True)
        )
      )
      (norm1): LayerNorm()
      (norm2): LayerNorm()
      (drop_resid): Dropout(p=0.0, inplace=False)
    )
  )
  (final_norm): LayerNorm()
  (out_head): Linear(in_features=768, out_features=50257, bias=False)
)
```

이 출력은 4장에서 설명한 구조를 잘 보여 줍니다. 이전에 언급했듯이 GPTModel은 임베딩 층과 이어서 12개의 **트랜스포머 블록**으로 구성됩니다(여기서는 간단하게 마지막 층만 나타냈습니다). 그런 다음 마지막 LayerNorm 층과 출력 층인 out_head가 이어집니다.

이제 out_head를 미세 튜닝할 새로운 출력 층(그림 6-9 참조)으로 바꿔 보죠.

참고

일부 층 미세 튜닝 vs 모든 층 미세 튜닝

사전 훈련된 모델을 사용하기 때문에 모든 층을 미세 튜닝할 필요가 없습니다. 신경망 기반 언어 모델에서는 앞쪽 층이 일반적으로 다양한 작업과 데이터셋에 적용할 수 있는 기본적인 언어 구조와 의미를 감지합니다. 따라서 마지막에 있는 층(즉, 출력에 가까운 층)만 미세 튜닝하는 것만으로도 새로운 작업에 모델을 적응시키는 데 충분한 경우가 많습니다. 이런 층들이 미묘한 언어 패턴과 작업별 특성에 더 특화되어 있습니다. 좋은 점은 적은 개수의 층만 미세 튜닝하는 것이 계산 면에서 더 효율적이라는 것입니다. 어떤 층을 미세 튜닝할지에 대한 실험에 관한 자세한 내용은 부록 B를 참고하세요.

모델을 분류 미세 튜닝하기 위해 먼저 모델을 동결합니다. 즉 모든 층을 훈련되지 않도록 만듭니다.

```
for param in model.parameters():
    param.requires_grad = False
```

그런 다음 원래는 어휘사전 크기인 50,257차원으로 입력을 매핑하던 출력 층(model.out_head)을 바꿉니다(그림 6-9 참조).

코드 6-7 분류 층 추가하기

```
torch.manual_seed(123)
num_classes = 2
model.out_head = torch.nn.Linear(
    in_features=BASE_CONFIG["emb_dim"],
    out_features=num_classes
)
```

코드 재사용성을 높이기 위해 gpt2-small (124M) 모델의 임베딩 차원인 768을 직접 쓰는 대신 BASE_CONFIG["emb_dim"] 변수를 사용합니다. 이렇게 하면 나중에 더 큰 GPT-2 모델을 사용할 때도 같은 코드를 그대로 쓸 수 있습니다.

새로운 model.out_head 층의 requires_grad 속성은 기본적으로 True로 지정되어 있습니다. 이는 모델에서 이 층만 훈련 과정에서 업데이트된다는 의미입니다. 기술적으로 방금 추가한 출력 층을 훈련하는 것만으로도 충분합니다. 하지만 실험을 통해 추가적으로 다른 층을 미세 튜닝하면 모델의 예측 성능을 눈에 띄게 향상시킨다는 것을 알았습니다(자세한 내용은 부록 B를 참고하세요). 그래서 그림 6-10처럼 출력 층에 연결된 마지막 트랜스포머 블록과 마지막 LayerNorm 모듈을 훈련 가능하도록 설정하겠습니다.

▼ **그림 6-10** 12개의 트랜스포머 블록을 가진 GPT 모델. 출력 층과 함께 마지막 LayerNorm과 마지막 트랜스포머 블록을 훈련 가능하도록 설정합니다. 남은 11개의 트랜스포머 블록과 임베딩 층은 훈련되지 않습니다.

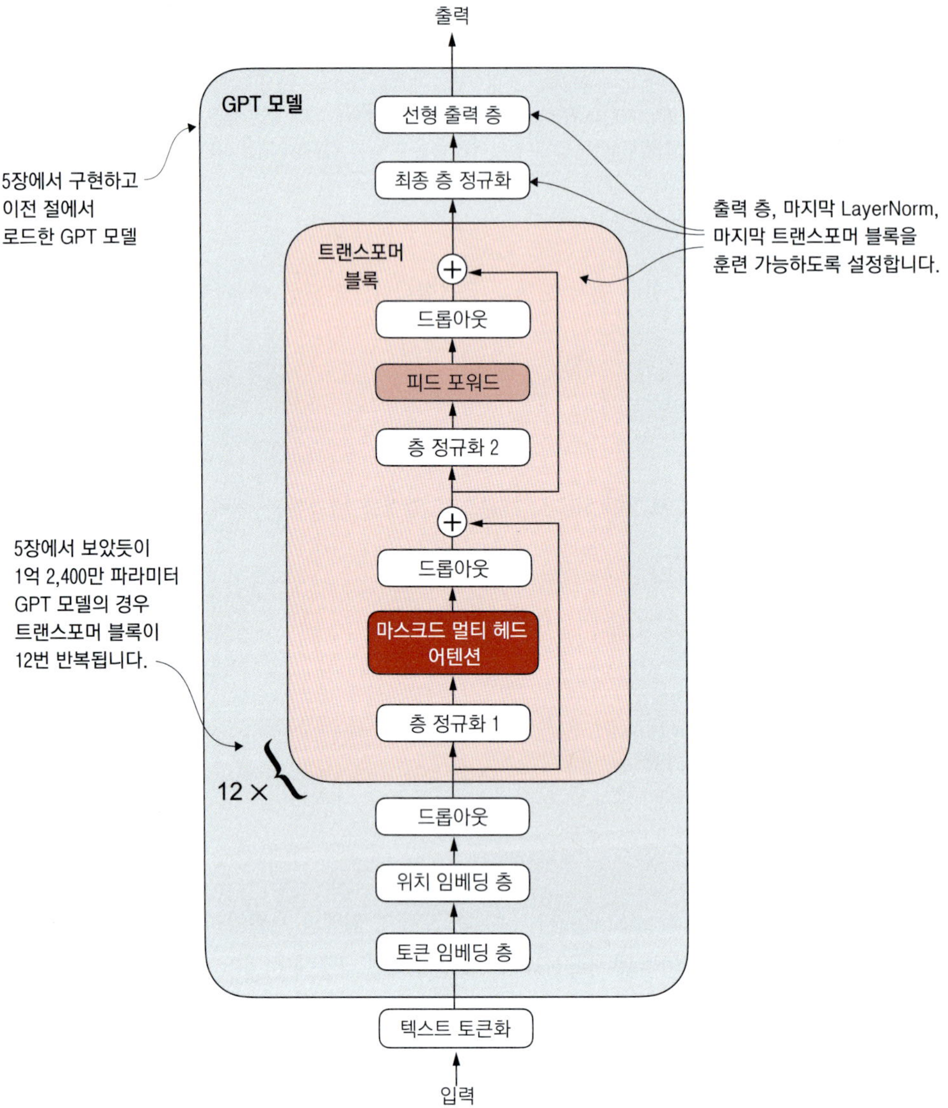

마지막 LayerNorm과 마지막 트랜스포머 블록을 훈련 가능하도록 설정하려면 각 모듈의 requires_grad를 True로 설정합니다.

```
for param in model.trf_blocks[-1].parameters():
    param.requires_grad = True
for param in model.final_norm.parameters():
    param.requires_grad = True
```

연습문제 6.2

전체 모델 미세 튜닝하기

마지막 트랜스포머 블록만 튜닝하는 대신에 전체 모델을 미세 튜닝하고 예측 성능에 미치는 영향을 확인해 보세요.

새로운 출력 층을 추가하고 훈련 가능한 층과 훈련되지 않을 층을 설정했지만, 여전히 이전처럼 이 모델을 사용할 수 있습니다. 예를 들어 이전에 사용했던 샘플 텍스트를 모델에 주입해 보죠.

```
inputs = tokenizer.encode("Do you have time")
inputs = torch.tensor(inputs).unsqueeze(0)
print("입력:", inputs)
print("입력 차원:", inputs.shape) -------- 크기: (배치 크기, 토큰 수)
```

출력 결과를 보면 앞의 코드는 입력을 4개의 토큰으로 구성된 텐서로 인코딩합니다.

```
입력: tensor([[5211,  345,  423,  640]])
입력 차원: torch.Size([1, 4])
```

그런 다음 인코딩된 토큰 ID를 모델에 전달합니다.

```
with torch.no_grad():
    outputs = model(inputs)
print("출력:\n", outputs)
print("출력 텐서:", outputs.shape)
```

출력 텐서는 다음과 같습니다.

```
출력:
 tensor([[[-1.5854,  0.9904],
          [-3.7235,  7.4548],
          [-2.2661,  6.6049],
          [-3.5983,  3.9902]]])
출력 텐서: torch.Size([1, 4, 2])
```

이전에는 비슷한 입력을 사용했을 때 `[1, 4, 50257]` 크기의 텐서를 출력했습니다. 여기서 50257은 어휘사전 크기를 나타냅니다. 출력 행의 개수는 입력 토큰 수에 해당합니다(여기서는 4개). 하지만 모델의 출력 층을 바꾸었기 때문에 출력의 임베딩 차원(열 개수)은 50,257이 아니라 2가 됩니다.

모델 입력이 '스팸' 또는 '스팸 아님'인지를 나타내는 클래스 레이블을 반환하도록 이 모델을 미세 튜닝한다는 점을 기억하세요. 4개의 출력 행을 모두 미세 튜닝할 필요가 없습니다. 대신에 하나의 출력 토큰에만 초점을 맞출 수 있습니다. 그림 6-11과 같이 특별히 마지막 출력 토큰에 해당하는 마지막 행에 초점을 맞추겠습니다.

▼ **그림 6-11** 4개의 토큰을 가진 샘플을 입력 받아 출력하는 GPT 모델. 출력 층을 수정했기 때문에 출력 텐서는 2개의 열로 구성됩니다. 스팸 분류를 위해 모델을 미세 튜닝할 때는 마지막 토큰에 해당하는 마지막 행에만 초점을 맞춥니다.

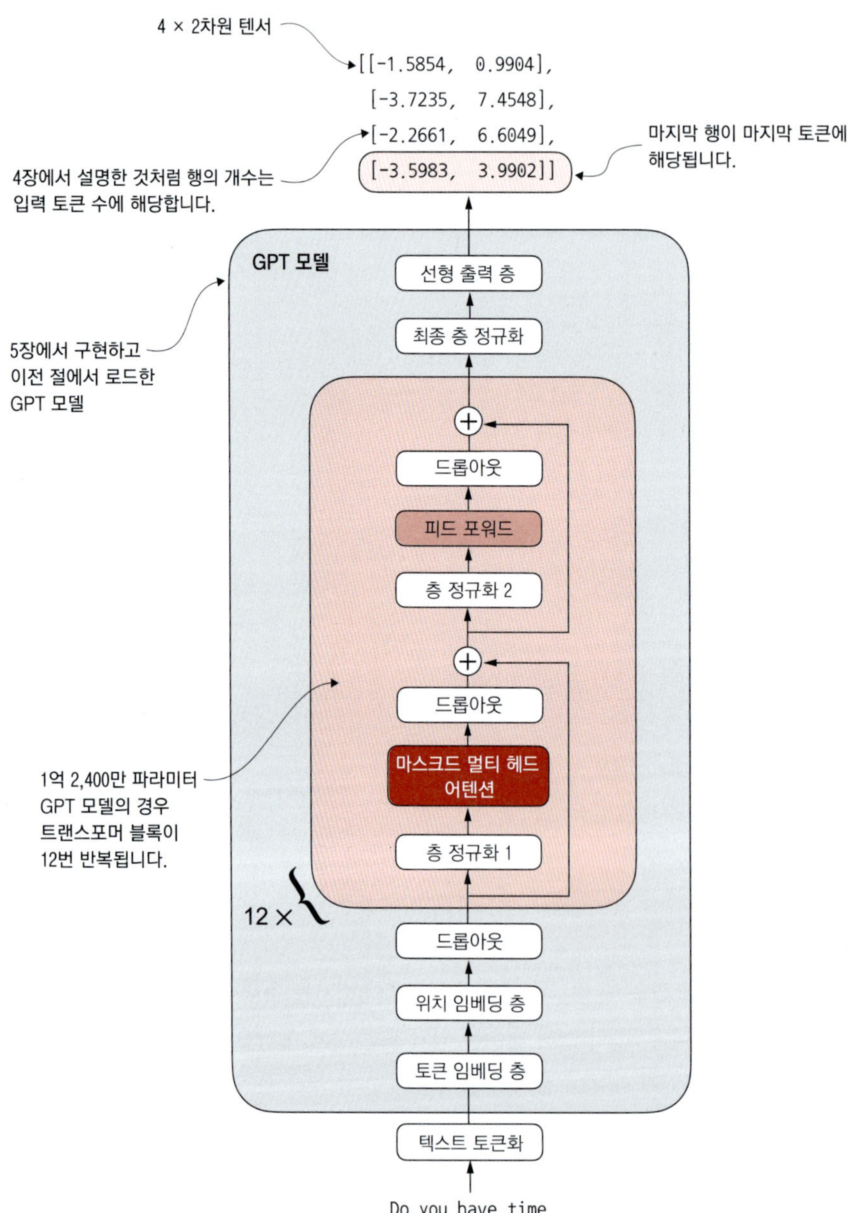

다음 코드로 출력 텐서에서 마지막 출력 토큰을 추출합니다.

```
print("마지막 출력 토큰:", outputs[:, -1, :])
```

출력은 다음과 같습니다.

```
마지막 출력 토큰: tensor([[-3.5983,  3.9902]])
```

이 값을 클래스 레이블 예측으로 바꿔야 합니다. 하지만 먼저 왜 마지막 출력 토큰에만 관심을 두는지 알아보죠.

우리는 각각의 입력 토큰과 다른 모든 입력 토큰 사이의 관계를 학습하는 어텐션 메커니즘에 대해 알아보았습니다. 또한 GPT와 같은 모델에서 사용하는 **코잘 어텐션 마스크**의 개념을 살펴보았습니다(3장). 이 마스크는 토큰이 현재 위치와 이전의 위치에만 초점을 맞추도록 제한합니다. 따라서 그림 6-12와 같이 각 토큰은 자기 자신과 이전 토큰에만 영향을 받습니다.

▼ **그림 6-12** 코잘 어텐션 메커니즘. 입력 토큰 사이의 어텐션 점수가 행렬 형태로 나타나 있습니다. 빈 셀은 코잘 어텐션 마스크로 인해 마스킹된 위치를 나타냅니다. 즉, 현재 토큰보다 미래의 토큰을 참조하지 못합니다. 셀 안의 값은 어텐션 점수를 나타냅니다. 마지막 토큰인 time은 이전의 모든 토큰에 대한 어텐션 점수를 계산하는 유일한 토큰입니다.

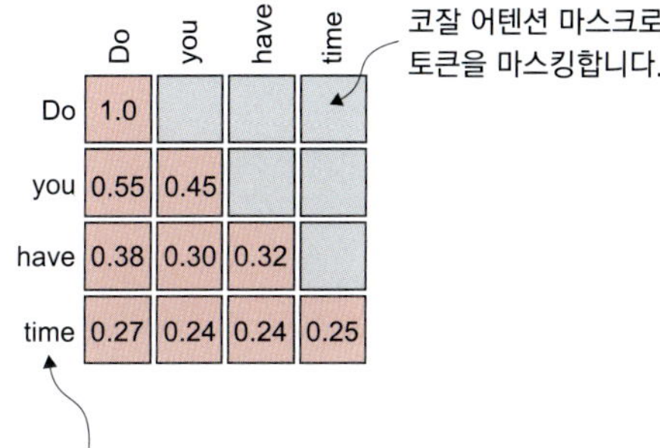

그림 6-12와 같은 코잘 어텐션 마스크 설정 때문에 시퀀스에 있는 마지막 토큰이 가장 많은 정보를 제공합니다. 이 토큰이 이전에 있는 모든 토큰의 데이터에 접근할 수 있기 때문입니다. 따라서 스팸 분류 작업을 위한 미세 튜닝 과정에서 마지막 토큰에 초점을 맞춥니다.

이제 마지막 토큰을 클래스 레이블 예측으로 변환하고 모델의 초기 예측 성능을 계산할 준비가 되었습니다. 이어서 스팸 분류 작업을 위해 모델을 미세 튜닝해 보겠습니다.

연습문제 6.3

첫 번째 토큰 vs 마지막 토큰 미세 튜닝

첫 번째 출력 토큰을 미세 튜닝해 보세요. 마지막 출력 토큰을 미세 튜닝했을 때와 비교하여 예측 성능의 변화를 확인하세요.

6.6 분류 손실과 정확도 계산하기

모델을 미세 튜닝하기 전에 수행할 작업이 얼마 남지 않았습니다. 이제 그림 6-13과 같이 훈련할 때 사용할 모델 평가 함수를 구현해야 합니다.

▼ **그림 6-13** 분류를 위해 LLM을 미세 튜닝하는 세 단계 과정. 처음 여섯 스텝을 완료했습니다. 이제 2단계의 마지막 과정을 수행할 준비가 되었습니다. 미세 튜닝 전, 후, 도중에 모델이 스팸 메시지를 분류하는 성능을 평가하는 함수를 작성합니다.

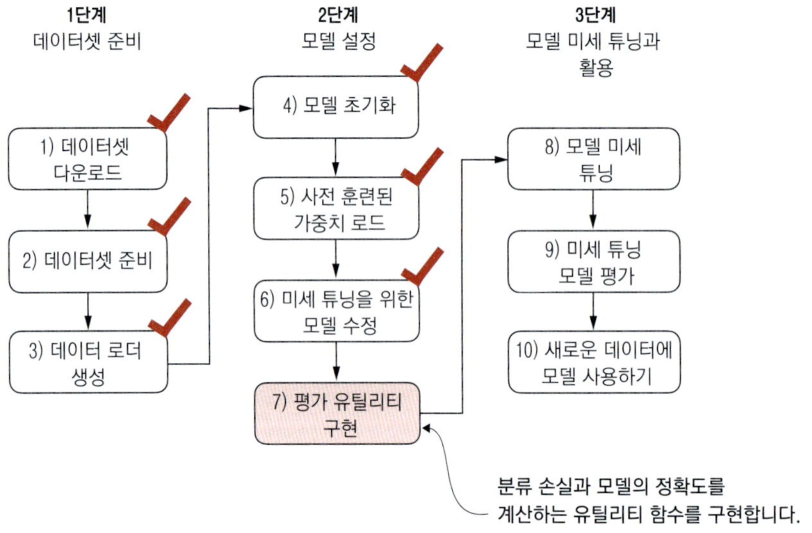

평가 유틸리티를 구현하기 전에 모델 출력을 클래스 레이블 예측으로 바꾸는 방법을 간략히 논의해 보죠. 앞에서 50,257개 출력을 softmax 함수를 통해 확률로 바꾸고 argmax 함수를 사용해 가장 높은 확률의 위치를 반환하는 식으로 LLM이 생성할 다음 토큰의 ID를 얻었습니다. 그림 6-14에서 보듯이 여기서도 동일한 방식을 사용해 모델이 주어진 입력에 대해 '스팸' 또는 '스팸 아

님' 예측을 출력하는지 계산합니다. 유일한 차이점은 50,257차원의 출력이 아니라 2차원 출력을 다룬다는 것입니다.

▼ **그림 6-14** 마지막 토큰에 해당하는 모델 출력을 입력 텍스트에 대한 확률 점수로 변환합니다. 가장 높은 확률 점수를 가진 인덱스를 찾아 클래스 레이블을 구합니다. 모델은 아직 훈련되지 않았기 때문에 스팸 레이블을 정확하게 예측하지 못합니다.

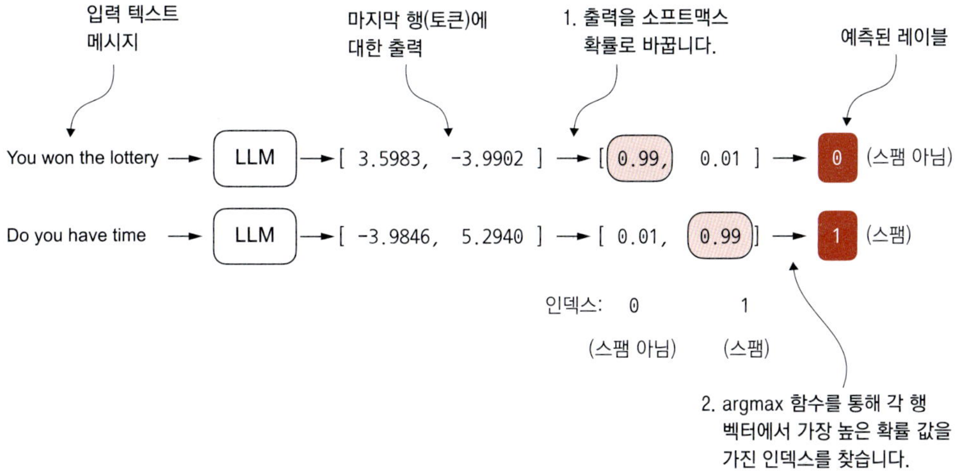

구체적인 예를 사용해 마지막 토큰 출력을 확인해 보죠.

```
print("마지막 출력 토큰:", outputs[:, -1, :])
```

마지막 토큰에 대응되는 텐서의 값은 다음과 같습니다.

```
마지막 출력 토큰: tensor([[-3.5983,  3.9902]])
```

클래스 레이블을 다음과 같이 얻을 수 있습니다.

```
probas = torch.softmax(outputs[:, -1, :], dim=-1)
label = torch.argmax(probas)
print("클래스 레이블:", label.item())
```

이 경우 앞의 코드는 1을 반환합니다. 모델이 입력 텍스트를 '스팸'으로 예측했다는 의미입니다. 여기서 softmax 함수를 사용하는 것은 선택 사항입니다. 가장 큰 출력이 바로 가장 큰 확률 점수에 대응되기 때문입니다. 따라서 소프트맥스 함수를 사용하지 않고 코드를 단순화할 수 있습니다.

```
logits = outputs[:, -1, :]
label = torch.argmax(logits)
print("클래스 레이블:", label.item())
```

이 개념을 사용해 데이터셋 전체에서 올바른 예측의 비율을 측정한 분류 정확도를 계산할 수 있습니다.

분류 정확도를 얻기 위해 argmax 기반의 예측 코드를 데이터셋에 있는 모든 샘플에 적용하고 올바른 예측의 비율을 계산하는 calc_accuracy_loader 함수를 만듭니다.

코드 6-8 분류 정확도 계산하기

```
def calc_accuracy_loader(data_loader, model, device, num_batches=None):
    model.eval()
    correct_predictions, num_examples = 0, 0

    if num_batches is None:
        num_batches = len(data_loader)
    else:
        num_batches = min(num_batches, len(data_loader))
    for i, (input_batch, target_batch) in enumerate(data_loader):
        if i < num_batches:
            input_batch = input_batch.to(device)
            target_batch = target_batch.to(device)

            with torch.no_grad():
                logits = model(input_batch)[:, -1, :] -------- 마지막 출력 토큰의 로짓
            predicted_labels = torch.argmax(logits, dim=-1)

            num_examples += predicted_labels.shape[0]
            correct_predictions += (
                (predicted_labels == target_batch).sum().item()
            )

        else:
            break
    return correct_predictions / num_examples
```

이 함수를 사용해 10개의 배치로 다양한 데이터셋의 분류 정확도를 추정해 보겠습니다.

```
device = torch.device("cuda" if torch.cuda.is_available() else "cpu")
model.to(device)

torch.manual_seed(123)
```

```
train_accuracy = calc_accuracy_loader(
    train_loader, model, device, num_batches=10
)
val_accuracy = calc_accuracy_loader(
    val_loader, model, device, num_batches=10
)
test_accuracy = calc_accuracy_loader(
    test_loader, model, device, num_batches=10
)

print(f"훈련 정확도: {train_accuracy*100:.2f}%")
print(f"검증 정확도: {val_accuracy*100:.2f}%")
print(f"테스트 정확도: {test_accuracy*100:.2f}%")
```

device 설정을 통해 Nvidia CUDA를 지원하는 GPU가 있다면 자동으로 모델을 GPU에서 실행하며 그렇지 않은 경우 CPU에서 실행합니다. 출력은 다음과 같습니다.

```
훈련 정확도: 46.25%
검증 정확도: 45.00%
테스트 정확도: 48.75%
```

여기서 볼 수 있듯이 예측 정확도는 거의 랜덤한 예측인 50%에 가깝습니다. 예측 정확도를 높이려면 모델을 미세 튜닝해야 합니다.

하지만 모델을 미세 튜닝하기 전에 훈련 과정에서 최적화할 손실 함수를 정의해야 합니다. 모델의 스팸 분류 정확도를 최대화하는 것이 목표입니다. 이전 코드가 스팸이 아닐 경우 0, 스팸일 경우 1과 같이 올바른 클래스 레이블을 출력해야 한다는 의미입니다.

분류 정확도는 미분 가능한 함수가 아니기 때문에 크로스 엔트로피 손실을 대리 손실 함수로 사용하여 정확도를 최대화합니다. 따라서 calc_loss_batch 함수는 전체 토큰인 model(input_batch)가 아니라 마지막 토큰인 model(input_batch)[:, -1, :]만 최적화한다는 것 말고는 거의 동일합니다.

```
def calc_loss_batch(input_batch, target_batch, model, device):
    input_batch = input_batch.to(device)
    target_batch = target_batch.to(device)
    logits = model(input_batch)[:, -1, :]  -------- 마지막 출력 토큰의 로짓
    loss = torch.nn.functional.cross_entropy(logits, target_batch)
    return loss
```

calc_loss_batch 함수는 앞서 정의한 데이터 로더에서 반환한 배치 하나에 대한 손실을 계산합니다. 데이터 로더에 있는 전체 배치에 대한 손실을 계산하기 위해 이전과 동일하게 calc_loss_loader 함수를 정의합니다.

코드 6-9 분류 손실 계산하기

```
def calc_loss_loader(data_loader, model, device, num_batches=None):
    total_loss = 0.
    if len(data_loader) == 0:
        return float("nan")
    elif num_batches is None:
        num_batches = len(data_loader)
    else:  -------- 배치 개수가 데이터 로더에 있는 배치를 초과하지 않도록 합니다.
        num_batches = min(num_batches, len(data_loader))
    for i, (input_batch, target_batch) in enumerate(data_loader):
        if i < num_batches:
            loss = calc_loss_batch(
                input_batch, target_batch, model, device
            )
            total_loss += loss.item()
        else:
            break
    return total_loss / num_batches
```

훈련 정확도를 계산할 때와 비슷하게 다른 데이터셋의 초기 손실을 계산할 수 있습니다.

```
with torch.no_grad():  -------- 모델을 훈련하는 것이 아니므로 효율성을 위해 그레이디언트 추적을 비활성화합니다.
    train_loss = calc_loss_loader(
        train_loader, model, device, num_batches=5
    )
    val_loss = calc_loss_loader(val_loader, model, device, num_batches=5)
    test_loss = calc_loss_loader(test_loader, model, device, num_batches=5)
print(f"훈련 손실: {train_loss:.3f}")
print(f"검증 손실: {val_loss:.3f}")
print(f"테스트 손실: {test_loss:.3f}")
```

초기 손실은 다음과 같습니다.

```
훈련 손실: 2.453
검증 손실: 2.583
테스트 손실: 2.322
```

다음으로 모델을 미세 튜닝하기 위해 훈련 함수를 구현하겠습니다. 즉, 훈련 세트 손실을 최소화하기 위해 모델을 수정한다는 의미입니다. 훈련 세트 손실을 최소화하면 궁극적으로 분류 정확도를 높이는 데 도움이 될 것입니다.

6.7 SECTION 지도 학습 데이터로 모델 미세 튜닝하기

사전 훈련된 LLM을 미세 튜닝하고 스팸 분류 정확도를 높이려면 훈련 함수를 정의해야 합니다. 그림 6-15와 같이 훈련 루프는 사전 훈련에서 사용했던 훈련 루프와 전반적으로 동일합니다. 유일한 차이점은 모델 평가를 위해 샘플 텍스트를 생성하는 대신 분류 정확도를 계산한다는 것입니다.

▼ **그림 6-15** 파이토치에서 심층 신경망을 훈련하는 전형적인 훈련 루프는 여러 단계로 구성되며, 여러 번의 에포크 동안 훈련 세트에 있는 배치를 순회합니다. 각 에포크에서 훈련 세트 배치에 대한 손실을 계산하여 손실 그레이디언트를 결정합니다. 이를 사용하여 모델 가중치를 업데이트하여 훈련 세트 손실을 최소화합니다.

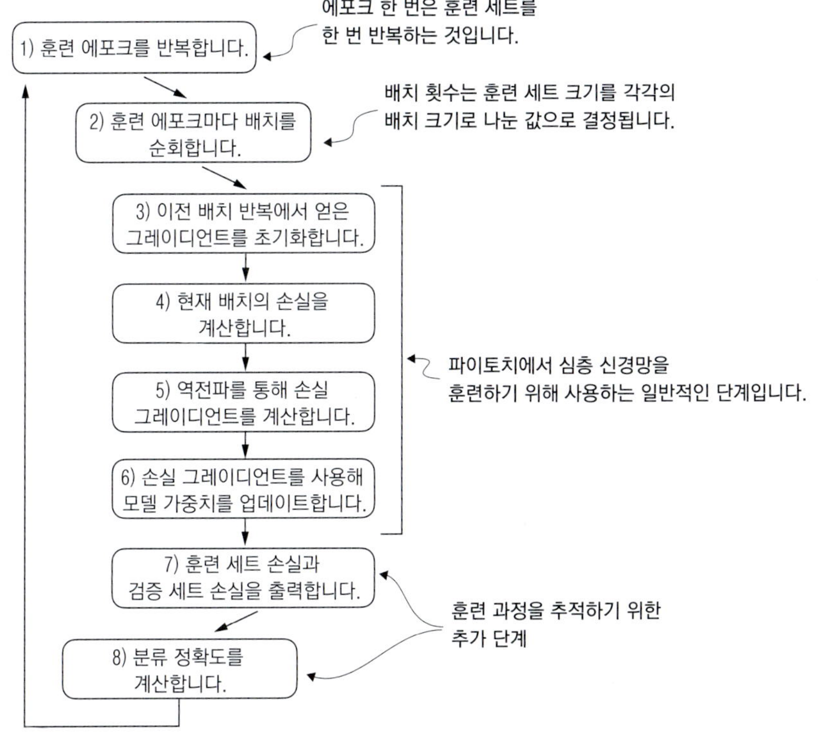

그림 6-15의 개념을 구현한 훈련 함수는 모델 사전 훈련에 사용했던 train_model_simple 함수와 매우 비슷합니다. 두 가지 차이점은 토큰 개수 대신에 지금까지 처리한 훈련 샘플 개수(examples_seen)를 헤아리고, 샘플 텍스트를 생성하는 대신 에포크가 끝날 때마다 정확도를 계산한다는 점입니다.

코드 6-10 스팸 분류를 위해 모델 미세 튜닝하기

```
def train_classifier_simple(
        model, train_loader, val_loader, optimizer, device,
        num_epochs, eval_freq, eval_iter):
    train_losses, val_losses, train_accs, val_accs = [], [], [], []    # 손실과 지금까지 처리한 샘플 수를 추적하기 위해 리스트를 초기화합니다.
    examples_seen, global_step = 0, -1

    for epoch in range(num_epochs):    # 메인 훈련 루프를 시작합니다.
        model.train()    # 모델을 훈련 모드로 설정합니다.

        for input_batch, target_batch in train_loader:
            optimizer.zero_grad()    # 이전 배치 반복에서 얻은 손실 그레이디언트를 초기화합니다.
            loss = calc_loss_batch(
                input_batch, target_batch, model, device
            )
            loss.backward()    # 손실 그레이디언트를 계산합니다.
            optimizer.step()    # 손실 그레이디언트를 사용하여 모델 가중치를 업데이트합니다.
            examples_seen += input_batch.shape[0]    # 토큰이 아니라 샘플 개수를 추적합니다.
            global_step += 1

            if global_step % eval_freq == 0:    # 추가적인 평가 단계
                train_loss, val_loss = evaluate_model(
                    model, train_loader, val_loader, device, eval_iter)
                train_losses.append(train_loss)
                val_losses.append(val_loss)
                print(f"에포크 {epoch+1} (Step {global_step:06d}): "
                      f"훈련 손실 {train_loss:.3f}, "
                      f"검증 손실 {val_loss:.3f}"
                )

        train_accuracy = calc_accuracy_loader(    # 각 에포크 후에 정확도를 계산합니다.
            train_loader, model, device, num_batches=eval_iter
        )
        val_accuracy = calc_accuracy_loader(
            val_loader, model, device, num_batches=eval_iter
        )
```

```
            print(f"훈련 정확도: {train_accuracy*100:.2f}% | ", end="")
            print(f"검증 정확도: {val_accuracy*100:.2f}%")
            train_accs.append(train_accuracy)
            val_accs.append(val_accuracy)

    return train_losses, val_losses, train_accs, val_accs, examples_seen
```

evaluate_model 함수는 사전 훈련에 사용했던 것과 동일합니다.

```
def evaluate_model(model, train_loader, val_loader, device, eval_iter):
    model.eval()
    with torch.no_grad():
        train_loss = calc_loss_loader(
            train_loader, model, device, num_batches=eval_iter
        )
        val_loss = calc_loss_loader(
            val_loader, model, device, num_batches=eval_iter
        )
    model.train()
    return train_loss, val_loss
```

다음으로 옵티마이저를 초기화하고, 훈련 에포크 횟수를 지정한 후 train_classifier_simple 함수를 사용해 훈련을 시작합니다. 훈련은 M3 맥북 에어 노트북에서 약 6분 정도 걸리고 V100이나 A100 GPU에서는 30초도 걸리지 않습니다.

```
import time

start_time = time.time()
torch.manual_seed(123)
optimizer = torch.optim.AdamW(model.parameters(), lr=5e-5, weight_decay=0.1)
num_epochs = 5

train_losses, val_losses, train_accs, val_accs, examples_seen = \
    train_classifier_simple(
        model, train_loader, val_loader, optimizer, device,
        num_epochs=num_epochs, eval_freq=50,
        eval_iter=5
    )

end_time = time.time()
execution_time_minutes = (end_time - start_time) / 60
print(f"훈련 소요 시간: {execution_time_minutes:.2f}분.")
```

훈련 과정에서 출력된 내용은 다음과 같습니다.

```
에포크 1 (Step 000000): 훈련 손실 2.153, 검증 손실 2.392
에포크 1 (Step 000050): 훈련 손실 0.617, 검증 손실 0.637
에포크 1 (Step 000100): 훈련 손실 0.523, 검증 손실 0.557
훈련 정확도: 70.00% | 검증 정확도: 72.50%
에포크 2 (Step 000150): 훈련 손실 0.561, 검증 손실 0.489
에포크 2 (Step 000200): 훈련 손실 0.419, 검증 손실 0.397
에포크 2 (Step 000250): 훈련 손실 0.409, 검증 손실 0.353
훈련 정확도: 82.50% | 검증 정확도: 85.00%
에포크 3 (Step 000300): 훈련 손실 0.333, 검증 손실 0.320
에포크 3 (Step 000350): 훈련 손실 0.340, 검증 손실 0.306
훈련 정확도: 90.00% | 검증 정확도: 90.00%
에포크 4 (Step 000400): 훈련 손실 0.136, 검증 손실 0.200
에포크 4 (Step 000450): 훈련 손실 0.153, 검증 손실 0.132
에포크 4 (Step 000500): 훈련 손실 0.222, 검증 손실 0.137
훈련 정확도: 100.00% | 검증 정확도: 97.50%
에포크 5 (Step 000550): 훈련 손실 0.207, 검증 손실 0.143
에포크 5 (Step 000600): 훈련 손실 0.083, 검증 손실 0.074
훈련 정확도: 100.00% | 검증 정확도: 97.50%
훈련 소요 시간: 5.65분
```

그런 다음 맷플롯립을 사용해 훈련 세트와 검증 세트에 대한 손실 함수를 그립니다.

코드 6-11 분류 손실 그래프

```
import matplotlib.pyplot as plt

def plot_values(
        epochs_seen, examples_seen, train_values, val_values,
        label="loss"):
    fig, ax1 = plt.subplots(figsize=(5, 3))

    ax1.plot(epochs_seen, train_values, label=f"Training {label}")
    ax1.plot(
        epochs_seen, val_values, linestyle="-.",
        label=f"Validation {label}"
    )
    ax1.set_xlabel("Epochs")
    ax1.set_ylabel(label.capitalize())
    ax1.legend()
```

각 에포크에 대한 훈련과 검증 손실 그래프를 그립니다.

```
    ax2 = ax1.twiny()  ········ 처리한 샘플 개수를 위해 두 번째 x 축을 만듭니다.
    ax2.plot(examples_seen, train_values, alpha=0)  ········ 눈금을 정렬하기 위해 투명한 그래프를 만듭니다.
    ax2.set_xlabel("Examples seen")

    fig.tight_layout()  ········ 레이아웃의 간격을 맞춥니다.
    plt.savefig(f"{label}-plot.pdf")
    plt.show()

epochs_tensor = torch.linspace(0, num_epochs, len(train_losses))
examples_seen_tensor = torch.linspace(0, examples_seen, len(train_losses))

plot_values(epochs_tensor, examples_seen_tensor, train_losses, val_losses)
```

그림 6-16은 만들어진 손실 그래프를 보여 줍니다.

▼ **그림 6-16** 다섯 번의 훈련 에포크에 대한 모델의 훈련 손실과 검증 손실. 실선으로 나타난 훈련 손실과 파선으로 나타난 검증 손실은 모두 첫 번째 에포크에서 가파르게 감소하고 다섯 번째 에포크에 가까워지면서 점차 안정화됩니다. 이런 패턴은 훈련이 잘 진행된다는 것을 나타내며, 모델이 훈련 데이터를 학습하면서 본 적 없는 검증 데이터에서 잘 일반화된다는 것을 보여 줍니다.

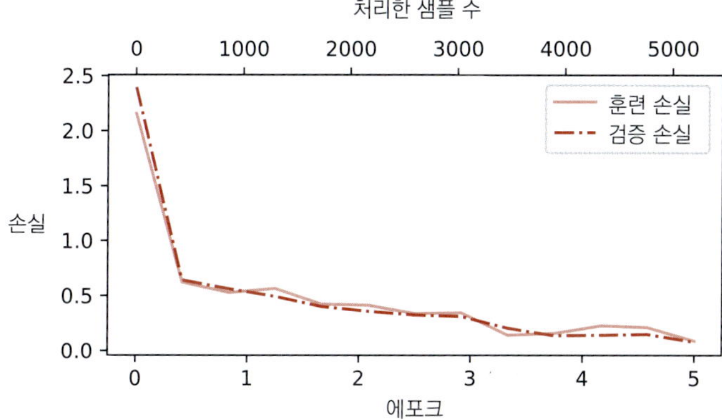

그림 6-16의 급격히 내려가는 그래프에서 알 수 있듯이 모델이 훈련 데이터로부터 잘 학습되고 있으며 과대적합의 징후가 거의 없습니다. 즉 훈련 세트 손실과 검증 세트 손실 사이에 눈에 띄는 차이가 없습니다.

참고

에포크 횟수 선택

앞서 훈련을 시작할 때 에포크 횟수를 5로 지정했습니다. 에포크 횟수는 데이터셋과 작업의 난이도에 따라 달라지며 범용적인 솔루션이나 권장 값이 없습니다. 하지만 다섯 번의 에포크가 일반적으로 좋은 시작점입니다. 손실 그래프(그림 6-16)에서 모델이 처음 몇 번의 에포크 후에 과대적합되었다면 에포크 횟수를 줄여야 할 수 있습니다. 반대로 그래프 추이를 보고 추가로 훈련을 해서 검증 손실이 향상될 수 있다면 에포크 횟수를 늘려야 합니다. 이 예에서는 초기 과대적합의 징후가 없고 검증 손실이 0에 가깝기 때문에 다섯 번의 에포크가 적절한 값입니다.

plot_values 함수를 사용해 분류 정확도를 그려 보죠.

```
epochs_tensor = torch.linspace(0, num_epochs, len(train_accs))
examples_seen_tensor = torch.linspace(0, examples_seen, len(train_accs))

plot_values(
    epochs_tensor, examples_seen_tensor, train_accs, val_accs,
    label="accuracy"
)
```

그림 6-17은 위 코드의 결과로 얻은 정확도 그래프입니다. 이 모델은 에포크 4와 5 이후에 비교적 높은 훈련 정확도와 검증 정확도를 달성합니다. 앞서 train_classifier_simple 함수를 사용할 때 eval_iter=5로 지정했습니다. 이는 효율성을 위해 훈련 과정에서 훈련 성능과 검증 성능을 5개의 배치만으로 추정한다는 의미입니다.

▼ **그림 6-17** 훈련 정확도(실선)과 검증 정확도(파선) 모두 초기 에포크에서 크게 증가하다가 평탄해지며, 완벽한 정확도인 1.0에 거의 도달합니다. 에포크 전체에서 두 직선이 가깝게 유지되는 것은 모델이 훈련 데이터에 크게 과대적합되지 않았다는 것을 의미합니다.

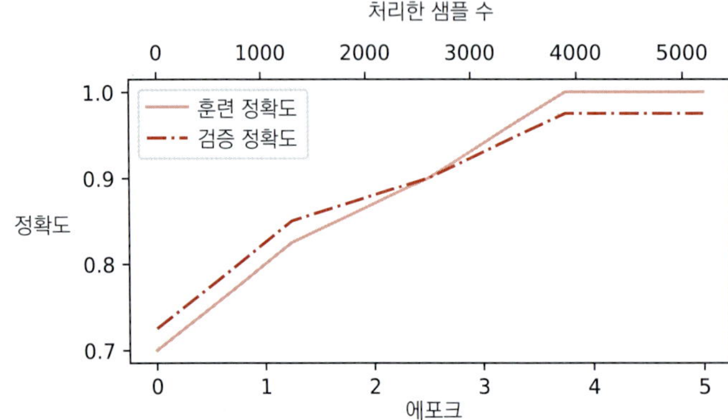

이제 다음 코드를 사용해 전체 데이터셋에서 훈련 세트, 검증 세트, 테스트 세트에 대한 성능을 계산해야 합니다. 이번에는 eval_iter 매개변수를 지정하지 않습니다.

```
train_accuracy = calc_accuracy_loader(train_loader, model, device)
val_accuracy = calc_accuracy_loader(val_loader, model, device)
test_accuracy = calc_accuracy_loader(test_loader, model, device)

print(f"훈련 정확도: {train_accuracy*100:.2f}%")
print(f"검증 정확도: {val_accuracy*100:.2f}%")
print(f"테스트 정확도: {test_accuracy*100:.2f}%")
```

출력된 정확도는 다음과 같습니다.

```
훈련 정확도: 97.21%
검증 정확도: 97.32%
테스트 정확도: 95.67%
```

훈련 세트 성능과 테스트 세트 성능이 거의 비슷합니다. 훈련 세트와 테스트 세트 정확도 사이에 있는 약간의 차이는 훈련 데이터에 대한 과대적합이 미미하다는 것을 의미합니다. 일반적으로 검증 세트 정확도가 테스트 세트 정확도보다 높습니다. 모델 개발 과정에서 검증 세트에서 잘 동작하도록 하이퍼파라미터를 튜닝하기 때문입니다. 따라서 테스트 세트에서 효과적으로 일반화되지 않을 수 있습니다. 이런 현상은 일반적이지만, 드롭아웃 비율(drop_rate)이나 옵티마이저의 weight_decay 매개변수를 증가시키는 등 모델 설정을 조정하여 이 차이를 최소화할 수 있습니다.

6.8 SECTION LLM을 스팸 분류기로 사용하기

모델을 미세 튜닝하고 평가했으므로 이제 스팸 메시지를 분류할 차례입니다(그림 6-18 참고). 미세 튜닝된 GPT 기반 스팸 분류 모델을 사용해 보죠. 다음에 나오는 classify_review 함수는 앞서 구현한 SpamDataset에서 사용한 것과 비슷한 데이터 전처리 단계를 수행합니다. 그런 다음 텍스트를 토큰 ID로 변환한 후에 6.6절에서 했던 것과 비슷하게 모델을 사용해 정수 클래스 레이블을 예측합니다. 그런 다음 레이블에 해당하는 클래스 이름을 반환합니다.

▼ **그림 6-18** 분류를 위해 LLM을 미세 튜닝하는 세 단계 과정. 스텝 10이 3단계의 마지막 과정입니다. 미세 튜닝된 모델을 사용하여 새로운 스팸 메시지를 분류합니다.

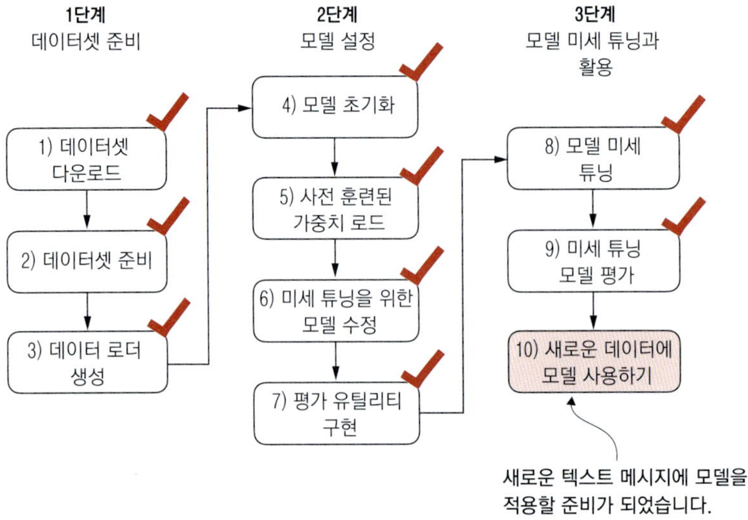

코드 6-12 모델을 사용해 새로운 텍스트를 분류합니다.

```
def classify_review(
        text, model, tokenizer, device, max_length=None,
        pad_token_id=50256):
    model.eval()

    input_ids = tokenizer.encode(text)  -------- 모델을 위해 입력을 준비합니다.
    supported_context_length = model.pos_emb.weight.shape[0]

    input_ids = input_ids[:min(  -------- 시퀀스가 너무 길면 자릅니다.
        max_length, supported_context_length
    )]

assert max_length is not None, (
"max_length가 지정되지 않았습니다. 모델의 최대 문맥 길이를 사용하려면"
"max_length=model.pos_emb.weight.shape[0]로 지정하세요."
)
assert max_length <= supported_context_length, (
f"max_length({max_length})가 모델이 지원하는 문맥 길이({supported_context_length})를 초과
했습니다."
)
# 또는 max_length=None인 경우를 안정적으로 처리하는 방법은 다음과 같습니다.
# max_len = min(max_length, supported_context_length) if max_length else supported_
context_length
```

```
    # input_ids = input_ids[:max_len]

    input_ids += [pad_token_id] * (max_length - len(input_ids))  # 가장 긴 시퀀스에 맞춰 시퀀스에 패딩을 추가합니다.

    input_tensor = torch.tensor(
        input_ids, device=device
    ).unsqueeze(0)  # 배치 차원을 추가합니다.

    with torch.no_grad():  # 모델 추론을 위해 그레이디언트 추적을 끕니다.
        logits = model(input_tensor)[:, -1, :]  # 마지막 출력 토큰의 로짓
    predicted_label = torch.argmax(logits, dim=-1).item()

    return "스팸" if predicted_label == 1 else "스팸 아님"  # 분류된 결과를 반환합니다.
```

classify_review 함수를 샘플 텍스트에 적용해 보죠.

```
text_1 = (
    "You are a winner you have been specially"
    " selected to receive $1000 cash or a $2000 award."
)

print(classify_review(
    text_1, model, tokenizer, device, max_length=train_dataset.max_length
))
```

모델이 정확하게 '스팸'이라고 예측합니다. 다른 샘플을 테스트해 보죠.

```
text_2 = (
    "Hey, just wanted to check if we're still on"
    " for dinner tonight? Let me know!"
)

print(classify_review(
    text_2, model, tokenizer, device, max_length=train_dataset.max_length
))
```

모델이 다시 올바르게 예측하여 '스팸 아님' 레이블을 반환합니다.

마지막으로 나중에 다시 훈련하지 않고 모델을 재사용할 수 있도록 torch.save 메서드를 사용해 저장하겠습니다.

```
torch.save(model.state_dict(), "review_classifier.pth")
```

저장하고 나면 모델을 로드할 수 있습니다.

```
model_state_dict = torch.load("review_classifier.pth", map_location=device)
model.load_state_dict(model_state_dict)
```

6.9 요약

- 분류 미세 튜닝과 지시 미세 튜닝을 포함해 LLM 미세 튜닝에는 여러 가지 전략이 있습니다.
- 분류 미세 튜닝을 수행하려면 LLM의 출력 층을 작은 분류 층으로 바꿉니다.
- 텍스트 메시지를 '스팸' 또는 '스팸 아님'으로 분류하는 경우 새로운 분류 층은 2개의 출력 노드만으로 구성됩니다. 이전에는 어휘사전에 있는 고유한 토큰 수(즉, 50,257)와 동일한 개수의 출력 노드를 사용했습니다.
- 분류 미세 튜닝은 사전 훈련에서처럼 텍스트에 있는 다음 토큰을 예측하는 대신에 모델이 올바른 클래스 레이블(예를 들면, '스팸' 또는 '스팸 아님')을 출력하도록 훈련합니다.
- 미세 튜닝을 위한 모델 입력은 사전 훈련과 비슷하게 토큰 ID로 변환된 텍스트입니다.
- LLM을 미세 튜닝하기 전에 사전 훈련된 모델을 베이스 모델로 로드합니다.
- 분류 정확도(올바른 예측의 비율)를 계산하여 분류 모델을 평가합니다.
- LLM을 사전 훈련할 때와 동일한 크로스 엔트로피 손실을 사용하여 분류 모델을 미세 튜닝합니다.

CHAPTER

7

지시를 따르도록 미세 튜닝하기

이 장에서 다룰 내용

- LLM을 지시 미세 튜닝하기
- 지시 미세 튜닝을 위한 지도 학습 데이터셋 준비하기
- 지시 데이터로 훈련 배치 만들기
- 사전 훈련된 LLM을 로드하고 사람의 지시를 따르도록 미세 튜닝하기
- 평가를 위해 LLM이 생성한 응답 추출하기
- 지시 미세 튜닝된 LLM 평가하기

지금까지 LLM 구조를 구현하고, 사전 훈련을 수행하고, 오픈AI에서 사전 훈련한 가중치를 모델에 로드했습니다. 그런 다음 스팸 메시지와 스팸이 아닌 메시지를 구별하는 분류 작업을 위해 LLM을 미세 튜닝했습니다. 이제 그림 7-1처럼 사람의 지시를 따르도록 LLM을 미세 튜닝해 보겠습니다. 지시 미세 튜닝은 챗봇 애플리케이션, 개인 비서, 그 외 다른 대화식 작업을 위한 LLM을 개발하는 데 필요한 주요 기술 중 하나입니다.

▼ **그림 7-1** LLM 구현을 위한 세 가지 주요 단계. 이 장에서는 3단계의 스텝 9, 즉 사람의 지시를 따르도록 사전 훈련된 LLM을 미세 튜닝하는 데 초점을 맞춥니다.

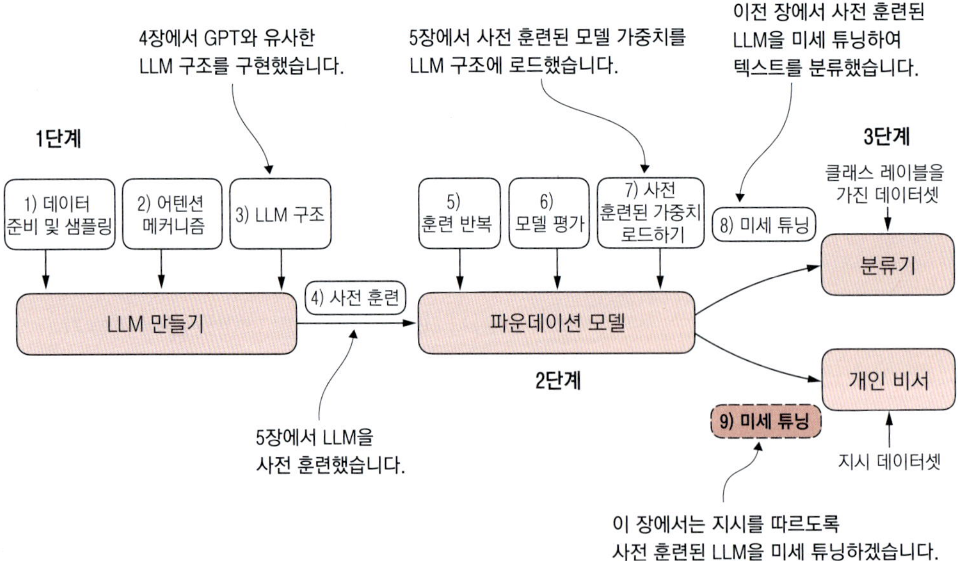

그림 7-1은 LLM을 미세 튜닝하는 대표적인 방법 두 가지를 보여 줍니다. 분류를 위한 미세 튜닝(스텝 8)과 지시를 따르도록 LLM을 미세 튜닝(스텝 9)하는 것입니다. 6장에서 스텝 8을 구현했습니다. 이 장에서는 지시 데이터셋(instruction dataset)을 사용해 LLM을 지시 미세 튜닝하겠습니다.

7.1 SECTION 지시 미세 튜닝 소개

LLM을 사전 훈련하는 것은 한 번에 한 단어씩 생성하는 방법을 배우는 것입니다. 이렇게 만들어진 사전 훈련된 LLM은 **텍스트 완성**(text completion) 능력이 있습니다. 즉, 텍스트의 일부를 입력 받아 문장을 완성하거나 문단 전체를 작성할 수 있습니다. 하지만 사전 훈련된 LLM은 '이 텍스트의 문법을 고쳐 줘' 또는 '이 텍스트를 수동태로 바꿔 줘'와 같은 구체적인 명령을 잘 수행하지 못합니다. 나중에 **지시 미세 튜닝**(instruction fine-tuning) 또는 **지도 학습 지시 미세 튜닝**(supervised instruction fine-tuning)을 위해 사전 훈련된 LLM을 로드하여 사용하는 구체적인 예제를 살펴보겠습니다.

이 장에서는 그림 7-2처럼 지시를 따르고 기대하는 응답을 생성하도록 LLM의 능력을 향상시키는 데 중점을 둡니다. 지시 미세 튜닝의 핵심 요소는 데이터셋 준비입니다. 그런 다음 그림 7-3과 같이 데이터셋 준비부터 시작해 지시 미세 튜닝의 세 단계에 걸친 모든 과정을 수행해 보겠습니다.

▼ **그림 7-2** 기대하는 응답을 생성하기 위해 LLM에 의해 처리되는 지시 데이터의 예

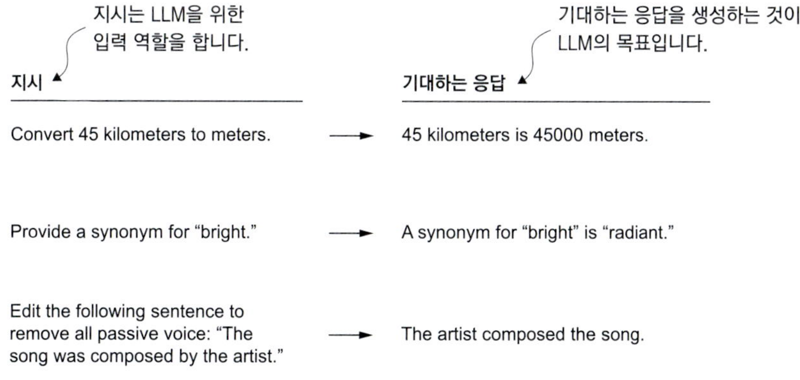

▼ **그림 7-3** LLM을 지시 미세 튜닝하기 위한 세 단계 과정. 1단계는 데이터셋 준비, 2단계는 모델 설정과 미세 튜닝, 3단계는 모델 평가를 다룹니다. 먼저 1단계의 첫 번째 스텝에 해당하는 데이터셋 다운로드와 전처리를 알아보겠습니다.

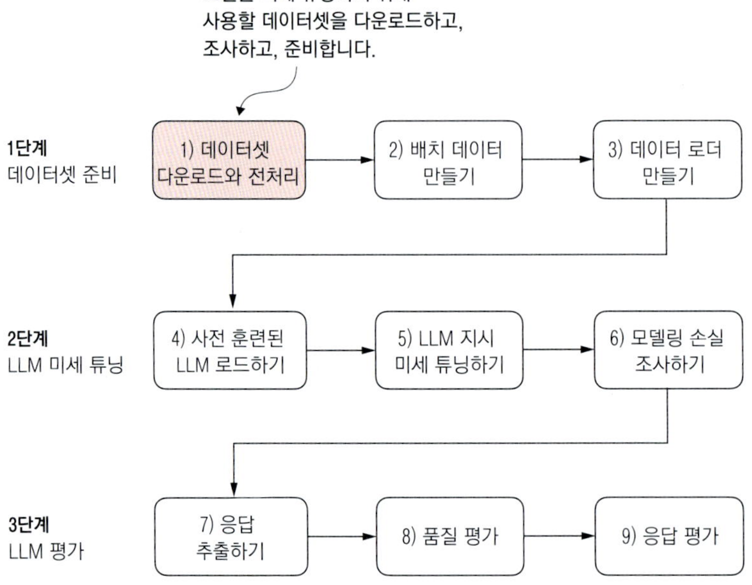

7.2 지도 학습 지시 미세 튜닝을 위해 데이터셋 준비하기

SECTION

사전 훈련된 LLM을 지시 미세 튜닝하기 위해 데이터셋을 다운로드하고 전처리해 보죠. 이 데이터셋은 그림 7-2에 있는 것과 비슷한 지시-응답 쌍 1,100개로 구성되어 있습니다. 특별히 이 책을 위해 만든 데이터셋이지만 관심 있는 독자는 지시 미세 튜닝을 위한 다른 공개 데이터셋을 부록 B에서 찾아볼 수 있습니다.

다음 코드는 이 데이터셋을 다운로드하는 함수를 정의하고 실행합니다. 이 데이터는 비교적 작은 크기의 JSON 파일입니다(204KB). JSON(JavaScript Object Notation)은 파이썬 딕셔너리와 유사하며 사람이 읽기 쉽고 컴퓨터가 처리하기 용이한 단순한 데이터 구조입니다.

코드 7-1 데이터셋 다운로드

```
import json
import os
import urllib

def download_and_load_file(file_path, url):
    if not os.path.exists(file_path):
        with urllib.request.urlopen(url) as response:
            text_data = response.read().decode("utf-8")
        with open(file_path, "w", encoding="utf-8") as file:
            file.write(text_data)

    with open(file_path, "r") as file:
        data = json.load(file)
    return data

file_path = "instruction-data.json"
url = (
    "https://raw.githubusercontent.com/rickipark/llm-from-scratch"
    "/main/ch07/01_main-chapter-code/instruction-data.json"
)

data = download_and_load_file(file_path, url)
print("샘플 개수:", len(data))
```

앞의 코드를 실행한 결과는 다음과 같습니다.

```
샘플 개수: 1100
```

JSON 파일로부터 로드한 data 리스트는 지시 데이터셋에 있는 1,100개 샘플을 담고 있습니다. 샘플 하나를 출력하여 어떤 형태로 저장되어 있는지 확인해 보겠습니다.

```
print("샘플 예시:\n", data[50])
```

출력은 다음과 같습니다.

```
샘플 예시:
 {'instruction': 'Identify the correct spelling of the following word.',
  'input': 'Ocassion', 'output': "The correct spelling is 'Occasion.'"}
```

여기서 볼 수 있듯이 샘플은 'instruction', 'input', 'output' 키로 구성된 파이썬 딕셔너리입니다. 또 다른 샘플을 확인해 보죠.

```
print("다른 샘플:\n", data[999])
```

출력된 내용을 보면 'input' 항목이 이따금 비어 있는 것을 알 수 있습니다.

```
다른 샘플:
 {'instruction': "What is an antonym of 'complicated'?",
  'input': '',
  'output': "An antonym of 'complicated' is 'simple'."}
```

지시 미세 튜닝은 JSON 파일에서 추출한 샘플처럼 입력-출력 쌍으로 구성된 데이터셋에서 모델을 훈련합니다. LLM을 위해 샘플을 포맷팅하는 방법은 여러 가지입니다. 그림 7-4는 유명한 LLM인 알파카(Alpaca)와 Phi-3를 훈련하는 데 사용된 두 가지 포맷입니다. 이를 종종 **프롬프트 스타일**(prompt style)이라 부릅니다.

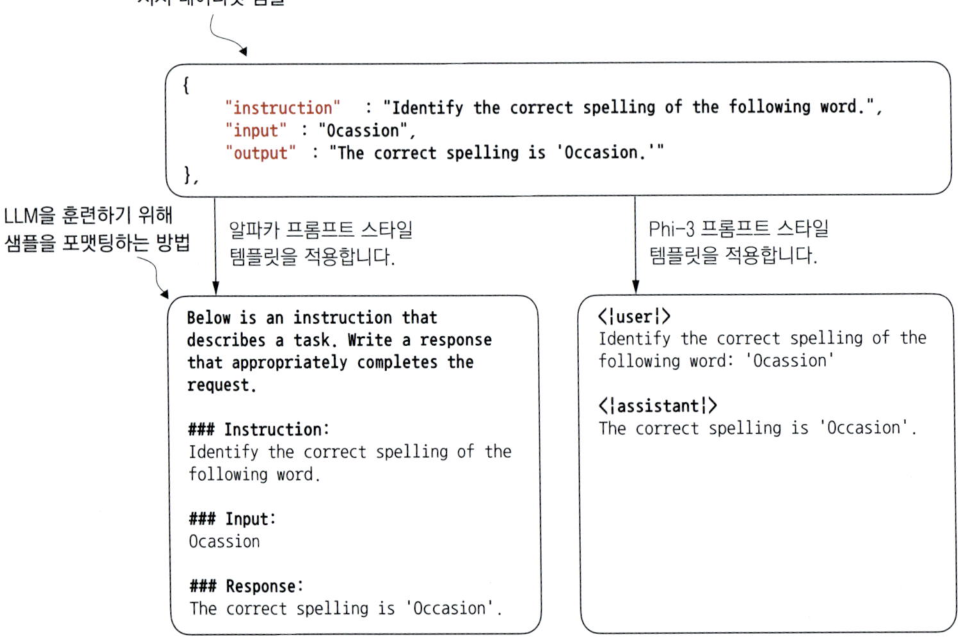

▼ **그림 7-4** LLM을 지시 미세 튜닝하는 데 사용되는 프롬프트 스타일 비교. 알파카 스타일(왼쪽)은 지시, 입력, 응답 섹션으로 정의된 구조적인 포맷을 사용합니다. Phi-3 스타일(오른쪽)은 <|user|>와 <|assistant|> 토큰으로 구성된 더 간단한 포맷을 사용합니다.

알파카는 초기 LLM 중 하나로 지시 미세 튜닝 과정에 대한 내용이 공개되어 있습니다. 마이크로소프트에서 개발한 Phi-3는 프롬프트 스타일의 다양성을 보여 주기 위해 예로 들었습니다. 이 장의 나머지 부분에서는 알파카 프롬프트 스타일을 사용합니다. 알파카 스타일이 초기 미세 튜닝 방법을 정의하는 데 크게 기여를 했고 인기가 많은 포맷이기 때문입니다.[1]

연습문제 7.1

프롬프트 스타일 바꾸기

알파카 프롬프트 스타일로 모델을 미세 튜닝한 후에 그림 7-4에 나와 있는 Phi-3 프롬프트 스타일을 적용해 보고 모델의 응답 품질에 영향을 미치는지 관찰해 보세요.

data 리스트의 항목을 알파카 스타일의 포맷으로 변환하는 format_input 함수를 정의해 보죠.

코드 7-2 프롬프트 포맷팅 함수 구현하기

```
def format_input(entry):
    instruction_text = (
        f"Below is an instruction that describes a task. "
        f"Write a response that appropriately completes the request."
        f"\n\n### Instruction:\n{entry['instruction']}"
    )

    input_text = (
        f"\n\n### Input:\n{entry['input']}" if entry["input"] else ""
    )
    return instruction_text + input_text
```

format_input 함수는 딕셔너리 entry를 입력으로 받아 포맷팅된 문자열을 만듭니다. 앞서 로드한 데이터셋에 있는 샘플 하나(data[50])로 이 함수를 테스트해 보죠.

```
model_input = format_input(data[50])
desired_response = f"\n\n### Response:\n{data[50]['output']}"
print(model_input + desired_response)
```

포맷팅된 입력은 다음과 같습니다.

```
Below is an instruction that describes a task. Write a response that
appropriately completes the request.
```

1 역주 알파카는 스탠포드 연구진이 메타의 Llama 7B를 기반으로 지시 미세 튜닝한 모델입니다. 자세한 내용은 공식 깃허브(https://github.com/tatsu-lab/stanford_alpaca)를 참고하세요.

```
### Instruction:
Identify the correct spelling of the following word.

### Input:
Ocassion

### Response:
The correct spelling is 'Occasion.'
```

format_input 함수는 'input' 필드가 비어 있는 경우 ### Input: 섹션을 건너뜁니다. 앞서 보았던 data[999]로 format_input 함수를 테스트해 보죠.

```
model_input = format_input(data[999])
desired_response = f"\n\n### Response:\n{data[999]['output']}"
print(model_input + desired_response)
```

출력을 보면 'input' 필드가 없는 샘플은 결과에 ### Input: 섹션이 포함되지 않습니다.

```
Below is an instruction that describes a task. Write a response that
appropriately completes the request.

### Instruction:
What is an antonym of 'complicated'?

### Response:
An antonym of 'complicated' is 'simple'.
```

다음 절에서 파이토치 데이터 로더를 만들기 전에 이전 장에서 스팸 분류 데이터셋으로 했던 것처럼 데이터셋을 훈련 세트, 검증 세트, 테스트 세트로 나누겠습니다. 다음 코드는 비율에 따라 데이터셋을 나누는 과정입니다.

코드 7-3 데이터셋 분할하기

```
train_portion = int(len(data) * 0.85)  # 훈련에 데이터의 85%를 사용합니다
test_portion = int(len(data) * 0.1)  # 테스트에 10%를 사용합니다
val_portion = len(data) - train_portion - test_portion  # 검증에 남은 5%를 사용합니다

train_data = data[:train_portion]
test_data = data[train_portion:train_portion + test_portion]
val_data = data[train_portion + test_portion:]

print("훈련 세트 크기:", len(train_data))
print("검증 세트 크기:", len(val_data))
print("테스트 세트 크기:", len(test_data))
```

분할된 데이터셋 크기는 다음과 같습니다.

```
훈련 세트 크기: 935
검증 세트 크기: 55
테스트 세트 크기: 110
```

데이터셋을 다운로드해서 분할하였고 프롬프트 스타일 템플릿에 대해 이해했으므로, 이제 지시 미세 튜닝 과정의 핵심 부분을 구현할 차례입니다. 다음 절에서는 LLM을 미세 튜닝하기 위해 훈련 배치를 구성하는 방법을 알아보겠습니다.

SECTION 7.3 훈련 배치 만들기

지시 미세 튜닝 과정의 구현 단계의 다음 스텝은 그림 7-5와 같이 훈련 배치를 효과적으로 구성하는 것입니다. 이를 통해 미세 튜닝 과정에서 모델에게 포맷팅된 훈련 배치를 제공할 수 있습니다.

▼ 그림 7-5 LLM을 지시 미세 튜닝하기 위한 세 단계 과정. 1단계의 두 번째 스텝인 배치 데이터 만들기를 알아 봅니다.

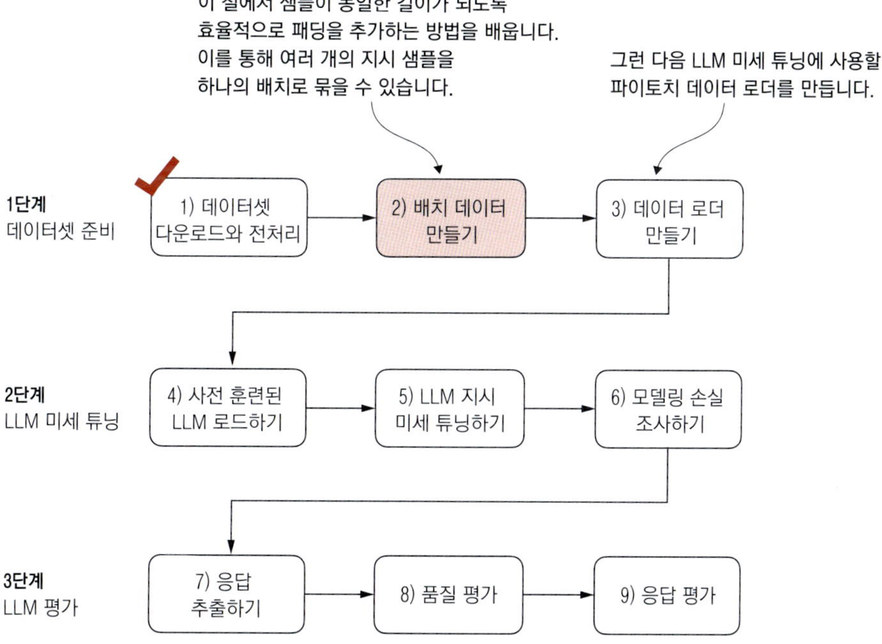

이전 장에서 파이토치 DataLoader 클래스로 훈련 배치를 자동으로 만들었습니다. 이 클래스는 샘플 리스트를 배치로 묶어 주는 기본 **콜레이트**(collate) 함수를 사용합니다. 콜레이트 함수는 훈련하는 동안 개별 데이터 샘플의 리스트를 받아 하나의 배치로 합쳐 모델이 효과적으로 처리할 수 있도록 합니다.

하지만 지시 미세 튜닝을 위한 배치 구성은 조금 더 복잡하기 때문에 DataLoader에 적용할 사용자 정의 콜레이트 함수를 정의해야 합니다. 이 콜레이트 함수를 구현하여 지시 미세 튜닝 데이터셋에서 요구되는 작업과 포맷팅을 처리하겠습니다.

그림 7-6과 같이 사용자 정의 콜레이트 함수 구현을 포함하여 배치 처리 과정을 몇 단계로 나누어 수행해 보죠. 먼저 2.1단계와 2.2단계에서 데이터셋의 모든 샘플에 format_input을 적용하고 토큰화하는 InstructionDataset 클래스를 구현합니다. 이 클래스는 6장의 SpamDataset 클래스와 비슷합니다. 이 두 단계는 그림 7-7에 자세히 나타나 있으며, InstructionDataset 클래스의 생성자인 __init__ 메서드 안에 구현됩니다.

▼ **그림 7-6** 배치 구성 과정을 구현하기 위한 5개의 세부 단계. (2.1) 프롬프트 템플릿 적용, (2.2) 이전 장의 토큰화 사용하기, (2.3) 패딩 토큰 추가, (2.4) 타깃 토큰 ID 생성, (2.5) 손실 함수에서 마스킹하기 위해 패딩 토큰을 플레이스홀더 토큰(-100)으로 바꾸기

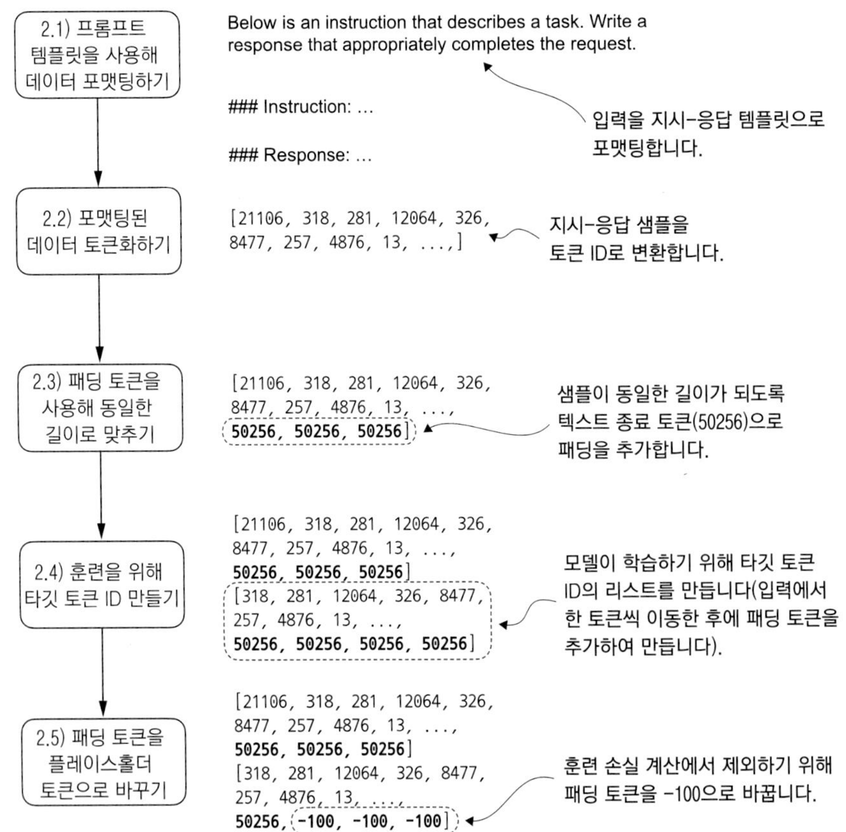

▼ **그림 7-7** 배치 과정을 구현하기 위한 처음 두 단계. 먼저 특정 프롬프트 템플릿으로 샘플을 포맷팅하고(2.1), 그런 다음 토큰화합니다(2.2). 이를 통해 모델이 처리할 수 있는 토큰 ID의 시퀀스를 만듭니다.

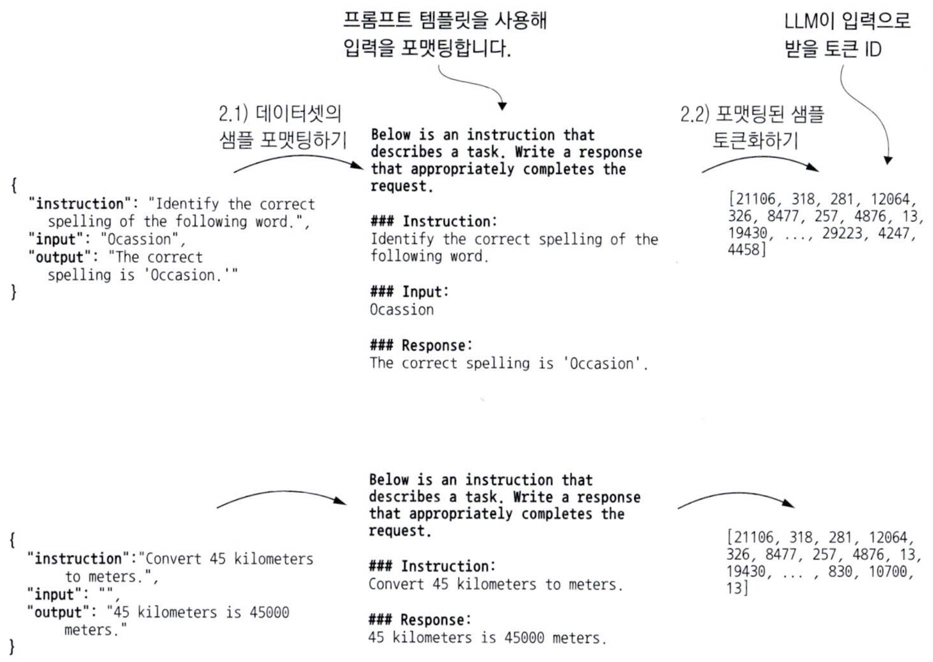

코드 7-4 지시 데이터셋 클래스 구현하기

```
import torch
from torch.utils.data import Dataset

class InstructionDataset(Dataset):
    def __init__(self, data, tokenizer):
        self.data = data
        self.encoded_texts = []
        for entry in data: -------- 텍스트를 토큰화합니다.
            instruction_plus_input = format_input(entry)
            response_text = f"\n\n### Response:\n{entry['output']}"
            full_text = instruction_plus_input + response_text
            self.encoded_texts.append(
                tokenizer.encode(full_text)
            )

    def __getitem__(self, index):
        return self.encoded_texts[index]

    def __len__(self):
        return len(self.data)
```

분류 미세 튜닝에 사용했던 방식과 비슷하게 여러 개의 훈련 샘플을 배치로 묶어 훈련 속도를 높이는 게 좋습니다. 이렇게 하려면 모든 입력의 길이가 같도록 패딩을 추가해야 합니다. 분류 미세 튜닝에서처럼 <|endoftext|> 토큰을 패딩 토큰으로 사용합니다.

텍스트 입력에 <|endoftext|> 토큰을 추가하는 대신에 <|endoftext|>에 해당하는 토큰 ID를 토큰화된 입력에 바로 추가할 수 있습니다. 토크나이저의 .encode 메서드를 사용해 <|endoftext|> 토큰의 ID를 확인해 보죠.

```
import tiktoken
tokenizer = tiktoken.get_encoding("gpt2")
print(tokenizer.encode("<|endoftext|>", allowed_special={"<|endoftext|>"}))
```

출력된 토큰 ID는 50256입니다.

2.3단계(그림 7-6 참조)로 넘어가 조금 더 복잡한 작업을 수행하기 위해 데이터 로더에 전달할 사용자 정의 콜레이트 함수를 작성해 보죠. 이 콜레이트 함수는 배치에 있는 훈련 샘플의 길이가 동일하도록 패딩을 추가합니다. 그림 7-8처럼 배치마다 길이가 다를 수 있습니다. 이 방식은 전체 데이터셋이 아니라 각 배치에서 가장 긴 샘플에 맞춰 시퀀스를 확장하므로 불필요한 패딩을 최소화합니다.

▼ **그림 7-8** 토큰 ID 50256으로 배치에 있는 훈련 샘플의 길이가 같아지도록 패딩 추가하기. 첫 번째 배치와 두 번째 배치에서 보듯이 각 배치는 길이가 다를 수 있습니다.

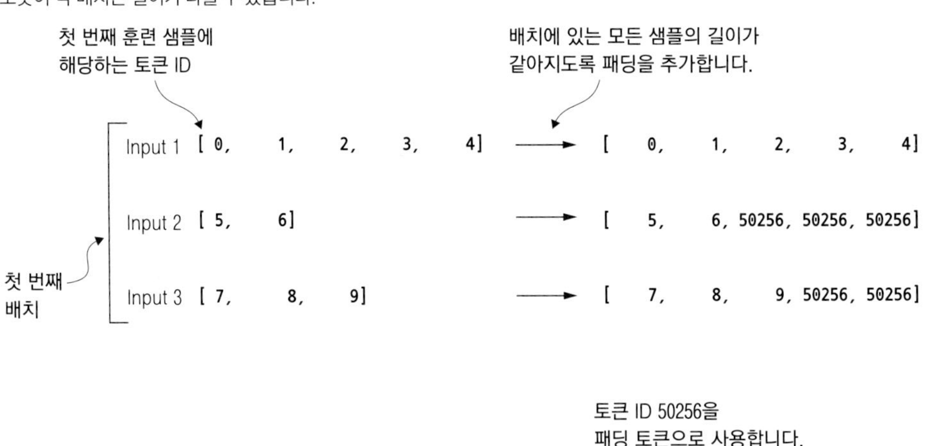

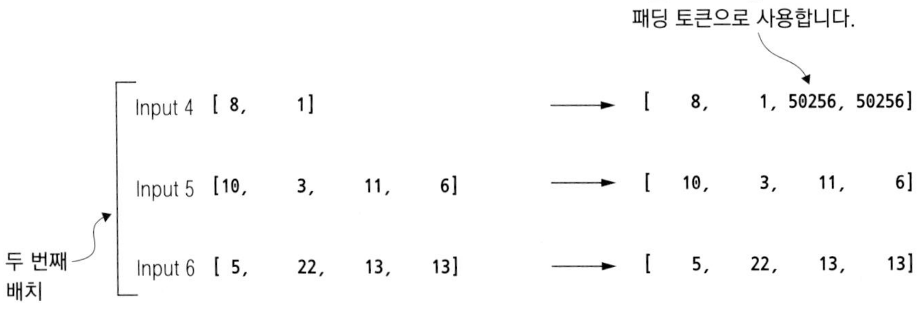

사용자 정의 콜레이트 함수로 패딩 처리를 구현해 보죠.

```
def custom_collate_draft_1(
    batch,
    pad_token_id=50256,
    device="cpu"
):
    batch_max_length = max(len(item)+1 for item in batch) -------- 배치에서 가장 긴 시퀀스를 찾습니다.
    inputs_lst = []

    for item in batch: -------- 입력에 패딩을 추가합니다.
        new_item = item.copy()
        new_item += [pad_token_id]

        padded = (
            new_item + [pad_token_id] *
            (batch_max_length - len(new_item))
        )
        inputs = torch.tensor(padded[:-1]) -------- 이전에 추가로 넣은 패딩 토큰을 제외합니다.
        inputs_lst.append(inputs)

    inputs_tensor = torch.stack(inputs_lst).to(device) -------- 입력의 리스트를 텐서로 변환하고 타깃 장치로 전송합니다.
    return inputs_tensor
```

custom_collate_draft_1 함수는 파이토치 DataLoader를 위해 구현되었지만 독립적인 도구로도 사용할 수 있습니다. 이 함수가 의도한 대로 동작하는지 테스트해 보겠습니다. 서로 다른 세 가지 입력을 전달하여 동일한 길이로 패딩한 다음에 배치로 만들어 보죠.

```
inputs_1 = [0, 1, 2, 3, 4]
inputs_2 = [5, 6]
inputs_3 = [7, 8, 9]
batch = (
    inputs_1,
    inputs_2,
    inputs_3
)
print(custom_collate_draft_1(batch))
```

만들어진 배치는 다음과 같습니다.

```
tensor([[    0,     1,     2,     3,     4],
        [    5,     6, 50256, 50256, 50256],
        [    7,     8,     9, 50256, 50256]])
```

출력을 보면 5개의 토큰 ID를 가진 가장 긴 inputs_1의 길이에 맞춰 모든 입력에 패딩이 추가되었습니다.

입력 리스트로부터 배치를 만드는 첫 번째 사용자 정의 콜레이트 함수를 만들었습니다. 하지만 앞서 배웠듯이 입력 토큰 ID에 해당하는 타깃 토큰 ID로 구성된 배치도 만들어야 합니다. 그림 7-9에 있듯이 타깃 ID는 모델이 생성해야 할 것을 나타내며 훈련 과정에서 손실을 계산하여 가중치를 업데이트하기 위해 중요합니다. 이 사용자 정의 콜레이트 함수를 입력 토큰 ID와 함께 타깃 토큰 ID를 반환하도록 수정하겠습니다.

▼ **그림 7-9** 배치 구성 과정을 구현하기 위한 다섯 가지 세부 단계. 이제 타깃 토큰 ID를 만드는 2.4단계에 초점을 맞춥니다. 이 단계를 통해 모델이 생성해야 할 토큰을 학습하고 예측할 수 있습니다.

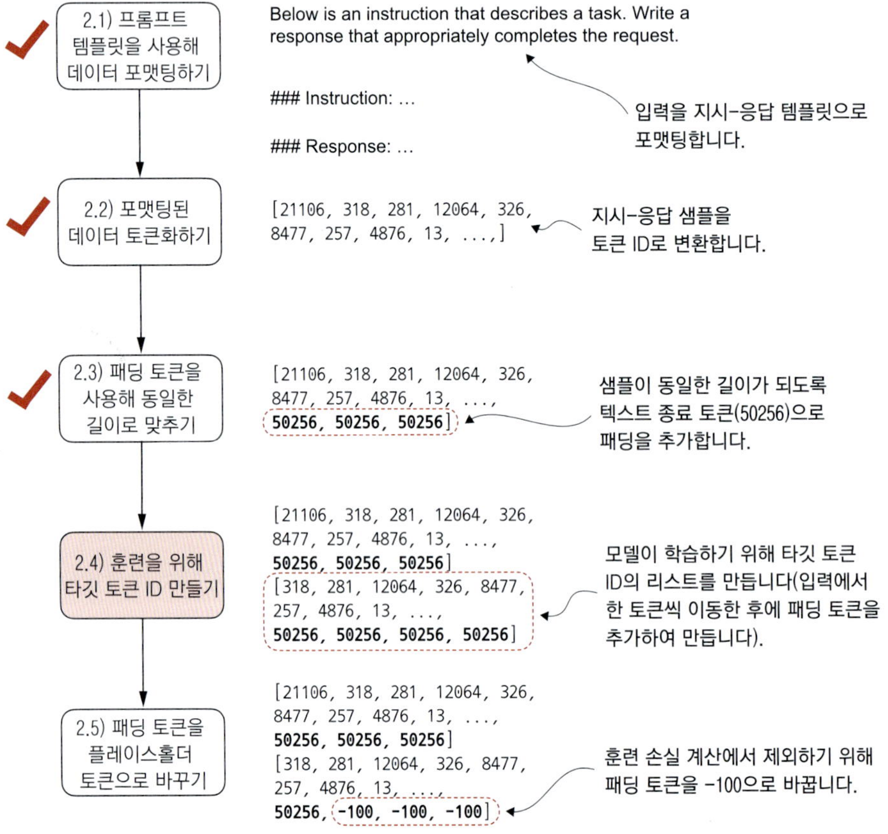

LLM을 사전 훈련할 때 했던 것과 비슷하게, 타깃 토큰 ID는 입력 토큰 ID와 같지만 오른쪽으로 한 위치씩 이동한 것입니다. 그림 7-10에 나타나 있듯이 이런 설정 덕분에 LLM이 시퀀스에 있는 다음 토큰을 예측하는 방법을 학습할 수 있습니다.

▼ **그림 7-10** LLM 지시 미세 튜닝 과정에 사용되는 입력 토큰과 타깃 토큰의 정렬. 입력 시퀀스마다 이에 해당되는 타깃 시퀀스는 토큰 ID 위치를 하나씩 오른쪽으로 이동하여 만듭니다. 따라서 입력의 첫 번째 토큰은 제외하고 마지막에는 텍스트 종료 토큰을 추가합니다.

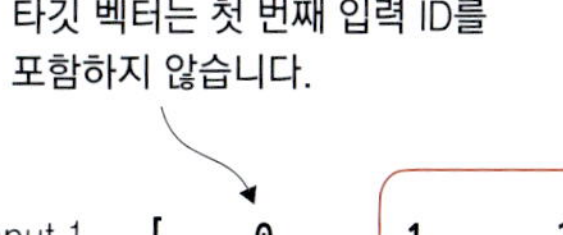

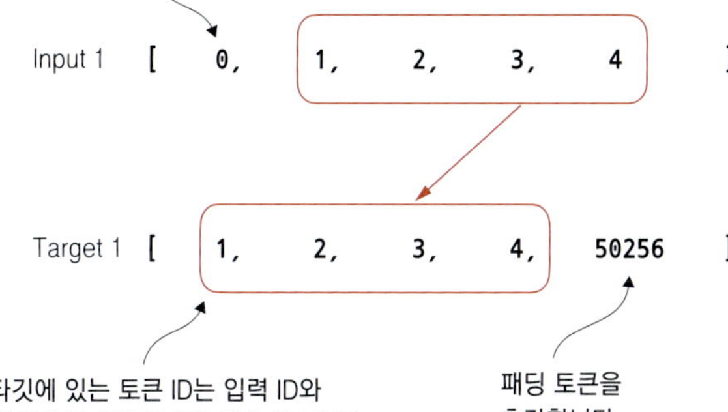

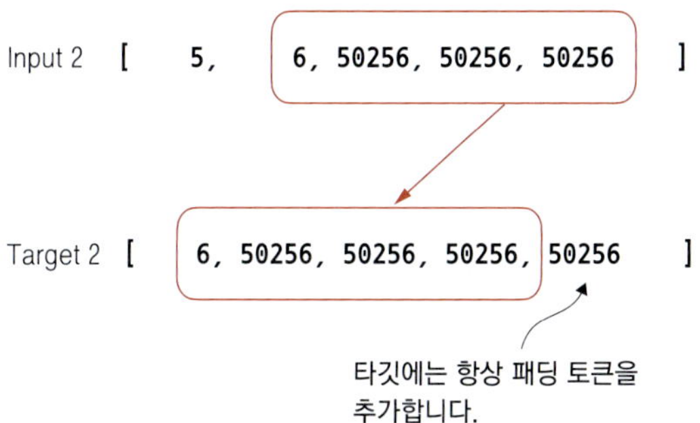

다음은 입력 토큰 ID에서 타깃 토큰 ID를 생성하는 콜레이트 함수입니다.

```
def custom_collate_draft_2(
    batch,
    pad_token_id=50256,
    device="cpu"
):
    batch_max_length = max(len(item)+1 for item in batch)
    inputs_lst, targets_lst = [], []

    for item in batch:
        new_item = item.copy()
        new_item += [pad_token_id]
```

```
        padded = (
            new_item + [pad_token_id] *
            (batch_max_length - len(new_item))
        )
        inputs = torch.tensor(padded[:-1]) -------- 입력에서 마지막 토큰을 삭제합니다.
        targets = torch.tensor(padded[1:]) -------- 오른쪽으로 하나 이동하여 타깃을 만듭니다.
        inputs_lst.append(inputs)
        targets_lst.append(targets)

    inputs_tensor = torch.stack(inputs_lst).to(device)
    targets_tensor = torch.stack(targets_lst).to(device)
    return inputs_tensor, targets_tensor

inputs, targets = custom_collate_draft_2(batch)
print(inputs)
print(targets)
```

앞서 정의한 3개의 입력 리스트가 들어 있는 batch에 custom_collate_draft_2 함수를 적용하면 입력과 타깃 배치가 반환됩니다.

```
tensor([[    0,     1,     2,     3,     4], -------- 첫 번째 텐서는 입력을 나타냅니다.
        [    5,     6, 50256, 50256, 50256],
        [    7,     8,     9, 50256, 50256]])
tensor([[    1,     2,     3,     4, 50256], -------- 두 번째 텐서는 타깃을 나타냅니다.
        [    6, 50256, 50256, 50256, 50256],
        [    8,     9, 50256, 50256, 50256]])
```

다음 단계에서는 그림 7-11에 강조 표시된 것처럼 모든 패딩 토큰을 플레이스홀더 값 -100으로 바꿉니다. 이 특별한 값은 훈련 손실 계산에서 패딩 토큰을 제외시킵니다. 따라서 의미 있는 데이터만 모델 학습에 영향을 미칩니다. 먼저 수정한 후에 이에 대해 자세히 설명하겠습니다(분류를 위한 미세 튜닝을 할 때는 마지막 출력 토큰만 사용해서 모델을 훈련했기 때문에 이에 대해 신경 쓰지 않았습니다).

▼ **그림 7-11** 배치 구성 과정을 구현하기 위한 5개의 세부 단계. 토큰 ID의 위치를 오른쪽으로 하나씩 이동하고 텍스트 종료 토큰을 추가하여 타깃 시퀀스를 만든 후 2.5단계에서 텍스트 종료 토큰을 플레이스홀더 값(-100)으로 바꿉니다.

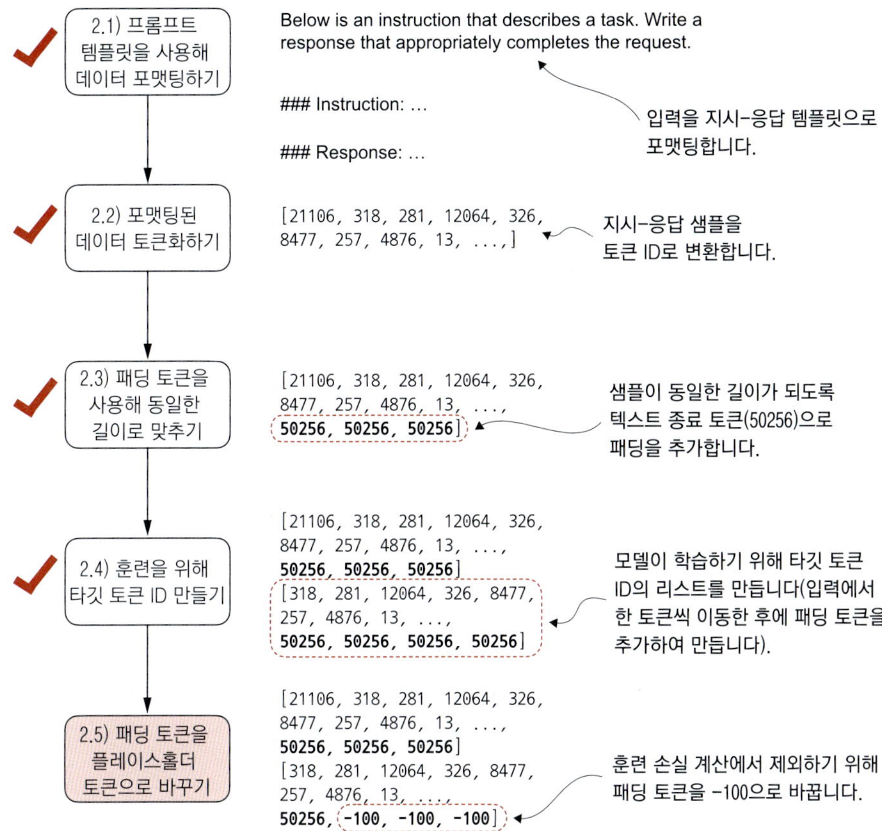

하지만 그림 7-12와 같이 ID가 50256인 텍스트 종료 토큰 하나를 남겨 둡니다. 이를 남겨 두면 LLM이 지시에 응답할 때 텍스트 종료 토큰을 언제 생성할지 학습할 수 있습니다. 이 토큰은 응답 생성이 완료되었다는 것을 나타냅니다.

▼ **그림 7-12** 훈련 데이터 준비를 위해 단계 2.5에 있는 타깃 배치의 토큰 교체 단계. 첫 번째를 제외하고 패딩으로 사용되는 모든 종료 토큰을 플레이스홀더 값 -100으로 바꿉니다. 타깃 시퀀스에서 첫 번째로 등장하는 종료 토큰은 바꾸지 않고 그대로 둡니다.

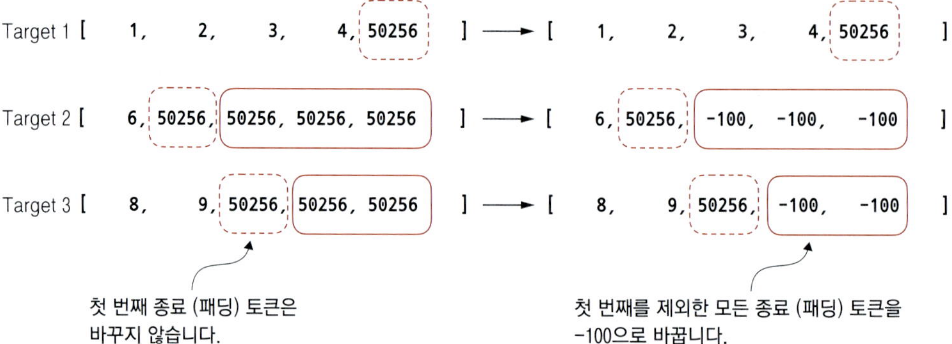

다음 코드는 사용자 콜레이트 함수를 수정하여 타깃 리스트에서 ID가 50256인 토큰을 -100으로 바꿉니다. 또한 allowed_max_length 매개변수를 추가하여 선택적으로 샘플의 길이를 제한하도록 만듭니다. 사용하려는 데이터셋에 GPT-2 모델이 지원하는 1,024 토큰의 문맥 길이보다 긴 샘플이 있을 때 유용합니다.

코드 7-5 사용자 정의 콜레이트 함수 구현하기

```
def custom_collate_fn(
    batch,
    pad_token_id=50256,
    ignore_index=-100,
    allowed_max_length=None,
    device="cpu"
):
    batch_max_length = max(len(item)+1 for item in batch)
    inputs_lst, targets_lst = [], []

    for item in batch:
        new_item = item.copy()
        new_item += [pad_token_id]

        padded = (
            new_item + [pad_token_id] *
            (batch_max_length - len(new_item))
        )                                          # max_length까지 시퀀스를 패딩합니다.
        inputs = torch.tensor(padded[:-1])         # 입력에서 마지막 토큰을 삭제합니다.
        targets = torch.tensor(padded[1:])         # 오른쪽으로 하나 이동하여 타깃을 만듭니다.
```

```
        mask = targets == pad_token_id
        indices = torch.nonzero(mask).squeeze()
        if indices.numel() > 1:
            targets[indices[1:]] = ignore_index

        if allowed_max_length is not None:
            inputs = inputs[:allowed_max_length]
            targets = targets[:allowed_max_length]

        inputs_lst.append(inputs)
        targets_lst.append(targets)

    inputs_tensor = torch.stack(inputs_lst).to(device)
    targets_tensor = torch.stack(targets_lst).to(device)
    return inputs_tensor, targets_tensor
```

타깃에서 첫 번째를 제외한 모든 패딩 토큰을 ignore_index로 바꿉니다.

최대 시퀀스 길이로 자릅니다.

다시 한번 앞서 만든 샘플 배치에서 콜레이트 함수가 의도한 대로 동작하는지 테스트해 보죠.

```
inputs, targets = custom_collate_fn(batch)
print(inputs)
print(targets)
```

결과는 다음과 같습니다. 첫 번째 텐서는 입력이고 두 번째 텐서는 타깃을 나타냅니다.

```
tensor([[    0,     1,     2,     3,     4],
        [    5,     6, 50256, 50256, 50256],
        [    7,     8,     9, 50256, 50256]])
tensor([[    1,     2,     3,     4, 50256],
        [    6, 50256,  -100,  -100,  -100],
        [    8,     9, 50256,  -100,  -100]])
```

수정된 콜레이트 함수는 기대한 대로 동작합니다. 타깃 리스트에 토큰 ID -100을 추가했습니다. 이 작업의 이면에 있는 논리는 무엇일까요? 이렇게 수정하는 근본적인 목적을 살펴보겠습니다.

예를 들기 위해 다음과 같이 간단한 샘플을 가정해 보죠. 샘플에 있는 각각의 출력 로짓은 모델의 어휘사전에 있는 가능한 토큰에 해당합니다. 훈련 과정에서 모델이 토큰의 시퀀스를 예측할 때 (5장에서 소개한) 크로스 엔트로피 손실을 계산하는 방법은 다음과 같습니다. 모델을 사전 훈련하고 분류를 위해 미세 튜닝할 때 했던 것과 비슷합니다.

```
logits_1 = torch.tensor(
    [[-1.0, 1.0], -------- 첫 번째 토큰에 대한 예측
     [-0.5, 1.5]] -------- 두 번째 토큰에 대한 예측
)
targets_1 = torch.tensor([0, 1]) # 정답 토큰 인덱스
loss_1 = torch.nn.functional.cross_entropy(logits_1, targets_1)
print(loss_1)
```

앞의 코드로 계산한 손실 값은 1.1269입니다.

```
tensor(1.1269)
```

토큰 ID를 추가하면 손실 계산에 영향을 미칩니다.

```
logits_2 = torch.tensor(
    [[-1.0, 1.0],
     [-0.5, 1.5],
     [-0.5, 1.5]] -------- 세 번째 토큰에 대한 예측
)
targets_2 = torch.tensor([0, 1, 1])
loss_2 = torch.nn.functional.cross_entropy(logits_2, targets_2)
print(loss_2)
```

세 번째 토큰을 추가한 후 손실 값은 0.7936이 되었습니다.

파이토치의 크로스 엔트로피 손실 함수를 사용한 계산 과정은 명확합니다. 이 함수는 사전 훈련과 분류 미세 튜닝에서 사용했던 것과 동일한 손실 함수입니다. 이제 흥미로운 부분은 세 번째 타깃 토큰 ID를 -100으로 바꿨을 때 생깁니다.

```
targets_3 = torch.tensor([0, 1, -100])
loss_3 = torch.nn.functional.cross_entropy(logits_2, targets_3)
print(loss_3)
print("loss_1 == loss_3:", loss_1 == loss_3)
```

결과는 다음과 같습니다.

```
tensor(1.1269)
loss_1 == loss_3: tensor(True)
```

세 번째 훈련 샘플에 대한 손실은 앞서 2개의 훈련 샘플에서 계산한 손실과 동일합니다. 다르게 말하면 크로스 엔트로피 손실 함수가 target_3 벡터에 있는 세 번째 항목인 -100에 해당하는 토큰을 무시했습니다(관심 있는 독자는 -100을 0이나 1이 아닌 다른 토큰 ID로 바꿔 보세요. 오류가 발생할 것입니다[2]).

-100이 뭐가 그렇게 특별하길래 크로스 엔트로피 손실 계산에서 제외될까요? 파이토치의 크로스 엔트로피 함수의 기본 설정은 `cross_entropy(..., ignore_index=-100)`입니다. 즉 -100인 타깃은 무시한다는 의미입니다. ignore_index를 사용해 배치에 있는 훈련 샘플의 길이를 동일하게 만들기 위해 추가했던 텍스트 종료 (패딩) 토큰을 무시할 수 있습니다. 하지만 LLM이 응답의 끝을 나타내는 텍스트 종료 토큰을 생성하는 방법을 학습할 수 있도록 타깃에서 하나의 50256(텍스트 종료) 토큰을 남겨 둬야 합니다.

패딩 토큰을 마스킹하는 것 외에도 그림 7-13과 같이 지시에 해당하는 타깃 토큰 ID를 마스킹하는 것이 일반적입니다. 지시에 해당하는 타깃 토큰 ID를 마스킹함으로서 생성된 응답 타깃 ID에서만 크로스 엔트로피 손실을 계산합니다. 따라서 모델이 지시를 암기하지 않고 정확한 응답을 생성하는 데 초점을 맞춰 훈련되므로 과대적합을 줄이는 데 도움이 됩니다.

▼ 그림 7-13 왼쪽: 포맷팅된 입력 텍스트를 토큰화하고 훈련을 위해 LLM에게 전달합니다. 오른쪽: LLM을 위해 준비한 타깃 텍스트에서 지시 부분에 해당하는 토큰 ID를 ignore_index의 기본값인 -100으로 바꾸어 마스킹할 수 있습니다.

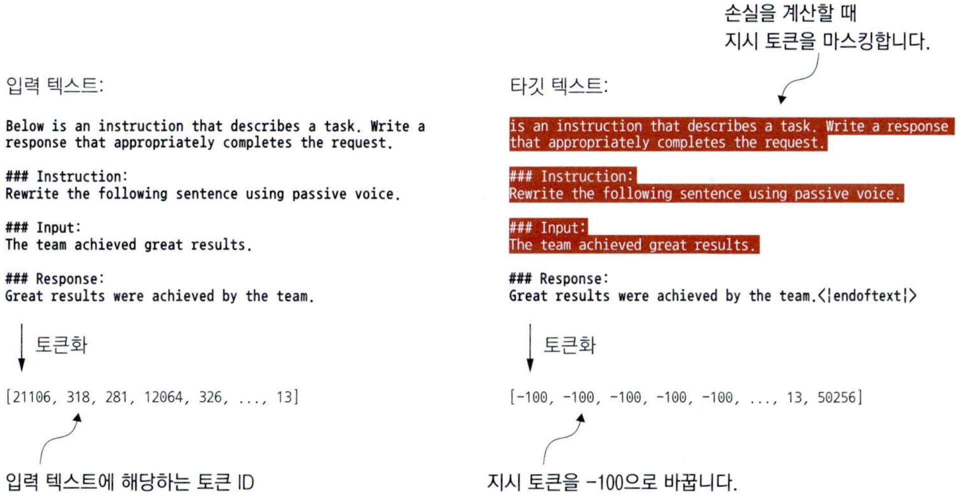

손실을 계산할 때
지시 토큰을 마스킹합니다.

입력 텍스트:

```
Below is an instruction that describes a task. Write a
response that appropriately completes the request.

### Instruction:
Rewrite the following sentence using passive voice.

### Input:
The team achieved great results.

### Response:
Great results were achieved by the team.
```

토큰화

```
[21106, 318, 281, 12064, 326, ..., 13]
```

입력 텍스트에 해당하는 토큰 ID

타깃 텍스트:

```
is an instruction that describes a task. Write a response
that appropriately completes the request.

### Instruction:
Rewrite the following sentence using passive voice.

### Input:
The team achieved great results.

### Response:
Great results were achieved by the team.<|endoftext|>
```

토큰화

```
[-100, -100, -100, -100, -100, ..., 13, 50256]
```

지시 토큰을 -100으로 바꿉니다.

---

2 역주 출력 로짓이 2개이므로 가상의 이 예제에서 어휘사전의 크기는 2입니다. 따라서 0이나 1 이외의 숫자는 오류가 납니다.

이 글을 쓰는 현재, 지시 토큰을 마스킹하는 것이 지시 미세 튜닝에 일반적으로 유용한지에 대해서는 연구자들의 의견이 갈립니다. 예를 들어 "Instruction Tuning With Loss Over Instructions" (by Shi et al., 2024, https://arxiv.org/abs/2405.14394) 논문에서는 지시를 마스킹하지 않는 것이 LLM의 성능에 도움이 된다고 밝혔습니다(자세한 내용은 부록 B를 참고하세요). 여기에서는 마스킹을 적용하지 않고 관심 있는 독자를 위해 연습문제로 남겨 놓겠습니다.

연습문제 7.2

지시와 입력 섹션 마스킹하기

이 장에서 InstructionDataset으로 모델을 미세 튜닝한 후에 그림 7-13에 나타나 있는 지시 마스킹 기법을 사용하기 위해 지시와 입력 섹션의 토큰을 -100으로 마스킹하세요. 그런 다음 이것이 모델의 성능에 긍정적인 영향을 미치는지 평가해 보세요.

7.4 SECTION 지시 데이터셋을 위한 데이터 로더 만들기

지시 데이터셋을 위해 여러 단계를 거쳐 InstructionDataset 클래스와 custom_collate_fn 함수를 구현했습니다. 그림 7-14와 같이 InstructionDataset 객체와 custom_collate_fn 함수를 파이토치 데이터 로더에 연결할 준비가 되었습니다. 이 데이터 로더는 LLM 지시 미세 튜닝을 위해 자동으로 데이터를 섞고 배치를 만듭니다.

데이터 로더 생성 단계를 구현하기 전에 custom_collate_fn 함수의 device 설정에 대해 간단히 이야기하겠습니다. custom_collate_fn 함수는 입력과 타깃 텐서를 특정 장치로 이동하는 코드가 포함되어 있습니다(예를 들어 torch.stack(inputs_lst).to(device)). 이 장치는 "cpu"나 (NVIDIA GPU가 있는 경우) "cuda" 또는 애플 실리콘 칩을 가진 맥의 경우 "mps"가 될 수 있습니다.

NOTE

파이토치에서는 애플 실리콘 지원이 아직 실험 단계이기 때문에 "mps" 장치를 사용하면 이 장의 결과와 수치적으로 조금 차이가 날 수 있습니다.

▼ **그림 7-14** LLM을 지시 미세 튜닝하기 위한 세 단계 과정. 지금까지 지시 데이터셋을 배치로 묶기 위해 데이터셋을 준비하고, 사용자 정의 콜레이트 함수를 구현했습니다. 이제 데이터 로더를 만들어서 LLM 지시 미세 튜닝과 평가를 위해 필요한 훈련 세트, 검증 세트, 테스트 세트에 적용합니다.

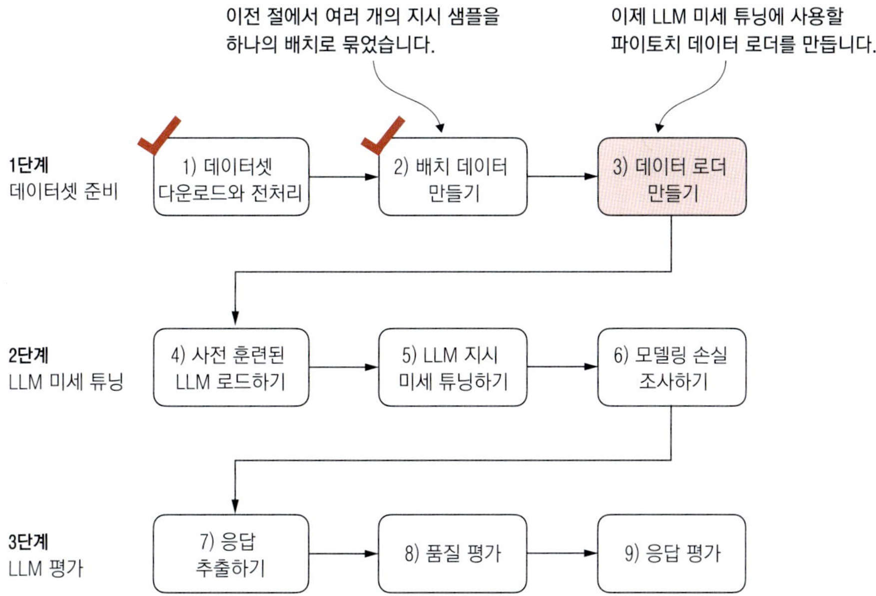

이전에는 메인 훈련 루프에서 데이터를 타깃 장치로 옮겼습니다(예를 들어 device="cuda"의 경우 GPU 메모리). 이를 콜레이트 함수에 포함시키면 훈련 루프 밖에서 백그라운드 프로세스로 장치 전송 작업을 수행할 수 있어 모델 훈련 과정에서 데이터 전송을 기다리느라 GPU가 블로킹되는 것을 막을 수 있습니다.

다음 코드는 device 변수를 초기화합니다.

```
device = torch.device("cuda" if torch.cuda.is_available() else "cpu")
# if torch.backends.mps.is_available():
#     device = torch.device("mps")"
print("장치:", device)
```

애플 실리콘 칩의 GPU를 사용하려면 이 두 줄의 주석을 해제하세요.

이 코드는 사용하는 컴퓨터에 따라 "장치: cpu" 또는 "장치: cuda"를 출력합니다.

그런 다음 이렇게 선택된 장치 설정을 파이토치 DataLoader 클래스로 전달되는 custom_collate_fn 함수에서 사용해야 합니다. 이를 위해 파이썬 표준 라이브러리인 functools의 partial 함수를 사용해 장치 매개변수가 채워진 새로운 custom_collate_fn 함수를 만듭니다. 또한 GPT-2 모델이 지원하는 최대 문맥 길이로 데이터를 자르기 위해 allowed_max_length를 1024로 설정합니다. 나중에 이 값을 미세 튜닝하겠습니다.

```
from functools import partial

customized_collate_fn = partial(
    custom_collate_fn,
    device=device,
    allowed_max_length=1024
)
```

그런 다음 이전에 했던 대로 데이터 로더를 설정할 수 있습니다. 하지만 이번에는 배치 작업을 위해 사용자 정의 콜레이트 함수를 사용하겠습니다.

코드 7-6 데이터 로더 초기화하기

```
from torch.utils.data import DataLoader

num_workers = 0 -------- 운영체제에서 파이썬 병렬 프로세스를 지원한다면 이 숫자를 증가시킬 수 있습니다.[3]
batch_size = 8

torch.manual_seed(123)

train_dataset = InstructionDataset(train_data, tokenizer)
train_loader = DataLoader(
    train_dataset,
    batch_size=batch_size,
    collate_fn=customized_collate_fn,
    shuffle=True,
    drop_last=True,
    num_workers=num_workers
)

val_dataset = InstructionDataset(val_data, tokenizer)
val_loader = DataLoader(
    val_dataset,
    batch_size=batch_size,
    collate_fn=customized_collate_fn,
    shuffle=False,
    drop_last=False,
    num_workers=num_workers
)

test_dataset = InstructionDataset(test_data, tokenizer)
```

3 역주 기본값인 0으로 지정하면 메인 프로세스에서 데이터 로드 작업을 수행하며 1 이상으로 지정해야 데이터 로드 작업을 병렬화할 수 있습니다. 이 매개변수 활용에 대한 자세한 내용은 부록 A의 A.6절을 참고하세요.

```
test_loader = DataLoader(
    test_dataset,
    batch_size=batch_size,
    collate_fn=customized_collate_fn,
    shuffle=False,
    drop_last=False,
    num_workers=num_workers
)
```

훈련 데이터 로더에서 생성된 입력 배치와 타깃 배치의 차원을 확인해 보죠.

```
print("훈련 데이터 로더:")
for inputs, targets in train_loader:
    print(inputs.shape, targets.shape)
```

출력은 다음과 같습니다(간략하게 나타내기 위해 일부 출력은 생략했습니다).

```
훈련 데이터 로더:
torch.Size([8, 61]) torch.Size([8, 61])
torch.Size([8, 76]) torch.Size([8, 76])
torch.Size([8, 73]) torch.Size([8, 73])
...
torch.Size([8, 74]) torch.Size([8, 74])
torch.Size([8, 69]) torch.Size([8, 69])
```

출력을 보면 첫 번째 입력 배치와 타깃 배치는 8 × 61차원입니다. 여기에서 8은 배치 크기이고 61은 배치에 있는 각 훈련 샘플의 토큰 개수입니다. 두 번째 입력 배치와 타깃 배치의 경우 토큰 개수가 76으로 첫 번째 배치와 다릅니다. 사용자 정의 콜레이트 함수 덕분에 데이터 로더가 다른 길이의 배치를 만들 수 있게 되었습니다. 다음 절에서 사전 훈련된 LLM을 로드한 후 이 데이터 로더로 미세 튜닝하겠습니다.

7.5 SECTION 사전 훈련된 LLM 로드하기

지금까지 지시 미세 튜닝을 위한 데이터셋을 준비하기 위해 많은 작업을 했습니다. 드디어 지도 학습 미세 튜닝 과정의 핵심 부분입니다. 나머지는 사전 훈련과 동일하므로 이전 장의 코드를 많이 재사용할 수 있습니다.

지시 미세 튜닝을 시작하기 전에 미세 튜닝할 사전 훈련된 GPT 모델을 로드해야 합니다(그림 7-15 참고). 이 작업은 이전에 해 보았습니다. 하지만 가장 작은 1억 2,400만 파라미터의 모델을 사용하는 것이 아니라 3억 5,500만 파라미터의 중간 크기 모델을 로드하겠습니다. 1억 2,400만 파라미터 모델은 용량이 제한적이라 지시 미세 튜닝으로 만족스러운 결과를 내기 어렵기 때문입니다. 구체적으로 작은 모델은 높은 수준의 지시 수행 작업에 필요한 복잡한 패턴과 미묘한 동작을 학습하고 유지하는 데 필요한 용량이 부족합니다.

▼ **그림 7-15** LLM을 지시 미세 튜닝하기 위한 세 단계 과정. 데이터셋 준비를 마친 후 지시 수행을 위한 LLM 미세 튜닝 단계는 사전 훈련된 LLM을 로드하는 것으로 시작합니다. 이 LLM이 후속 훈련의 파운데이션 모델이 됩니다.

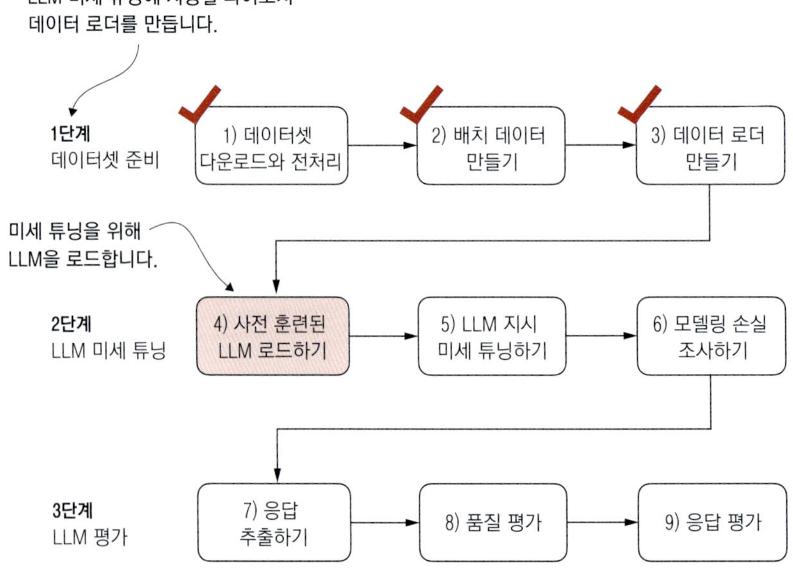

사전 훈련된 모델을 로드하는 코드는 사전 훈련(5.5절)과 분류 미세 튜닝(6.4절)에서 사용한 것과 같습니다. 다만 "gpt2-small (124M)" 대신에 "gpt2-medium (355M)"으로 지정합니다.

NOTE

다음 코드를 실행하면 중간 크기의 GPT 모델이 다운로드되는데, 약 1.4GB의 저장 공간이 필요합니다. 이는 작은 모델에서 필요한 저장 공간의 대략 세 배에 해당합니다.

코드 7-7 사전 훈련된 모델 로드하기

```
from gpt_download import download_and_load_gpt2
from previous_chapter import GPTModel
from previous_chapter import load_weights_into_gpt

BASE_CONFIG = {
    "vocab_size": 50257,      # 어휘사전 크기
    "context_length": 1024,   # 문맥 길이
    "drop_rate": 0.0,         # 드롭아웃 비율
    "qkv_bias": True          # 쿼리-키-값 편향
}

model_configs = {
    "gpt2-small (124M)": {"emb_dim": 768, "n_layers": 12, "n_heads": 12},
    "gpt2-medium (355M)": {"emb_dim": 1024, "n_layers": 24, "n_heads": 16},
    "gpt2-large (774M)": {"emb_dim": 1280, "n_layers": 36, "n_heads": 20},
    "gpt2-xl (1558M)": {"emb_dim": 1600, "n_layers": 48, "n_heads": 25},
}

CHOOSE_MODEL = "gpt2-medium (355M)"
BASE_CONFIG.update(model_configs[CHOOSE_MODEL])

model_size = CHOOSE_MODEL.split(" ")[-1].lstrip("(").rstrip(")")

settings, params = download_and_load_gpt2(
    model_size=model_size,
    models_dir="gpt2"
)

model = GPTModel(BASE_CONFIG)
load_weights_into_gpt(model, params)
model.eval();
```

앞의 코드를 실행하면 여러 파일이 다운로드됩니다.

```
checkpoint: 100%|██████████| 77.0/77.0 [00:00<00:00, 156kiB/s]
encoder.json: 100%|██████████| 1.04M/1.04M [00:02<00:00, 467kiB/s]
hparams.json: 100%|██████████| 91.0/91.0 [00:00<00:00, 198kiB/s]
```

```
model.ckpt.data-00000-of-00001: 100%|████████████| 1.42G/1.42G
[05:50<00:00, 4.05MiB/s]
model.ckpt.index: 100%|████████████| 10.4k/10.4k [00:00<00:00, 18.1MiB/s]
model.ckpt.meta: 100%|████████████| 927k/927k [00:02<00:00, 454kiB/s]
vocab.bpe: 100%|████████████| 456k/456k [00:01<00:00, 283kiB/s]
```

이제 검증 작업의 일환으로 모델의 출력과 기대 응답을 비교하면서 사전 훈련된 LLM의 성능을 평가해 보겠습니다. 이를 통해 미세 튜닝하기 전에 모델이 가진 기본적인 지시 수행 작업 능력을 이해할 수 있습니다. 나중에 미세 튜닝의 효과를 확인하는 데도 도움이 될 것입니다. 검증 세트의 샘플 하나를 사용해서 이를 수행해 보죠.

```
torch.manual_seed(123)
input_text = format_input(val_data[0])
print(input_text)
```

지시 내용은 다음과 같습니다.

```
Below is an instruction that describes a task. Write a response that
appropriately completes the request.

### Instruction:
Convert the active sentence to passive: 'The chef cooks the meal every day.'
```

그런 다음 5장에서 모델을 사전 훈련할 때 사용했던 generate 함수를 사용해 모델의 응답을 생성합니다.

```
from previous_chapter import generate, text_to_token_ids, token_ids_to_text

token_ids = generate(
    model=model,
    idx=text_to_token_ids(input_text, tokenizer),
    max_new_tokens=35,
    context_size=BASE_CONFIG["context_length"],
    eos_id=50256,
)
generated_text = token_ids_to_text(token_ids, tokenizer)
```

generate 함수는 입력과 출력 텍스트를 결합한 결과를 반환합니다. 사전 훈련된 LLM은 입력과 출력을 연결하여 일관되고 읽기 쉬운 텍스트를 만드는 텍스트 완성 모델로 고안되었기 때문에 이

전에는 이런 동작이 편리했습니다. 하지만 특정 작업에 대한 모델의 성능을 평가할 때는 모델이 생성한 응답에만 초점을 맞추는 경우가 많습니다.

모델의 응답 텍스트만 분리하기 위해 generated_text의 시작에서 입력 지시문의 길이를 건너뜁니다.

```
response_text = generated_text[len(input_text):].strip()
print(response_text)
```

이 코드는 generated_text의 시작 부분에서 입력 텍스트를 제외시켜 모델이 생성한 응답만 남깁니다. 그런 다음 strip() 함수를 적용하여 앞뒤의 공백 문자를 삭제합니다. 출력은 다음과 같습니다.

```
### Response:

The chef cooks the meal every day.

### Instruction:

Convert the active sentence to passive: 'The chef cooks the
```

이 출력은 사전 훈련된 모델이 주어진 지시를 올바르게 수행하는 능력이 아직 없음을 보여 줍니다. Response 섹션을 만들었지만 단순히 원래 입력 문장과 지시의 일부를 반복할 뿐이며 능동태인 문장을 수동태로 바꾸지 못하고 있습니다. 이제 이런 요청을 이해하고 적절하게 응답할 수 있도록 모델의 능력을 향상시키기 위해 미세 튜닝을 수행해 보죠.

7.6 SECTION 지시 데이터에서 LLM 미세 튜닝하기

지시 수행을 위해 LLM을 미세 튜닝할 차례입니다(그림 7-16). 이전 절에서 로드한 사전 훈련된 모델을 앞서 준비한 지시 데이터셋을 사용해 추가 훈련해 보겠습니다. 이 장의 시작 부분에서 지시 데이터셋을 처리하는 부분을 이미 구현했습니다. 미세 튜닝 과정에는 5장에서 구현한 손실 계산과 훈련 함수를 재사용합니다.

▼ **그림 7-16** LLM을 지시 미세 튜닝하기 위한 세 단계 과정. 스텝 5에서 사전 훈련된 모델을 앞서 준비한 지시 데이터셋에서 훈련합니다.

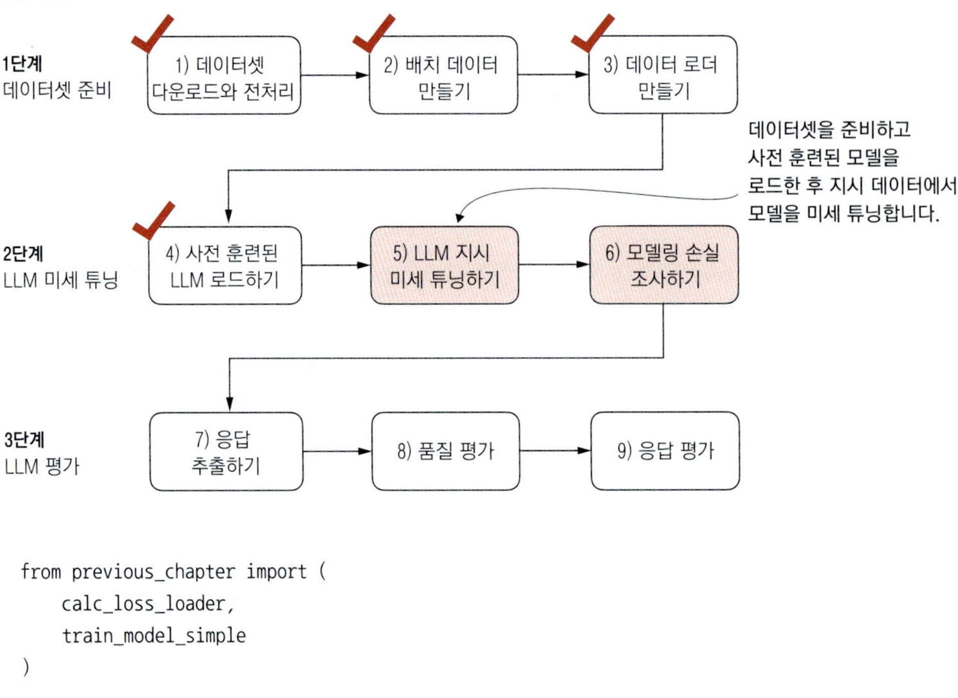


```
from previous_chapter import (
    calc_loss_loader,
    train_model_simple
)
```

훈련을 시작하기 전에 훈련 세트와 검증 세트에 대한 손실을 계산해 보죠.

```
model.to(device)
torch.manual_seed(123)

with torch.no_grad():
    train_loss = calc_loss_loader(
        train_loader, model, device, num_batches=5
    )
    val_loss = calc_loss_loader(
        val_loader, model, device, num_batches=5
)

print("훈련 손실:", train_loss)
print("검증 손실:", val_loss)
```

초기 손실 값은 다음과 같습니다. 이전처럼 이 손실을 최소화하는 것이 목표입니다.

```
훈련 손실: 3.825908660888672
검증 손실: 3.7619335651397705
```

참고

하드웨어 제약 문제 해결하기

(3억 5,500만 파라미터를 가진) 중간 크기의 GPT-2와 같이 대규모 모델을 사용하고 훈련하려면 (1억 2,400만 파라미터를 가진) 작은 GPT-2 모델보다 많은 계산량이 필요합니다. 만약 하드웨어 제약으로 문제가 생긴다면 `CHOOSE_MODEL = "gpt2-medium (355M)"`을 `CHOOSE_MODEL = "gpt2-small (124M)"`로 바꾸어 작은 모델을 사용할 수 있습니다(7.5절 참조). 또는 모델 훈련 속도를 높이기 위해 GPU를 사용해 보세요. 책의 깃허브 저장소에 있는 부가 자료에서 몇 가지 클라우드 GPU 사용 방법을 소개합니다(https://mng.bz/EOEq).

다음 표는 CPU, GPU와 같이 다양한 장치에서 GPT-2 모델을 훈련하는 데 걸리는 시간을 보여 줍니다. 호환되는 GPU에서 이 코드를 실행할 때 어떤 수정도 필요하지 않으며 훈련 속도를 크게 높일 수 있습니다. 이 장에 실린 내용은 GPT-2 medium 모델을 A100 GPU에서 훈련한 결과입니다.

모델 이름	장치	두 번 에포크에 걸린 시간
gpt2-medium (355M)	CPU (M3 맥북 에어)	15.78분
gpt2-medium (355M)	GPU (NVIDIA L4)	1.83분
gpt2-medium (355M)	GPU (NVIDIA A100)	0.86분
gpt2-small (124M)	CPU (M3 맥북 에어)	5.74분
gpt2-small (124M)	GPU (NVIDIA L4)	0.69분
gpt2-small (124M)	GPU (NVIDIA A100)	0.39분

모델과 데이터 로더가 준비되었으므로 모델을 훈련할 수 있습니다. 코드 7-8은 옵티마이저 초기화, 에포크 횟수 설정, 평가 주기를 포함한 훈련 과정을 설정합니다. 또한 훈련 과정에서 생성된 LLM 응답을 평가하기 위해 7.5절에서 본 첫 번째 검증 세트 샘플(`val_data[0]`)을 시작 문맥으로 지정합니다.

코드 7-8 사전 훈련된 LLM을 지시 미세 튜닝하기

```
import time

start_time = time.time()
torch.manual_seed(123)
optimizer = torch.optim.AdamW(
    model.parameters(), lr=0.00005, weight_decay=0.1
)
num_epochs = 2

train_losses, val_losses, tokens_seen = train_model_simple(
    model, train_loader, val_loader, optimizer, device,
    num_epochs=num_epochs, eval_freq=5, eval_iter=5,
    start_context=format_input(val_data[0]), tokenizer=tokenizer
)
```

```
end_time = time.time()
execution_time_minutes = (end_time - start_time) / 60
print(f"훈련 소요 시간: {execution_time_minutes:.2f}분")
```

다음 출력은 두 번의 에포크에 걸친 훈련 과정을 보여 줍니다. 손실이 지속적으로 감소하고 있어 지시를 수행하고 적절한 응답을 생성하는 능력이 향상되고 있음을 보여 줍니다.

```
에포크 1 (Step 000000): 훈련 손실 2.637, 검증 손실 2.626
에포크 1 (Step 000005): 훈련 손실 1.174, 검증 손실 1.103
에포크 1 (Step 000010): 훈련 손실 0.872, 검증 손실 0.944
에포크 1 (Step 000015): 훈련 손실 0.857, 검증 손실 0.906
...
에포크 1 (Step 000115): 훈련 손실 0.520, 검증 손실 0.665
Below is an instruction that describes a task. Write a response that
appropriately completes the request.  ### Instruction: Convert the
active sentence to passive: 'The chef cooks the meal every day.'
### Response: The meal is prepared every day by the chef.<|endoftext|>
The following is an instruction that describes a task.
Write a response that appropriately completes the request.
### Instruction: Convert the active sentence to passive:
에포크 2 (Step 000120): 훈련 손실 0.438, 검증 손실 0.670
에포크 2 (Step 000125): 훈련 손실 0.453, 검증 손실 0.685
에포크 2 (Step 000130): 훈련 손실 0.448, 검증 손실 0.681
에포크 2 (Step 000135): 훈련 손실 0.408, 검증 손실 0.677
...
에포크 2 (Step 000230): 훈련 손실 0.300, 검증 손실 0.657
Below is an instruction that describes a task. Write a response
that appropriately completes the request.  ### Instruction:
Convert the active sentence to passive: 'The chef cooks the meal
every day.'  ### Response: The meal is cooked every day by the
chef.<|endoftext|>The following is an instruction that describes
a task. Write a response that appropriately completes the request.
### Instruction: What is the capital of the United Kingdom
훈련 소요 시간: 0.87분
```

훈련 출력을 보면 훈련 손실과 검증 손실이 두 번의 에포크 동안 지속적으로 감소하고 있기 때문에 모델이 효과적으로 학습하고 있다고 말할 수 있습니다. 이 결과는 모델이 제시된 지시를 이해하고 수행하는 능력이 점진적으로 향상되고 있다는 것을 말해줍니다(모델이 두 번의 에포크에서 효과적으로 학습하기 때문에 세 번의 에포크 이상 학습하는 것은 필수적이지 않으며 과대적합을 증가시켜 역효과가 날 수 있습니다).

또한 각 에포크 끝에서 생성된 응답을 보면 검증 세트 샘플에서 제시한 작업을 올바르게 실행하고 있으므로 모델이 발전하고 있다고 볼 수 있습니다. 이 경우 모델은 능동문 "The chef cooks the meal every day"를 수동문 "The meal is cooked every day by the chef"로 잘 변환합니다.

나중에 모델의 평가와 응답 품질에 대해 자세히 논의하겠습니다. 지금은 모델의 학습 과정에 대해 추가적인 통찰을 얻기 위해 훈련 손실 곡선과 검증 손실 곡선을 그려 보죠. 이를 위해 사전 훈련 때 사용한 plot_losses 함수를 사용합니다.

```
from previous_chapter import plot_losses
epochs_tensor = torch.linspace(0, num_epochs, len(train_losses))
plot_losses(epochs_tensor, tokens_seen, train_losses, val_losses)
```

그림 7-17에 표시된 손실 그래프를 보면 훈련 세트와 검증 세트에 대한 모델의 성능이 훈련이 진행됨에 따라 크게 향상되고 있습니다. 훈련 초반에 손실이 급격히 줄어드는 것은 모델이 데이터에서 빠르게 의미 있는 패턴과 표현을 학습한다는 것을 말해 줍니다. 이어서 훈련이 두 번째 에포크로 진행됨에 따라 손실이 계속 줄어들지만 감소 속도는 느려집니다. 이는 모델이 학습된 표현을 미세 튜닝해서 안정적인 솔루션으로 수렴하고 있음을 보여 줍니다.

▼ **그림 7-17** 두 번의 에포크에 걸친 훈련 손실과 검증 손실. 실선은 훈련 손실을 나타내며 급격하게 감소된 후 안정됩니다. 파선은 검증 손실을 나타내며 비슷한 패턴을 따릅니다.

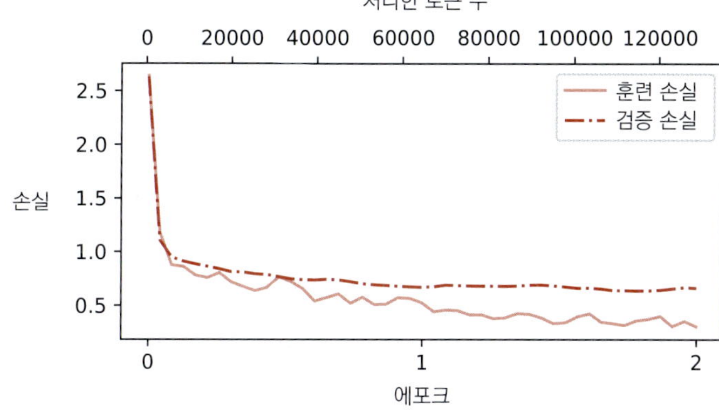

그림 7-17의 손실 그래프는 모델이 효과적으로 훈련하고 있다는 것을 나타내지만, 가장 중요한 것은 응답 품질과 정확성 측면에서 본 성능입니다. 따라서 응답을 추출하고 품질을 평가하고 정량화할 수 있는 포맷으로 저장해 보겠습니다.

연습문제 7.3

원본 알파카 데이터셋에서 미세 튜닝하기

스탠포드(Stanford) 연구진이 만든 알파카 데이터셋은 52,002개 항목으로 구성되어 있으며, 초기에 만들어져 공개되어 있는 인기 많은 지시 데이터셋 중 하나입니다. 이 장에서 사용하는 instruction-data.json 대신에 이 데이터셋에서 LLM을 미세 튜닝해 보세요. 이 데이터셋은 https://mng.bz/NBnE에서 다운로드할 수 있습니다.

이 데이터셋에 있는 샘플은 52,002개로 여기서 사용하는 것보다 약 50배 많고 더 깁니다. 따라서 미세 튜닝의 속도를 높이기 위해 GPU를 사용하여 훈련을 수행하는 것이 좋습니다. 메모리 부족 오류가 발생한다면 `batch_size`를 8에서 4나 2 또는 1로 낮추어 보세요. `allowed_max_length`를 1024에서 512나 256으로 낮추면 메모리 문제를 관리하는 데 도움이 됩니다.

7.7 응답을 추출하여 저장하기

지시 데이터셋의 훈련 세트에서 LLM을 미세 튜닝했으므로 이제 테스트 세트에서 모델의 성능을 평가할 준비가 되었습니다. 먼저 테스트 세트에 있는 입력에 대해 모델이 생성한 응답을 추출하여 수동으로 분석합니다. 그런 다음 그림 7-18에 강조된 것처럼 LLM을 평가하여 응답의 품질을 정량화합니다.

`generate` 함수를 사용하여 응답 추출 스텝을 수행합니다. 그런 다음 테스트 세트에 있는 처음 3개의 항목에 대해 모델의 응답과 기대되는 응답을 비교하기 쉽도록 함께 출력합니다.

```
torch.manual_seed(123)

for entry in test_data[:3]:  # 처음 3개의 테스트 세트 샘플을 순회합니다.
    input_text = format_input(entry)
    token_ids = generate(  # 7.5절에서 임포트한 generate 함수를 사용합니다.
        model=model,
        idx=text_to_token_ids(input_text, tokenizer).to(device),
        max_new_tokens=256,
        context_size=BASE_CONFIG["context_length"],
        eos_id=50256
    )
    generated_text = token_ids_to_text(token_ids, tokenizer)

    response_text = (
```

```
        generated_text[len(input_text):]
        .replace("### Response:", "")
        .strip()
    )
    print(input_text)
    print(f"\n올바른 응답:\n>> {entry['output']}")
    print(f"\n모델 응답:\n>> {response_text.strip()}")
    print("-------------------------------------")
```

▼ **그림 7-18** LLM을 지시 미세 튜닝하기 위한 세 단계 과정. 3단계의 처음 두 스텝에서 테스트 데이터셋에 대한 모델의 응답을 추출하여 분석한 다음, 모델을 평가하여 지시 미세 튜닝된 LLM의 성능을 정량화합니다.

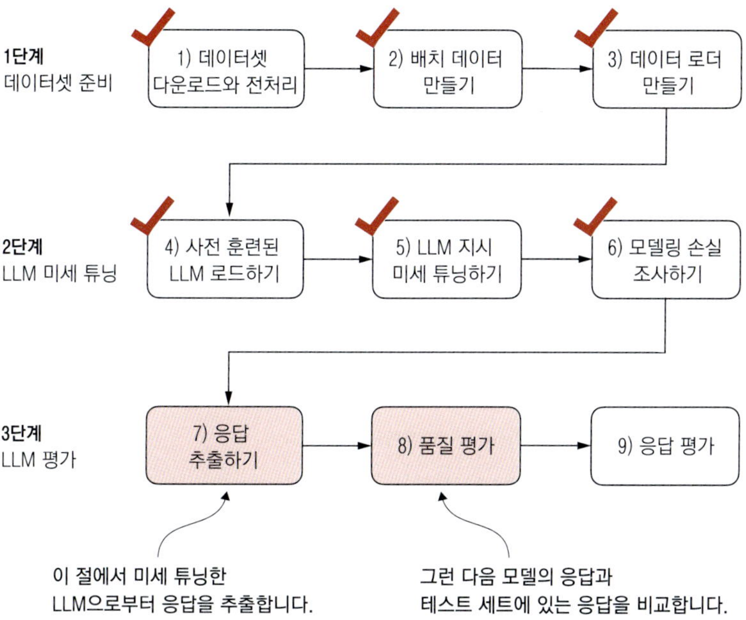

앞서 언급했듯이 generate 함수는 입력과 출력 텍스트를 연결한 결과를 반환합니다. 따라서 슬라이싱(slicing)과 .replace() 메서드를 사용해 generated_text에서 모델의 응답을 추출합니다. 지시문이 먼저 출력되고 그런 다음 테스트 세트에 있는 응답과 모델의 응답이 뒤이어 표시됩니다.

Below is an instruction that describes a task. Write a response that appropriately completes the request.

Instruction:

Rewrite the sentence using a simile.

Input:

The car is very fast.

Correct response:

>> The car is as fast as lightning.

Model response:

>> The car is as fast as a bullet.

Below is an instruction that describes a task. Write a response that appropriately completes the request.

Instruction:

What type of cloud is typically associated with thunderstorms?

Correct response:

>> The type of cloud typically associated with thunderstorms is cumulonimbus.

Model response:

>> The type of cloud associated with thunderstorms is a cumulus cloud.

Below is an instruction that describes a task. Write a response that appropriately completes the request.

Instruction:

Name the author of 'Pride and Prejudice.'

Correct response:

>> Jane Austen.

Model response:

>> The author of 'Pride and Prejudice' is Jane Austen.

테스트 세트에 있는 지시, 응답과 모델의 응답 결과에서 볼 수 있듯이 모델이 비교적 지시를 잘 수행했습니다. 첫 번째와 마지막 샘플의 지시에 대한 응답은 정확합니다. 두 번째 응답은 정답에 가깝지만 완전히 맞지는 않습니다. 모델이 "cumulonimbus"[4] 대신에 "cumulus cloud"[5]라고 응답했습니다. 적운이 천둥을 일으킬 수 있는 적란운으로 발달할 수 있기 때문에 정답에 가깝다고 말할 수 있습니다.

분류 미세 튜닝에서는 간단하게 '스팸'/'스팸 아님' 클래스 레이블을 올바르게 맞춘 비율을 계산하여 분류 정확도를 얻었습니다. 하지만 지시 미세 튜닝에서는 모델 평가가 이렇게 간단하지 않습니다. 실제로 챗봇과 같이 지시 미세 튜닝된 LLM은 다양한 방법을 통해 평가됩니다.

- MMLU(Measuring Massive Multitask Language Understanding, https://arxiv.org/abs/2009.03300) 같은 단답형과 선다형(multiple-choice)[6] 벤치마크는 모델의 일반적인 지식을 테스트합니다.
- LMSYS 챗봇 아레나(arena)(https://arena.lmsys.org)와 같이 서로 다른 LLM에 대해서 사람의 선호도를 비교합니다.
- AlpacaEval(https://tatsu-lab.github.io/alpaca_eval/)과 같이 자동화된 대화형 벤치마크는 GPT-4 같은 LLM을 사용해 응답을 평가합니다.

실제로는 세 종류의 평가 방법, 즉 선다형 질문 답변, 사람 평가, 대화 성능을 평가하는 자동화된 지표를 모두 고려하는 것이 좋습니다. 하지만 여기서는 선다형 질문에 대답하는 능력보다 대화 성능을 평가하는 데 주로 관심이 있기 때문에 사람 평가와 자동화된 지표가 더 적절할 수 있습니다.

참고

대화 성능

LLM의 대화 성능은 맥락, 뉘앙스, 의도를 이해하여 사람과 같은 커뮤니케이션을 수행하는 능력을 의미합니다. 논리정연하게 관련된 응답을 하고, 일관성을 유지하고, 다양한 주제와 대화 방식에 적응하는 기술이 포함됩니다.

사람의 평가는 중요한 통찰을 제공하지만 특히 많은 응답을 처리할 때 상대적으로 노력과 시간이 많이 듭니다. 예를 들어, 1,100개의 응답을 읽고 점수를 매기려면 상당한 노력이 필요합니다.

따라서 현재 작업의 규모를 고려하여 다른 LLM으로 응답을 평가하는 자동화된 대화 벤치마크와 비슷한 방법을 구현하겠습니다. 이 방법을 사용하면 많은 인력을 동원하지 않고도 생성된 응답의 품질을 효율적으로 평가할 수 있습니다. 따라서 의미 있는 성능 지표를 얻으면서도 시간과 자원이 절약됩니다.

---

4 역주 적란운(cumulonimbus)은 수직으로 높게 솟아 있는 구름이며 천둥이나 번개를 일으킬 수 있습니다.

5 역주 적운(cumulus cloud)은 흔히 뭉게구름이라 부르는 구름이며 적란운으로 발달할 수 있습니다.

6 역주 선다형은 객관식 유형 중 하나로 여러 개의 보기 중 정답을 고르는 문제입니다.

AlpacaEval의 방식을 따라서 다른 LLM을 사용해 미세 튜닝된 모델의 응답을 평가해 보죠. 하지만 공개 벤치마크 데이터셋에 의존하지 않고 이 예제에 있는 테스트 세트를 사용하겠습니다. 이런 커스터마이즈를 통해 지시 데이터셋에 표현된 사용 사례를 고려하여 맞춤형으로 모델의 성능을 평가할 수 있습니다.

이 평가를 위한 응답을 준비하기 위해 test_data 딕셔너리에 생성된 모델 응답을 추가하여 instruction-data-with-response.json 파일에 저장합니다. 파일로 저장해 두면 나중에 다른 파이썬 세션에서 응답을 로드하여 쉽게 분석할 수 있습니다.

다음 코드는 이전과 동일하게 generate 함수를 사용하지만 이제 전체 test_data를 순회합니다. 또한 모델 응답을 출력하지 않고 test_data 딕셔너리에 추가합니다.

코드 7-9 테스트 세트 응답 생성하기

```
from tqdm import tqdm

for i, entry in tqdm(enumerate(test_data), total=len(test_data)):
    input_text = format_input(entry)

    token_ids = generate(
        model=model,
        idx=text_to_token_ids(input_text, tokenizer).to(device),
        max_new_tokens=256,
        context_size=BASE_CONFIG["context_length"],
        eos_id=50256
    )
    generated_text = token_ids_to_text(token_ids, tokenizer)

    response_text = (
        generated_text[len(input_text):]
        .replace("### Response:", "")
        .strip()
    )
    test_data[i]["model_response"] = response_text

with open("instruction-data-with-response.json", "w") as file:
    json.dump(test_data, file, indent=4) -------- 읽기 쉽도록 들여쓰기를 설정합니다.
```

이 데이터셋을 처리하는 데 A100 GPU에서 약 1분 정도, M3 맥북 에어에서 6분 정도 걸립니다.

```
100%|██████████| 110/110 [01:05<00:00,  1.68it/s]
```

샘플 하나를 검사하여 test_data 딕셔너리에 응답이 올바르게 추가되었는지 확인해 보죠.

```
print(test_data[0])
```

출력을 보니 model_response가 잘 추가되었습니다.

```
{'instruction': 'Rewrite the sentence using a simile.',
 'input': 'The car is very fast.',
 'output': 'The car is as fast as lightning.',
 'model_response': 'The car is as fast as a bullet.'}
```

마지막으로 나중에 다른 프로젝트에 재사용할 수 있도록 모델을 gpt2-medium355M-sft.pth 파일로 저장합니다.

```
import re

file_name = f"{re.sub(r'[ ()]', '', CHOOSE_MODEL) }-sft.pth"  # 파일 이름에서 공백과 괄호를 제거합니다.
torch.save(model.state_dict(), file_name)
print(f"모델이 {file_name}에 저장되었습니다.")
```

저장된 모델은 model.load_state_dict(torch.load("gpt2-medium355M-sft.pth"))와 같이 로드할 수 있습니다.

7.8 SECTION 미세 튜닝된 LLM 평가하기

앞서 테스트 세트에 있는 샘플 3개에 대한 응답을 확인하여 지시 미세 튜닝된 모델의 성능을 판단했습니다. 이를 보고 모델의 대략적인 성능에 대해 감을 잡을 수 있지만 이 방식으로 많은 응답을 처리할 수는 없습니다. 따라서 그림 7-19와 같이 더 큰 다른 LLM으로 미세 튜닝된 LLM의 응답을 자동으로 평가하는 방법을 구현합니다.

▼ **그림 7-19** LLM을 지시 미세 튜닝하기 위한 세 단계 과정. 지시 미세 튜닝 파이프라인의 마지막 스텝에서 테스트 세트로 생성한 응답에 점수를 매기는 식으로 미세 튜닝된 모델의 성능을 평가하는 방법을 구현합니다.

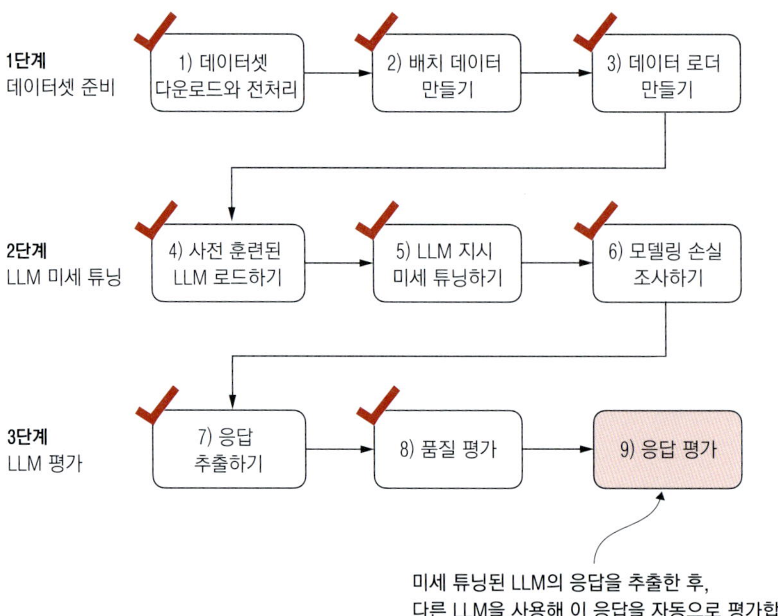

테스트 세트 응답을 자동으로 평가하기 위해 메타 AI에서 개발한 80억 개 파라미터 규모의 Llama 3 모델의 지시 미세 튜닝된 버전을 사용합니다. 오픈 소스 Ollama 애플리케이션(https://ollama.com)을 사용해 이 모델을 다운로드할 수 있습니다.

NOTE

Ollama는 랩톱에서 효율적으로 LLM을 실행할 수 있는 애플리케이션입니다. 순수한 C/C++로 LLM을 구현하여 효율성을 극대화한 오픈 소스 라이브러리인 llama.cpp(https://github.com/ggerganov/llama.cpp)를 감싸는 래퍼(wrapper) 역할을 합니다. 하지만 Ollama는 LLM을 사용하여 텍스트를 생성(추론)하는 도구이며 LLM 훈련이나 미세 튜닝을 지원하지는 않습니다.

참고

대규모 LLM vs 웹 API

80억 파라미터의 Llama 3 모델은 로컬에서 실행할 수 있는 매우 뛰어난 LLM입니다. 하지만 오픈AI의 GPT-4 같은 대규모 독점 모델의 수준에는 미치지 못합니다. 오픈AI의 API로 GPT-4를 사용해 모델 응답을 평가하는 방법이 궁금한 독자는 이 책의 깃허브에 있는 부가 자료(https://bit.ly/4kDaB0R)를 참고하세요.

다음 코드를 실행하려면 https://ollama.com에 접속한 후 다음과 같은 운영체제별 안내를 따라 Ollama를 다운로드하여 설치하세요.

- macOS와 윈도우 사용자 – 다운로드한 Ollama 애플리케이션을 엽니다. 명령줄 도구 설치에 대한 메시지가 나오면 Yes를 선택합니다.
- 리눅스 사용자 – Ollama 웹사이트에 있는 설치 명령을 사용합니다.

모델 평가 코드를 작성하기 전에 Llama 3 모델을 다운로드하고 터미널에서 Ollama가 올바르게 동작하는지 확인해 보죠. 명령줄에서 Ollama를 사용하려면 그림 7–20과 같이 Ollama 애플리케이션을 시작하거나 다른 터미널에서 `ollama serve` 명령을 실행합니다.

▼ **그림 7-20** Ollama를 실행하는 두 가지 방법. 왼쪽 그림은 ollama serve를 사용해 Ollama를 시작하는 방법을 보여 줍니다. 오른쪽 그림은 macOS에서 ollama serve 명령 대신에 Ollama 애플리케이션을 백그라운드로 실행하는 방법을 보여 줍니다.

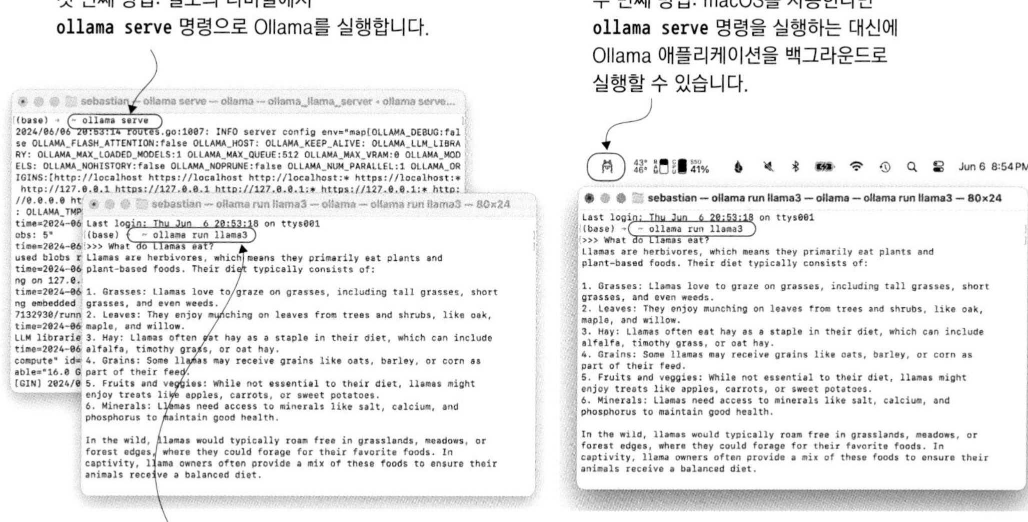

Ollama 애플리케이션이나 별도의 터미널에서 `ollama serve`를 실행한 후 다음 명령을 (파이썬 세션이 아니라) 명령줄에서 실행하여 80억 파라미터의 Llama 3 모델을 시작합니다.

```
ollama run llama3
```

이 명령을 처음 실행하면 모델이 자동으로 다운로드되며 4.7GB의 저장 공간을 차지합니다. 출력은 다음과 같습니다.

```
pulling manifest
pulling 6a0746a1ec1a... 100% |████████████████| 4.7 GB
```

```
pulling 4fa551d4f938... 100% ▕████████████████▏ 12 KB
pulling 8ab4849b038c... 100% ▕████████████████▏ 254 B
pulling 577073ffcc6c... 100% ▕████████████████▏ 110 B
pulling 3f8eb4da87fa... 100% ▕████████████████▏ 485 B
verifying sha256 digest
writing manifest
removing any unused layers
success
```

참고

다른 Ollama 모델

ollama run llama3 명령의 llama3는 지시 미세 튜닝된 80억 파라미터 Llama 3 모델을 의미합니다. Ollama에서 llama3 모델을 사용하려면 약 16GB의 메모리가 필요합니다. 컴퓨터에 메모리가 충분하지 않다면 ollama run phi3 명령으로 38억 파라미터를 가진 phi3 모델처럼 더 작은 모델을 사용할 수 있습니다. 이 모델은 약 8GB의 메모리만 사용합니다.

더 높은 성능의 컴퓨터를 사용한다면 llama3를 llama3:70b로 바꾸어 700억 파라미터의 Llama 3 모델을 사용할 수도 있습니다. 하지만 이 모델은 훨씬 많은 계산 자원을 소모합니다.

모델 다운로드가 완료되면 모델과 상호작용할 수 있는 명령줄 인터페이스가 나타납니다. 예를 들어 "What do llamas eat?"와 같이 모델에게 물어보죠.

```
>>> What do llamas eat?
Llamas are ruminant animals, which means they have a four-chambered
stomach and eat plants that are high in fiber. In the wild,
llamas typically feed on:

1. Grasses: They love to graze on various types of grasses, including tall
grasses, wheat, oats, and barley.
```

이 글을 쓰는 시점에 Ollama는 결정론적인 출력을 만들지 않기 때문에 여러분의 출력 결과는 다를 수 있습니다.

/bye 명령을 입력하여 ollama run llama3 세션을 종료할 수 있습니다. 하지만 이 장의 나머지 부분을 위해 ollama serve 명령이나 Ollama 애플리케이션은 그대로 유지하세요.

다음 코드는 Ollama를 사용해 테스트 세트 응답을 평가하기 전에 Ollama 세션이 올바르게 실행되는지를 확인합니다.

```
import psutil

def check_if_running(process_name):
```

```
    running = False
    for proc in psutil.process_iter(["name"]):
        if process_name in proc.info["name"]:
            running = True
            break
    return running

ollama_running = check_if_running("ollama")

if not ollama_running:
    raise RuntimeError(
        "Ollama가 실행 중이 아닙니다. 먼저 Ollama를 실행하세요."
)
print("Ollama 실행:", check_if_running("ollama"))
```

이전 코드를 실행하여 `Ollama running: True`가 출력되는지 확인하세요. `False`이면 `ollama serve` 명령이나 Ollama 애플리케이션이 실행 중인지 확인하세요.

참고

새로운 파이썬 세션에서 코드 실행하기

파이썬 세션을 종료했거나 남은 코드를 다른 파이썬 세션에서 실행하고 싶다면 다음 코드를 사용해 이전에 만들었던 지시 데이터와 응답 데이터를 로드하고 앞서 사용했던 `format_input` 함수를 재정의하세요(`tqdm` 진행 표시줄 유틸리티는 나중에 사용합니다).

```
import json
from tqdm import tqdm

file_path = "instruction-data-with-response.json"
with open(file_path, "r") as file:
    test_data = json.load(file)

def format_input(entry):
    instruction_text = (
        f"Below is an instruction that describes a task. "
        f"Write a response that appropriately completes the request."
        f"\n\n### Instruction:\n{entry['instruction']}"
    )

    input_text = (
        f"\n\n### Input:\n{entry['input']}" if entry["input"] else ""
    )
    return instruction_text + input_text
```

모델과 상호작용하는 데 ollama run 명령 대신에 파이썬으로 REST API를 사용할 수도 있습니다. 다음 코드에 있는 query_model 함수가 이 API 사용법을 보여 줍니다.

코드 7-10 로컬 Ollama 모델에 쿼리하기

```
import urllib.request

def query_model(
    prompt,
    model="llama3",
    url="http://localhost:11434/api/chat"
):
    data = {  # 페이로드(payload) 데이터를 딕셔너리로 만듭니다.
        "model": model,
        "messages": [
            {"role": "user", "content": prompt}
        ],
        "options": {  # 결정론적인 응답을 위해 설정합니다.
            "seed": 123,
            "temperature": 0,
            "num_ctx": 2048
        }
    }

    payload = json.dumps(data).encode("utf-8")  # 딕셔너리를 JSON 형식의 문자열로 변환하고 바이트로 인코딩합니다.
    request = urllib.request.Request(  # method를 POST로 지정하고 필요한 헤더를 추가하여 요청 객체를 만듭니다.
        url,
        data=payload,
        method="POST"
    )

    request.add_header("Content-Type", "application/json")

    response_data = ""
    with urllib.request.urlopen(request) as response:  # 요청을 보내고 응답을 받습니다.
        while True:
            line = response.readline().decode("utf-8")
            if not line:
                break
            response_json = json.loads(line)
            response_data += response_json["message"]["content"]

    return response_data
```

노트북에서 다음 코드를 실행하기 전에 Ollama가 실행 중인지 확인하세요. 이전 코드 셀이 Ollama running: True를 출력하면 모델이 활성화되어 있고 응답을 받을 준비가 되었다는 의미입니다.

다음 코드는 앞서 구현한 query_model 함수를 사용하는 방법을 보여 줍니다.

```
model = "llama3"
result = query_model("What do Llamas eat?", model)
print(result)
```

받은 응답은 다음과 같습니다.

```
Llamas are ruminant animals, which means they have a four-chambered
stomach that allows them to digest plant-based foods. Their diet
typically consists of:

1. Grasses: Llamas love to graze on grasses, including tall grasses,
short grasses, and even weeds.
...
```

query_model 함수를 사용하여 미세 튜닝된 모델이 생성한 응답을 평가할 수 있으며, Llama 3 모델에게 참조로 제공된 테스트 세트 응답을 바탕으로 미세 튜닝된 모델의 응답을 0에서 100 사이의 척도로 평가하도록 요청할 수 있습니다.

먼저 이 방법을 테스트 세트에 있는 처음 3개의 샘플에 적용해 보죠.

```
for entry in test_data[:3]:
    prompt = (
        f"Given the input `{format_input(entry)}` "
        f"and correct output `{entry['output']}`, "
        f"score the model response `{entry['model_response']}`"
        f" on a scale from 0 to 100, where 100 is the best score. "
    )
    print("\n데이터셋 응답:")
    print(">>", entry['output'])
    print("\n모델 응답:")
    print(">>", entry["model_response"])
    print("\n점수:")
    print(">>", query_model(prompt))
    print("\n-------------------------")
```

이 코드는 다음과 비슷한 출력을 만듭니다(이 글을 쓰는 시점에 Ollama는 완전히 결정론적이 아니기 때문에 생성된 텍스트는 다를 수 있습니다).

Dataset response:

>> The car is as fast as lightning.

Model response:

>> The car is as fast as a bullet.

Score:

>> I'd rate the model response "The car is as fast as a bullet." an 85 out of 100.

Here's why:

The response uses a simile correctly, comparing the speed of the car to something else (in this case, a bullet).

The comparison is relevant and makes sense, as bullets are known for their high velocity.

The phrase "as fast as" is used correctly to introduce the simile.

The only reason I wouldn't give it a perfect score is that some people might find the comparison slightly less vivid or evocative than others. For example, comparing something to lightning (as in the original response) can be more dramatic and attention grabbing. However, "as fast as a bullet" is still a strong and effective simile that effectively conveys the idea of the car's speed.

Overall, I think the model did a great job!

Dataset response:

>> The type of cloud typically associated with thunderstorms is cumulonimbus.

Model response:

>> The type of cloud associated with thunderstorms is a cumulus cloud.

Score:

>> I'd score this model response as 40 out of 100.

Here's why:

The model correctly identifies that thunderstorms are related to clouds (correctly identifying the type of phenomenon).

However, it incorrectly specifies the type of cloud associated with thunderstorms. Cumulus clouds are not typically associated with thunderstorms; cumulonimbus clouds are.

The response lacks precision and accuracy in its description.

Overall, while the model attempts to address the instruction, it provides an incorrect answer, which is a significant error.

Dataset response:

>> Jane Austen.

Model response:

>> The author of 'Pride and Prejudice' is Jane Austen.

Score:

>> I'd rate my own response as 95 out of 100. Here's why:

The response accurately answers the question by naming the author of *Pride and Prejudice* as Jane Austen.

The response is concise and clear, making it easy to understand.

There are no grammatical errors or ambiguities that could lead to confusion.

The only reason I wouldn't give myself a perfect score is that the response is slightly redundant—it's not necessary to rephrase the question in the answer. A more concise response would be simply "Jane Austen."

생성된 응답을 보면 Llama 3 모델이 합리적으로 평가를 수행하며 모델의 답변이 완전히 맞지 않았을 때 부분 점수를 부여합니다. 예를 들어, "cumulus cloud" 답변에 대한 평가를 보면 모델이 이 응답이 일부분만 맞았다는 것을 알고 있습니다.

앞서 사용한 프롬프트는 점수 이외에 매우 자세한 평가를 반환합니다. 이 프롬프트를 수정하여 0~100 사이의 정수 점수만 생성할 수 있습니다. 여기서 100은 최상의 점수입니다. 이렇게 수정하면 모델의 평균 점수를 계산할 수 있어 모델의 성능을 간결하고 정량적으로 평가하게 됩니다. 다음 코드에 나오는 generate_model_scores 함수는 모델에게 'Respond with the integer number only.'라고 지시하는 수정된 프롬프트를 사용합니다.

코드 7-11 지시 미세 튜닝된 LLM 평가하기

```
def generate_model_scores(json_data, json_key, model="llama3"):
    scores = []
    for entry in tqdm(json_data, desc="평가 항목"):
        prompt = (
            f"Given the input `{format_input(entry)}` "
            f"and correct output `{entry['output']}`, "
            f"score the model response `{entry[json_key]}`"
            f" on a scale from 0 to 100, where 100 is the best score. "
            f"Respond with the integer number only." -------- 점수만 반환하도록 추가된 명령
        )
        score = query_model(prompt, model)
        try:
            scores.append(int(score))
        except ValueError:
            print(f"점수로 변환할 수 없습니다: {score}")
            continue

    return scores
```

이제 전체 test_data에 generate_model_scores 함수를 적용해 보죠. M3 맥북 에어에서 약 1분 정도 걸립니다.

```
scores = generate_model_scores(test_data, "model_response")
print(f"평가 횟수: {len(test_data)}개 중 {len(scores)}개")
print(f"평균 점수: {sum(scores)/len(scores):.2f}\n")
```

결과는 다음과 같습니다.

```
평가 항목: 100%|████████████████████████████| 110/110
[01:10<00:00,  1.56it/s]
평가 횟수: 110개 중 110개
평균 점수: 50.32
```

평가 결과를 보면 미세 튜닝된 모델이 평균적으로 50점 이상을 달성합니다. 이는 다른 모델과 비교하거나 성능 향상을 위해 다른 훈련 설정을 실험할 때 유용한 기준이 됩니다.

이 글을 쓰는 시점에 Ollama가 운영체제에 따라 완전히 결정론적이지 않습니다. 따라서 여러분이 얻은 점수는 조금 다를 수 있습니다. 조금 더 안정적인 결과를 얻고 싶다면 이 평가를 여러 번 반복하여 결과의 평균을 계산하세요.

모델의 성능을 더 향상시키기 위해서는 다음과 같은 전략을 살펴볼 수 있습니다.

- 미세 튜닝 과정에서 학습률, 배치 크기, 에포크 횟수 같은 하이퍼파라미터를 조정합니다.
- 훈련 데이터셋의 크기를 증가시키거나 다양한 주제와 스타일을 포함하도록 샘플을 다양화합니다.
- 모델의 응답을 더 효과적으로 안내하기 위해 다른 프롬프트나 지시 포맷을 실험합니다.
- 복잡한 패턴을 감지하고 더 정확한 응답을 생성하는 능력을 가진 대규모 사전 훈련된 모델을 사용합니다.

NOTE

참고로 여기서 설명한 방법을 사용할 때 미세 튜닝하지 않은 80억 파라미터 Llama 3 베이스 모델은 테스트 세트에서 평균 점수 58.51을 달성합니다. 일반적인 지시 데이터셋에서 미세 튜닝한 80억 파라미터의 Llama 3 모델은 82.6이라는 인상적인 점수를 달성합니다.

연습문제 7.4

LoRA를 사용한 파라미터 효율적인 미세 튜닝(parameter-efficient fine-tuning)

LLM을 더 효율적으로 지시 미세 튜닝하기 위해 이 장의 코드를 수정하여 부록 E에 소개된 LoRA(low-rank adaptation) 방법을 사용해 보세요. 수정하기 전과 후의 훈련 시간과 모델의 성능을 비교해 보세요.

7.9 결론

이 장에서 LLM 개발 사이클의 여정을 마무리합니다. 그림 7-21에 나타나 있는 것처럼 LLM 구조를 구현하고, LLM을 사전 훈련하고, 특정 작업에서 미세 튜닝하는 모든 과정을 다루었습니다. 다음 단계로 나가기 위해 몇 가지 아이디어를 논의해 보죠.

▼ **그림 7-21** LLM 구현을 위한 3개의 주요 단계

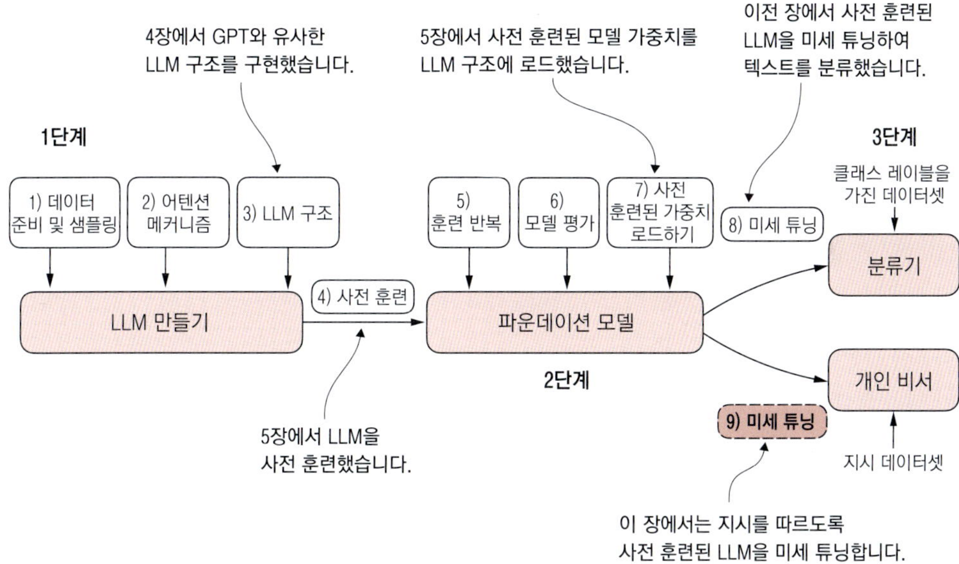

7.9.1 다음 단계는?

가장 필수적인 단계를 다루었지만 지시 미세 튜닝 후에 수행할 수 있는 추가적인 단계로 선호도 미세 튜닝(preference fine-tuning)이 있습니다. 선호도 미세 튜닝은 모델을 사람의 특정 선호도에 맞도록 커스터마이즈하는 데 특히 유용합니다. 이에 대해 더 자세히 알고 싶다면 이 책의 깃허브에 있는 04_preference-tuning-with-dpo 폴더(https://bit.ly/4l12yux)를 참고하세요.

깃허브 저장소에는 이 책에 포함된 내용 이외에도 유용한 보너스 자료가 많이 있습니다. 추가 자료에 대해 알고 싶다면 저장소에 있는 README 페이지에서 보너스 자료 섹션(https://bit.ly/3Zu1KGp)을 참고하세요.

7.9.2 빠르게 발전하는 분야의 최신 정보 얻기

AI와 LLM 연구 분야는 빠른 속도로 (누구에게 묻느냐에 따라 놀라운 속도로) 발전하고 있습니다. 최근 발전 사항에 대해 파악하는 한 가지 방법은 아카이브(arXiv)(https://arxiv.org/list/cs.LG/recent)에 있는 최신 연구 논문을 살펴보는 것입니다. 또한 많은 연구자와 기술자들이 X(구 트위터)와 같은 소셜 미디어 플랫폼에서 최신 개발 사항에 대해 활발히 공유하고 논의합니다. 특히 레딧(Reddit)의 서브레딧 r/LocalLLaMA는 커뮤니티와 소통하고 최신 도구와 트렌드에 대한 정보를 얻기에 좋습니다. 또한 저는 블로그(https://magazine.sebastianraschka.com와 https://sebastianraschka.com/blog/)에 이 분야에서 얻은 통찰을 공유하고 최신 LLM 연구에 대한 글을 쓰고 있습니다.

7.9.3 맺음말

LLM을 밑바닥부터 구현하고, 사전 훈련과 미세 튜닝 함수를 직접 만드는 여정이 즐거웠기를 바랍니다. 제 생각에 밑바닥부터 LLM을 만드는 것이 LLM의 동작 원리를 잘 이해하는 가장 효과적인 방법입니다. 이 책의 핸즈온 방식이 여러분에게 유용한 통찰을 제공하고 LLM 개발의 탄탄한 초석이 되었기를 바랍니다.

이 책의 핵심 목적은 교육이지만 실전 애플리케이션을 위해 다양하고 강력한 LLM을 활용하고 싶을 수 있습니다. 이를 위해 Axolotl(https://github.com/OpenAccess-AI-Collective/axolotl)이나 제가 활발히 개발에 참여하고 있는 LitGPT(https://github.com/Lightning-AI/litgpt)와 같은 도구를 살펴보길 권합니다.

이 여정에 함께 참여해 주셔서 감사합니다. 흥미로운 LLM과 AI 분야에서 여러분이 하는 모든 일이 성공하기를 바랍니다!

7.10 SECTION 요약

- 지시 미세 튜닝 과정은 사전 훈련된 LLM을 사람의 지시를 따라 기대하는 응답을 생성하도록 조정합니다.
- 데이터셋은 지시 응답 데이터셋 다운로드, 입력 포맷팅, 훈련 세트/검증 세트/테스트 세트로 분할하여 준비합니다.
- 시퀀스를 패딩하고, 타깃 토큰 ID를 만들고, 패딩 토큰을 마스킹하는 사용자 정의 콜레이트 함수를 사용해 훈련 배치를 만듭니다.
- 3억 5,500만 파라미터를 가진 중간 규모의 사전 훈련된 GPT-2 모델을 로드하여 지시 미세 튜닝의 시작점으로 사용합니다.
- 사전 훈련과 비슷한 훈련 루프를 사용해 사전 훈련된 모델을 지시 데이터셋에서 미세 튜닝합니다.
- 평가를 위해 테스트 세트에 대한 모델의 응답을 추출하여 점수를 매깁니다(예를 들면 다른 LLM을 사용합니다).
- Ollama 애플리케이션으로 80억 파라미터의 Llama 3 모델을 사용해 사전 훈련된 모델의 테스트 세트 응답에 자동으로 점수를 매길 수 있습니다. 이 점수를 평균하여 성능을 정량화합니다.

APPENDIX

파이토치 소개

이 부록은 딥러닝을 실전에 적용하고 밑바닥부터 대규모 언어 모델(LLM)을 구현하기 위해 필요한 기술과 지식을 제공합니다. 파이토치는 인기 있는 파이썬 기반 딥러닝 라이브러리로 이 책의 핵심 도구입니다. 먼저 파이토치와 GPU를 활용하여 딥러닝 작업 환경을 설정하는 방법을 소개합니다.

그런 다음 파이토치 텐서의 핵심 개념과 사용법을 배웁니다. 또한 신경망 학습의 핵심 요소인 역전파를 간편하고 효율적으로 수행할 수 있는 파이토치의 자동 미분 엔진을 자세히 소개합니다.

이 부록은 파이토치로 딥러닝을 처음 배우는 분들을 위한 입문 자료입니다. 파이토치를 기본부터 설명하지만 파이토치 라이브러리 전체를 다루지는 않습니다. 대신 LLM 구현에 필요한 파이토치의 기본 요소에 초점을 맞추겠습니다. 딥러닝에 대해 이미 알고 있다면 이 부록은 건너뛰고 본문으로 바로 넘어가도 됩니다.

A.1 파이토치란 무엇인가요?

파이토치(https://pytorch.org/)는 오픈 소스 파이썬 기반 딥러닝 라이브러리입니다. 연구 논문을 추적하고 분석하는 플랫폼인 Papers With Code(https://paperswithcode.com/trends)에 따르면 파이토치는 2019년부터 연구할 때 가장 널리 사용되는 딥러닝 라이브러리입니다. Kaggle Data Science and Machine Learning Survey 2022(https://www.kaggle.com/c/kaggle-survey-2022)에 따르면 응답자의 약 40%가 파이토치를 사용하고 있으며 사용자 수가 매년 증가하고 있습니다.

파이토치가 인기 있는 이유는 사용자 친화적인 인터페이스와 효율성 때문입니다. 접근하기 쉬우면서도 유연성을 포기하지 않아 고급 사용자들이 모델의 저수준 영역을 조정하여 커스터마이즈와 최적화를 할 수 있습니다. 간단히 말해 파이토치는 많은 기술자와 연구자에게 사용성과 기능 간의 적절한 균형점을 제공합니다.

A.1.1 파이토치의 세 가지 핵심 요소

파이토치는 비교적 포괄적인 라이브러리입니다. 이를 배우는 방법 중 하나는 그림 A-1에 요약된 세 가지 큰 구성 요소에 초점을 맞추는 것입니다.

▼ **그림 A-1** 파이토치의 세 가지 주요 구성 요소는 기본적인 계산 구성 요소인 텐서 라이브러리, 모델 최적화를 위한 자동 미분, 신경망 모델을 쉽게 구현하고 훈련할 수 있는 딥러닝 유틸리티입니다.

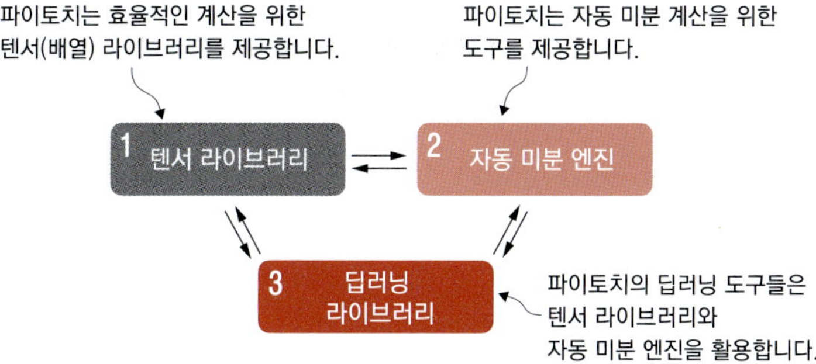

첫째, 파이토치는 배열 지향 프로그래밍 라이브러리인 넘파이(NumPy)의 개념을 확장하여 GPU로 계산을 가속화하는 기능이 추가된 **텐서 라이브러리**(tensor library)입니다. 따라서 CPU와 GPU 간의 전환이 매끄럽습니다. 둘째, 파이토치는 autograd라고도 부르는 **자동 미분 엔진**(automatic differentiation engine)입니다. 텐서 연산에 대해 자동으로 그레이디언트를 계산할 수 있어 간단하게 역전파와 모델 최적화를 수행합니다. 마지막으로 파이토치는 **딥러닝 라이브러리**(deep learning library)입니다. 다양한 딥러닝 모델을 구축하고 훈련하기 위해 모듈화되어 있고, 유연하며, 효율적인 구성 요소를 연구자와 개발자에게 제공합니다.

A.1.2 딥러닝이란?

뉴스에서는 LLM을 AI 모델이라고 부르는 경우가 많습니다. 하지만 LLM은 심층 신경망의 한 종류이며, 파이토치는 딥러닝 라이브러리 중 하나입니다. 조금 헷갈리나요? 본론으로 들어가기 전에 용어 사이의 관계를 간략히 요약해 보겠습니다.

AI는 근본적으로 사람의 지능이 필요한 작업을 수행할 수 있는 컴퓨터 시스템을 만드는 것입니다. 이런 작업에는 자연어 이해, 패턴 인식, 의사 결정 등이 있습니다(많은 발전을 이루었지만 AI는 아직 일반 지능의 수준에 도달하지 못했습니다).

머신러닝(machine learning)은 그림 A-2에 나타나 있듯이 AI의 하위 분야이며, 학습 알고리즘을 개발하고 향상시키는 데 초점을 맞춥니다. 머신러닝의 핵심 아이디어는 작업을 수행하도록 컴퓨터를 명시적으로 프로그래밍하지 않고 데이터에서 학습하여 예측을 만들거나 결정을 내리도록 하는 것입니다. 또한 패턴을 인식하고, 과거 데이터에서 학습하고, 시간이 지남에 따라 더 많은 데이터와 피드백을 통해 향상할 수 있는 알고리즘을 개발합니다.

▼ **그림 A-2** 딥러닝은 심층 신경망 개발에 초점을 맞춘 머신러닝의 하위 분야입니다. 머신러닝은 AI의 하위 분야이며 데이터로부터 학습하는 알고리즘을 개발합니다. AI는 사람의 지능이 필요한 작업을 수행할 수 있는 기계라는 더 넓은 개념입니다.

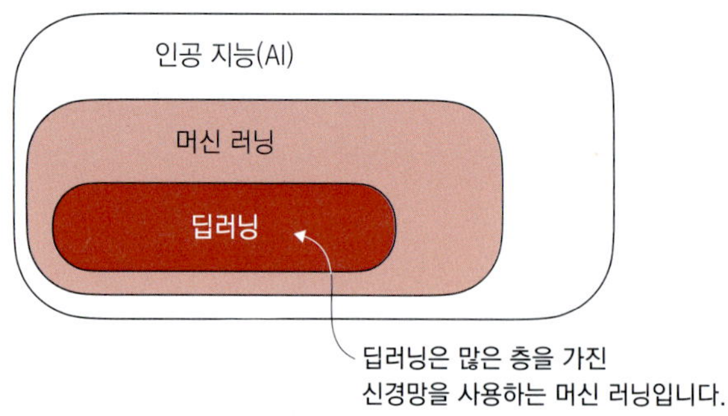
인공 지능(AI)
머신 러닝
딥러닝
딥러닝은 많은 층을 가진
신경망을 사용하는 머신 러닝입니다.

머신러닝은 AI 발전에 필수 요소로, LLM을 비롯하여 오늘날 우리가 보는 많은 성과를 가능하게 했습니다. 머신러닝은 온라인 상점과 스트리밍 서비스에서 사용하는 추천 시스템, 이메일 스팸 필터링, 가상 비서의 음성 인식, 심지어 자율 주행 자동차와 같은 기술의 근간을 이룹니다. 머신러닝의 도입과 발전은 AI의 능력을 크게 향상시켰고 규칙 기반 시스템을 넘어 새로운 입력이나 변화하는 환경에 적응할 수 있습니다.

딥러닝(deep learning)은 심층 신경망의 훈련과 적용에 초점을 맞춘 머신러닝의 하위 분야입니다. 심층 신경망은 사람의 뇌가 작동하는 방식, 특히 많은 뉴런이 상호 연결되는 방식에서 영감을 받았습니다. 딥러닝의 '딥(deep)'은 인공 뉴런(artificial neuron) 또는 노드(node)로 구성된 여러 개의 은닉층을 의미합니다. 이를 통해 데이터에 있는 복잡하고 비선형 관계를 모델링할 수 있습니다. 전통적인 머신러닝 기법이 간단한 패턴 인식에 뛰어나다면 딥러닝은 이미지, 오디오, 텍스트 같은 비정형 데이터를 처리하는 데 특히 뛰어납니다. 따라서 LLM에 잘 맞습니다.

머신러닝과 딥러닝의 전형적인 (**지도 학습**(supervised learning)이라고도 부르는) 예측 모델링 워크플로가 그림 A-3에 요약되어 있습니다.

학습 알고리즘을 사용해 샘플과 레이블로 구성된 훈련 데이터셋에서 모델을 훈련합니다. 예를 들어 이메일 스팸 분류기의 경우 이메일과 사람이 분류한 '스팸' 또는 '스팸 아님' 레이블로 훈련 데이터셋이 구성됩니다. 그런 다음 훈련된 모델을 사용해 새로운 샘플(즉, 새로운 이메일)의 레이블('스팸' 또는 '스팸 아님')을 예측할 수 있습니다. 물론 훈련 단계와 추론 단계 사이에 모델 평가를 추가하여 모델을 실전 애플리케이션에 사용되기 전에 성능 기준을 만족하는지 확인합니다.

▼ **그림 A-3** 예측 모델링을 위한 지도 학습 워크플로는 훈련 데이터셋에 있는 레이블된 샘플에서 모델을 훈련하는 단계로 이루어집니다. 그런 다음 훈련된 모델을 사용해 새로운 샘플의 레이블을 예측할 수 있습니다.

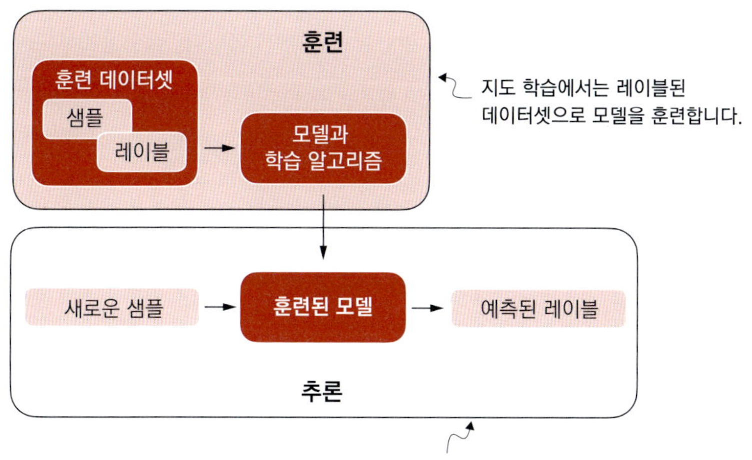

텍스트를 분류하는 LLM을 훈련한다면 훈련과 LLM 사용을 위한 워크플로는 그림 A-3에 설명한 것과 비슷합니다. 이 책의 주요 관심사인 텍스트를 생성하는 LLM을 훈련하고 싶을 때도 그림 A-3이 여전히 유효합니다. 이 경우 사전 훈련을 위한 레이블은 텍스트 자체에서 추출할 수 있습니다(1장에서 소개한 다음 단어 예측). LLM이 추론 과정에서 주어진 입력 프롬프트를 기반으로 (레이블을 예측하는 것이 아니라) 완전히 새로운 텍스트를 생성할 것입니다.

A.1.3 파이토치 설치

파이토치는 다른 파이썬 라이브러리나 패키지와 같은 방식으로 설치할 수 있습니다. 하지만 파이토치는 CPU와 GPU를 활용할 수 있는 포괄적인 라이브러리이므로 설치 과정에 추가 설명이 필요합니다.

참고

파이썬 버전

많은 과학 컴퓨팅 라이브러리들은 최신 파이썬 버전을 바로 지원하지 않습니다. 따라서 파이토치를 설치할 때 한 릴리스 또는 두 릴리스 전의 파이썬 버전을 사용하는 것이 좋습니다. 예를 들어, 파이썬 최신 버전이 3.13이라면 파이썬 3.11이나 3.12를 사용하는 것이 권장됩니다.

예를 들어 두 가지 파이토치 버전이 있습니다. CPU만 지원하는 간소한 버전과 CPU와 GPU를 모두 지원하는 풀 버전입니다. 딥러닝에 사용할 수 있는 CUDA 호환 GPU(이상적으로는 NVIDIA T4, RTX 2080 Ti 또는 그 이후 모델)가 있다면 GPU 버전을 설치해야 합니다. 터미널에서 파이토치를 설치하는 기본 명령은 다음과 같습니다.

```
pip install torch
```

컴퓨터에 CUDA 호환 GPU가 있다고 가정해 보죠. 이런 경우 현재 파이썬 환경에 (pip 같은) 필요한 패키지가 설치되어 있다고 가정하고 CUDA로 GPU 가속을 지원할 수 있는 파이토치 버전이 자동으로 설치됩니다.

NOTE

이 글을 쓰는 시점에 파이토치는 ROCm을 통한 AMD GPU 지원을 실험적으로 추가했습니다. 자세한 내용은 https://pytorch.org을 참고하세요.

CUDA를 지원하는 파이토치를 명시적으로 설치하려면 파이토치와 호환되는 CUDA 버전을 지정하는 것이 좋습니다. 여러 운영체제별로 CUDA 지원 파이토치를 설치하는 명령을 파이토치 공식 웹사이트(https://pytorch.org)에서 볼 수 있습니다. 그림 A-4는 파이토치와 `torchvision`, `torchaudio` 라이브러리를 함께 설치하는 명령입니다. 이 두 패키지는 이 책에서 사용하지 않기 때문에 설치는 선택 사항입니다.

▼ **그림 A-4** https://pytorch.org에서 제공하는 파이토치 설치 명령을 통해 자신의 시스템에 맞는 설치 명령을 선택할 수 있습니다.

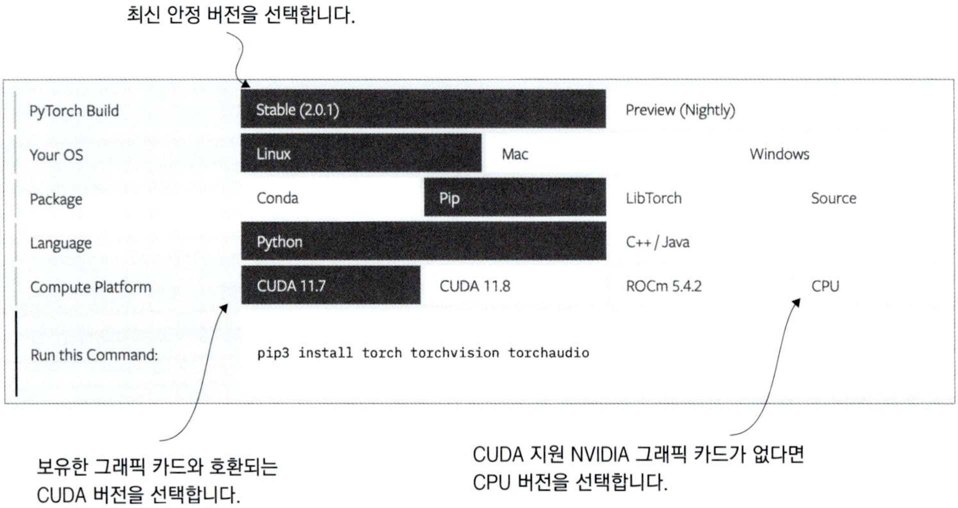

이 책의 예제는 파이토치 2.4.0을 사용하여 테스트했으므로 다음 명령으로 동일한 버전을 설치하는 것이 좋습니다.

```
pip install torch==2.4.0
```

하지만 앞서 언급했듯이 운영체제에 따라 설치 명령이 조금 다를 수 있습니다. 따라서 https://pytorch.org를 방문하여 운영체제에 맞는 설치 명령을 선택하세요(그림 A-4 참조). 그리고 설치 명령에서 torch를 torch==2.4.0로 바꾸는 것을 잊지 마세요.[1]

파이토치 버전을 확인하려면 다음 명령을 실행하세요.

```
import torch
torch.__version__
```

출력은 다음과 같습니다.

```
'2.4.0'
```

> **참고**
>
> **파이토치와 토치**
>
> 파이토치(PyTorch)는 루아(Lua) 프로그래밍 언어로 만든 머신러닝 라이브러리인 토치(Torch)의 연장선상에 있지만 파이썬을 위한 라이브러리입니다. 그래서 '파이토치'라 부릅니다. 이름에 '토치'가 있다는 것은 다양한 머신러닝 알고리즘을 지원하는 과학 컴퓨팅 프레임워크인 토치(Torch)에 뿌리를 두고 있음을 알려줍니다.

파이썬 환경을 설정하거나 이 책에서 사용하는 다른 라이브러리를 설치하는 방법에 대해 알고 싶다면 이 책의 깃허브에서 제공하는 보너스 자료를 참고하세요.

파이토치를 설치한 후에 다음 명령으로 라이브러리가 NVIDIA GPU를 인식하는지 확인할 수 있습니다.

```
import torch
torch.cuda.is_available()
```

출력 값은 다음과 같습니다.

```
True
```

1 역주 번역서는 코랩에서 파이토치 2.6.0 버전에서 테스트되었습니다. 이후 버전의 호환성 여부는 번역서 깃허브를 참고하세요.

True가 반환되면 준비가 완료된 것입니다. `False`가 반환되면 컴퓨터에 CUDA 호환 GPU가 없거나 파이토치가 이를 인식하지 못하는 것일 수 있습니다. 이 책은 교육적인 목적으로 LLM을 구현하므로 초반부에는 GPU가 필요하지 않지만 GPU를 사용하면 딥러닝에 연관된 계산 속도를 크게 높일 수 있습니다.

GPU가 없다면 클라우드 컴퓨팅 제공업체로부터 GPU를 시간당 요금으로 빌릴 수 있습니다. 주피터 노트북 환경 기반의 인기 있는 도구로 구글 코랩(https://colab.research.google.com)이 있습니다. 이 글을 쓰는 시점에 코랩은 GPU 사용 시간에 제한이 있습니다. 그림 A-5처럼 런타임 메뉴에서 GPU를 선택할 수 있습니다.

▼ 그림 A-5 구글 코랩에서 '런타임' > '런타임 유형 변경' 메뉴로 GPU 장치를 선택합니다.

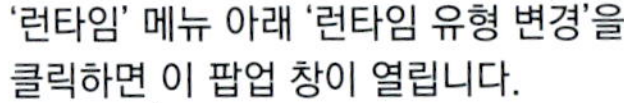

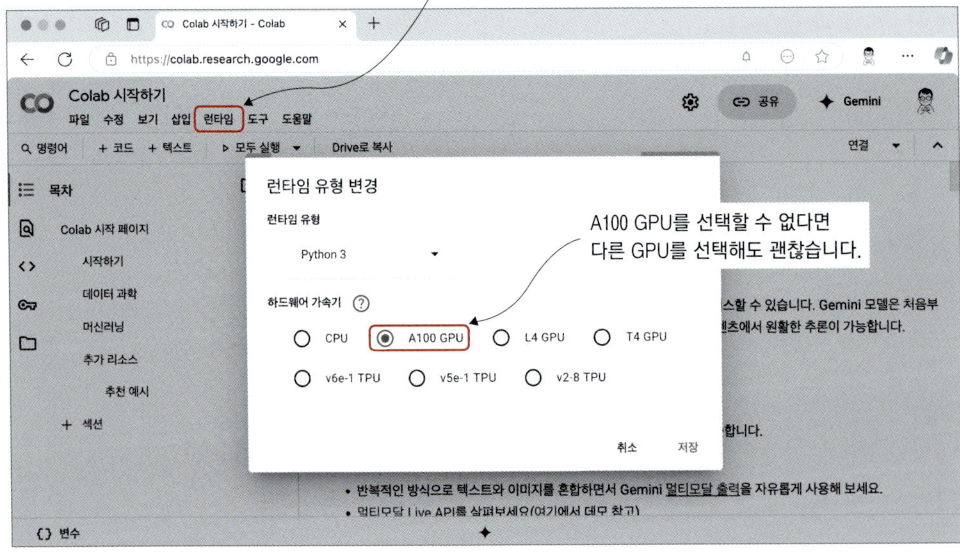

> **참고**
>
> **애플 실리콘을 위한 파이토치**
>
> (M1, M2, M3 또는 그 후속 모델에 해당하는) 애플 실리콘 칩을 사용하는 맥 제품을 가지고 있다면 이를 사용해 파이토치 코드의 실행을 가속할 수 있습니다. 파이토치를 위해 애플 실리콘 칩을 사용하려면 먼저 앞에서 설명한 대로 파이토치를 설치해야 합니다. 그런 다음 맥에 장착된 애플 실리콘 칩이 파이토치 가속을 지원하는지 확인하기 위해 다음 파이썬 코드를 실행합니다.
>
> ```
> print(torch.backends.mps.is_available())
> ```
>
> True가 반환되면 파이토치 코드를 가속할 수 있는 애플 실리콘 칩을 가지고 있다는 의미입니다.

연습문제 A.1

컴퓨터에 파이토치를 설치하고 환경 설정을 하세요.

연습문제 A.2

https://mng.bz/o05v에 있는 코드를 실행하여 환경이 올바르게 준비되었는지 확인하세요.

A.2 SECTION 텐서 이해하기

텐서는 벡터와 행렬을 더 높은 차원으로 일반화한 수학적 개념을 나타냅니다. 다른 말로 하면 텐서는 차원 개수를 나타내는 차수(order, 또는 랭크(rank))로 특징이 결정되는 수학적 객체입니다. 예를 들어 그림 A-6에 나타나 있듯이 스칼라(하나의 숫자)는 랭크 0인 텐서, 벡터는 랭크 1인 텐서, 행렬은 랭크 2인 텐서입니다.

▼ 그림 A-6 랭크가 서로 다른 텐서. 0D는 랭크 0, 1D는 랭크 1, 2D는 랭크 2에 해당합니다. 3개의 원소로 구성된 3차원 벡터는 랭크 1 텐서입니다.

계산의 측면에서 보면 텐서는 데이터 컨테이너 역할을 합니다. 예를 들어 텐서는 다차원 데이터를 담고 있습니다. 각 차원은 서로 다른 특성을 나타냅니다. 파이토치와 같은 텐서 라이브러리는 이런 배열을 효율적으로 생성, 조작, 계산할 수 있습니다. 이런 맥락에서 텐서 라이브러리는 배열 라이브러리의 역할을 합니다.

파이토치 텐서는 넘파이 배열과 비슷하지만 딥러닝에서 중요한 몇 가지 추가 기능을 가지고 있습니다. 예를 들어 파이토치에는 그레이디언트 계산을 위한 자동 미분 엔진이 있습니다(A.4절 참조). 파이토치 텐서는 GPU 계산을 지원하여 심층 신경망 훈련의 속도를 높일 수 있습니다(A.9절 참조).

> **참고**
>
> **넘파이 API 스타일의 파이토치**
>
> 파이토치는 텐서 연산을 위해 넘파이 배열 API와 문법을 많이 채택했습니다. 넘파이가 처음이라면 넘파이에 대해 간략히 소개하는 제 블로그 글 'Scientific Computing in Python: Introduction to NumPy and Matplotlib'(https://sebastianraschka.com/blog/2020/numpy-intro.html)을 참고하세요.

A.2.1 스칼라, 벡터, 행렬, 텐서

앞서 언급했듯이 파이토치 텐서는 배열과 유사한 구조를 위한 데이터 컨테이너입니다. 스칼라는 0차원 텐서(예를 들면 하나의 숫자), 벡터는 1차원 텐서, 행렬은 2차원 텐서입니다. 고차원 텐서의 경우 특별한 용어가 없으므로 일반적으로 3차원 텐서를 그냥 3D 텐서라 부릅니다. 다음 코드에서처럼 `torch.tensor` 함수를 사용해 파이토치 `Tensor` 클래스의 객체를 만들 수 있습니다.

코드 A-1 파이토치 텐서 만들기

```
import torch

tensor0d = torch.tensor(1)  -------- 파이썬 정수로 0차원 텐서(스칼라)를 만듭니다.

tensor1d = torch.tensor([1, 2, 3])  -------- 파이썬 리스트로 1차원 텐서(벡터)를 만듭니다.

tensor2d = torch.tensor([[1, 2],
                         [3, 4]])  -------- 중첩된 파이썬 리스트로 2차원 텐서(행렬)를 만듭니다.

tensor3d = torch.tensor([[[1, 2], [3, 4]],
                         [[5, 6], [7, 8]]])  -------- 중첩된 파이썬 리스트로 3차원 텐서를 만듭니다.
```

A.2.2 텐서 데이터 타입

파이토치의 정수 데이터 타입은 기본적으로 64비트를 사용합니다. 텐서의 `.dtype` 속성을 사용해 데이터 타입을 확인할 수 있습니다.

```
tensor1d = torch.tensor([1, 2, 3])
print(tensor1d.dtype)
```

출력은 다음과 같습니다.

```
torch.int64
```

파이썬 부동 소수점 숫자로 텐서를 만들면 파이토치는 기본적으로 32비트 정밀도 텐서를 만듭니다.

```
floatvec = torch.tensor([1.0, 2.0, 3.0])
print(floatvec.dtype)
```

출력은 다음과 같습니다.

```
torch.float32
```

이런 결정은 주로 정밀도와 계산 효율성 사이의 균형을 잡기 위해서입니다. 32비트 부동 소수점 숫자는 대부분의 딥러닝 작업에 충분한 정밀도이며, 64비트 부동 소수점 숫자보다 메모리가 적게 들고 계산 비용이 저렴합니다. 또한 GPU 구조가 32비트 계산에 최적화되어 있어 이런 데이터 타입을 사용하면 모델 훈련과 추론 속도를 크게 높일 수 있습니다.

텐서의 .to 메서드로 정밀도를 바꿀 수 있습니다. 다음 코드는 64비트 정수 텐서를 32비트 부동 소수점 텐서로 바꾸는 방법입니다.

```
floatvec = tensor1d.to(torch.float32)
print(floatvec.dtype)
```

출력은 다음과 같습니다.

```
torch.float32
```

파이토치에서 사용할 수 있는 다른 텐서 데이터 타입에 관한 자세한 내용은 공식 문서(https://pytorch.org/docs/stable/tensors.html)를 참고하세요.

A.2.3 자주 사용하는 파이토치 텐서 연산

여기서 파이토치 텐서 연산과 명령을 모두 다룰 수는 없고, 이 책에서 사용하는 몇 가지 연산만 간략히 설명하겠습니다.

이미 새로운 텐서를 만드는 torch.tensor() 함수를 소개했습니다.

```
tensor2d = torch.tensor([[1, 2, 3],
                         [4, 5, 6]])
print(tensor2d)
```

출력은 다음과 같습니다.

```
tensor([[1, 2, 3],
        [4, 5, 6]])
```

.shape 속성으로 텐서의 크기를 확인할 수 있습니다.

```
print(tensor2d.shape)
```

출력은 다음과 같습니다.

```
torch.Size([2, 3])
```

여기서 볼 수 있듯이 .shape 메서드는 [2, 3]을 반환합니다. 텐서에 2개의 행과 3개의 열이 있다는 의미입니다. 이 텐서의 크기를 3 × 2 텐서로 바꾸려면 .reshape 메서드를 사용합니다.

```
print(tensor2d.reshape(3, 2))
```

출력은 다음과 같습니다.

```
tensor([[1, 2],
        [3, 4],
        [5, 6]])
```

하지만 파이토치에서 텐서의 크기를 바꾸기 위해 더 많이 사용하는 방법은 .view()입니다.

```
print(tensor2d.view(3, 2))
```

출력은 다음과 같습니다.

```
tensor([[1, 2],
        [3, 4],
        [5, 6]])
```

파이토치는 여러 경우에 .reshape과 .view와 동일한 계산을 수행하기 위한 여러 옵션을 제공합니다. 파이토치는 초기에 루아 토치 문법을 따랐지만 많은 요청에 따라 넘파이와 비슷한 문법을 추가했습니다(파이토치에서 .view()와 .reshape() 메서드 사이의 미묘한 차이는 메모리 관리 방식에 있습니다. .view()는 데이터가 연속적으로 놓여 있어야 하고 그렇지 않을 경우 실패합니다. 반면 .reshape()는 이와 상관없이 동작하며 필요하면 원하는 크기를 만들기 위해 데이터를 복사합니다[2]).

그런 다음 .T를 사용하여 텐서를 전치할 수 있습니다.[3] 즉, 주대각선을 기준으로 텐서를 뒤집습니다. 다음 결과와 같이 이는 텐서의 크기를 바꾸는 것과는 다릅니다.

```
print(tensor2d.T)
```

출력은 다음과 같습니다.

```
tensor([[1, 4],
        [2, 5],
        [3, 6]])
```

마지막으로 파이토치에서 두 행렬을 곱하는 일반적인 방법은 .matmul입니다.

```
print(tensor2d.matmul(tensor2d.T))
```

2 역주 파이토치 텐서는 메모리에 1차원 형태로 저장되며 텐서의 스트라이드(stride)는 각 차원이 1 증가할 때 몇 개의 원소를 건너뛰어야 하는지 나타냅니다. .view() 메서드는 텐서의 스트라이드만 바꾸기 때문에 데이터가 연속적으로 놓여 있지 않을 경우 처리하지 못합니다. 예를 들어 .transpose() 메서드는 텐서를 전치할 때 실제 데이터를 복사하지 않고 스트라이드만 바꿉니다. 따라서 차원 순서대로 데이터가 연속적으로 놓이지 않은 텐서가 만들어집니다. 이런 텐서에는 .view() 메서드를 사용할 수 없습니다. 하지만 contiguous() 메서드로 데이터를 복사하여 텐서를 연속적으로 만든 후 .view() 메서드를 사용할 수 있습니다.

3 역주 .T는 2차원 텐서(행렬)에만 적용할 수 있으며 .transpose(0, 1)과 같습니다.

출력은 다음과 같습니다.

```
tensor([[14, 32],
        [32, 77]])
```

하지만 좀 더 간결하게 @ 연산자를 사용할 수도 있습니다.

```
print(tensor2d @ tensor2d.T)
```

출력은 다음과 같습니다.

```
tensor([[14, 32],
        [32, 77]])
```

앞서 언급했듯이 필요할 때 추가로 연산을 소개합니다. 파이토치에 있는 모든 텐서 연산을 알고 싶다면 공식 문서(https://pytorch.org/docs/stable/tensors.html)를 참고하세요.

모델을 계산 그래프로 보기

파이토치의 자동 미분 엔진인 autograd를 알아보죠. 파이토치의 autograd 시스템은 동적 계산 그래프(dynamic computational graph)에서 자동으로 그레이디언트를 계산하는 기능을 제공합니다.

계산 그래프는 수학식을 표현하고 시각화할 수 있는 유향 그래프(directed graph)입니다. 딥러닝 측면에서 보면 계산 그래프는 신경망의 출력을 계산하기 위한 일련의 계산을 나타냅니다. 신경망의 핵심 훈련 알고리즘인 역전파(backpropagation)를 위해 그레이디언트를 계산하려면 이 그래프가 필요합니다.

계산 그래프의 개념을 설명하기 위해 구체적인 예를 들어 보죠. 다음 코드는 간단한 로지스틱 회귀 분류기의 정방향 계산(forward pass)(예측 단계)을 구현한 것입니다. 이를 하나의 층을 가진 신경망으로 볼 수 있습니다. 이 모델은 0과 1 사이의 점수를 반환하며, 정답 클래스 레이블(0 또는 1)과 비교하여 손실을 계산합니다.

코드 A-2 로지스틱 회귀의 정방향 계산

```
import torch.nn.functional as F -------- 파이토치에서는 코드를 짧게 하려고 이런 임포트 문을 즐겨 사용합니다.

y = torch.tensor([1.0]) -------- 정답 레이블
x1 = torch.tensor([1.1]) -------- 입력 특성
w1 = torch.tensor([2.2]) -------- 가중치 파라미터
b = torch.tensor([0.0]) -------- 편향 유닛
z = x1 * w1 + b -------- 순 입력(net input)
a = torch.sigmoid(z) -------- 활성화 함수와 출력
loss = F.binary_cross_entropy(a, y)
```

앞의 코드를 모두 이해하지 못하더라도 괜찮습니다. 이 예제의 목적은 로지스틱 회귀 분류기를 구현하는 것이 아니라 그림 A-7처럼 연속된 계산을 어떻게 하나의 계산 그래프로 표현할 수 있는지 보여 주는 것입니다.

▼ **그림 A-7** 계산 그래프로 표현된 로지스틱 회귀 정방향 계산. 입력 특성 x_1과 모델 가중치 w_1을 곱하고 편향을 더한 후 활성화 함수에 전달됩니다. 모델 출력과 주어진 레이블 y와 비교하여 손실을 계산합니다.

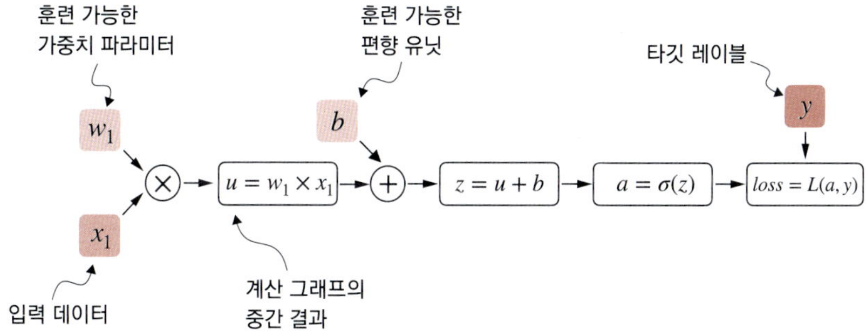

실제로 파이토치는 백그라운드에서 이런 계산 그래프를 만들고, 이를 사용해 모델 파라미터(여기에서는 w_1과 b)에 대한 손실 함수의 그레이디언트를 계산하여 모델을 훈련할 수 있습니다.

A.4 자동 미분을 손쉽게

파이토치로 계산을 수행할 때 종단 노드(terminal node) 중 하나의 requires_grad 속성이 True이면 기본적으로 내부에 계산 그래프를 만듭니다. 이 그래프는 그레이디언트를 계산할 때 유용하며 그레이디언트는 역전파 알고리즘으로 신경망을 훈련할 때 필요합니다. 역전파는 그림 A-8에 나타나 있듯이 신경망을 위한 미분의 **연쇄 법칙**(chain rule)을 구현한 것으로 볼 수 있습니다.

▼ **그림 A-8** 계산 그래프에서 손실 그레이디언트를 계산하는 가장 일반적인 방법은 오른쪽에서 왼쪽으로 연쇄 법칙을 적용하는 것입니다. 이를 후진 모드 자동 미분(reverse-mode automatic differentiation) 또는 역전파(backpropagation)라고 부릅니다. 출력층(또는 손실)에서 시작해 입력층까지 거꾸로 신경망을 통과합니다. 이는 신경망에 있는 각 파라미터(가중치와 편향)에 대한 손실 그레이디언트를 계산하기 위해서입니다. 그레이디언트는 훈련 과정에서 이런 파라미터를 얼마나 업데이트해야 하는지 알려줍니다.

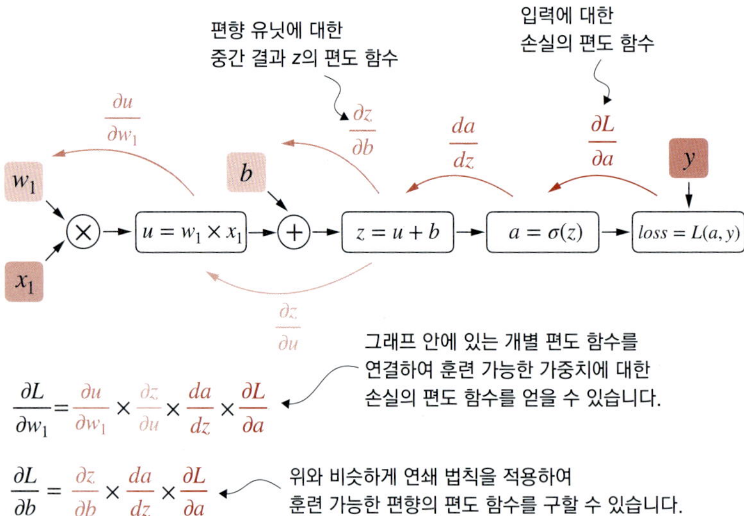

편도 함수와 그레이디언트

그림 A-8은 변수 중 하나에 대한 함수의 변화율을 측정하는 편도 함수를 보여 줍니다. **그레이디언트**(gradient)란 1개 이상의 변수를 입력으로 받는 다변수 함수(multivariate function)의 모든 편도 함수를 담고 있는 벡터입니다.

편도 함수, 그레이디언트, 미분의 연쇄 법칙에 익숙하지 않거나 기억하지 못해도 괜찮습니다. 이 책을 읽을 때는 고수준에서 연쇄 법칙이 계산 그래프에 있는 모델 파라미터에 대해 손실 그레이디언트를 계산하는 방법이라는 것만 알면 됩니다. 이를 통해 손실 함수를 최소화하기 위해 각 파라미터를 업데이트하는 데 필요한 정보를 얻습니다. 손실 함수는 경사 하강법과 같은 방법을 사용해 모델 성능을 측정하는 대리자 역할을 합니다. A.7절에서 파이토치로 이 훈련 루프를 구현해 보겠습니다.

이것이 앞서 언급한 파이토치의 두 번째 구성 요소인 자동 미분(autograd) 엔진과 어떤 관련이 있을까요? 파이토치의 autograd 엔진은 텐서에 대해 수행되는 모든 연산을 추적하여 백그라운드에서 계산 그래프를 구축합니다. 그런 다음 코드 A-3에서 보듯이 grad 함수를 호출하여 모델 파라미터 w_1에 대한 손실 그레이디언트를 계산할 수 있습니다.

코드 A-3 autograd를 사용해 그레이디언트 계산하기

```
import torch.nn.functional as F
from torch.autograd import grad

y = torch.tensor([1.0])
x1 = torch.tensor([1.1])
w1 = torch.tensor([2.2], requires_grad=True)
b = torch.tensor([0.0], requires_grad=True)

z = x1 * w1 + b
a = torch.sigmoid(z)

loss = F.binary_cross_entropy(a, y)

grad_L_w1 = grad(loss, w1, retain_graph=True)
grad_L_b = grad(loss, b, retain_graph=True)
```

기본적으로 파이토치는 그레이디언트 계산 후에 메모리를 해제하기 위해 계산 그래프를 삭제합니다. 하지만 계산 그래프를 금방 재사용하므로 메모리에 유지되도록 retain_graph=True로 지정합니다.

모델 파라미터에 대한 손실 그레이디언트 값은 다음과 같습니다.

```
print(grad_L_w1)
print(grad_L_b)
```

출력은 다음과 같습니다.

```
(tensor([-0.0898]),)
(tensor([-0.0817]),)
```

여기에서는 grad 함수를 수동으로 사용했습니다. 실험, 디버깅, 개념 시연에는 유용하지만 실전에서는 파이토치가 이런 과정을 자동화한 고수준 도구를 제공합니다. 예를 들어 손실 함수의 .backward 메서드를 호출하면 파이토치가 그래프에 있는 모든 리프 노드(leaf node)의 그레이디언트를 계산하여 텐서의 .grad 속성에 저장합니다.

```
loss.backward()
print(w1.grad)
print(b.grad)
```

출력은 다음과 같습니다.

```
tensor([-0.0898])
tensor([-0.0817])
```

이 절에서 많은 내용을 다루어서 미적분 개념에 어리둥절할 수 있지만 걱정하지 마세요. 미적분 내용은 파이토치의 autograd 기능을 설명하기 위한 도구일 뿐이며 알아야 할 것은 파이토치가 .backward 메서드로 이런 미적분을 처리해 준다는 것입니다. 직접 편도 함수나 그레이디언트를 계산할 필요가 전혀 없습니다.

A.5 SECTION 다층 신경망 만들기

이제 심층 신경망을 구축하기 위한 라이브러리로서의 파이토치에 초점을 맞추어 보죠. 구체적인 예를 들기 위해 그림 A-9와 같은 다층 퍼셉트론(multilayer perceptron) 또는 완전 연결 신경망을 살펴보겠습니다.

파이토치로 신경망을 만들 때 torch.nn.Module 클래스를 상속하여 사용자 정의 신경망 구조를 정의할 수 있습니다. 베이스 클래스인 Module은 모델 구축과 훈련을 쉽게 해주는 많은 기능을 제공합니다. 예를 들어 층과 연산을 캡슐화하고 모델 파라미터를 추적할 수 있습니다.

▼ **그림 A-9** 2개의 은닉층을 가진 다층 퍼셉트론. 각 노드는 해당 층의 유닛을 나타냅니다. 설명을 위해 각 층의 노드 개수가 매우 적습니다.

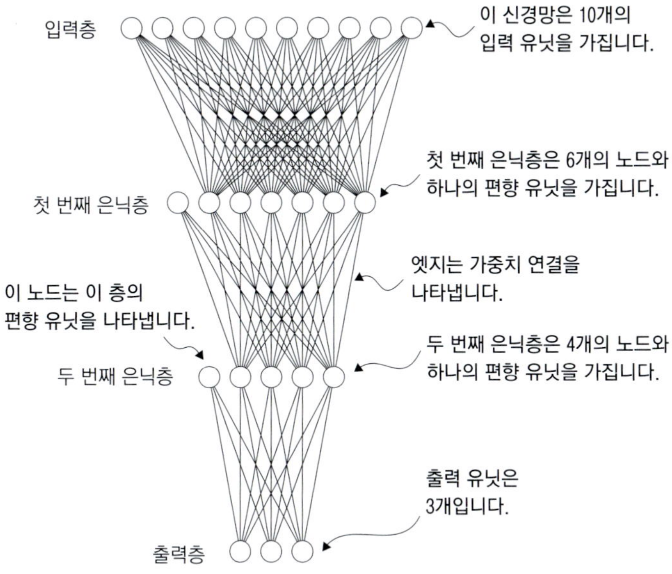

이 클래스를 상속한 자식 클래스의 __init__ 생성자에서 신경망을 정의하고 forward 메서드에서 층이 어떻게 상호작용하는지 지정합니다. forward 메서드에는 입력 데이터가 신경망을 어떻게 통과하여 계산 그래프로 구성되는지를 기술합니다. 이와 달리 backward 메서드를 사용해 모델 파라미터에 대한 손실 함수의 그레이디언트를 계산합니다(A.7절 참조). 일반적으로 이 함수는 직접 구현할 필요가 없습니다. 다음 코드는 Module 클래스의 사용법을 보여 주기 위해 2개의 은닉층을 가진 전형적인 다층 퍼셉트론을 만듭니다.

코드 A-4 2개의 은닉층을 가진 다층 퍼셉트론

```
class NeuralNetwork(torch.nn.Module):
    def __init__(self, num_inputs, num_outputs):
        super().__init__()

        self.layers = torch.nn.Sequential(

            # 첫 번째 은닉층
            torch.nn.Linear(num_inputs, 30),
            torch.nn.ReLU(),

            # 두 번째 은닉층
            torch.nn.Linear(30, 20),
```

- `def __init__(...)`: 특성 개수와 클래스 개수가 다른 데이터셋에 코드를 재사용하기 위해 입력과 출력 개수를 변수로 설정하게 합니다.
- `torch.nn.Linear(num_inputs, 30)`: Linear 층은 입력 개수와 출력 크기를 매개변수로 가집니다.
- `torch.nn.ReLU()`: 은닉층 사이에 비선형 함수를 놓습니다.
- `torch.nn.Linear(30, 20)`: 은닉층의 출력 노드 개수는 다음 층의 입력 개수와 맞아야 합니다.

```python
            torch.nn.ReLU(),

            # 출력층
            torch.nn.Linear(20, num_outputs),
        )

    def forward(self, x):
        logits = self.layers(x)
        return logits  # 마지막 층의 출력을 로짓이라 부릅니다.
```

그런 다음 새로운 신경망 객체를 만들 수 있습니다.

```python
model = NeuralNetwork(50, 3)
```

새로운 model 객체를 사용하기 전에 print 함수로 모델의 구조를 출력할 수 있습니다.

```python
print(model)
```

출력은 다음과 같습니다.

```
NeuralNetwork(
  (layers): Sequential(
    (0): Linear(in_features=50, out_features=30, bias=True)
    (1): ReLU()
    (2): Linear(in_features=30, out_features=20, bias=True)
    (3): ReLU()
    (4): Linear(in_features=20, out_features=3, bias=True)
  )
)
```

NeuralNetwork 클래스를 구현할 때 Sequential 클래스를 사용했습니다. Sequential이 필수는 아니지만 이 경우와 같이 특정 순서로 일련의 층을 실행하는 경우 쉽게 모델을 만들 수 있습니다. __init__ 생성자에서 self.layers = Sequential(...)로 초기화한 다음에는 NeuralNetwork의 forward 메서드에서 각 층을 개별적으로 호출하는 대신 self.layers를 호출해야 합니다.

다음으로 이 모델의 훈련 가능한 총 파라미터 개수를 확인해 보죠.

```python
num_params = sum(p.numel() for p in model.parameters() if p.requires_grad)
print("훈련 가능한 모델의 총 파라미터 개수:", num_params)
```

출력은 다음과 같습니다.

```
훈련 가능한 모델의 총 파라미터 개수: 2213
```

requires_grad=True인 모든 파라미터는 훈련 가능한 파라미터로 간주되며 훈련 과정에서 업데이트됩니다(A.7절 참조).

2개의 은닉층을 가진 이 신경망 모델의 경우 훈련 가능한 파라미터는 torch.nn.Linear 층에 있습니다. Linear 층은 입력과 가중치 행렬을 곱하고 편향 벡터를 더합니다. 이를 종종 피드 포워드(feed forward) 층 또는 **완전 연결**(fully connected) 층이라고 부릅니다.

print(model) 출력의 결과를 보면 첫 번째 Linear 층의 인덱스 속성이 0임을 알 수 있습니다. 따라서 다음과 같이 첫 번째 층의 가중치 파라미터를 참조할 수 있습니다.

```
print(model.layers[0].weight)
```

출력은 다음과 같습니다.

```
Parameter containing:
tensor([[ 0.1174, -0.1350, -0.1227,  ...,  0.0275, -0.0520, -0.0192],
        [-0.0169,  0.1265,  0.0255,  ..., -0.1247,  0.1191, -0.0698],
        [-0.0973, -0.0974, -0.0739,  ..., -0.0068, -0.0892,  0.1070],
        ...,
        [-0.0681,  0.1058, -0.0315,  ..., -0.1081, -0.0290, -0.1374],
        [-0.0159,  0.0587, -0.0916,  ..., -0.1153,  0.0700,  0.0770],
        [-0.1019,  0.1345, -0.0176,  ...,  0.0114, -0.0559, -0.0088]],
       requires_grad=True)
```

이 행렬은 매우 커서 전체 내용을 확인하기 힘드므로 .shape 속성으로 행렬의 차원을 확인해 보죠.

```
print(model.layers[0].weight.shape)
```

출력은 다음과 같습니다.

```
torch.Size([30, 50])
```

(마찬가지로 편향 벡터는 model.layers[0].bias로 확인할 수 있습니다)

이 가중치 행렬의 크기는 30 × 50입니다. 그리고 requires_grad가 True로 지정된 것을 볼 수 있습니다. 이는 가중치 값이 훈련 가능하다는 의미입니다. 이는 torch.nn.Linear 층에 있는 가중치와 편향의 기본 설정입니다.

컴퓨터에서 앞의 코드를 실행하면 가중치 행렬의 값이 책과 조금 다를 것입니다. 모델 가중치는 작은 난수로 초기화되므로 신경망을 만들 때마다 달라집니다. 딥러닝에서는 훈련 과정에서 대칭성을 깨뜨리기 위해 모델 가중치를 작은 난수로 초기화하는 것이 좋습니다. 그렇지 않으면 역전파 과정에서 동일한 연산과 업데이트를 수행하는 노드가 생깁니다. 이렇게 되면 신경망이 입력과 출력 사이의 복잡한 매핑을 학습할 수 없습니다.

층 가중치의 초깃값으로 작은 난수를 사용하면서 파이토치의 manual_seed로 난수 생성기에 시드(seed) 값을 지정하여 난수 초기화를 재현 가능하도록 만들 수 있습니다.

```
torch.manual_seed(123)
model = NeuralNetwork(50, 3)
print(model.layers[0].weight)
```

출력은 다음과 같습니다.

```
Parameter containing:
tensor([[-0.0577,  0.0047, -0.0702,  ...,  0.0222,  0.1260,  0.0865],
        [ 0.0502,  0.0307,  0.0333,  ...,  0.0951,  0.1134, -0.0297],
        [ 0.1077, -0.1108,  0.0122,  ...,  0.0108, -0.1049, -0.1063],
        ...,
        [-0.0787,  0.1259,  0.0803,  ...,  0.1218,  0.1303, -0.1351],
        [ 0.1359,  0.0175, -0.0673,  ...,  0.0674,  0.0676,  0.1058],
        [ 0.0790,  0.1343, -0.0293,  ...,  0.0344, -0.0971, -0.0509]],
       requires_grad=True)
```

NeuralNetwork를 충분히 살펴보았으니 이제 정방향 계산에서 이 신경망을 어떻게 사용하는지 알아보죠.

```
torch.manual_seed(123)
X = torch.rand((1, 50))
out = model(X)
print(out)
```

출력은 다음과 같습니다.

```
tensor([[-0.1262,  0.1080, -0.1792]], grad_fn=<AddmmBackward0>)
```

앞의 코드에서는 랜덤한 훈련 샘플 X를 만들었습니다(이 신경망은 50개 차원의 특성 벡터를 기대합니다). 이 입력을 모델에 주입하고 3개의 점수를 얻었습니다. model(X)를 호출할 때 자동으로 모델의 정방향 계산이 실행됩니다.

정방향 계산은 입력 텐서로부터 출력 텐서를 계산하는 것을 의미합니다. 입력 데이터를 입력층부터 시작해서 은닉층을 거쳐 마지막에 출력층까지 신경망의 모든 층에 통과시킵니다.

여기에 반환된 3개의 숫자는 3개의 출력 노드에 할당된 점수입니다. 출력 텐서에 grad_fn 값이 들어 있는 것을 눈여겨보세요.

grad_fn=<AddmmBackward0>은 계산 그래프에서 변수를 계산하는데 마지막에 사용된 함수를 나타냅니다. 특히 grad_fn=<AddmmBackward0>는 이 텐서가 행렬 곱셈과 덧셈 연산을 통해 만들어졌다는 것을 의미합니다. 파이토치는 역전파 과정에서 그레이디언트를 계산할 때 이 정보를 사용합니다. grad_fn=<AddmmBackward0>의 <AddmmBackward0> 부분은 수행된 연산을 나타냅니다. 이 경우 하나의 Addmm 연산입니다. Addmm는 행렬 곱셈(mm) 다음에 덧셈(Add)이 있다는 것을 의미합니다.

훈련이나 역전파 없이 신경망을 사용하기만 한다면 (예를 들어 훈련이 끝난 후 예측에 사용할 때) 역전파를 위해 이런 계산 그래프를 구성하는 것은 불필요한 계산을 수행하고 추가 메모리를 소모하기 때문에 낭비일 수 있습니다. 따라서 모델을 훈련하는 것이 아니라 추론(예를 들면 예측을 만드는 경우)에 사용할 때는 torch.no_grad() 컨텍스트 관리자(context manager)를 사용하는 것이 바람직합니다. 이를 통해 파이토치에게 그레이디언트를 추적할 필요가 없다고 알려주어 메모리와 계산량을 크게 절약할 수 있습니다.

```
with torch.no_grad():
    out = model(X)
print(out)
```

출력은 다음과 같습니다.

```
tensor([[-0.1262,  0.1080, -0.1792]])
```

파이토치에서는 모델의 마지막 층의 출력(로짓)을 비선형 활성화 함수에 통과시키지 않고 출력하도록 만드는 것이 일반적입니다. 이는 파이토치에서 널리 사용되는 손실 함수가 softmax(또는 이진 분류일 경우 sigmoid) 연산과 음의 로그 가능도 손실을 하나의 클래스로 결합하고 있기 때문입니다. 이렇게 하는 이유는 수치적 효율성과 안정성 때문입니다. 따라서 모델의 예측에 대한 클래스 소속 확률을 얻고 싶다면 명시적으로 softmax 함수를 호출해야 합니다.

```
with torch.no_grad():
    out = torch.softmax(model(X), dim=1)
print(out)
```

출력은 다음과 같습니다.

```
tensor([[0.3113, 0.3934, 0.2952]])
```

이 값을 모두 더하면 1이 되므로 클래스 소속 확률이라고 생각할 수 있습니다. 훈련하지 않고 랜덤하게 초기화된 모델이므로 예상대로 입력 샘플에 대한 클래스별 확률이 거의 비슷하게 출력되었습니다.

효율적인 데이터 로더 설정하기

모델을 훈련하기 전에 파이토치 훈련 과정에서 효율적으로 데이터를 순회하는 데 사용하는 데이터 로더에 대해 간략히 논의하겠습니다. 파이토치에서 데이터를 로드하는 방법의 전반적인 아이디어는 그림 A-10에 나타나 있습니다.

▼ **그림 A-10** 파이토치는 Dataset과 DataLoader 클래스를 제공합니다. Dataset 클래스를 사용해 데이터 레코드가 로드되는 방법을 정의한 객체를 만듭니다. DataLoader는 데이터 셔플링과 배치로 묶는 방식을 처리합니다.

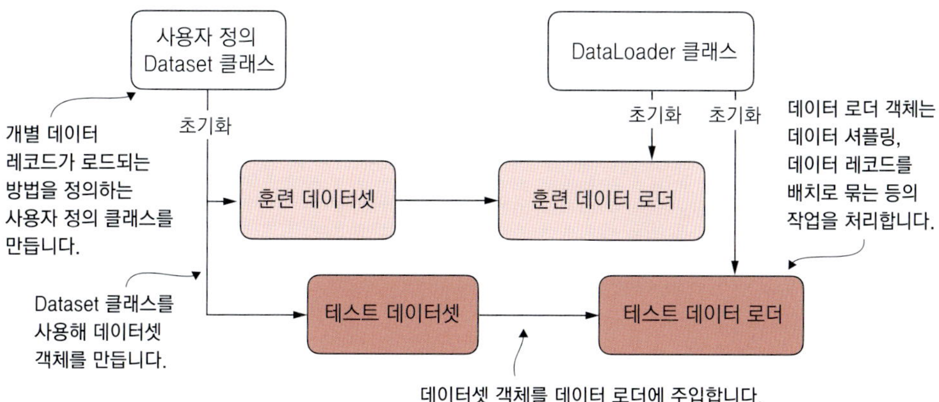

그림 A-10을 따라서 사용자 정의 Dataset 클래스를 구현하겠습니다. 이를 사용해 데이터 로더를 만들 때 사용할 훈련 데이터셋과 테스트 데이터셋을 만들겠습니다. 5개의 샘플과 2개의 특성을 가진 간단한 데이터셋을 만들어 보죠. 훈련 샘플과 함께 클래스 레이블을 담은 텐서도 만듭니다. 3개의 샘플은 클래스 0, 2개의 샘플은 클래스 1에 속합니다. 또한 2개의 샘플로 구성된 테스트 세트를 만듭니다. 이 데이터셋을 만드는 코드는 다음과 같습니다.

코드 A-5 예시 데이터셋 만들기

```
X_train = torch.tensor([
    [-1.2, 3.1],
    [-0.9, 2.9],
    [-0.5, 2.6],
    [2.3, -1.1],
    [2.7, -1.5]
])
y_train = torch.tensor([0, 0, 0, 1, 1])

X_test = torch.tensor([
    [-0.8, 2.8],
    [2.6, -1.6],
])
y_test = torch.tensor([0, 1])
```

NOTE

파이토치에서는 클래스 레이블이 0부터 시작해야 합니다(파이썬 인덱스가 0부터 시작하기 때문입니다). 따라서 가장 큰 클래스 레이블 값은 '출력 노드 개수 - 1'을 넘지 않아야 합니다. 따라서 클래스 레이블이 0, 1, 2, 3, 4라면 신경망의 출력 층은 5개의 노드로 구성되어야 합니다.

그런 다음 파이토치 Dataset 클래스를 상속하여 사용자 정의 데이터셋 클래스 ToyDataset을 만듭니다.

코드 A-6 사용자 정의 Dataset 클래스 정의하기

```
from torch.utils.data import Dataset

class ToyDataset(Dataset):
    def __init__(self, X, y):
        self.features = X
        self.labels = y

    def __getitem__(self, index):
        one_x = self.features[index]
        one_y = self.labels[index]
        return one_x, one_y

    def __len__(self):
        return self.labels.shape[0]

train_ds = ToyDataset(X_train, y_train)
test_ds = ToyDataset(X_test, y_test)
```

(`__getitem__` 주석: 정확히 하나의 데이터 레코드와 이에 해당하는 레이블을 추출합니다.)

(`return self.labels.shape[0]` 주석: 데이터셋의 총 길이를 반환합니다.)

ToyDataset 클래스의 목적은 파이토치 DataLoader의 객체를 만드는 것입니다. 이 단계로 들어가기 전에 ToyDataset 클래스의 구조를 간단히 살펴보겠습니다.

파이토치에서 사용자 정의 Dataset 클래스의 세 가지 주요 구성 요소는 __init__ 생성자, __getitem__ 메서드, __len__ 메서드입니다(코드 A-6 참조). __init__ 생성자에서 __getitem__과 __len__ 메서드에서 사용할 속성을 준비합니다. 이는 파일 경로, 파일 객체, 데이터베이스가 될 수 있습니다. 메모리에 저장된 텐서 데이터셋을 만들었기 때문에 간단히 이 텐서 객체의 플레이스홀더인 X와 y를 이 속성에 할당하면 됩니다.

__getitem__ 메서드에서 index로 데이터셋에 있는 항목 하나를 반환합니다. 이는 하나의 훈련 샘플 또는 테스트 샘플에 해당하는 특성과 클래스 레이블입니다(잠시 후에 보겠지만 데이터 로더가 이 index를 제공합니다).

마지막으로 __len__ 메서드는 데이터셋의 길이를 반환합니다. 여기서는 텐서의 .shape 속성을 사용해 특성 배열의 행 개수를 반환합니다. 이 훈련 데이터셋은 5개의 행을 가지고 있는데 다시 확인해 보죠.

```
print(len(train_ds))
```

출력은 다음과 같습니다.

```
5
```

예제 데이터셋에 사용할 ToyDataset 클래스를 만들었으니 다음 코드처럼 파이토치 DataLoader 클래스를 사용해 데이터를 샘플링해 보죠.

코드 A-7 데이터 로더 초기화

```
from torch.utils.data import DataLoader

torch.manual_seed(123)

train_loader = DataLoader(
    dataset=train_ds, -------- 앞서 만든 ToyDataset 객체를 데이터 로더의 입력으로 사용합니다.
    batch_size=2,
    shuffle=True, -------- 데이터를 셔플링할지 여부
    num_workers=0 -------- 백그라운드 프로세스 개수
)

test_loader = DataLoader(
    dataset=test_ds,
    batch_size=2,
    shuffle=False, -------- 테스트 데이터셋은 셔플링이 필요하지 않습니다.
    num_workers=0
)
```

훈련 데이터 로더를 만든 후 이를 순회할 수 있습니다(test_loader 순회도 이와 비슷합니다).

```
for idx, (x, y) in enumerate(train_loader):
    print(f"배치 {idx+1}:", x, y)
```

출력은 다음과 같습니다.

```
배치 1: tensor([[-1.2000,  3.1000],
            [-0.5000,  2.6000]]) tensor([0, 0])
배치 2: tensor([[ 2.3000, -1.1000],
            [-0.9000,  2.9000]]) tensor([1, 0])
배치 3: tensor([[ 2.7000, -1.5000]]) tensor([1])
```

앞의 출력에서 볼 수 있듯이 train_loader는 훈련 데이터셋을 순회하면서 정확히 한 번씩 훈련 샘플을 방문합니다. 이를 훈련 에포크라고 부릅니다. torch.manual_seed(123)로 난수 생성기에 시드 값을 주었기 때문에 셔플링된 훈련 샘플의 순서가 책과 동일할 것입니다. 하지만 이 데이터셋을 두 번째 순회한다면 순서가 바뀌는 것을 볼 수 있습니다. 이는 신경망이 훈련될 때 반복적인 업데이트 주기에 갇히는 것을 막기 위해서입니다.

여기서 배치 크기를 2로 했지만 세 번째 배치는 하나의 샘플만 담고 있습니다. 이 데이터셋에는 5개의 훈련 샘플이 있는데 5는 2로 나누어 떨어지지 않기 때문입니다. 실전에서 훈련 에포크의 마지막 배치 크기가 매우 작다면 훈련 중 수렴을 방해할 수 있습니다. 이를 방지하기 위해 다음 코드와 같이 drop_last=True로 지정하여 각 에포크의 마지막 배치를 버립니다.

코드 A-8 마지막 배치를 버리는 훈련 데이터 로더

```
train_loader = DataLoader(
    dataset=train_ds,
    batch_size=2,
    shuffle=True,
    num_workers=0,
    drop_last=True
)
```

이제 훈련 데이터 로더를 순회하면서 마지막 배치가 제외되는지 확인해 보죠.

```
for idx, (x, y) in enumerate(train_loader):
    print(f"배치 {idx+1}:", x, y)
```

출력은 다음과 같습니다.

```
배치 1: tensor([[-0.9000,  2.9000],
            [ 2.3000, -1.1000]]) tensor([0, 1])
배치 2: tensor([[ 2.7000, -1.5000],
            [-0.5000,  2.6000]]) tensor([1, 0])
```

마지막으로 DataLoader에 지정한 num_workers=0에 대해 이야기해 보죠. 파이토치 DataLoader에 있는 이 매개변수는 데이터 로드와 전처리를 병렬화하는 데 중요합니다. num_workers를 0으로 설정하면 데이터 로드가 메인 프로세스에서 수행되며 별도의 워커(worker) 프로세스를 사용하지 않습니다. 문제처럼 보이지 않을 수 있지만 GPU에서 대규모 신경망을 훈련할 때 속도를 크게 느리게 만들 수 있습니다. CPU가 딥러닝 모델을 처리하는 데만 집중하지 못하고 데이터 로드와 전처리에도 시간을 뺏겨야 합니다. 결과적으로 CPU가 이런 작업을 완료하는 동안 GPU가 유휴 상태가 될 수 있습니다. 반면 num_workers를 0보다 큰 값으로 지정하면 여러 개의 워커 프로세스가 병렬로 데이터를 로드하므로 메인 프로세스가 모델 훈련에만 집중하게 되고 시스템의 자원을 잘 활용할 수 있습니다(그림 A-11).

▼ **그림 A-11** 워커를 사용하지 않는(num_workers=0) 데이터 로드는 모델이 다음 배치가 로드될 때까지 유휴 상태가 되는 데이터 로드 병목이 발생합니다(왼쪽). 워커를 사용하면 데이터 로더가 백그라운드에서 다음 배치를 준비할 수 있습니다(오른쪽).

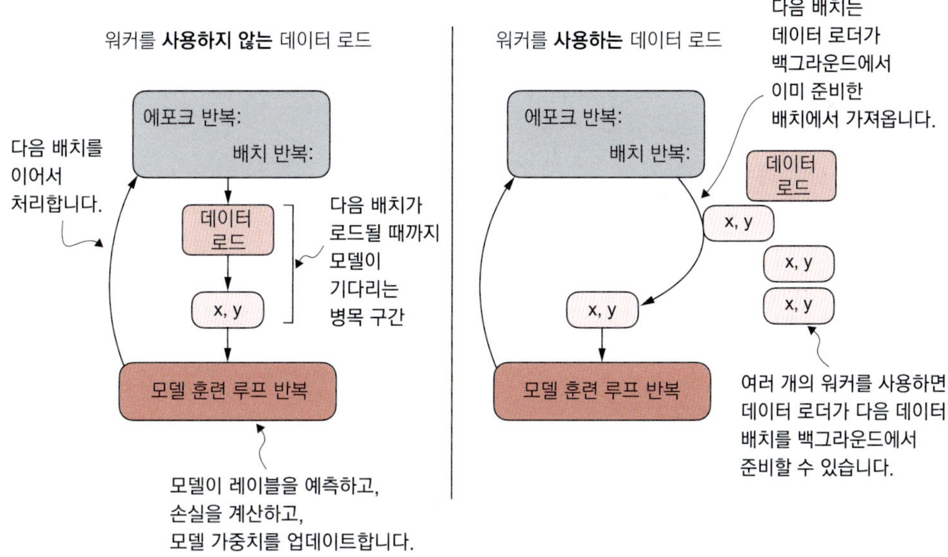

하지만 매우 작은 데이터셋을 사용하는 경우 훈련 시간이 1초도 걸리지 않으므로 num_workers를 1 이상 지정할 필요가 없습니다. 따라서 작은 데이터셋을 사용하거나 주피터 노트북처럼 인터랙티브한 환경을 사용한다면 num_workers를 증가시켜도 속도 향상을 크게 느끼지 못할 수 있습니다. 사실 이것이 문제를 일으킬 수도 있습니다. 한 가지 가능성은 여러 개의 워커 프로세스를 만드는 오버헤드 때문에 데이터셋이 작을 때 실제 데이터 로드 시간보다 더 오래 걸릴 수 있습니다.

게다가 주피터 노트북에서 num_workers를 0보다 크게 설정하면 여러 프로세스 사이의 자원 공유 문제를 일으켜 오류가 발생하거나 노트북이 종료될 수 있습니다. 따라서 num_workers 매개변수에 대한 장단점을 이해하고 주의 깊게 결정해야 합니다. 올바르게 사용하면 유용한 도구가 될 수 있지만 최적의 결과를 위해 데이터셋 크기와 컴퓨터 환경에 맞게 설정해야 합니다.

경험에 비추어 보면 많은 실전 데이터셋에서 num_workers=4가 최적의 성능을 냅니다. 하지만 하드웨어와 Dataset 클래스에서 훈련 샘플을 로드하는 코드에 따라 최적의 값은 다를 수 있습니다.

A.7 일반적인 훈련 루프

예제 데이터셋으로 신경망을 훈련해 보죠. 훈련 코드는 다음과 같습니다.

코드 A-9 파이토치에서 신경망 훈련하기

```
import torch.nn.functional as F

torch.manual_seed(123)
model = NeuralNetwork(num_inputs=2, num_outputs=2) -------- 이 데이터셋은 2개의 특성과 2개의 클래스를 가집니다.
optimizer = torch.optim.SGD(
    model.parameters(), lr=0.5
) -------- 옵티마이저에 최적화할 파라미터를 전달해야 합니다.

num_epochs = 3
for epoch in range(num_epochs):

    model.train()
    for batch_idx, (features, labels) in enumerate(train_loader):
        logits = model(features)

        loss = F.cross_entropy(logits, labels)
                    이전 반복에서 구한 그레이디언트를 0으로 지정하여 의도치 않게 그레이디언트가 누적되지 않게 합니다.
        optimizer.zero_grad() -------┘
        loss.backward() -------- 모델 파라미터에 대한 손실 그레이디언트를 계산합니다.
        optimizer.step() -------- 옵티마이저가 그레이디언트를 사용해 모델 파라미터를 업데이트합니다.

        ### 로깅
        print(f"에포크: {epoch+1:03d}/{num_epochs:03d}"
```

```
            f" | 배치 {batch_idx:03d}/{len(train_loader):03d}"
            f" | 훈련 손실: {loss:.2f}")

    model.eval()
    # 모델 평가 코드를 추가할 수 있습니다.
```

이 코드를 실행하면 출력되는 결과는 다음과 같습니다.

```
에포크: 001/003 | 배치 000/002 | 훈련 손실: 0.75
에포크: 001/003 | 배치 001/002 | 훈련 손실: 0.65
에포크: 002/003 | 배치 000/002 | 훈련 손실: 0.44
에포크: 002/003 | 배치 001/002 | 훈련 손실: 0.13
에포크: 003/003 | 배치 000/002 | 훈련 손실: 0.03
에포크: 003/003 | 배치 001/002 | 훈련 손실: 0.00
```

여기서 볼 수 있듯이 세 번째 에포크 후에 손실이 0에 도달합니다. 모델이 훈련 세트에 대해 수렴한다는 신호입니다. 예제 데이터셋이 입력 특성 2개와 예측할 클래스 레이블 2개를 가지고 있기 때문에 2개의 입력과 2개의 출력으로 모델을 초기화했습니다. 학습률(lr)이 0.5인 확률적 경사 하강법(SGD) 옵티마이저를 사용했습니다. 학습률은 하이퍼파라미터입니다. 즉, 손실을 바탕으로 실험하여 수정해야 하는 설정 값입니다. 이상적으로 특정 횟수의 에포크 후에 손실이 수렴하도록 학습률을 선택합니다. 에포크 횟수도 또 다른 하이퍼파라미터입니다.

연습문제 A.3

코드 A-9에 있는 신경망에는 몇 개의 파라미터가 있나요?

실전에서는 최적의 하이퍼파라미터 설정을 찾기 위해 검증 데이터셋이라 부르는 세 번째 데이터셋을 사용합니다. 검증 데이터셋은 테스트 세트와 비슷합니다. 하지만 모델 평가가 편향되지 않도록 테스트 세트는 딱 한 번만 사용해야 합니다. 일반적으로 검증 세트는 모델 설정을 조정하기 위해 여러 번 사용합니다.

또한 `model.train()`과 `model.eval()`을 사용했습니다. 이름에서 알 수 있듯이 이런 메서드를 사용해 모델을 훈련 모드와 평가 모드로 전환할 수 있습니다. **드롭아웃**이나 **배치 정규화** 층과 같이 훈련과 추론에서 동작이 다른 구성 요소를 위해 필요합니다. `NeuralNetwork` 클래스에는 이런 설정에 영향을 받을 드롭아웃 같은 층이 없기 때문에 앞의 코드에서 `model.train()`과 `model.eval()`이 불필요해 보입니다. 하지만 모델 구조를 바꾸거나 다른 모델을 훈련하기 위해 이 코드를 재사용할 때 예상치 못한 결과를 방지하기 위해 이를 포함하는 것이 좋습니다.

앞서 언급한 대로 cross_entropy 손실 함수에 로짓을 그대로 전달합니다. 이 함수는 효율성과 수치적 안정을 이유로 softmax 함수를 내부적으로 처리합니다. 그런 다음 loss.backward()를 호출하여 파이토치가 백그라운드에서 만든 계산 그래프의 그레이디언트를 계산합니다. optimizer.step() 메서드는 이 그레이디언트를 사용해 손실이 최소화되도록 모델 파라미터를 업데이트합니다. SGD 옵티마이저의 경우 그레이디언트와 학습률을 곱하고 파라미터에서 이를 뺍니다.

NOTE

예상치 못한 그레이디언트 누적을 막으려면 반복마다 optimizer.zero_grad()를 호출해 그레이디언트를 0으로 설정하는 것이 중요합니다. 그렇지 않으면 그레이디언트가 누적되어 원치 않은 결과를 얻을 수 있습니다.

모델을 훈련시킨 다음 이를 사용해 예측을 만들 수 있습니다.

```
model.eval()
with torch.no_grad():
    outputs = model(X_train)
print(outputs)
```

출력은 다음과 같습니다.

```
tensor([[ 2.8569, -4.1618],
        [ 2.5382, -3.7548],
        [ 2.0944, -3.1820],
        [-1.4814,  1.4816],
        [-1.7176,  1.7342]])
```

클래스 소속 확률을 얻기 위해 파이토치의 softmax 함수를 적용합니다.

```
torch.set_printoptions(sci_mode=False)
probas = torch.softmax(outputs, dim=1)
print(probas)
```

출력은 다음과 같습니다.

```
tensor([[     0.9991,      0.0009],
        [     0.9982,      0.0018],
        [     0.9949,      0.0051],
        [     0.0491,      0.9509],
        [     0.0307,      0.9693]])
```

출력에 있는 첫 번째 행을 살펴보죠. 첫 번째 값(열)의 의미는 이 훈련 샘플이 클래스 0에 속할 확률이 99.91%이고, 클래스 1에 속할 확률이 0.09%라는 것입니다(읽기 쉽게 출력하기 위해 set_printoptions 함수를 사용했습니다).

파이토치 argmax 함수를 사용해 이 값을 클래스 레이블 예측으로 바꿀 수 있습니다. dim=1로 지정하면 각 행에서 가장 큰 값의 인덱스를 반환합니다(dim=0으로 지정하면 각 열에서 가장 큰 값의 인덱스를 반환합니다).

```
predictions = torch.argmax(probas, dim=1)
print(predictions)
```

출력은 다음과 같습니다.

```
tensor([0, 0, 0, 1, 1])
```

클래스 레이블을 얻기 위해 softmax 확률을 계산할 필요가 없습니다. 로짓(출력)에 바로 argmax 함수를 적용할 수도 있습니다.

```
predictions = torch.argmax(outputs, dim=1)
print(predictions)
```

출력은 다음과 같습니다.

```
tensor([0, 0, 0, 1, 1])
```

훈련 데이터셋에 대해 레이블을 예측했습니다. 훈련 데이터셋이 비교적 작기 때문에 수동으로 정답 레이블과 비교하여 모델이 100% 맞추었다는 것을 확인할 수 있습니다. 비교 연산자 ==를 사용하여 다시 확인해 보죠.

```
predictions == y_train
```

출력은 다음과 같습니다.

```
tensor([True, True, True, True, True])
```

torch.sum을 사용해 올바른 예측의 개수를 셀 수 있습니다.

```
torch.sum(predictions == y_train)
```

출력은 다음과 같습니다.

```
5
```

이 데이터셋에는 5개의 훈련 샘플이 있으므로 5개 중 5개의 예측이 맞았다면 예측 정확도는 5/5 × 100% = 100%입니다.

예측 정확도 계산을 일반화하기 위해 다음과 같이 compute_accuracy 함수를 만들어 보죠.

코드 A-10 예측 정확도를 계산하기 위한 함수

```
def compute_accuracy(model, dataloader):

    model = model.eval()
    correct = 0.0
    total_examples = 0

    for idx, (features, labels) in enumerate(dataloader):

        with torch.no_grad():
            logits = model(features)

        predictions = torch.argmax(logits, dim=1)
        compare = labels == predictions  # 레이블의 일치 여부에 따라 True/False 값의 텐서를 반환합니다.
        correct += torch.sum(compare)  # sum 연산은 True 값의 개수를 카운트합니다.
        total_examples += len(compare)

    return (correct / total_examples).item()  # 0~1 사이의 값인 정확한 예측의 비율. .item()은 텐서 값을 파이썬 실숫값으로 반환합니다.
```

이 코드는 데이터 로더를 순회하면서 올바른 예측의 개수와 비율을 계산합니다. 대규모 데이터셋을 다루는 경우 메모리 제약으로 인해 데이터셋의 일부분으로 모델을 호출할 수 있습니다. compute_accuracy 함수는 각 반복마다 모델이 받는 데이터셋 크기가 훈련할 때 사용한 배치 크기와 같으므로 임의의 크기를 가진 데이터셋에 맞게 확장되는 범용적인 구현입니다. compute_accuracy 함수의 내부는 로짓을 클래스 레이블로 바꿀 때 사용했던 코드와 비슷합니다.

이 함수를 훈련 데이터셋에 적용해 보죠.

```
print(compute_accuracy(model, train_loader))
```

출력은 다음과 같습니다.

```
1.0
```

마찬가지로 이 함수를 테스트 세트에도 적용할 수 있습니다.

```
print(compute_accuracy(model, test_loader))
```

출력은 다음과 같습니다.

```
1.0
```

A.8 모델 저장과 로드

모델을 훈련했으니 나중에 재사용하기 위해 모델을 저장하는 방법을 알아보죠. 파이토치에서 모델을 저장하고 로드할 때 추천하는 방법은 다음과 같습니다.

```
torch.save(model.state_dict(), "model.pth")
```

모델의 state_dict는 모델의 각 층과 훈련 가능한 파라미터(가중치와 편향)를 매핑한 파이썬 딕셔너리 객체입니다. "model.pth"는 디스크에 저장하기 위해 필요한 파일 이름이며 자유롭게 지정할 수 있습니다. 원하는 이름과 확장자를 지정할 수 있지만 .pth나 .pt가 가장 널리 사용되는 확장자입니다.

모델을 저장하고 난 후에는 디스크에서 불러올 수 있습니다.

```
model = NeuralNetwork(2, 2)
model.load_state_dict(torch.load("model.pth"))
```

torch.load("model.pth")는 파일 "model.pth"를 읽고 모델 파라미터를 담고 있는 파이썬 딕셔너리 객체를 재구성합니다. model.load_state_dict()는 이 파라미터를 모델에 적용하여 저장했던 학습된 상태를 복원합니다.

모델을 저장했던 세션과 동일한 세션에서 이 코드를 실행한다면 model = NeuralNetwork(2, 2)는 필요하지 않습니다. 하지만 저장된 파라미터를 적용하기 위해 모델 객체가 필요하다는 것을 보여 주기 위해 추가했습니다. NeuralNetwork(2, 2)는 저장된 원본 모델의 구조와 정확히 일치해야 합니다.

A.9 GPU로 훈련 성능 최적화하기

다음으로 일반적인 CPU에 비해 심층 신경망의 훈련 속도를 높이기 위해 GPU를 활용하는 방법을 알아보죠. 먼저 파이토치에서 GPU 컴퓨팅에 대한 주요 개념을 알아보겠습니다. 그런 다음 모델을 하나의 GPU에서 훈련합니다. 마지막으로 여러 개의 GPU를 사용한 분산 훈련에 대해 살펴보겠습니다.

A.9.1 GPU 장치를 사용한 파이토치 계산

GPU에서 실행하기 위해 훈련 루프를 수정하는 것은 비교적 간단합니다. 코드 세 줄만 바꾸면 됩니다(A.7절 참조). 수정하기 전에 파이토치에서 GPU 계산의 주요 개념을 이해하는 것이 중요합니다. 파이토치에서 장치는 계산이 수행되고 데이터가 놓이는 곳입니다. CPU와 GPU는 이런 장치 중 하나입니다. 파이토치 텐서가 한 장치에 위치하면 그 텐서의 연산은 동일한 장치에서 실행됩니다.

실제로 어떻게 동작하는지 알아보죠. GPU 연산이 가능한 파이토치를 설치했다고 가정해 보죠(A.1.3절 참조). 다음 코드로 GPU 계산을 지원하는지 다시 확인합니다.

```
print(torch.cuda.is_available())
```

출력은 다음과 같습니다.

```
True
```

이제 텐서 2개를 더한다고 가정해 보죠. 이 계산은 기본적으로 CPU에서 수행됩니다.

```
tensor_1 = torch.tensor([1., 2., 3.])
tensor_2 = torch.tensor([4., 5., 6.])
print(tensor_1 + tensor_2)
```

출력은 다음과 같습니다.

```
tensor([5., 7., 9.])
```

이제 `.to()` 메서드를 사용할 수 있습니다. 이 메서드는 텐서의 데이터 타입을 바꾸기 위해 사용했습니다(A.2.2절 참조). 이를 사용해 텐서를 GPU로 이동한 후 덧셈 연산을 수행할 수 있습니다.

```
tensor_1 = tensor_1.to("cuda")
tensor_2 = tensor_2.to("cuda")
print(tensor_1 + tensor_2)
```

출력은 다음과 같습니다.

```
tensor([5., 7., 9.], device='cuda:0')
```

결과 텐서에 포함된 장치 정보 `device='cuda:0'`는 이 텐서가 첫 번째 GPU에 있다는 것을 의미합니다. GPU가 여러 개 있다면 텐서를 전송하고 싶은 GPU를 지정할 수 있습니다. 전송 명령 안에 장치 ID를 지정하면 됩니다. 예를 들면 `.to("cuda:0")`, `.to("cuda:1")` 등입니다.

하지만 모든 텐서가 동일한 장치에 있어야 합니다. 그렇지 않으면 계산이 실패합니다. 예를 들어 한 텐서는 CPU에 있고, 다른 텐서는 GPU에 있는 경우입니다.

```
tensor_1 = tensor_1.to("cpu")
print(tensor_1 + tensor_2)
```

출력은 다음과 같습니다.

```
RuntimeError      Traceback (most recent call last)
<ipython-input-7-4ff3c4d20fc3> in <cell line: 2>()
      1 tensor_1 = tensor_1.to("cpu")
----> 2 print(tensor_1 + tensor_2)
RuntimeError: Expected all tensors to be on the same device, but found at
least two devices, cuda:0 and cpu!
```

요약하면 텐서를 같은 GPU 장치로 이동시키기만 하면 나머지는 파이토치가 처리합니다.

A.9.2 단일 GPU 훈련

텐서를 GPU로 전송하는 방법을 알았으므로 GPU에서 실행할 수 있도록 훈련 루프를 수정해 보죠. 다음 코드에서 보듯이 단 세 줄의 코드만 바꾸면 됩니다.

코드 A-11 GPU를 사용하는 훈련 루프

```
torch.manual_seed(123)
model = NeuralNetwork(num_inputs=2, num_outputs=2)

device = torch.device("cuda") -------- GPU로 장치 변수를 정의합니다.
model.to(device) -------- 모델을 GPU로 전송합니다.

optimizer = torch.optim.SGD(model.parameters(), lr=0.5)

num_epochs = 3

for epoch in range(num_epochs):

    model.train()
    for batch_idx, (features, labels) in enumerate(train_loader):
        features, labels = features.to(device), labels.to(device) -------- 데이터를 GPU로 전송합니다.
        logits = model(features)
        loss = F.cross_entropy(logits, labels) # 손실 함수

        optimizer.zero_grad()
        loss.backward()
        optimizer.step()

        ### 로깅
        print(f"에포크: {epoch+1:03d}/{num_epochs:03d}"
```

```
            f" ¦ 배치 {batch_idx:03d}/{len(train_loader):03d}"
            f" ¦ 훈련 손실: {loss:.2f}")

    model.eval()
    # 모델 평가 코드를 추가할 수 있습니다.
```

앞의 코드를 실행하면 CPU에서 실행했을 때와 비슷한 결과가 출력됩니다(A.7절 참조).

```
에포크: 001/003 ¦ 배치 000/002 ¦ 훈련 손실: 0.75
에포크: 001/003 ¦ 배치 001/002 ¦ 훈련 손실: 0.65
에포크: 002/003 ¦ 배치 000/002 ¦ 훈련 손실: 0.44
에포크: 002/003 ¦ 배치 001/002 ¦ 훈련 손실: 0.13
에포크: 003/003 ¦ 배치 000/002 ¦ 훈련 손실: 0.03
에포크: 003/003 ¦ 배치 001/002 ¦ 훈련 손실: 0.00
```

device = torch.device("cuda")로 장치 변수를 만드는 대신 그냥 .to("cuda")를 사용할 수 있습니다. 또한 torch.device("cuda") 대신에 "cuda"를 사용해도 되며 코드도 더 짧아집니다(A.9.1절 참조). 이 코드를 수정해 GPU가 없을 경우 CPU에서 실행하도록 바꿀 수 있습니다. 이 방식이 파이토치 코드를 공유할 때 가장 좋습니다.

```
device = torch.device("cuda" if torch.cuda.is_available() else "cpu")
```

이 훈련 루프의 경우 CPU에서 GPU로 데이터를 전송하는 데 드는 비용 때문에 속도 향상이 없습니다. 하지만 LLM 같은 심층 신경망을 훈련할 때는 상당한 속도 향상을 기대할 수 있습니다.

참고

macOS와 파이토치

(M1, M2, M3 또는 그 후속 모델에 해당하는) 애플 실리콘 칩을 가진 애플 맥의 경우, 다음 코드를,

```
device = torch.device("cuda" if torch.cuda.is_available() else "cpu")
```

애플 실리콘 칩을 사용할 수 있도록 다음과 같이 바꾸세요.

```
device = torch.device(
    "mps" if torch.backends.mps.is_available() else "cpu"
)
```

연습문제 A.4

CPU와 GPU의 행렬 곱셈 계산 시간을 비교해 보세요. CPU보다 GPU의 행렬 곱셈이 빨라지기 시작하는 행렬 크기가 얼마인가요? 힌트를 드리자면, 주피터 노트북에서 실행 시간을 비교하려면 %timeit 명령을 사용하세요. 예를 들어 행렬 a와 b가 있다고 가정하면 새로운 노트북 셀에서 %timeit a @ b 명령을 실행합니다.

A.9.3 다중 GPU 훈련

분산 훈련은 모델 훈련을 여러 개의 GPU와 머신에 분할하는 개념입니다. 이런 방법이 왜 필요할까요? 모델을 하나의 GPU나 머신에서 훈련하더라도 매우 많은 시간이 소요될 수 있습니다. 훈련 프로세스를 여러 개의 GPU를 가진 여러 머신에 분산시키면 훈련 시간을 크게 절감할 수 있습니다. 이는 모델 개발 단계에서 특히 중요한데, 모델 파라미터와 구조를 미세 튜닝하기 위해서 훈련을 많이 반복하기 때문입니다.

> **NOTE**
> 이 책에서는 여러 개의 GPU가 필요하지 않습니다. 이 절은 파이토치에서 다중 GPU 계산의 작동 방식이 궁금한 독자를 위한 것입니다.

가장 기본적인 분산 훈련 방법인 파이토치의 DistributedDataParallel(DDP) 전략을 알아보죠. DDP는 입력 데이터를 여러 장치에 분할한 후 동시에 이런 부분 데이터를 처리하는 식으로 병렬화합니다.[4]

어떻게 동작하는 걸까요? 파이토치는 각 GPU에 대해 별도의 프로세스를 만들고, 각 프로세스는 모델의 복사본을 가지고 있습니다. 이 복사본은 훈련하는 동안 동기화됩니다. 이를 설명하기 위해 그림 A-12처럼 2개의 GPU를 가지고 신경망을 훈련한다고 가정해 보죠.

▼ **그림 A-12** DDP에서 모델과 데이터 전송은 두 가지 핵심 단계로 구성됩니다. 먼저 각 GPU에 대해 모델의 복사본을 만듭니다. 그런 다음 입력 데이터를 고유한 미니배치로 분할하여 모델 복사본에 전달합니다.

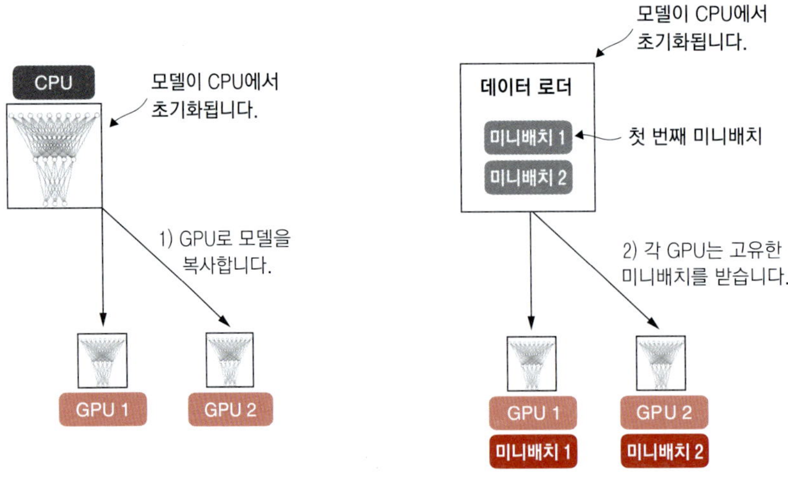

4 역주 이 절에서 설명하는 기법을 데이터 병렬화라고 부릅니다. 그외에 다양한 분산 훈련 전략에 대해서는 <머신러닝 Q & AI>(길벗, 2025)를 참고하세요.

각각의 GPU는 모델의 복사본을 받습니다. 그런 다음 훈련 반복마다 각 모델이 데이터 로더로부터 미니배치(또는 그냥 '배치')를 받습니다. DDP를 사용할 때 `DistributedSampler`를 사용해 각 GPU가 서로 다르고 중첩되지 않은 배치를 받게 합니다.

각 모델 복사본이 훈련 데이터에서 서로 다른 샘플을 처리하기 때문에 모델 복사본이 서로 다른 로짓을 출력으로 반환하며 역전파에서 계산된 그레이디언트가 다릅니다. 훈련 과정에서 이런 그레이디언트를 평균하고 동기화하여 모델을 업데이트합니다. 이런 식으로 그림 A-13과 같이 모델이 발산하지 않도록 만듭니다.

▼ **그림 A-13** DDP에서 정방향 계산과 역전파는 각 GPU에서 부분 데이터셋을 바탕으로 독립적으로 수행됩니다. 정방향 계산과 역전파가 완료되면 (각 GPU에 있는) 모델 복사본의 그레이디언트를 모든 GPU에 대해 동기화합니다. 이를 통해 모든 모델 복사본이 동일하게 업데이트된 가중치를 가집니다.

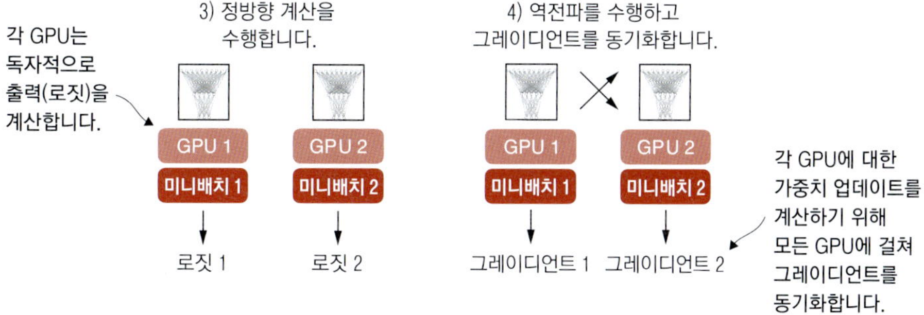

DDP의 장점은 하나의 GPU에 비해 데이터셋 처리 속도가 향상된다는 점입니다. DDP를 사용할 때 장치 간에 발생하는 미미한 통신 오버헤드를 제외하면 GPU 하나보다 2개를 사용할 때 이론적으로 훈련 에포크 처리 시간이 절반으로 줄어들 수 있습니다. GPU 개수에 따라 시간 효율성이 커지므로 GPU가 8개 있다면 에포크 처리 시간이 8배 빨라집니다.

NOTE

DDP는 주피터 노트북과 같은 인터랙티브한 파이썬 환경에서는 적절히 동작하지 않습니다. 이런 환경은 표준 파이썬 스크립트와 같은 방식으로 멀티프로세싱을 처리할 수 없습니다. 따라서 다음 코드는 주피터와 같은 노트북 인터페이스가 아니라 스크립트로 실행해야 합니다. DDP는 여러 개의 프로세스를 만들어야 하며, 각 프로세스는 각자의 파이썬 인터프리터 객체를 가져야 합니다.

실제로 어떻게 동작하는지 알아보죠. 단순하게 나타내기 위해 DDP 훈련을 위해 수정해야 할 핵심 코드 부분에만 초점을 맞추겠습니다. 하지만 자신만의 다중 GPU 머신이나 클라우드 인스턴스에서 이 코드를 실행하고 싶다면 이 책의 깃허브 저장소에서 제공하는 스크립트를 참고하세요.

먼저 다음 코드와 같이 분산 훈련을 위해 몇 가지 파이토치 모듈, 클래스, 함수를 임포트합니다.

코드 A-12 분산 훈련을 위한 파이토치 유틸리티

```
import torch.multiprocessing as mp
from torch.utils.data.distributed import DistributedSampler
from torch.nn.parallel import DistributedDataParallel as DDP
from torch.distributed import init_process_group, destroy_process_group
```

DDP와 호환되도록 훈련 코드를 수정하기 전에 DistributedDataParallel 클래스와 함께 임포트된 유틸리티에 대해 간단히 살펴보겠습니다.

파이토치의 multiprocessing 모듈은 multiprocessing.spawn과 같은 함수를 포함하고 있습니다. 이 함수를 사용해 여러 개의 프로세스를 시작하고 여러 개의 입력에 특정 함수를 병렬로 적용할 수 있습니다. 이를 사용해 GPU마다 훈련 프로세스를 만들겠습니다. 훈련을 위해 여러 개의 프로세스를 시작한다면 데이터셋을 각기 다른 프로세스로 분할할 방법이 필요합니다. 이를 위해 DistributedSampler를 사용합니다.

init_process_group과 destroy_process_group을 사용해 분산 훈련 모드를 초기화하고 종료합니다. init_process_group 함수는 분산 설정에 있는 각 프로세스에 대해 프로세스 그룹을 초기화하기 위해 훈련 스크립트의 시작 부분에 호출되어야 합니다. destroy_process_group은 프로세스 그룹을 삭제하고 자원을 반납하기 위해 훈련 스크립트 끝에 호출되어야 합니다. 다음 코드는 이런 새로운 도구를 사용하여 앞서 구현한 NeuralNetwork 모델을 위한 DDP 훈련을 어떻게 구현하는지 보여 줍니다.

코드 A-13 DistributedDataParallel 전략을 사용한 모델 훈련

```
def ddp_setup(rank, world_size):
    os.environ["MASTER_ADDR"] = "localhost"  -------- 메인 노드의 주소
    os.environ["MASTER_PORT"] = "12345"  -------- 사용 가능한 임의의 포트
    init_process_group(
        backend="nccl",  -------- nccl은 NVIDIA Collective Communication Library의 약자입니다.
        rank=rank,  -------- rank는 사용할 GPU 인덱스를 나타냅니다.
        world_size=world_size  -------- world_size는 사용할 GPU 개수입니다.
    )
    torch.cuda.set_device(rank)  -------- 텐서가 할당되고 연산을 수행할 현재 GPU 장치를 설정합니다.

def prepare_dataset():
    # 데이터셋 준비 코드를 추가합니다.
    train_loader = DataLoader(
        dataset=train_ds,
        batch_size=2,
        shuffle=False,  -------- DistributedSampler가 셔플링을 담당합니다.
```

```
        pin_memory=True, -------- GPU에서 훈련할 때 메모리 전송 속도를 높입니다.
        drop_last=True,
        sampler=DistributedSampler(train_ds) --------
    )                    데이터셋을 각 프로세스(GPU)를 위해 중첩되지 않은 고유한 부분집합으로 나눕니다.
    return train_loader, test_loader

def main(rank, world_size, num_epochs): -------- 모델 훈련을 실행할 메인 함수
    ddp_setup(rank, world_size)
    train_loader, test_loader = prepare_dataset()
    model = NeuralNetwork(num_inputs=2, num_outputs=2)
    model.to(rank)
    optimizer = torch.optim.SGD(model.parameters(), lr=0.5)
    model = DDP(model, device_ids=[rank])
    for epoch in range(num_epochs):
        train_loader.sampler.set_epoch(epoch)
        model.train()
        for features, labels in train_loader:
            features, labels = features.to(rank), labels.to(rank) -------- rank는 GPU ID입니다.
            # 모델 예측과 역전파 코드를 추가합니다.
            print(f"[GPU{rank}] 에포크: {epoch+1:03d}/{num_epochs:03d}"
                  f" | 배치 크기 {labels.shape[0]:03d}"
                  f" | 훈련 손실: {loss:.2f}")

    model.eval()
    train_acc = compute_accuracy(model, train_loader, device=rank)
    print(f"[GPU{rank}] 훈련 정확도", train_acc)
    test_acc = compute_accuracy(model, test_loader, device=rank)
    print(f"[GPU{rank}] 테스트 정확도", test_acc)
    destroy_process_group() -------- 자원 할당을 해제합니다.

if __name__ == "__main__":
    print("사용 가능한 GPU 개수:", torch.cuda.device_count())
    torch.manual_seed(123)
    num_epochs = 3                        여러 프로세스를 사용해 main 함수를 시작합니다. nprocs=world_
    world_size = torch.cuda.device_count()  size는 GPU당 하나의 프로세스를 만든다는 의미입니다.
    mp.spawn(main, args=(world_size, num_epochs), nprocs=world_size) --------
```

이 코드를 실행하기 전에 주석 내용에 덧붙여 작동 방식을 요약해 보죠. 코드에서 `__name__ == "__main__"` 절은 모듈로 임포트하지 않고 파이썬 스크립트로 구동될 때 실행됩니다. 이 코드는 먼저 `torch.cuda.device_count()`를 사용해 사용 가능한 GPU 개수를 출력하고, 재현 가능성을 위해 난수 시드를 설정하고, 파이토치 `multiprocessing.spawn` 함수를 사용해 새로운 프로세스를 실행합니다. `spawn` 함수에 `nprocs=world_size`로 지정했으므로 GPU당 하나의 프로세스

를 시작합니다. world_size는 사용 가능한 GPU 개수입니다. spawn은 동일한 스크립트에 정의한 main 함수를 args에 지정된 매개변수 값을 전달하여 실행합니다. main 함수는 rank 매개변수가 있지만 mp.spawn() 호출에는 포함하지 않았습니다. 프로세스 ID를 나타내는 rank는 자동으로 전달되기 때문입니다. 또한 프로세스 ID는 GPU ID로 사용됩니다.

main 함수는 ddp_setup 함수로 분산 환경을 설정하고, 훈련 세트와 테스트 세트를 로드하고, 모델을 준비하고, 훈련을 수행합니다. 단일 GPU 훈련(A.9.2절)과 달리 이제는 .to(rank)를 통해 타깃 장치로 모델과 데이터를 전송합니다. 여기서 rank는 GPU 장치 ID를 나타내는 데 사용합니다. 또한 DDP로 모델을 감싸서 훈련 과정에서 GPU 간에 그레이디언트가 동기화되도록 합니다. 훈련이 끝나고 모델을 평가한 후에는 destroy_process_group()을 사용해 분산 훈련을 종료하고 할당된 자원을 반납합니다.

앞서 각 GPU는 서로 다른 훈련 데이터의 부분 집합을 받는다고 했습니다. 이렇게 하기 위해 훈련 데이터 로더를 만들 때 sampler=DistributedSampler(train_ds)로 지정합니다.

마지막으로 언급할 함수는 ddp_setup입니다. 프로세스 간 통신을 위해 메인 노드의 주소와 포트를 설정하고, (GPU 대 GPU 통신을 위해 설계된) NCCL 백엔드로 프로세스 그룹을 초기화하고, rank(프로세스 ID)와 world_size(총 프로세스 개수)를 지정합니다. 마지막으로 현재 모델 훈련 프로세스의 rank에 해당하는 GPU 장치를 지정합니다.

다중 GPU 머신에서 사용 가능한 GPU 선택하기

다중 GPU 머신에서 훈련에 사용할 GPU 개수를 제한하고 싶다면 가장 간단한 방법은 CUDA_VISIBLE_DEVICES 환경 변수를 사용하는 것입니다. 여러 개의 GPU가 있는 머신에서 하나의 GPU(예를 들면 인덱스 0인 GPU)만 사용하고 싶다고 가정해 보죠. python some_script.py라고 실행하는 대신 다음 명령을 터미널에서 실행합니다.

```
CUDA_VISIBLE_DEVICES=0 python some_script.py
```

또는 4개의 GPU 중에서 첫 번째와 세 번째 GPU만 사용하고 싶다면 다음과 같이 실행합니다.

```
CUDA_VISIBLE_DEVICES=0,2 python some_script.py
```

이런 식으로 CUDA_VISIBLE_DEVICES를 설정하는 것이 파이토치 스크립트를 수정하지 않고 GPU 할당을 관리할 수 있는 간단하고 효과적인 방법입니다.

이제 터미널에서 이 스크립트를 실행하여 실제로 어떻게 동작하는지 살펴보죠.

```
python ch02-DDP-script.py
```

이 코드는 단일 GPU 머신과 다중 GPU 머신에서 모두 작동해야 합니다. 이 코드를 단일 GPU에서 실행하면 다음과 같이 출력됩니다.

```
PyTorch version: 2.2.1+cu117
CUDA available: True
사용 가능한 GPU 개수: 1
[GPU0] 에포크: 001/003 | 배치 크기 002 | 훈련 손실: 0.62
[GPU0] 에포크: 001/003 | 배치 크기 002 | 훈련 손실: 0.32
[GPU0] 에포크: 002/003 | 배치 크기 002 | 훈련 손실: 0.11
[GPU0] 에포크: 002/003 | 배치 크기 002 | 훈련 손실: 0.07
[GPU0] 에포크: 003/003 | 배치 크기 002 | 훈련 손실: 0.02
[GPU0] 에포크: 003/003 | 배치 크기 002 | 훈련 손실: 0.03
[GPU0] 훈련 정확도 1.0
[GPU0] 테스트 정확도 1.0
```

이 출력은 단일 GPU를 사용했을 때(A.9.2절)와 비슷하므로 정상적으로 훈련되는지 파악하는 데 유용합니다.

동일한 명령과 코드를 2개의 GPU를 가진 컴퓨터에서 실행하면 다음과 같이 출력됩니다.

```
PyTorch version: 2.2.1+cu117
CUDA available: True
사용 가능한 GPU 개수: 2
[GPU1] 에포크: 001/003 | 배치 크기 002 | 훈련 손실: 0.60
[GPU0] 에포크: 001/003 | 배치 크기 002 | 훈련 손실: 0.59
[GPU0] 에포크: 002/003 | 배치 크기 002 | 훈련 손실: 0.16
[GPU1] 에포크: 002/003 | 배치 크기 002 | 훈련 손실: 0.17
[GPU0] 에포크: 003/003 | 배치 크기 002 | 훈련 손실: 0.05
[GPU1] 에포크: 003/003 | 배치 크기 002 | 훈련 손실: 0.05
[GPU1] 훈련 정확도 1.0
[GPU0] 훈련 정확도 1.0
[GPU1] 테스트 정확도 1.0
[GPU0] 테스트 정확도 1.0
```

예상한 대로 일부 배치는 첫 번째 GPU(`GPU0`)에서 처리되고 어떤 배치는 두 번째 GPU(`GPU1`)에서 처리됩니다. 하지만 훈련 정확도와 테스트 정확도는 두 번씩 출력됩니다. 각 프로세스(다른 말로 하면 각 GPU)가 독립적으로 테스트 정확도를 출력합니다. DDP가 모델을 GPU마다 복제하고, 각 프로세스는 독립적으로 실행되기 때문에 테스트 루프 안에 출력 코드가 있다면 프로세스마다 이를 실행합니다. 따라서 중복된 출력이 만들어집니다. 이게 보기 싫다면 프로세스의 rank를 사용해 출력을 제어하도록 수정할 수 있습니다.

```
if rank == 0: -------- 첫 번째 프로세스만 출력합니다.
    print("테스트 정확도: ", accuracy)
```

이것이 DDP를 사용한 분산 훈련의 작동 방식입니다. 더 자세한 내용을 알고 싶다면 공식 API 문서(https://mng.bz/9dPr)를 참고하세요.

참고

다중 GPU 훈련을 위한 다른 파이토치 API

파이토치에서 여러 GPU를 사용하는 더 쉬운 방법을 원한다면 오픈 소스 Fabric 라이브러리와 같은 애드온(add-on) API를 사용할 수 있습니다. 제 블로그에서 'Accelerating PyTorch Model Training: Using Mixed-Precision and Fully Sharded Data Parallelism'(https://mng.bz/jXle) 글을 참고하세요.

A.10 SECTION 요약

- 파이토치는 세 가지 주요 구성 요소인 텐서 라이브러리, 자동 미분 기능, 딥러닝 유틸리티를 가진 오픈 소스 라이브러리입니다.
- 파이토치 텐서 라이브러리는 넘파이 같은 배열 라이브러리와 유사합니다.
- 파이토치에서 텐서는 배열과 비슷한 데이터 구조이며 스칼라, 벡터, 행렬, 고차원 배열을 나타냅니다.
- 파이토치 텐서는 CPU에서 실행할 수 있지만 파이토치 텐서의 주요 장점 중 하나는 계산 가속을 위한 GPU 지원입니다.
- 파이토치의 자동 미분(autograd) 기능을 사용하면 수동으로 그레이디언트를 계산하지 않고 역전파를 통해 신경망을 손쉽게 훈련할 수 있습니다.

- 파이토치의 딥러닝 유틸리티는 사용자 정의 심층 신경망을 만들기 위한 구성 요소를 제공합니다.
- 파이토치는 효율적인 데이터 로드 파이프라인을 구축하기 위한 `Dataset` 클래스와 `DataLoader` 클래스를 제공합니다.
- CPU나 단일 GPU에서 모델을 훈련하는 것이 가장 쉽습니다.
- 다중 GPU가 있을 때 훈련 속도를 높이기 위해 파이토치에서 사용할 수 있는 가장 간단한 방법은 DistributedDataParallel입니다.

APPENDIX

B

참고 및 더 읽을 거리

1장

블룸버그(Bloomberg)의 한 팀이 금융 데이터에서 GPT 모델을 사전 훈련한 사례에서 보여 주었듯이 맞춤형 LLM의 성능이 범용 LLM보다 뛰어날 수 있습니다. 이 맞춤형 LLM이 일반적인 LLM 벤치마크에서 좋은 성능을 내면서도 금융 작업에서 ChatGPT의 성능을 앞질렀습니다.

- "BloombergGPT: A Large Language Model for Finance" (2023) by Wu et al., https://arxiv.org/abs/2303.17564

구글 리서치와 구글 딥마인드 팀이 의료 분야에서 보여 준 사례처럼 기존 LLM을 적응시키고 미세 튜닝하여 범용 LLM의 성능을 뛰어넘을 수 있습니다.

- "Towards Expert-Level Medical Question Answering with Large Language Models" (2023) by Singhal et al., https://arxiv.org/abs/2305.09617

다음 논문에서는 원본 트랜스포머 구조를 제안했습니다.

- "Attention Is All You Need" (2017) by Vaswani et al., https://arxiv.org/abs/1706.03762

인코더 기반 트랜스포머인 BERT 논문은 다음을 참고하세요.

- "BERT: Pre-training of Deep Bidirectional Transformers for Language Understanding" (2018) by Devlin et al., https://arxiv.org/abs/1810.04805

디코더 기반의 GPT-3 모델을 제안한 논문입니다. 이 모델은 많은 현대 LLM에 영감을 주었으며 이 책에서 밑바닥부터 LLM을 구현하기 위한 템플릿이 되었습니다.

- "Language Models are Few-Shot Learners" (2020) by Brown et al., https://arxiv.org/abs/2005.14165

이미지 분류를 위한 원본 비전 트랜스포머 모델입니다. 트랜스포머 구조가 텍스트 입력에만 국한되지 않는다는 것을 보여 주었습니다.

- "An Image is Worth 16x16 Words: Transformers for Image Recognition at Scale" (2020) by Dosovitskiy et al., https://arxiv.org/abs/2010.11929

모든 LLM이 트랜스포머 구조를 기반으로 하지 않습니다. 다음은 실험적인 (하지만 덜 유명한) LLM 구조입니다.

- "RWKV: Reinventing RNNs for the Transformer Era" (2023) by Peng et al., https://arxiv.org/abs/2305.13048

- "Hyena Hierarchy: Towards Larger Convolutional Language Models" (2023) by Poli et al., https://arxiv.org/abs/2302.10866
- "Mamba: Linear-Time Sequence Modeling with Selective State Spaces" (2023) by Gu and Dao, https://arxiv.org/abs/2312.00752

메타 AI 모델은 GPT와 유사하며 인기가 많습니다. GPT-3나 ChatGPT와는 달리 공개되어 있습니다.[1]

- "Llama 2: Open Foundation and Fine-Tuned Chat Models" (2023) by Touvron et al., https://arxiv.org/abs/2307.09288

1.5절에 언급한 데이터셋에 대한 자세한 정보가 필요하다면 Eleuther AI에서 만든 The Pile 데이터셋을 설명한 논문을 참고하세요.

- "The Pile: An 800GB Dataset of Diverse Text for Language Modeling" (2020) by Gao et al., https://arxiv.org/abs/2101.00027

1.6절에서 언급했고 7장에서 자세히 설명한 GPT-3를 미세 튜닝한 InstructGPT에 대해 소개하는 논문입니다.

- "Training Language Models to Follow Instructions with Human Feedback" (2022) by Ouyang et al., https://arxiv.org/abs/2203.02155

2장

임베딩 공간과 잠재 공간의 비교와 일반적인 벡터 표현의 개념에 대해 관심이 있다면 다음 책의 1장을 참고하세요.[2]

- Machine Learning Q and AI (2023) by Sebastian Raschka, https://leanpub.com/machine-learning-q-and-ai

바이트 페어 인코딩을 토큰화 기법으로 사용하는 방법에 대한 자세한 설명은 다음 논문을 참고하세요.

1 역주 Llama 2 및 Llama 3의 구조와 구현 방법은 <혼자 만들면서 공부하는 딥러닝>(한빛미디어, 2025) 5장을 참고하세요.

2 역주 이 책의 번역서는 <머신러닝 Q & AI>(길벗, 2025)입니다.

- "Neural Machine Translation of Rare Words with Subword Units" (2015) by Sennrich et al., https://arxiv.org/abs/1508.07909

GPT-2를 훈련하는 데 사용된 바이트 페어 인코딩 토크나이저는 오픈AI 깃허브에 공개되어 있습니다.

- https://github.com/openai/gpt-2/blob/master/src/encoder.py

오픈AI는 GPT 모델에서 바이트 페어 인코딩이 어떻게 동작하는지 보여 주는 인터랙티브한 웹 UI를 제공합니다.

- https://platform.openai.com/tokenizer

밑바닥부터 BPE 토크나이저를 만들고 훈련하는 데 관심이 있다면 안드레 카파시(Andrej Karpathy)의 깃허브 저장소 minbpe를 참고하세요. 이 저장소는 간단하고 이해하기 쉬운 BPE 구현을 제공합니다.

- "A Minimal Implementation of a BPE Tokenizer," https://github.com/karpathy/minbpe

다른 LLM에서 사용되는 토크나이저 방법에 대해 알고 싶다면 센텐스피스(SentencePiece)와 워드피스(WordPiece) 논문을 참고하세요.

- "SentencePiece: A Simple and Language Independent Subword Tokenizer and Detokenizer for Neural Text Processing" (2018) by Kudo and Richardson, https://aclanthology.org/D18-2012/
- "Fast WordPiece Tokenization" (2020) by Song et al., https://arxiv.org/abs/2012.15524

3장

RNN을 위한 바흐다나우 어텐션과 언어 번역에 대해 궁금한 독자는 다음 논문에서 자세한 내용을 볼 수 있습니다.

- "Neural Machine Translation by Jointly Learning to Align and Translate" (2014) by Bahdanau, Cho, and Bengio, https://arxiv.org/abs/1409.0473

스케일드 점곱 어텐션으로 셀프 어텐션의 개념을 소개한 원본 트랜스포머 논문입니다.

- "Attention Is All You Need" (2017) by Vaswani et al., https://arxiv.org/abs/1706.03762

플래시 어텐션(FlashAttention)은 효율성이 높은 셀프 어텐션 메커니즘 구현입니다. 메모리 참조 패턴을 최적화하여 계산 속도를 높입니다. 플래시 어텐션이 수학적으로는 표준 셀프 어텐션 메커니즘과 동일하지만 효율성을 위해 계산 과정을 최적화합니다.

- "FlashAttention: Fast and Memory-Efficient Exact Attention with IO-Awareness" (2022) by Dao et al., https://arxiv.org/abs/2205.14135
- "FlashAttention-2: Faster Attention with Better Parallelism and Work Partitioning" (2023) by Dao, https://arxiv.org/abs/2307.08691

파이토치는 효율성을 위해 플래시 어텐션을 지원하는 셀프 어텐션과 코잘 어텐션 함수를 제공합니다. 이 함수는 베타 상태이며 추후 변경될 수 있습니다.

- scaled_dot_product_attention 문서: https://mng.bz/NRJd

파이토치는 `scaled_dot_product_attention` 함수를 기반으로 하는 효율적인 `MultiHeadAttention` 클래스도 제공합니다.

- MultiHeadAttention 문서: https://mng.bz/DdJV

드롭아웃은 신경망에서 과대적합을 막기 위해 사용하는 규제 기법입니다. 훈련 과정에서 신경망의 유닛을 랜덤하게 끕니다.

- "Dropout: A Simple Way to Prevent Neural Networks from Overfitting" (2014) by Srivastava et al., https://jmlr.org/papers/v15/srivastava14a.html

스케일드 점곱 어텐션 기반의 멀티 헤드 어텐션은 실전에서 가장 널리 사용되는 셀프 어텐션 방법이지만, 다음 논문은 값 가중치 행렬과 투영 층을 사용하지 않고 좋은 성능을 달성할 수 있다는 것을 보여 줍니다.

- "Simplifying Transformer Blocks" (2023) by He and Hofmann, https://arxiv.org/abs/2311.01906

4장

다음 논문은 은닉층에 있는 뉴런의 입력 합을 정규화하여 신경망의 은닉 상태 변화를 안정화하는 기법을 소개합니다. 기존에 발표된 방법에 비해 훈련 시간을 크게 줄여 줍니다.

- "Layer Normalization" (2016) by Ba, Kiros, and Hinton, https://arxiv.org/abs/1607.06450

원본 트랜스포머 모델에 사용된 사후 층 정규화는 셀프 어텐션과 피드 포워드 신경망 다음에 층 정규화를 적용합니다. 이와 달리 GPT-2와 최신 LLM에서 사용되는 사전 층 정규화는 셀프 어텐션과 피드 포워드 신경망 이전에 층 정규화를 적용합니다. 다음 논문에서 언급되어 있듯이 일부 경우에 성능을 향상시킨다고 알려져 있습니다.

- "On Layer Normalization in the Transformer Architecture" (2020) by Xiong et al., https://arxiv.org/abs/2002.04745
- "ResiDual: Transformer with Dual Residual Connections" (2023) by Tie et al., https://arxiv.org/abs/2304.14802

현대 LLM에서 사용되는 층 정규화의 변종은 계산 효율성을 향상시킨 RMS 정규화(RMSNorm)입니다. 이 방법은 제곱하기 전에 평균을 빼는 단계를 없애고 입력의 평균 제곱의 제곱근으로만 정규화하는 식으로 정규화 단계를 간소화했습니다. 이는 스케일을 조정하기 전에 데이터를 원점에 맞추지 않는다는 의미입니다. RMSNorm은 다음 논문에 자세히 설명되어 있습니다.[3]

- "Root Mean Square Layer Normalization" (2019) by Zhang and Sennrich, https://arxiv.org/abs/1910.07467

GELU(Gaussian Error Linear Unit) 활성화 함수는 전통적인 ReLU 활성화 함수와 정규 분포의 누적 분포 함수를 합쳐 층의 출력에 적용합니다. 이를 통해 딥러닝 모델에서 확률적 규제와 비선형성을 달성합니다.[4]

- "Gaussian Error Linear Units (GELUs)" (2016) by Hendrycks and Gimpel, https://arxiv.org/abs/1606.08415

GPT-2 논문은 일련의 트랜스포머 기반 LLM을 소개합니다. 이 모델은 크기가 다르며 각각 1억 2,400만, 3억 5,500만, 7억 7,400만, 15억 개 파라미터를 가집니다.

3 역주 RMS 정규화의 공식과 자세한 설명은 <혼자 만들면서 공부하는 딥러닝>(한빛미디어, 2025) 5장을 참고하세요.

4 역주 GELU 함수의 공식과 자세한 설명은 <혼자 만들면서 공부하는 딥러닝>(한빛미디어, 2025) 4장을 참고하세요.

- "Language Models Are Unsupervised Multitask Learners" (2019) by Radford et al., http://mng.bz/DMv0

오픈AI의 GPT-3는 근본적으로 GPT-2와 동일한 구조를 사용합니다. 하지만 (1,750억 개 파라미터를 가진) 가장 큰 버전은 GPT-2에서 가장 큰 모델보다 100배가 더 크고, 훨씬 더 많은 데이터에서 훈련되었습니다. 관심 있는 독자는 오픈AI의 공식 GPT-3 논문과 Lambda Labs에서 만든 기술 문서를 참고하세요. 한 대의 RTX 8000 GPU에서 GPT-3를 훈련하려면 665년이 걸린다고 합니다.

- "Language Models are Few-Shot Learners" (2020) by Brown et al., https://arxiv.org/abs/2005.14165
- "OpenAI's GPT-3 Language Model: A Technical Overview," https://lambdalabs.com/blog/demystifying-gpt-3

NanoGPT는 이 책에서 구현한 모델과 비슷하게 최소한의 기능만 담겨 있지만 효율적으로 구현한 GPT-2 모델입니다. 이 책의 코드는 NanoGPT와 다르지만 이 모델은 하나의 큰 GPT 클래스를 작은 서브 모듈로 재구성하는데 영감을 주었습니다.

- "NanoGPT, a Repository for Training Medium-Sized GPTs", https://github.com/karpathy/nanoGPT

문맥 크기가 32,000개 토큰보다 작은 경우 LLM의 대부분 계산이 어텐션 층이 아니라 피드 포워드 층에서 일어난다는 블로그 글입니다.

- "In the Long (Context) Run" by Harm de Vries, https://www.harmdevries.com/post/context-length/

5장

손실 함수에 대한 자세한 내용과 수치 최적화를 쉽게 처리하기 위해 로그 변환을 적용하는 이유에 대해서는 제 강의 영상을 참고하세요.

- L8.2 Logistic Regression Loss Function, https://www.youtube.com/watch?v=GxJe0DZvydM

파이토치의 크로스 엔트로피 함수가 어떻게 동작하는지 설명하는 강의와 코드 예제입니다.

- L8.7.1 OneHot Encoding and Multi-category Cross Entropy, https://www.youtube.com/watch?v=4n71-tZ94yk
- Understanding Onehot Encoding and Cross Entropy in PyTorch, https://mng.bz/o05v

다음 두 논문은 LLM 사전 훈련에 사용되는 데이터셋, 하이퍼파라미터, 구조에 대해 상세히 설명합니다.

- "Pythia: A Suite for Analyzing Large Language Models Across Training and Scaling" (2023) by Biderman et al., https://arxiv.org/abs/2304.01373
- "OLMo: Accelerating the Science of Language Models" (2024) by Groeneveld et al., https://arxiv.org/abs/2402.00838

이 책의 깃허브에서 제공하는 다음 코드는 구텐베르크 프로젝트에 공개된 60,000개 책을 사용해 LLM을 훈련하는 방법을 소개합니다.

- 구텐베르크 프로젝트 데이터셋에서 GPT 사전 훈련하기, https://bit.ly/4ndjj7E

5장은 LLM 사전 훈련에 대해 소개하고, 부록 D는 선형 웜업(linear warmup), 코사인 감쇠(cosine decay)과 같은 고급 훈련 방법을 다룹니다. 다음 논문에서는 이미 사전 훈련된 LLM을 이와 유사한 기법을 사용해 계속 사전 훈련할 수 있음을 보여 주며 부가적인 팁과 통찰을 제공합니다.

- "Simple and Scalable Strategies to Continually Pre-train Large Language Models" (2024) by Ibrahim et al., https://arxiv.org/abs/2403.08763

BloombergGPT는 범용 말뭉치와 금융 분야 텍스트 말뭉치에서 훈련된 도메인 특화 LLM의 한 예입니다.

- "BloombergGPT: A Large Language Model for Finance" (2023) by Wu et al., https://arxiv.org/abs/2303.17564

GaLore는 LLM 사전 훈련의 효율성을 높이기 위한 최신 연구 프로젝트입니다. 필요한 코드 변경은 훈련 함수에서 파이토치의 AdamW 옵티마이저를 galore-torch 패키지에서 제공하는 GaLoreAdamW로 바꾸는 것뿐입니다.

- "GaLore: Memory-Efficient LLM Training by Gradient Low-Rank Projection" (2024) by Zhao et al., https://arxiv.org/abs/2403.03507

- GaLore code repository, https://github.com/jiaweizzhao/GaLore

수백 기가바이트에서 수 테라바이트의 텍스트 데이터로 구성된 대규모 공개 사전 훈련 데이터셋을 소개하는 논문과 저장소입니다.

- "Dolma: An Open Corpus of Three Trillion Tokens for LLM Pretraining Research" (2024) by Soldaini et al., https://arxiv.org/abs/2402.00159
- "The Pile: An 800GB Dataset of Diverse Text for Language Modeling" (2020) by Gao et al., https://arxiv.org/abs/2101.00027
- "The RefinedWeb Dataset for Falcon LLM: Outperforming Curated Corpora with Web Data, and Web Data Only," (2023) by Penedo et al., https://arxiv.org/abs/2306.01116
- "RedPajama" by Together AI, https://mng.bz/d6nw
- The FineWeb Dataset(CommonCrawl에서 수집한 영어 웹 데이터를 정제 및 중복 제거해 15조 이상 토큰 규모), https://mng.bz/rVzy

원본 탑-k 샘플링을 소개하는 논문입니다.

- "Hierarchical Neural Story Generation" (2018) by Fan et al., https://arxiv.org/abs/1805.04833

탑-k 샘플링의 대안은 (5장에서 다루지 않은) 탑-p 샘플링(top-p sampling)입니다. 탑-k는 확률을 기준으로 상위 k개 토큰을 선택하지만 이 방법은 누적 확률이 임곗값 p를 초과하지 않을 때까지 상위 토큰을 선택합니다.[5]

- Top-p sampling, https://en.wikipedia.org/wiki/Top-p_sampling

(5장에서 다루지 않은) 빔 서치(beam search)는 또 다른 디코딩 알고리즘입니다. 효율성과 품질의 균형을 맞추기 위해 각 단계마다 가장 높은 점수를 받은 일부 시퀀스만 유지하는 식으로 출력을 생성합니다.[6]

- "Diverse Beam Search: Decoding Diverse Solutions from Neural Sequence Models" (2016) by Vijayakumar et al., https://arxiv.org/abs/1610.02424

5 역주 탑-p 샘플링에 대한 자세한 소개는 <혼자 공부하는 머신러닝+딥러닝>(한빛미디어, 2025) 10장과 <머신러닝 Q & AI>(길벗, 2025) 10장을 참고하세요.

6 역주 빔 서치에 대한 자세한 설명은 <혼자 만들면서 공부하는 딥러닝>(한빛미디어, 2025) 5장을 참고하세요.

6장

다양한 미세 튜닝 방법을 소개하는 자료입니다.

- "Using and Finetuning Pretrained Transformers," https://mng.bz/VxJG
- "Finetuning Large Language Models," https://mng.bz/x28X

첫 번째 출력 토큰의 미세 튜닝과 마지막 출력 토큰의 미세 튜닝을 비교하는 것을 포함해 추가적인 실험을 책의 깃허브에서 찾을 수 있습니다.

- 추가적인 스팸 분류기 실험, https://bit.ly/4jZPogs

스팸 분류와 같이 이진 분류 작업에서 2개의 출력 노드 대신에 하나의 출력 노드만 사용하는 것이 기술적으로 가능합니다. 다음 글을 참고하세요.

- "Losses Learned—Optimizing Negative Log-Likelihood and Cross-Entropy in PyTorch," https://mng.bz/ZEJA

다음 글에서 LLM에 있는 여러 다른 층을 미세 튜닝하는 실험을 합니다. 출력층과 함께 마지막 트랜스포머 블록을 미세 튜닝하는 것이 예측 성능을 크게 향상시킨다는 것을 보여 줍니다.

- "Finetuning Large Language Models," https://mng.bz/RZJv

imbalanced-learn 패키지 문서에서 불균형한 데이터셋을 처리하기 위한 자료와 정보를 볼 수 있습니다.

- "Imbalanced-Learn User Guide," https://mng.bz/2KNa

스팸 텍스트 메시지가 아닌 스팸 이메일을 분류하는 데 관심이 있다면 6장에서 사용한 것과 비슷한 형태의 CSV 포맷으로 만들어진 대규모 스팸 분류 데이터셋을 사용하세요.

- 이메일 스팸 분류 데이터셋, https://mng.bz/1GEq

GPT-2는 트랜스포머 구조의 디코더 모듈을 기반으로 한 모델이며 새로운 텍스트를 생성하는 것이 주요 목적입니다. 이와 달리 BERT와 RoBERTa 같은 인코더 기반 모델은 분류 작업에 효과적입니다.[7]

7 역주 BERT와 RoBERTa 모델의 구조와 구현 방법은 <혼자 만들면서 공부하는 딥러닝>(한빛미디어, 2025) 4장을 참고하세요.

- "BERT: Pre-training of Deep Bidirectional Transformers for Language Understanding" (2018) by Devlin et al., https://arxiv.org/abs/1810.04805
- "RoBERTa: A Robustly Optimized BERT Pretraining Approach" (2019) by Liu et al., https://arxiv.org/abs/1907.11692
- "Additional Experiments Classifying the Sentiment of 50k IMDB Movie Reviews," https://mng.bz/PZJR

최근 논문은 분류 미세 튜닝 과정에서 코잘 마스크 제거와 그 외 다른 수정 사항을 적용하여 분류 성능을 더 향상시킬 수 있음을 보여 줍니다.

- "Label Supervised LLaMA Finetuning" (2023) by Li et al., https://arxiv.org/abs/2310.01208
- "LLM2Vec: Large Language Models Are Secretly Powerful Text Encoders" (2024) by BehnamGhader et al., https://arxiv.org/abs/2404.05961

7장

지시 미세 튜닝을 위한 알파카 데이터셋은 52,000개의 지시-응답 쌍을 담고 있고, 지시 미세 튜닝을 위해 처음으로 공개된 인기가 많은 데이터셋 중 하나입니다.

- "Stanford Alpaca: An Instruction-Following Llama Model," https://github.com/tatsu-lab/stanford_alpaca

지시 미세 튜닝을 위한 또 다른 공개 데이터셋은 다음과 같습니다.

- LIMA, https://huggingface.co/datasets/GAIR/lima
- 자세한 정보는 다음 논문을 참고하세요. "LIMA: Less Is More for Alignment," Zhou et al., https://arxiv.org/abs/2305.11206
- UltraChat, https://huggingface.co/datasets/openchat/ultrachat-sharegpt
- 805,000개 지시-응답 쌍으로 구성된 대규모 데이터셋. 자세한 내용은 다음 논문을 참고하세요. "Enhancing Chat Language Models by Scaling High-quality Instructional Conversations," by Ding et al., https://arxiv.org/abs/2305.14233
- Alpaca GPT4, https://mng.bz/Aa0p
- GPT-3.5 대신 GPT-4로 생성한 52,000개 지시-응답 쌍으로 구성된 알파카 유사 데이터셋

Phi-3는 38억 개 파라미터를 가진 지시 미세 튜닝된 모델입니다. GPT-3.5와 같은 훨씬 더 큰 독점 모델에 비견할 만하다고 알려져 있습니다.

- "Phi-3 Technical Report: A Highly Capable Language Model Locally on Your Phone" (2024) by Abdin et al., https://arxiv.org/abs/2404.14219

다음 논문은 지시 미세 튜닝된 Llama 3 모델을 사용해 300,000개 고품질 지시-응답 쌍을 생성하는 합성 지시 데이터 생성 방법을 제안합니다. 이 지시 샘플에서 미세 튜닝된 사전 훈련된 Llama 3 베이스 모델이 원래 지시 미세 튜닝된 Llama 3 모델과 유사한 성능을 냅니다.

- "Magpie: Alignment Data Synthesis from Scratch by Prompting Aligned LLMs with Nothing" (2024) by Xu et al., https://arxiv.org/abs/2406.08464

다음 논문은 지시 미세 튜닝에서 지시와 입력을 마스킹하지 않는 것이 다양한 NLP 작업과 개방형 생성 벤치마크에서 성능을 향상시킨다고 보였습니다. 특히 긴 지시와 짧은 출력을 가진 데이터셋으로 훈련하거나 훈련 샘플의 개수가 적을 때입니다.

- "Instruction Tuning with Loss Over Instructions" (2024) by Shi, https://arxiv.org/abs/2405.14394

Prometheus와 PHUDGE는 사용자 정의 기준으로 긴 응답을 평가하는데 있어서 GPT-4 수준의 성능을 내는 공개 LLM입니다. 이 글을 쓰는 시점에 Ollama에서 지원하지 않아 랩톱 컴퓨터에서 효율적으로 실행할 수 없기 때문에 이 책에서는 사용하지 않았습니다.

- "Prometheus: Inducing Finegrained Evaluation Capability in Language Models" (2023) by Kim et al., https://arxiv.org/abs/2310.08491
- "PHUDGE: Phi-3 as Scalable Judge" (2024) by Deshwal and Chawla, https://arxiv.org/abs/2405.08029
- "Prometheus 2: An Open Source Language Model Specialized in Evaluating Other Language Models" (2024), by Kim et al., https://arxiv.org/abs/2405.01535

다음 논문의 결과는 대규모 언어 모델이 주로 사전 훈련 과정에서 사실 지식을 습득하고, 미세 튜닝이 이런 지식을 활용하는 데 효율성을 향상시킨다는 것을 보여 줍니다. 또한 새로운 사실 정보를 사용하여 대규모 언어 모델을 미세 튜닝하는 것이 기존 정보를 사용하는 능력에 어떤 영향을 미치는지 탐구합니다. 모델이 새로운 사실을 더 느리게 학습하며, 미세 튜닝 과정에서 새로운 사실을 노출시키면 모델이 잘못된 정보를 생성하는 경향이 커진다는 것을 보여 줍니다.

- "Does Fine-Tuning LLMs on New Knowledge Encourage Hallucinations?" (2024) by Gekhman, https://arxiv.org/abs/2405.05904

선호도 미세 튜닝은 지시 미세 튜닝 다음에 LLM을 사람의 선호도에 더 가깝게 맞추기 위해 선택적으로 수행하는 단계입니다. 다음 글에서 이 과정에 대한 자세한 정보를 볼 수 있습니다.

- "LLM Training: RLHF and Its Alternatives," https://mng.bz/ZVPm
- "Tips for LLM Pretraining and Evaluating Reward Models," https://mng.bz/RNXj

부록 A

부록 A만으로도 충분하지만 더 광범위하게 딥러닝에 대해 알고 싶다면 다음 책을 추천합니다.

- Machine Learning with PyTorch and Scikit-Learn (2022) by Sebastian Raschka, Hayden Liu, and Vahid Mirjalili. ISBN 978-1801819312[8]
- Deep Learning with PyTorch (2021) by Eli Stevens, Luca Antiga, and Thomas Viehmann. ISBN 978-1617295263[9]

텐서의 개념에 대해 더 알고 싶다면 제가 만든 15분짜리 동영상 강의를 참고하세요.

- "Lecture 4.1: Tensors in Deep Learning," https://www.youtube.com/watch?v=JXfDlgrfOBY

머신러닝의 모델 평가에 대해 더 자세히 배우고 싶다면 다음 글을 참고하세요.[10]

- "Model Evaluation, Model Selection, and Algorithm Selection in Machine Learning" (2018) by Sebastian Raschka, https://arxiv.org/abs/1811.12808

미적분에 대한 기억을 되살리거나 알기 쉽게 소개하는 글을 찾고 있다면 제가 쓴 미적분 학습 자료를 참고하세요.[11]

- "Introduction to Calculus," by Sebastian Raschka, https://mng.bz/WEyW

---

8 역주 이 책의 번역서는 <머신러닝 교과서: 파이토치 편>(길벗, 2023)입니다.

9 역주 이 책의 번역서는 <파이토치 딥러닝 마스터>(책만, 2022)입니다.

10 역주 이 글의 번역본은 역자의 블로그에서 볼 수 있습니다(https://bit.ly/4k1pNE2)

11 역주 미적분을 포함해 머신러닝과 데이터 과학 분야에서 필요한 수학 지식에 대해서는 <개발자를 위한 필수 수학>(한빛미디어, 2024)를 참고하세요.

파이토치가 자동으로 `optimizer.zero_grad()`를 호출하지 않는 이유가 뭘까요? 일부 경우에 그레이디언트를 누적해야 할 필요가 있기 때문에 파이토치가 이를 사용자의 몫으로 남겨 두었습니다. 그레이디언트 누적에 대해 자세히 알고 싶다면 다음 글을 참고하세요.

- "Finetuning Large Language Models on a Single GPU Using Gradient Accumulation" by Sebastian Raschka, https://mng.bz/8wPD

부록 A에서 다중 GPU에서 딥러닝 모델을 훈련하기 위한 인기 있는 방법인 DDP를 다룹니다. 모델이 커서 하나의 GPU에 들어갈 수 없는 경우 파이토치의 FSDP(Fully Sharded Data Parallel) 기법을 사용할 수 있습니다. 이 기법은 분산 데이터 병렬화를 수행하고 대규모 층을 여러 GPU에 분산합니다. 더 자세한 내용은 API 문서와 함께 다음 글을 참고하세요.

- "Introducing PyTorch Fully Sharded Data Parallel (FSDP) API," https://mng.bz/EZJR

APPENDIX

C

연습문제 해답

연습문제 해답에 대한 완전한 코드는 깃허브 저장소(https://github.com/rickiepark/llm-from-scratch/)에 있습니다.

2장

연습문제 2.1

인코더에 한 번에 하나의 문자열을 입력하여 개별 토큰 ID를 얻을 수 있습니다.

```
print(tokenizer.encode("Ak"))
print(tokenizer.encode("w"))
# ...
```

출력은 다음과 같습니다.

```
[33901]
[86]
# ...
```

다음 코드로 원본 문자열을 재조립할 수 있습니다.

```
print(tokenizer.decode([33901, 86, 343, 86, 220, 959]))
```

출력은 다음과 같습니다.

```
'Akwirw ier'
```

연습문제 2.2

max_length=2와 stride=2인 데이터 로더를 만드는 코드는 다음과 같습니다.

```
dataloader = create_dataloader(
    raw_text, batch_size=4, max_length=2, stride=2
)
```

다음 형태의 배치를 만듭니다.

```
tensor([[  40,  367],
        [2885, 1464],
        [1807, 3619],
        [ 402,  271]])
```

max_length=8과 stride=2인 두 번째 데이터 로더를 만드는 코드는 다음과 같습니다.

```
dataloader = create_dataloader(
    raw_text, batch_size=4, max_length=8, stride=2
)
```

만들어진 배치는 다음과 같습니다.

```
tensor([[   40,   367,  2885,  1464,  1807,  3619,   402,   271],
        [ 2885,  1464,  1807,  3619,   402,   271, 10899,  2138],
        [ 1807,  3619,   402,   271, 10899,  2138,   257,  7026],
        [  402,   271, 10899,  2138,   257,  7026, 15632,   438]])
```

3장

연습문제 3.1

올바른 가중치 할당은 다음과 같습니다.

```
sa_v1.W_query = torch.nn.Parameter(sa_v2.W_query.weight.T)
sa_v1.W_key = torch.nn.Parameter(sa_v2.W_key.weight.T)
sa_v1.W_value = torch.nn.Parameter(sa_v2.W_value.weight.T)
```

연습문제 3.2

2차원 출력을 얻으려면 싱글 헤드 어텐션에서 했던 것과 비슷하게 투영 차원 d_out을 1로 바꿔야 합니다.

```
d_out = 1
mha = MultiHeadAttentionWrapper(d_in, d_out, block_size, 0.0, num_heads=2)
```

연습문제 3.3

가장 작은 GPT-2 모델을 초기화하는 코드는 다음과 같습니다.

```
block_size = 1024
d_in, d_out = 768, 768
num_heads = 12
mha = MultiHeadAttention(d_in, d_out, block_size, 0.0, num_heads)
```

4장

연습문제 4.1

피드 포워드 모듈과 어텐션 모듈의 파라미터 개수는 다음과 같이 계산할 수 있습니다.

```
block = TransformerBlock(GPT_CONFIG_124M)

total_params = sum(p.numel() for p in block.ff.parameters())
print(f"피드 포워드 모듈의 총 파라미터 개수: {total_params:,}")

total_params = sum(p.numel() for p in block.att.parameters())
print(f"어텐션 모듈의 총 파라미터 개수: {total_params:,}")
```

다음 결과에서 볼 수 있듯이 피드 포워드 모듈의 파라미터가 어텐션 모듈보다 약 두 배 더 많습니다.

```
피드 포워드 모듈의 총 파라미터 개수: 4,722,432
어텐션 모듈의 총 파라미터 개수: 2,360,064
```

연습문제 4.2

다른 크기의 GPT 모델을 만들려면 (GPT-2 XL의 경우) 설정 딕셔너리를 다음과 같이 수정할 수 있습니다.

```
GPT_CONFIG = GPT_CONFIG_124M.copy()
GPT_CONFIG["emb_dim"] = 1600
GPT_CONFIG["n_layers"] = 48
GPT_CONFIG["n_heads"] = 25
model = GPTModel(GPT_CONFIG)
```

그런 다음 4.6절의 코드를 재사용하여 파라미터 개수와 필요한 메모리를 계산합니다.

```
gpt2-xl:
총 파라미터 개수: 1,637,792,000
가중치 묶기를 고려한 훈련 가능한 총 파라미터 개수: 1,557,380,800
모델에 필요한 메모리 공간: 6247.68 MB
```

연습문제 4.3

4장에서 드롭아웃 층을 사용하는 곳은 세 군데입니다. 임베딩 층, 숏컷 연결, 멀티 헤드 어텐션 모듈입니다. 설정 파일에 3개의 드롭아웃 비율을 나누어 지정하고 코드를 이에 맞춰 수정할 수 있습니다.

수정된 환경 설정은 다음과 같습니다.

```
GPT_CONFIG_124M = {
    "vocab_size": 50257,
    "context_length": 1024,
    "emb_dim": 768,
    "n_heads": 12,
    "n_layers": 12,
    "drop_rate_attn": 0.1,  -------- 멀티 헤드 어텐션을 위한 드롭아웃
    "drop_rate_shortcut": 0.1,  -------- 숏컷 연결을 위한 드롭아웃
    "drop_rate_emb": 0.1,  -------- 임베딩 층을 위한 드롭아웃
    "qkv_bias": False
}
```

수정된 TransformerBlock과 GPTModel은 다음과 같습니다.

```
class TransformerBlock(nn.Module):
    def __init__(self, cfg):
        super().__init__()
        self.att = MultiHeadAttention(
            d_in=cfg["emb_dim"],
            d_out=cfg["emb_dim"],
            context_length=cfg["context_length"],
            num_heads=cfg["n_heads"],
            dropout=cfg["drop_rate_attn"],  -------- 멀티 헤드 어텐션을 위한 드롭아웃
            qkv_bias=cfg["qkv_bias"])
        self.ff = FeedForward(cfg)
        self.norm1 = LayerNorm(cfg["emb_dim"])
        self.norm2 = LayerNorm(cfg["emb_dim"])
```

```
        self.drop_shortcut = nn.Dropout(   # 숏컷 연결을 위한 드롭아웃
            cfg["drop_rate_shortcut"]
        )

    def forward(self, x):
        shortcut = x
        x = self.norm1(x)
        x = self.att(x)
        x = self.drop_shortcut(x)
        x = x + shortcut

        shortcut = x
        x = self.norm2(x)
        x = self.ff(x)
        x = self.drop_shortcut(x)
        x = x + shortcut
        return x

class GPTModel(nn.Module):
    def __init__(self, cfg):
        super().__init__()
        self.tok_emb = nn.Embedding(
            cfg["vocab_size"], cfg["emb_dim"]
        )
        self.pos_emb = nn.Embedding(
            cfg["context_length"], cfg["emb_dim"]
        )
        self.drop_emb = nn.Dropout(cfg["drop_rate_emb"])   # 임베딩 층을 위한 드롭아웃

        self.trf_blocks = nn.Sequential(
            *[TransformerBlock(cfg) for _ in range(cfg["n_layers"])])

        self.final_norm = LayerNorm(cfg["emb_dim"])
        self.out_head = nn.Linear(
            cfg["emb_dim"], cfg["vocab_size"], bias=False
        )

    def forward(self, in_idx):
        batch_size, seq_len = in_idx.shape
        tok_embeds = self.tok_emb(in_idx)
        pos_embeds = self.pos_emb(
            torch.arange(seq_len, device=in_idx.device)
        )
        x = tok_embeds + pos_embeds
        x = self.drop_emb(x)
```

```
        x = self.trf_blocks(x)
        x = self.final_norm(x)
        logits = self.out_head(x)
        return logits
```

5장

연습문제 5.1

5.3.1절에서 정의한 print_sampled_tokens 함수를 사용해 "pizza" 토큰(또는 단어)이 샘플링된 횟수를 출력할 수 있습니다.

온도가 0 또는 0.1일 경우 "pizza" 토큰은 0번 샘플링되고, 온도가 5이면 32번 샘플링됩니다. 추정 확률은 32/1000 × 100% = 3.2%입니다.

실제 확률은 4.3%입니다. 이 값은 스케일이 조정된 소프트맥스 확률 텐서(scaled_probas[2][6])에 들어 있습니다.

연습문제 5.2

탑-k 샘플링과 온도 스케일링은 출력에서 원하는 정도의 다양성 및 무작위성과 LLM에 따라서 조정해야 하는 설정입니다.

비교적 작은 탑-k 값(예를 들면 10 이하)을 사용하고 온도가 1 이하일 때 모델은 덜 랜덤하고 더 결정론적인 출력을 만듭니다. 이런 설정은 생성된 텍스트가 예측 가능하고, 일관성이 있으며 훈련 데이터를 기반으로 만들어진 출력에 가까워야 할때 유용합니다.

이런 낮은 k와 온도 설정에 맞는 애플리케이션에는 명확성과 정확성이 가장 중요한 공식 문서 생성이나 리포트 작성이 있습니다. 다른 예로는 정밀도가 중요한 기술 분석이나 코드 생성 작업이 있습니다. 또한 질문 응답과 교육 콘텐츠 생성은 정확한 답변이 필요하며 1 이하의 온도가 도움이 됩니다.

한편 큰 탑-k 값(예를 들면 20~40 정도의 값)과 1보다 큰 온도는 LLM을 사용해 브레인스토밍을 하거나 소설 같은 창작 콘텐츠를 생성할 때 유용합니다.

연습문제 5.3

generate 함수에서 결정론적인 동작을 강제하는 여러 가지 방법이 있습니다.

1. top_k=None으로 지정하고 온도 스케일링을 적용하지 않습니다.
2. top_k=1로 설정합니다

연습문제 5.4

본문에서 저장했던 모델과 옵티마이저를 로드해야 합니다.

```
checkpoint = torch.load("model_and_optimizer.pth")
model = GPTModel(GPT_CONFIG_124M)
model.load_state_dict(checkpoint["model_state_dict"])
optimizer = torch.optim.AdamW(model.parameters(), lr=5e-4, weight_decay=0.1)
optimizer.load_state_dict(checkpoint["optimizer_state_dict"])
```

그런 다음 num_epochs=1로 train_simple_function를 호출하여 추가 에포크 동안 모델을 훈련합니다.

연습문제 5.5

다음 코드를 사용하여 GPT 모델의 훈련 세트 손실과 검증 세트 손실을 계산할 수 있습니다.

```
train_loss = calc_loss_loader(train_loader, gpt, device)
val_loss = calc_loss_loader(val_loader, gpt, device)
```

1억 2,400만 개 파라미터에 대한 결과 손실은 다음과 같습니다.

```
훈련 손실: 3.754748503367106
검증 손실: 3.559617757797241
```

중요한 점은 훈련 세트 성능과 검증 세트 성능이 비슷한 수준이라는 것입니다. 이는 여러 가지로 설명할 수 있습니다.

1. 『The Verdict』는 오픈AI가 GPT-2를 훈련할 때 사전 훈련 데이터셋에 포함되지 않았습니다. 따라서 모델이 훈련 세트에 명시적으로 과대적합되지 않고 『The Verdict』의 훈련 세트와 검증 세트에서 비슷한 성능을 냅니다(검증 세트 손실이 훈련 세트 손실보다 조금 낮은데 이는 딥러

닝에서 일반적이지 않습니다. 하지만 이는 데이터가 비교적 작아서 생긴 랜덤한 잡음 때문일 수 있습니다. 실제로 과대적합이 없다면 훈련 세트 성능과 검증 세트 성능은 거의 동일할 것입니다).

2. 『The Verdict』가 GPT-2의 훈련 데이터셋의 일부입니다. 이 경우 검증 세트도 훈련에 사용된 셈이기 때문에 모델이 훈련 데이터에 과대적합되었는지 알 수 없습니다. 과대적합 정도를 평가하려면 사전 훈련에 포함되지 않았다는 것을 확인하기 위해 오픈AI가 GPT-2 훈련을 완료한 후 생성된 새로운 데이터셋이 필요합니다.

연습문제 5.6

본문에서 1억 2,400만 개 파라미터를 가진 가장 작은 GPT-2 모델을 실험했습니다. 이는 필요한 자원을 최대한 낮추기 위해서였습니다. 하지만 코드를 조금만 바꿔서 더 큰 모델을 간단히 실험할 수 있습니다. 예를 들어, 5장에서 1억 2,400만 개 파라미터 모델의 가중치 대신에 15억 5,800만 개 파라미터 모델을 로드하려면 수정해야 할 코드는 단 두 줄입니다.

```
hparams, params = download_and_load_gpt2(model_size="124M", models_dir="gpt2")
model_name = "gpt2-small (124M)"
```

수정된 코드는 다음과 같습니다.

```
hparams, params = download_and_load_gpt2(model_size="1558M", models_dir="gpt2")
model_name = "gpt2-xl (1558M)"
```

6장

연습문제 6.1

데이터셋을 초기화할 때 최대 길이를 `max_length = 1024`로 지정하여 모델이 지원하는 최대 토큰 개수로 입력을 패딩할 수 있습니다.

```
train_dataset = SpamDataset(..., max_length=1024, ...)
val_dataset = SpamDataset(..., max_length=1024, ...)
test_dataset = SpamDataset(..., max_length=1024, ...)
```

하지만 추가적인 패딩은 테스트 정확도를 (본문의 95.67%보다) 78.33%로 크게 낮춥니다.

연습문제 6.2

마지막 트랜스포머 블록만 미세 튜닝하지 않고 다음 코드를 삭제하여 전체 모델을 미세 튜닝할 수 있습니다.

```
for param in model.parameters():
    param.requires_grad = False
```

이렇게 수정하면 테스트 정확도가 96.67%로 (본문의 95.67%보다) 1% 향상됩니다.

연습문제 6.3

코드에서 `model(input_batch)[:, -1, :]`을 `model(input_batch)[:, 0, :]`로 모두 바꾸어 마지막 출력 토큰 대신 첫 번째 출력 토큰을 미세 튜닝할 수 있습니다.

첫 번째 토큰은 마지막 토큰보다 가지고 있는 정보가 적기 때문에 이렇게 수정하면 테스트 정확도가 75.00%로 (본문의 95.67%보다) 크게 낮아집니다.

7장

연습문제 7.1

그림 7-4에 있는 Phi-3 프롬프트 포맷에 샘플 입력을 적용하면 다음과 같습니다.

```
<user>
Identify the correct spelling of the following word: 'Occasion'

<assistant>
The correct spelling is 'Occasion'.
```

이 템플릿을 사용하여 다음과 같이 `format_input` 함수를 수정할 수 있습니다.

```
def format_input(entry):
    instruction_text = (
        f"<|user|>\n{entry['instruction']}"
    )
    input_text = f"\n{entry['input']}" if entry["input"] else ""
    return instruction_text + input_text
```

마지막으로 테스트 세트 응답을 수집할 때 생성된 응답을 추출하는 방법도 업데이트해야 합니다.

```
for i, entry in tqdm(enumerate(test_data), total=len(test_data)):
    input_text = format_input(entry)
    tokenizer=tokenizer
    token_ids = generate(
        model=model,
        idx=text_to_token_ids(input_text, tokenizer).to(device),
        max_new_tokens=256,
        context_size=BASE_CONFIG["context_length"],
        eos_id=50256
    )
    generated_text = token_ids_to_text(token_ids, tokenizer)
    response_text = ( -------- 추가: ###Response를 <|assistant|>로 수정
        generated_text[len(input_text):]
        .replace("<|assistant|>:", "")
        .strip()
    )
    test_data[i]["model_response"] = response_text
```

모델의 입력이 더 짧아지기 때문에 Phi-3 템플릿으로 모델을 미세 튜닝하면 약 17% 빠릅니다. 점수는 약 50으로 알파카 스타일 프롬프트로 얻은 점수와 비슷합니다.

연습문제 7.2

그림 7-13과 같이 지시를 마스킹하려면 InstructionDataset 클래스와 custom_collate_fn 함수를 조금 수정해야 합니다. 다음과 같이 지시의 길이를 수집하도록 InstructionDataset 클래스를 수정하고, 이 길이를 콜레이트 함수에서 사용하여 타깃에서 지시 내용의 위치를 찾을 수 있습니다.

```
class InstructionDataset(Dataset):
    def __init__(self, data, tokenizer):
        self.data = data
        self.instruction_lengths = [] -------- 지시 길이를 위한 리스트를 준비합니다.
        self.encoded_texts = []

        for entry in data:
            instruction_plus_input = format_input(entry)
            response_text = f"\n\n### Response:\n{entry['output']}"
            full_text = instruction_plus_input + response_text

            self.encoded_texts.append(
                tokenizer.encode(full_text)
            )
```

```
            instruction_length = (
                len(tokenizer.encode(instruction_plus_input))
            )
            self.instruction_lengths.append(instruction_length)  # 지시 길이를 수집합니다.
    def __getitem__(self, index):  # 지시 길이와 텍스트를 따로 반환합니다.
        return self.instruction_lengths[index], self.encoded_texts[index]

    def __len__(self):
        return len(self.data)
```

그리고 InstructionDataset 변경으로 인해 batch가 하나의 item이 아닌 (instruction_length, item) 튜플이므로 이에 맞춰 custom_collate_fn을 업데이트합니다. 또한 타깃 ID 리스트에서 지시 토큰을 마스킹합니다.

```
def custom_collate_fn(
    batch,
    pad_token_id=50256,
    ignore_index=-100,
    allowed_max_length=None,
    device="cpu"
):

    batch_max_length = max(len(item)+1 for instruction_length, item in batch)
    inputs_lst, targets_lst = [], []  # batch는 이제 튜플입니다.

    for instruction_length, item in batch:
        new_item = item.copy()
        new_item += [pad_token_id]
        padded = (
            new_item + [pad_token_id] * (batch_max_length - len(new_item))
        )
        inputs = torch.tensor(padded[:-1])
        targets = torch.tensor(padded[1:])
        mask = targets == pad_token_id
        indices = torch.nonzero(mask).squeeze()
        if indices.numel() > 1:
            targets[indices[1:]] = ignore_index

        targets[:instruction_length-1] = -100  # 타깃에서 입력과 지시 토큰을 모두 마스킹합니다.

        if allowed_max_length is not None:
            inputs = inputs[:allowed_max_length]
            targets = targets[:allowed_max_length]
```

```
        inputs_lst.append(inputs)
        targets_lst.append(targets)

    inputs_tensor = torch.stack(inputs_lst).to(device)
    targets_tensor = torch.stack(targets_lst).to(device)

    return inputs_tensor, targets_tensor
```

지시 마스킹 기법으로 미세 튜닝한 모델을 평가하니 조금 성능이 낮아졌습니다(7장의 Ollama Llama 3를 사용했을 때 약 4점). 이는 "Instruction Tuning With Loss Over Instructions"(https://arxiv.org/abs/2405.14394) 논문에서 언급한 현상과 일치합니다.

연습문제 7.3

원본 스탠포드 알파카 데이터셋(https://github.com/tatsu-lab/stanford_alpaca)에서 모델을 미세 튜닝하려면 다음 코드에서 파일 URL을 다음과 같이 바꾸세요.

```
url = "https://raw.githubusercontent.com/rasbt/LLMs-from-scratch/main/ch07/01_main-chapter-code/instruction-data.json"
```

⬇

```
url = "https://raw.githubusercontent.com/tatsu-lab/stanford_alpaca/main/alpaca_data.json"
```

이 데이터셋은 (7장에서 사용한 것보다 50배나 많은) 52,000개 항목을 담고 있고, 항목은 7장에서 다룬 샘플보다 더 깁니다.

따라서 GPU로 훈련하는 것이 좋습니다.

메모리 부족 오류가 난다면 배치 크기를 8에서 4, 2 또는 1로 줄여 보세요. 배치 크기를 낮추는 것 외에도 `allowed_max_length`를 1024에서 512나 256으로 낮출 수 있습니다.

다음은 알파카 데이터셋에 있는 몇 개의 샘플과 모델의 생성한 응답입니다.

```
[
    {
        "instruction": "Edit the following sentence to increase readability: \"He made a huge effort and was so successful.\"",
        "input": "",
        "output": "He exerted a tremendous effort, and thus enjoyed great success.",
        "model_response": "He put in an immense effort and was rewarded with success."
    },
    {
```

```
        "instruction": "Rewrite the following sentence to make it more concise: \"I was
displeased with the result of the experiment that I conducted.\"",
        "input": "",
        "output": "I was unhappy with my experiment's outcome.",
        "model_response": "I was displeased with the results of the experiment."
    },
    {
        "instruction": "How can we build a more efficient GPT model?",
        "input": "",
        "output": "We can build a more efficient GPT model by optimizing the
architecture of the model, using smaller model sizes and training with fewer parameters.
We can also leverage techniques such as knowledge distillation, transfer learning,
dynamic sparsity and hybrid computing to further improve the efficiency of the model.",
        "model_response": "Building a more efficient GPT model requires careful
planning and optimization. First, it is important to identify the target language and
the context in which the model is used. Then, it is important to select the appropriate
model architecture, such as backpropagation, hyperparameters, and hyperparameters.
Finally, it is important to select the appropriate model weights and optimizers, such as
backpropagation, hyperparameters, and hyperparameters."
    },
]
```

연습문제 7.4

LoRA를 사용해 모델을 지시 미세 튜닝하려면 부록 E에 있는 클래스와 함수를 사용하세요.

```
from appendix_E import LoRALayer, LinearWithLoRA, replace_linear_with_lora
```

그런 다음 7.5절의 모델을 로드하는 코드 아래에 다음 코드를 추가합니다.

```
total_params = sum(p.numel() for p in model.parameters() if p.requires_grad)
print(f"동결 전의 훈련 가능한 총 파라미터 개수: {total_params:,}")

for param in model.parameters():
    param.requires_grad = False

total_params = sum(p.numel() for p in model.parameters() if p.requires_grad)
print(f"동결 후의 훈련 가능한 총 파라미터 개수: {total_params:,}")
replace_linear_with_lora(model, rank=16, alpha=16)

total_params = sum(p.numel() for p in model.parameters() if p.requires_grad)
print(f"훈련 가능한 총 LoRA 파라미터 개수: {total_params:,}")
model.to(device)
```

Nvidia L4 GPU에서 LoRA로 미세 튜닝하는 데 1분 20초가 걸립니다. 동일한 GPU에서 원본 코드는 1분 50초가 걸립니다. 따라서 LoRA가 약 28% 더 빠릅니다. 7장에서 사용한 Ollama Llama 3 평가 방법으로 계산한 점수는 약 50으로 원본 모델과 비슷한 수준입니다.

부록 A

연습문제 A.1

파이썬 환경을 설정하는 데 도움이 필요하다면 파이썬 설정 문서(https://github.com/rickiepark/llm-from-scratch/tree/main/setup/01_optional-python-setup-preferences)에 담긴 권고 사항과 팁을 참고하세요.

연습문제 A.2

'이 책에서 사용하는 라이브러리 설치하기' 문서(https://github.com/rickiepark/llm-from-scratch/tree/main/setup/02_installing-python-libraries)에 올바르게 개발 환경이 설정되었는지 확인하는 유틸리티가 담겨 있습니다.

연습문제 A.3

이 신경망에는 2개의 입력과 2개의 출력이 있습니다. 또한 30개와 20개의 노드를 가진 2개의 은닉층이 있습니다. 다음과 같이 코드를 작성해서 파라미터 개수를 계산할 수 있습니다.

```
model = NeuralNetwork(2, 2)
num_params = sum(p.numel() for p in model.parameters() if p.requires_grad)
print("훈련 가능한 총 파라미터 개수:", num_params)
```

출력은 다음과 같습니다.

```
훈련 가능한 총 파라미터 개수: 752
```

다음과 같이 수동으로 계산할 수도 있습니다.

- 첫 번째 은닉층: 2개 입력 × 30개 은닉 유닛 + 30개 편향 유닛
- 두 번째 은닉층: 30개 입력 × 20개 은닉 유닛 + 20개 편향 유닛
- 출력층: 20개 입력 × 2개 출력 유닛 + 2개 편향 유닛

따라서 각 층의 모든 파라미터를 더하면 2×30+30 + 30×20+20 + 20×2+2 = 752이 됩니다.

연습문제 A.4

정확한 실행 시간은 사용하는 하드웨어에 따라 달라집니다. 제가 구글 코랩 V100 GPU 인스턴스를 사용해 실험했을 때 작은 행렬 곱셈에서도 속도가 상당히 빨라졌습니다.

```
a = torch.rand(100, 200)
b = torch.rand(200, 300)
%timeit a@b
```

CPU에서 결과는 다음과 같습니다.

```
63.8 µs  ± 8.7 µs per loop
```

이를 GPU에서 실행해 보죠.

```
a, b = a.to("cuda"), b.to("cuda")
%timeit a @ b
```

결과는 다음과 같습니다.

```
13.8 µs  ± 425 ns per loop
```

이 경우 V100에서 계산이 약 네 배 더 빠릅니다.

APPENDIX

D

훈련 루프에 부가 기능 추가하기

이 부록에서는 5~7장에서 사전 훈련과 미세 튜닝을 위해 사용한 훈련 함수를 개선하겠습니다. 특히 학습률 웜업(learning rate warmup), 코사인 감쇠(cosine decay), 그레이디언트 클리핑(gradient clipping)을 다룰 것입니다. 그런 다음 이런 기법을 훈련 함수에 통합하여 LLM을 사전 훈련합니다.

독립적인 예제를 만들기 위해 5장에서 훈련했던 모델을 다시 초기화합니다.

```
import torch
from previous_chapters import GPTModel

GPT_CONFIG_124M = {
    "vocab_size": 50257,  -------- 어휘사전 크기

    "context_length": 256,  -------- 짧아진 문맥 길이 (원래 길이: 1024)
    "emb_dim": 768,  -------- 임베딩 차원
    "n_heads": 12,  -------- 어텐션 헤드 개수
    "n_layers": 12,  -------- 층 개수
    "drop_rate": 0.1,  -------- 드롭아웃 비율
    "qkv_bias": False  -------- 쿼리-키-값 편향
}
device = torch.device("cuda" if torch.cuda.is_available() else "cpu")
torch.manual_seed(123)
model = GPTModel(GPT_CONFIG_124M)
model.to(device)
model.eval()
```

모델을 초기화한 후에는 데이터 로더를 준비해야 합니다. 먼저 단편 소설 『The Verdict』를 로드합니다.

```
import os
import urllib.request

file_path = "the-verdict.txt"

url = (
    "https://raw.githubusercontent.com/rasbt/LLMs-from-scratch/"
    "main/ch02/01_main-chapter-code/the-verdict.txt"
)

if not os.path.exists(file_path):
    with urllib.request.urlopen(url) as response:
        text_data = response.read().decode('utf-8')
    with open(file_path, "w", encoding="utf-8") as file:
        file.write(text_data)
```

```
else:
    with open(file_path, "r", encoding="utf-8") as file:
        text_data = file.read()
```

그런 다음 text_data로 데이터 로더를 만듭니다.

```
from previous_chapters import create_dataloader_v1

train_ratio = 0.90
split_idx = int(train_ratio * len(text_data))
torch.manual_seed(123)
train_loader = create_dataloader_v1(
    text_data[:split_idx],
    batch_size=2,
    max_length=GPT_CONFIG_124M["context_length"],
    stride=GPT_CONFIG_124M["context_length"],
    drop_last=True,
    shuffle=True,
    num_workers=0
)
val_loader = create_dataloader_v1(
    text_data[split_idx:],
    batch_size=2,
    max_length=GPT_CONFIG_124M["context_length"],
    stride=GPT_CONFIG_124M["context_length"],
    drop_last=False,
    shuffle=False,
    num_workers=0
)
```

학습률 웜업

학습률 웜업을 사용하면 LLM과 같이 복잡한 모델의 훈련을 안정화할 수 있습니다. 이 방법은 매우 낮은 초깃값(initial_lr)에서 시작해서 사용자가 지정한 최댓값(peak_lr)까지 학습률을 점진적으로 증가시킵니다. 작은 가중치 업데이트로 시작하면 훈련 단계에서 모델이 크고 불안정하게 업데이트될 위험이 줄어듭니다.

초기 학습률 0.0001로 시작해서 최대 학습률 0.01까지 증가시키면서 15번의 에포크 동안 LLM을 훈련한다고 가정해 보죠.

```
n_epochs = 15
initial_lr = 0.0001
peak_lr = 0.01
```

웜업 단계의 횟수는 일반적으로 총 배치 횟수의 0.1%보다 크고 20%보다 작게 설정합니다. 다음과 같이 계산할 수 있습니다.

```
total_steps = len(train_loader) * n_epochs
warmup_steps = int(0.2 * total_steps) -------- 20% 웜업
print(warmup_steps)
```

출력 값 27은 초기에 학습률이 0.0001부터 0.01까지 증가하는 웜업 단계가 처음 27번의 훈련 스텝에서 일어난다는 의미입니다.

그런 다음 이런 웜업 과정을 보여 주기 위한 간단한 훈련 루프를 구현합니다.

```
optimizer = torch.optim.AdamW(model.parameters(), weight_decay=0.1)
lr_increment = (peak_lr - initial_lr) / warmup_steps -------- 27번의 웜업 단계에서 initial_lr을 얼마나 증가시킬지 결정합니다.

global_step = -1
track_lrs = []

for epoch in range(n_epochs): -------- 에포크마다 훈련 데이터 로더의 배치를 순회하는 전형적인 훈련 루프를 실행합니다.
    for input_batch, target_batch in train_loader:
        optimizer.zero_grad()
        global_step += 1

        if global_step < warmup_steps: -------- 웜업 단계라면 학습률을 갱신합니다.
            lr = initial_lr + global_step * lr_increment
        else:
            lr = peak_lr

        for param_group in optimizer.param_groups: -------- 계산된 학습률을 옵티마이저에 적용합니다.
            param_group["lr"] = lr
        track_lrs.append(optimizer.param_groups[0]["lr"]) -------- 완전한 훈련 루프에서는 손실을 계산하고 모델을 업데이트합니다. 여기서는 편의상 제외했습니다.
```

앞의 코드를 실행한 후에 훈련 루프에서 학습률이 어떻게 변하는지 시각화하여 학습률 웜업이 의도한 대로 동작하는지 확인할 수 있습니다.

```
import matplotlib.pyplot as plt

plt.ylabel("Learning rate")
plt.xlabel("Step")
total_training_steps = len(train_loader) * n_epochs
plt.plot(range(total_training_steps), track_lrs);
plt.show()
```

결과 그래프를 보면 학습률이 낮은 값으로 시작해서 27번 스텝 동안 증가하여 최댓값에 도달합니다(그림 D-1).

▼ **그림 D-1** 학습률 웜업은 처음 27번의 훈련 스텝 동안 학습률을 증가시킵니다. 27번 스텝 후에는 학습률이 최댓값 0.01에 도달하고 남은 훈련 기간 동안 일정하게 유지됩니다.

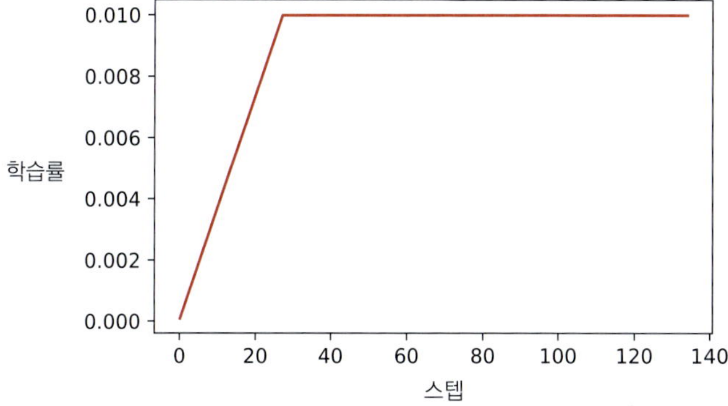

최대 학습률에 도달한 후 학습률이 감소되도록 수정하면 모델 훈련을 개선하는 데 도움이 됩니다.

D.2 SECTION 코사인 감쇠

복잡한 심층 신경망과 LLM을 훈련하는 데 널리 사용되는 또 다른 기법은 **코사인 감쇠**[1]입니다. 이 방법은 웜업 단계 후에 학습률이 훈련 에포크 전반에 걸쳐 코사인 곡선을 따라 조정됩니다.

1 역주 코사인 어닐링(cosine annealing)이라고도 부릅니다.

널리 사용되는 코사인 감쇠 버전은 하프 코사인(half-cosine) 사이클의 궤적을 흉내내도록 학습률을 거의 0에 가깝게 감소시킵니다. 코사인 감쇠에서 점진적인 학습률 감쇠 목적은 모델의 가중치 업데이트 속도를 낮추는 것입니다. 이는 훈련 과정에서 최소 손실값을 지나칠 수 있는 위험을 최소화하는 데 도움이 되기 때문에 특히 중요하며 이후 단계에서 훈련의 안정성을 확보하는 데 필수적입니다.

다음처럼 훈련 루프를 수정하여 코사인 감쇠를 추가할 수 있습니다.

```
import math

min_lr = 0.1 * initial_lr
track_lrs = []
lr_increment = (peak_lr - initial_lr) / warmup_steps
global_step = -1

for epoch in range(n_epochs):
    for input_batch, target_batch in train_loader:
        optimizer.zero_grad()
        global_step += 1

        if global_step < warmup_steps: -------- 선형적인 웜업을 적용합니다.
            lr = initial_lr + global_step * lr_increment
        else: -------- 웜업 후에 코사인 감쇠를 사용합니다.
            progress = ((global_step - warmup_steps) /
                        (total_training_steps - warmup_steps))
            lr = min_lr + (peak_lr - min_lr) * 0.5 * (
                1 + math.cos(math.pi * progress)
            )

        for param_group in optimizer.param_groups:
            param_group["lr"] = lr
        track_lrs.append(optimizer.param_groups[0]["lr"])
```

학습률이 의도한 대로 바뀌는지 다시 그래프로 그려 보죠.

```
plt.ylabel("Learning rate")
plt.xlabel("Step")
plt.plot(range(total_training_steps), track_lrs)
plt.show()
```

학습률 그래프를 보면 선형 웜업 단계로 시작해서 27번의 스텝 동안 증가한 후 최댓값에 도달합니다. 27번 선형 웜업 후에 코사인 감쇠가 시작되며 학습률이 최솟값에 도달할 때까지 점진적으로 감소합니다(그림 D-2).

▼ **그림 D-2** 처음 27 스텝 동안 선형적으로 학습률이 웜업된 후 코사인 감쇠가 이어집니다. 하프 코사인 사이클에 걸쳐 훈련 끝에 도달할 때 최솟값에 도달하도록 학습률이 감소됩니다.

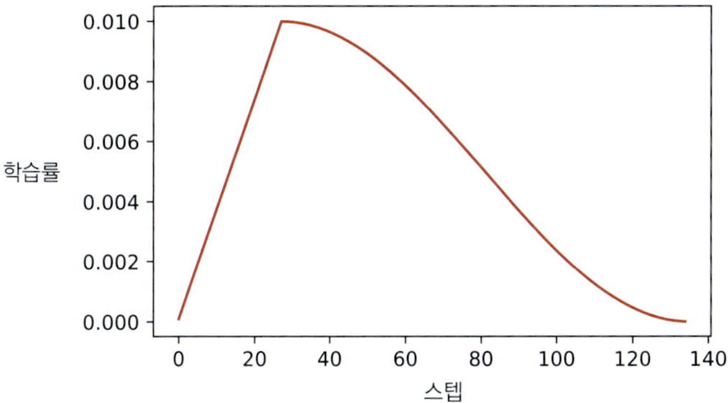

D.3 SECTION 그레이디언트 클리핑

그레이디언트 클리핑은 LLM 훈련을 안정화하는 데 중요한 또 다른 기법입니다. 이 방법은 사전에 정의한 최대 크기로 그레이디언트를 축소시킵니다. 이를 통해 역전파 과정 동안 관리 가능한 범위 내에서 모델의 파라미터 업데이트가 이루어집니다.

예를 들어 파이토치의 `clip_grad_norm_` 함수에 `max_norm=1.0`으로 지정하면 그레이디언트의 노름(norm)이 1.0을 초과하지 못합니다. 여기서 '노름'은 그레이디언트 벡터의 길이 또는 크기를 나타내며, 구체적으로 L2 노름 또는 유클리드 노름(Euclidean norm)을 말합니다.

수학적으로 벡터 $v = [v_1, v_2, \ldots, v_n]$의 L2 노름은 다음과 같습니다.

$$|v|_2 = \sqrt{v_1^2 + v_2^2 + \cdots + v_n^2}$$

이 계산 방법은 행렬에도 적용됩니다. 예를 들어 다음과 같은 그레이디언트 행렬이 있다고 가정해 보죠.

$$\mathbf{G} = \begin{bmatrix} 1 & 2 \\ 3 & 4 \end{bmatrix}$$

이 그레이디언트를 max_norm 1로 클리핑하고 싶다면 먼저 이 그레이디언트의 L2 노름을 계산합니다.

$$|\mathbf{G}|_2 = \sqrt{1^2 + 2^2 + 2^2 + 4^2} = \sqrt{25} = 5$$

$|G|_2=5$는 max_norm 1을 초과하므로 이 노름이 정확히 1이 되도록 줄입니다. 스케일링 인자 max_norm / $|G|_2=1/5$를 계산하여 적용합니다. 결과적으로 조정된 그레이디언트 행렬 G'은 다음과 같습니다.

$$\mathbf{G}' = \frac{1}{5} \times G = \begin{bmatrix} \frac{1}{5} & \frac{2}{5} \\ \frac{2}{5} & \frac{4}{5} \end{bmatrix}$$

그레이디언트 클리핑 과정을 설명하기 위해 새로운 모델을 만들고 표준 훈련 루프에서 하는 것처럼 훈련 배치에 대해 손실을 계산해 보겠습니다.

```
from previous_chapters import calc_loss_batch

torch.manual_seed(123)
model = GPTModel(GPT_CONFIG_124M)
model.to(device)
loss = calc_loss_batch(input_batch, target_batch, model, device)
loss.backward()
```

.backward() 메서드를 호출하면 파이토치는 손실 그레이디언트를 계산하여 모델 가중치 (파라미터) 텐서의 .grad 속성에 저장합니다.

명확하게 하기 위해 유틸리티 함수 find_highest_gradient를 정의하여 .backward()를 호출한 후 모델에 있는 모든 가중치 텐서의 .grad 속성을 조사하여 가장 큰 그레이디언트 값을 찾을 수 있습니다.

```
def find_highest_gradient(model):
    max_grad = None
    for param in model.parameters():
        if param.grad is not None:
            grad_values = param.grad.data.flatten()
            max_grad_param = grad_values.max()
            if max_grad is None or max_grad_param > max_grad:
                max_grad = max_grad_param
    return max_grad
print(find_highest_gradient(model))
```

앞의 함수로 찾은 가장 큰 그레이디언트 값은 다음과 같습니다.

```
tensor(0.0411)
```

이제 그레이디언트 클리핑을 적용하고 가장 큰 그레이디언트 값이 어떻게 바뀌는지 확인해 보죠.

```
torch.nn.utils.clip_grad_norm_(model.parameters(), max_norm=1.0)
print(find_highest_gradient(model))
```

max_norm 1로 그레이디언트 클리핑을 적용한 후에 가장 큰 그레이디언트 값은 이전보다 훨씬 작아졌습니다.

```
tensor(0.0185)
```

D.4 수정된 훈련 함수

마지막으로 여기에서 소개한 세 가지 기법인 학습률 웜업, 코사인 감쇠, 그레이디언트 클리핑으로 (5장의) train_model_simple 훈련 함수를 개선해 보죠. 이러한 기법들을 함께 사용하면 LLM 훈련을 안정화하는 데 도움이 됩니다.

train_model_simple에서 바뀐 부분을 주석으로 표시한 새로운 함수는 다음과 같습니다.

```
from previous_chapters import evaluate_model, generate_and_print_sample

def train_model(model, train_loader, val_loader, optimizer, device,
                n_epochs, eval_freq, eval_iter, start_context, tokenizer,
                warmup_steps, initial_lr=3e-05, min_lr=1e-6):

    train_losses, val_losses, track_tokens_seen, track_lrs = [], [], [], []
    tokens_seen, global_step = 0, -1

    peak_lr = optimizer.param_groups[0]["lr"]    # 옵티마이저에서 초기 학습률을 추출하여 이를 최대 학습률로 사용합니다.
    total_training_steps = len(train_loader) * n_epochs    # 훈련 과정의 총 반복 횟수를 계산합니다.
    lr_increment = (peak_lr - initial_lr) / warmup_steps    # 웜업 단계에서 사용할 학습률 증가량을 계산합니다.
```

```
for epoch in range(n_epochs):
    model.train()
    for input_batch, target_batch in train_loader:
        optimizer.zero_grad()
        global_step += 1

        if global_step < warmup_steps:
            lr = initial_lr + global_step * lr_increment
        else:
            progress = ((global_step - warmup_steps) /
                        (total_training_steps - warmup_steps))
            lr = min_lr + (peak_lr - min_lr) * 0.5 * (
                1 + math.cos(math.pi * progress))

        for param_group in optimizer.param_groups:
            param_group["lr"] = lr
        track_lrs.append(lr)
        loss = calc_loss_batch(input_batch, target_batch, model, device)
        loss.backward()

        if global_step >= warmup_steps:
            torch.nn.utils.clip_grad_norm_(
                model.parameters(), max_norm=1.0
            )

        optimizer.step()
        tokens_seen += input_batch.numel()

        if global_step % eval_freq == 0:
            train_loss, val_loss = evaluate_model(
                model, train_loader, val_loader,
                device, eval_iter
            )
            train_losses.append(train_loss)
            val_losses.append(val_loss)
            track_tokens_seen.append(tokens_seen)
            print(f"에포크 {epoch+1} (Iter {global_step:06d}): "
                  f"훈련 손실 {train_loss:.3f}, "
                  f"검증 손실 {val_loss:.3f}"
            )

    generate_and_print_sample(
        model, tokenizer, device, start_context
    )

return train_losses, val_losses, track_tokens_seen, track_lrs
```

- `if global_step < warmup_steps:` — 현재 단계(웜업 또는 코사인 감쇠)에 따라 학습률을 조정합니다.
- `for param_group in optimizer.param_groups:` — 계산된 학습률을 옵티마이저에 적용합니다.
- `if global_step >= warmup_steps:` — 그레이디언트 폭주를 피하기 위해 웜업 단계 후에 그레이디언트 클리핑을 적용합니다.
- `optimizer.step()` — 그 외 나머지는 5장에서 사용한 train_model_simple 함수와 동일합니다.

사전 훈련에 train_model_simple을 사용한 것과 비슷한 방식으로 train_model 함수로 모델을 훈련할 수 있습니다.

```
import tiktoken

torch.manual_seed(123)
model = GPTModel(GPT_CONFIG_124M)
model.to(device)
peak_lr = 0.001
optimizer = torch.optim.AdamW(model.parameters(), weight_decay=0.1)
tokenizer = tiktoken.get_encoding("gpt2")

n_epochs = 15
train_losses, val_losses, tokens_seen, lrs = train_model(
    model, train_loader, val_loader, optimizer, device, n_epochs=n_epochs,
    eval_freq=5, eval_iter=1, start_context="Every effort moves you",
    tokenizer=tokenizer, warmup_steps=warmup_steps,
    initial_lr=1e-5, min_lr=1e-5
)
```

맥북 에어나 비슷한 수준의 노트북에서 훈련하는 데 약 5분이 걸리며 출력은 다음과 같습니다.

```
에포크 1 (Iter 000000): 훈련 손실 10.934, 검증 손실 10.939
에포크 1 (Iter 000005): 훈련 손실 9.151, 검증 손실 9.461
Every effort moves you,,,,,,,,,,,,,,,,,,,,,,,,,,,,,,,,,,,,,,,,,,,,,,,,,,
에포크 2 (Iter 000010): 훈련 손실 7.949, 검증 손실 8.184
에포크 2 (Iter 000015): 훈련 손실 6.362, 검증 손실 6.876
Every effort moves you,,,,,,,,,,,,,,,,,,, the,,,,,,,,, the,,,,,,,,,,,
the,,,,,,,,
...
에포크 15 (Iter 000130): 훈련 손실 0.041, 검증 손실 6.915
Every effort moves you?"  "Yes--quite insensible to the irony. She wanted him
vindicated--and by me!"  He laughed again, and threw back his head to look up at the
sketch of the donkey. "There were days when I
```

데이터셋이 매우 작고 여러 번 반복하기 때문에 사전 훈련과 비슷하게 모델이 몇 번의 에포크 후에 과대적합되기 시작합니다. 그럼에도 불구하고 이 함수는 훈련 세트 손실을 최소화하고 있으므로 잘 동작합니다.

대규모 텍스트 데이터셋에서 모델을 훈련해 보고 train_model_simple 함수와 train_model 함수로 얻은 결과를 비교해 보세요.

APPENDIX

E

LoRA를 사용한 파라미터 효율적인 미세 튜닝

LoRA(low-rank adaptation)는 파라미터 효율적인 미세 튜닝(parameter-efficient fine-tuning, PEFT)을 위해 가장 널리 사용되는 기법입니다. 이 절은 6장에서 다룬 스팸 분류 미세 튜닝을 예로 사용합니다. 하지만 LoRA 미세 튜닝은 7장에서 살펴본 지도 학습 지시 미세 튜닝에도 적용할 수 있습니다.

E.1 LoRA 소개

LoRA는 사전 훈련된 모델의 가중치 파라미터보다 훨씬 작은 양의 파라미터를 추가하여 특정 데이터셋, 종종 더 작은 데이터셋에 잘 적응하도록 만드는 기법입니다. '로우 랭크(low-rank)'는 총 가중치 파라미터 공간에서 모델의 조정을 일부 차원으로 제한한다는 수학적 개념을 나타냅니다. 이를 통해 훈련 과정에서 성능에 가장 크게 영향을 미치는 가중치 파라미터 변화를 효과적으로 모델링합니다. LoRA 방법은 대규모 모델을 작업에 특화된 데이터로 효율적으로 미세 튜닝할 수 있어 유용하며 인기가 많습니다. 특히 미세 튜닝에 필요한 계산 비용과 자원을 크게 줄여 줍니다.

특정 층에 연관된 대규모 가중치 행렬 W가 있다고 가정해 보죠. LoRA를 LLM의 모든 선형 층에 적용할 수 있습니다. 하지만 설명을 위해 하나의 층을 사용해 예를 들어 보겠습니다.

심층 신경망을 훈련할 때 역전파에서 ΔW 행렬을 학습합니다. 이 행렬에는 손실 함수를 최소화하기 위해 원래 가중치 파라미터를 얼마나 업데이트해야 하는지에 대한 정보가 담겨 있습니다. 이후부터는 모델의 가중치 파라미터를 줄여서 '가중치'라고 부르겠습니다.

일반적인 훈련과 미세 튜닝에서 가중치 업데이트는 다음과 같이 정의됩니다.

$$W_{updated} = W + \Delta W$$

에드워드 후(Edward Hu) 등이 제안한 LoRA 방법(https://arxiv.org/abs/2106.09685)은 가중치 업데이트 ΔW를 다음처럼 근사적으로 계산하는 효율적인 대안을 제안합니다.

$$\Delta W \approx AB$$

여기에서 A와 B는 W보다 훨씬 작은 2개의 행렬이며, AB는 A와 B의 행렬 곱셈을 나타냅니다.

LoRA를 사용하면 가중치 업데이트를 다음과 같이 다시 정의할 수 있습니다.

$$W_{updated} = W + AB$$

그림 E-1은 전체 미세 튜닝과 LoRA의 가중치 업데이트 공식을 나란히 보여 줍니다.

▼ **그림 E-1** 일반적인 미세 튜닝과 LoRA의 가중치 업데이트 방법 비교. 일반적인 미세 튜닝은 사전 훈련된 가중치 행렬 W를 ΔW를 사용해 바로 업데이트합니다(왼쪽). LoRA는 2개의 작은 행렬 A와 B를 사용해 ΔW를 근사합니다. A와 B를 행렬 곱셈하여 W에 더하며, r은 튜닝 가능한 하이퍼파라미터로 축소된 내부 차원을 나타냅니다(오른쪽).

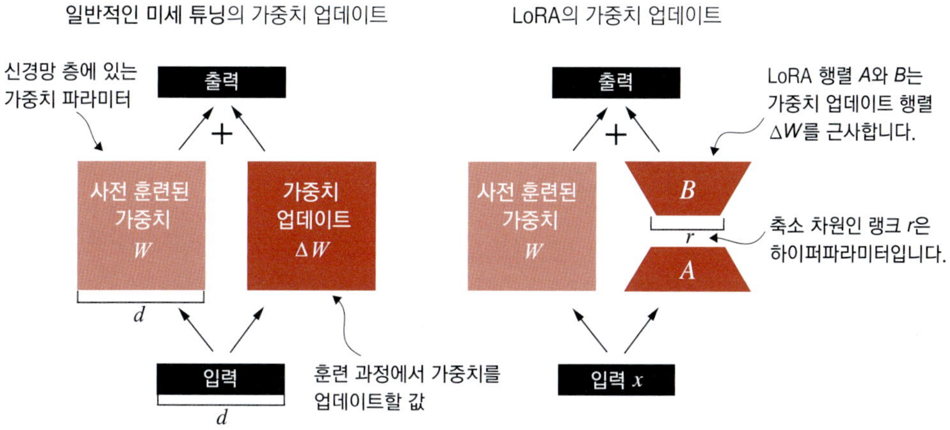

주의 깊게 살펴보면 그림 E-1에 있는 전체 미세 튜닝과 LoRA의 그림이 앞서 소개한 공식과 조금 다릅니다. 이는 행렬 곱셈의 분배 법칙 때문이며 이를 통해 원래 가중치와 업데이트될 가중치를 하나로 합치지 않고 분리된 채로 처리할 수 있습니다. 예를 들어 일반적인 미세 튜닝의 경우 입력 데이터 x에 대한 계산을 다음과 같이 나타낼 수 있습니다.

$$x(W + \Delta W) = xW + x\Delta W$$

비슷하게 LoRA는 다음과 같이 나타낼 수 있습니다.

$$x(W + AB) = xW + xAB$$

훈련 과정에서 업데이트할 가중치 개수를 줄이는 것 외에도 LoRA 가중치 행렬을 원본 모델 가중치와 분리할 수 있어 실전에서 LoRA가 더욱 유용합니다. 훈련이 끝난 후 사전 훈련된 가중치는 그대로 두고 모델을 사용할 때 LoRA 행렬을 동적으로 적용할 수 있습니다.

LoRA 가중치를 별도로 유지하는 것은 여러 개의 완전한 LLM 버전을 저장할 필요 없이 모델을 커스터마이즈할 수 있기 때문에 실제로 매우 유용합니다. 특정 고객이나 애플리케이션에 맞춰 LLM을 커스터마이즈할 때 작은 LoRA 행렬만 수정하고 저장하면 되기 때문에 저장 공간이 절약되고 확장성이 향상됩니다.

그럼 6장의 미세 튜닝 예제와 비슷하게 LoRA를 사용해 스팸 분류를 위한 LLM을 미세 튜닝하는 방법을 알아보죠.

E.2 SECTION 데이터셋 준비하기

스팸 분류 예제에 LoRA를 적용하기 전에 데이터셋과 사전 훈련된 모델을 로드해 보죠. 다음 코드는 6장의 데이터 준비 과정을 반복합니다(코드를 다시 작성하는 대신에 6장의 노트북을 열어 실행한 다음 E.4절의 LoRA 코드를 추가할 수 있습니다).

먼저 데이터셋을 다운로드하고 CSV 파일로 저장합니다.

코드 E-1 데이터셋 다운로드 및 준비

```
from pathlib import Path
import pandas as pd
from ch06 import (
    download_and_unzip_spam_data,
    create_balanced_dataset,
    random_split
)

url = \
"https://archive.ics.uci.edu/static/public/228/sms+spam+collection.zip"
zip_path = "sms_spam_collection.zip"
extracted_path = "sms_spam_collection"
data_file_path = Path(extracted_path) / "SMSSpamCollection.tsv"

download_and_unzip_spam_data(url, zip_path, extracted_path, data_file_path)

df = pd.read_csv(
    data_file_path, sep="\t", header=None, names=["Label", "Text"]
```

```
)
balanced_df = create_balanced_dataset(df)
balanced_df["Label"] = balanced_df["Label"].map({"ham": 0, "spam": 1})

train_df, validation_df, test_df = random_split(balanced_df, 0.7, 0.1)
train_df.to_csv("train.csv", index=None)
validation_df.to_csv("validation.csv", index=None)
test_df.to_csv("test.csv", index=None)
```

그런 다음 SpamDataset 클래스 객체를 만듭니다.

코드 E-2 파이토치 데이터셋 만들기

```
import torch
from torch.utils.data import Dataset
import tiktoken
from previous_chapters import SpamDataset

tokenizer = tiktoken.get_encoding("gpt2")
train_dataset = SpamDataset("train.csv", max_length=None,
    tokenizer=tokenizer
)
val_dataset = SpamDataset("validation.csv",
    max_length=train_dataset.max_length, tokenizer=tokenizer
)
test_dataset = SpamDataset(
    "test.csv", max_length=train_dataset.max_length, tokenizer=tokenizer
)
```

파이토치 데이터셋 객체를 만든 후 데이터 로더를 만듭니다.

코드 E-3 파이토치 데이터 로더 만들기

```
from torch.utils.data import DataLoader

num_workers = 0
batch_size = 8

torch.manual_seed(123)

train_loader = DataLoader(
    dataset=train_dataset,
    batch_size=batch_size,
    shuffle=True,
```

```
    num_workers=num_workers,
    drop_last=True,
)

val_loader = DataLoader(
    dataset=val_dataset,
    batch_size=batch_size,
    num_workers=num_workers,
    drop_last=False,
)

test_loader = DataLoader(
    dataset=test_dataset,
    batch_size=batch_size,
    num_workers=num_workers,
    drop_last=False,
)
```

검증 목적으로 데이터 로더를 반복하면서 배치에 8개의 훈련 샘플이 들어 있는지, 각 샘플은 120개의 토큰으로 구성되어 있는지 확인해 보죠.

```
print("훈련 데이터 로더:")
for input_batch, target_batch in train_loader:
    pass

print("입력 배치 차원:", input_batch.shape)
print("레이블 배치 차원:", target_batch.shape)
```

출력은 다음과 같습니다.

```
훈련 데이터 로더:
입력 배치 차원: torch.Size([8, 120])
레이블 배치 차원: torch.Size([8])
```

마지막으로 각 데이터셋에 있는 총 배치 개수를 출력합니다.

```
print(f"{len(train_loader)}개 훈련 배치")
print(f"{len(val_loader)}개 검증 배치")
print(f"{len(test_loader)}개 테스트 배치")
```

이 데이터셋에 있는 배치 개수는 다음과 같습니다.

```
130개 훈련 배치
19개 검증 배치
38개 테스트 배치
```

E.3 모델 초기화하기

6장의 코드를 반복해서 사전 훈련된 GPT 모델을 로드하고 준비하겠습니다. 먼저 모델 가중치를 다운로드하고 이를 GPTModel 클래스에 로드합니다.

코드 E-4 사전 훈련된 GPT 모델 로드하기

```python
from gpt_download import download_and_load_gpt2
from previous_chapters import GPTModel
from previous_chapters import load_weights_into_gpt

CHOOSE_MODEL = "gpt2-small (124M)"
INPUT_PROMPT = "Every effort moves"

BASE_CONFIG = {
    "vocab_size": 50257,  # 어휘사전 크기
    "context_length": 1024,  # 문맥 길이
    "drop_rate": 0.0,  # 드롭아웃 비율
    "qkv_bias": True  # 쿼리-키-값 편향
}

model_configs = {
    "gpt2-small (124M)": {"emb_dim": 768, "n_layers": 12, "n_heads": 12},
    "gpt2-medium (355M)": {"emb_dim": 1024, "n_layers": 24, "n_heads": 16},
    "gpt2-large (774M)": {"emb_dim": 1280, "n_layers": 36, "n_heads": 20},
    "gpt2-xl (1558M)": {"emb_dim": 1600, "n_layers": 48, "n_heads": 25},
}

BASE_CONFIG.update(model_configs[CHOOSE_MODEL])
```

```
model_size = CHOOSE_MODEL.split(" ")[-1].lstrip("(").rstrip(")")
settings, params = download_and_load_gpt2(
    model_size=model_size, models_dir="gpt2"
)

model = GPTModel(BASE_CONFIG)
load_weights_into_gpt(model, params)
model.eval()
```

모델이 올바르게 로드되었는지 확인하기 위해 일관된 텍스트를 생성하는지 확인해 보죠.

```
from previous_chapters import generate_text_simple
from previous_chapters import text_to_token_ids, token_ids_to_text

text_1 = "Every effort moves you"

token_ids = generate_text_simple(
    model=model,
    idx=text_to_token_ids(text_1, tokenizer),
    max_new_tokens=15,
    context_size=BASE_CONFIG["context_length"]
)

print(token_ids_to_text(token_ids, tokenizer))
```

다음 출력과 같이 모델이 일관된 텍스트를 생성하므로 모델 가중치가 올바르게 로드되었다고 볼 수 있습니다.

```
Every effort moves you forward.
The first step is to understand the importance of your work
```

다음으로 6장과 비슷하게 출력층을 바꾸어 분류 미세 튜닝을 위한 모델을 준비하겠습니다.

```
torch.manual_seed(123)
num_classes = 2
model.out_head = torch.nn.Linear(in_features=768, out_features=num_classes)
device = torch.device("cuda" if torch.cuda.is_available() else "cpu")
model.to(device)
```

마지막으로 미세 튜닝되지 않은 모델로 초기 분류 정확도를 계산합니다(모델이 아직 스팸 메시지와 스팸이 아닌 메시지를 구별할 수 없으므로 약 50%의 정확도를 기대합니다).

```
from previous_chapters import calc_accuracy_loader

torch.manual_seed(123)
train_accuracy = calc_accuracy_loader(
    train_loader, model, device, num_batches=10
)
val_accuracy = calc_accuracy_loader(
    val_loader, model, device, num_batches=10
)
test_accuracy = calc_accuracy_loader(
    test_loader, model, device, num_batches=10
)

print(f"훈련 정확도: {train_accuracy*100:.2f}%")
print(f"검증 정확도: {val_accuracy*100:.2f}%")
print(f"테스트 정확도: {test_accuracy*100:.2f}%")
```

초기 예측 정확도는 다음과 같습니다.

```
훈련 정확도: 46.25%
검증 정확도: 45.00%
테스트 정확도: 48.75%
```

LoRA를 사용한 파라미터 효율적인 미세 튜닝

그런 다음 LoRA를 사용해 LLM을 미세 튜닝합니다. 먼저 행렬 A와 B를 가진 LoRALayer를 만듭니다. 이 층은 alpha 스케일링 인자와 랭크(r) 속성도 가지고 있습니다. 이 층은 입력을 받아 그림 E-2와 같이 출력을 계산합니다.

▼ **그림 E-2** LoRA 행렬 A와 B를 입력에 적용하고 모델 출력을 계산합니다. 이 행렬의 내부 차원 r은 A와 B의 크기를 바꾸어서 훈련 가능한 파라미터의 개수를 조절하는 역할을 합니다.

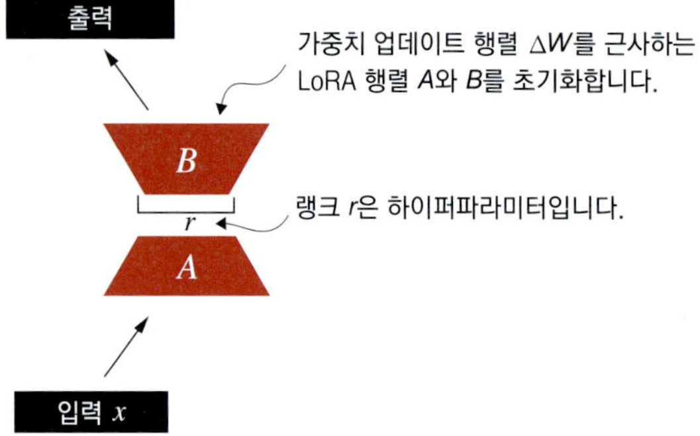

LoRA 층은 다음과 같이 구현할 수 있습니다.

코드 E-5 LoRA 층 구현하기

```
import math

class LoRALayer(torch.nn.Module):
    def __init__(self, in_dim, out_dim, rank, alpha):
        super().__init__()
        self.A = torch.nn.Parameter(torch.empty(in_dim, rank))
        torch.nn.init.kaiming_uniform_(self.A, a=math.sqrt(5))   # 파이토치 선형 층에서 사용하는 초기화와 동일합니다.
        self.B = torch.nn.Parameter(torch.zeros(rank, out_dim))
        self.alpha = alpha
        self.rank = rank

    def forward(self, x):
        x = (self.alpha / self.rank) * (x @ self.A @ self.B)
        return x
```

rank는 행렬 A와 B의 내부 차원을 결정합니다. 기본적으로 이 값이 LoRA에 의해 추가되는 파라미터 개수를 결정하며, 사용하는 파라미터 개수를 통해 모델의 적응력과 효율성 간에 균형을 잡습니다.

또 다른 중요 설정인 alpha는 LoRA 출력의 스케일링 인자로 동작합니다. LoRA 층의 출력이 원본 층의 출력에 미치는 영향의 정도를 결정합니다. 층의 출력에 대한 LoRA의 영향을 규제하는 방법으로 볼 수 있습니다. 앞에서 구현한 LoRALayer 클래스를 사용해 어떤 층의 입력을 변형할 수 있습니다.

LoRA의 일반적인 목표는 그림 E-3에 나타난 것처럼 사전 훈련된 가중치에 직접 가중치 업데이트를 적용할 수 있도록 기존의 Linear 층을 대체하는 것입니다.

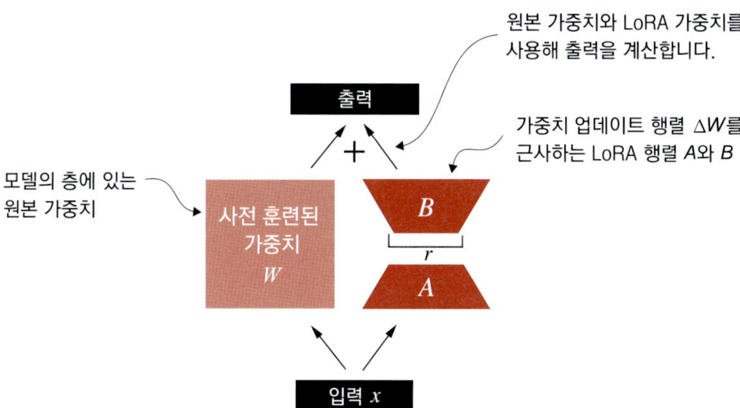

▼ **그림 E-3** 모델의 층에 LoRA를 통합한 모습. 층의 사전 훈련된 원본 가중치(W)가 가중치 업데이트 행렬(ΔW)을 근사하는 LoRA 행렬(A와 B)의 출력과 결합됩니다. 원본 출력에 LoRA의 출력을 더해 최종 출력을 계산합니다.

원본 Linear 층의 가중치와 통합하기 위해 `LinearWithLoRA` 층을 만듭니다. 이 층은 앞서 구현한 `LoRALayer` 층을 사용하여 신경망에 있는 기존 Linear 층을 대체합니다. 예를 들면 `GPTModel`에 있는 셀프 어텐션 모듈이나 피드 포워드 모듈에 있는 Linear 층입니다.

코드 E-6 LinearWithLoRA 층으로 Linear 층 교체하기

```
class LinearWithLoRA(torch.nn.Module):
    def __init__(self, linear, rank, alpha):
        super().__init__()
        self.linear = linear
        self.lora = LoRALayer(
            linear.in_features, linear.out_features, rank, alpha
        )

    def forward(self, x):
        return self.linear(x) + self.lora(x)
```

이 코드는 표준 `Linear` 층과 `LoRALayer` 층을 합칩니다. `forward` 메서드에서 원본 선형 층의 결과와 LoRA 층의 결과를 더하여 출력을 만듭니다.

가중치 행렬 B(LoRALayer의 self.B)가 0으로 초기화되었기 때문에 행렬 A와 B를 곱하면 영행렬이 됩니다. 0을 더하면 아무런 변화가 생기지 않기 때문에 행렬 A와 B의 곱셈으로 원본 가중치가 바뀌지 않습니다.[1]

앞서 정의한 GPTModel에 LoRA를 적용하기 위해 replace_linear_with_lora 함수를 정의합니다. 이 함수는 모델에 있는 모든 Linear 층을 LinearWithLoRA 층으로 바꿉니다.

```
def replace_linear_with_lora(model, rank, alpha):
    for name, module in model.named_children():
        if isinstance(module, torch.nn.Linear): -------- Linear 층을 LinearWithLoRA 층으로 바꿉니다.
            setattr(model, name, LinearWithLoRA(module, rank, alpha))
        else: -------- 자식 모듈에 동일한 함수를 재귀적으로 적용합니다.
            replace_linear_with_lora(module, rank, alpha)
```

파라미터를 효율적으로 미세 튜닝하기 위해 GPTModel에 있는 Linear 층을 LinearWithLoRA 층으로 바꾸기 위한 모든 코드를 구현했습니다. 이제 그림 E-4에 있는 것처럼 멀티 헤드 어텐션과 피드 포워드 모듈에 있는 모든 Linear 층과 GPTModel의 출력층에 LinearWithLoRA를 적용합니다.

LinearWithLoRA 층으로 업그레이드하기 전에 먼저 원본 모델 파라미터를 동결합니다.

```
total_params = sum(p.numel() for p in model.parameters() if p.requires_grad)
print(f"동결하기 전 훈련 가능한 총 파라미터 개수: {total_params:,}")

for param in model.parameters():
    param.requires_grad = False
total_params = sum(p.numel() for p in model.parameters() if p.requires_grad)
print(f"동결한 후 훈련 가능한 총 파라미터 개수: {total_params:,}")
```

출력을 보면 1억 2,400만 개 모델 파라미터가 모두 훈련되지 않도록 바뀌었습니다.

```
동결하기 전 훈련 가능한 총 파라미터 개수: 124,441,346
동결한 후 훈련 가능한 총 파라미터 개수: 0
```

이제 replace_linear_with_lora를 사용해 Linear 층을 바꾸어 보죠.

```
replace_linear_with_lora(model, rank=16, alpha=16)
total_params = sum(p.numel() for p in model.parameters() if p.requires_grad)
print(f"훈련 가능한 총 LoRA 파라미터 개수: {total_params:,}")
```

1 역주 따라서 원본 가중치의 지식을 유지하면서 조금씩 행렬 B가 학습되어 새로운 작업에 적응합니다.

▼ **그림 E-4** GPT 모델의 구조. 파라미터 효율적인 미세 튜닝을 위해 Linear 층을 LinearWithLoRA 층으로 업그레이드하는 부분을 나타냅니다.

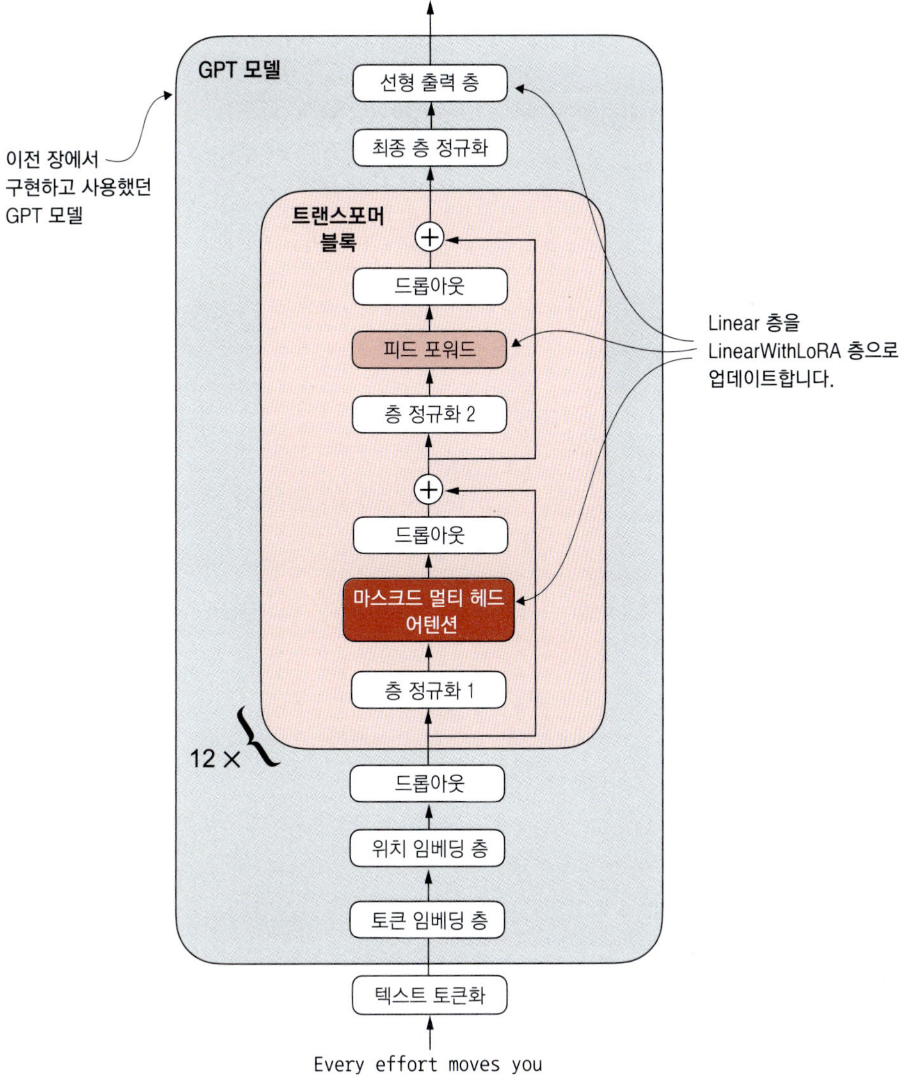

LoRA 층을 추가한 후 훈련 가능한 파라미터 개수는 다음과 같습니다.

```
훈련 가능한 총 LoRA 파라미터 개수: 2,666,528
```

여기서 볼 수 있듯이 LoRA를 사용해 훈련 가능한 파라미터 수를 약 50배나 줄였습니다. rank와 alpha 값 16은 좋은 기본값이지만 훈련 가능한 파라미터 수를 늘리기 위해 랭크 파라미터를 증가시키는 경우가 일반적입니다. alpha는 일반적으로 rank의 절반, 두 배, 또는 같은 값으로 지정합니다.

모델 구조를 출력하여 의도한 대로 층이 바뀌었는지 확인해 보죠.

```
device = torch.device("cuda" if torch.cuda.is_available() else "cpu")
model.to(device)
print(model)
```

출력은 다음과 같습니다.

```
GPTModel(
  (tok_emb): Embedding(50257, 768)
  (pos_emb): Embedding(1024, 768)
  (drop_emb): Dropout(p=0.0, inplace=False)
  (trf_blocks): Sequential(
    ...
    (11): TransformerBlock(
      (att): MultiHeadAttention(
        (W_query): LinearWithLoRA(
          (linear): Linear(in_features=768, out_features=768, bias=True)
          (lora): LoRALayer()
        )
        (W_key): LinearWithLoRA(
          (linear): Linear(in_features=768, out_features=768, bias=True)
          (lora): LoRALayer()
        )
        (W_value): LinearWithLoRA(
          (linear): Linear(in_features=768, out_features=768, bias=True)
          (lora): LoRALayer()
        )
        (out_proj): LinearWithLoRA(
          (linear): Linear(in_features=768, out_features=768, bias=True)
          (lora): LoRALayer()
        )
        (dropout): Dropout(p=0.0, inplace=False)
      )
      (ff): FeedForward(
        (layers): Sequential(
          (0): LinearWithLoRA(
            (linear): Linear(in_features=768, out_features=3072, bias=True)
            (lora): LoRALayer()
          )
          (1): GELU()
          (2): LinearWithLoRA(
```

```
            (linear): Linear(in_features=3072, out_features=768, bias=True)
            (lora): LoRALayer()
          )
        )
      )
      (norm1): LayerNorm()
      (norm2): LayerNorm()
      (drop_resid): Dropout(p=0.0, inplace=False)
    )
  )
  (final_norm): LayerNorm()
  (out_head): LinearWithLoRA(
    (linear): Linear(in_features=768, out_features=2, bias=True)
    (lora): LoRALayer()
  )
)
```

이제 이 모델은 새로운 LinearWithLoRA 층을 포함합니다. 이 층은 훈련 가능하지 않도록 설정된 원본 Linear 층과 미세 튜닝되는 새로운 LoRA 층으로 구성됩니다.

이 모델을 미세 튜닝하기 전에 초기 분류 정확도를 계산해 보죠.

```
torch.manual_seed(123)

train_accuracy = calc_accuracy_loader(
    train_loader, model, device, num_batches=10
)
val_accuracy = calc_accuracy_loader(
    val_loader, model, device, num_batches=10
)
test_accuracy = calc_accuracy_loader(
    test_loader, model, device, num_batches=10
)

print(f"훈련 정확도: {train_accuracy*100:.2f}%")
print(f"검증 정확도: {val_accuracy*100:.2f}%")
print(f"테스트 정확도: {test_accuracy*100:.2f}%")
```

정확도 결과는 다음과 같습니다.

```
훈련 정확도: 46.25%
검증 정확도: 45.00%
테스트 정확도: 48.75%
```

이 정확도 값은 6장의 결과와 동일합니다. LoRA 행렬 B를 0으로 초기화했기 때문에 이런 결과가 나옵니다. 결과적으로 AB 행렬 곱셈이 영행렬이 됩니다. 0을 더해서는 아무것도 바뀌지 않기 때문에 이 곱셈이 원본 가중치를 바꾸지 못합니다.

이제 6장의 훈련 함수를 사용해 모델을 미세 튜닝하는 흥미로운 부분으로 넘어가 보죠. M3 맥북 에어에서 훈련하는 데 약 15분 정도 걸리며, V100이나 A100 GPU에서는 30초도 걸리지 않습니다.

코드 E-7 LoRA 층으로 모델 미세 튜닝하기

```
import time
from previous_chapters import train_classifier_simple

start_time = time.time()
torch.manual_seed(123)
optimizer = torch.optim.AdamW(model.parameters(), lr=8e-4, weight_decay=0.1)
num_epochs = 5

train_losses, val_losses, train_accs, val_accs, examples_seen = \
    train_classifier_simple(
        model, train_loader, val_loader, optimizer, device,
        num_epochs=num_epochs, eval_freq=50, eval_iter=5,
        tokenizer=tokenizer
    )

end_time = time.time()
execution_time_minutes = (end_time - start_time) / 60
print(f"훈련 소요 시간: {execution_time_minutes:.2f}분")
```

훈련 결과는 다음과 같습니다.

```
에포크 1 (Step 000000): 훈련 손실 3.820, 검증 손실 3.462
에포크 1 (Step 000050): 훈련 손실 0.396, 검증 손실 0.364
에포크 1 (Step 000100): 훈련 손실 0.111, 검증 손실 0.229
훈련 정확도: 97.50% | 검증 정확도: 95.00%
에포크 2 (Step 000150): 훈련 손실 0.135, 검증 손실 0.073
에포크 2 (Step 000200): 훈련 손실 0.008, 검증 손실 0.052
에포크 2 (Step 000250): 훈련 손실 0.021, 검증 손실 0.179
훈련 정확도: 97.50% | 검증 정확도: 97.50%
에포크 3 (Step 000300): 훈련 손실 0.096, 검증 손실 0.080
에포크 3 (Step 000350): 훈련 손실 0.010, 검증 손실 0.116
훈련 정확도: 97.50% | 검증 정확도: 95.00%
에포크 4 (Step 000400): 훈련 손실 0.003, 검증 손실 0.151
```

```
에포크 4 (Step 000450): 훈련 손실 0.008, 검증 손실 0.077
에포크 4 (Step 000500): 훈련 손실 0.001, 검증 손실 0.147
훈련 정확도: 100.00% | 검증 정확도: 97.50%
에포크 5 (Step 000550): 훈련 손실 0.007, 검증 손실 0.094
에포크 5 (Step 000600): 훈련 손실 0.000, 검증 손실 0.056
훈련 정확도: 100.00% | 검증 정확도: 97.50%

훈련 소요 시간: 12.10분
```

LoRA로 모델을 훈련하는 것이 LoRA를 사용하지 않는 것(6장)보다 더 오래 걸렸습니다. LoRA 층 때문에 정방향 계산에 연산이 추가되었기 때문입니다. 하지만 역전파의 비용이 더 많이 드는 대규모 모델의 경우 일반적으로 LoRA를 사용하지 않는 것보다 LoRA를 사용하는 것이 훈련 속도가 빠릅니다.

여기서 볼 수 있듯이 모델은 완벽한 훈련 정확도를 달성하고 검증 정확도도 매우 높습니다. 손실 곡선을 시각화하여 이 훈련이 수렴되었는지 확인해 보죠.

```
from previous_chapters import plot_values

epochs_tensor = torch.linspace(0, num_epochs, len(train_losses))
examples_seen_tensor = torch.linspace(0, examples_seen, len(train_losses))

plot_values(
    epochs_tensor, examples_seen_tensor,
    train_losses, val_losses, label="loss"
)
```

결과는 그림 E-5와 같습니다.

▼ **그림 E-5** 다섯 번의 에포크를 걸친 머신러닝 모델의 훈련 손실과 검증 손실 곡선. 초기에는 훈련 손실과 검증 손실이 모두 급격하게 감소하며 그 후에 완만해집니다. 이는 모델이 수렴하고 있음을 나타내며 추가로 훈련을 해도 크게 향상되지 않는다는 의미입니다.

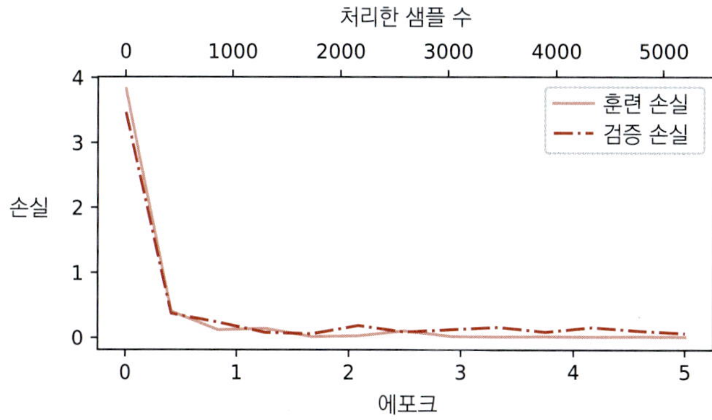

손실 곡선을 기반으로 모델을 평가하는 것 외에도 전체 훈련 세트, 검증 세트, 테스트 세트에서 모델의 정확도를 계산해 보죠(훈련 과정에서는 eval_iter=5로 설정했으므로 5개의 배치로 훈련 세트와 검증 세트 정확도를 계산했습니다).

```
train_accuracy = calc_accuracy_loader(train_loader, model, device)
val_accuracy = calc_accuracy_loader(val_loader, model, device)
test_accuracy = calc_accuracy_loader(test_loader, model, device)

print(f"훈련 정확도: {train_accuracy*100:.2f}%")
print(f"검증 정확도: {val_accuracy*100:.2f}%")
print(f"테스트 정확도: {test_accuracy*100:.2f}%")
```

결과 정확도는 다음과 같습니다.

```
훈련 정확도: 100.00%
검증 정확도: 96.64%
테스트 정확도: 98.00%
```

이 결과는 모델이 훈련 세트, 검증 세트, 테스트 세트에서 모두 잘 수행된다는 것을 보여 줍니다. 훈련 정확도가 100%이므로 이 모델이 훈련 데이터를 완벽하게 학습했습니다. 하지만 검증 세트와 테스트 정확도가 조금 낮기 때문에 (각각 96.64%와 98.00%) 약간의 과대적합이 있습니다. 훈련 세트에 비해 본 적 없는 데이터에서 모델이 잘 일반화되지 않았기 때문입니다. 비교적 적은 개수의 모델 가중치(1억 2,400만 개의 모델 가중치가 아니라 270만 개 LoRA 가중치)만 미세 튜닝한 것을 고려하면 전반적으로 매우 인상적인 결과입니다.

ㄱ

ㄴ

ㄷ

ㄹ

ㅈ

ㅊ

E

F

G

H

I

J

K

L

M

N

O

P

Q

R

S

T

U

V

W

Z

기호

GPT를 내 손으로 직접 단계별로 만들어보면서
대규모 언어 모델의 기본기를 탄탄히 채우기

세바스찬 라시카 지음
박해선 옮김

밑바닥부터 만들면서 배우는 LLM

워크북

Test Yourself On Build a **Large Language Model** (From Scratch)

길벗 MANNING

Test Yourself On Build a **Large Language Model** (From Scratch)

밑바닥부터 만들면서 배우는 LLM

워크북

세바스찬 라시카 지음
박해선 옮김

세바스찬 라시카의 베스트셀러 책인 『밑바닥부터 만들면서 배우는 LLM』은 대규모 언어 모델의 동작 방식을 배우는 가장 좋은 방법입니다. 400 페이지에 담긴 일곱 개의 장과 다섯 개의 부록은 GPT-2와 유사한 완전한 대규모 언어 모델을 구축하는 방법을 단계별로 안내합니다. 이 분야를 배우기 위한 독창적인 방식이며, 어떤 이들은 이 주제를 진정으로 배우기 위한 유일한 방법이라고 믿습니다. 즉 직접 스스로 모델을 만들어 보는 거죠.

이 책에는 명확한 설명과 그림, 코드가 있지만, 주제가 복잡하기 때문에 여전히 배우기 어렵습니다. 이 『셀프 테스트 가이드』를 활용하면 조금 더 쉽게 배울 수 있습니다. 이 가이드는 『밑바닥부터 만들면서 배우는 LLM』의 구조를 따라서 각 장의 핵심 개념을 다루며 선다형 퀴즈, 코드와 핵심 개념에 대한 질문, 깊게 생각하고 길게 답변해야 하는 질문 등으로 스스로를 테스트할 수 있습니다. 질문에 대한 답변도 함께 제공됩니다.

알고 있는 정도에 따라 이 가이드는 여러 방면으로 도움을 줄 수 있습니다. 본문의 한 장을 읽은 후에 이 가이드를 보면 배운 지식을 확실하게 이해하는 데 도움이 될 것입니다. 하지만 책을 읽기 전에 봐도 도움이 됩니다. 주요 개념과 관계를 스스로 테스트하면서 각 장을 둘러보고 내용을 이해하기 위한 준비를 할 수 있습니다.

책을 읽기 전후는 물론 배운 것을 잊어버렸을 때도 좋습니다. 시간을 두고 반복 학습을 하면 지식을 공고히 하고 우리의 장기 기억 속에 있는 다른 관련 지식과 통합시켜 줄 것입니다.

목차

CHAPTER

1

대규모 언어 모델 이해하기

1장은 **대규모 언어 모델**(large language model, LLM)을 고수준에서 소개하고 애플리케이션, 구축 단계, 트랜스포머 구조를 살펴봅니다. 이 장은 효과적인 LLM을 개발하기 위한 두 가지 중요한 단계인 **사전 훈련**(pretraining)과 **미세 튜닝**(fine-tuning) 개념을 설명합니다. **트랜스포머 구조**(transformer architecture)와 **인코더**(encoder) 모듈, **디코더**(decoder) 모듈은 물론 **셀프 어텐션 메커니즘**(self-attention mechanism)을 포함해 핵심 구성 요소를 소개합니다. 또한 밑바닥에서부터 LLM을 구축하기 위한 세 단계 계획을 보여 줍니다. LLM 구조와 데이터 전처리 과정 구현하기, LLM을 사전 훈련하여 파운데이션 모델 만들기, 파운데이션 모델을 미세 튜닝하기입니다.

질문에 대한 답은 마지막에 있습니다.

1.1 SECTION 주요 개념에 대한 객관식 질문

1. LLM 입장에서 딥러닝과 전통적인 머신러닝 사이의 주요 차이점은 무엇인가요?
   - a. 딥러닝은 정형 데이터를 다루는 데 잘 맞고, 전통적인 머신러닝은 비정형 데이터에 잘 맞습니다.
   - b. 딥러닝은 수동으로 특성을 추출할 필요가 없지만, 전통적인 머신러닝은 수동으로 특성을 추출해야 합니다.
   - c. 모든 작업에서 딥러닝이 전통적인 머신러닝보다 더 정확합니다.
   - d. 전통적인 머신러닝보다 딥러닝이 더 계산 효율적입니다.

2. 대규모 언어 모델(LLM)의 주요 기능은 무엇인가요?
   - a. 이미지 분석하고 이해하기
   - b. 미래 이벤트 예측하기
   - c. 인간의 텍스트를 이해하고, 생성하고, 응답하기
   - d. 로봇을 제어하고 작동시키기

3. 범용 목적의 LLM에 비해 맞춤형 LLM을 사용하는 주요 이점은 무엇인가요?

   a. 특정 작업이나 분야에서 범용 목적의 LLM보다 성능이 뛰어날 수 있습니다.

   b. 더 다재다능하여 다양한 작업에 사용할 수 있습니다.

   c. 대규모 데이터셋을 처리하는 데 더 효율적입니다.

   d. 훈련하는 비용이 더 적게 듭니다.

4. LLM에서 트랜스포머 구조의 중요성은 무엇인가요?

   a. 대규모 데이터셋을 빠르게 처리할 수 있습니다.

   b. 예측을 수행할 때 입력 텍스트의 서로 다른 부분에 선택적으로 주의를 기울일 수 있습니다.

   c. 레이블이 없는 데이터에서 모델이 학습할 수 있습니다.

   d. 모델을 훈련하지 않고 언어를 번역할 수 있습니다.

5. LLM 사전 훈련의 주요 목적은 무엇인가요?

   a. 특정 작업에 모델을 미세 튜닝하기 위해

   b. 다양한 작업에서 모델의 성능을 평가하기 위해

   c. 언어를 번역할 수 있는 모델을 만들기 위해

   d. 다양한 대규모 데이터셋에서 훈련하여 언어를 이해하는 능력을 개발하기 위해

1.2 SECTION 각 절에 대한 주관식 질문

이제 이 장의 내용을 좀 더 자세히 살펴보겠습니다.

1.1 LLM이란 무엇인가요?

1. 대규모 언어 모델이란 무엇이고 어떻게 동작하나요?

2. '대규모 언어 모델'에서 '대규모'의 의미는 무엇인가요?

3. LLM과 생성 AI(generative AI)는 어떻게 관련이 있나요?

4. AI와 머신러닝, 딥러닝의 차이점을 설명하세요.

5. 아래 그림에서 각 번호에 해당하는 텍스트는 무엇인가요?

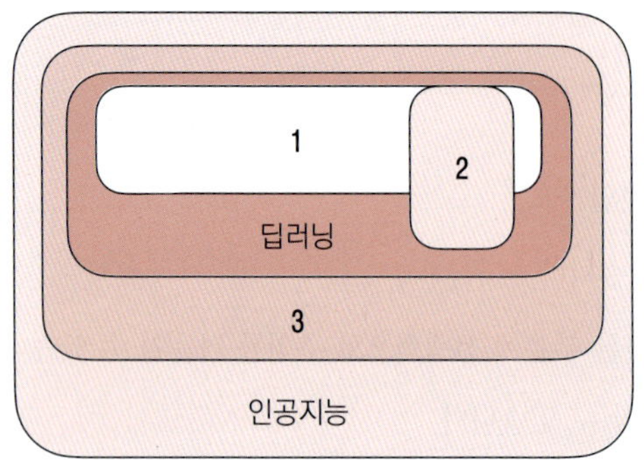

번호	설명
1	
2	
3	

6. 특성 추출 입장에서 전통적인 머신러닝과 딥러닝 사이의 차이점은 무엇인가요?

7. 왼쪽의 용어와 오른쪽의 설명을 맞게 연결하세요.

대규모 언어 모델 •	• 데이터에 있는 복잡한 패턴과 추상화를 모델링하기 위해 심층 신경망을 사용하는 머신러닝의 하위 분야
트랜스포머 •	• 텍스트, 이미지, 오디오와 같은 새로운 콘텐츠를 생성할 수 있는 인공지능의 한 유형
생성 AI •	• 예측할 때 입력의 다른 부분에 선택적으로 주의를 기울일 수 있도록 LLM에서 사용하는 구조. 이를 통해 인간의 언어에 있는 뉘앙스를 처리하는 데 능숙합니다.
딥러닝 •	• 인간의 텍스트를 이해하고, 생성하고, 응답하는 데 사용되는 인공지능의 한 유형

1.2 LLM 애플리케이션

1. 다양한 영역에 걸친 LLM의 주요 애플리케이션에는 어떤 것이 있나요?

2. 챗봇과 가상 비서 개발에 LLM이 어떻게 기여하나요?

3. 전문 분야의 지식 검색에서 LLM의 역할을 설명하세요.

4. 기술과 사람의 관계에 대해 LLM이 미칠 잠재적인 영향은 무엇인가요?

5. 왼쪽의 용어와 오른쪽의 설명을 맞게 연결하세요.

자연어 처리 •	• 컴퓨터가 사람의 언어를 이해하고 처리하는 데 초점을 맞춘 컴퓨터 과학의 한 분야
기계 번역 •	• 사람과의 대화를 흉내내도록 고안된 컴퓨터 프로그램
챗봇 •	• 대용량 데이터에서 관련 정보를 추출하는 과정
지식 검색 •	• 한 언어에서 다른 언어로 텍스트를 자동으로 번역하는 작업

1.3 LLM의 구축 단계

1. ChatGPT와 같은 범용 목적의 LLM을 사용하는 것과 비교해 맞춤형 LLM을 구축하는 주요 이점은 무엇인가요?

2. LLM을 만들기 위한 두 단계의 훈련 과정을 설명하세요.

3. LLM 사전 훈련의 목적은 무엇인가요? 이 단계에서는 어떤 유형의 데이터가 사용되나요?

4. LLM 사전 훈련의 맥락에서 자기 지도 학습의 개념을 설명하세요.

5. LLM 미세 튜닝의 두 가지 주요 방법은 무엇인가요? 레이블을 가진 데이터를 사용한다는 측면에서 두 방법이 어떻게 다른가요?

6. 왼쪽의 용어와 오른쪽의 설명을 맞게 연결하세요.

사전 훈련 •	• 지시와 응답 쌍으로 구성된 데이터셋을 사용하는 미세 튜닝 방법. 예를 들어 텍스트를 번역하라는 지시문과 올바르게 번역된 텍스트 쌍을 사용합니다.
미세 튜닝 •	• 텍스트와 이와 연관된 클래스 레이블로 구성된 데이터셋을 사용하는 미세 튜닝 방법. 예를 들어 이메일과 '스팸'/'스팸 아님' 레이블을 사용합니다.
지시 미세 튜닝 •	• 특정 작업이나 분야에 특화된 데이터셋에서 사전 훈련된 LLM을 추가로 훈련하는 과정
분류 미세 튜닝 •	• 언어에 대한 일반적인 이해를 개발하기 위해 다양한 대규모 데이터셋에서 LLM을 훈련하는 초기 단계

1.4 트랜스포머 구조 소개

1. 트랜스포머 구조가 무엇이고 LLM 개발에서 얼마나 중요한가요?

2. 다음 그림에서 임베딩 단계의 출력은 1, 2, 3 중 몇 번에 해당하나요?

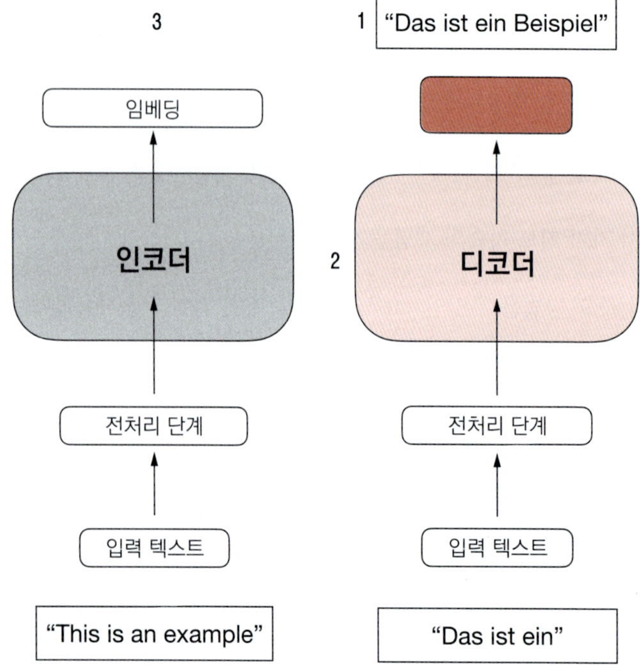

3. 트랜스포머 구조에 있는 두 개의 주요 구성 요소와 언어 처리에 대한 역할을 설명하세요.

4. 셀프 어텐션 메커니즘이 무엇인가요? 트랜스포머의 능력에 어떤 기여를 하나요?

5. 훈련 방식과 주요 애플리케이션 맥락에서 BERT 모델과 GPT 모델 사이의 주요 차이점을 설명하세요.

6. 제로-샷 학습과 퓨-샷 학습이 무엇인가요? GPT 모델과 어떤 관련이 있나요?

1.5 대규모 데이터셋 활용하기

1. GPT-3와 BERT 같은 대규모 언어 모델에서 사용되는 훈련 데이터셋의 주요 특징은 무엇인가요?

2. 대규모 언어 모델의 성능을 위해 훈련 데이터셋의 크기와 다양성의 중요성을 설명하세요.

3. 대규모 언어 모델에서 '토큰화'의 개념은 무엇인가요?

4. 대규모 언어 모델의 '사전 훈련' 개념과 중요성을 설명하세요.

5. 대규모 언어 모델의 맥락에서 미세 튜닝의 개념과 장점을 설명하세요.

6. 왼쪽의 용어와 오른쪽의 설명을 맞게 연결하세요.

인코더 •	• 사전에 어떤 구체적인 샘플도 없이 완전히 처음 본 작업에 일반화하는 모델의 능력
디코더 •	• 트랜스포머 구조에서 인코더로부터 인코딩된 벡터를 받아 출력 텍스트를 생성하는 부분
셀프 어텐션 메커니즘 •	• 트랜스포머 구조에서 입력 텍스트를 처리하여 입력에 있는 문맥 정보를 포착하는 일련의 수치 표현 또는 벡터로 인코딩하는 부분
제로-샷 학습 •	• 이를 통해 모델이 시퀀스에 있는 서로 다른 단어 또는 토큰의 상대적인 중요도에 가중치를 부여할 수 있습니다. 입력 데이터 안에 있는 긴 범위의 의존성과 문맥 관계를 포착할 수 있습니다.

1.6 GPT 구조 자세히 살펴보기

1. GPT 모델이 훈련되는 주요 작업은 무엇인가요? 번역과 같은 다른 작업을 수행하는 모델의 능력과 어떤 관련이 있나요?

2. GPT 모델의 맥락에서 자기 지도 학습의 개념을 설명하세요.

3. GPT 모델이 원본 트랜스포머 구조와 어떻게 다른가요? 이 차이가 의미하는 것은 무엇인가요?

4. 다음 그림의 1번과 2번에서 어떤 일이 일어나나요?

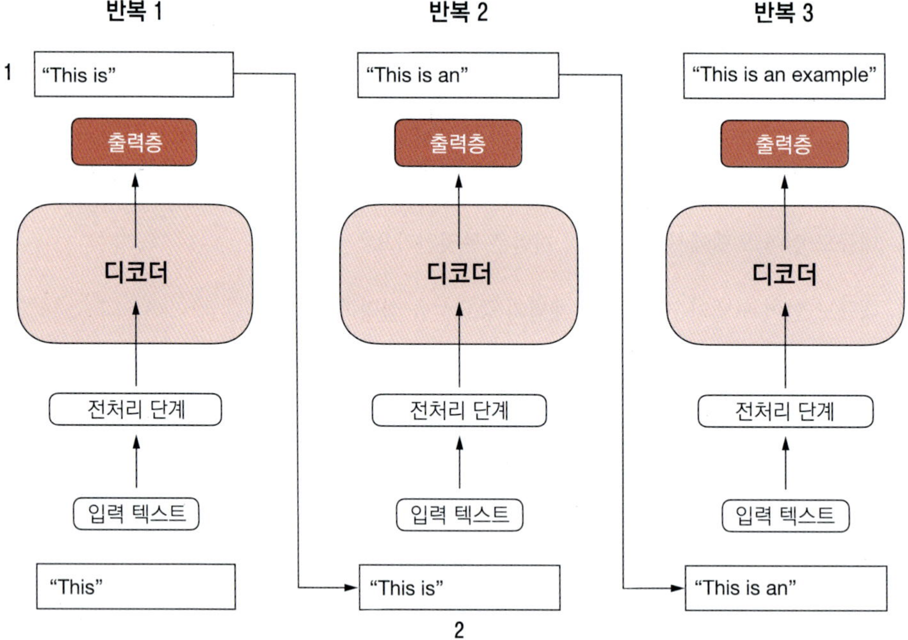

아래 표에 설명을 넣으세요.

번호	설명
1	
2	

5. GPT 모델을 자기 회귀 모델로 간주하는 의미는 무엇인가요?

6. GPT 모델의 크기 및 복잡도와 모델의 능력 사이의 관계를 설명하세요.

7. 왼쪽의 용어와 오른쪽의 설명을 맞게 연결하세요.

사전 훈련된 모델 •	• 특정 작업에서 추가로 미세 튜닝하기 위해 파운데이션 모델의 역할을 하는 사전 훈련된 모델
미세 튜닝 •	• 대규모 텍스트 및 코드 데이터셋에서 훈련된 모델로 언어 구문, 의미, 문맥에 연관된 다양한 작업을 잘 수행할 수 있습니다.
베이스 모델 •	• 사전 훈련된 모델을 특정 작업에 연관된 작은 데이터셋에서 훈련하여 적응시키는 과정

1.7 대규모 언어 모델 만들기

1. 밑바닥부터 대규모 언어 모델을 만들기 위한 세 가지 단계는 무엇인가요?

2. LLM에 사용되는 트랜스포머 구조의 핵심 아이디어는 무엇인가요?

3. GPT-3와 같은 LLM을 사전 훈련하는 데 사용되는 주요 작업은 무엇인가요?

4. LLM의 창발적 속성 개념에 대해 설명하세요.

5. 사전 훈련된 LLM을 미세 튜닝하는 것이 특정 작업에 도움이 되는 이유는 무엇인가요?

6. 사전 훈련된 LLM(베이스 모델)을 만드는 단계를 순서대로 나열하세요.

   a. 텍스트 생성 작업에서 모델의 성능을 평가합니다.

   b. (GPT와 같은) 트랜스포머 디코더 구조를 구현합니다.

   c. 텍스트 데이터를 정제하고 토큰화하여 준비합니다.

   d. 대규모 텍스트 데이터셋에서 모델을 다음 단어 예측 작업으로 훈련합니다.

7. 왼쪽의 용어와 오른쪽의 설명을 맞게 연결하세요.

자기 회귀 모델 •	• 시퀀스에 있는 다음 단어를 예측하는 작업이며 GPT 모델을 훈련하는 데 사용됩니다.
자기 지도 학습 •	• 모델이 명시적인 레이블이 없이 데이터 자체로부터 학습하는 머신러닝 유형
다음 단어 예측 •	• 지금까지 생성한 단어를 기반으로 시퀀스에 있는 다음 단어를 예측하는 식으로 텍스트를 생성하는 모델의 유형
디코더 기반 구조 •	• 트랜스포머 구조의 디코더 부분만 사용하는 GPT 모델의 구조로 텍스트 생성에 잘 맞습니다.

정답

1. B
2. C
3. A
4. B
5. D

1.1 LLM이란 무엇인가요?

1. LLM은 대용량 텍스트 데이터에서 훈련된 심층 신경망으로 사람의 텍스트를 이해하고, 생성하고, 응답할 수 있습니다. 입력의 다른 부분에 주의를 기울이기 위해 트랜스포머 구조를 사용하며 언어에 있는 뉘앙스를 처리하는 데 능숙합니다. LLM은 시퀀스에 있는 다음 단어를 예측하는 작업으로 훈련됩니다. 이를 통해 텍스트 안에 있는 문맥, 구조, 관계를 학습할 수 있습니다.

2. '대규모'는 파라미터(조정 가능한 가중치) 측면의 모델 크기와 훈련에 사용되는 방대한 데이터셋을 모두 의미합니다. LLM은 수백억 또는 수천억 개의 파라미터를 가진 경우가 많으며 시퀀스의 다음 단어를 예측하도록 훈련하면서 이런 파라미터를 최적화합니다.

3. LLM은 텍스트를 생성할 수 있기 때문에 종종 생성 AI의 한 유형으로 간주됩니다. 생성 AI는 텍스트, 이미지, 음악과 같은 새로운 콘텐츠를 생성하는 AI 시스템을 아우르는 포괄적인 용어입니다.

4. AI는 사람 수준의 지능을 필요로 하는 작업이 가능한 기계를 만드는 광범위한 분야입니다. 머신러닝은 AI의 하위 분야로 데이터에서 학습하는 알고리즘에 초점을 맞추고 있습니다. 딥러닝은 머신러닝의 하위 분야이며 여러 개의 층을 가진 심층 신경망을 사용해 데이터에서 복잡한 패턴을 모델링합니다.

5. 각 번호에 해당하는 텍스트는 다음과 같습니다.

번호	설명
1	대규모 언어 모델(LLM)
2	생성 AI(GenAI)
3	머신러닝

6. 전통적인 머신러닝은 수동으로 특성을 추출해야 합니다. 전문가가 모델을 위해 관련 있는 특성을 식별하고 선택합니다. 이와 달리 딥러닝에서는 수동 추출 과정이 필요 없습니다. 모델이 데이터로부터 직접 특성을 학습할 수 있습니다.

7. 다음과 같이 연결되어야 합니다.

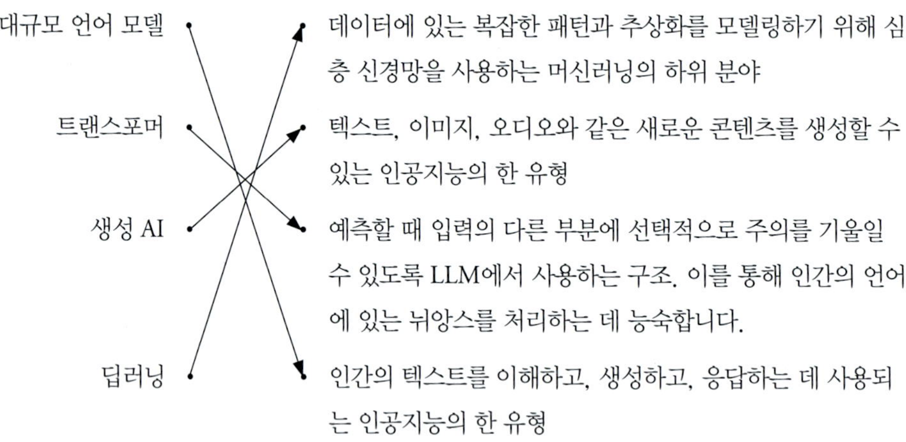

1.2 LLM 애플리케이션

1. LLM은 기계 번역, 텍스트 생성, 감성 분석, 텍스트 요약, 콘텐츠 창작에 사용됩니다. 또한 챗봇과 가상 비서, 의학과 법률 같은 전문 분야의 지식 검색에 활용됩니다.

2. LLM은 자연어로 된 사용자의 질의를 이해하고 답변하는 ChatGPT와 Gemini 같은 챗봇과 가상 비서를 가능하게 하며, 정보를 제공하고 작업을 완수하는 능력을 향상시킵니다.

3. LLM은 의학이나 법률 같은 분야의 대용량 텍스트를 분석할 수 있습니다. 긴 텍스트를 요약하고, 기술적인 질문에 대답하고, 효율적인 지식 검색을 가능하게 합니다.

4. LLM은 텍스트 기반 작업을 자동화하고 자연어로 AI 시스템과 상호작용하게 만들기 때문에 기술을 대화 형태로 자연스럽게, 직관적이고, 사용하기 쉽게 만드는 잠재력이 있습니다.

5. 다음과 같이 연결되어야 합니다.

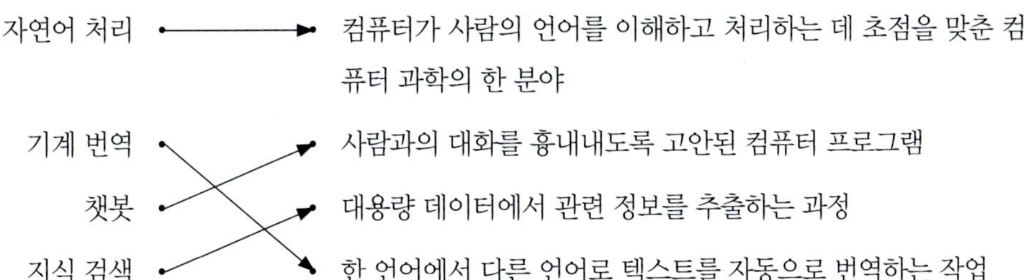

1.3 LLM의 구축 단계

1. 맞춤형 LLM은 특정 작업이나 영역에서 성능을 향상하고, 외부 서비스에 대한 의존성을 줄여 개인정보 보호를 강화하고, 로컬 장치에 모델을 배포해 응답 시간과 비용을 줄일 수 있는 이점이 있습니다.

2. 다양한 대규모 데이터셋에서 모델이 광범위한 언어 이해를 학습하는 사전 훈련으로 시작합니다. 그런 다음 사전 훈련된 모델을 작고 구체적인 데이터셋에서 미세 튜닝하여 특정 작업이나 분야에 적응시킵니다.

3. 사전 훈련은 언어에 대한 일반적인 이해를 가진 파운데이션 모델을 개발하는 것이 목표입니다. '원시' 데이터라고도 부르는 레이블이 없는 대규모 텍스트 데이터를 사용하여 시퀀스의 다음 단어를 예측하도록 모델을 훈련합니다.

4. 자기 지도 학습을 사용하면 모델을 사전 훈련하는 동안 입력 데이터에서 레이블을 생성할 수 있습니다. 따라서 전통적인 지도 학습에서는 필요했던 수동으로 레이블 데이터를 만드는 수고를 덜어 줍니다.

5. 지시 미세 튜닝은 지시-응답 쌍으로 구성된 데이터를 사용합니다. 분류 미세 튜닝은 텍스트와 이에 연관된 클래스 레이블로 구성된 데이터를 사용합니다.

6. 다음과 같이 연결되어야 합니다.

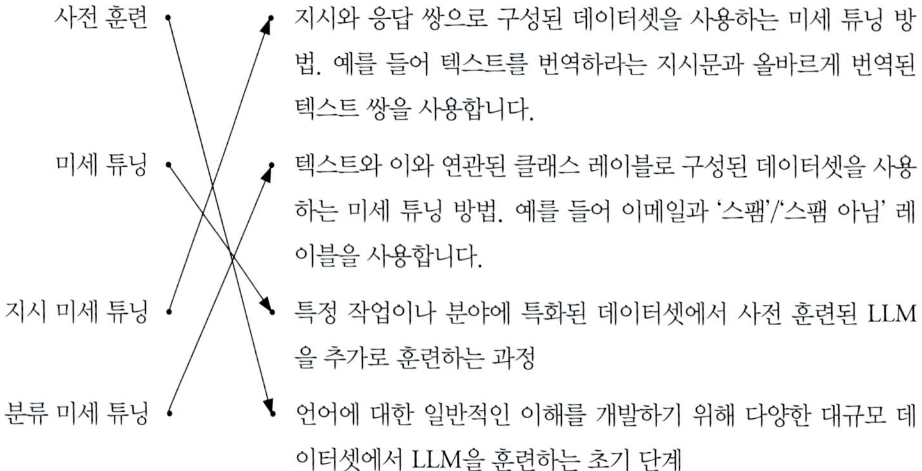

1.4 트랜스포머 구조 소개

1. 트랜스포머 구조는 자연어 처리에 혁명을 일으킨 심층 신경망 구조입니다. 대부분의 현대적인 LLM의 근간을 이루며, 언어를 효과적으로 처리하고 이해할 수 있도록 만듭니다.

2. 임베딩 단계의 출력은 디코더(2번)로 전달됩니다.

3. 트랜스포머 구조는 인코더와 디코더로 구성됩니다. 인코더는 입력 텍스트를 처리하고 수치 표현으로 변환합니다. 디코더는 이 수치 표현을 사용하여 출력 텍스트를 생성합니다.

4. 셀프 어텐션 메커니즘을 통해 트랜스포머가 시퀀스에 있는 단어 간의 상대적인 중요도에 가중치를 부여할 수 있습니다. 모델이 긴 범위의 의존성과 문맥 관계를 포착하는 데 도움이 되며 일관성 있고 관련된 출력을 만들 수 있습니다.

5. BERT는 마스킹된 단어를 예측하는 데 초점을 맞추며, 텍스트 분류와 같은 작업에 뛰어납니다. GPT는 텍스트 완성, 번역, 요약과 같은 생성 작업을 위해 고안되었습니다.

6. 제로-샷 학습을 사용하면 GPT 모델이 특정 샘플로 훈련하지 않고도 작업을 수행할 수 있습니다. 반면 퓨-샷 학습은 모델이 최소한의 샘플 개수에서 학습할 수 있게 만듭니다. 이런 능력은 GPT의 다재다능함과 적응력을 보여 줍니다.

1.5 대규모 데이터셋 활용하기

1. 이런 데이터셋은 방대합니다. 수십억 개의 단어로 구성되며 다양한 주제와 언어를 포괄합니다. 모델이 다양한 텍스트에 노출되어 언어 구문, 의미, 문맥을 학습할 수 있도록 구성됩니다.

2. 훈련 데이터의 크기와 다양성 덕분에 모델이 범용 지식을 필요로 하는 작업을 포함해 다양한 작업을 잘 수행할 수 있습니다. 모델이 실전 언어의 복잡성이 드러난 텍스트를 이해하고 생성하는 방법을 학습합니다.

3. 토큰화는 텍스트를 토큰이라 부르는 개별 단위로 분할하는 과정입니다. 토큰은 모델이 읽고 처리하는 기본 구성 요소입니다. 이런 토큰은 단어, 구두점, 또는 의미 있는 텍스트 단위일 수 있습니다.

4. 사전 훈련에서는 대규모 언어 모델이 일반적인 언어 패턴과 지식을 학습하기 위해 대규모 데이터셋에서 훈련됩니다. 이런 사전 훈련된 모델을 파운데이션 모델로 사용하여, 미세 튜닝을 통해 다양한 후속 작업에 적응시킬 수 있습니다. 미세 튜닝은 특정 애플리케이션을 위해 특정 데이터셋에서 추가로 훈련하는 과정입니다.

5. 미세 튜닝은 작업에 특화된 소규모 데이터셋에서 사전 훈련된 대규모 언어 모델을 추가로 훈련합니다. 이 과정을 통해 모델이 사전 훈련에서 배운 일반 지식을 활용해 텍스트 요약이나 질문 답변과 같은 특정 작업을 잘 수행하도록 적응합니다.

6. 다음과 같이 연결되어야 합니다.

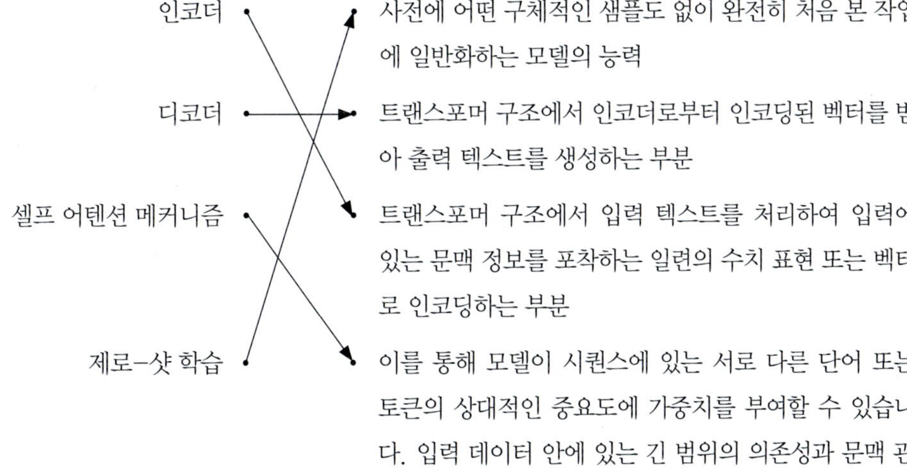

1.6 GPT 구조 자세히 살펴보기

1. GPT 모델은 시퀀스에 있는 다음 단어를 예측하는 다음 단어 예측 작업에서 주로 훈련됩니다. 이 간단한 작업을 통해 모델이 단어와 구절 사이의 관계를 학습할 수 있으며, 특정 작업을 위해 명시적으로 훈련되지 않더라도 번역과 같은 작업을 수행할 수 있게 만듭니다.

2. GPT 모델은 명시적인 레이블이 없이 데이터 자체로부터 학습하는 자기 지도 학습을 활용합니다. GPT의 경우 시퀀스에 있는 다음 단어가 모델이 예측해야 할 레이블의 역할을 합니다. 이런 방식으로 레이블이 없는 대규모 텍스트 데이터셋에서 훈련할 수 있습니다.

3. GPT 구조는 트랜스포머의 디코더 부분만 사용하므로 디코더 기반 모델입니다. 이런 구조는 한 번에 한 단어씩 왼쪽에서 오른쪽 방향으로 텍스트를 생성하기 때문에 텍스트 생성과 다음 단어 예측 작업에 잘 맞습니다.

4. 1번과 2번에서 일어나는 일은 다음과 같습니다.

번호	설명
1	입력 텍스트를 기반으로 다음 단어를 생성합니다.
2	이전 라운드의 출력이 다음 라운드의 입력이 됩니다.

5. GPT 같은 자기 회귀 모델은 이전 출력을 미래 예측을 위한 입력으로 사용합니다. 즉 GPT가 이전 시퀀스를 기반으로 새로운 단어를 생성한다는 의미입니다. 따라서 생성된 텍스트에 일관성과 유창성이 보장됩니다.

6. GPT 모델, 특히 GPT-3는 층 개수와 파라미터 개수 측면에서 원본 트랜스포머 모델보다 훨씬 큽니다. 늘어난 크기와 복잡성 덕분에 다양한 작업을 높은 정확도로 수행하는 능력을 가집니다.

7. 다음과 같이 연결되어야 합니다.

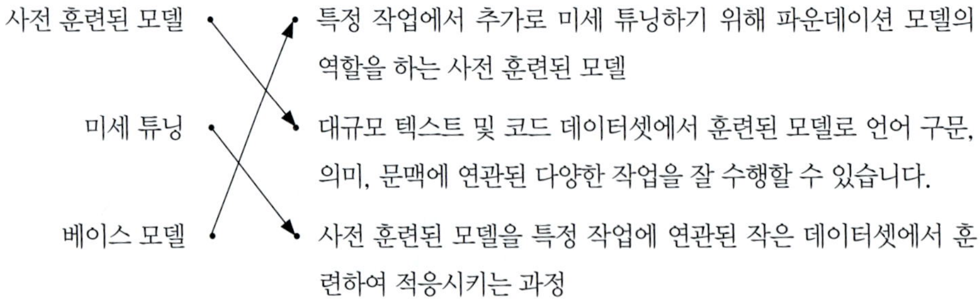

사전 훈련된 모델	특정 작업에서 추가로 미세 튜닝하기 위해 파운데이션 모델의 역할을 하는 사전 훈련된 모델
미세 튜닝	대규모 텍스트 및 코드 데이터셋에서 훈련된 모델로 언어 구문, 의미, 문맥에 연관된 다양한 작업을 잘 수행할 수 있습니다.
베이스 모델	사전 훈련된 모델을 특정 작업에 연관된 작은 데이터셋에서 훈련하여 적응시키는 과정

1.7 대규모 언어 모델 만들기

1. 세 단계는 LLM 구조와 데이터 전처리 과정 구현하기, LLM을 사전 훈련하여 파운데이션 모델 만들기, 특정 작업을 위해 파운데이션 모델을 미세 튜닝하기입니다.

2. 트랜스포머 구조는 한 단어씩 출력을 생성할 때 LLM이 입력 시퀀스 전체를 선택적으로 참조할 수 있는 어텐션 메커니즘을 활용합니다.

3. GPT-3과 같은 LLM은 대규모 텍스트 말뭉치에서 사전 훈련됩니다. 이 방식은 시퀀스에 있는 다음 단어를 예측하며 이 단어를 레이블로 사용합니다.

4. GPT 유사 모델을 위한 주요 사전 훈련 작업은 다음 단어 예측이지만, 이런 모델에는 창발적 속성이 있습니다. 명시적으로 특정 작업에서 훈련하지 않아도 분류, 번역, 요약과 같은 작업을 수행할 수 있다는 의미입니다.

5. 사용자 데이터셋에서 사전 훈련된 LLM을 미세 튜닝하면 특정 작업에서 전문성을 가지며 범용 LLM의 성능을 뛰어넘을 수 있습니다.

6. 올바른 순서는 다음과 같습니다.

순서	단계
1	C
2	B
3	D
4	A

7. 다음과 같이 연결되어야 합니다.

자기 회귀 모델	시퀀스에 있는 다음 단어를 예측하는 작업이며 GPT 모델을 훈련하는 데 사용됩니다.
자기 지도 학습	모델이 명시적인 레이블이 없이 데이터 자체로부터 학습하는 머신러닝 유형
다음 단어 예측	지금까지 생성한 단어를 기반으로 시퀀스에 있는 다음 단어를 예측하는 식으로 텍스트를 생성하는 모델의 유형
디코더 기반 구조	트랜스포머 구조의 디코더 부분만 사용하는 GPT 모델의 구조로 텍스트 생성에 잘 맞습니다.

CHAPTER

2

텍스트 데이터 다루기

2장은 LLM 훈련을 위해 텍스트 데이터를 **임베딩**(embedding)이라 부르는 수치 표현으로 바꾸는 데 초점을 맞춥니다. 이 장은 텍스트를 개별 단어나 부분단어로 분할하고, 이 토큰을 **어휘사전**(vocabulary)을 사용해 수치 ID로 바꾸는 **토큰화**(tokenization) 과정을 살펴봅니다. GPT 모델에서 사용하는 **바이트 페어 인코딩**(BPE)을 포함해 여러 가지 토큰화 기법을 다룹니다. 또한 이 장은 토큰의 벡터 표현인 토큰 임베딩을 생성하고, 위치 임베딩을 추가하여 시퀀스 안의 토큰 위치를 인코딩하고, 후속 LLM 모듈에 필요한 입력을 전달하는 방법을 설명합니다.

질문에 대한 답은 마지막에 있습니다.

2.1 SECTION 주요 개념에 대한 객관식 질문

1. LLM에서 토큰화의 주요 목적은 무엇인가요?

- **a.** 텍스트를 소문자로 변환하기 위해 토큰화를 사용합니다.
- **b.** 텍스트를 개별 단어 또는 특수 문자로 분할하기 위해 토큰화를 사용합니다.
- **c.** 문장에 있는 품사를 식별하기 위해 토큰화를 사용합니다.
- **d.** 텍스트에서 불용어(stop word)를 제거하기 위해 토큰화를 사용합니다.

2. LLM의 어휘사전에 있는 <|unk|> 토큰의 목적은 무엇인가요?

- **a.** <|unk|> 토큰을 사용해 구두점을 나타냅니다.
- **b.** <|unk|> 토큰을 사용해 문장의 시작을 표시합니다.
- **c.** <|unk|> 토큰을 사용해 훈련 데이터에 없어 알 수 없는 단어를 나타냅니다.
- **d.** <|unk|> 토큰을 사용해 문장의 끝을 표시합니다.

3. LLM 훈련에 사용하는 주요 작업으로 올바른 것은 무엇인가요?

   a. 텍스트를 한 언어에서 다른 언어로 번역하도록 LLM을 훈련합니다.

   b. 텍스트를 요약하도록 LLM을 훈련합니다.

   c. 주어진 텍스트를 기반으로 질문에 답변하도록 LLM을 훈련합니다.

   d. 이전 문맥을 기반으로 시퀀스에 있는 다음 단어를 예측하도록 LLM을 훈련합니다.

4. 절대 위치 임베딩과 상대 위치 임베딩 사이의 차이점은 무엇인가요?

   a. 절대 위치 임베딩은 시퀀스에서 토큰의 정확한 위치를 인코딩합니다. 상대 위치 임베딩은 토큰 사이의 상대적인 거리를 인코딩합니다.

   b. 절대 위치 임베딩은 짧은 시퀀스에만 사용되고, 상대 위치 임베딩은 긴 시퀀스에 사용됩니다.

   c. 절대 위치 임베딩이 상대 위치 임베딩보다 더 효율적입니다.

   d. 상대 위치 임베딩이 절대 위치 임베딩보다 더 정확합니다.

5. LLM에서 __________의 목적은 시퀀스 안에 있는 토큰의 순서와 위치에 대한 정보를 제공하는 것이며, LLM이 단어 사이의 관계를 이해하는 데 도움을 줍니다.

   a. 어텐션 메커니즘

   b. 위치 임베딩

   c. 토큰화

   d. 피드 포워드 네트워크

6. LLM 파이프라인에서 메인 LLM 층을 통과하기 전에 입력 처리 파이프라인의 최종 출력은 무엇인가요?

   a. 어휘사전에 있는 각 단어의 확률 텐서

   b. 텍스트 토큰의 텐서

   c. 토큰 임베딩과 위치 임베딩을 결합하여 만든 입력 임베딩 텐서

   d. 토큰 ID의 텐서

SECTION 2.2 각 절에 대한 주관식 질문

이제 이 장의 내용을 좀 더 자세히 살펴보겠습니다.

2.1 단어 임베딩 이해하기

1. 딥러닝 모델에서 텍스트 데이터를 처리하는 데 단어 임베딩이 필요한 이유는 무엇인가요?
2. 단어 임베딩을 생성하는 Word2Vec 방식의 핵심 아이디어는 무엇인가요?
3. 단어 임베딩의 차원을 선택할 때 발생하는 트레이드오프를 설명하세요.
4. Word2Vec 같은 사전 훈련된 모델을 사용하는 것과 비교하여 LLM은 일반적으로 단어 임베딩을 어떻게 처리하나요?
5. 고차원 단어 임베딩을 시각화하기 어려운 핵심 이유는 무엇인가요?

2.2 텍스트 토큰화하기

1. 대규모 언어 모델을 구축하는 데 텍스트 토큰화의 목적은 무엇인가요?
2. 파이썬 정규 표현식 라이브러리 re를 사용하여 텍스트 토큰화 과정을 설명하세요.
3. LLM 훈련을 위해 텍스트를 토큰화할 때 대소문자를 고려하는 것이 왜 중요한가요?
4. 토큰화 과정에서 공백을 제거하는 것과 유지하는 것 사이에 트레이드오프를 설명하세요.

5. 왼쪽의 용어와 오른쪽의 설명을 맞게 연결하세요.

단어 임베딩 •	• 텍스트, 오디오, 비디오와 같이 다양한 유형의 데이터를 딥러닝 모델이 이해할 수 있는 밀집 벡터 표현으로 바꾸는 과정
임베딩 •	• 단어 임베딩의 차원 수로 각 단어를 표현하는 데 사용되는 차원 개수를 결정합니다. 모델의 복잡성과 계산 효율성에 영향을 미칩니다.
Word2Vec •	• 타깃 단어가 주어졌을 때 문맥 벡터를 예측하거나 그 반대로 예측하는 식으로 단어 임베딩을 생성하는 알고리즘
임베딩 크기 •	• 단어를 연속적인 실수 값으로 표현하는 방법으로 딥러닝 모델이 텍스트 데이터를 처리할 수 있게 합니다.

2.3 토큰을 토큰 ID로 변환하기

1. 토큰을 토큰 ID로 변환하는 목적은 무엇인가요?

2. 토큰화를 위해 어휘사전을 어떻게 만드나요?

3. `SimpleTokenizerV1` 클래스에서 encode 메서드의 역할은 무엇인가요?

4. `SimpleTokenizerV1` 클래스에서 decode 메서드의 역할은 무엇인가요?

5. 작은 훈련 세트로 만든 어휘사전의 제약 사항은 무엇인가요?

6. 왼쪽의 용어와 오른쪽의 설명을 맞게 연결하세요.

토큰화 •	• 토큰화의 결과로 얻어지는 텍스트의 개별 단위이며 단어, 구두점, 특수 문자 등을 나타냅니다.
토큰 •	• 텍스트 안의 패턴을 정의하는 데 사용하며, 토큰화를 포함하여 유연하고 정확한 텍스트 조작을 가능하게 합니다.
정규 표현식 •	• 추가적인 처리를 위해 텍스트 데이터에 수행하는 초기 단계. 예를 들어 텍스트를 언어 모델에 사용하기 적합하게 만드는 토큰화가 있습니다.
전처리 •	• 텍스트를 토큰이라 부르는 개별 단위로 분할합니다. 토큰은 단어, 구두점, 그 외 다른 특수 문자가 될 수 있습니다.

2.4 특수 문맥 토큰 추가하기

1. 어휘사전에 추가되는 두 개의 특수 토큰은 무엇이며 이 토큰의 역할은 무엇인가요?

2. SimpleTokenizerV2 클래스는 알지 못하는 단어를 어떻게 처리하나요?

3. 여러 개의 독립된 문서에서 훈련할 때 <|endoftext|> 토큰의 역할을 설명하세요.

4. 다음 코드에서 일부 내용이 삭제되었습니다. 삭제된 코드는 무엇이며 어디에 들어가야 하나요?

   a. unk

   b. \n

   c. <|unk|>

   d. |unk|

```
def encode(self, text):
    preprocessed = re.split(r'([,.:;?_!"()\']|--|\s)', text)
    preprocessed = [
        item.strip() for item in preprocessed if item.strip()
    ]
    preprocessed = [item if item in self.str_to_int
                    else "___1___" for item in preprocessed]

    ids = [self.str_to_int[s] for s in preprocessed]
    return ids
```

5. LLM에서 널리 사용되는 추가적인 특수 토큰은 무엇이며 어떤 기능을 하나요?

6. 왼쪽의 용어와 오른쪽의 설명을 맞게 연결하세요.

어휘사전 •	• 토큰의 정수 표현으로, 토큰을 임베딩 벡터로 변환하기 전에 중간 단계로 사용됩니다.
토큰 ID •	• 어휘사전을 구축하고 언어 모델을 학습시키는 데 사용되는 데이터셋
토크나이저 •	• 전체 훈련 데이터셋을 토큰화한 다음 토큰을 알파벳순으로 정렬하여 만들며, 각각의 토큰을 고유한 정수 값에 매핑한 것
훈련 세트 •	• 텍스트를 토큰 ID로 인코딩하고, 토큰 ID를 다시 텍스트로 디코딩하는 메서드를 구현한 클래스

2.5 바이트 페어 인코딩

1. 이 그림의 두 단계는 무엇을 나타내나요?

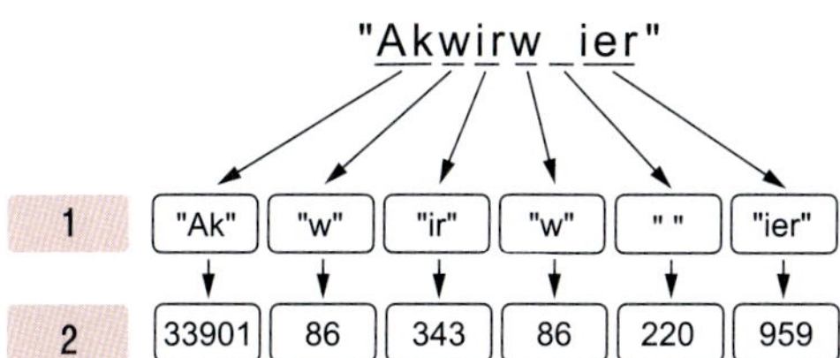

다음 표에 답을 넣으세요.

단계	설명
1	
2	

2. 토큰화를 위해 바이트 페어 인코딩(BPE)을 사용하는 경우, 특히 알지 못하는 단어를 처리할 때 주요 장점은 무엇인가요?

3. GPT-2, GPT-3와 원본 ChatGPT와 같은 모델에서 사용하는 BPE 토크나이저의 어휘사전 크기는 얼마인가요?

4. BPE 토크나이저는 <|unk|> 토큰을 사용하지 않고 someunknownPlace와 같이 알지 못하는 단어를 어떻게 처리하나요?

5. 본문의 코드 예제에서 BPE 토크나이저를 구현하기 위해 사용한 파이썬 라이브러리는 무엇인가요?

2.6 슬라이딩 윈도로 데이터 샘플링하기

1. 대규모 언어 모델(LLM)을 훈련할 때 입력-타깃 쌍을 만드는 목적을 설명하세요.

2. 입력-타깃 쌍을 생성하기 위해 사용하는 슬라이딩 윈도 방법과 작동 방식을 설명하세요.

3. 다음 코드에서 일부 내용이 삭제되었습니다. 삭제된 코드는 무엇이며 어디에 들어가야 하나요?

   a. torch.vector

   b. tiktoken

   c. tokenizer

   d. torch.tensor

```
import torch
from torch.utils.data import Dataset, DataLoader
class GPTDatasetV1(Dataset):
    def __init__(self, txt, tokenizer, max_length, stride):
        self.input_ids = []
        self.target_ids = []

        token_ids = ____1____.encode(txt)

        for i in range(0, len(token_ids) - max_length, stride):
            input_chunk = token_ids[i:i + max_length]
            target_chunk = token_ids[i + 1: i + max_length + 1]
            self.input_ids.append(____2____(input_chunk))
            self.target_ids.append(____3____(target_chunk))

    def __len__(self):
        return len(self.input_ids)

    def __getitem__(self, idx):
        return self.input_ids[idx], self.target_ids[idx]
```

각 빈칸에 들어갈 정답을 넣으세요.

빈칸의 번호	1	2	3
코드 번호			

4. GPTDatasetV1 클래스에 있는 stride 매개변수의 역할은 무엇인가요? 생성되는 입력-타깃 쌍에 어떤 영향을 미치나요?

5. GPTDatasetV1 클래스에 있는 max_length 매개변수의 목적은 무엇인가요? 생성되는 입력-타깃 쌍에 어떤 영향을 미치나요?

6. 다음 코드에서 일부 내용이 삭제되었습니다. 삭제된 코드는 무엇이며 어디에 들어가야 하나요?

   a. tokenizer

   b. tiktoken

   c. dataset

   d. dataloader

```
def create_dataloader_v1(txt, batch_size=4, max_length=256,
                         stride=128, shuffle=True, drop_last=True,
                         num_workers=0):
    tokenizer = ____1____.get_encoding("gpt2")
    dataset = GPTDatasetV1(txt, tokenizer, max_length, stride)
    dataloader = DataLoader(
        ___2___,
        batch_size=batch_size,
        shuffle=shuffle,
        drop_last=drop_last,
        num_workers=num_workers
    )

    return dataloader
```

각 빈칸에 들어갈 정답을 넣으세요.

빈칸의 번호	1	2
코드 번호		

7. 파이토치의 Dataset과 DataLoader 클래스를 사용하여 LLM 훈련을 위한 데이터 로더를 만드는 목적은 무엇인가요?

8. 왼쪽의 용어와 오른쪽의 설명을 맞게 연결하세요.

바이트 페어 인코딩 •	• 토크나이저의 어휘사전에 없는 단어
부분단어 •	• 토크나이저가 인식하고 표현할 수 있는 고유한 총 토큰 개수
OOV 단어 •	• BPE 토크나이저가 단어를 분할하여 만드는 더 작은 텍스트 단위. 개별 문자나 문자의 조합이 될 수 있습니다.
어휘사전 크기 •	• 단어를 더 작은 부분단어 또는 개별 문자로 분할하는 토큰화 방법. 알지 못하는 단어를 부분단어 토큰이나 문자의 연속으로 표현하여 처리할 수 있습니다.

2.7 토큰 임베딩 만들기

1. GPT와 유사한 LLM을 훈련하기 위해 임베딩 벡터가 필요한 이유가 무엇인가요?

2. LLM 훈련 초기에 임베딩 가중치가 어떻게 초기화되나요?

3. 다음 그림에서 빈칸에 알맞은 단계는 무엇인가요?

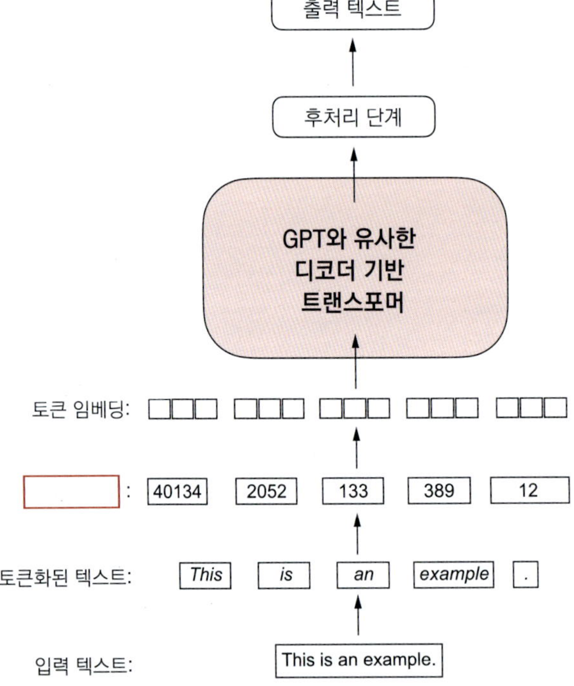

4. 임베딩 층을 사용해 토큰 ID를 임베딩 벡터로 변환하는 과정을 설명하세요.

5. 임베딩 층의 가중치 행렬이 어휘사전 크기와 임베딩 차원에 어떻게 관련이 있나요?

6. 왼쪽의 용어와 오른쪽의 설명을 맞게 연결하세요.

문맥 크기 •	• 입력-타깃 쌍의 다음 배치를 만들 때 입력 윈도가 이동하는 위치 개수
입력-타깃 쌍 •	• 텍스트 데이터셋에서 토큰의 윈도를 이동하면서 입력-타깃 쌍을 만드는 기법
슬라이딩 윈도 •	• LLM이 다음 단어를 예측하기 위해 입력으로 사용하는 토큰 개수
스트라이드 •	• LLM을 훈련하기 위해 사용하는 데이터 쌍. 입력은 토큰의 시퀀스이고 타깃은 시퀀스에 있는 다음 토큰입니다.

2.8 단어 위치 인코딩하기

1. 토큰 순서에 대한 LLM의 주요 단점은 무엇이며 어떻게 이를 해결하나요?

2. 절대 위치 임베딩과 상대 위치 임베딩 사이에 차이점을 설명하세요.

3. 오픈AI의 GPT 모델에서 사용하는 위치 임베딩은 무엇인가요?

4. 토큰 임베딩과 위치 임베딩을 사용해 LLM을 위한 입력 임베딩을 만드는 과정을 설명하세요.

5. 본문 코드에서 `token_embedding_layer`와 `pos_embedding_layer`의 역할은 무엇인가요?

정답

1. B
2. C
3. D
4. A
5. B
6. C

2.1 단어 임베딩 이해하기

1. 딥러닝 모델은 수치 데이터를 처리할 수 있지만 텍스트는 범주형입니다. 단어 임베딩은 단어를 연속적인 실수값의 벡터로 변환합니다. 따라서 신경망에서 사용하는 수치 연산과 호환됩니다.

2. Word2Vec는 타깃 단어가 주어졌을 때 문맥 단어를 예측하거나 그 반대로 신경망을 훈련합니다. 이 방법은 비슷한 문맥에 등장하는 단어는 비슷한 의미를 가진다고 가정합니다. 결과적으로 임베딩 공간에서 관련된 단어의 표현을 클러스터로 모읍니다.

3. 단어 임베딩의 차원이 높으면 단어 사이의 미묘한 관계를 포착할 수 있지만 계산 효율성이 줄어듭니다. 차원을 낮추면 처리가 빨라지지만 상세한 의미를 파악하기 어렵습니다.

4. LLM은 입력 층의 일부로 자체적으로 임베딩을 생성하고 훈련을 통해 최적화합니다. 이를 통해 특정 작업과 데이터에 맞는 임베딩을 만들 수 있으며 사전 훈련된 임베딩보다 더 높은 성능을 낼 수 있습니다.

5. 사람의 시각과 그래픽 표현은 3차원 이하로 제한됩니다. 고차원 임베딩을 시각화하려면 특수한 기술이나 차원 축소 방법이 필요합니다.

2.2 텍스트 토큰화하기

1. 토큰화는 LLM에서 임베딩을 만들기 위한 중요한 전처리 단계입니다. 입력 텍스트를 개별 토큰으로 분할하여 추가적인 처리와 임베딩 생성을 위한 준비를 합니다. 여기서 토큰은 단어 또는 특수 토큰일 수 있습니다.

2. `re.split` 함수를 사용해 텍스트를 특정 패턴을 기반으로 분할할 수 있습니다. 공백 문자, 구두점, 다른 특수 문자에 매칭되도록 정규 표현식을 작성하여 텍스트를 개별 토큰으로 분할할 수 있습니다. 이렇게 만들어진 리스트를 추가적으로 처리하여 중복된 공백 문자를 제거할 수 있습니다.

3. 대소문자는 LLM이 고유 명사와 일반 명사를 구분하고, 문장 구조를 이해하고, 대문자를 적절하게 사용해 텍스트를 생성할 수 있게 돕습니다. 따라서 토큰화 과정에서 대소문자를 유지하는 것은 효과적인 언어 모델을 훈련하는 데 도움이 됩니다.

4. 공백을 제거하면 메모리와 계산 요구 사항이 감소됩니다. 하지만 공백을 유지하면 들여쓰기와 공백이 중요한 파이썬 코드에서처럼 텍스트의 정확한 구조에 민감한 모델을 훈련하는 데 도움이 될 수 있습니다.

5. 다음과 같이 연결되어야 합니다.

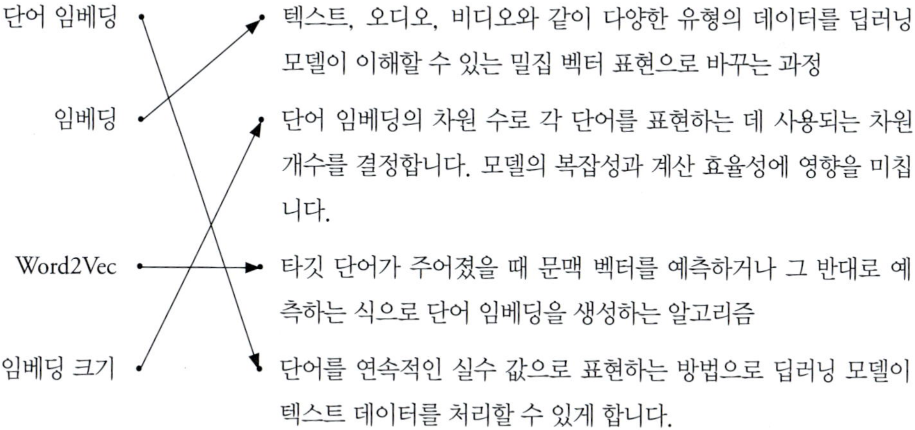

2.3 토큰을 토큰 ID로 변환하기

1. 토큰을 토큰 ID로 변환하는 것은 임베딩 벡터로 변환하기 전의 중간 단계입니다. 이 과정을 통해 언어 모델 안에서 텍스트 데이터를 효율적으로 표현하고 처리할 수 있습니다.

2. 어휘사전은 전체 훈련 데이터셋을 토큰화하고, 고유한 토큰을 알파벳 순서대로 정렬한 다음 각 토큰에 고유한 정수를 부여하여 만듭니다. 이런 매핑을 통해 토큰과 정수 표현 사이를 효율적으로 전환할 수 있습니다.

3. encode 메서드는 텍스트를 입력으로 받아, 토큰으로 분할하고, 어휘사전을 사용해 토큰을 정수 ID로 변환합니다. 이 과정을 통해 텍스트 데이터를 언어 모델이 처리할 수 있는 정수 시퀀스로 표현합니다.

4. decode 메서드는 토큰 ID 시퀀스를 입력으로 받고 역 어휘사전을 사용해 토큰 ID를 텍스트 토큰으로 변환합니다. 이를 통해 언어 모델이 출력하는 정수 시퀀스를 사람이 읽을 수 있는 텍스트로 변환할 수 있습니다.

5. 작은 훈련 세트에서 만든 어휘사전을 사용하면 훈련 데이터에 없는 새로운 단어를 만날 때 문제가 될 수 있습니다. 토큰화 과정에서 적절한 토큰을 생성하지 못할 수 있습니다. 따라서 강력한 언어 모델을 구축하려면 다양한 대규모 훈련 세트를 사용하는 것이 중요합니다.

6. 다음과 같이 연결되어야 합니다.

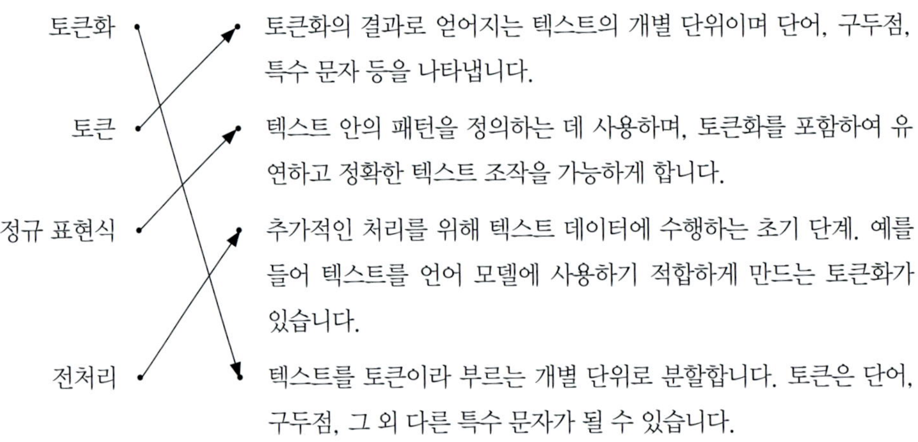

2.4 특수 문맥 토큰 추가하기

1. 추가되는 두 개의 특수 토큰은 `<|unk|>`와 `<|endoftext|>`입니다. `<|unk|>`는 훈련 데이터에 없어 알지 못하는 단어를 나타냅니다. `<|endoftext|>`는 서로 다른 텍스트 문서를 구분하는데 사용되며 LLM이 문서의 고유 특징을 이해하는 데 도움이 됩니다.

2. 어휘사전에 없는 단어를 만나면 `SimpleTokenizerV2`는 이를 `<|unk|>` 토큰으로 바꾸어 모든 단어가 인코딩된 텍스트에 표현되게 합니다.

3. <|endoftext|> 토큰은 관련 없는 텍스트 소스 사이를 구분하는 표시자의 역할을 하며 특정 세그먼트의 시작 또는 끝을 알립니다. 훈련을 위해 텍스트를 연결했지만 별개라는 것을 LLM이 이해하는 데 도움이 됩니다.

4. 빈칸에 들어갈 코드는 다음과 같습니다.

빈칸의 번호	1
코드 번호	C

5. 다른 특수 토큰으로는 [BOS](beginning of sequence), [EOS](end of sequence), [PAD](padding) 등이 있습니다. [BOS]는 텍스트의 시작을 나타내고, [EOS]는 텍스트의 끝을 표시합니다. [PAD]는 짧은 텍스트를 훈련 배치에서 가장 긴 텍스트 길이에 맞도록 늘리는데 사용됩니다.

6. 다음과 같이 연결되어야 합니다.

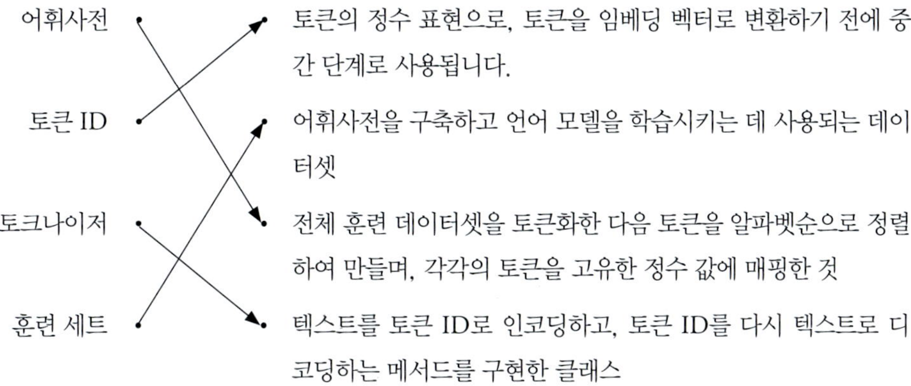

2.5 바이트 페어 인코딩

1. 각 단계가 나타내는 것은 다음과 같습니다.

단계	설명
1	토큰
2	토큰 ID

2. BPE 토크나이저는 알지 못하는 단어를 더 작은 부분단어 또는 개별 문자로 분할합니다. 이를 통해 <|unk|> 특수 토큰을 사용하지 않고 어떤 단어도 다룰 수 있습니다. 따라서 텍스트에 훈련 데이터에 없는 단어를 포함하고 있더라도 토크나이저와 LLM이 이를 처리할 수 있습니다.

3. 이런 모델에 사용되는 BPE 토크나이저의 어휘사전 크기는 50,257입니다. 가장 큰 토큰 ID에 해당하는 토큰은 <|endoftext|>입니다.

4. BPE 토크나이저는 알지 못하는 단어를 더 작은 부분단어나 개별 문자로 분할합니다. 이런 식으로 모든 단어를 부분단어 토큰이나 문자의 시퀀스로 표현할 수 있습니다. 따라서 알지 못하는 단어를 위한 특수 토큰 없이도 모든 텍스트를 처리할 수 있습니다.

5. 오픈 소스 파이썬 라이브러리인 `tiktoken`을 사용합니다. 러스트(Rust) 코드를 기반으로 BPE 알고리즘이 효율적으로 구현되어 있습니다.

2.6 슬라이딩 윈도로 데이터 샘플링하기

1. 입력-타깃 쌍은 텍스트 시퀀스와 이에 해당하는 다음 단어를 모델에게 제공하므로 LLM 훈련에 필수적입니다. 이를 사용해 LLM이 단어 사이의 관계를 학습하고 주어진 문맥에서 가장 가능성이 높은 단어를 예측할 수 있습니다.

2. 슬라이딩 윈도 방식은 텍스트 시퀀스를 순회하면서 겹치는 영역을 가진 텍스트 청크(chunk)를 입력으로 추출합니다. 각 입력 청크는 타깃에 해당하는 다음 단어와 쌍을 이룹니다. 윈도가 텍스트 전체를 슬라이딩하면서 훈련을 위한 여러 개의 입력-타깃 쌍을 만듭니다.

3. 빈칸에 들어갈 코드는 다음과 같습니다.

빈칸의 번호	1	2	3
코드 번호	C	D	D

4. `stride` 매개변수는 슬라이딩 윈도의 스텝 크기를 결정합니다. 작은 스트라이드는 겹치는 부분이 많은 입력 청크를 만들고, 큰 스트라이드는 중복이 적습니다. 스트라이드 선택이 생성되는 데이터 양과 텍스트에 있는 장거리 의존성을 포착하는 가능성에 영향을 미칩니다.

5. `max_length` 매개변수는 텍스트에서 추출하는 입력 청크의 크기를 정의합니다. 즉, 각 입력 시퀀스에 포함된 토큰의 개수를 결정합니다. `max_length`가 크면 LLM이 긴 문맥을 처리할 수 있지만 훈련에 드는 계산 비용이 증가합니다.

6. 빈칸에 들어갈 코드는 다음과 같습니다.

빈칸의 번호	1	2
코드 번호	B	C

7. 파이토치의 `Dataset`과 `DataLoader` 클래스는 대규모 데이터셋을 관리하고 순회하기 위해 필요한 편리하고 효율적인 도구를 제공합니다. LLM 훈련 과정을 최적화하는 데 중요한 배치 생성, 셔플링, 병렬 데이터 로드를 수행할 수 있습니다.

8. 다음과 같이 연결되어야 합니다.

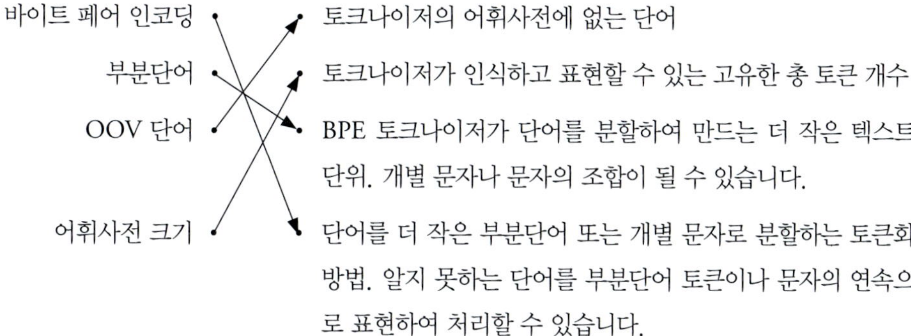

2.7 토큰 임베딩 만들기

1. 임베딩 벡터는 GPT와 유사한 LLM을 훈련하는 데 필수적입니다. 이런 모델이 역전파 알고리즘에 의존하여 학습하는 심층 신경망이기 때문입니다. 역전파는 임베딩 벡터와 같은 연속적인 벡터 표현이 필요합니다.

2. 임베딩 가중치는 초기에 랜덤한 값으로 할당됩니다. 이 랜덤한 값이 LLM 학습의 시작점이 됩니다. 훈련하는 동안 모델 성능을 향상시키기 위해 역전파를 통해 임베딩 가중치가 최적화됩니다.

3. 이 그림의 빈 칸에 들어갈 단계는 '토큰 ID'입니다.

4. 임베딩 층은 룩업 테이블(lookup table)처럼 동작합니다. 토큰 ID가 주어지면 가중치 행렬에서 이에 해당하는 임베딩 벡터를 추출합니다. 임베딩 벡터는 연속적인 토큰 표현이므로 LLM이 이를 효과적으로 처리할 수 있습니다.

5. 임베딩 층의 가중치 행렬은 어휘사전 크기만큼의 행을 가집니다. 각 행은 고유한 토큰을 나타냅니다. 이 가중치 행렬의 열 개수는 임베딩 차원에 해당합니다. 따라서 각 토큰의 임베딩 벡터 크기를 결정합니다.

6. 다음과 같이 연결되어야 합니다.

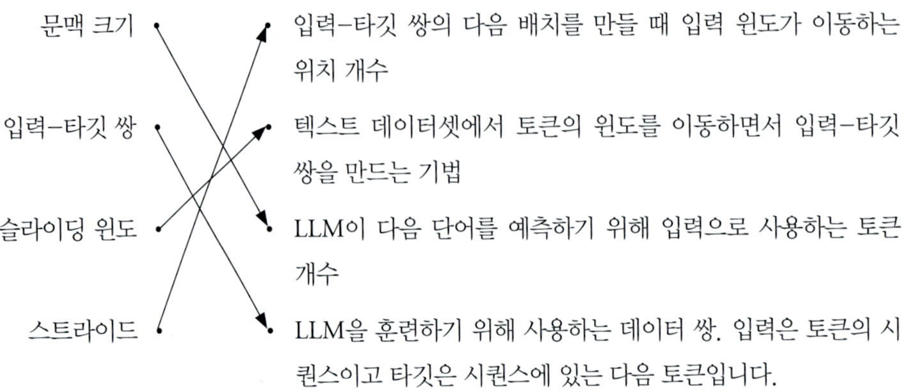

2.8 단어 위치 인코딩하기

1. LLM의 셀프 어텐션 메커니즘은 토큰 순서에 대한 개념이 부족합니다. 이를 보완하기 위해 시퀀스 안의 각 토큰의 위치에 대한 정보를 제공하는 위치 임베딩이 도입되었습니다.

2. 절대 위치 임베딩은 시퀀스의 각 위치에 고유한 임베딩을 할당합니다. 이 임베딩은 정확한 위치를 나타냅니다. 상대 위치 임베딩은 토큰 사이의 상대적인 거리에 초점을 맞추므로 길이가 다른 시퀀스에 모델이 더 잘 일반화될 수 있습니다.

3. GPT 모델은 절대 위치 임베딩을 사용하며 훈련 과정에서 이를 최적화합니다. 이런 임베딩은 고정되거나 사전에 정의되어 있지 않으며 모델의 다른 파라미터와 함께 학습됩니다.

4. 토큰 ID를 벡터에 매핑함으로써 토큰 임베딩을 생성합니다. 그런 다음 위치 임베딩을 토큰 임베딩에 더하여 토큰 정보와 위치 정보를 통합한 입력 임베딩을 만듭니다.

5. `token_embedding_layer`는 토큰 ID를 임베딩 벡터로 변환합니다. `pos_embedding_layer`는 시퀀스의 각 토큰 위치를 기반으로 위치 임베딩을 생성합니다.

CHAPTER

3

어텐션 메커니즘 구현하기

3장은 LLM에서 중요한 여러 유형의 어텐션 메커니즘을 구현합니다. 구체적으로 GPT 구조에서 사용하는 셀프 어텐션 메커니즘에 초점을 맞춥니다. 셀프 어텐션은 시퀀스의 표현을 계산할 때 입력 시퀀스에 있는 각 토큰이 다른 모든 토큰에 대해 관련성을 고려하거나 '주의(attend)'를 기울일 수 있는 메커니즘입니다. 셀프 어텐션은 GPT 시리즈와 같이 트랜스포머 구조를 기반으로 하는 현대 LLM의 핵심 구성 요소입니다.

질문에 대한 답은 마지막에 있습니다.

3.1 SECTION 주요 개념에 대한 객관식 질문

1. 특히 긴 문장의 언어 번역을 위해 전통적인 인코더-디코더 RNN 구조를 사용할 때 주요 문제는 무엇인가요?

- **a.** RNN은 하나의 은닉 상태에 의존하기 때문에 입력 시퀀스의 앞부분에 등장하는 문맥을 유지하는 데 어려움이 있습니다.
- **b.** RNN은 그레이디언트 소실 가능성이 높아 장거리 의존성을 학습하기 어렵습니다.
- **c.** RNN은 계산 비용이 높고 훈련 속도가 느립니다.
- **d.** RNN은 텍스트와 같은 순차 데이터를 처리하는 데 적합하지 않습니다.

2. 셀프 어텐션에서 '쿼리' 벡터의 목적은 무엇인가요?

- **a.** 쿼리 벡터를 사용해 키 벡터와 값 벡터를 결합합니다.
- **b.** 쿼리 벡터를 사용해 어텐션 가중치를 계산합니다.
- **c.** 쿼리 벡터는 시퀀스에서 모델이 초점을 맞춰야 할 현재 원소를 나타냅니다. 이를 사용해 다른 원소와의 관련성을 계산합니다.
- **d.** 쿼리 벡터를 사용해 출력 시퀀스를 생성합니다.

3. 언어 모델에서 어텐션 메커니즘의 주요 기능은 무엇인가요?

   a. 긴 시퀀스를 처리하는 모델의 능력을 향상시킵니다.

   b. 모델의 계산 복잡도를 낮춥니다.

   c. 창의적이고 다양한 출력을 생성합니다.

   d. 입력 시퀀스의 특정 부분에 선택적으로 초점을 맞춥니다.

4. ______________ 어텐션 메커니즘에서 멀티 어텐션 헤드를 사용하는 주요 이점은 모델이 입력 시퀀스의 여러 측면에 동시에 주의를 기울일 수 있다는 것입니다. 따라서 복잡한 관계를 포착하는 능력을 향상시킬 수 있습니다.

   a. 멀티 헤드 어텐션

   b. 싱글 헤드 어텐션

   c. 신경 어텐션

   d. 멀티 쿼리 어텐션

5. 어텐션 메커니즘에 있는 __________의 목적은 훈련 과정에서 어텐션 가중치를 랜덤하게 제외하는 것입니다. 이를 통해 모델이 특정 가중치에 과도하게 의존하는 것을 방지합니다.

   a. 드롭아웃

   b. 규제

   c. 인코딩

   d. 정규화

6. ________________ 클래스는 하나의 클래스 안에 멀티 헤드 기능을 통합합니다. 반면 `MultiHeadAttentionWrapper` 클래스는 여러 개의 `CausalAttention` 객체의 리스트를 사용합니다.

   a. `CausalAttention`

   b. `MultiHeadAttention`

   c. `Functionality`

   d. `ModuleList`

7. `MultiHeadAttention` 클래스에서 출력 투영 층의 목적은 무엇인가요?

   a. 어텐션 헤드의 출력을 결합하여 원하는 출력 차원으로 변환하기 위해

   b. 어텐션 메커니즘의 계산 복잡도를 낮추기 위해

   c. 어텐션 가중치의 합이 1이 되도록 하기 위해

   d. 모델을 잡음에 강하게 만들기 위해

3.2 SECTION 각 절에 대한 주관식 질문

이제 이 장의 내용을 좀 더 자세히 살펴보겠습니다.

3.1 긴 시퀀스 모델링의 문제점

1. 텍스트를 한 언어에서 다른 언어로 번역할 때 생기는 주요 문제는 무엇인가요? 단순하게 한 단어씩 번역하지 못하는 이유는 무엇인가요?

2. 언어 번역을 위한 RNN 모델의 인코더와 디코더 역할을 설명하세요.

3. 긴 시퀀스를 처리하는 데 인코더-디코더 RNN의 주요 제약은 무엇인가요?

4. 인코더-디코더 RNN 측면에서 은닉 상태의 개념을 설명하세요.

3.2 어텐션 메커니즘으로 데이터 의존성 포착하기

1. 긴 텍스트를 번역하는 데 RNN의 주요 제약은 무엇인가요?

2. LLM에서 셀프 어텐션은 얼마나 중요한가요?

3. 왼쪽의 용어와 오른쪽의 설명을 맞게 연결하세요.

어텐션 메커니즘 •	• 셀프 어텐션 메커니즘을 사용하여 순차 데이터를 처리하는 신경망 구조. 장거리 의존성을 처리할 수 있고 기계 번역, 텍스트 생성과 같은 작업에서 전통적인 RNN의 성능을 능가합니다.
셀프 어텐션 •	• 트랜스포머 구조를 기반으로 하는 대규모 언어 모델 제품군. 텍스트 생성과 언어 번역에서 인상적인 능력을 발휘하는 것으로 유명하며, 언어와 관련된 다양한 작업을 수행할 수 있습니다.
트랜스포머 구조 •	• 신경망이 출력을 생성할 때 입력 시퀀스의 특정 부분에 초점을 맞출 수 있는 기술입니다. 장거리 의존성을 포착하고 기계 번역과 같은 작업에서 성능을 향상시킵니다.
GPT 시리즈 •	• 어텐션 메커니즘의 한 유형으로, 시퀀스에 있는 각 원소가 동일 시퀀스에 있는 다른 모든 원소에 주의를 기울일 수 있습니다. 이를 통해 모델이 입력에 있는 관계와 의존성을 학습할 수 있습니다.

3.3 셀프 어텐션으로 입력의 서로 다른 부분에 주의 기울이기

1. 셀프 어텐션의 '셀프'의 의미는 무엇인가요?

2. 셀프 어텐션에서 문맥 벡터의 개념을 설명하세요.

3. 셀프 어텐션에서 어텐션 점수의 역할은 무엇인가요?

4. 어텐션 점수에 정규화를 적용하는 이유는 무엇인가요?

5. 다음 코드에서 1에 들어갈 함수는 무엇인가요?

```
query = inputs[1]
attn_scores_2 = torch.empty(inputs.shape[0])
for i, x_i in enumerate(inputs):
    attn_scores_2[i] = torch.__1__(x_i, query)
print(attn_scores_2)
```

6. 셀프 어텐션에서 소프트맥스 함수의 목적은 무엇인가요?

7. 다음 그림에서 각 번호가 나타내는 단계는 무엇인가요?

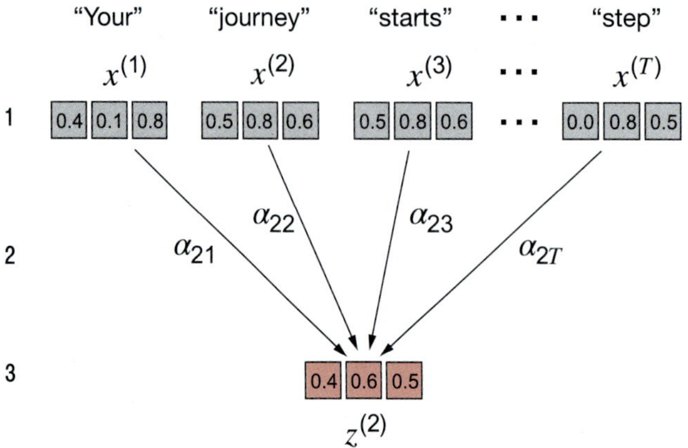

번호	설명
1	
2	
3	

8. 어텐션 가중치를 사용해 문맥 벡터를 어떻게 계산하나요?

9. 왼쪽의 용어와 오른쪽의 설명을 맞게 연결하세요.

용어	설명
문맥 벡터 •	• 쿼리 원소와 다른 모든 입력 원소 사이의 점곱으로 계산하는 중간 값. 원소 사이의 유사도 또는 어텐션을 나타냅니다.
어텐션 점수 •	• 합이 1이 되도록 정규화된 어텐션 점수. 문맥 벡터에 대한 각 입력 원소의 상대적인 중요도 또는 기여도를 나타냅니다.
어텐션 가중치 •	• 더 포괄적인 표현을 만들기 위해 특정 입력 원소와 입력 시퀀스에 있는 다른 모든 원소의 정보를 통합한 임베딩 벡터.

3.4 훈련 가능한 가중치를 가진 셀프 어텐션 구현하기

1. 셀프 어텐션 메커니즘에서 가중치 행렬 W_q, W_k, W_v의 목적을 설명하세요.

2. 셀프 어텐션 메커니즘에서 어텐션 점수와 어텐션 가중치를 계산하는 과정을 설명하세요.

3. 스케일드 점곱 어텐션 메커니즘에서 임베딩 차원(d_k)의 제곱근으로 나누는 것이 왜 중요한가요?

4. 다음 코드에서 일부 내용이 삭제되었습니다. 삭제된 코드는 무엇이며 어디에 들어가야 하나요?

   a. softmax

   b. dim=-1

   c. W_value

   d. Linear

   e. torch

```
class SelfAttention_v2(nn.Module):
    def __init__(self, d_in, d_out, qkv_bias=False):
        super().__init__()
        self.W_query = nn.Linear(d_in, d_out, bias=qkv_bias)
        self.W_key   = nn.Linear(d_in, d_out, bias=qkv_bias)
        self.___1___ = nn.Linear(d_in, d_out, bias=qkv_bias)

    def forward(self, x):
        keys = self.W_key(x)
        queries = self.W_query(x)
        values = self.W_value(x)
        attn_scores = queries @ keys.T
        attn_weights = ___2___.softmax(
            attn_scores / keys.shape[-1]**0.5, ___3___
        )
        context_vec = attn_weights @ values
        return context_vec
```

   각 빈칸에 들어갈 정답을 넣으세요.

빈칸의 번호	1	2	3
코드 번호			

5. SelfAttention_v1과 SelfAttention_v2 클래스의 목적은 무엇인가요? 어떤 구현 차이점이 있나요?

3.5 코잘 어텐션으로 미래의 단어를 감추기

1. 코잘 어텐션의 목적은 무엇인가요? 표준적인 셀프 어텐션과 어떻게 다른가요?

2. 다음 그림은 무엇을 보여 주나요?

	Your	journey	starts	with	one	step
Your	0.19	0.16	0.16	0.15	0.17	0.15
journey	0.20	0.16	0.16	0.14	0.16	0.14
starts	0.20	0.16	0.16	0.14	0.16	0.14
with	0.18	0.16	0.16	0.15	0.16	0.15
one	0.18	0.16	0.16	0.15	0.16	0.15
step	0.19	0.16	0.16	0.15	0.16	0.15

→

	Your	journey	starts	with	one	step
Your	1.0					
journey	0.55	0.44				
starts	0.38	0.30	0.31			
with	0.27	0.24	0.24	0.23		
one	0.21	0.19	0.19	0.18	0.19	
step	0.19	0.16	0.16	0.15	0.16	0.15

3. 어텐션 가중치에 코잘 어텐션 마스크를 적용하는 과정을 설명하세요. 이 마스킹의 목적은 무엇인가요?

4. 코잘 어텐션에서 정보 누수의 개념과 이를 해결하는 방법을 설명하세요.

5. 어텐션 메커니즘에서 드롭아웃의 목적은 무엇인가요? 코잘 어텐션에 어떻게 적용되나요?

6. `CausalAttention` 클래스에서 `register_buffer` 메서드의 역할은 무엇인가요?

7. 왼쪽의 용어와 오른쪽의 설명을 맞게 연결하세요.

용어	설명
코잘 어텐션 •	• 입력 토큰을 쿼리, 키, 값 벡터로 투영하기 위해 사용합니다. 그런 다음 쿼리, 키, 값 벡터를 사용해 어텐션 점수와 어텐션 가중치를 계산합니다.
훈련 가능한 가중치 행렬 •	• 계산 과정에서 선택적으로 특정 값을 가리기 위해 사용합니다. 종종 코잘 어텐션을 구현하기 위해 사용합니다.
마스크 •	• 셀프 어텐션의 특수한 형태로 특정 토큰을 처리할 때 모델이 시퀀스에서 현재 입력과 이전 입력만 고려하도록 제한합니다.

3.6 싱글 헤드 어텐션을 멀티 헤드 어텐션으로 확장하기

1. LLM에서 멀티 헤드 어텐션의 주요 목적은 무엇인가요?

2. `MultiHeadAttentionWrapper` 클래스가 멀티 헤드 어텐션을 어떻게 구현하나요?

3. `MultiHeadAttentionWrapper`와 `MultiHeadAttention` 클래스의 주요 차이점을 설명하세요.

4. 다음 코드에서 일부 내용이 삭제되었습니다. 삭제된 코드는 무엇이며 어디에 들어가야 하나요?

    a. `'mask'`

    b. `torch`

    c. `dropout`

    d. `-torch.inf`

    e. `W_value`

    f. `Linear`

```
class CausalAttention(nn.Module):
    def __init__(self, d_in, d_out, context_length,
                 dropout, qkv_bias=False):
        super().__init__()
        self.d_out = d_out
        self.W_query = nn.Linear(d_in, d_out, bias=qkv_bias)
        self.W_key   = nn.Linear(d_in, d_out, bias=qkv_bias)
        self.W_value = nn.Linear(d_in, d_out, bias=qkv_bias)
        self.dropout = nn.Dropout(dropout)
        self.register_buffer(
            1 ,
           torch.triu(torch.ones(context_length, context_length),
           diagonal=1)
        )

    def forward(self, x):
        b, num_tokens, d_in = x.shape
        keys = self.W_key(x)
        queries = self.W_query(x)
        values = self.  2  (x)

        attn_scores = queries @ keys.transpose(1, 2)
        attn_scores.masked_fill_(
            self.mask.bool()[:num_tokens, :num_tokens],    3    )
        attn_weights = torch.softmax(
            attn_scores / keys.shape[-1]**0.5, dim=-1
        )
        attn_weights = self.  4  (attn_weights)

        context_vec = attn_weights @ values
        return context_vec
```

각 빈칸에 들어갈 정답을 넣으세요.

빈칸의 번호	1	2	3	4
코드 번호				

5. `MultiHeadAttention` 클래스에 있는 출력 투영 층의 목적은 무엇인가요?

6. `MultiHeadAttention` 클래스가 `MultiHeadAttentionWrapper`보다 더 효율적인 이유는 무엇인가요?

7. 왼쪽의 용어와 오른쪽의 설명을 맞게 연결하세요.

용어	설명
마스크드 어텐션 •	• 어텐션 메커니즘을 여러 개의 독립된 헤드로 나누어 처리하여 패턴 인식과 모델 성능을 향상시키는 방법. 각 헤드는 독자적인 가중치를 가지고 있습니다.
드롭아웃 •	• 훈련 과정에서 은닉 층의 유닛을 랜덤하게 제외함으로써 모델이 특정 유닛에 과도하게 의존하지 못하게 하는 기법
멀티 헤드 어텐션 •	• 셀프 어텐션의 특수한 형태입니다. 주어진 토큰을 처리할 때 모델이 시퀀스의 현재와 이전 입력만 고려하도록 제한합니다.

정답

1. A
2. C
3. D
4. A
5. A
6. B
7. A

3.1 긴 시퀀스 모델링의 문제점

1. 언어마다 문법 구조가 다르다는 점에 어려움이 있습니다. 문장 구조와 단어 순서가 다르기 때문에 단어 대 단어로 번역하면 의미와 문맥을 포착하는 데 실패합니다.

2. 인코더가 입력 텍스트 전체를 처리하여 하나의 은닉 상태에 의미를 인코딩합니다. 그다음 디코더가 이 은닉 상태를 사용해 번역된 텍스트를 한 번에 한 단어씩 생성합니다.

3. 인코더-디코더 RNN은 디코딩 과정에서 현재 은닉 상태에만 의존하므로 맥락을 잃어버릴 수 있습니다. 특히 복잡한 문장에서 멀리 떨어진 단어에 의존성이 있는 경우입니다.

4. 은닉 상태는 입력 시퀀스의 압축된 표현으로 전체 텍스트의 의미를 포착합니다. 디코더가 번역된 출력을 생성하기 위해 사용하는 메모리 셀의 역할을 합니다.

3.2 어텐션 메커니즘으로 데이터 의존성 포착하기

1. RNN은 디코딩을 시작하기 전에 인코딩된 전체 입력을 하나의 은닉 상태로 기억해야 하기 때문에 긴 텍스트에 어려움을 겪습니다. 따라서 입력의 앞부분에 등장하는 정보를 기억하기 어렵습니다.

2. 셀프 어텐션은 GPT 시리즈와 같은 트랜스포머 구조 기반의 현대 LLM에서 중요한 구성 요소입니다. 이를 통해 장거리 의존성을 포착하고 문장 내 단어 사이 관계를 이해할 수 있습니다.

3. 다음과 같이 연결되어야 합니다.

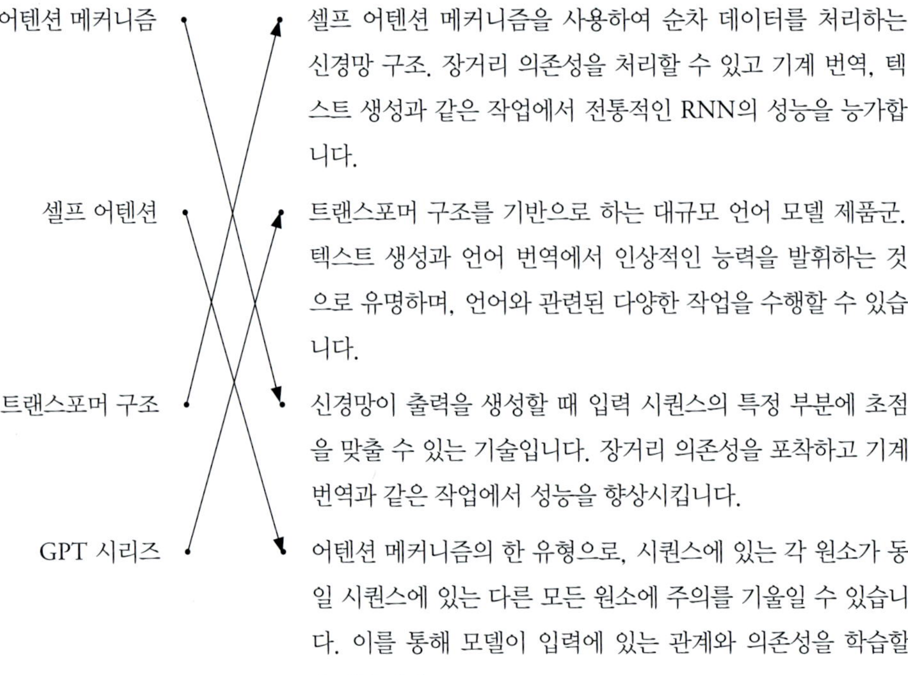

어텐션 메커니즘
셀프 어텐션
트랜스포머 구조
GPT 시리즈
셀프 어텐션 메커니즘을 사용하여 순차 데이터를 처리하는 신경망 구조. 장거리 의존성을 처리할 수 있고 기계 번역, 텍스트 생성과 같은 작업에서 전통적인 RNN의 성능을 능가합니다.
트랜스포머 구조를 기반으로 하는 대규모 언어 모델 제품군. 텍스트 생성과 언어 번역에서 인상적인 능력을 발휘하는 것으로 유명하며, 언어와 관련된 다양한 작업을 수행할 수 있습니다.
신경망이 출력을 생성할 때 입력 시퀀스의 특정 부분에 초점을 맞출 수 있는 기술입니다. 장거리 의존성을 포착하고 기계 번역과 같은 작업에서 성능을 향상시킵니다.
어텐션 메커니즘의 한 유형으로, 시퀀스에 있는 각 원소가 동일 시퀀스에 있는 다른 모든 원소에 주의를 기울일 수 있습니다. 이를 통해 모델이 입력에 있는 관계와 의존성을 학습할 수 있습니다.

3.3 셀프 어텐션으로 입력의 서로 다른 부분에 주의 기울이기

1. 셀프 어텐션의 '셀프'는 하나의 입력 시퀀스 안에서 각기 다른 토큰 간의 어텐션 가중치를 계산하는 이 메커니즘의 능력을 나타냅니다. 입력 자체 내에 있는 토큰 간의 관계와 의존성을 평가하고 학습합니다.

2. 문맥 벡터는 입력 시퀀스에 있는 모든 원소의 정보를 통합한 고품질 임베딩 벡터입니다. 다른 원소와의 관계를 고려하여 각 원소를 이해한 결과를 표현한 것입니다.

3. 어텐션 점수는 쿼리와 입력 시퀀스에 있는 다른 모든 원소 사이의 유사도를 나타내는 중간 값입니다. 점곱을 사용해 계산하며 각 원소에 대한 어텐션 또는 초점의 정도를 나타냅니다.

4. 어텐션 점수에 정규화를 적용하여 합이 1이 되는 어텐션 가중치를 얻습니다. 이 정규화는 해석하는 데 유용하며 LLM 훈련 안정성을 유지하는 데 도움이 됩니다.

5. dot() 함수입니다. 쿼리와 입력 사이의 점곱을 계산합니다.

6. 소프트맥스 함수를 사용해 어텐션 점수를 정규화합니다. 이를 통해 어텐션 가중치가 항상 양수이고 합이 1이 되도록 만듭니다. 이렇게 하면 어텐션 가중치를 확률 또는 상대적인 중요도로 해석하기 용이합니다.

7. 각 단계에 대한 설명은 다음과 같습니다.

번호	설명
1	시퀀스에 있는 각 토큰에 대한 입력 벡터
2	입력 원소 $x^{(2)}$와 다른 원소 간의 유사도를 계산하기 위한 어텐션 가중치
3	문맥 벡터 $z^{(2)}$는 입력 원소 $x^{(2)}$에 대한 어텐션 가중치로 모든 입력 벡터를 조합하여 계산됩니다.

8. 문맥 벡터는 임베딩된 입력 토큰과 어텐션 가중치를 곱하고 모두 더하여 계산합니다. 이 가중치 합은 모든 입력 원소의 정보를 결합하여 각 원소에 대해 정보가 풍부한 표현을 만듭니다.

9. 다음과 같이 연결되어야 합니다.

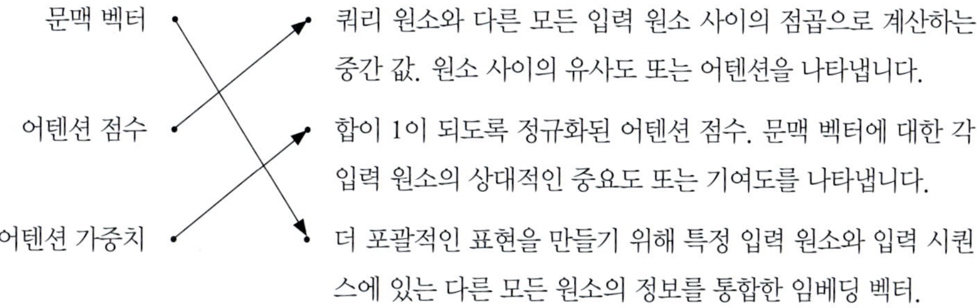

3.4 훈련 가능한 가중치를 가진 셀프 어텐션 구현하기

1. 이 행렬을 사용해 임베딩된 입력 토큰을 쿼리, 키, 값 벡터로 각각 투영합니다. 이 투영을 통해 모델이 입력 시퀀스의 서로 다른 부분 사이에서 관계를 학습하고 문맥 벡터를 생성하기 위해 각 입력 원소의 중요도를 결정할 수 있습니다.

2. 쿼리 벡터와 키 벡터 사이의 점곱을 통해 어텐션 점수를 계산합니다. 그런 다음 이 점수를 소프트맥스 함수로 정규화하여 어텐션 가중치를 얻습니다. 이는 현재 쿼리에 대해 다른 입력 원소의 상대적인 중요도를 표현합니다.

3. d_k의 제곱근으로 나누면 역전파에서 그레이디언트가 작아지는 것을 막는 데 도움이 됩니다. 특히 임베딩 차원이 클 때 그렇습니다. 이 스케일 조정을 통해 더 안정적인 범위에서 소프트맥스 함수가 동작하게 되며 결국 더 효과적인 모델 훈련으로 이어집니다.

4. 빈칸에 들어갈 코드는 다음과 같습니다.

빈칸의 번호	1	2	3
코드 번호	C	E	B

5. 두 클래스는 모두 셀프 어텐션 메커니즘을 구현합니다. SelfAttention_v1은 nn.Parameter를 사용해 수동으로 가중치를 초기화하지만, SelfAttention_v2는 가중치 행렬을 위해 nn.Linear 층을 사용합니다. 이 층은 최적화된 가중치 초기화를 제공하고 훈련 안정성을 향상시킵니다.

3.5 코잘 어텐션으로 미래의 단어를 감추기

1. 마스크드 어텐션이라고도 부르는 코잘 어텐션은 모델이 토큰을 처리할 때 시퀀스의 현재 입력과 이전 입력만 사용하도록 제한합니다. 이는 표준 셀프 어텐션이 한 번에 모든 입력 시퀀스를 참조할 수 있는 것과 다릅니다.

2. 이 그림은 코잘 어텐션을 보여 줍니다. 주대각선 위의 어텐션 가중치를 마스킹함으로써 LLM이 어텐션 가중치를 사용해 주어진 입력에 대한 문맥 벡터를 계산할 때 미래 토큰을 참조하지 못하게 합니다(그림 3-19).

3. 코잘 어텐션 마스크를 어텐션 가중치에 적용하여 주대각선 위의 모든 원소를 0으로 만듭니다. 결과적으로 모델이 미래 토큰에 주의를 기울이지 못하게 막습니다. 이는 모델이 현재와 과거 정보로만 예측을 수행하도록 만듭니다.

4. 정보 누수는 마스킹된 위치가 소프트맥스 계산에 영향을 미칠 때 일어납니다. 하지만 마스킹한 후에 어텐션 가중치를 다시 정규화하면 마스킹된 위치의 영향을 없애므로 미래 토큰으로부터 정보 누수가 일어나지 않습니다.

5. 드롭아웃은 훈련 과정에서 은닉층의 유닛을 랜덤하게 제외하여 과대적합을 막는 기법입니다. 코잘 어텐션에서 일반적으로 어텐션 가중치를 적용한 후에 드롭아웃을 적용합니다. 가중치 일부를 0으로 만들고 남은 가중치의 크기를 증가시킵니다.

6. register_buffer 메서드는 훈련 과정에서 장치 불일치로 인한 오류를 피하기 위해 코잘 마스크를 적절한 장치(CPU 또는 GPU)로 자동으로 이동시킵니다.

7. 다음과 같이 연결되어야 합니다.

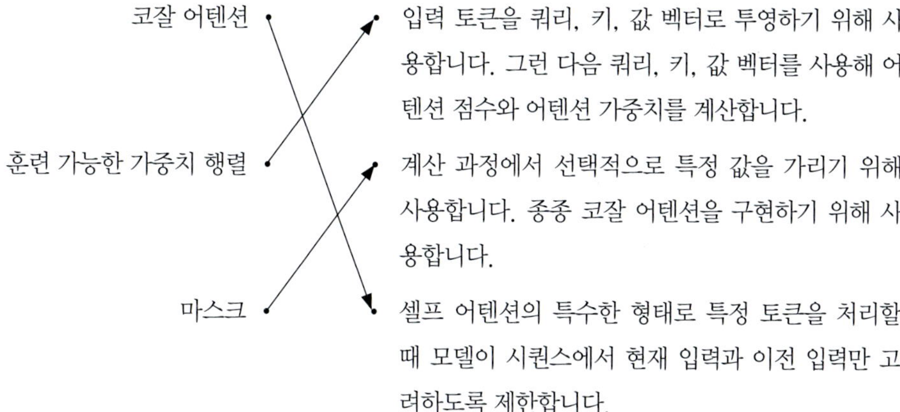

3.6 싱글 헤드 어텐션을 멀티 헤드 어텐션으로 확장하기

1. 멀티 헤드 어텐션을 사용하면 서로 다른 학습된 선형 투영으로 어텐션 메커니즘을 여러번 실행하므로 LLM이 여러 관점에서 정보를 처리할 수 있습니다. 모델이 입력 데이터에 있는 더 복잡한 패턴과 관계를 포착할 수 있습니다.

2. MultiHeadAttentionWrapper 클래스는 여러 개의 CausalAttention 인스턴스를 만듭니다. 각 인스턴스는 별개의 어텐션 헤드를 나타냅니다. 그런 다음 이런 헤드의 출력을 연결하는 식으로 결합합니다.

3. MultiHeadAttentionWrapper는 여러 개의 싱글 헤드 어텐션 모듈을 쌓지만 MultiHeadAttention 클래스는 멀티 헤드 기능을 하나의 클래스에 통합합니다. MultiHeadAttention 클래스는 투영된 쿼리, 키, 값 텐서의 크기를 바꾸는 식으로 입력을 여러 개의 헤드로 나눕니다. 그런 다음 어텐션 계산 후 헤드의 결과를 결합합니다.

4. 빈칸에 들어갈 코드는 다음과 같습니다.

빈칸의 번호	1	2	3	4
코드 번호	A	E	D	C

5. `MultiHeadAttention` 클래스의 출력 투영 층을 사용해 모든 어텐션 헤드의 출력을 결합한 벡터를 원본 임베딩 차원으로 투영합니다. 이 층이 꼭 필요한 것은 아니지만 많은 LLM 구조에서 널리 사용됩니다.

6. `MultiHeadAttention` 클래스는 한 번에 쿼리, 키, 값에 대한 행렬 곱셈을 수행하기 때문에 더 효율적입니다. `MultiHeadAttentionWrapper`에서처럼 어텐션 헤드마다 따로 계산하지 않습니다.

7. 다음과 같이 연결되어야 합니다.

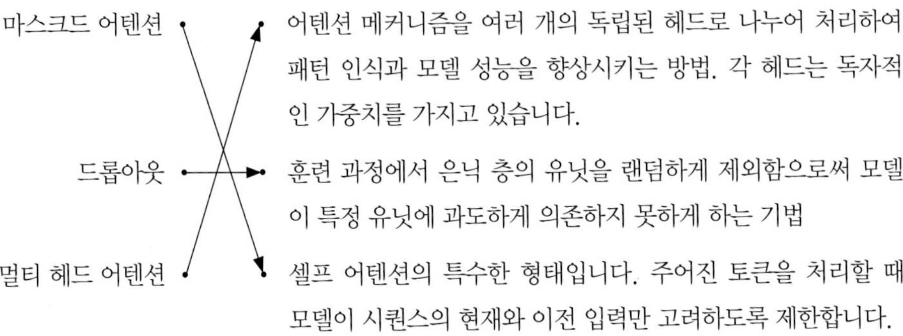

CHAPTER

4

밑바닥부터 GPT 모델 구현하기

4장은 GPT와 유사한 **대규모 언어 모델**을 구현하는 데 초점을 맞춥니다. 이전 장에서 만든 마스크드 **멀티 헤드 어텐션 모듈**로 구성된 **트랜스포머 블록**을 만듭니다. 이 장은 **층 정규화**, **피드 포워드 네트워크**, **숏컷 연결**과 같은 개념을 설명합니다. 또한 GPT 모델을 구성하고 이를 사용해 한 번에 한 토큰씩 텍스트를 생성하는 방법을 다룹니다. 참조를 위해 1억 2,400만 파라미터를 가진 GPT-2 모델을 사용하며 모델 설정을 지정하고 초기화하는 방법을 보여 줍니다.

질문에 대한 답은 마지막에 있습니다.

4.1 주요 개념에 대한 객관식 질문

1. GPT_CONFIG_124M 딕셔너리에서 context_length의 목적은 무엇인가요?
   a. 모델에 있는 트랜스포머 블록의 개수를 지정합니다.
   b. 멀티 헤드 어텐션 메커니즘에 있는 어텐션 헤드의 개수를 나타냅니다.
   c. 각 토큰을 벡터로 변환하기 위한 임베딩 크기를 나타냅니다.
   d. 모델이 위치 임베딩으로 다룰 수 있는 입력 토큰의 최대 개수를 나타냅니다.

2. GPT 모델에 있는 층 정규화의 주요 목적은 신경망 층의 활성화를 조정하여 평균이 0이고 ______가(이) 1이 되도록 만드는 것입니다.
   a. 분산
   b. 그레이디언트
   c. 가중치
   d. 확률

3. LLM에서 배치 정규화 대신 층 정규화를 사용하는 이점은 무엇인가요?
   a. 층 정규화가 배치 정규화보다 순차 데이터를 처리하는 데 더 적합합니다.
   b. 층 정규화는 배치에 있는 입력을 독립적으로 정규화합니다.
   c. 층 정규화는 배치 정규화보다 계산적으로 더 효율적입니다.
   d. 층 정규화는 배치 정규화보다 과대적합을 막는 데 더 효과적입니다.

4. GPT-2와 같은 LLM에서 ReLU의 대안으로 널리 사용되는 활성화 함수는 무엇인가요?

   a. ReLU

   b. GELU

   c. Sigmoid

   d. Tanh

5. 심층 신경망에서 숏컷 연결의 주요 목적은 무엇인가요?

   a. 모델의 파라미터 개수를 줄이기 위해

   b. 훈련할 때 역전파 과정에서 그레이디언트 흐름을 보존하기 위해

   c. 훈련 과정에서 뉴런을 랜덤하게 제외하여 과대적합을 막기 위해

   d. 모델의 계산 효율성을 증가시키기 위해

6. GPT 모델에서 트랜스포머 블록의 주요 구성 요소는 무엇인가요?

   a. 합성곱 층, 풀링 층, 맥스아웃(maxout) 활성화 함수

   b. 선형 층, ReLU 활성화 함수, 배치 정규화

   c. 멀티 헤드 어텐션, 층 정규화, 드롭아웃, 피드 포워드 층, GELU 활성화 함수

   d. 토큰 임베딩, 위치 임베딩, 드롭아웃

7. 훈련하지 않은 GPT 모델이 횡설수설하는 이유는 무엇인가요?

   a. 모델이 올바른 활성화 함수를 사용하지 않았습니다.

   b. 모델이 올바른 토크나이저를 사용하지 않았습니다.

   c. 모델이 단어 사이의 관계와 언어에 있는 패턴을 학습하지 않았습니다.

   d. 모델이 올바른 드롭아웃 비율을 사용하지 않았습니다.

4.2 SECTION 각 절에 대한 주관식 질문

이제 이 장의 내용을 좀 더 자세히 살펴보겠습니다.

4.1 LLM 구조 구현하기

1. GPT 모델의 주요 목적은 무엇인가요? 어떻게 이를 달성하나요?

2. 아래 그림에서 번호에 들어갈 이름을 넣으세요.

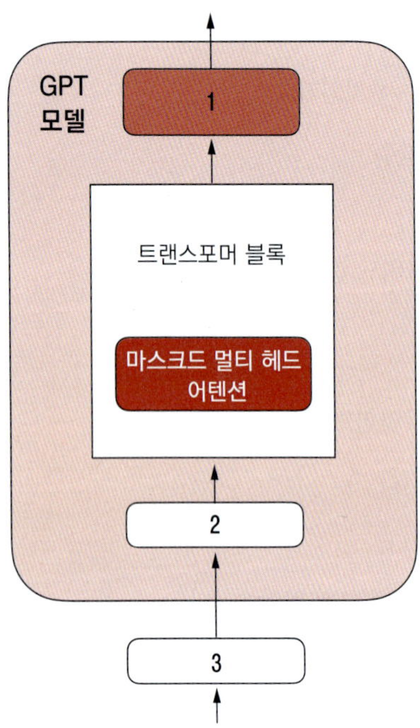

번호	1	2	3
이름			

3. GPT 모델의 주요 구성 요소는 무엇인가요? 모델의 기능에 어떤 기여를 하나요?

4. GPT와 같은 LLM에서 '파라미터'의 개념을 설명하세요.

5. GPT-2와 GPT-3 사이의 주요 차이점은 무엇인가요? LLM 구현을 배울 때 GPT-2를 선택하는 게 더 나은 이유가 무엇인가요?

6. GPT_CONFIG_124M 딕셔너리의 목적과 주요 키-값 쌍을 설명하세요.

7. DummyGPTModel의 역할은 무엇인가요? GPT 모델의 전반적인 구현에 어떻게 기여하나요?

4.2 층 정규화로 활성화 정규화하기

1. 신경망에서 층 정규화의 주요 목적은 무엇인가요? 훈련 과정을 개선하는 데 어떻게 기여하나요?

2. GPT-2와 현대 트랜스포머 구조에서 층 정규화가 적용되는 위치를 설명하세요.

3. 다음 코드에서 일부 내용이 삭제되었습니다. 삭제된 코드는 무엇이며 어디에 들어가야 하나요?

   a. mean

   b. zeroes

   c. norm_x

   d. ones

   e. scale

   f. zeros

```
class LayerNorm(nn.Module):
    def __init__(self, emb_dim):
        super().__init__()
        self.eps = 1e-5
        self.scale = nn.Parameter(torch.__1__(emb_dim))
        self.shift = nn.Parameter(torch.__2__(emb_dim))

    def forward(self, x):
        mean = x.mean(dim=-1, keepdim=True)
        var = x.var(dim=-1, keepdim=True, unbiased=False)
        norm_x = (x - mean) / torch.sqrt(var + self.eps)
        return self.scale * __3__ + self.shift
```

빈칸에 들어갈 정답을 넣으세요.

빈칸의 번호	1	2	3
코드 번호			

4. 편향된 분산 계산과 편향되지 않은 분산 계산의 차이를 설명하세요. LLM에서 편향된 계산 방식이 선호되는 이유는 무엇인가요?

5. 층 정규화와 배치 정규화의 주요 차이점은 무엇인가요? LLM에서 층 정규화를 선호하는 이유가 무엇인가요?

6. 왼쪽의 용어와 오른쪽의 설명을 맞게 연결하세요.

용어	설명
트랜스포머 블록 •	• 신경망 모델의 훈련 가능한 가중치. 특정 손실 함수를 최소화하기 위해 훈련 과정을 통해 조정됩니다.
층 정규화 •	• 소프트맥스 함수를 적용하기 전의 신경망 모델 출력. 가능한 출력 클래스에 대한 정규화되지 않은 확률을 나타냅니다.
파라미터 •	• GPT 모델의 핵심 구성 요소. 마스크드 멀티 헤드 어텐션 모듈과 피드 포워드 신경망으로 구성되며 입력 데이터에 순차적으로 적용됩니다.
로짓 •	• 신경망에서 각 층의 결과를 정규화하는 기법. 데이터의 평균이 0이고 표준 편차가 1이 되도록 만들어 모델의 훈련을 안정화하고 성능을 향상시키는 데 도움을 줍니다.

4.3 GELU 활성화 함수를 사용하는 피드 포워드 네트워크 구현하기

1. GELU 활성화 함수가 무엇인가요? ReLU 활성화 함수와 어떻게 다른가요?

2. LLM에 있는 FeedForward 모듈의 목적과 구조에 대해 설명하세요.

3. 다음 코드에서 일부 내용이 삭제되었습니다. 삭제된 코드는 무엇이며 어디에 들어가야 하나요?

   a. RELU

   b. Linear

   c. Embedding

   d. GELU

   e. Sequential

```
class FeedForward(nn.Module):
    def __init__(self, cfg):
        super().__init__()
        self.layers = nn.____1____(
            nn.Linear(cfg["emb_dim"], 4 * cfg["emb_dim"]),
           __2__(),
            nn.Linear(4 * cfg["emb_dim"], cfg["emb_dim"]),
        )

    def forward(self, x):
        return self.layers(x)
```

각 빈칸에 들어갈 정답을 넣으세요.

빈칸의 번호	1	2
코드 번호		

4. FeedForward 모듈이 모델의 학습 능력과 일반화 능력에 어떻게 기여하나요?

5. FeedForward 모듈이 동일한 입력과 출력 차원을 갖는 이유는 무엇인가요?

4.4 숏컷 연결 추가하기

1. 그레이디언트 소실 문제가 무엇이고, 심층 신경망 훈련에 어떤 영향을 미치나요?

2. 숏컷 연결의 개념과 그레이디언트 소실 문제를 어떻게 해결하는지 설명하세요.

3. 다음 코드에서 숏컷 연결이 어떻게 구현되나요?

```
class ExampleDeepNeuralNetwork(nn.Module):
    def __init__(self, layer_sizes, use_shortcut):
        super().__init__()
        self.use_shortcut = use_shortcut
        self.layers = nn.ModuleList([
            nn.Sequential(nn.Linear(layer_sizes[0], layer_sizes[1]),
                          GELU()),
            nn.Sequential(nn.Linear(layer_sizes[1], layer_sizes[2]),
                          GELU()),
            nn.Sequential(nn.Linear(layer_sizes[2], layer_sizes[3]),
                          GELU()),
            nn.Sequential(nn.Linear(layer_sizes[3], layer_sizes[4]),
                          GELU()),
            nn.Sequential(nn.Linear(layer_sizes[4], layer_sizes[5]),
                          GELU())
        ])

    def forward(self, x):
        for layer in self.layers:
            layer_output = layer(x)
            if self.use_shortcut and x.shape == layer_output.shape:
                x = x + layer_output
            else:
                x = layer_output
        return x
```

4. print_gradients 함수의 목적은 무엇이고, 어떻게 숏컷 연결의 효과를 보여 주나요?

5. 다음 그림은 다섯 개의 층으로 구성된 심층 신경망(왼쪽)과 숏컷 연결을 사용하는 신경망(오른쪽)을 보여 줍니다. 오른쪽 신경망의 그레이디언트 값이 더 큰 이유는 무엇인가요?

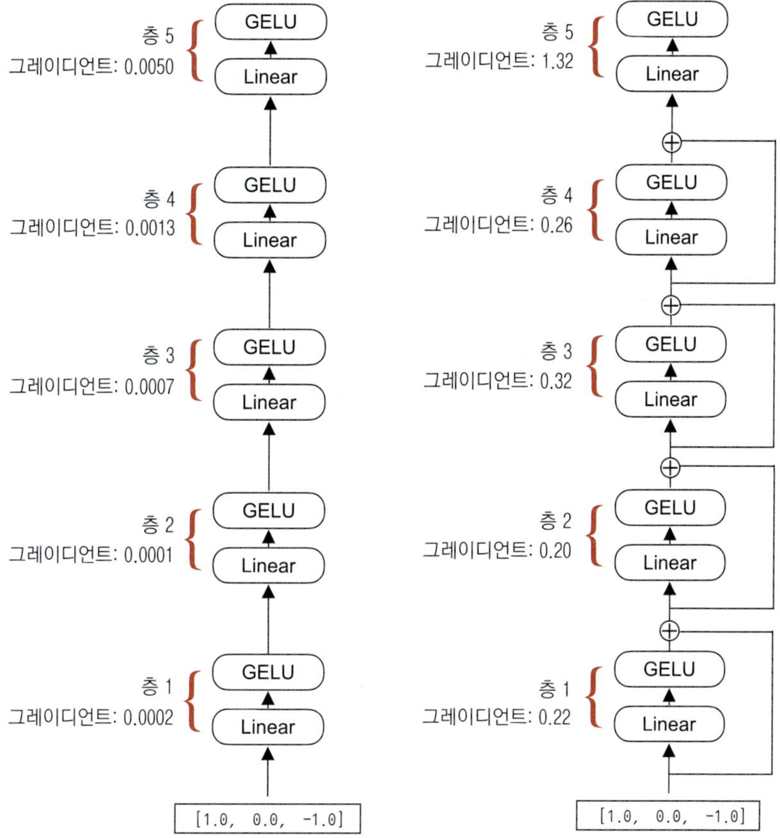

4.5 어텐션과 선형 층을 트랜스포머 블록에 연결하기

1. 트랜스포머 블록의 핵심 구성 요소는 무엇인가요? 입력 시퀀스를 처리하는 데 어떻게 기여하나요?

2. 사전 층 정규화의 개념과 트랜스포머 블록에서 중요성을 설명하세요.

3. 트랜스포머 블록에서 숏컷 연결의 역할과 그레이디언트 흐름에 대한 영향을 설명하세요.

4. 트랜스포머 블록에서 입력 차원을 출력에 어떻게 유지하나요?

5. 트랜스포머 블록이 모든 입력 시퀀스의 문맥 정보를 출력에 통합하는 방법을 설명하세요.

4.6 GPT 모델 만들기

1. GPTModel 클래스의 목적은 무엇인가요? TransformerBlock 클래스와 어떤 관련이 있나요?

2. GPTModel 구조에서 LayerNorm 층의 역할을 설명하세요.

3. 가중치 묶기가 무엇이며, GPT 모델의 파라미터 개수에 어떻게 영향을 미치나요?

4. GPTModel의 출력을 텍스트로 변환하는 과정을 설명하세요.

5. 다음 코드에서 일부 내용이 삭제되었습니다. 삭제된 코드는 무엇이며 어디에 들어가야 하나요?

   a. Embedding

   b. Dropout

   c. LayerNorm

   d. Linear

   e. Sequential

```
class GPTModel(nn.Module):
    def __init__(self, cfg):
        super().__init__()
        self.tok_emb = nn.Embedding(cfg["vocab_size"], cfg["emb_dim"])
        self.pos_emb = nn.Embedding(cfg["context_length"], cfg["emb_dim"])
        self.drop_emb = nn.___1___(cfg["drop_rate"])

        self.trf_blocks = nn.___2___ (
            *[TransformerBlock(cfg) for _ in range(cfg["n_layers"])])

        self.final_norm = LayerNorm(cfg["emb_dim"])
        self.out_head = nn.___3___(
            cfg["emb_dim"], cfg["vocab_size"], bias=False
        )
```

   각 빈칸에 들어갈 정답을 넣으세요.

빈칸의 번호	1	2	3
코드 번호			

6. 트랜스포머 블록의 개수가 GPT 모델의 복잡도와 성능에 어떤 영향을 미치나요?

7. 왼쪽의 용어와 오른쪽의 설명을 맞게 연결하세요.

멀티 헤드 어텐션 •	• 층의 활성화가 평균이 0이고 표준 편차가 1이 되도록 정규화하는 기법. 모델의 안정성과 성능을 향상시킵니다.
층 정규화 •	• 층의 출력에서 입력으로 그레이디언트가 직접 흐르도록 만듭니다. 그레이디언트 소실 문제를 방지하고 깊은 모델을 훈련할 수 있습니다.
숏컷 연결 •	• 모델이 입력 시퀀스의 여러 부분에 동시에 주의를 기울일 수 있게 합니다. 단어와 구 사이의 복잡한 관계를 포착할 수 있습니다.

4.7 텍스트 생성하기

1. 출력 텐서부터 시작해서 GPT 모델이 텍스트를 생성하는 과정을 설명하세요.

2. 텍스트 생성 과정에서 소프트맥스 함수의 역할을 설명하세요.

3. `generate_text_simple` 함수의 목적은 무엇이며 어떻게 동작하나요?

4. `generate_text_simple` 함수에서 `softmax` 단계가 중복인 이유는 무엇인가요?

5. 텍스트 생성에서 그리디 디코딩의 의미는 무엇인가요?

6. 훈련되지 않은 GPT 모델이 횡설수설하는 이유는 무엇인가요?

7. `GPTModel` 클래스를 구현하는 단계를 올바른 순서대로 나열하세요.

   a. 토큰 임베딩, 위치 임베딩, 드롭아웃, 선형 출력층을 초기화합니다.

   b. 정방향 계산, 임베딩 결합, 트랜스포머 블록, 층 정규화, 출력층을 구현합니다.

   c. 여러 개의 `TransformerBlock` 인스턴스를 담는 `Sequential` 객체를 만듭니다.

   d. `nn.Module`을 상속한 `GPTModel` 클래스를 만듭니다.

순서	단계
1	
2	
3	
4	

정답

1. D
2. A
3. B
4. B
5. B
6. C
7. C

4.1 LLM 구조 구현하기

1. GPT 모델은 한 번에 한 단어씩 새로운 텍스트를 생성하도록 고안되었습니다.

2. 번호에 들어갈 이름은 다음과 같습니다.

번호	1	2	3
이름	출력층	임베딩 층	토큰화된 텍스트

3. GPT 모델의 핵심 구성 요소에는 임베딩 층, 트랜스포머 블록, 출력층이 포함됩니다. 임베딩 층은 단어를 수치 표현으로 바꾸고, 트랜스포머 블록은 이 표현을 처리하여 단어 사이의 관계를 포착합니다. 출력층은 어휘사전에 있는 각 단어의 확률을 예측합니다.

4. LLM에서 파라미터는 모델에 있는 훈련 가능한 가중치를 의미합니다. 이런 가중치는 훈련 과정을 통해 손실 함수를 최소화하도록 조정됩니다. 이를 통해 모델이 훈련 데이터에서 학습하고 텍스트를 생성하는 능력을 향상시킬 수 있습니다.

5. GPT-3는 GPT-2보다 더 많은 파라미터를 가진 모델이며 더 많은 데이터에서 훈련되었습니다. 사전 훈련된 GPT-2의 가중치가 공개되어 있기 때문에 LLM을 구현하는 방법을 배우는 데 더 적합합니다. 또한 GPU 클러스터가 필요한 GPT-3와 달리 GPT-2는 한 대의 랩톱 컴퓨터에서 실행할 수 있습니다.

6. `GPT_CONFIG_124M` 딕셔너리는 작은 GPT-2 모델의 설정을 정의합니다. 모델의 구조와 동작을 결정하는 어휘사전 크기, 문맥 길이, 임베딩 차원, 어텐션 헤드 개수, 층 개수, 드롭아웃 비율, 쿼리-키-값 편향 같은 매개변수가 포함됩니다.

7. `DummyGPTModel` 클래스는 GPT 모델을 위한 플레이스홀더 역할을 하며 주요 구성 요소와 적용 순서를 알려줍니다. 데이터 흐름을 정의하고 개별 구성 요소를 구현하기 위한 프레임워크를 제공함으로써 완전한 GPT 모델을 구축하기 위한 시작점의 역할을 합니다.

4.2 층 정규화로 활성화 정규화하기

1. 층 정규화는 신경망의 훈련을 안정화하고 가속화하는 것이 목적입니다. 이를 위해 층의 활성화 출력이 평균 0, 분산 1이 되도록 조정합니다. 이 정규화는 그레이디언트 소실이나 그레이디언트 폭주를 막아 훈련이 일관되고 안정적으로 만듭니다.

2. 층 정규화는 GPT-2와 현대 트랜스포머 구조에서 멀티 헤드 어텐션 모듈 전후에 적용됩니다. 또한 최종 출력층 전에도 적용됩니다.

3. 빈칸에 들어갈 코드는 다음과 같습니다.

빈칸의 번호	1	2	3
코드 번호	D	F	C

4. 편향된 분산은 입력 개수 n으로 나누어 계산됩니다. 편향되지 않은 분산은 편향을 보정하기 위해 분모에 n − 1을 사용합니다. LLM에서 임베딩 차원 n은 크기 때문에 두 방식 사이의 차이를 무시할 수 있습니다. GPT-2의 정규화 층과 호환성을 위해 편향된 분산을 사용하며 텐서플로의 기본 방식이기도 합니다.

5. 층 정규화는 특성 차원을 기준으로 정규화합니다. 반면 배치 정규화는 배치 차원을 따라 정규화합니다. 특히 배치 크기가 다르거나 자원에 제약이 있는 경우 층 정규화는 유연성과 안정성을 높이기 때문에 LLM에 적합합니다.

6. 다음과 같이 연결되어야 합니다.

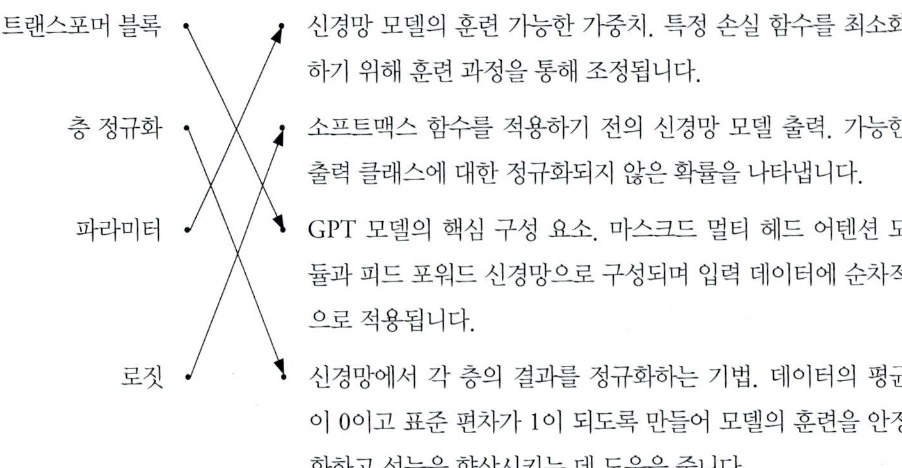

4.3 GELU 활성화 함수를 사용하는 피드 포워드 네트워크 구현하기

1. GELU 활성화 함수는 ReLU를 부드럽게 근사하는 비선형 함수이며 거의 모든 음수 구간에서 그레이디언트는 0이 아닙니다. 음수 입력에 대해 0을 출력하는 ReLU와 달리 GELU는 음수 값에 대해 0이 아닌 작은 값을 출력합니다.

2. `FeedForward` 모듈은 두 개의 선형 층과 GELU 활성화 함수로 구성된 작은 신경망입니다. 임베딩 차원을 고차원 공간으로 확장하여 비선형 변환을 적용한 다음 원본 차원으로 다시 압축하여 풍부한 표현을 학습할 수 있습니다.

3. 빈칸에 들어갈 코드는 다음과 같습니다.

빈칸의 번호	1	2
코드 번호	E	D

4. `FeedForward` 모듈은 임베딩 차원의 확장과 축소를 통해 풍부한 표현 공간을 탐색함으로써 모델의 학습과 일반화 능력을 향상시킵니다. 이를 통해 모델이 데이터 안에 있는 복잡한 관계를 포착할 수 있습니다.

5. 입력 차원과 출력 차원을 동일하게 유지하면 차원을 조정할 필요가 없이 여러 개의 층을 쌓을 수 있어 구조가 단순해집니다. 따라서 모델의 규모를 쉽게 늘릴 수 있습니다.

4.4 숏컷 연결 추가하기

1. 그레이디언트 소실 문제는 그레이디언트가 심층 신경망의 층을 통해 역전파되면서 점점 작아질 때 일어나며 앞쪽에 있는 층을 효과적으로 훈련하기 어렵습니다. 이는 모델의 학습 과정을 방해하고 최적의 성능을 달성하지 못하게 만듭니다.

2. 스킵 연결(skip connection)이라고도 부르는 숏컷 연결은 그레이디언트가 특정 층을 우회해서 신경망에 흐를 수 있는 대안 경로를 만듭니다. 이는 역전파 과정에서 그레이디언트 흐름을 보존하는 데 도움이 되며, 그레이디언트 소실 문제를 완화하고 심층 신경망을 효과적으로 훈련할 수 있습니다.

3. 이 코드에 숏컷 연결은 한 층의 출력과 후속 층의 출력을 더하는 식으로 구현됩니다. 숏컷 연결을 포함할지 제외할지 결정하는 `use_shortcut` 속성에 따라 조건부로 수행됩니다.

4. `print_gradients` 함수는 모델의 각 층에 대해 평균 절댓값 그레이디언트 값을 계산하고 출력합니다. 숏컷 연결이 있는 모델과 없는 모델의 그레이디언트 값을 비교하면 숏컷 연결이 층 간의 일관된 그레이디언트 흐름을 유지하는 데 도움이 되며 앞쪽 층에서 그레이디언트가 소멸되는 것을 막을 수 있습니다.

5. 오른쪽 신경망의 그레이디언트 값이 큰 이유는 숏컷 연결 때문입니다. 숏컷 연결은 층을 통과하면서 그레이디언트가 점점 작아져 소멸하는 것을 막아 줍니다.

4.5 어텐션과 선형 층을 트랜스포머 블록에 연결하기

1. 트랜스포머 블록은 멀티 헤드 어텐션, 피드 포워드 층, 층 정규화, 드롭아웃으로 구성됩니다. 멀티 헤드 어텐션은 입력 시퀀스에 있는 원소 간의 관계를 분석합니다. 피드 포워드 네트워크는 각 위치의 데이터를 개별적으로 변형합니다. 층 정규화는 출력의 크기를 일정하게 유지시키고, 드롭아웃은 과대적합을 막습니다.

2. 사전 층 정규화는 멀티 헤드 어텐션과 피드 포워드 층 이전에 층 정규화를 적용하는 것을 의미합니다. 사후 층 정규화와 달리 이 방법이 트랜스포머 모델에서 훈련 과정을 개선하고 더 나은 성능을 낸다고 밝혀졌습니다.

3. 숏컷 연결은 한 블록의 입력과 출력을 더하여 훈련 과정에서 그레이디언트가 신경망을 통해 더 쉽게 흐를 수 있게 합니다. 그레이디언트 소실 문제를 막고 심층 신경망 모델의 학습을 향상시키는 데 도움이 됩니다.

4. 트랜스포머 블록은 입력 시퀀스의 크기를 바꾸지 않는 연산을 적용하므로 입력 차원이 유지됩니다. 입력과 출력 벡터 사이에 일대일 관계가 성립되므로 다양한 시퀀스 투 시퀀스 작업에 사용할 수 있습니다.

5. 트랜스포머 블록이 입력 시퀀스의 물리적 차원은 보존하지만 전체 입력 시퀀스에서 문맥 정보를 통합하기 위해 각 출력 벡터의 내용을 재인코딩합니다. 이를 통해 모델은 시퀀스에 있는 원소 간의 복잡한 관계를 포착할 수 있습니다.

4.6 GPT 모델 만들기

1. `GPTModel` 클래스는 앞서 정의한 `TransformerBlock` 클래스를 활용해 완전한 GPT 구조를 만듭니다. 토큰 임베딩과 위치 임베딩을 결합하고, 여러 개의 `TransformerBlock`을 적용하고, 마지막으로 다음 토큰을 예측하기 위해 출력을 어휘사전 크기 공간에 투영합니다.

2. 트랜스포머 블록 다음에 출력을 정규화하기 위해 `LayerNorm` 층을 적용하여 데이터가 일정한 스케일과 분포를 가지도록 합니다. 훈련 과정을 안정화하고 모델 성능을 향상시키는 데 도움이 됩니다.

3. 가중치 묶기는 토큰 임베딩 층의 가중치를 출력층에 재사용하는 기법입니다. 훈련 가능한 파라미터의 개수를 줄여서 모델의 크기를 줄이고 훈련 속도를 높일 수 있습니다.

4. `GPTModel`의 출력은 `[batch_size, num_tokens, vocab_size]` 크기의 텐서이며, 어휘사전에 있는 각 토큰에 대한 로짓을 나타냅니다. 이 로짓을 텍스트로 바꾸려면 소프트맥스 함수를 적용해 확률을 얻고, 시퀀스의 각 위치에서 가장 높은 확률을 가진 토큰을 선택합니다.

5. 빈칸에 들어갈 코드는 다음과 같습니다.

빈칸의 번호	1	2	3
코드 번호	B	E	D

6. GPT 모델에서 트랜스포머 블록의 개수를 증가시키면 더 많은 파라미터를 가진 모델이 만들어지므로 계산 자원이 더 많이 소요됩니다. 하지만 입력 텍스트에 있는 장거리 의존성을 포착하는 모델의 능력도 높아져 텍스트 생성과 같은 작업의 성능이 향상될 수 있습니다.

7. 다음과 같이 연결되어야 합니다.

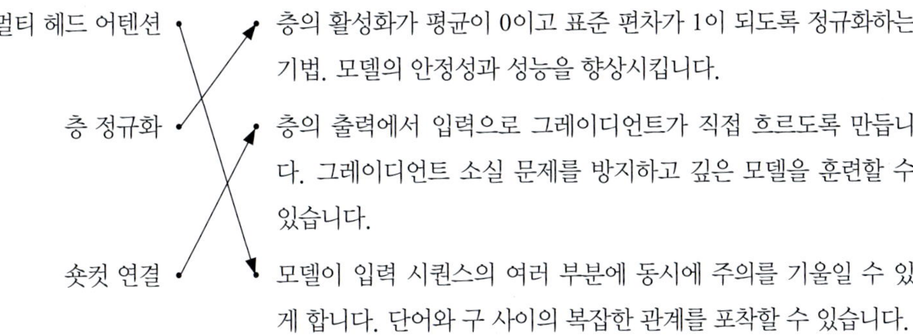

4.7 텍스트 생성하기

1. GPT 모델은 출력 텐서를 디코딩하여 텍스트로 변환합니다. 소프트맥스 함수로 얻은 확률 분포를 기반으로 토큰을 선택하고 이 토큰을 사람이 읽을 수 있는 텍스트로 바꿉니다.

2. 소프트맥스 함수는 출력 로짓을 확률 분포로 바꿉니다. 각 확률 값은 특정 토큰이 시퀀스의 다음에 등장할 가능성을 나타냅니다. 이를 통해 모델이 생성 과정에서 가장 가능성 있는 토큰을 선택할 수 있습니다.

3. `generate_text_simple` 함수는 언어 모델을 위한 간단한 생성 루프를 구현합니다. 현재 문맥을 기반으로 다음 토큰을 예측한 다음, 이를 입력 시퀀스에 추가합니다. 지정된 개수의 새로운 토큰이 생성될 때까지 이 과정을 반복합니다.

4. 소프트맥스 함수는 입력의 크기 순서가 유지되는 단조 함수입니다. 따라서 소프트맥스는 가장 큰 값의 위치를 바꾸지 않으므로 `torch.argmax`를 로짓 텐서에 바로 적용하여 소프트맥스 출력과 동일한 결과를 얻을 수 있습니다.

5. 그리디 디코딩은 각 단계마다 항상 가장 가능성이 높은 토큰을 선택하는 전략을 의미합니다. 이 방식은 효율적이지만 모델이 항상 뻔한 토큰을 선택하므로 반복적이고 예상 가능한 텍스트를 만들 수 있습니다.

6. 모델이 아직 단어와 문맥 사이의 관계를 학습하지 못했기 때문에 일관되지 않은 텍스트를 생성합니다. 모델이 의미 있고 일관된 텍스트를 생성하는 능력을 개발하려면 훈련이 꼭 필요합니다.

7. 올바른 순서는 다음과 같습니다.

순서	단계
1	D
2	A
3	C
4	B

CHAPTER

5

레이블이 없는 데이터를 활용한 사전 훈련

5장은 대규모 언어 모델을 사전 훈련하고 훈련 손실과 검증 손실을 계산하여 성능을 평가하는 데 초점을 맞춥니다. 이 장은 텍스트 생성의 무작위성을 제어하고 독창성을 향상하기 위해 **온도 스케일링**, **탑-k 샘플링**과 같은 다양한 디코딩 전략도 살펴봅니다. 또한 모델 가중치를 저장하고 로드하는 방법을 다룹니다. 나중에 훈련을 재개하거나 오픈AI GPT 모델과 같이 사전 훈련된 가중치를 로드할 수 있습니다. 이런 단계는 다양한 후속 작업을 위해 LLM을 개발하고 미세 튜닝하기 위해 중요합니다.

질문에 대한 답은 마지막에 있습니다.

5.1 SECTION 주요 개념에 대한 객관식 질문

1. LLM 훈련에서 크로스 엔트로피 손실 함수의 주요 목적은 무엇인가요?
   - a. 평가 목적으로 텍스트 샘플을 생성하기 위해
   - b. 모델이 훈련 데이터에 과대적합되는 것을 막기 위해
   - c. 텍스트 분류 같은 특정 작업에서 모델의 성능을 평가하기 위해
   - d. 모델이 예측한 토큰의 확률 분포와 훈련 데이터에 있는 실제 토큰 분포 사이의 차이를 측정하기 위해

2. 텍스트 생성에서 온도 스케일링의 목적은 무엇인가요?
   - a. 토큰의 확률 분포를 조정하여 생성된 텍스트의 무작위성과 다양성을 제어하기 위해
   - b. 다음 토큰 예측에서 모델의 정확도를 향상하기 위해
   - c. 텍스트 생성의 계산 비용을 줄이기 위해
   - d. 모델이 훈련 데이터에 과대적합되는 것을 막기 위해

3. 대규모 언어 모델에서 사전 훈련의 주요 목적은 무엇인가요?

   a. 모델이 일관되고 문법적으로 올바른 텍스트를 생성하는 능력을 향상시키기 위해

   b. 모델을 텍스트 분류와 같은 특정 작업에 미세 튜닝하기 위해

   c. 대용량 텍스트 데이터로부터 일반적인 언어 패턴과 표현을 학습하기 위해

   d. 모델을 훈련하는 데 드는 계산 비용을 절감하기 위해

4. LLM에 오픈AI의 사전 훈련된 가중치를 사용하는 이점은 무엇인가요?

   a. 방대하고 비용이 많이 드는 사전 훈련을 처음부터 수행할 필요가 없습니다.

   b. 훈련 데이터에 과대적합될 위험을 줄입니다.

   c. 모델이 모든 작업을 잘 수행한다는 것을 보장합니다.

   d. 특정 작업을 위해 모델을 미세 튜닝하는 과정을 단순화합니다.

5. 파이토치에서 모델의 상태 딕셔너리를 저장하는 이점은 무엇인가요?

   a. 모델이 본 적 없는 데이터에서 성능이 향상됩니다.

   b. 모델을 처음부터 다시 훈련할 필요 없이 훈련된 모델을 로드하여 재사용할 수 있습니다.

   c. 모델이 훈련 데이터에 과대적합되는 것을 막습니다.

   d. 모델을 훈련하는 데 드는 계산 비용을 절감합니다.

SECTION 5.2 각 절에 대한 주관식 질문

이제 이 장의 내용을 좀 더 자세히 살펴보겠습니다.

5.1 텍스트 생성 모델 평가하기

1. generate_text_simple 함수의 역할은 무엇이고 어떻게 동작하나요?

2. 텍스트 생성 손실의 개념과 생성된 텍스트의 품질을 평가하는 데 중요성을 설명하세요.

3. LLM 훈련에서 역전파의 역할과 이것이 텍스트 생성 손실과 어떤 관련이 있는지 설명하세요.

4. 크로스 엔트로피 손실이 무엇인가요? LLM 평가에 어떻게 사용되나요?

5. 다음 그림을 참고하여 번호와 설명을 올바르게 짝지으세요. 이탤릭체로 쓴 것은 이미 올바르게 짝지어진 것입니다.

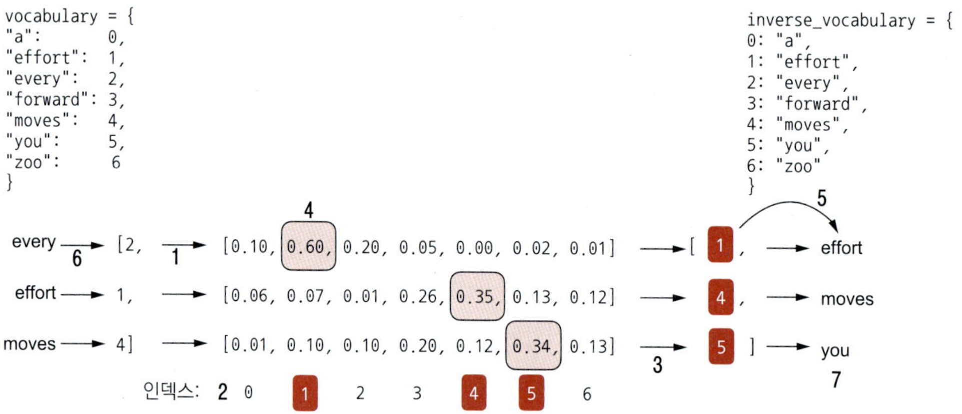

번호	설명
1	가장 높은 확률을 가진 인덱스를 다음 토큰 ID로 예측합니다.
2	입력 텍스트
3	입력 텍스트를 어휘사전에 있는 토큰 ID에 매핑합니다.
4	LLM이 생성한 텍스트 출력
5	*역어휘사전을 사용해 인덱스를 텍스트로 매핑합니다.*
6	각 입력 벡터에 대한 7차원 확률 행 벡터
7	argmax 함수로 찾은 가장 확률이 높은 인덱스 위치

6. 복잡도의 개념과 크로스 엔트로피 손실과의 관계를 설명하세요.

7. 다음 코드에서 일부 내용이 삭제되었습니다. 삭제된 코드는 무엇이며 어디에 들어가야 하나요?

   a. softmax

   b. tensor

   c. no_grad

   d. grad

```
with torch.____1____():
    logits = model(inputs)
probas = torch.____2____(logits, dim=-1)
print(probas.shape)
```

각 빈칸에 들어갈 정답을 넣으세요.

빈칸의 번호	1	2
코드 번호		

5.2 LLM 훈련하기

1. train_model_simple 함수의 목적과 핵심 구성 요소는 무엇인가요?

2. 훈련 과정에서 evaluate_model 함수의 역할을 설명하세요.

3. 다음 코드에서 일부 내용이 삭제되었습니다. 삭제된 코드는 무엇이며 어디에 들어가야 하나요?

   a. token_seen

   b. train_losses

   c. Epochs

   d. Loss

   e. epochs_seen

```
import matplotlib.pyplot as plt
from matplotlib.ticker import MaxNLocator
def plot_losses(epochs_seen, tokens_seen, train_losses, val_losses):
    fig, ax1 = plt.subplots(figsize=(5, 3))
    ax1.plot(epochs_seen, train_losses, label="Training loss")
    ax1.plot(
        epochs_seen, val_losses, linestyle="-.", label="Validation loss"
    )
    ax1.set_xlabel("___1___")
    ax1.set_ylabel("__2__")
    ax1.legend(loc="upper right")
    ax1.xaxis.set_major_locator(MaxNLocator(integer=True))
    ax2 = ax1.twiny()
    ax2.plot(_____3_____, _____4_____ , alpha=0)
    ax2.set_xlabel("Tokens seen")
    fig.tight_layout()
    plt.show()

epochs_tensor = torch.linspace(0, num_epochs, len(train_losses))
plot_losses(epochs_tensor, tokens_seen, train_losses, val_losses)
```

각 빈칸에 들어갈 정답을 넣으세요.

빈칸의 번호	1	2	3	4
코드 번호				

4. generate_and_print_sample 함수의 목적은 무엇이며 어떻게 동작하나요?

5. AdamW가 무엇이고 LLM 훈련에서 Adam보다 선호되는 이유는 무엇인가요?

6. 그림 5-12에 있는 훈련 손실 곡선과 검증 손실 곡선의 의미를 설명하세요.

7. 왼쪽의 용어와 오른쪽의 설명을 맞게 연결하세요.

- 텍스트 생성 손실 •
- 크로스 엔트로피 손실 •
- 복잡도 •
- 역전파 •

- • 두 확률 분포 사이의 차이를 정량화하기 위해 머신러닝에서 널리 사용되는 측정 방법. 일반적으로 레이블의 정답 분포와 모델이 예측한 분포 사이를 측정합니다.
- • 심층 신경망을 훈련하기 위한 표준 기법. 모델이 예측한 출력과 실제 기대하는 출력 사이의 차이를 최소화하도록 모델의 가중치를 업데이트합니다.
- • 언어 모델링 같은 작업에서 모델의 성능을 평가하기 위해 크로스 엔트로피 손실과 함께 사용되는 측정 방법. 시퀀스의 다음 토큰을 예측하는데 모델의 불확실성을 이해하기 위한 방법을 제공합니다.
- • 훈련 과정에서 생성된 텍스트의 품질을 평가하기 위해 사용하는 수치적인 측정 지표. 모델의 예측이 타깃 텍스트와 얼마나 일치하는지 나타냅니다.

5.3 무작위성을 제어하기 위한 디코딩 전략

1. 텍스트 생성에서 온도 스케일링의 목적은 무엇인가요?

2. 탑-k 샘플링의 작동 방식과 텍스트 생성에서 장점을 설명하세요.

3. 텍스트 생성에서 그리디 디코딩과 확률적 샘플링 사이의 차이점을 설명하세요.

4. 탑-k 샘플링 과정에서 -inf 마스킹 단계의 목적은 무엇인가요?

	"closer"	"every"	"effort"	"forward"	"inches"	"moves"	"pizza"	"toward"	"you"
어휘사전:									
인덱스:	0	1	2	3	4	5	6	7	8
로짓	4.51,	0.89,	-1.90,	6.75,	1.63,	-1.62,	-1.89,	6.28,	1.79
탑-k (k = 3)	4.51,	0.89,	-1.90,	6.75,	1.63,	-1.62,	-1.89,	6.28,	1.79
-inf 마스킹	4.51,	-inf,	-inf,	6.75,	-inf,	-inf,	-inf,	6.28,	-inf
소프트맥스	0.06,	0.00,	0.00,	0.57,	0.00,	0.00,	0.00,	0.36,	0.00

a. 어휘사전에 있는 모든 단어에 확률을 할당하기 위해

b. 가장 높은 점수를 가진 상위 k 로짓만 선택하기 위해

c. 탑-k에 들어가지 않는 로짓을 음의 무한대로 설정해 선택 대상에서 제외하기 위해

d. 소프트맥스 함수를 사용해 로짓을 확률로 변환하기 위해

5. generate 함수가 온도 스케일링과 탑-k 샘플링을 어떻게 통합하나요?

5.4 파이토치로 모델 로드하고 저장하기

1. 대규모 언어 모델을 훈련하고 모델 가중치를 저장하는 것이 왜 중요한가요?

2. 파이토치 모델의 가중치를 저장하는데 권장되는 방법은 무엇인가요?

3. 파이토치에서 `model.eval()` 메서드의 목적은 무엇인가요?

4. 모델을 저장할 때 옵티마이저의 상태를 저장하는 것이 왜 중요한가요?

5. 다음 코드에서 일부 내용이 삭제되었습니다. 삭제된 코드는 무엇이며 어디에 들어가야 하나요?

   a. Adam

   b. load

   c. save

   d. AdamW

   e. AdamWest

```
checkpoint = torch.__1__("model_and_optimizer.pth", map_location=device)
model = GPTModel(GPT_CONFIG_124M)
model.load_state_dict(checkpoint["model_state_dict"])
optimizer = torch.optim.__2__ (model.parameters(), lr=5e-4, weight_decay=0.1)
optimizer.load_state_dict(checkpoint["optimizer_state_dict"])
model.train();
```

각 빈칸에 들어갈 정답을 넣으세요.

빈칸의 번호	1	2
코드 번호		

6. 왼쪽의 용어와 오른쪽의 설명을 맞게 연결하세요.

용어	설명
AdamW •	• 훈련 데이터를 여러 번 순회하면서 각 배치에 대한 손실을 계산하고 손실을 최소화하기 위해 모델 가중치를 업데이트하는 과정
훈련 루프 •	• 가중치 감쇠 방식을 향상한 Adam 옵티마이저의 변종. 모델의 복잡도를 낮추고 큰 가중치에 페널티를 주어 과대적합을 막는 것이 목적입니다.
과대적합 •	• 훈련에 사용되지 않은 별도의 데이터셋에서 계산된 손실. 모델이 본 적 없는 데이터에서 내는 성능을 추정하는데 사용됩니다.
검증 손실 •	• 모델이 훈련 데이터를 너무 잘 학습하여 본 적 없는 데이터에서 성능이 나쁠 때 일어나는 현상

5.5 오픈AI에서 사전 훈련된 가중치 로드하기

1. GPT-2 모델을 위해 오픈AI의 사전 훈련된 가중치를 로드하는 장점은 무엇인가요?

2. 오픈AI GPT-2 모델 가중치에서 얻은 `settings`와 `params` 딕셔너리의 주요 구성 요소는 무엇인가요?

3. 오픈AI의 사전 훈련된 가중치를 사용자 정의 `GPTModel` 인스턴스에 어떻게 로드하나요?

4. 사전 훈련된 가중치를 다룰 때 `model_configs` 딕셔너리의 중요성은 무엇인가요?

5. `NEW_CONFIG` 딕셔너리의 `context_length`와 `qkv_bias` 설정을 업데이트해야 하는 이유는 무엇인가요?

6. 왼쪽의 용어와 오른쪽의 설명을 맞게 연결하세요.

상태 딕셔너리 •	• 파이토치 모델에서 각 층의 파라미터를 담고 있는 딕셔너리
모델 가중치 •	• 학습률이나 모멘텀 같은 옵티마이저의 내부 상태를 담고 있는 딕셔너리
옵티마이저 상태 •	• 훈련 과정에서 학습되어 예측을 만들 때 사용되는 파라미터
평가 모드 •	• 모델을 추론에 사용하는 모드. 드롭아웃 층이 비활성화됩니다.

정답

1. D
2. A
3. C
4. A
5. B

5.1 텍스트 생성 모델 평가하기

1. `generate_text_simple` 함수는 시작 문맥을 받고, 이를 토큰 ID로 변환하고, GPT 모델에 주입합니다. 그런 다음 모델의 출력을 다시 토큰 ID로 변환하고, 이를 디코딩하여 텍스트를 생성합니다.

2. 텍스트 생성 손실은 생성된 텍스트의 품질을 평가하는 데 사용되는 수치 지표입니다. 모델이 예측한 출력(토큰 확률)과 실제 기대 출력(타깃 토큰) 사이의 차이를 정량화합니다. 손실이 낮을수록 텍스트 생성 품질이 좋습니다.

3. 역전파는 훈련 과정에서 모델의 가중치를 업데이트하기 위해 사용하는 기법입니다. 텍스트 생성 손실을 사용해 모델이 타깃 토큰에 가까운 출력을 생성하도록 가중치를 조정합니다. 따라서 손실이 감소하고 생성된 텍스트의 품질이 향상됩니다.

4. 크로스 엔트로피 손실은 두 확률 분포의 차이를 측정하는 지표입니다. 일반적으로 정답 레이블 분포(토큰)과 모델이 예측한 분포 사이를 측정합니다. 이를 사용해 모델이 예측한 확률 분포가 데이터셋에 있는 토큰의 실제 분포와 얼마나 잘 일치하는지 정량화하여 LLM의 성능을 평가합니다.

5. 올바르게 짝지어진 결과는 다음과 같습니다.

번호	설명
1	입력 텍스트를 어휘사전에 있는 토큰 ID에 매핑합니다.
2	각 입력 벡터에 대한 7차원 확률 행 벡터
3	가장 높은 확률을 가진 인덱스를 다음 토큰 ID로 예측합니다.
4	argmax 함수로 찾은 가장 확률이 높은 인덱스 위치
5	역어휘사전을 사용해 인덱스를 텍스트로 매핑합니다.
6	입력 텍스트
7	LLM이 생성한 텍스트 출력

6. 복잡도는 크로스 엔트로피 손실에서 유도된 지표입니다. 이를 사용하면 모델이 다음 토큰을 예측하는 데 얼마나 불확실성을 가지는지 쉽게 이해할 수 있습니다. 구체적으로 이 값은 모델이 각 단계에서 불확실해하는 어휘의 크기를 나타냅니다. 복잡도가 낮으면 불확실성이 적고 모델 성능이 좋다는 것을 나타냅니다.

7. 빈칸에 들어갈 코드는 다음과 같습니다.

빈칸의 번호	1	2
코드 번호	C	A

5.2 LLM 훈련하기

1. `train_model_simple` 함수는 기본적인 LLM 훈련 루프를 구현합니다. 에포크를 반복하면서 훈련 배치를 처리하고, 손실을 계산하고, 가중치를 업데이트하고, 검증 데이터를 사용해 모델의 성능을 평가합니다.

2. `evaluate_model` 함수는 모델 성능을 평가하기 위해 훈련 세트와 검증 세트에 대한 손실을 계산합니다. 정확한 평가를 위해 모델을 평가 모드로 전환하여 그레이디언트 추적과 드롭아웃을 비활성화합니다.

3. 빈칸에 들어갈 코드는 다음과 같습니다.

빈칸의 번호	1	2	3	4
코드 번호	C	D	A	B

4. `generate_and_print_sample` 함수는 시각적으로 훈련 과정을 평가하기 위해 모델로부터 텍스트 샘플을 생성합니다. 입력 텍스트를 받아 토큰 ID로 변환하고 `generate_text_simple` 함수를 사용해 새로운 텍스트를 생성합니다.

5. AdamW는 가중치 감쇠를 향상한 Adam 옵티마이저의 변종입니다. 가중치 감쇠는 과대적합을 막기 위해 큰 가중치에 페널티를 부과하는 기법입니다. 따라서 AdamW가 LLM 규제와 일반화에 더 효과적입니다.

6. 이 곡선을 보면 모델이 처음에는 잘 학습합니다. 하지만 훈련 손실이 계속 감소하는 반면 검증 손실은 정체됩니다. 이는 모델이 새로운 데이터에 일반화하지 못하고 훈련 데이터만 기억하기 하는 과대적합을 나타냅니다.

7. 다음과 같이 연결되어야 합니다.

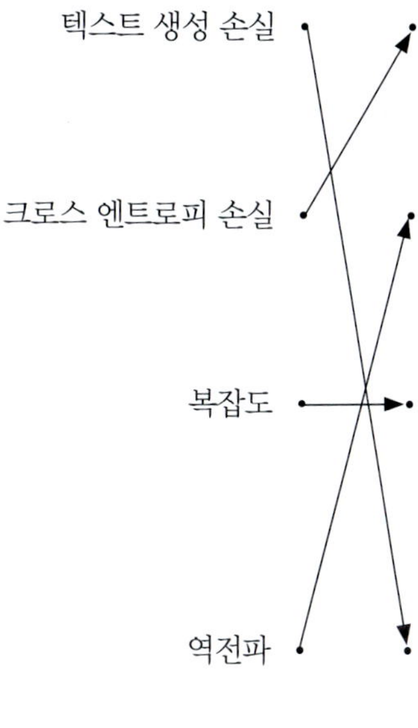

두 확률 분포 사이의 차이를 정량화하기 위해 머신러닝에서 널리 사용되는 측정 방법. 일반적으로 레이블의 정답 분포와 모델이 예측한 분포 사이를 측정합니다.

심층 신경망을 훈련하기 위한 표준 기법. 모델이 예측한 출력과 실제 기대하는 출력 사이의 차이를 최소화하도록 모델의 가중치를 업데이트합니다.

언어 모델링 같은 작업에서 모델의 성능을 평가하기 위해 크로스 엔트로피 손실과 함께 사용되는 측정 방법. 시퀀스의 다음 토큰을 예측하는데 모델의 불확실성을 이해하기 위한 방법을 제공합니다.

훈련 과정에서 생성된 텍스트의 품질을 평가하기 위해 사용하는 수치적인 측정 지표. 모델의 예측이 타깃 텍스트와 얼마나 일치하는지 나타냅니다.

5.3 무작위성을 제어하기 위한 디코딩 전략

1. 온도 스케일링은 로짓을 온도 값으로 나누어 다음 토큰의 확률 분포를 조정합니다. 높은 온도는 균등한 분포를 만들어 다양한 출력을 가능하게 합니다. 반면 낮은 온도는 분포를 뾰족하게 하고 가장 확률이 높은 토큰이 선택될 가능성이 높습니다.

2. 탑-k 샘플링은 다음 토큰 예측을 위해 가장 가능성이 높은 상위 k개의 토큰만 선택합니다. 이렇게 하면 높은 확률을 가진 토큰에만 초점을 맞추므로 말이 안 되거나 문법적으로 잘못된 텍스트를 생성할 가능성이 줄어듭니다.

3. 그리디 디코딩은 항상 가장 높은 확률을 가진 토큰을 선택합니다. 확률적 샘플링은 확률 분포를 기반으로 토큰을 선택합니다. 확률 샘플링은 무작위성을 도입하므로 더 다양한 출력을 만들 수 있습니다.

4. C

5. `generate` 함수에 온도와 탑-k 값을 지정할 수 있습니다. 온도가 지정되면 이에 맞춰 로짓의 스케일이 조정됩니다. 탑-k 값이 전달되면 가장 가능성이 높은 탑-k 이외의 토큰을 제외하기 위해 로짓을 마스킹합니다.

5.4 파이토치로 모델 로드하고 저장하기

1. 모델 가중치를 저장하면 처음부터 재훈련하지 않고 훈련된 모델을 재사용할 수 있어 시간과 자원을 크게 절약할 수 있습니다. 이는 특히 훈련 시간이 오래 걸리는 대규모 언어 모델에게 중요합니다.

2. `torch.save` 함수를 사용해 모델의 `state_dict`를 저장하는 것이 권장됩니다. 이 딕셔너리는 각 층과 층의 파라미터를 매핑합니다. 나중에 새로운 모델 인스턴스로 가중치를 쉽게 로드할 수 있습니다.

3. `model.eval()` 메서드는 모델을 평가 모드로 전환하여 드롭아웃 층을 비활성화합니다. 예측 과정에서 랜덤하게 정보를 제외하면 안 되기 때문에 추론 시에 중요합니다.

4. 옵티마이저 상태를 저장하면 중지한 시점부터 훈련을 재개할 수 있습니다. 학습률을 동적으로 조정하기 위해 과거 데이터를 저장하는 AdamW와 같은 적응형 옵티마이저에게 중요합니다. 옵티마이저 상태가 없으면 모델은 최적이 아닌 솔루션으로 수렴하거나 아예 수렴에 실패할 수 있습니다.

5. 빈칸에 들어갈 코드는 다음과 같습니다.

빈칸의 번호	1	2
코드 번호	B	D

6. 다음과 같이 연결되어야 합니다.

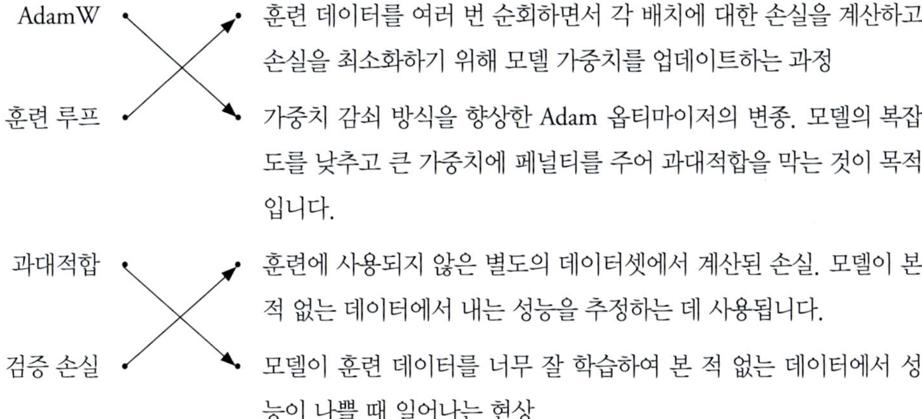

5.5 오픈AI에서 사전 훈련된 가중치 로드하기

1. 오픈AI의 사전 훈련된 가중치를 사용하면 대규모 말뭉치에서 훈련할 필요가 없으므로 시간과 계산 자원이 크게 절약됩니다.

2. `settings` 딕셔너리는 LLM 구조의 설정을 담고 있으며, `params` 딕셔너리는 모델 층의 실제 가중치 텐서를 담고 있습니다.

3. `load_weights_into_gpt` 함수가 일관성과 정상 동작을 위해 조심스럽게 오픈AI의 가중치를 사용자 정의 `GPTModel` 인스턴스에 있는 층에 매칭시킵니다.

4. `model_configs` 딕셔너리는 GPT-2 모델 크기에 따른 구조적인 설정을 제공합니다. 이를 통해 원하는 모델을 선택하여 가중치를 로드할 수 있습니다.

5. 오픈AI의 사전 훈련된 GPT-2 모델은 다른 `context_length`로 훈련되었고, 어텐션 모듈에 편향 벡터를 사용했습니다. 호환성을 위해 이런 설정을 업데이트해야 합니다.

6. 다음과 같이 연결되어야 합니다.

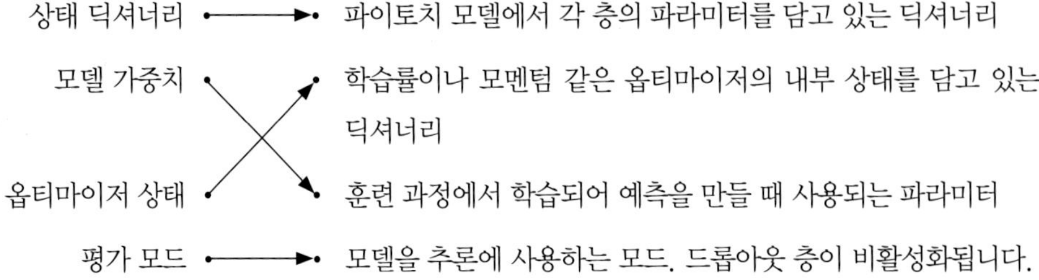

CHAPTER

6

분류를 위해 미세 튜닝하기

6장은 사전 훈련된 LLM을 스팸 메시지 식별과 같은 특정 분류 작업에 적응시키는 **분류 미세 튜닝**에 초점을 맞춥니다. 이 장은 텍스트 메시지 데이터셋을 준비하고, 사전 훈련된 LLM의 출력층을 분류를 위한 층으로 바꾸고, 스팸 분류를 위해 모델을 미세 튜닝하는 훈련 함수를 구현합니다. 또한 미세 튜닝된 모델의 정확도를 평가하고 모델을 사용해 새로운 텍스트 메시지를 '스팸' 또는 '스팸 아님'으로 분류하는 방법을 보여 줍니다.

질문에 대한 답은 마지막에 있습니다.

6.1 SECTION 주요 개념에 대한 객관식 질문

1. ____________의 주요 목적은 특정 클래스 레이블을 예측하도록 모델을 훈련하는 것입니다.
   - a. 분류 미세 튜닝
   - b. 회귀
   - c. 군집
   - d. 사전 훈련

2. 언어 모델을 미세 튜닝하는 두 가지 방법은 무엇인가요?
   - a. 지시 미세 튜닝과 분류 미세 튜닝
   - b. 생성 모델과 판별 모델
   - c. 사전 훈련과 미세 튜닝
   - d. 지도 학습과 비지도 학습

3. 스팸 데이터셋에서 텍스트 메시지를 패딩하는 목적은 무엇인가요?
   - a. 배치를 구성하기 위해서 모든 텍스트 메시지가 동일한 길이가 되도록 하기 위해
   - b. 텍스트 메시지를 처리하는 계산 비용을 줄이기 위해
   - c. 텍스트 메시지에서 관련 없는 정보를 삭제하기 위해
   - d. 모델이 텍스트 메시지의 문맥을 이해하는 능력을 향상하기 위해

4. `SpamDataset` 클래스에서 패딩 토큰의 역할은 무엇인가요?

   a. 텍스트 메시지의 시작과 끝을 표시하기 위해

   b. 새로운 문장의 시작을 표시하기 위해

   c. 알지 못하는 단어나 OOV(out-of-vocabulary) 단어를 표현하기 위해

   d. 짧은 텍스트 메시지를 가장 긴 메시지 길이에 맞춰 빈 자리를 채우기 위해

5. GPT 모델이 분류 미세 튜닝을 위해 마지막 출력 토큰을 선택한 이유는 무엇인가요?

   a. 마지막 토큰이 클래스 레이블 정보를 담고 있을 가능성이 가장 높기 때문에

   b. 마지막 토큰이 모델에서 처리하기 가장 쉽기 때문에

   c. 마지막 토큰이 텍스트 메시지에서 가장 중요한 토큰이기 때문에

   d. 코잘 어텐션 마스크로 인해 마지막 토큰에 이전 모든 토큰의 정보가 누적되어 있기 때문에

6. 스팸 분류 작업에서 크로스 엔트로피 손실 함수의 목적은 무엇인가요?

   a. 훈련에 필요한 에포크 횟수를 결정하기 위해

   b. 모델 예측의 정확도를 계산하기 위해

   c. 모델이 예측한 확률과 실제 클래스 레이블 사이의 차이를 측정하기 위해

   d. 텍스트 메시지에서 가장 중요한 특성을 식별하기 위해

7. 테스트 세트에 대한 모델의 성능이 가진 의미는 무엇인가요?

   a. 모델이 새로운 본 적 없는 데이터에 대해 얼마나 잘 일반화하는지 나타냅니다.

   b. 훈련에 필요한 에포크 횟수를 결정합니다.

   c. 훈련 데이터에 대한 모델의 성능을 반영합니다.

   d. 모델이 훈련 데이터에서 학습하는 능력을 나타냅니다.

각 절에 대한 주관식 질문

이제 이 장의 내용을 좀 더 자세히 살펴보겠습니다.

6.1 여러 가지 미세 튜닝 방법

1. 언어 모델을 미세 튜닝하는 데 가장 널리 사용되는 두 가지 방법은 무엇인가요?

2. 지시 미세 튜닝의 목적을 설명하고 예를 들어 보세요.

3. 분류 미세 튜닝의 목적을 설명하고 예를 들어 보세요.

4. 분류 미세 튜닝된 모델의 주요한 제약 사항은 무엇인가요?

5. 지시 미세 튜닝된 모델과 분류 미세 튜닝된 모델의 유연성을 비교해 보세요.

6. 지시 미세 튜닝이 선호되는 경우는 언제인가요?

6.2 데이터셋 준비

1. 이 절에서 사용하는 데이터셋의 목적은 무엇인가요? 어떤 유형의 데이터가 들어 있나요?

2. '스팸'과 '스팸 아님' 메시지의 개수가 동일하도록 언더샘플링을 하는 이유가 무엇인가요?

3. 문자열 클래스 레이블(`"ham"`과 `"spam"`)을 정수 클래스 레이블로 어떻게 바꾸나요?

4. `random_split` 함수의 목적과 이를 사용해 데이터셋을 분할하는 방법을 설명하세요.

5. 다음 코드에서 일부 내용이 삭제되었습니다. 삭제된 코드는 무엇이며 어디에 들어가야 하나요?

   a. sample

   b. shape

   c. concat

   d. merge

```
def create_balanced_dataset(df):
    num_spam = df[df["Label"] == "spam"].___1___[0]
    ham_subset = df[df["Label"] == "ham"].sample(
        num_spam, random_state=123
    )
    balanced_df = pd.___2___([
        ham_subset, df[df["Label"] == "spam"]
    ])
    return balanced_df
```

각 빈칸에 들어갈 정답을 넣으세요.

빈칸의 번호	1	2
코드 번호		

6. 데이터셋을 CSV 파일로 저장하는 이유는 무엇인가요?

7. 왼쪽의 용어와 오른쪽의 설명을 맞게 연결하세요.

지시 미세 튜닝 •	• 자연어 프롬프트로 기술된 작업을 이해하고 실행하는 능력을 향상하기 위해 구체적인 지시를 사용해 일련의 작업에서 언어 모델을 훈련하는 과정
분류 미세 튜닝 •	• 다양한 작업에서 잘 동작하는 모델
범용 모델 •	• 특정 작업을 수행하도록 훈련된 모델
전문 모델 •	• '스팸'과 '스팸 아님' 같이 특정 클래스 레이블 집합을 인식하도록 모델을 훈련하는 방법

6.3 데이터 로더 만들기

1. 길이가 다른 텍스트 메시지로 배치를 만드는 두 가지 방법은 무엇인가요?

2. 다음 코드에서 일부 내용이 삭제되었습니다. 삭제된 코드는 무엇이며 어디에 들어가야 하나요?

   a. train_loader

   b. val_loader

   c. train_end

   d. validation_end

```
def random_split(df, train_frac, validation_frac):

    df = df.sample(
        frac=1, random_state=123
    ).reset_index(drop=True)
    train_end = int(len(df) * train_frac)
    validation_end = train_end + int(len(df) * validation_frac)


    train_df = df[:____1____]
    validation_df = df[____2____:____3____ ]
    test_df = df[ ____4____ :]

    return train_df, validation_df, test_df

train_df, validation_df, test_df = random_split(
    balanced_df, 0.7, 0.1)
```

각 빈칸에 들어갈 정답을 넣으세요.

빈칸의 번호	1	2	3	4
코드 번호				

3. 패딩 토큰의 역할이 무엇이며 SpamDataset 클래스에서 어떻게 사용되나요?

4. 데이터 로드 과정에서 SpamDataset 클래스의 역할은 무엇인가요?

5. 다음 그림을 참고하여 번호와 설명을 올바르게 짝지으세요. 이탤릭체로 쓴 것은 이미 올바르게 짝지어진 것입니다.

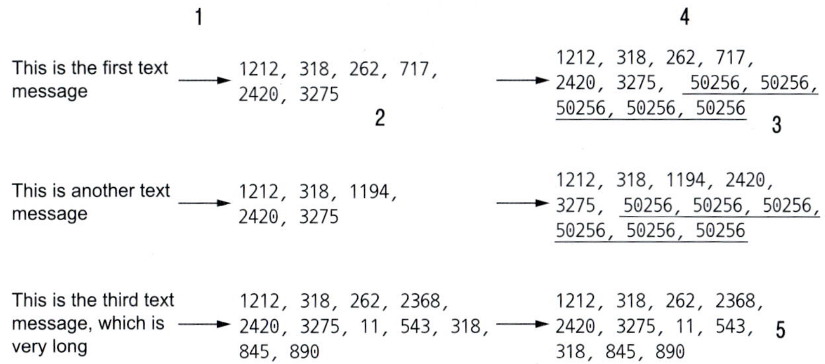

번호	설명
1	가장 긴 시퀀스에 맞춰 패딩을 추가합니다.
2	*토큰 ID*
3	가장 긴 시퀀스에는 패딩이 없습니다.
4	텍스트를 토큰화합니다.
5	패딩된 토큰 ID

6. 훈련 세트와 관련하여 검증 세트와 테스트 세트는 어떻게 패딩되고 잘리나요?

7. 입력 텐서와 타깃 텐서 측면에서 훈련 배치의 구조를 설명하세요.

8. `DataLoader` 클래스의 목적은 무엇인가요? 이를 사용해 훈련, 검증, 테스트 데이터 로더를 어떻게 만드나요?

6.4 사전 훈련된 가중치로 모델 초기화하기

1. 분류를 위해 미세 튜닝하기 전에 사전 훈련된 모델을 초기화하는 목적은 무엇인가요?

2. 사전 훈련된 가중치를 GPT 모델로 로드하는 과정을 설명하세요.

3. 모델이 일관된 텍스트를 생성하는 능력을 사용해 어떻게 사전 훈련된 가중치가 올바르게 로드되었는지 확인하나요?

4. 미세 튜닝하기 전에 스팸 메시지로 모델을 테스트하는 목적은 무엇인가요?

6.5 분류 헤드 추가하기

1. 분류 미세 튜닝을 위해 사전 훈련된 LLM의 출력층을 수정해야 하는 이유는 무엇인가요?
2. 분류 작업에서 클래스 개수와 동일하게 출력 노드의 개수를 지정해야 하는 이유는 무엇인가요?
3. 새로운 작업에 사전 훈련된 LLM의 마지막 층만 미세 튜닝해도 충분한 이유는 무엇인가요?
4. 미세 튜닝을 위해 사전 훈련된 LLM의 층을 동결하고 해제하는 과정을 설명하세요.
5. 코잘 어텐션 마스크를 사용하는 분류 작업에서 시퀀스의 마지막 토큰에 가장 많은 정보가 들어 있다고 가정하는 이유는 무엇인가요?
6. GPT와 같은 모델을 분류 작업에 맞게 미세 튜닝할 때, 마지막 출력 토큰에 집중하는 것이 중요한 이유를 설명하세요.

6.6 분류 손실과 정확도 계산하기

1. 모델의 출력을 스팸 분류를 위한 클래스 레이블 예측으로 변환하는 방법을 설명하세요.
2. 이 경우 `softmax` 함수의 목적은 무엇인가요? 이 함수가 선택 사항인 이유는 무엇인가요?
3. `calc_accuracy_loader` 함수의 기능과 이를 사용해 분류 정확도를 계산하는 방법을 설명하세요.
4. 크로스 엔트로피 손실을 분류 정확도를 최대화하기 위한 대리자로 사용하는 이유는 무엇인가요?
5. 분류를 위해 사용하는 `calc_loss_batch`와 언어 모델링을 위해 사용하는 것 사이의 차이점을 설명하세요.

6.7 지도 학습 데이터로 모델 미세 튜닝하기

1. 미세 튜닝을 위해 사용한 훈련 루프와 사전 훈련을 위해 사용한 훈련 루프 사이의 주요 차이점은 무엇인가요?
2. 사전 훈련에 사용했던 `train_model_simple` 함수와 비교하여 `train_classifier_simple` 함수에서 수정된 부분을 설명하세요.
3. 미세 튜닝 맥락에서 `evaluate_model` 함수의 역할은 무엇인가요?

4. 다음과 같은 손실 곡선의 의미를 설명하세요.

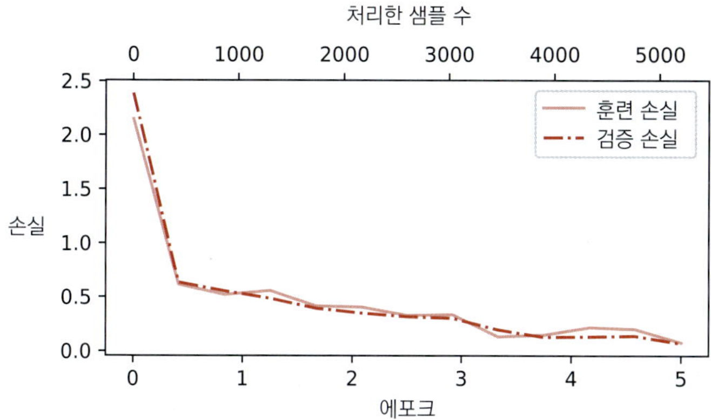

5. 미세 튜닝 동안에 에포크 횟수의 선택에 영향을 미치는 요인은 무엇인가요?

6. 다음 코드에서 일부 내용이 삭제되었습니다. 삭제된 코드는 무엇이며 어디에 들어가야 하나요?

   a. `train_loader`

   b. `test_loader`

   c. `AdamW`

   d. `val_loader`

   e. `Adam`

```
import time

start_time = time.time()
torch.manual_seed(123)
optimizer = torch.optim.___1___(model.parameters(), lr=5e-5, weight_decay=0.1)
num_epochs = 5


train_losses, val_losses, train_accs, val_accs, examples_seen = \
    train_classifier_simple(
        model, _____2_____, _____3_____, optimizer, device,
        num_epochs=num_epochs, eval_freq=50,
        eval_iter=5
    )

end_time = time.time()
execution_time_minutes = (end_time - start_time) / 60
print(f"Training completed in {execution_time_minutes:.2f} minutes.")
```

각 빈칸에 들어갈 정답을 넣으세요.

빈칸의 번호	1	2	3
코드 번호			

7. 훈련 과정에서 `eval_iter` 매개변수가 정확도 추정에 미치는 영향은 무엇인가요?

8. GPT-2 모델을 준비하고 미세 튜닝하는 과정을 순서대로 나열하세요.

a. 사전 훈련된 GPT-2 모델 가중치를 로드합니다.

b. 지정된 에포크 횟수 동안 훈련 데이터 로더를 사용해 모델을 훈련합니다.

c. 출력층과 마지막 트랜스포머 블록을 제외한 모든 가중치 파라미터를 동결합니다.

d. AdamW 옵티마이저를 초기화합니다.

e. 배치에 대한 손실과 정확도를 계산하는 함수를 정의합니다.

f. 새로운 출력층과 마지막 트랜스포머 블록의 `requires_grad` 속성을 `True`로 지정합니다.

g. 원래 출력층을 두 개의 클래스(스팸/스팸 아님)로 매핑하는 새로운 선형 층으로 교체합니다.

h. 에포크가 끝날 때마다 검증 세트에 대한 모델의 성능을 평가합니다.

세 개의 단계는 이미 채워져 있습니다.

순서	1	2	3	4	5	6	7	8
단계	A				E			H

6.8 LLM을 스팸 분류기로 사용하기

1. 스팸 분류를 위해 사전 훈련된 LLM을 사용하는 과정을 설명하세요.

2. 스팸 분류에서 `classify_review` 함수의 역할을 설명하세요.

3. 스팸 분류 모델의 정확도를 어떻게 평가하나요?

4. 다음 코드에서 단계 설명에 맞는 번호를 기입하세요.

```
  def classify_review(
          text, model, tokenizer, device, max_length=None,
          pad_token_id=50256):
      model.eval()

1     input_ids = tokenizer.encode(text)
      supported_context_length = model.pos_emb.weight.shape[1]

2     input_ids = input_ids[:min(
          max_length, supported_context_length
      )]

3     input_ids += [pad_token_id] * (max_length - len(input_ids))

      input_tensor = torch.tensor(
          input_ids, device=device
4     ).unsqueeze(0)

5     with torch.no_grad():
6         logits = model(input_tensor)[:, -1, :]
      predicted_label = torch.argmax(logits, dim=-1).item()

7     return "spam" if predicted_label == 1 else "not spam"
```

단계 설명	번호
모델 추론 시에는 그레이디언트 추적을 사용하지 않습니다.	
배치 차원을 추가합니다.	
시퀀스가 너무 길면 자릅니다.	
모델을 위한 입력을 준비합니다.	
가장 긴 시퀀스에 맞춰 패딩합니다.	
마지막 출력 토큰의 로짓	
분류 결과를 반환합니다.	

5. 미세 튜닝된 스팸 분류 모델을 저장하는 목적은 무엇인가요?

6. 분류 미세 튜닝 과정은 LLM 사전 훈련 과정과 어떻게 다른가요?

정답

1. A
2. A
3. A
4. D
5. D
6. C
7. A

6.1 여러 가지 미세 튜닝 방법

1. 언어 모델을 미세 튜닝하는 일반적인 두 가지 방법은 지시 미세 튜닝과 분류 미세 튜닝입니다. 지시 미세 튜닝은 모델이 자연어 프롬프트 기반의 작업을 이해하고 실행하도록 훈련하는 데 초점을 맞춥니다. 분류 미세 튜닝은 모델이 특정 클래스 레이블을 인식하도록 훈련합니다.

2. 지시 미세 튜닝은 자연어 지시 기반의 작업을 이해하고 실행하는 모델의 능력을 향상시키는 것이 목표입니다. 예를 들어 특정 지시를 사용해 영어 문장을 독일어로 번역하도록 모델을 훈련하는 것이 지시 미세 튜닝의 한 예입니다.

3. 분류 미세 튜닝에서는 모델이 특정 클래스 레이블을 인식하도록 훈련합니다. 예를 들어 이메일이 스팸인지 아닌지 식별하도록 모델을 훈련하는 것이 분류 미세 튜닝의 한 예입니다. 이미지 분류와 감성 분석 같은 작업에도 이 방식이 사용됩니다.

4. 분류 미세 튜닝된 모델은 훈련 과정에서 만났던 클래스만 예측할 수 있습니다. 훈련에 사용되었던 사전에 정의된 범주로만 데이터를 분류할 수 있습니다. 따라서 훈련 범위 밖의 작업을 처리하는 능력이 제한적입니다.

5. 지시 미세 튜닝된 모델은 더 유연하며 사용자의 지시를 기반으로 다양한 종류의 작업을 처리할 수 있습니다. 분류 미세 튜닝된 모델은 매우 전문화되고 데이터를 사전에 정의된 클래스로 분류하는 데 뛰어납니다. 하지만 이런 모델은 지시 미세 튜닝된 모델보다 유연성이 떨어집니다.

6. 복잡한 사용자 지시를 기반으로 다양한 작업을 처리해야 하는 모델에게 지시 미세 튜닝이 잘 맞습니다. 이를 통해 유연성과 상호작용 품질을 높일 수 있습니다. 다양한 사용자의 요청에 대응해야 하는 능력과 적응력이 필요한 애플리케이션에 이상적입니다.

6.2 데이터셋 준비

1. 사용하는 데이터셋은 '스팸' 또는 '스팸 아님'(또는 "ham")으로 분류되는 텍스트 메시지 집합입니다. 대규모 언어 모델을 분류 작업을 위해 미세 튜닝하는 과정을 설명하기 위해 이 데이터셋을 사용합니다.

2. 원본 데이터셋은 '스팸'과 '스팸 아님' 메시지의 비율이 크게 다릅니다. 언더샘플링을 통해 균형잡힌 데이터셋을 만들면 다수 클래스로 모델이 편향되는 것을 막을 수 있기 때문에 분류 모델을 훈련하는 데 도움이 됩니다.

3. 매핑 딕셔너리를 사용해 '문자열' 클래스 레이블을 정수 클래스 레이블(0 또는 1)로 변환합니다. 이 과정은 텍스트를 토큰 ID로 변환하는 것과 비슷합니다. 하지만 GPT의 어휘사전이 아니라 두 개의 토큰 ID를 사용합니다.

4. `random_split` 함수는 데이터셋을 훈련, 검증, 테스트 세 개의 부분으로 나눕니다. 훈련 세트는 모델을 훈련하는 데 사용하고, 검증 세트는 하이퍼파라미터를 조정하고 과대적합을 방지하기 위해 사용하며, 테스트 세트는 본 적 없는 데이터에 대한 모델의 성능을 평가하는데 사용합니다.

5. 빈칸에 들어갈 코드는 다음과 같습니다.

빈칸의 번호	1	2
코드 번호	B	C

6. 데이터셋을 CSV 파일로 저장하면 다음 단계에서 쉽게 데이터를 재사용할 수 있습니다. 즉, 후속 분석이나 모델 훈련을 위해 준비된 데이터셋을 활용하기가 용이합니다.

7. 다음과 같이 연결되어야 합니다.

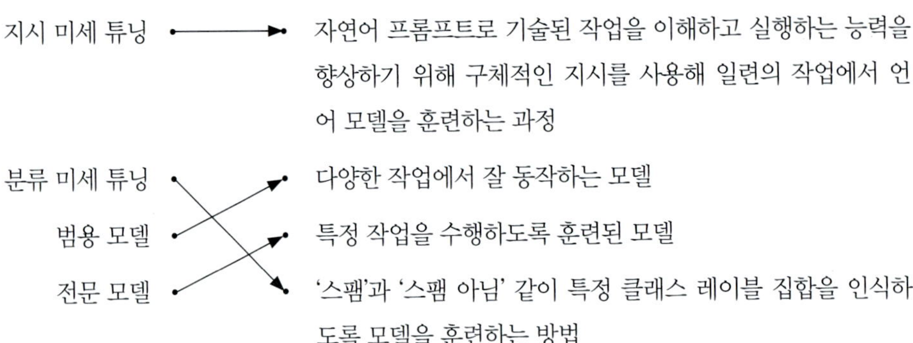

6.3 데이터 로더 만들기

1. 두 가지 옵션은 모든 메시지를 가장 짧은 메시지에 맞춰 자르거나, 가장 긴 메시지에 맞춰 패딩하는 것입니다. 메시지를 자르는 것이 계산 비용이 적게 들지만 정보를 잃을 수 있습니다. 패딩은 전체 메시지 내용을 보존합니다.

2. 빈칸에 들어갈 코드는 다음과 같습니다.

빈칸의 번호	1	2	3	4
코드 번호	C	C	D	D

3. 패딩 토큰을 사용해 배치에 있는 모든 메시지 길이를 동일하게 만듭니다. `SpamDataset` 클래스에서 짧은 메시지를 패딩 토큰 ID(50256)로 패딩하여 가장 긴 메시지 길이가 되도록 합니다.

4. `SpamDataset` 클래스는 몇 가지 중요한 작업을 처리합니다. CSV 파일에서 데이터를 로드하고, GPT-2 토크나이저를 사용하여 텍스트 메시지를 토큰화하고, 시퀀스가 동일한 길이가 되도록 패딩하거나 자릅니다. 또한 개별 데이터 샘플을 참조하거나 전체 데이터셋에 있는 샘플 개수를 구하는 메서드를 제공합니다.

5. 올바르게 짝지어진 결과는 다음과 같습니다.

번호	설명
1	텍스트를 토큰화합니다.
2	*토큰 ID*
3	가장 긴 시퀀스에 맞춰 패딩을 추가합니다.
4	패딩된 토큰 ID
5.	가장 긴 시퀀스에는 패딩이 없습니다

6. 훈련 세트에 있는 가장 긴 시퀀스의 길이와 같도록 검증 세트와 테스트 세트를 패딩합니다. 이 길이를 초과하는 샘플은 잘립니다. 이를 통해 모든 데이터셋에 대해 입력 길이가 동일해지도록 만듭니다.

7. 하나의 훈련 배치는 토큰 ID로 표현된 여덟 개의 텍스트 메시지로 구성되며, 각 텍스트 메시지는 120개의 토큰으로 구성됩니다. 각 메시지에 상응하는 클래스 레이블을 별도의 텐서로 저장합니다. 이런 구조를 사용해 여러 개의 훈련 샘플을 동시에 효율적으로 처리할 수 있습니다.

8. `DataLoader` 클래스를 사용해 배치에 데이터를 효율적으로 로드하고 처리하는 데이터 로더를 만듭니다. 이 클래스는 데이터셋 입력으로 받고, 배치 크기, 셔플링, 워커 개수와 같은 매개변수로 커스터마이즈할 수 있습니다. 훈련, 검증, 테스트를 위해 각기 고유한 설정으로 별도의 데이터 로더를 만듭니다.

6.4 사전 훈련된 가중치로 모델 초기화하기

1. 사전 훈련된 모델을 초기화하면 레이블이 없는 데이터에서 사전 훈련하여 학습된 가중치를 로드하여 미세 튜닝을 위해 준비할 수 있습니다. 모델이 기존 지식을 활용하고 특정 분류 작업을 위해 학습 과정을 가속할 수 있습니다.

2. `download_and_load_gpt2` 함수를 사용해 선택한 모델 크기를 기반으로 사전 훈련된 가중치를 추출합니다. 그런 다음 이 가중치를 `load_weights_into_gpt` 함수를 사용해 `GPTModel`에 로드하여 미세 튜닝할 준비를 마칩니다.

3. `generate_text_simple` 함수에 프롬프트를 전달해 텍스트 생성함으로써 모델이 일관되고 의미 있는 텍스트를 생성하는지 판단할 수 있습니다. 말이 안 되는 텍스트가 생성되면 사전 훈련된 가중치가 올바르게 로드되지 않았다는 의미입니다.

4. 모델에게 스팸 메시지를 전달하여 스팸 메시지를 분류하는 초기 능력을 평가할 수 있습니다. 미세 튜닝하기 전에 모델의 성능을 이해하고 성능이 얼마나 향상되었는지 파악하는 데 도움이 됩니다.

6.5 분류 헤드 추가하기

1. 사전 훈련된 LLM의 원래 출력층은 언어 생성을 위해 고안되었으며 은닉 표현을 대규모 어휘 사전에 매핑합니다. 분류의 경우 예측하려는 특정 클래스에 매핑하는 소규모 출력층이 필요합니다.

2. 클래스마다 별개의 출력 노드를 할당하면 이진 분류 작업을 위해 손실 함수를 바꿀 필요가 없으므로 분류에서 사용하는 일반적인 방식을 사용할 수 있습니다. 이 방식은 다중 클래스 문제로 쉽게 확장할 수 있습니다.

3. 사전 훈련된 LLM의 낮은(앞쪽) 층은 일반적인 언어 구조와 의미를 포착합니다. 반면 높은(뒤쪽) 층은 작업에 특화된 특성을 학습합니다. 마지막 층만 미세 튜닝하면 언어에 대해 학습한 일반 지식을 훼손하지 않고 새로운 작업에 효율적으로 적응할 수 있습니다.

4. 층을 동결하면 훈련 과정에서 가중치가 업데이트되지 않습니다. `requires_grad` 속성을 `False`로 지정합니다. `requires_grad` 속성을 `True`로 지정하여 동결 해제하면 가중치를 업데이트할 수 있습니다.

5. 코잘 어텐션 마스크는 각 토큰이 자기 자신과 이전 토큰에만 주의를 기울이도록 제한합니다. 결과적으로 마지막 토큰이 모든 이전 토큰의 정보를 누적하므로 입력 시퀀스에 대해 가장 포괄적인 표현을 가집니다.

6. 시퀀스의 마지막 토큰이 코잘 어텐션 마스크 때문에 모든 이전 토큰에 대한 정보를 가지고 있으므로 분류에 가장 적절한 문맥을 제공합니다. 따라서 마지막 토큰 출력을 기반으로 미세 튜닝하면 더 정확한 예측을 만들 수 있습니다.

6.6 분류 손실과 정확도 계산하기

1. 마지막 토큰에 대한 모델의 출력은 각 클래스('스팸' 또는 '스팸 아님')에 대한 확률 점수를 나타내는 2차원 텐서입니다. argmax 함수를 사용해 가장 높은 확률 점수의 인덱스를 찾아 클래스 레이블을 결정합니다.

2. softmax 함수는 모델의 출력을 합이 1이 되는 확률로 변환합니다. 가장 큰 출력 값이 가장 높은 확률 점수에 해당하기 때문에 이 함수를 사용하는 것은 선택 사항입니다. 따라서 argmax 함수를 출력 텐서에 바로 적용할 수 있습니다.

3. calc_accuracy_loader 함수는 데이터 로더를 순회하면서, 각 입력에 argmax를 적용해 예측을 구하고, 올바르게 예측한 비율을 계산합니다. 이 함수는 분류 정확도를 백분율로 반환합니다.

4. 분류 정확도는 미분 가능한 함수가 아니므로 최적화에 적합하지 않습니다. 크로스 엔트로피 손실은 미분 가능한 함수이므로 간접적으로 분류 정확도를 최대화하도록 모델의 파라미터를 최적화하는 데 사용할 수 있습니다.

5. 분류용 calc_loss_batch 함수는 마지막 토큰의 출력만 최적화합니다. 반면 언어 모델링 버전은 모든 토큰의 출력을 최적화합니다. 이는 분류 작업이 마지막 토큰의 클래스 레이블을 예측하는 데 초점을 맞춘다는 것을 알려줍니다.

6.7 지도 학습 데이터로 모델 미세 튜닝하기

1. 주요 차이점은 미세 튜닝 동안 샘플 텍스트를 생성하는 것이 아니라 분류 정확도를 계산하여 모델의 성능을 평가한다는 것입니다.

2. train_classifier_simple 함수는 지금까지 처리한 (토큰이 아니라) 훈련 샘플의 개수를 기록하고 에포크가 끝날 때마다 정확도를 계산합니다. 샘플 텍스트를 출력하는 단계가 없습니다.

3. evaluate_model 함수는 훈련 세트와 검증 세트에 대한 손실을 계산하여 본 적이 있는 데이터와 본 적이 없는 데이터에서 모델 성능에 대한 통찰을 제공합니다.

4. 그림 6-16의 손실 곡선은 초기 에포크에서 훈련 손실과 검증 손실이 빠르게 감소하므로 효과적으로 훈련된다는 것을 보여 줍니다. 두 곡선이 가깝다는 것은 모델이 본 적 없는 데이터에서 잘 일반화되며 과대적합되지 않는다는 것을 시사합니다.

5. 에포크 횟수는 데이터셋의 복잡도와 작업의 난이도에 따라 다릅니다. 과대적합 때문에 에포크 수를 줄여야 할 수 있지만 훈련이 충분하지 않으면 에포크를 늘려야 할 수 있습니다.

6. 빈칸에 들어갈 코드는 다음과 같습니다.

빈칸의 번호	1	2	3
코드 번호	C	A	D

7. `eval_iter` 매개변수는 훈련 정확도와 검증 정확도를 계산하기 위해 사용할 배치 개수를 결정합니다. `eval_iter`를 작게 하면 훈련 속도가 빨라지지만 덜 정확하게 성능 추정을 하게 됩니다.

8. 올바른 순서는 다음과 같습니다.

순서	1	2	3	4	5	6	7	8
단계	A	C	G	F	E	D	B	H

6.8 LLM을 스팸 분류기로 사용하기

1. 사전 훈련된 LLM을 사용해 분류를 위해 미세 튜닝하고 텍스트 메시지에 대한 클래스 레이블('스팸' 또는 '스팸 아님')을 예측하는 작업이 포함됩니다. 텍스트를 토큰 ID로 변환하고, 모델에 주입하고, 모델의 출력을 기반으로 예측된 클래스 레이블을 얻습니다.

2. `classify_review` 함수는 텍스트 메시지를 입력으로 받아, 전처리하여 토큰 ID로 변환하고, 미세 튜닝된 모델에 주입하여 모델의 출력을 기반으로 클래스 레이블(스팸 또는 스팸 아님)을 예측합니다. 이 함수는 해당하는 클래스 이름을 반환합니다.

3. 테스트 데이터셋에서 모델이 올바르게 예측한 비율을 계산하여 분류 정확도를 평가합니다. 이 지표는 모델이 스팸 메시지와 스팸이 아닌 메시지를 얼마나 잘 올바르게 분류할 수 있는지를 알려줍니다.

4. 단계에 맞는 번호는 다음과 같습니다.

단계 설명	번호
모델 추론 시에는 그레이디언트 추적을 사용하지 않습니다.	5
배치 차원을 추가합니다.	4
시퀀스가 너무 길면 자릅니다.	2
모델을 위한 입력을 준비합니다.	1
가장 긴 시퀀스에 맞춰 패딩합니다.	3
마지막 출력 토큰의 로짓	6
분류 결과를 반환합니다.	7

5. 모델을 저장하면 재훈련할 필요 없이 나중에 재사용할 수 있습니다. 모델을 실시간 스팸 감지를 위해 모델을 배포하거나 추가 실험과 분석이 필요할 때 유용합니다.

6. 두 과정 모두 텍스트를 토큰 ID로 변환하고 크로스 엔트로피 손실을 사용합니다. 하지만 분류 미세 튜닝은 올바른 클래스 레이블을 출력하도록 모델을 훈련하고 사전 훈련은 시퀀스에서 다음 토큰을 예측하는 것이 목표입니다. 또한 분류 미세 튜닝은 LLM의 출력층을 작은 분류 층으로 바꿉니다.

CHAPTER

7

지시를 따르도록 미세 튜닝하기

7장은 사전 훈련된 LLM이 가진 텍스트 완성 능력을 넘어서 특정 지시를 따라 기대하는 응답을 생성하도록 만드는 **지시 미세 튜닝**을 살펴봅니다. 이 장은 지시 데이터셋을 준비하고, 효율적인 훈련을 위해 데이터를 배치로 구성하고, 사전 훈련된 LLM을 로드하고, 지시를 따르도록 모델을 미세 튜닝하는 과정을 다룹니다. LLM이 생성한 응답을 추출하여 미세 튜닝 후에 모델 성능을 평가하는 방법을 살펴봅니다. 또한 Llama 3과 같은 다른 LLM을 사용해 응답에 점수를 매기는 기법도 알아봅니다. 6장에서는 분류를 위한 미세 튜닝에 초점을 맞춘 것처럼 7장에서는 지시를 이해하고 실행하는 LLM의 능력을 향상하는 것이 목표입니다.

질문에 대한 답은 마지막에 있습니다.

7.1 SECTION 주요 개념에 대한 객관식 질문

1. 사전 훈련된 LLM이 지시 수행과 관련하여 겪는 어려움은 무엇인가요?

    a. 문장을 완성하지 못합니다.

    b. 일관된 텍스트를 생성하는 것이 어렵습니다.

    c. 어휘사전 크기가 제한됩니다.

    d. 문법 교정이나 어조 변환과 같은 특정 지시를 따르는 것이 어렵습니다.

2. 지도 학습 지시 미세 튜닝을 위해 데이터셋을 준비하는 데 필요한 핵심 요소는 무엇인가요?

    a. 사전 훈련된 언어 모델

    b. 최적화 알고리즘

    c. 지시-응답 쌍

    d. 토큰화 알고리즘

3. 사람과 컴퓨터가 모두 이해하기 쉽기 때문에 지시 데이터셋에 널리 사용되는 데이터 포맷은 무엇인가요?

   a. JSON(JavaScript Object Notation)

   b. CSV(Comma Separated Values)

   c. YAML(YAML Ain't Markup Language)

   d. XML(eXtensible Markup Language)

4. 지시 미세 튜닝에서 사용자 정의 콜레이트 함수의 목적은 무엇인가요?

   a. 모델 구조를 최적화하기 위해

   b. 지시 미세 튜닝 데이터셋의 포맷과 요구사항을 처리하기 위해

   c. 입력 데이터를 전처리하기 위해

   d. 모델의 성능을 평가하기 위해

5. 사용자 정의 콜레이트 함수에서 `ignore_index` 매개변수(−100)를 사용하는 목적은 무엇인가요?

   a. 시퀀스의 끝을 표시하기 위해

   b. 알지 못하는 토큰을 나타내기 위해

   c. 손실 계산에서 패딩 토큰을 제외하기 위해

   d. 시퀀스의 시작을 표시하기 위해

6. 미세 튜닝된 모델의 상태 딕셔너리를 저장하는 목적은 무엇인가요?

   a. 모델을 압축하여 저장 공간 효율성을 높이기 위해

   b. 모델 구조를 시각화하기 위해

   c. 모델 파라미터를 저장하여 나중에 사용하거나 다른 프로젝트에서 재사용하기 위해

   d. 모델 성능을 향상시키기 위해

7.2 SECTION 각 절에 대한 주관식 질문

이제 이 장의 내용을 좀 더 자세히 살펴보겠습니다.

7.1 지시 미세 튜닝 소개

1. 사전 훈련된 LLM의 주요 기능은 무엇인가요?

2. 사전 훈련된 LLM이 종종 직면하는 어려움은 무엇인가요?

3. 지시 미세 튜닝의 목적은 무엇인가요?

4. 지시 미세 튜닝의 중요한 측면은 무엇인가요?

7.2 지도 학습 지시 미세 튜닝을 위해 데이터셋 준비하기

1. 사전 훈련된 LLM을 미세 튜닝하기 위한 지시 데이터셋의 역할은 무엇인가요?

2. 이 절에서 사용하는 지시 데이터셋의 포맷을 설명하세요.

3. 이 절에서 언급된 두 가지 프롬프트 스타일은 무엇인가요? 두 스타일이 어떻게 다른가요?

4. `format_input` 함수의 역할은 무엇이며 어떻게 동작하나요?

5. 지시 데이터셋을 훈련, 검증, 테스트 세트로 어떻게 나누나요?

6. 왼쪽의 용어와 오른쪽의 설명을 맞게 연결하세요.

지시-응답 쌍 •	• 모델에게 지시와 입력을 전달하기 위한 여러 가지 포맷. 모델이 작업을 이해하고 응답하는 데 영향을 미칩니다.
프롬프트 스타일 •	• 지시 미세 튜닝을 위한 간단한 포맷으로 사용자 입력과 모델의 출력을 표시하기 위한 토큰을 사용하며 작업을 더 유연하게 처리합니다.
알파카 프롬프트 스타일 •	• 지시와 응답 쌍으로 구성된 데이터셋으로 작업을 완료하는 방법을 담은 샘플을 제공합니다.
Phi-3 프롬프트 스타일 •	• 지시, 입력, 응답에 별도의 섹션을 사용하는 지시 미세 튜닝을 위한 구조적인 포맷으로, 모델이 작업을 명확하게 이해하는 데 도움이 됩니다.

7.3 훈련 배치 만들기

1. 지시 미세 튜닝에서 사용자 정의 콜레이트 함수의 목적은 무엇인가요?

2. 지시 미세 튜닝에서 사용자 정의 콜레이트 함수가 패딩을 어떻게 처리하나요?

3. 지시 미세 튜닝에서 타깃 토큰 ID의 역할과 생성하는 방법을 설명하세요.

4. 타깃 토큰 ID에서 패딩 토큰을 플레이스홀더 값인 -100으로 바꾸는 이유는 무엇인가요?

5. 타깃 시퀀스에서 하나의 텍스트 종료 토큰을 남겨 놓는 이유는 무엇인가요?

6. 다음 코드에서 일부 내용이 삭제되었습니다. 삭제된 코드는 무엇이며 어디에 들어가야 하나요?

   a. `encode`

   b. `data`

   c. `format`

   d. `encoded_texts`

   e. `full_text`

```
import torch
from torch.utils.data import Dataset

class InstructionDataset(Dataset):
    def __init__(self, data, tokenizer):
        self.data = data
        self.encoded_texts = []
        for entry in ___1___:
            instruction_plus_input = format_input(entry)
            response_text = f"\n\n### Response:\n{entry['output']}"
            full_text = instruction_plus_input + response_text
            self.encoded_texts.append(
                tokenizer.___2___(full_text)
            )

    def __getitem__(self, index):
        return self.___3___[index]

    def __len__(self):
        return len(self.data)
```

각 빈칸에 들어갈 정답을 넣으세요.

빈칸의 번호	1	2	3
코드 번호			

7.4 지시 데이터셋을 위한 데이터 로더 만들기

1. 지시 미세 튜닝에서 custom_collate_fn 함수의 목적은 무엇인가요?

2. 메인 루프가 아니라 custom_collate_fn 함수에서 데이터를 타깃 장치로 옮기는 장점을 설명하세요.

3. custom_collate_fn 함수에서 device 설정을 어떻게 결정하고 사용하나요?

4. custom_collate_fn 함수에서 allowed_max_length 매개변수의 목적은 무엇인가요?

5. DataLoader 클래스를 사용해 훈련 세트, 검증 세트, 테스트 세트를 위한 데이터 로더를 만드는 과정을 설명하세요.

6. 다음 코드에서 일부 내용이 삭제되었습니다. 삭제된 코드는 무엇이며 어디에 들어가야 하나요?

a. 50265

b. padded[1:]

c. padded[]

d. 50256

e. padded[:-1]

```
def custom_collate_draft_2(
    batch,
    pad_token_id=___1___,
    device="cpu"
):
    batch_max_length = max(len(item)+1 for item in batch)
    inputs_lst, targets_lst = [], []

    for item in batch:
        new_item = item.copy()
        new_item += [pad_token_id]

        padded = (
            new_item + [pad_token_id] *
            (batch_max_length - len(new_item))
        )
        inputs = torch.tensor(_____2_____)
        targets = torch.tensor(_____3_____)
        inputs_lst.append(inputs)
        targets_lst.append(targets)

    inputs_tensor = torch.stack(inputs_lst).to(device)
    targets_tensor = torch.stack(targets_lst).to(device)
    return inputs_tensor, targets_tensor

inputs, targets = custom_collate_draft_2(batch)
print(inputs)
print(targets)
```

각 빈칸에 들어갈 정답을 넣으세요.

빈칸의 번호	1	2	3
코드 번호			

7. 왼쪽의 용어와 오른쪽의 설명을 맞게 연결하세요.

배치 처리 •	• 개별 데이터 샘플을 배치로 결합하는 방법을 정의한 함수. 지시 미세 튜닝의 요구 사항에 맞춰 수정됨
사용자 정의 콜레이트 함수 •	• 훈련 효율성을 높이기 위해 훈련 데이터를 배치라 부르는 샘플의 집합으로 묶는 과정
패딩 토큰 •	• 배치에 있는 모든 입력이 동일한 길이가 되도록 시퀀스 끝에 추가하는 특수 토큰. 모델이 효율적으로 처리할 수 있도록 만듭니다.
ignore_index 값 •	• 타깃 시퀀스에 있는 패딩 토큰을 나타내는 특별한 값(일반적으로 −100). 훈련 과정에서 손실 계산에 포함되지 않도록 만듭니다.

7.5 사전 훈련된 LLM 로드하기

1. 작은 'gpt2-small' 모델에 비해 'gpt2-medium'처럼 큰 사전 훈련된 모델이 지시 미세 튜닝에서 더 선호되는 이유는 무엇인가요?

2. 지시 미세 튜닝을 시작하기 전에 사전 훈련된 LLM을 로드하는 목적은 무엇인가요?

3. 사전 훈련이나 분류 미세 튜닝에서 사용했던 코드와 지시 미세 튜닝에서 사전 훈련된 LLM을 로드하는 코드가 어떻게 다른가요?

4. 미세 튜닝하기 전에 검증 세트에서 사전 훈련된 LLM의 성능을 평가하는 목적은 무엇인가요?

5. 지시 입력에서 모델이 생성한 응답을 어떻게 분리하나요?

7.6 지시 데이터에서 LLM 미세 튜닝하기

1. 지시 데이터에서 LLM을 미세 튜닝하는 목적은 무엇인가요?

2. 지시 데이터에서 LLM을 미세 튜닝하는 과정과 핵심 단계를 설명하세요.

3. 지시 데이터에서 LLM을 미세 튜닝할 때 직면할 수 있는 어려움과 해결 방법은 무엇인가요?

4. 훈련 과정에서 미세 튜닝의 효과를 어떻게 평가하나요?

5. 미세 튜닝된 LLM의 맥락에서 알파카 데이터셋의 중요성은 무엇인가요?

7.7 응답 추출하여 저장하기

1. 훈련이 끝난 후 지시 미세 튜닝된 대규모 언어 모델의 성능을 평가하는 과정을 설명하세요.
2. 지시 미세 튜닝된 LLM의 성능을 평가하는 방법에는 어떤 것이 있나요? 각각의 장점과 단점은 무엇인가요?
3. LLM의 맥락에서 '대화 성능'이 무엇을 의미하며, 왜 중요한가요?
4. LLM이 생성한 응답을 다른 LLM을 사용하여 어떻게 자동으로 평가할 수 있나요? 이 방법의 장점은 무엇인가요?
5. 추후 분석을 위해 생성된 모델 응답을 테스트 세트에 추가하여 저장하는 과정을 설명하세요.

7.8 미세 튜닝된 LLM 평가하기

1. 더 큰 LLM을 사용해 미세 튜닝된 모델의 응답을 평가하는 목적은 무엇인가요?
2. Ollama를 사용해 미세 튜닝된 모델의 응답을 평가하는 과정을 설명하세요.
3. 80억 파라미터의 Llama 3 모델 외에도 모델 응답을 평가하는 데 사용할 수 있는 다른 LLM에는 어떤 것이 있나요?
4. `generate_model_scores` 함수로 미세 튜닝 모델의 성능을 어떻게 평가할 수 있나요?
5. 미세 튜닝된 모델의 성능을 향상할 수 있는 전략은 무엇인가요?
6. 왼쪽의 용어와 오른쪽의 설명을 맞게 연결하세요.

용어	설명
테스트 세트 •	• 또 다른 언어 모델을 사용해 응답의 품질을 평가하여 언어 모델의 대화 성능을 평가하는 방법
대화 성능 •	• 맥락, 뉘앙스, 의도를 이해하고 사람과 비슷한 의사소통을 수행하는 언어 모델의 능력
자동화된 대화 벤치마크 •	• 훈련 과정에서 사용하지 않고 훈련된 모델의 성능을 평가하기 위해 사용되는 데이터

정답

1. D
2. C
3. A
4. B
5. C
6. C

7.1 지시 미세 튜닝 소개

1. 사전 훈련된 LLM은 주로 텍스트 완성을 수행할 수 있습니다. 입력된 일부 텍스트를 바탕으로 완료된 문장을 생성하거나 문단을 작성할 수 있습니다.

2. 사전 훈련된 LLM은 종종 지시를 따르는 데 어려움을 겪습니다. 예를 들어 문법 교정이나 어조 변환이 있으며 미세 튜닝이 필요합니다.

3. 지시 미세 튜닝은 지시를 따르고 이를 기반으로 기대하는 응답을 생성하는 LLM의 능력을 향상하는 것이 목표입니다.

4. 모델에게 지시와 기대하는 응답을 제공하도록 적절한 데이터셋을 준비하는 것이 지시 미세 튜닝의 핵심입니다.

7.2 지도 학습 지도 미세 튜닝을 위해 데이터셋 준비하기

1. 지시 데이터셋은 지시-응답 쌍으로 구성됩니다. 이를 사용해 지시를 따라 적절한 응답을 생성하도록 LLM을 훈련합니다.

2. 이 데이터셋은 JSON 파일로 저장되며 파이썬 딕셔너리 객체를 항목으로 포함합니다. 각 항목에는 `'instruction'`, `'input'`, `'output'` 필드가 있으며 각각 작업, 입력 데이터, 기대하는 응답을 나타냅니다.

3. 두 가지 프롬프트 스타일은 알파카와 Phi-3입니다. 알파카는 지시, 입력, 응답 섹션으로 구성된 구조적인 포맷을 사용합니다. Phi-3는 <|user|>와 <|assistant|> 토큰으로 구성한 더 간단한 포맷을 사용합니다.

4. format_input 함수는 지시 데이터셋에 있는 항목을 알파카 스타일의 입력 포맷으로 변환합니다. 지시와 (있다면) 입력, 응답을 위한 플레이스홀더를 포함하는 포맷 문자열을 만듭니다.

5. 데이터셋은 지정된 비율을 사용해 훈련 세트, 검증 세트, 테스트 세트로 나뉩니다. 훈련 세트를 사용해 모델을 훈련하고, 검증 세트를 사용해 훈련 과정에서 모델의 성능을 평가합니다. 테스트 세트를 사용해 모델의 최종 성능을 평가합니다.

6. 다음과 같이 연결되어야 합니다.

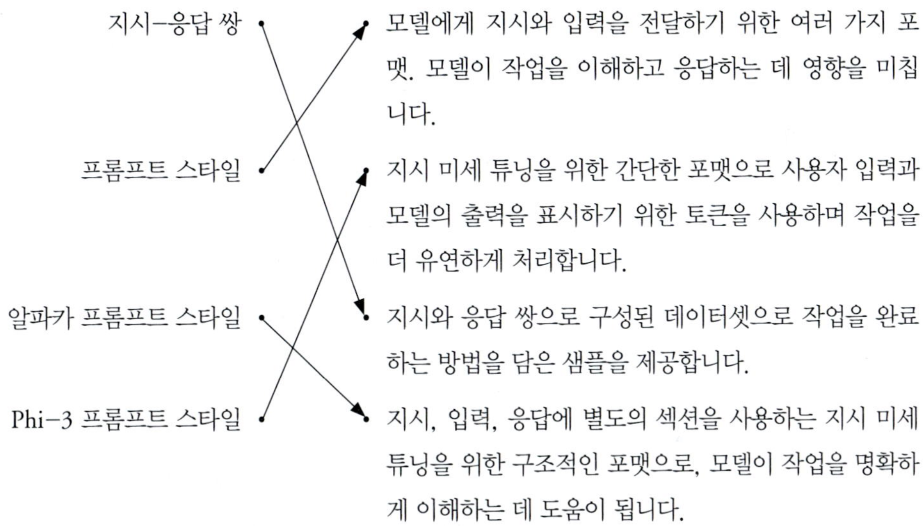

7.3 훈련 배치 만들기

1. 사용자 정의 콜레이트 함수를 사용해 지시 미세 튜닝 데이터셋의 요구사항과 포맷을 처리합니다. 모델이 효율적으로 처리할 수 있도록 배치에 있는 훈련 샘플이 동일한 길이가 되도록 만듭니다.

2. 사용자 정의 콜레이트 함수는 배치에 있는 가장 긴 샘플의 길이에 맞춰 훈련 샘플에 <|endoftext|> 토큰 ID(50256)으로 패딩을 추가합니다. 배치에 있는 가장 긴 샘플에 맞춰 시퀀스를 확장하므로 불필요한 패딩을 최소화합니다.

3. 타깃 토큰 ID는 모델이 생성해야 할 기대 출력 시퀀스를 나타냅니다. 입력 토큰 ID에서 첫 번째 토큰을 삭제하고 텍스트 종료 토큰을 추가하여 만듭니다. 결국 입력 위치가 오른쪽으로 하나씩 이동하게 됩니다.

4. 패딩 토큰을 -100으로 바꾸면 훈련 과정에서 크로스 엔트로피 손실이 이를 무시할 수 있습니다. 이를 통해 의미 있는 데이터만 모델 학습에 영향을 미치고 패딩 토큰이 손실 계산에 기여하지 못하게 막습니다.

5. 타깃 시퀀스에서 하나의 텍스트 종료 토큰을 남기면 LLM이 텍스트 종료 토큰을 생성하는 방법을 학습할 수 있습니다. 이는 응답 생성이 완료되었다는 것을 나타내는 역할을 합니다.

6. 빈칸에 들어갈 코드는 다음과 같습니다.

빈칸의 번호	1	2	3
코드 번호	B	A	D

7.4 지시 데이터셋을 위한 데이터 로더 만들기

1. `custom_collate_fn` 함수를 사용해 지시 데이터셋 배치를 만듭니다. 입력 텐서와 타깃 텐서를 미세 튜닝을 위해 모델에 주입하기 전에 지정된 장치(CPU, GPU 또는 MPS)로 이동시킵니다.

2. `custom_collate_fn` 함수 내에서 장치 전송을 담당하면 백그라운드 작업에서 수행할 수 있어 모델 훈련 과정에서 GPU가 블로킹되는 것을 막고 효율성을 높일 수 있습니다.

3. `device` 설정은 GPU 또는 MPS의 가용성에 기반하여 결정됩니다. `functools`의 `partial` 함수는 `device` 매개변수가 채워진 새로운 버전의 `custom_collate_fn` 함수를 만듭니다. 따라서 이 함수가 데이터 전송에 적절한 장치를 사용할 수 있습니다.

4. `allowed_max_length` 매개변수를 사용해 미세 튜닝될 LLM(이 경우 GPT-2 모델)이 지원하는 최대 문맥 길이로 데이터를 자릅니다.

5. `DataLoader` 클래스를 사용해 훈련 세트, 검증 세트, 테스트 세트를 위한 데이터 로더를 만듭니다. `batch_size`, `collate_fn`, `shuffle`, `drop_last`, `num_workers` 매개변수를 설정하여 배치 과정, 셔플링, 데이터 로드 방식을 제어합니다.

6. 빈칸에 들어갈 코드는 다음과 같습니다.

빈칸의 번호	1	2	3
코드 번호	D	B	E

7. 다음과 같이 연결되어야 합니다.

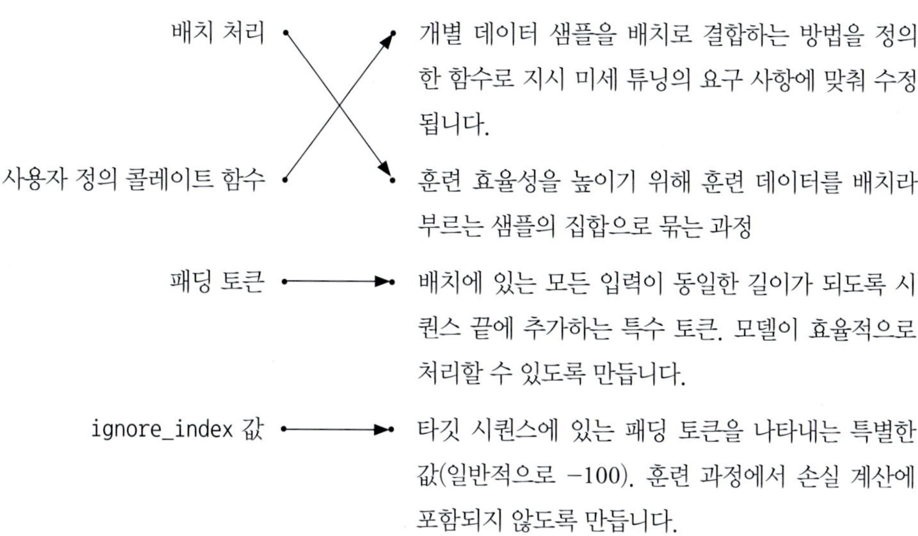

7.5 사전 훈련된 LLM 로드하기

1. 작은 모델은 고품질 지시 수행 작업에 필요한 복잡한 패턴과 미묘한 동작을 학습하고 유지하는 용량이 부족합니다. 큰 모델은 더 많은 파라미터를 가지고 있어 복잡한 지시를 처리하고 더 정확한 응답을 생성할 수 있습니다.

2. 사전 훈련된 LLM을 로드하여 미세 튜닝 과정의 기반을 만듭니다. 이를 통해 모델이 사전 훈련 과정에서 학습한 기존 지식과 패턴을 활용하고 새로운 작업을 더 효율적이고 효과적으로 학습할 수 있습니다.

3. 대부분 코드는 동일합니다. `'gpt2-small'`로 지정하는 대신 `'gpt2-medium'`으로 지정하여 3억 5,500만 파라미터를 가진 더 큰 모델을 로드합니다. 지시 미세 튜닝을 위해 더 유능한 모델을 선택한 것입니다.

4. 사전 훈련된 LLM의 성능을 평가하여 미세 튜닝 전에 모델의 성능을 이해합니다. 이를 통해 미세 튜닝이 모델이 지시를 따르고 정확한 응답을 생성하는 능력에 미치는 영향을 평가할 수 있습니다.

5. 생성된 텍스트 시작에서 입력된 지시의 길이를 빼서 입력 텍스트를 제거하고 모델이 생성한 응답만 남깁니다. 그런 다음 `strip()` 함수를 적용하여 공백을 제거합니다.

7.6 지시 데이터에서 LLM 미세 튜닝하기

1. 지시 데이터에서 LLM을 미세 튜닝하는 목적은 지시를 이해하고 따르는 능력을 향상하는 것입니다. 사용자의 프롬프트에 대해 더 정확하고 관련이 있는 응답을 생성할 수 있습니다.

2. 사전 훈련된 LLM을 로드하고, 지시 데이터셋을 준비하고, 적절한 손실 함수와 옵티마이저로 이 데이터셋에서 모델을 훈련하는 과정이 포함됩니다. 훈련 과정은 손실을 최소화하는 것이 목표입니다. 이는 지시를 따르는 성능이 향상된다는 것을 나타냅니다.

3. 이런 어려움에는 메모리 제약과 같은 하드웨어 한계가 포함됩니다. 이를 해결하기 위해 더 작은 모델을 사용하거나, 배치 크기를 줄이거나, 훈련 속도를 높이기 위해 GPU를 활용할 수 있습니다. 또한 입력 시퀀스의 길이를 관리하는 것이 효율적인 훈련을 위해 중요할 수 있습니다.

4. 훈련 손실과 검증 손실을 모니터링하여 효과를 평가합니다. 손실이 감소한다는 것은 모델이 지시를 따르는 방법을 학습한다는 의미입니다. 또한 훈련 과정에서 생성된 응답을 조사하여 모델의 발전에 대한 정성적 통찰을 얻을 수 있습니다.

5. 알파카 데이터셋은 지시 데이터셋에서 LLM을 미세 튜닝하는 데 유용합니다. 다양한 대규모 지시-응답 샘플을 제공하므로 모델이 작업에 특화된 다양한 행동을 학습할 수 있습니다.

7.7 응답 추출하여 저장하기

1. 테스트 세트에서 모델이 생성한 응답을 추출하고, 수동으로 이를 분석하고, 벤치마크, 모델 비교, 자동화된 지표와 같이 다양한 방법을 사용해 응답 품질을 정량화하는 것이 포함됩니다.

2. 단답형 벤치마크(예를 들면, MMLU), 사람 선호도 비교, 자동화된 대화 벤치마크(예를 들면, AlpacaEval) 등이 있습니다. 사람의 평가는 시간이 들지만 유용한 통찰을 제공합니다. 반면 자동화된 방법은 효율적이지만 사람처럼 뉘앙스를 판단하는 능력은 부족할 수 있습니다.

3. 대화 성능은 맥락, 뉘앙스, 의도를 이해하고 사람과 유사한 의사소통에 참여하는 LLM의 능력을 의미합니다. 이는 자연스럽고 일관된 상호 작용이 필수적인 챗봇과 같은 애플리케이션에 중요합니다.

4. 다른 LLM을 활용하여 응답을 평가하는 AlpacaEval과 유사한 방법을 사용할 수 있습니다. 자동화된 방법은 사람의 수동 평가에 비해 효율적이고 시간과 자원을 절약하면서도 의미있는 성능 지표를 제공합니다.

5. 모델이 생성한 응답을 테스트 데이터를 담은 딕셔너리에 추가합니다. 나중에 다른 세션에서 참조하거나 분석하기 쉽도록 이 업데이트된 데이터를 JSON 파일(예를 들면, instruction-data-with-response.json)로 저장합니다.

7.8 미세 튜닝된 LLM 평가하기

1. Llama 3 또는 GPT-4와 같은 대규모 LLM을 사용해 미세 튜닝된 모델이 생성한 응답의 품질을 자동으로 평가할 수 있습니다. 몇 개의 샘플을 수동으로 확인하는 것에 비해 모델의 성능을 평가하는 데 더 객관적이고 확장성이 좋은 방법입니다.

2. 오픈 소스 애플리케이션인 Ollama를 사용하면 LLM을 로컬에서 실행할 수 있습니다. `query_model` 함수를 사용해 모델의 응답에 0에서 100까지 점수를 매기라고 LLM에 프롬프트를 보낼 수 있습니다. 이 LLM의 평가를 사용해 미세 튜닝된 모델의 전반적인 성능을 평가할 수 있습니다.

3. 38억 개의 파라미터를 가진 Phi-3 모델이나 700억 파라미터를 가진 Llama 3 모델과 같은 다른 LLM을 Ollama에서 사용할 수 있습니다. 모델 선택은 가용한 계산 자원과 기대하는 성능 수준에 따라 다릅니다.

4. `generate_model_scores` 함수는 테스트 세트를 순회하고 프롬프트를 LLM에게 전달하여 모델의 응답을 평가합니다. 그런 다음 모든 응답에 대한 평균 점수를 계산하여 모델 성능을 정량적으로 평가합니다.

5. 모델 성능을 향상하는 전략에는 미세 튜닝 과정에서 하이퍼파라미터 조정하기, 훈련 데이터셋 크기와 다양성 증가하기, 다른 프롬프트나 지시 포맷으로 실험하기, 더 큰 사전 훈련된 모델 사용하기 등이 포함됩니다.

6. 다음과 같이 연결되어야 합니다.

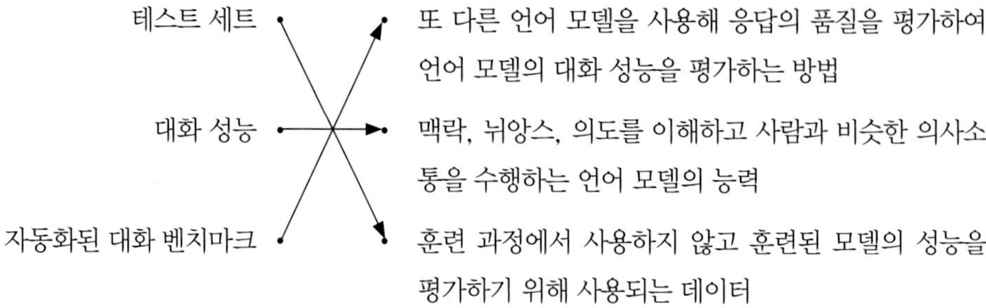

APPENDIX

파이토치 소개

부록 A는 인기 있는 파이썬 기반 딥러닝 라이브러리인 파이토치를 소개합니다. 세 개의 핵심 구성 요소인 **텐서 라이브러리**, **자동 미분 엔진**, **딥러닝 유틸리티**를 강조합니다. 넘파이와 비슷한 파이토치 텐서 라이브러리는 배열 유사 데이터 구조를 GPU 가속 계산의 이점을 활용해 효율적으로 처리할 수 있습니다. 이런 데이터 구조에는 스칼라, 벡터, 행렬과 고차원 배열이 포함됩니다. 파이토치의 자동 미분(autograd) 엔진은 텐서 연산에 대한 그레이디언트를 자동으로 계산함으로써 수동으로 그레이디언트를 유도할 필요가 없어 간단하게 신경망 훈련을 수행할 수 있습니다. 마지막으로 이 부록은 파이토치 딥러닝 유틸리티를 설명합니다. 이 유틸리티는 다양한 딥러닝 모델을 구축하고 훈련하기 위해 사전 훈련된 모델, 손실 함수, 옵티마이저와 같은 구성 요소를 제공합니다.

질문에 대한 답은 마지막에 있습니다.

질문

1. 파이토치가 무엇이며 왜 인기가 있나요?
2. 파이토치의 세 가지 주요 구성 요소는 무엇인가요?
3. 파이토치가 넘파이와 어떻게 연관이 되어 있나요?
4. 파이토치에서 텐서는 무엇인가요?
5. 파이토치 텐서는 어떻게 만드나요?
6. 파이토치에서 계산 그래프의 개념을 설명하세요.
7. 파이토치에서 자동 미분이 무엇인가요?
8. 파이토치에서 그레이디언트는 어떻게 계산하나요?
9. 파이토치에서 다층 신경망은 어떻게 정의하나요?
10. `torch.nn.Sequential` 클래스의 목적은 무엇인가요?
11. 파이토치 모델의 파라미터는 어떻게 참조할 수 있나요?
12. 신경망에서 정방향 계산은 무엇인가요?
13. `torch.no_grad()` 사용 방법을 설명하세요.

14. 파이토치에서 데이터셋과 데이터 로더는 어떻게 사용하나요?

15. 사용자 정의 파이토치 Dataset 클래스에서 핵심 메서드는 무엇인가요?

16. DataLoader의 num_workers 매개변수의 목적은 무엇인가요?

17. 파이토치의 전형적인 훈련 루프를 설명하세요.

18. 파이토치에서 옵티마이저의 역할은 무엇인가요?

19. 파이토치 모듈은 어떻게 저장하고 로드하나요?

20. 파이토치에서 훈련에 GPU를 어떻게 사용하나요?

21. torch.cuda.is_available()은 무엇을 위해 사용하나요?

22. 파이토치에서 분산 훈련은 무엇인가요?

23. DistributedDataParallel(DDP)은 어떻게 동작하나요?

24. 파이토치에서 DistributedSampler는 무엇인가요?

정답

1. 파이토치는 파이썬 기반 오픈 소스 딥러닝 라이브러리입니다. 사용자 친화적인 인터페이스, 효율성, 유연성으로 인기가 높고, 사용성과 고급 기능 사이에 균형이 잘 잡혀 있습니다.

2. 파이토치는 GPU 가속 계산을 위한 텐서 라이브러리, 그레이디언트 계산을 위한 자동 미분 엔진, 모델 구축과 훈련을 위한 딥러닝 유틸리티로 구성됩니다.

3. 파이토치 텐서 연산은 넘파이 API와 문법을 많이 채택해서 넘파이 사용자에게 친숙합니다. 파이토치는 GPU 가속과 자동 미분을 사용해 넘파이 기능을 확장합니다.

4. 텐서는 파이토치에서 데이터 컨테이너 역할을 하는 다차원 배열입니다. 벡터와 행렬을 고차원으로 일반화합니다. `rank`는 차원 수를 나타냅니다.

5. `torch.tensor()` 함수를 사용해 파이토치 텐서를 만듭니다. 데이터를 리스트, 중첩된 리스트 또는 다른 순회 가능한 객체(iterable)로 지정합니다. 데이터 타입을 지정하거나 입력에서 자동으로 유추할 수 있습니다.

6. 계산 그래프는 신경망의 계산 시퀀스를 나타냅니다. 파이토치는 자동으로 그래프를 만들고 자동 미분을 위해 텐서에 대한 연산을 추적합니다.

7. 자동 미분은 자동으로 텐서 연산에 대한 그레이디언트를 계산하는 파이토치 시스템입니다. 계산 그래프를 사용해 역전파를 위해 효율적으로 연쇄 법칙을 적용합니다.

8. `grad()` 함수를 사용하거나 손실 텐서에서 `.backward()` 메서드를 호출하여 그레이디언트를 계산합니다. `.backward()` 메서드는 계산 그래프에 있는 모든 리프 노드에 대해서 자동으로 그레이디언트를 계산합니다.

9. `torch.nn.Module` 클래스를 상속하고, `__init__` 메서드에 층을 정의하고, `forward` 메서드에 실행 과정을 정의합니다. `forward` 메서드에 네트워크의 데이터 흐름이 표현됩니다.

10. `torch.nn.Sequential` 클래스는 순서대로 층을 나열하는 식으로 간편하게 신경망을 정의할 수 있습니다.

11. model.parameters()를 사용해 모델 파라미터를 가져올 수 있습니다. 모든 훈련 가능한 파라미터(가중치와 편향)에 대한 반복자(iterator)가 반환됩니다.

12. 정방향 계산은 입력 텐서를 신경망의 모든 층에 통과시켜 출력 텐서를 계산하는 과정입니다.

13. torch.no_grad() 컨텍스트 관리자는 훈련이 아니라 예측(추론)을 수행할 때 그레이디언트 추적을 비활성화하여 메모리와 계산 자원을 절약합니다.

14. 사용자 정의 Dataset 클래스는 개별 데이터 레코드가 로드되는 방법을 정의합니다. DataLoader는 배치, 셔플링, 여러 워커 프로세스를 사용한 병렬 데이터 로드를 처리합니다.

15. 핵심 메서드는 __init__(초기화), __getitem__(인덱스로 단일 데이터 항목 추출), __len__(데이터셋의 크기 얻기)입니다.

16. DataLoader의 num_workers 매개변수는 데이터 로드에 사용할 서브프로세스 개수를 지정합니다. 이 값을 증가시키면 데이터 로드를 병렬화하여 훈련 속도를 높일 수 있습니다.

17. 훈련 루프는 에포크와 배치를 순회합니다. 각 배치마다 정방향 계산을 수행하고, 손실을 계산하고, .backward() 메서드로 역전파를 수행하고, 옵티마이저의 .step() 메서드를 사용해 모델의 파라미터를 업데이트합니다.

18. 옵티마이저(예를 들면, torch.optim.SGD)는 계산된 그레이디언트를 기반으로 모델 파라미터를 업데이트하여 손실 함수를 최소화합니다. 학습률은 옵티마이저의 핵심 하이퍼파라미터입니다.

19. torch.save(model.state_dict(), 'filename.pth')를 사용해 모델의 상태를 저장하고 model.load_state_dict(torch.load('filename.pth'))를 사용해 로드합니다.

20. .to('cuda')를 사용해 텐서를 GPU로 전송하여 계산에 관련된 모든 텐서가 동일 장치에 있게 합니다. torch.device 컨텍스트 관리자를 사용하면 장치 배치를 관리하는 데 도움이 됩니다.

21. torch.cuda.is_available() 함수는 CUDA(GPU 계산)이 현재 환경에서 가능한지 확인합니다.

22. 분산 훈련은 처리 속도를 높이기 위해 모델 훈련을 여러 GPU나 머신에 분산합니다. 파이토치의 DistributedDataParallel(DDP)가 널리 사용되는 방법입니다.

23. DDP는 GPU마다 모델을 복사하고, 데이터를 GPU에 분할하고, 배치 처리가 끝난 후 그레이디언트를 동기화하여 모델 파라미터를 업데이트합니다.

24. `DistributedSampler`는 분산 훈련 설정에 있는 GPU가 중복되지 않은 서로 다른 훈련 데이터의 부분 집합을 받도록 만듭니다.

APPENDIX

D

훈련 루프에 부가 기능 추가하기

부록 D는 LLM 사전 훈련이나 미세 튜닝에 사용하는 훈련 함수를 향상시키는 기법을 소개합니다. 학습률 웜업, 코사인 감쇠, 그레이디언트 클리핑 세 가지에 초점을 맞춥니다. 훈련 함수에 이런 기법을 통합하는 방법을 제공하여, 독자들이 이런 고급 기능으로 실험하여 사전 훈련된 LLM의 성능에 미치는 영향을 확인할 수 있습니다.

질문에 대한 답은 마지막에 있습니다.

질문

1. 대규모 언어 모델 훈련에서 학습률 웜업의 목적을 설명하세요.

2. 코사인 감쇠는 훈련 과정에서 학습률을 어떻게 바꾸나요?

3. LLM 훈련에서 그레이디언트 클리핑의 목적은 무엇인가요?

4. 웜업 단계에서는 학습률이 어떻게 계산되나요?

5. 학습률의 코사인 감쇠에 사용되는 공식을 설명하세요.

6. L2 노름이 무엇인가요? 그레이디언트 클리핑에 어떻게 사용되나요?

7. 파이토치에서 `clip_grad_norm_` 함수가 어떻게 동작하나요?

8. 학습률 웜업, 코사인 감쇠, 그레이디언트 클리핑을 결합하면 어떤 장점이 있나요?

9. 훈련 함수에서 최대 학습률이 어떻게 결정되나요?

10. 수정된 훈련 함수에서 그레이디언트 클리핑이 언제 적용되나요?

정답

1. 학습률 웜업은 낮은 초깃값에서부터 최댓값까지 점진적으로 학습률을 증가시킵니다. 훈련 초기에 불안정한 업데이트를 방지하여 안정성을 높일 수 있습니다.

2. 코사인 감쇠는 웜업 기간 후에 코사인 곡선을 따라 학습률을 조정하여 점진적으로 0에 가깝게 감소시킵니다. 손실의 최솟값을 지나치는 것을 방지하고 훈련의 안정성을 향상시킵니다.

3. 그레이디언트 클리핑은 그레이디언트를 최대 크기로 낮추어 과도하게 커지는 것을 방지합니다. 관리 가능한 범위 내에서 모델의 파라미터를 업데이트하여 안정성을 유지합니다.

4. 웜업 동안에는 지정된 횟수의 웜업 단계에 걸쳐서 학습률이 초기 학습률부터 최대 학습률까지 선형적으로 증가합니다.

5. 코사인 감쇠는 웜업 이후에 코사인 함수를 사용해 학습률을 점진적으로 감소시킵니다. 학습률은 최소 학습률과 훈련 진행률의 코사인을 바탕으로 하는 스케일링 인자를 결합하여 계산합니다.

6. L2 노름은 벡터(또는 행렬)의 크기를 측정합니다. 그레이디언트 클리핑은 그레이디언트 벡터의 길이를 계산하여 이 값이 임곗값을 초과하면 그레이디언트 값을 낮춥니다.

7. `clip_grad_norm_` 함수는 그레이디언트의 L2 노름을 계산합니다. 이 값이 `max_norm`을 초과하면 노름이 `max_norm`이 되도록 모든 그레이디언트를 비례적으로 줄입니다.

8. 이런 기법을 결합하면 초기 불안정성, 최솟값 지나치기, 과도하게 큰 그레이디언트 업데이트의 위험을 줄여 LLM 훈련의 안정성을 향상시킵니다.

9. 최대 학습률은 옵티마이저의 파라미터 그룹에서 바로 얻을 수 있으며, 여기에는 사용자가 지정한 옵티마이저 학습률이 저장되어 있습니다.

10. 웜업 단계 후, 즉 전체 스텝이 웜업 스텝 횟수를 초과했을 때만 그레이디언트 클리핑이 적용됩니다. 이를 통해 그레이디언트 클리핑을 적용하기 전에 학습률이 안정화되도록 합니다.

정답

1. 학습률 웜업은 낮은 초깃값에서부터 최댓값까지 점진적으로 학습률을 증가시킵니다. 훈련 초기에 불안정한 업데이트를 방지하여 안정성을 높일 수 있습니다.

2. 코사인 감쇠는 웜업 기간 후에 코사인 곡선을 따라 학습률을 조정하여 점진적으로 0에 가깝게 감소시킵니다. 손실의 최솟값을 지나치는 것을 방지하고 훈련의 안정성을 향상시킵니다.

3. 그레이디언트 클리핑은 그레이디언트를 최대 크기로 낮추어 과도하게 커지는 것을 방지합니다. 관리 가능한 범위 내에서 모델의 파라미터를 업데이트하여 안정성을 유지합니다.

4. 웜업 동안에는 지정된 횟수의 웜업 단계에 걸쳐서 학습률이 초기 학습률부터 최대 학습률까지 선형적으로 증가합니다.

5. 코사인 감쇠는 웜업 이후에 코사인 함수를 사용해 학습률을 점진적으로 감소시킵니다. 학습률은 최소 학습률과 훈련 진행률의 코사인을 바탕으로 하는 스케일링 인자를 결합하여 계산합니다.

6. L2 노름은 벡터(또는 행렬)의 크기를 측정합니다. 그레이디언트 클리핑은 그레이디언트 벡터의 길이를 계산하여 이 값이 임곗값을 초과하면 그레이디언트 값을 낮춥니다.

7. `clip_grad_norm_` 함수는 그레이디언트의 L2 노름을 계산합니다. 이 값이 `max_norm`을 초과하면 노름이 `max_norm`이 되도록 모든 그레이디언트를 비례적으로 줄입니다.

8. 이런 기법을 결합하면 초기 불안정성, 최솟값 지나치기, 과도하게 큰 그레이디언트 업데이트의 위험을 줄여 LLM 훈련의 안정성을 향상시킵니다.

9. 최대 학습률은 옵티마이저의 파라미터 그룹에서 바로 얻을 수 있으며, 여기에는 사용자가 지정한 옵티마이저 학습률이 저장되어 있습니다.

10. 웜업 단계 후, 즉 전체 스텝이 웜업 스텝 횟수를 초과했을 때만 그레이디언트 클리핑이 적용됩니다. 이를 통해 그레이디언트 클리핑을 적용하기 전에 학습률이 안정화되도록 합니다.

APPENDIX

E

LoRA를 사용한 파라미터 효율적인 미세 튜닝

부록 E는 대규모 언어 모델을 미세 튜닝하는 효율적인 기법으로 LoRA(Low-Rank Adaptation)를 소개합니다. 적은 양의 파라미터만 업데이트하기 위해 로우 랭크 행렬을 사용해 역전파 과정의 가중치 변화량을 근사합니다. 이 부록은 사전 훈련된 모델 가중치를 LoRA 가중치와 분리할 수 있는 LoRA의 기능을 강조합니다. 이를 통해 원본 가중치를 수정하지 않고 모델을 커스터마이즈할 수 있고, 저장 공간을 절약하고 확장성을 향상시킬 수 있습니다. GPT 모델에 LoRA 층을 통합하여 스팸 분류에 LoRA를 적용하는 방법을 보여 줍니다. 전통적인 미세 튜닝의 성능과 견줄 만하면서도 훈련되는 파라미터 개수는 상당히 적습니다.

질문에 대한 답은 마지막에 있습니다.

질문

1. LoRA란 무엇인가요? 대규모 언어 모델을 미세 튜닝하는 데 LoRA의 주요 장점은 무엇인가요?

2. LoRA가 어떻게 선형 층에 있는 가중치 업데이트 행렬(ΔW)을 근사하나요?

3. LoRA에서 `'rank'` 하이퍼파라미터의 역할은 무엇인가요?

4. LoRA에서 `'alpha'` 하이퍼파라미터의 목적은 무엇인가요?

5. LoRA 미세 튜닝 과정에서 `LoRALayer` 클래스의 역할은 무엇인가요?

6. `LinearWithLoRA` 클래스의 기능을 설명하세요.

7. `LoRALayer`에서 행렬 B를 0으로 초기화하는 의미는 무엇인가요?

8. `replace_linear_with_lora` 함수의 목적을 설명하세요.

9. LoRA를 적용하기 전에 원본 모델 파라미터를 동결하는 것이 왜 중요한가요?

10. LoRA 가중치를 원본 모델 가중치와 별도로 유지하는 것의 실용적인 주요 이점은 무엇인가요?

정답

1. LoRA는 모델 가중치의 일부만 조정하는 파라미터 효율적인 미세 튜닝 기법으로 전체 미세 튜닝에 비해 계산 비용과 자원을 크게 절약할 수 있습니다.

2. ΔW를 직접 계산하지 않고 LoRA는 두 개의 작은 행렬 A와 B의 곱 AB로 ΔW를 근사합니다. 이는 업데이트해야 할 파라미터 개수를 크게 줄여 줍니다.

3. `'rank'` 하이퍼파라미터는 행렬 A와 B의 내부 차원을 결정하며, LoRA로 인해 추가될 파라미터의 개수를 제어합니다. `rank`가 크면 모델의 적응력이 높아지지만 계산 비용이 증가합니다.

4. `'alpha'` 하이퍼파라미터는 LoRA 출력(AB)에 대한 스케일링 인자의 역할을 합니다. 원본 층의 출력에 대해서 LoRA 업데이트가 얼마나 영향을 미칠지 제어합니다.

5. `LoRALayer` 클래스는 핵심 LoRA 메커니즘을 구현합니다. 작은 행렬 A와 B를 만들고 입력에 적용하여 가중치 업데이트의 로우 랭크 근사를 수행합니다.

6. `LinearWithLoRA` 클래스는 표준 `Linear` 층과 `LoRALayer`를 결합합니다. 정방향 계산에서 원본 선형 층의 출력과 LoRA 층의 출력을 더하는 식으로 LoRA를 통합합니다.

7. 행렬 B를 0으로 초기화하면 AB가 0 행렬이 되므로 원본 가중치에 더해도 변화가 없습니다. 따라서 초기에 LoRA가 사전 훈련된 가중치를 바꾸지 않습니다.

8. 이 함수는 모델의 층을 순회하면서 모든 Linear 층을 `LinearWithLoRA` 층으로 바꾸어 LoRA를 모델 구조에 통합합니다.

9. 원본 파라미터를 동결하면 LoRA 미세 튜닝 과정에서 업데이트되는 것을 막습니다. 이를 통해 사전 훈련된 모델의 지식을 유지하면서 작은 LoRA 행렬만 훈련할 수 있습니다.

10. LoRA 가중치를 별도로 유지하면 여러 개의 완전한 모델을 저장할 필요가 없이 효율적으로 모델을 커스터마이즈할 수 있습니다. 이는 저장 공간을 절약하고 확장성을 향상시킵니다. 특히 많은 사용자 정의 모델이 필요한 애플리케이션에 유용합니다.

정답

1. 학습률 웜업은 낮은 초깃값에서부터 최댓값까지 점진적으로 학습률을 증가시킵니다. 훈련 초기에 불안정한 업데이트를 방지하여 안정성을 높일 수 있습니다.

2. 코사인 감쇠는 웜업 기간 후에 코사인 곡선을 따라 학습률을 조정하여 점진적으로 0에 가깝게 감소시킵니다. 손실의 최솟값을 지나치는 것을 방지하고 훈련의 안정성을 향상시킵니다.

3. 그레이디언트 클리핑은 그레이디언트를 최대 크기로 낮추어 과도하게 커지는 것을 방지합니다. 관리 가능한 범위 내에서 모델의 파라미터를 업데이트하여 안정성을 유지합니다.

4. 웜업 동안에는 지정된 횟수의 웜업 단계에 걸쳐서 학습률이 초기 학습률부터 최대 학습률까지 선형적으로 증가합니다.

5. 코사인 감쇠는 웜업 이후에 코사인 함수를 사용해 학습률을 점진적으로 감소시킵니다. 학습률은 최소 학습률과 훈련 진행률의 코사인을 바탕으로 하는 스케일링 인자를 결합하여 계산합니다.

6. L2 노름은 벡터(또는 행렬)의 크기를 측정합니다. 그레이디언트 클리핑은 그레이디언트 벡터의 길이를 계산하여 이 값이 임곗값을 초과하면 그레이디언트 값을 낮춥니다.

7. `clip_grad_norm_` 함수는 그레이디언트의 L2 노름을 계산합니다. 이 값이 `max_norm`을 초과하면 노름이 `max_norm`이 되도록 모든 그레이디언트를 비례적으로 줄입니다.

8. 이런 기법을 결합하면 초기 불안정성, 최솟값 지나치기, 과도하게 큰 그레이디언트 업데이트의 위험을 줄여 LLM 훈련의 안정성을 향상시킵니다.

9. 최대 학습률은 옵티마이저의 파라미터 그룹에서 바로 얻을 수 있으며, 여기에는 사용자가 지정한 옵티마이저 학습률이 저장되어 있습니다.

10. 웜업 단계 후, 즉 전체 스텝이 웜업 스텝 횟수를 초과했을 때만 그레이디언트 클리핑이 적용됩니다. 이를 통해 그레이디언트 클리핑을 적용하기 전에 학습률이 안정화되도록 합니다.

“만들 수 없다면, 진정으로 이해한 것이 아니다.”

— 리처드 파인만
Richard P. Feynman

LLM을 이해하는 가장 좋은 방법은 밑바닥부터 직접 구현해 보는 것이다

이름에서 알 수 있듯이 LLM(Large Language Model)은 매우 큰 모델이다. 하지만 규모가 크다고 해서 LLM을 블랙박스처럼 생각할 필요는 없다. 파인만의 말처럼 무언가를 진정으로 이해하려면 직접 만들어보는 것이 가장 좋다. 이 책을 통해 단계별로 LLM을 구축하는 방법을 배우자. 기존의 다른 LLM 라이브러리를 사용하지 않고 직접 베이스 모델을 개발하고, 이를 텍스트 분류기로 발전시킨 뒤 궁극적으로 나의 대화 지시를 따르는 챗봇을 만들어보자. 모델 구축의 계획을 짜고 코딩하는 것부터 시작해 모델 훈련과 미세 튜닝에 이르기까지 모든 단계를 다룰 것이다. 이 책을 다 읽고 나면 ChatGPT와 같은 LLM의 동작 방식을 근본적인 수준에서 확실하게 이해하게 될 것이다.

이 책에 담긴 내용

- GPT-2와 유사한 LLM을 기획하고 개발하기
- 사전 훈련된 가중치 로드하기
- 완전한 훈련 파이프라인 구축하기
- 텍스트 분류를 위해 LLM을 미세 튜닝하기
- 사람의 지시를 따르는 LLM 개발하기

워크북도 함께 제공! 좀더 쉽고 명확하게 이해해보자!

이 책의 학습 방법, 즉 직접 스스로 모델을 만들어보는 것은 대규모 언어 모델의 동작 방식을 근본부터 배울 수 있는 가장 좋은 방법이다. 이를 위해 명확한 설명, 그림, 코드를 담았지만, 다루는 주제가 복잡하기 때문에 어렵게 느껴질 수 있다. 조금 더 쉽고 명확하게 이해할 수 있도록 워크북을 준비했다. 이 워크북은 『밑바닥부터 만들면서 배우는 LLM』의 구성을 따라가며 각 장의 핵심 개념을 다루고 선다형 퀴즈, 코드와 핵심 개념에 대한 질문, 깊게 생각하고 길게 답변해야 하는 질문 등으로 스스로를 테스트할 수 있다. 물론 질문에 대한 답변도 함께 실었다. 본문을 읽기 전이나, 읽은 후, 시간을 두고 반복 학습을 하고자 할 때 등 다양하게 활용하면서 배운 지식을 확실하게 익히자.

“큰 영감을 받을 수 있습니다. 새로 배운 기술을 바로 실전에 적용하고 싶어질 거에요.”
— **벤자민 무스칼라**(Benjamin Muskalla), 깃허브의 수석 엔지니어

“쉽고 독창적이고 실용적입니다. 다른 곳에서는 언어 모델을 이렇게 깊이 이해할 수 없을 겁니다.”
— **카메론 울프**(Cameron Wolfe), 넷플릭스 수석 과학자

“저자는 깊이 있는 지식, 실용적인 엔지니어링 기술, 복잡한 개념을 쉽게 설명하는 데 탁월합니다.”
— **칩 후엔**(Chip Huyen), <Designing Machine Learning Systems>와 <AI Engineering>의 저자

“최신 내용을 다루고, 완벽합니다. 강력 추천합니다!”
— **바히드 미자리리 박사**(Dr. Vahid Mirjalili), FM Global 수석 데이터 과학자

예제소스 https://github.com/gilbutITbook/080421

관련도서 | 머신 러닝 Q & AI | 머신 러닝 교과서: 파이토치 편 | 케라스 창시자에게 배우는 딥러닝

밑바닥부터 만들면서 배우는 LLM
BUILD A LARGE LANGUAGE MODEL (FROM SCRATCH) + TEST YOURSELF ON BUILD A LARGE LANGUAGE MODEL (FROM SCRATCH)

정가 40,000원

ISBN 979-11-407-1584-8